GEO
BOOK

GEO

Voyages Loisirs

Votre agence de voyages pour réserver toutes vos vacances en France !

Depuis plus de 25 ans Voyages Loisirs est spécialiste des locations de vacances en France à la mer, la campagne ou la montagne. Vos vacances sont notre priorité et nous mettons tout en œuvre pour qu'elles vous laissent des souvenirs inoubliables.

Du choix toute l'année

Plus de **700 propositions** vacances au choix en **été** et près de **400** en **hiver**, à la mer, à la montagne ou à la campagne. Vous choisissez selon vos envies.

Des hébergements variés

Résidences de tourisme, villas individuelles, mobil-homes en camping, chalets à la montagne…

Du studio à la villa individuelle avec piscine, vous profitez d'**une gamme étendue de logements.**

Vos séjours en toute sécurité

Tous les sites sont visités régulièrement par nos équipes afin de s'assurer que vous passiez des vacances sans souci !

Des conseillers à votre écoute

Par téléphone, du lundi au vendredi de 8h30 à 20h00 et le samedi de 9h00 à 18h00, **nos conseillers vacances vous guident** dans vos choix pour vos séjours.

Un site internet complet

Idées vacances, recherches géographiques, onglets thématiques, bons plans… Tout a été pensé pour **vous guider dans vos choix**. Mais ce n'est pas tout, vous profitez aussi tout au long de l'année d'offres spéciales.

Une réservation très simple

Sur internet ou par téléphone, la **disponibilité** est **en temps réel**, votre réservation est donc immédiatement confirmée.

VOYAGES LOISIRS.com
votre agence de locations de vacances
Pour réserver chez Voyages Loisirs c'est simple !
Téléphone : 0 892 391 083*
* 0,34€TTC/Min
ou Internet : www.voyagesloisirs.com
Photo Aspen : © New Phox Studio / ©POmi - Fotolia.com. Créa. : www.comquest.fr

Sommaire

Comment utiliser

Une première partie conçue pour bien choisir ses vacances en France

A chacun ses raisons

Choisir en fonction de ses **centres d'intérêt** : ski, balnéaire, thermalisme et thalasso, lacs, tourisme fluvial, parcs naturels, golfs, sites préhistoriques, villages typiques, châteaux, musées, art religieux, tourisme industriel, ouvrages d'art, parcs d'attraction, fêtes et festivals, gastronomie…

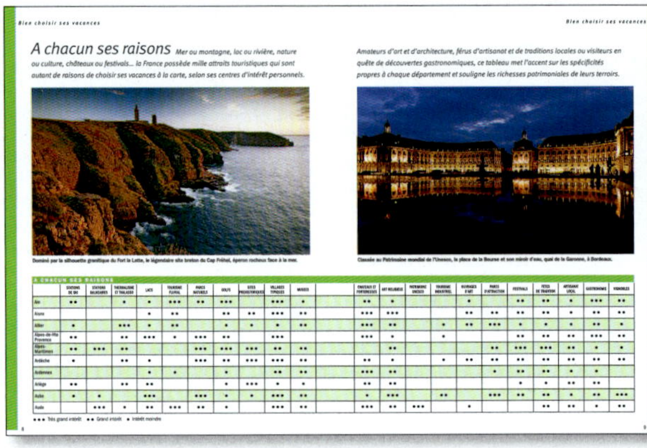

A chacun ses vacances

Choisir en fonction du **type de vacances** : en couple, avec des enfants, des seniors et de **ses orientations** : repos, tourisme vert, visites culturelles, vacances sportives… et de **la durée du séjour** : un week-end, une semaine, quinze jours et plus.

A chacun sa tendance

Choisir en fonction des **thèmes à la mode** : écotourisme, GR mythiques, France des jardins, stages et savoir-faire, séjours culturels, visites industrielles, vacances scientifiques, tourisme fluvial, hébergements insolites, évasion luxe, destination bien-être…

A chacun son choix

Choisir en fonction de la **durée du voyage** en train ou voiture et de **caractères saisonniers** : affluence et sélection des rendez-vous festifs, en été ou en hiver.

le GEOBOOK

France : les régions et départements de A à Z

DES PHOTOS...
...emblématiques qui donnent un avant-goût des vacances.

QUE VOIR, QUE FAIRE ?
■ Les attraits touristiques du département : Les paysages, les monuments, les villes, les traditions...
■ Les activités sportives : randonnées, équitation, tourisme fluvial...

LA CARTE DETAILLEE
- Préfecture
- Ville
- Monument, musée, site historique
- Panorama, paysage remarquable, site de randonnée
- Plage, côte remarquable
- Parc naturel, réserve, forêt, parc
- Beau village
- Site inscrit au patrimoine mondial de l'UNESCO

A la frontière avec le Brésil, en plein «enfer vert» amazonien, le village amérindien de Camopi, sur les rives du fleuve Oyapock.

Départements d'outre-mer
Guyane

Guyane

Entre l'Equateur et le tropique du Cancer, la Guyane est une terre contrastée où la découverte d'une nature luxuriante se conjugue à la rencontre d'un peuple attaché à ses traditions. Rivières tumultueuses et forêts tropicales sont propices à l'écotourisme le plus pur.

■ **Les paysages**
A 8 heures de Paris, la Guyane transporte dans un autre monde, bien loin de la Métropole. Ici, le dépaysement est instantané. Situées sur la côte Atlantique, les deux principales villes, Cayenne, la capitale, et Kourou, réputée pour son centre spatial, sont les plus importantes agglomérations. Composée de rivières et de forêts surabondantes, la nature, en tout point sauvage, a gardé possession du reste du territoire.

Avec leurs eaux opaques, les larges fleuves navigables trouvent leurs sources pendant la saison des pluies, d'avril à juillet. Le **Maroni**, à la frontière surinamaise, l'**Oyapock**, limitrophe du Brésil, l'**Approuague** et le **Mana** parcourent la jungle tropicale. Sur leurs rives, de modestes villages, lieux de vie des ethnies amérindiennes et businengues. La **forêt équatoriale** couvre 96 % du territoire. En partie primaire, elle est protégée par le **parc amazonien de Guyane** dans le Sud et une série de réserves naturelles : la Trinité, les Nouragues, les marais de Kaw, l'île du Grand Connétable et l'Amana. Arbres millénaires, mangroves, savanes et inselbergs (collines isolées) y abritent des écosystèmes d'une extraordinaire variété.

LE CARNET DE VOYAGE

Les premiers contacts
Comité départemental du tourisme de la Guyane, 1, rue Clapeyron, 75008 Paris, 01.42.94.15.16. www.tourisme-guyane.com
La population
209 000 habitants. Préfecture : Cayenne.
Les fêtes
Janvier-février : carnaval (Cayenne). **Avril-mai** : 24 heures des musiques guyanaises. **Octobre** : Kayenn Jazz Festival. **Novembre** : festival Transamazoniennes (Saint-Laurent du Maroni, tous les 2 ans), Nouvel An Hmong (Cacao).
Les produits locaux
- Epices (gingembre, muscade, cannelle, girofle, poivre, piment).
- Bouillon d'awara (recette à base de pâte d'awara, le fruit d'un palmier, légumes, salaisons, viande et crustacés), colombo de porc (aux épices), fricassés de lambis (coquillage), poulet et poisson boucané (fumé).
L'artisanat
Travail du bois (créoles), tissages (par les Hmong), art Tembé (peinture, sculpture et couture aux motifs d'entrelacs, par les Businengués).

QUE VOIR, QUE FAIRE EN GUYANE ?
Les paysages
■ Fleuves (Maroni, Approuague, Oyapock)
■ Forêt équatoriale, parc amazonien de Guyane
Les sites naturels et les activités
■ Croisières sur les marais de Kaw
■ Descente de sauts sur les fleuves
■ Observation de la faune et de la flore dans les réserves
Le patrimoine historique
■ Cayenne
■ Iles du Salut
■ Saint-Laurent du Maroni

■ **Les sites naturels**
A 50 kilomètres de Roura, les **marais de Kaw** sont le paradis des toucans, hazins et flamants roses qui sillonnent le dédale de canaux. Leurs ailes chamarrées frôlent souvent les pirogues. Aménagés en hébergements de fortune, les carbets flottants, traditionnels abris de bois aux toits de palme, invitent à la contemplation.
Le long du **Maroni**, les petits villages businengués (Apatou, Grand Santi, Papaichton...) offrent la rencontre avec un mode de vie trivial. Compter environ quatre jours de pirogue pour aller jusqu'à Maripasoula. Les habitations sont immergées dans la végétation et le spectacle des échanges et des passages sur le fleuve est unique. Sur le **fleuve Oyapock**, les plus beaux sauts (des rapides augmentent le courant) attirent les férus de sensations fortes. A vivre à bord d'un canoë ou d'une pirogue. Le fleuve **Mana** prend le relais avec ses 430 kilomètres de descente. Si l'**Approuague** est un beau terrain de jeu pour franchir les courants, le fleuve n'en est pas moins une porte d'entrée dans la forêt équatoriale. Propice à la randonnée accompagnée en forêt amazonienne, le village de **Saül** dévoile le cœur de la Guyane. Pour observer la tortue Luth, se rendre aux plages des Hattes. Près de Mana, c'est l'un des lieux de ponte de ces cuirassées géantes pouvant peser la moitié d'une tonne et mesurer 1 mètre 80. Sinnamary est le territoire des ibis rouges et des oiseaux échassiers. A découvrir aussi, la seule aire marine protégée de toute la côte amazonienne, dans la **réserve de l'île du Grand Connétable**.

LES SUGGESTIONS GEO
■ **Découverte :** observation des tortues marines, ponte d'avril à juillet et naissances d'août à octobre (Les Hattes) ; parc botanique et zoologique de Guyane, pour la faune et les canopées à la cime des arbres (Macouria) ; musée de l'Espace (Kourou).
■ **Aventure :** observation nocturne des caïmans (marais de Kaw) ; pêche sportive en mer (îles du Salut).
■ **Insolite :** assister au décollage d'une fusée (Kourou) ; labyrinthe aquatique de la crique Gabriel, au milieu des vestiges d'anciennes plantations de cacao et de bois de rose (à 35 km de Cayenne).

LES CONSEILS GEO
▶ **Les plus**
La moindre excursion offre une immersion totale dans la nature : dépaysant. Les populations, francophones, facilitent les découvertes.
▶ **Les moins**
Le climat tropical, chaud et humide, est difficile à supporter. Le confort spartiate lors des excursions (nuit en hamac ou en carbet).
▶ **Les recommandations**
Le vaccin contre la fièvre jaune ainsi qu'un traitement contre le paludisme sont indispensables. En forêt et sur les fleuves, ne pas s'aventurer seul.
▶ **Les tendances**
La Guyane augmente son panel de partenaires : les tour-opérateurs développent de nouveaux circuits sur la destination à partir de 1 600 euros.

■ **Le patrimoine historique**
Alors que Cayenne est caractérisée par son architecture coloniale, les îles du Salut et Saint-Laurent du Maroni racontent les conditions d'emprisonnement des bagnards. Depuis les années 1850 et durant un siècle, elles furent un lieu de déportation. Dreyfus et Seznec y furent captifs. Le bagne aboli, les édifices de la colonie carcérale subsistent aux **îles du Salut**, au large de Kourou. A l'approche de cet archipel (idéalement en catamaran), les eaux se font turquoises et limpides. D'origine volcanique, le trio des îles Royale, Saint-Joseph et du Diable façonne un lieu paradisiaque, propice à la baignade.
La culture des terres et l'extraction de l'or ont engendré un fort brassage ethnique qui anime le marché de **Saint-Laurent du Maroni**. En ville, le camp de la Transportation transporte des années en arrière, à l'ancien siège de l'administration pénitentiaire. ■

LE CARNET DE VOYAGE
Toutes les informations pratiques sur le département : les premiers contacts, la population, les festivals et les fêtes traditionnelles, les produits locaux, l'artisanat.

LES SUGGESTIONS GEO
Une sélection d'idées étonnantes pour découvrir le patrimoine local autrement, partir à l'aventure, explorer la nature ou faire des sorties insolites.

LES CONSEILS GEO
Les plus, les moins pour chaque département, les recommandations utiles et les tendances touristiques.

A chacun ses raisons

Mer ou montagne, lac ou rivière, nature ou culture, châteaux ou festivals... la France possède mille attraits touristiques qui sont autant de raisons de choisir ses vacances à la carte, selon ses centres d'intérêt personnels.

Dominé par la silhouette granitique du Fort la Latte, le légendaire site breton du Cap Fréhel, éperon rocheux face à la mer.

A CHACUN SES RAISONS

	STATIONS DE SKI	STATIONS BALNEAIRES	THERMALISME ET THALASSO	LACS	TOURISME FLUVIAL	PARCS NATURELS	GOLFS	SITES PREHISTORIQUES	VILLAGES TYPIQUES	MUSEES
Ain	●●		●	●	●●●	●●	●●●		●●●	●
Aisne				●	●●		●●	●●	●●●	●●
Allier	●		●●●	●	●●		●	●	●	●●
Alpes-de-Hte Provence	●●		●●	●●●	●	●●●	●●		●●●	
Alpes-Maritimes	●●	●●●	●●			●●●	●●●	●●●	●●	●●
Ardèche	●		●●	●		●●●	●●	●●●	●●●	●●
Ardennes				●	●		●		●●	●●
Ariège	●●		●●	●●			●	●●●	●	●
Aube	●	●		●●●		●●●	●	●	●●●	●●
Aude		●●●	●	●●	●●●	●●	●		●●●	●●

●●● Très grand intérêt ●● Grand intérêt ● Intérêt moindre

Amateurs d'art et d'architecture, férus d'artisanat et de traditions locales ou visiteurs en quête de découvertes gastronomiques, ce tableau met l'accent sur les spécificités propres à chaque département et souligne les richesses patrimoniales de leurs terroirs.

Classée au Patrimoine mondial de l'Unesco, la place de la Bourse et son miroir d'eau, quai de la Garonne, à Bordeaux.

	CHATEAUX ET FORTERESSES	ART RELIGIEUX	PATRIMOINE UNESCO	TOURISME INDUSTRIEL	OUVRAGES D'ART	PARCS D'ATTRACTION	FESTIVALS	FETES DE TRADITION	ARTISANAT LOCAL	GASTRONOMIE	VIGNOBLES
	••	•			•		••	••	•	•••	••
	•••	•••			••	••	••	••	•	••	••
	•••	••		•	••	•••	•	•	•	••	•
	•••	•		•			••	••	••	•••	••
		••				••	•••	•••	••	•	•
	••	•		•	••	••	••	••	••	••	••
	•••	••				•	••	••	•	•	
	••	••					•	•	••	••	
	•	•••		••		•••	••	••	•	••	•••
	•••	••	•••		•			••	••	•	••

A CHACUN SES RAISONS

	STATIONS DE SKI	STATIONS BALNEAIRES	THERMALISME ET THALASSO	LACS	TOURISME FLUVIAL	PARCS NATURELS	GOLFS	SITES PREHISTORIQUES	VILLAGES TYPIQUES	MUSEES
Aveyron	●			●●●	●	●●●		●	●●●	●
Bas-Rhin	●		●		●●	●●●	●●		●●●	●●●
Bouches-du-Rhône		●●●	●●			●●●	●●		●●	●●
Calvados		●●●			●	●●	●●		●●●	●●
Cantal	●		●	●●		●●●	●		●●●	
Charente				●●	●●●	●	●		●●	●●
Charente-Maritime		●●●	●●●	●			●●		●●●	●●
Cher				●●	●●●		●●		●●●	●●●
Corrèze				●●	●●	●●	●		●●●	●●
Corse-du-Sud		●●●	●	●		●●●	●●●	●●●	●●	●
Côte-d'Or				●	●●●	●●	●		●●	●●●
Côtes-d'Armor		●●●	●	●●	●●		●●		●●●	●●
Creuse			●	●●●		●●			●●	●
Deux-Sèvres					●●●	●●	●●	●●●	●●●	●
Dordogne				●●	●●	●●●	●	●●●	●●●	●●●
Doubs	●●			●●	●	●●			●	●●
Drôme	●		●	●●	●●	●●●	●●	●	●●●	●●
Essonne					●	●●●	●●		●	●●
Eure					●	●●	●		●●●	●●
Eure-et-Loir						●●●	●●		●●	●●●
Finistère		●●●	●●	●	●●	●●●	●●	●●	●●●	●●
Gard		●●	●	●	●●	●●●	●	●●	●●●	●●●
Gers			●	●	●		●●		●●●	●
Gironde		●●●	●●	●●●	●●	●●	●●	●	●●	●
Guadeloupe		●●●				●●●	●●	●	●●	●
Guyane					●●●	●●●			●●●	●●
Haut-Rhin	●●			●	●	●●	●		●●	●
Haute-Corse		●●●		●		●●●			●●	●
Haute-Garonne	●●		●	●	●●●		●●	●	●●	●●
Haute-Loire	●			●●		●●	●●	●●	●●	●●

●●● Très grand intérêt ●● Grand intérêt ● Intérêt moindre

	CHATEAUX ET FORTERESSES	ART RELIGIEUX	PATRIMOINE UNESCO	TOURISME INDUSTRIEL	OUVRAGES D'ART	PARCS D'ATTRACTION	FESTIVALS	FETES DE TRADITION	ARTISANAT LOCAL	GASTRONOMIE	VIGNOBLES
	•••	•	•••	•	•••		•	•	••	••	•
	•••	•••	•••	•		•	••	•••	••	•••	•••
	••	••	•••	•		••	•	•••	•	••	••
	•••	•••		•	••	•••	••	••	••	•••	
	••	•			••			••	••	••	
	•••	••					•••	•	•	••	•••
	•••	•••	•••			••	•••	•		•••	•••
	•••	•••	•••	•	••		•••	••	•	••	•••
	•••	••			•••		•	••	••	••	
	•	•	•••				•	••		••	•
	•••	•••	•••	•	•		••	•••	•••	••	•••
	•••	•••		••		•	••	••	••	••	
	•••	•			•		•	•	•••	••	
	•••	•••	••	•	••		•••	••	•	••	•
	•••	••	•••	•			•••	•••	••	•••	•••
	••	••	•••	•		•	•	••	•	••	
	•••	••		•	•	•	••	••	••	•••	••
	••	••		••	••		•••	••	••	•	
	•••	••		•					•	•	
	••	•••	•••		••		•••	•	•••		
	••	•••	•••	••		•	••	•••	••	•••	
	•••	•••	•••		•••	••	•••	•••	•••	••	••
	••	••	••				••	••		••	••
	••	••	•••	•••		•	••	•		•••	•••
				•			•	••	•	•	
				•••			••	••	••	••	
	•	•		•••		••		•	•	•••	•••
	•	••	•••				•	••		••	•
	•	•••	•••	•••	•••	•••	•••	•	••	•••	••
	••	•••	•••	•	•		•••	••	••	••	

A CHACUN SES RAISONS

	STATIONS DE SKI	STATIONS BALNEAIRES	THERMALISME ET THALASSO	LACS	TOURISME FLUVIAL	PARCS NATURELS	GOLFS	SITES PREHISTORIQUES	VILLAGES TYPIQUES	MUSEES
Haute-Marne			●●	●●	●●				●●	●●
Haute-Saône			●	●●	●●	●●	●		●●●	●●
Haute-Savoie	●●●	●	●●●	●●●		●●●	●●●	●●●	●	●
Haute-Vienne				●●●	●	●●●	●	●	●	●●
Hautes-Alpes	●●●			●●●		●●●			●●	
Hautes-Pyrénées	●●●		●●●	●●●		●●●	●●	●●	●●	●
Hauts-de-Seine							●			●●
Hérault		●●●	●	●●	●●	●●	●●●	●●	●●	●●
Ille-et-Vilaine		●●●	●●		●●		●●	●●	●●	●●
Indre				●●		●●●	●	●	●●	●●
Indre-et-Loire				●	●●●	●●			●●●	●●
Isère	●●●		●●	●●●		●●●	●●	●●	●	●●
Jura	●●	●●	●	●●●	●	●●	●●	●●	●●	●
Landes		●●●	●●●	●●	●	●●	●●	●	●●	●
Loir-et-Cher					●●		●●●		●●●	●●●
Loire	●				●●●	●●			●●	●●●
Loire-Atlantique		●●●	●●●	●●	●●	●●●	●●		●●	●●
Loiret					●●		●●		●	●●
Lot				●●	●●●	●●●		●●●	●●●	●●
Lot-et-Garonne			●	●●	●●●		●●	●	●●	●●
Lozère	●●		●	●●		●●●	●●	●●	●●●	●
Maine-et-Loire					●●	●●	●●		●●	●●
Manche		●●●	●●			●●●	●●●		●●●	●●
Marne				●●	●	●●	●		●●	●
Martinique		●●●				●●●	●●		●●	●
Mayenne					●●●	●●		●	●●●	●●
Meurthe-et-Moselle				●●●	●	●●				●●
Meuse				●	●●	●●			●	●●
Morbihan		●●●	●●●	●	●●		●	●●●	●●●	●●
Moselle			●●	●	●	●●	●●	●		●●

●●● Très grand intérêt ●● Grand intérêt ● Intérêt moindre

	CHATEAUX ET FORTERESSES	ART RELIGIEUX	PATRIMOINE UNESCO	TOURISME INDUSTRIEL	OUVRAGES D'ART	PARCS D'ATTRACTION	FESTIVALS	FETES DE TRADITION	ARTISANAT LOCAL	GASTRONOMIE	VIGNOBLES
	●●	●		●●	●●		●●		●●	●●	●●
	●●	●●			●		●●	●	●	●●	●
	●●●	●●			●		●●●	●●		●●●	●●
	●●	●●	●●	●		●	●●	●●	●●	●●●	
	●	●●	●●					●	●●	●●	
	●	●	●●●				●●	●	●	●●	●●
		●		●			●●	●			●
	●●	●●	●●●			●●●	●●	●●●		●●	●●●
	●●●	●●●	●●●	●●		●●	●●	●●		●●●	
	●●●	●●●	●●●	●		●	●●	●	●	●●	●●
	●●●	●●●	●●●		●●	●●		●	●	●●●	●●●
	●●	●●		●		●●●	●●	●		●●	●
	●	●	●●	●			●	●	●●	●	●●
	●	●●	●●	●		●●	●●	●●	●●	●●	●
	●●●	●●●	●●●	●			●●	●		●●	●●
	●●●	●●		●●●			●●			●●	●●
	●●	●●		●●●		●	●●●	●●	●●	●●	●●
	●●	●●●	●●●		●●		●			●●	●
	●●●	●●●	●●		●●		●	●●	●●	●●●	●●
	●●	●			●●	●●	●	●	●	●●	●●
	●●●	●●	●●●		●●●	●	●●	●●●	●●	●●●	
	●●●	●●	●●●				●●	●	●	●●	●●
	●●	●●●	●●●		●●●	●●		●●●	●●	●●●	
	●	●●	●●●				●●	●●	●	●●●	
				●			●	●	●	●	
	●●	●●					●	●●	●●	●	
	●●●		●●●				●	●●		●●	●
	●	●					●		●	●	●
	●●	●●●		●		●	●●	●●●	●●	●●●	
	●●	●		●●●	●	●●		●	●	●	●

A CHACUN SES RAISONS

	STATIONS DE SKI	STATIONS BALNEAIRES	THERMALISME ET THALASSO	LACS	TOURISME FLUVIAL	PARCS NATURELS	GOLFS	SITES PREHISTORIQUES	VILLAGES TYPIQUES	MUSEES
Nièvre				●●	●●●	●●	●●	●		●●
Nord		●●	●	●●	●●	●●●	●●	●	●●	●●●
Oise						●●	●●●		●●●	●●●
Orne			●●	●		●●●	●●		●●	●●
Paris					●●●					●●●
Pas-de-Calais	●	●●	●●	●	●●	●●	●●	●	●●●	●●
Puy-de-Dôme	●●		●●	●●●		●●●	●	●●●	●●	●●
Pyrénées-Atlantiques	●●	●●●	●●●	●●		●●●	●●●	●●●	●●●	●●
Pyrénées-Orientales	●●●	●●●	●●●	●●		●●●	●●	●●●	●●	●●
Réunion		●●				●●●	●		●	●
Rhône				●	●●	●●				●●●
Saône-et-Loire	●			●	●●	●●	●	●●●	●	●●
Sarthe				●●	●●●	●●	●●		●●	●
Savoie	●●●		●●	●●●		●●●	●●●	●	●●●	●
Seine-et-Marne					●●	●●●	●		●●	●●●
Seine-Maritime					●	●●	●●●		●●●	●●
Seine-Saint-Denis					●●●					●●●
Somme		●●			●		●		●	●
Tarn	●		●	●●	●	●●	●	●	●●●	●
Tarn-et-Garonne				●	●●		●	●	●●	●●
Territoire de Belfort				●●		●●●	●		●●	●●
Val-d'Oise			●●		●	●●	●●			●●
Val-de-Marne				●●	●●●					●●
Var		●●●	●●	●●		●●●	●●●	●	●●●	●●
Vaucluse	●			●●		●●●	●		●●●	●●●
Vendée		●●●	●●	●	●●	●●●	●	●●	●●	●●
Vienne			●●	●	●		●	●●	●	●
Vosges	●●●		●●●	●●●	●	●●●		●●●	●●	●●
Yonne				●●	●●●	●●	●	●●	●●	●●
Yvelines					●●	●●●	●●		●	●●●

●●● Très grand intérêt ●● Grand intérêt ● Intérêt moindre

	CHATEAUX ET FORTERESSES	ART RELIGIEUX	PATRIMOINE UNESCO	TOURISME INDUSTRIEL	OUVRAGES D'ART	PARCS D'ATTRACTION	FESTIVALS	FETES DE TRADITION	ARTISANAT LOCAL	GASTRONOMIE	VIGNOBLES
	●	●●	●●●	●●	●		●●		●●●	●	●
	●●	●●	●●●	●●●		●●●	●●●	●●●	●●	●●	●
	●●●	●●		●		●●●				●	
	●●	●●							●●	●●	
		●●●	●●●	●	●●●	●	●●●			●●	
	●●	●●●	●●●	●●	●	●●	●●	●●	●	●●	●
	●●	●●●	●●●	●	●	●●●	●●●	●●	●●●	●●●	●
	●●	●●	●●●				●●●	●●●	●●	●●●	●●
	●●	●●●	●●●	●●	●●	●	●	●●	●●	●●	●●
		●●		●●			●	●●	●	●	●
			●●●	●●●			●	●●		●●●	●●●
	●●●	●●●		●			●●	●●●		●●	●●●
	●●	●				●●	●●	●●●	●	●	●●
	●●	●●					●	●	●	●●●	●●
	●●●	●	●●●			●●●	●●	●	●	●●	●
	●	●●●	●●●	●	●●●	●●	●●	●●		●●●	
	●	●		●●●			●●				
	●	●●	●●●			●	●	●		●	
	●●	●●	●●●	●	●	●	●●	●●	●●	●●	●
	●●	●●●	●●●		●●	●	●	●	●●	●●	●
	●●●	●	●●●	●●	●●		●●	●		●●	●
	●●	●					●●●			●	●●
	●●	●		●●	●●	●●	●●●			●	
	●	●●		●	●	●	●●	●●	●●	●●	●●
	●●	●●●	●●●	●	●●●	●	●●●	●●	●●	●●	●●●
	●●●	●●●		●		●●●	●●	●●	●	●●	●
	●●	●●●	●●●	●		●●●●●●	●●	●	●●	●	●●
	●	●●		●●●	●●	●●	●●	●●	●●●	●●●	
	●●●	●●●	●●●		●●	●●●	●	●●		●●●	●●●
	●●●	●●	●●●	●		●	●●	●●	●		

A chacun ses vacances

On ne choisit pas ses vacances de la même manière à vingt ans ou à soixante, avec des enfants ou en couple, pour deux semaines ou deux jours... Ce tableau présente les départements français en fonction de ces critères.

Ornans, la Loue et ses falaises s'admirent dans les toiles de Gustave Courbet et dans le Doubs, pays vert teinté de culture.

A CHACUN SES VACANCES

	VOYAGER A DEUX	VOYAGER AVEC DES ENFANTS	VOYAGER AVEC DES SENIORS	UN WEEK-END	UNE SEMAINE	DEUX SEMAINES ET PLUS	SE REPOSER	TOURISME VERT	VISITES CULTURELLES	VACANCES SPORTIVES
Ain	●	●	●	●●	●		●●	●●	●	●●
Aisne	●●	●●	●	●●	●		●●	●●	●●	●
Allier	●●●	●	●●●	●●	●		●●●	●●	●	●
Alpes-de-Hte Provence	●●●	●	●●	●●●	●●●	●●	●●	●●●	●●	●●●
Alpes-Maritimes	●●●	●	●●●	●●●	●●●	●	●●	●●●	●●	●●
Ardèche	●●	●●	●		●●●	●●	●●	●●●	●●	●●●
Ardennes	●	●●	●●	●	●●		●●	●	●	●
Ariège	●	●●●	●	●●	●●●	●	●	●●	●●	●●●
Aube	●●●	●	●●	●●	●●		●●●	●●	●●	
Aude	●●	●●●	●●		●●●	●	●●	●●	●●	●

●●● Très grand intérêt ●● Grand intérêt ● Intérêt moindre

A CHACUN SES VACANCES										
	VOYAGER A DEUX	VOYAGER AVEC DES ENFANTS	VOYAGER AVEC DES SENIORS	UN WEEK-END	UNE SEMAINE	DEUX SEMAINES ET PLUS	SE REPOSER	TOURISME VERT	VISITES CULTURELLES	VACANCES SPORTIVES
Aveyron	•••	••	••	•	••	•	•••	•••	••	••
Bas-Rhin	••	•••	••	•	••		•	••	•••	•
Bouches-du-Rhône	••	•	••	•••	•••	••	••	•••	••	
Calvados	•••	••	••	•••	••		•••	••	•	••
Cantal	••	•	•		••	•	•••	•••	•	••
Charente	•	••	•		••	•	••	••	•	•
Charente Maritime	•••	••	••	••	•••	•	•••	•	••	•
Cher	••	•	••	•••	•		•••	••	•	
Corrèze	••	•	••	•	••		••	••	•	••
Corse-du-Sud	•••	•••	••		••	•••	••	•••	••	•••
Côte-d'Or	•••	•	•••	••	•		•••	••	••	•
Côtes-d'Armor	••	•••	••	•	•••	••	••	••	••	•
Creuse	••	•	••		••		••	••	•	•
Deux-Sèvres	••	•	•••	••	•••		•	•••	••	•
Dordogne	•••	••	••		•••	••	••	••	•••	•
Doubs	••	•••	•	•	••			•••	••	•••
Drôme	•••	•	••		•••	••	••	•••	••	•••
Essonne	••	•	•	••				••	••	
Eure	••	•	••	••	••		••	••	••	
Eure-et-Loir	•	••	••	••	••		••	••	••	
Finistère	•••	•••	••	••	•••	••	••	••	••	•
Gard	••	•	•		•••	••	•	•••	••	•
Gers	••	•	•••	•••	•		••	••	•	
Gironde	•••	•	••	••	•••	••	••	••	•••	
Guadeloupe	•	••	••		••	•	••	•••	•	••
Guyane	••	•				••		•••	•	••
Haut-Rhin	••	•	•••	•	••		•	••	••	
Haute-Corse	•••	••	••		•••	••	•••	•••	••	•••
Haute-Garonne	•••	•	••	•••	•			•	••	
Haute-Loire	•	•	••		••		•••	••	••	•

A CHACUN SES VACANCES

	VOYAGER A DEUX	VOYAGER AVEC DES ENFANTS	VOYAGER AVEC DES SENIORS	UN WEEK-END	UNE SEMAINE	DEUX SEMAINES ET PLUS	SE REPOSER	TOURISME VERT	VISITES CULTURELLES	VACANCES SPORTIVES
Haute-Marne	●●	●	●●	●	●●		●●	●●	●	
Haute-Saône	●	●●	●		●●		●●	●●	●	
Haute-Savoie	●●	●●●	●●	●●	●●●	●●	●●●	●●●	●	●●●
Haute-Vienne	●	●●	●●		●●		●●	●●●	●	●●
Hautes-Alpes	●	●●●	●		●●●	●●	●	●●●	●	●●●
Hautes-Pyrénées	●●●	●●	●		●●●	●●	●●	●●●	●	●●●
Hauts-de-Seine	●●	●	●●	●●				●	●●	
Hérault	●●	●●●	●		●●		●●	●●	●●	
Ille-et-Vilaine	●	●●	●●	●	●●		●●●	●	●●	●
Indre	●●●	●	●●	●●●	●●		●●	●●●	●	
Indre-et-Loire	●●●	●●	●●●	●●●	●●	●	●	●●	●●●	
Isère	●●	●●	●	●	●●●	●●	●	●●●	●	●●●
Jura	●●	●●	●		●●●	●●		●●●		●●●
Landes	●●	●●●	●●		●●	●●●	●	●●	●●	●●
Loir-et-Cher	●●●	●●	●●●	●●●	●●	●	●	●	●●●	
Loire	●●	●		●●	●		●●	●●	●	●●
Loire-Atlantique	●●	●●●	●●●	●●●	●●	●●	●●	●●	●●	●
Loiret	●●	●	●●	●●	●		●●	●●	●	
Lot	●●	●	●●		●●		●●●	●●●	●●	●●
Lot-et-Garonne	●●	●	●●		●●		●●●	●●	●●	
Lozère	●●	●●	●●		●●●		●●●	●●●	●	●●
Maine-et-Loire	●●●		●●	●●●	●●●		●●	●	●●	
Manche	●●●	●	●●	●●●	●●	●	●●	●●●	●●	●
Marne	●●	●	●●	●●	●		●●	●●	●●	
Martinique	●●	●●	●●		●●●	●●	●●	●●●		●●
Mayenne	●		●●		●●		●●●	●	●	
Meurthe-et-Moselle	●●	●	●●●	●●	●		●	●●	●●	●●
Meuse	●	●●	●●		●●		●		●●	
Morbihan	●●	●●●	●●	●	●●●	●●	●●	●●●	●●●	●
Moselle	●●	●●	●●●	●●●	●●			●●	●●●	●●

●●● Très grand intérêt ●● Grand intérêt ● Intérêt moindre

A CHACUN SES VACANCES

	VOYAGER A DEUX	VOYAGER AVEC DES ENFANTS	VOYAGER AVEC DES SENIORS	UN WEEK-END	UNE SEMAINE	DEUX SEMAINES ET PLUS	SE REPOSER	TOURISME VERT	VISITES CULTURELLES	VACANCES SPORTIVES
Nièvre	••	•	••	••	•		••	••	••	
Nord	•	••	•••	••	•••	•	•	••	••	•
Oise	•••	•••	••	•••	•		••	••	••	
Orne	••		••	••	•		•••	•••	•	
Paris	•••	••	•	•••	•••				•••	
Pas-de-Calais	••	••		••	••		••	••	•	
Puy-de-Dôme	•	•••	•		•••	••	••	•••	••	•••
Pyrénées-Atlantiques	••	••	••		•••	••	••	•••	•	••
Pyrénées-Orientales	••	•••	••		•••	••	••	•••	••	•••
Réunion	•••	••			•••	••	•	•••	••	•••
Rhône	••		••	••	•		•	••	••	
Saône-et-Loire	••	•	••	•	••		••	••	•••	
Sarthe	••	•	•	••	•		••	••	••	
Savoie	••	•••	•	••	•••	••	•	•••	••	•••
Seine-et-Marne	•••	•••	••	••	•		••	•••	••	••
Seine-Maritime	••	•••	••	•••	••	•	••	••	••	•
Seine-Saint-Denis	••			••				•	•	
Somme	••	•		•••	••		•	••	•	
Tarn	••		••	••	••		••	••	••	•
Tarn-et-Garonne	••		•	•	••		•	•	••	•
Territoire de Belfort	•	••	••		••	•	•	••	••	•••
Val-d'Oise	••		•	••				••	•	
Val-de-Marne	•	••	••	••				•	•	
Var	•••	••	••	•	•••	••	••	•••	•	•
Vaucluse	•••	•	••	•••	•••	••	•	•••	•••	•
Vendée	••	•••	••	•	•••	••	•••	•••	•	
Vienne	•	•••	•	•••	•		••	••	••	
Vosges	••	•••			•••	••	••	•••	•	•••
Yonne	••	••	•••		••		•••	••	••	•
Yvelines	•••	•••	•••	•••	••			••	•••	••

Les valeurs de l'écotourisme

Dans les Hautes Chaumes des Vosges, le chamois (Rupicapra rupicapra) est protégé par les mesures du plan Natura 2000.

C'est une triste chose de penser que la nature parle et que le genre humain n'écoute pas, déplorait déjà Victor Hugo. Et, aujourd'hui, avec le développement exponentiel du tourisme, source de dégradations environnementales, c'est encore plus patent. Mais, si tourisme et développement durable ne font pas toujours bon ménage, ce n'est pas une fatalité. Fort heureusement, un tourisme alternatif est possible, réconciliant nature et découverte : l'écotourisme. Respectueux de l'environnement, il s'apparente à toutes les nouvelles formes de voyages, qu'ils soient estampillés «responsable», «durable», «équitable», ou «solidaire».
Loin du «bronzer idiot», être un écovoyageur, sur la plage, au sommet d'une montagne ou au fin fond de la campagne, c'est acquérir et pratiquer les bons réflexes pour agir en faveur d'un tourisme durable, en limitant ses impacts environnementaux : choisir le train, le vélo, le dos d'âne, la roulotte, le roller ou les pieds plutôt que l'avion, s'intéresser aux us et coutumes locales, s'éloigner des sentiers battus, goûter à la cuisine locale, bio si possible, ne laisser aucune trace de son passage, respecter la faune et la flore, aller à la rencontre des gens, prendre son temps. Bref, devenir acteur de son voyage.

Davantage adapté aux voyages individuels ou organisés en petits groupes, l'écotourisme favorise l'hébergement chez l'habitant, dans des écogîtes ou dans des écolodges. Très en vogue, ces petites structures de charme (5 à 50 chambres) construites dans un souci d'harmonie avec la nature et dont l'impact sur l'environnement est minime, commencent à fleurir un peu partout en France. Généralement, ces établissements nouvelle génération pratiquent une gestion scrupuleuse des déchets, de l'eau et de l'énergie, favorisent l'utilisation des ressources renouvelables, utilisent panneaux solaires, pompe à eau pour la piscine, latex naturel pour la literie, et, bien souvent, proposent une restauration naturelle, voire bio. Et, cela va de soi, l'entretien des jardins est pratiqué selon les principes de l'agriculture raisonnée.

Beaucoup plus qu'un effet de mode, le tourisme durable tend à devenir une tendance de fond. Des grandes chaînes comme Fairmont, Accor ou Pierre et Vacances se sont engagées depuis longtemps dans une démarche éco-responsable en réduisant, entre autres, leur consommation énergétique. Des stations de montagne, comme Les Houches ou La Clusaz, ont choisi également de relever le défi du développement durable, en améliorant, notamment, les transports en commun et en rénovant l'habitat en conformité avec l'architecture traditionnelle ou bioclimatique. Station sans voitures, Avoriaz les a remplacées par des calèches tirées par des chevaux. Une aubaine pour le tourisme et l'environnement. Côté spa, l'alliance avec l'écologie n'est plus marginale. Plusieurs centres de thalasso mettent tout en œuvre pour préserver la biodiversité environnante et proposent des soins bio.

De plus en plus «fashion», les formules de vacances écotouristiques, où la quête d'authenticité domine, se multiplient : séjour en ferme biologique, séjour écologique pour enfants, nuit dans un cabanon douillet perché dans les arbres, circuits «verts», agritourisme, wwoofing (travail bénévole sur des fermes biologiques en échange du gîte et du couvert) et autres solutions de tourisme propre sont en plein essor. Pour faire rimer écologie et tourisme. ■

Quelques sites Internet

▶ **www.unat.asso.fr**
L'une des missions de l'Union nationale des associations de tourisme est la promotion et le soutien au tourisme solidaire.

▶ **www.ecotourisme.info**
Site de l'AFE (Association française d'écotourisme), chargée de la promotion de l'écotourisme en France.

▶ **www.voyageons-autrement.com**
Site d'informations sur le tourisme durable.

LES LABELS DU TOURISME DURABLE

NOMS	CREATION	CIBLES	NOMBRE DE LABELLISES
L'Eco-label européen	**2003** par la Commission européenne	Hôtels, chambres d'hôtes, campings	**12**
La Clef verte	**1998** par la Fondation pour l'éducation à l'environnement (FEE)	Campings, hôtels, gîtes, chambres d'hôtes, résidences...	**234**
Chouette nature	**2000** par le réseau Cap France	Villages de vacances	**43**
Gîtes Panda	**1993** par le WWF (Fonds mondial pour la nature)	Gîtes ruraux, chambres d'hôtes, gîtes de séjour, gîtes d'enfants	**300**
Le Pavillon bleu	**1985** par la Fondation pour l'éducation à l'environnement (FEE)	Communes et ports de plaisance	**78** communes et **69** ports (**242** plages)

Les GR mythiques

Traversant l'Aubrac, le GR 65 mène pèlerins et randonneurs sur les chemins de Saint-Jacques-de-Compostelle.

S'évader, s'émouvoir, se ressourcer, découvrir, rencontrer... Ah, l'ineffable plaisir de la marche à pied... Suivre les fameuses marques blanches et rouges inscrites sur des arbres, des poteaux, des murs, véritables fils d'Ariane balisant les itinéraires de GR.
Ce sigle historique désigne un sentier de grande randonnée tracé par la Fédération française de randonnée pédestre depuis soixante ans. Le maillage est exceptionnel : 60 000 kilomètres à travers forêts, alpages, littoral, campagnes. Aucune région de France n'est reléguée. Des dizaines de millions de simples promeneurs ou de randonneurs foulent ces GR, du parcours sportif au long cours destiné aux plus chevronnés à la modeste promenade champêtre à la journée pour les petites jambes. Une formule idéale pour (re)découvrir la France, en solitaire, en groupes ou en famille.
Si les trois cent soixante-neuf GR ont indéniablement de nombreux atouts, certains sont devenus mythiques. Associés à des routes historiques, comme le chemin de Stevenson, ou qualifiés de superlatifs (le plus long, le plus ardu, le plus fréquenté...), leur renommée n'est plus à faire. On rêve de «faire» le TMB (le tour du Mont-Blanc), d'arpenter les chemins de Saint-Jacques ou d'ajouter à son palmarès le GR 20 qui trace une diagonale montagneuse en Corse. Le célébrissime GR sur l'île de

Beauté accueille plus de 15 000 marcheurs par an ! Grâce à leur notoriété, on trouve, sur ces GR illustres, des gîtes d'étapes, ou d'autres formules d'accueil tout au long du parcours. Sachez tout de même que, victimes de leur succès, ces sentiers sont envahis par les randonneurs l'été. Alors, si la foule vous rebute, optez pour les «classiques», tout aussi intéressants : le GR 55 en Savoie qui franchit le col de Chavière dans la Vanoise à 2 796 mètres, le GR 2 qui suit le cours de la Seine, le GR 5 appelé aussi GTA (grande traversée des Alpes) qui parcourt l'échine principale des Alpes, du lac Léman à la Méditerranée, le GR 9 à travers la Drôme, le Vaucluse, le Var et les Bouches-du-Rhône, ou encore le GR 11, le tour de l'Ile-de-France. Et oui, il existe des randonnées nature aux portes de Paris ! ■

PRINCIPAUX CHEMINS DE GRANDE RANDONNEE

NOM	LOCALISATION	DISTANCE	COMMENTAIRES
GR 10	Entre Hendaye (Pyrénées-Atlantiques) et Banyuls (Pyrénées-Orientales)	1 100 km	Il relie l'Atlantique à la Méditerranée. C'est l'un des plus longs chemins de randonnée de France. Son parcours est incroyablement varié avec des sentiers accessibles à tous et certaines portions très techniques. En hiver, une grande partie du chemin est enneigée et l'on n'y accède qu'à ski.
GR 20	Corse, du nord au sud	200 km	Réputé pour être le GR le plus difficile mais aussi l'un des plus beaux et... des plus courus. Parmi ses joyaux : la passerelle suspendue de Spasimata, le lac de la Muvrella, le cirque de la Solitude, les lacs de montagne, le train de Vizzavona, les cascades et les piscines naturelles.
GR 34	De Vitré (Ile-et-Vilaine) à Saint-Brieuc (Côtes-d'Armor)	1 899 km	Le plus long GR. Idéal pour découvrir toutes les richesses de la côte bretonne, ses plages, ses criques et falaises, sa flore, le sentier des Douaniers et le clou : le mont Saint-Michel. Le «must» : on profite conjointement de l'effet bénéfique des embruns et de ceux de la marche.
GR 54	Massif de l'Oisans (Alpes)	176 km	Un GR au tracé en boucle autour du massif de l'Oisans, un site magnifique abritant, notamment, le parc naturel des Ecrins, célèbre pour ses edelweiss, ses bouquetins et ses glaciers. On traverse des paysages à couper le souffle. Plutôt réservé à des randonneurs aguerris.
GR 65	De Puy-en-Velay (Haute-Loire) à Saint-Jean-Pied-de-Port (Pyrénées-Atlantiques)	750 km (pour la partie française)	Le célèbre GR 65 suit l'un des quatre itinéraires historiques des pèlerins de Saint-Jacques, tous inscrits au Patrimoine mondial de l'Unesco, partant de quatre lieux sacrés de France et rejoignant l'Espagne. Il serpente à travers des paysages très diversifiés et passe par des villages pittoresques, dont certains possèdent d'imposants édifices religieux comme Conques, Figeac, Rocamadour et Moissac.
GR 70	Du Puy-en-Velay (Haute-Loire) à Alès (Gard)	252 km	Le chemin de Stevenson, du nom de l'écrivain et aventurier qui traversa Velay, Gévaudan, Lozère et Cévennes en compagnie de son ânesse Modestine, sillonne à travers des paysages splendides - plateaux volcaniques de la basse Auvergne, landes et lacs, relief pelé du mont Lozère, châtaigneraies... - et de charmants villages (Pradelles, Langogne, Pont-de-Montvert ou Saint-Jean-du-Gard).
TMB	Tour du Mont-Blanc au départ des Houches	215 km	Tellement célèbre qu'il se dispense de numéro ! Le mythique et très populaire tour du Mont-Blanc est accessible à tout marcheur, expérimenté ou novice. Il encercle le célèbre massif alpin et offre des panoramas de toute beauté. Très fréquenté l'été, il est impératif de réserver les refuges avant de partir à la conquête de ses hauts sommets.

La France des jardins

Mosaïque de buis et de poireaux au potager de Villandry.

Nichés au pied d'une abbaye, cachés dans la nature ou fleuron d'un château célèbre, les jardins sont légion en France. Des parcs exotiques de la Côte d'Azur aux jardins d'altitude, en passant par les jardins médiévaux, arboretums ou potagers fleuris, une myriade d'espaces verts s'offre aux passionnés comme aux simples promeneurs. Le jardin revêt de multiples attributs : végétal, minéral, idéal, conceptuel, paysager, romantique, «à l'italienne», «à la française», «à l'anglaise», botanique, historique ou expérimental... Du jardin erratique au charme simple d'un écrin de verdure médiéval à l'œuvre contemporaine extravagante, la palette est d'une richesse inouïe. Devant l'engouement des Français pour ces paradis végétaux, manifestions et événements fleurissent toute l'année : fêtes des plantes, festivals, ouvertures de jardins privés, parcours ludiques, fêtes des roses, des hydrangeas, journées végétales... tandis qu'en été, de nombreux jardins sont le cadre de concerts ou de pièces de théâtre. Un patrimoine merveilleux à découvrir au gré des envies et des escapades. Face à nos rythmes effrénés, ils sont le gage d'une pause lénifiante. Un véritable retour aux sources. ■

Un tour de France des jardins

▶ **Les jardins de la Riviera** (Alpes-Maritimes).
De purs joyaux datant de la Belle Époque, notamment le jardin Gourmand (Gorges-du-Loup), le jardin Scientifique (Nice) et le jardin Romantique (Menton).

▶ **La Bambouseraie de Prafrance** (Gard).
Un jardin botanique exotique magique abritant une forêt de bambous géants unique en Europe, à Anduze.

▶ **Les jardins du château de Breteuil** (Yvelines).
Magnifique parc illustrant quatre siècles d'histoire, depuis ses châtaigniers plantés sous Louis XIV jusqu'au jardin contemporain des Princes, à Choisel.

▶ **Les jardins du manoir d'Eyrignac** (Dordogne).
Quatre hectares de sculptures végétales à Salignac. L'une des plus belles représentations de l'art topiaire.

▶ **Les jardins de Versailles** (Yvelines).
Chef-d'œuvre érigé par Le Nôtre à la gloire du Roi Soleil, modèle universel du jardin à la française.

▶ **Les jardins de Villandry** (Indre-et-Loire).
Célèbres jardins en terrasse d'inspiration Renaissance, en particulier un incomparable potager décoratif.

▶ **La villa Ephrussi de Rothschild** (Alpes-Maritimes).
Neuf jardins à thème à Saint-Jean-Cap-Ferrat.

▶ **Les jardins Albert Kahn** (Hauts-de-Seine).
Ils illustrent le rêve de paix universelle de leur créateur : roses, fruitiers, pavillons japonais, jardins anglais et français se côtoient à Boulogne-Billancourt.

▶ **Le jardin des Fontaines pétrifiantes** (Isère).
A La Sône, l'un des plus beaux jardins aquatiques de France, où s'harmonisent le minéral et le végétal.

▶ **Le jardin des Cinq Sens** (Haute-Savoie).
D'inspiration médiévale, il éveille les sens au travers d'un labyrinthe de couleurs, parfums, sons et textures.

▶ **Les jardins de Valloires** (Picardie).
De beaux espaces réputés pour leur roseraie.

▶ **Le jardin exotique** (Monaco).
Au cœur de la Principauté, il rassemble une collection de succulentes aux dimensions parfois gigantesques.

▶ **Le jardin zen d'Erik Borja** (Drôme).
En ses jardins de Beaumont-Monteux, le paysagiste propose une interprétation des principes du feng shui.

▶ **Les jardins artistiques de Drulon** (Cher).
Lieu d'exposition de sculptures contemporaines sur 15 hectares de jardins insolites, à Loye-sur-Arnon.

▶ **Le jardin des Histoires** (Deux-Sèvres).
Jardins insolites de Pougne-Hérisson où l'on plonge dans un univers végétal, mécanique et sonore.

Les stages et le savoir-faire

Découvrir et s'initier à la technique ancestrale de la fonderie d'étain, se transformer en fromager provençal, suivre un stage d'art floral, de chantournage, de calligraphie ou de mosaïque. Ou encore, effectuer un séjour botanique, prendre des cours de cuisine régionale ou bio dans une ferme, connaître les plantes et en faire des tisanes, savoir distiller à l'ancienne des fruits, rempailler des sièges, fabriquer du savon... Nombreux sont ceux qui, épris de traditions et d'authenticité, veulent découvrir des techniques et un savoir-faire souvent ancestral pendant leur temps libre.
Le «must» ? Suivre un stage de porcelaine à Limoges, fabriquer des objets en faïence à Quimper, faire du foie gras en Périgord ou façonner des santons à Aix-en-Provence.
C'est bien souvent une façon originale de découvrir une région en plongeant ainsi au cœur des traditions et de l'artisanat local.
L'identité des villes et régions de France étant intrinsèquement liée à leur patrimoine artisanal. Sur une journée ou une semaine, avec hébergement sur place ou à proximité, les propositions foisonnent partout en France.
Les offices de tourisme, les comités régionaux ou départementaux proposent une abondance de dépliants et de contacts pour satisfaire sans difficulté toutes vos attentes.
Et si vous n'êtes ni un manuel virtuose, ni un artiste en herbe, mais tout simplement un passionné de l'artisanat et des traditions, un secteur très tendance actuellement, pénétrez alors dans les ateliers, pour certains véritables temples des techniques d'antan.
Chaudronnier, fondeur de bronze, tailleur de pierre, marbrier, ébéniste, dinandier, ciseleur, doreur, potier, céramiste, créateur de bijoux, chaisier, ferronnier d'art, plumassier...

A Aix-en-Provence, l'atelier Fouque, créateur de santons.

Nombreux sont en effet les artisans, aux noms empreints d'histoire, qui ouvrent leur porte aux visiteurs, ponctuellement ou toute l'année. Ils vont feront découvrir leurs métiers, perpétuant une tradition parfois séculaire, et partagent volontiers leur immense passion.
La France recense officiellement quelque deux cent dix-sept spécialités techniques. Du nord au sud, de l'est à l'ouest, ce sont autant de destinations touristiques à découvrir. ■

De la reliure à la fabrication du pain en passant par le tressage du blé ou l'aromathérapie et les huiles essentielles, une mine d'idées de stages sur le site www.lesavoirfaire.fr

Le voyage culturel

Les statues-menhirs de Filitosa, en Corse-du-Sud.

C'est une constante dans notre comportement touristique : l'engouement pour les vieilles pierres. Que ce soit pour celles de Versailles ou celles du moulin à vent de Guérande où l'on passe nos vacances. On en raffole ! Une preuve ? L'incroyable succès des Journées du patrimoine qui drainent 12 millions de visiteurs. A l'heure où tout s'accélère et où l'on court du matin au soir, s'arrêter pour s'immerger d'histoire et savourer des émotions face aux vestiges du passé procure une réelle détente. Et en matière de patrimoine culturel, lequel englobe l'histoire, l'archéologie, l'art et l'architecture, nous sommes gâtés.

La France se raconte à travers quelque 40 000 monuments, parmi lesquels châteaux, abbayes et manoirs, musées, sites préhistoriques, œuvres architecturales contemporaines... Terre de festivals et manifestations culturelles variées, la France en affiche plusieurs milliers ! Musique, théâtre, danse, art de la rue, marionnettes... Il y en a pour tous les goûts, tout au long de l'année, aux quatre coins de l'Hexagone. Chaque coin de territoire offre ses spécificités, parties intégrantes de son paysage. Au titre des curiosités locales, inscrites dans le bâti, citons les enclos paroissiaux finistériens, les églises fortifiées d'Aisne, les cabanes tchanquées du bassin d'Arcachon, les bourrines du Marais vendéen ou les cadrans solaires des Alpes de Haute-Provence... La France compte 100 départements et autant de particularismes, déclinant les styles nationaux en versions d'une grande typicité, tels l'art roman bourguignon, normand, auvergnat, ligérien ou provençal.

Cerise sur le gâteau, notre capitale, riche d'une offre culturelle exceptionnelle avec ses joyaux architecturaux à foison, ses sites historiques et sa collection de musées, permet pléthore d'escapades culturelles. La Ville Lumière sait aussi être tendance avec ses nouveaux espaces voués à l'art contemporain, au design ou à la mode, elle qui détient depuis des lustres la palme mondiale en termes de visiteurs. L'intérêt pour les «break» culturels n'échappe pas aux professionnels du tourisme qui concoctent de plus en plus de circuits à Paris, mais aussi à Lille, Marseille ou dans les plus petites villes. Outre les classiques, mais ô combien passionnants tours culturels et thématiques, - châteaux de la Loire, France romane, mont Saint-Michel, cathédrales gothiques, Caen et les lieux de mémoire, citadelles Vauban, sur les traces d'un écrivain ou d'un peintre… -, de nouveaux «produits» émergent. Parmi lesquels les bus de l'art contemporain qui circulent un peu partout en France. Le principe : vous embarquez dans un bus pour une journée de découverte des hauts lieux de la création contemporaine de votre région (musées, galeries, centres d'art...). Où que vous soyez en France, à deux pas de chez vous, un horizon de découvertes culturelles s'ouvre à vous. En perspective : un enrichissement inéluctable. ■

Le patrimoine mondial Unesco

L'Organisation des Nations Unies pour l'éducation, la science et la culture (Unesco) encourage l'identification, la protection et la préservation, à travers le monde, du patrimoine culturel et naturel ayant une «valeur universelle exceptionnelle» pour l'humanité. Figurer sur la liste de l'Unesco, aux critères de sélection drastiques, c'est la consécration mondiale pour un site. La célèbre liste affiche 679 biens culturels, 174 naturels et 25 mixtes. Et nous pouvons être fiers : avec trente-trois joyaux inscrits, témoignant de tous les styles de patrimoine, la France se classe parmi les pays les mieux représentés. ■

SITES FRANÇAIS LISTES

SITES	ANNEE	LIEU
basilique et colline de Vézelay	1979	Yonne
cathédrale de Chartres	1979	Eure-et-Loir
mont Saint-Michel et sa baie	1979	Manche
palais et parc de Versailles	1979	Yvelines
sites préhistoriques et grottes ornées de la vallée de la Vézère	1979	Dordogne
abbaye cistercienne de Fontenay	1981	Côte-d'Or
Arles, monuments romains et romans	1981	Bouches-du-Rhône
cathédrale d'Amiens	1981	Somme
palais et parc de Fontainebleau	1981	Seine-et-Marne
théâtre antique et arc de triomphe d'Orange	1981	Vaucluse
saline royale d'Arc-et-Senans	1982	Doubs
abbatiale de Saint-Savin-sur-Gartempe	1983	Vienne
golfe de Porto, calanches de Piana, golfe de Girolata, réserve de Scandola	1983	Corse
places Stanislas, de la Carrière et d'Alliance à Nancy	1983	Meurthe-et-Moselle
pont du Gard	1985	Gard
Strasbourg : Grande île	1988	Bas-Rhin
cathédrale Notre-Dame, ancienne abbaye Saint-Rémi, palais de Tau, Reims	1991	Marne
Paris et les rives de la Seine	1991	Paris
cathédrale de Bourges	1992	Cher
Avignon : centre historique, palais des papes, ensemble épiscopal et pont	1995	Vaucluse
canal du Midi	1996	Tarn, Aude, Haute-Garonne, Hérault

SITES FRANÇAIS LISTES

SITES	ANNEE	LIEU
Mont-Perdu	1997	Hautes-Pyrénées
ville fortifiée historique de Carcassonne	1997	Aude
chemins de Saint-Jacques-de-Compostelle	1998	Aquitaine, Auvergne, Basse-Normandie, Bourgogne, Centre, Champagne-Ardenne, Ile-de-France, Languedoc-Roussillon, Limousin, Midi-Pyrénées, Picardie, Poitou-Charentes, Provence-Alpes-Côte d'Azur
site historique de Lyon	1998	Rhône
beffrois de France	1999, 2005	Nord, Pas-de-Calais, Somme
juridiction de Saint-Émilion	1999	Gironde
Val de Loire entre Sully-sur-Loire et Chalonnes	2000	Loiret, Loire-et-Cher, Indre-et-Loire, Maine-et-Loire
Provins, ville de foire médiévale	2001	Seine-et-Marne
Le Havre, la ville reconstruite par Auguste Perret	2005	Seine Maritime
Bordeaux, port de la Lune	2007	Gironde
fortifications majeures de Vauban	2008	Sur le littoral et aux frontières
lagons de Nouvelle-Calédonie	2008	Nouvelle-Calédonie

Les visites industrielles

Les cuves de la brasserie Heineken, à Schiltigheim.

Qui n'a jamais rêvé de pénétrer les coulisses d'une entreprise confectionnant des gâteaux, de percer le secret de fabrication du verre en cristal, de découvrir les étapes de construction d'un avion ou le fonctionnement d'un barrage ? Comme vous, des milliers de curieux poussent les portes des entreprises qui les accueillent pour une découverte de leur activité. En plein essor, le TDE - entendez, tourisme de découverte économique -, fait de plus en plus d'adeptes désireux de s'instruire. De la fonderie d'art au centre de tri postal en passant par une centrale nucléaire ou un site pharmaceutique, tous les secteurs sont concernés avec une prédilection pour l'agroalimentaire (dont les visites s'achèvent par une dégustation !) et l'artisanat.
En ouvrant leurs portes, les entreprises font connaître le patrimoine économique et industriel local, participant ainsi au développement touristique. La majorité des entreprises travaillent en partenariat avec différents organismes (offices de tourisme, chambres de commerce, associations ou autres) pour assurer la promotion et l'accompagnement.
Innombrables également, les vestiges industriels qui ont contribué à forger l'identité d'une région. Des moulins aux usines en friche, la France en recèle à la pelle : les mines du Nord, les terrains Renault à Boulogne-Billancourt, les sites bonnetiers de Troyes, et toutes les multiples traces de l'activité industrielle des deux siècles passés (moulins aux ailes inertes, gares désaffectées, anciennes fabriques d'instruments de musique, usines de feutres, de chaux ou à papier sans activité...)
Tout ce patrimoine industriel, très divers, offre parfois une qualité architecturale patente. Souvent méconnu, il mérite d'être réhabilité et visité tant il témoigne d'une période révolue mais constitutive de notre histoire.
Partout en France, entre visite d'un château et baignade, laissez-vous surprendre par un site touristique original : une entreprise ou un lieu chargé de notre histoire industrielle.
Leur visite vaut toujours le détour. ■

Le site le plus visité ?

L'usine marémotrice de la Rance, près de Saint-Malo avec environ 360 000 visiteurs chaque année, un vrai succès pour ce site industriel.

Et aussi

Les ouvrages d'art - ponts et viaducs, écluses et ascenseurs à bateaux, tunnels, canaux et barrages...- dont certains, anciens ou récents, sont de véritables chefs-d'œuvre d'art ou de technique, attirent les visiteurs en nombre. Parmi les incontournables : le pont du Gard, le plus haut de tous les ponts-aqueducs romains, le viaduc de Millau, le plus haut pont routier au monde, le pont de Normandie, prouesse technologique en service depuis 1995, le pont Saint-Bénezet (ou pont d'Avignon), les ponts de Paris, le complexe des barrages et des centrales électriques de la Roya, le canal du Midi, les ascenseurs à bateaux du canal du Centre, etc.

Les sites Internet à consulter

www.decouverte-economique.org
www.visite-entreprise.com

Les vacances scientifiques

Un site de fouilles, à Quinson (Alpes-de-Haute-Provence).

Apprendre, questionner, comprendre... Votre curiosité est insatiable. Alors, vacances ou non, pas question de laisser vos méninges en veille. Pour faire rimer détente et découverte, une solution : le tourisme scientifique. Le principe ? Rapprocher scientifiques et néophytes. Comment ? Un chercheur vous prend par la main et vous mène sur le chemin de la connaissance. Un géologue sur les volcans d'Auvergne, un ornithologue sur les côtes bretonnes, un spécialiste de l'écosystème vous décrypte les marées du mont Saint-Michel, un paléontologue la Préhistoire du Périgord, un spécialiste de la biodiversité les jardins de la Riviera, etc. Vous vous instruisez et recevez un apprentissage pointu sur la nature, la faune, la flore, l'histoire (...) auprès de professionnels avertis. Tentant, non ? Pionnière, l'agence Escursia conclut des partenariats avec le Muséum national d'histoire naturelle, l'Office national des forêts (ONF), la Fondation Nicolas Hulot et le très sérieux Centre national de la recherche scientifique (CNRS). Aujourd'hui, le succès est là et fait des émules. Paléontologues, anthropologues, océanographes... coiffent leur casquette de guide et rendent leur science accessible auprès de groupes d'amateurs hétéroclites mais animés d'une même et noble soif de savoir. Se balader en forêt est un plaisir évident. Mais le faire accompagné par un expert en botanique à qui vous posez toutes les questions qui vous taraudent devient une expérience plus enrichissante. L'engouement pour ce «tourisme intelligent» ne cesse de croître. Chaque année, la fréquentation des sites du Muséum situés en Ile-de-France (Grande Galerie de l'évolution, musée de l'Homme, jardin des Plantes, arboretum de Chèvreloup, zoo de Vincennes...) augmente. Devant cet attrait pour le tourisme scientifique, associations et opérateurs touristiques concoctent des virées d'observation astronomique, botanique ou ornithologique tandis que le Muséum national d'histoire naturelle fait appel aux amateurs à travers son programme Vigie-Nature pour inventorier la biodiversité. L'agence Saïga propose des programmes participatifs baptisés «Agir pour la nature» avec une équipe de scientifiques afin de faire appréhender les enjeux de la préservation à un public sensibilisé à la cause environnementale. Il va de soi qu'à l'heure du réchauffement climatique, tourisme scientifique et développement durable constituent un nouveau tandem indissociable. ■

Quelques spécialistes

▶ **Escursia.** Voyagiste spécialisé dans les séjours de découverte et d'apprentissage de la nature aux côtés d'experts scientifiques. 01.42.23.05.98. www.escursia.fr

▶ **Planète Sciences.** L'association propose aux jeunes des activités scientifiques et techniques expérimentales avec le soutien de grands organismes scientifiques et industriels. 01.69.02.76.10. www.planete-sciences.org

Le tourisme fluvial

Une petite péniche dans la région d'Argeliers, remontant le canal du Midi, inscrit au Patrimoine mondial par l'Unesco.

Des vacances au fil de l'eau et... de vos envies. Que vous soyez fan de culture, gourmet, sportif ou adepte du farniente, exit la montre, place à la lenteur. Source de dépaysement et de détente garantis, le tourisme fluvial a le vent en poupe. A bord de coches d'eau, petites péniches ou autres vedettes fluviales que l'on navigue sans permis, pour un week-end ou plus, prenez la barre et sillonnez sur l'exceptionnel réseau fluvial français. Du Midi ensoleillé aux grands espaces d'Alsace en passant par la Bretagne sauvage, l'Aquitaine et ses paysages bucoliques à la Bourgogne, une des régions phares du tourisme fluvial... l'Hexagone offre 8 500 kilomètres de canaux et fleuves ! A deux, en famille ou entre copains, en toutes saisons, les vacances sur l'eau permettent de découvrir une France authentique, où les routes n'ont pas accès. C'est une formule originale et conviviale qui permet de s'immerger dans une culture régionale et de goûter la gastronomie locale, loin des sentiers battus et des circuits touristiques traditionnels. Le long des berges, ou à quelques kilomètres seulement, se révèle un riche patrimoine culturel. Au détour d'un méandre, on surprend une abbaye, un château ou une église, on traverse un village pittoresque… Entre navigation et passage des écluses, on parcourt à pied ou à vélo les chemins de halage, on pique un plongeon, on fait la sieste sur le pont, on taquine le poisson, on accoste à son gré sur la berge pour une halte culturelle, gastronomique ou sportive. On prend le temps de vivre au grand air ! ■

OU NAVIGUER EN FRANCE ?			
REGION	**FLEUVES ET CANAUX**	**LES PRINCIPAUX ATTRAITS**	**COMMENTAIRE**
SUD	canal du Midi canal du Rhône à Sète canal de la Robine	La citadelle médiévale de Carcassonne, Narbonne et Béziers, l'escalier d'écluses de Fonséranes, les vins du Minervois, l'étang de Thau et ses petits ports de pêche, Aigues-Mortes, Sète, les plages et stations balnéaires, Agde - la «perle noire de la Méditerranée» -, les manifestations équestres ou taurines locales, la faune et la flore de Camargue, Saintes-Maries-de-la-Mer...	L'un des lieux de croisière fluviale les plus prisés. On serpente à travers les paysages ensoleillés de la Camargue et les coquets villages du Midi, notamment sur le canal du Midi, prodige technique du XVIIIe siècle classé Patrimoine mondial de l'humanité.
SUD-OUEST	Lot Charente Baïse Garonne canal de la Garonne	Les villages fortifiés perchés sur les collines, le pont-canal d'Agen, Agen et son riche patrimoine historique, la vieille ville de Cognac et sa célèbre «liqueur des Dieux», les impressionnantes falaises de calcaire, les remparts d'Angoulême, Saintes et ses ruines gallo-romaines, le moulin à papier de Fleurac, les grottes préhistoriques de Pech-Merle...	Une navigation dans un décor sauvage et préservé, entre champs de tournesols, chais historiques et châteaux médiévaux.
CENTRE	Saône et Seille, canal de la Marne à la Saône, canal de Bourgogne, canal du Rhône au Rhin, Yonne canal du Nivernais, canal du Centre, canal de Roanne à Digoin, canal de Briare, Loire	Les vignobles et vins mondialement connus, le tunnel classé de Saint-Albin, le pont tournant de Selles, l'abbaye de Cîteaux, le site gallo-romain d'Alesia, la superbe ville de Clamecy, Auxerre la médiévale, les ravissants petits villages, le château de la Chassagne et son arboretum, l'abbaye cistercienne de Fontenay, Sancerre, la petite ville fortifiée de la Charité-sur-Loire, le charmant village médiéval d'Apremont, Rogny et ses sept écluses dans le Val de Loire, les châteaux de la Loire...	En Bourgogne et en Franche-Comté, terre de gastronomie et d'histoire, vous êtes au cœur du royaume du tourisme fluvial avec un choix incomparable d'itinéraires et de paysages.
OUEST	Maine, Sarthe, Oudon, Mayenne, canal de Nantes à Brest, Vilaine, Erdre	Rennes et Nantes pour les amateurs d'art et d'histoire, Redon - la «Petite Venise» de Bretagne -, le folklore, les festivals, les villages de granit et d'hortensias, la centaine de châteaux le long de l'Erdre, les crêpes bretonnes accompagnées de cidre...	Pour des croisières tranquilles à la découverte du charme et des traditions bretonnes. Parterres fleuris aux écluses à fleur de lys, châteaux romantiques au bord de l'eau et moulins jalonnent le trajet.
EST	Meuse, Moselle Rhin, canal de la Meuse, Marne, canal de la Marne au Rhin, canal des Houillière de la Sarre, canal de l'Est	Les cathédrales de Meaux et de Reims, les tunnels et l'ascenseur à bateaux de Saint-Louis-Arzviller - une construction technologique fabuleuse conçue pour remplacer 17 écluses -, le sublime village de Lutzelbourg, Verdun et ses citadelles, la pêche sur l'étang de Gondrexange, les pâtisseries alsaciennes accompagnées d'un verre de riesling...	Les canaux d'Alsace-Lorraine offrent des paysages variés - forêts denses, lacs, verts pâturages, vallons et vignes - et aussi de superbes villages fleuris.
NORD	canal de la Somme, canal de Saint-Quentin canal du Nord	Amiens et sa cathédrale, la plus vaste de France, les hortillonnages (magnifiques jardins fleuris au bord de l'eau), Saint-Valéry, ville d'art et d'histoire, les sites historiques de la Première Guerre mondiale, le domaine archéologique de Samara, la pêche dans le bassin et les étangs de la Somme, les petites églises et nombreuses abbayes gothiques...	Le Nord offre de beaux itinéraires peu fréquentés à travers une nature remarquablement préservée et sauvage. Un vrai paradis pour les pêcheurs.

Les hébergements insolites

A la fois gipsy et confortables à souhait, les roulottes de la Serve, pour vivre la bohême tzigane en Beaujolais, à Ouroux.

Assez des vacances «comme tout le monde», simple rêve d'enfant ou désir d'évasions écolos teintées d'aventure, les hébergements insolites séduisent de plus en plus. Cabane ou tente dans les arbres, yourte, roulotte, igloo... Nul besoin de prendre l'avion. La France a tout en magasin !
Que ce soit à plus de 1 000 mètres d'altitude dans les Alpes ou la vallée de la Sarthe, passer un séjour en tipi au milieu d'un élevage de bisons et plonger dans l'univers amérindien, c'est possible ! Vivre dans une yourte mongole en Ardèche et dormir dans un immense lit rond, passer une nuit magique perché dans un chêne centenaire ou encore dans une roulotte gipsy rénovée en plein cœur de la Drôme sauvage : c'est faisable aussi ! Les hébergements hors du commun fleurissent partout. Si vous êtes un brin fantaisiste, testez-les, en toutes saisons, pour jouer les Robinson - confort en prime - et vivre une expérience vraiment originale. Quoi de plus dépaysant qu'une nuit dans un igloo au fin fond des Pyrénées ? Plus confortable sans doute mais tout aussi inhabituel, un séjour en troglodytes, ces caves souterraines, sans le moindre angle droit, et qui diffusent une température identique été comme hiver. Et en furetant bien, on déniche toujours plus d'insolite pour vivre des vacances atypiques : dormir dans une «coqueloge» en Bretagne (bateau recouvert d'un toit de chaume), ou dans un bateau retourné, sa quille en l'air faisant office de toit, louer un moulin, dormir au sommet d'un phare et jouir d'une vue

panoramique à 360°… Et aussi : passer une semaine sous un dôme futuriste qui tourne sur lui-même et change d'orientation en fonction du soleil, vivre une nuit magique au côté des requins au grand aquarium de Saint-Malo. D'autres idées ? Dormir dans une tente berbère dans l'Hérault, louer un pigeonnier, une maison bulle tout en courbes dans le Gard, vivre dans un Airstream - la mythique caravane américaine en aluminium des années 50 - en Ariège. Vous voulez davantage d'excentricité pour vos prochaines vacances ? Louez donc une maison flottante construite dans l'esprit feng-shui sur un étang de Bourgogne ou, pour les nostalgiques des années collège, dormez dans une école en Rhône-Alpes entre tableaux noirs et pupitres et, si vous êtes un inconditionnel d'échanges culturels, allez vous reposer sur les canapés des autres en rejoignant le réseau de couchsurfing, en plein essor aujourd'hui. ■

LES HEBERGEMENTS HORS DU COMMUN

HEBERGEMENT	DESCRIPTION	PRIX MOYENS	COMMENTAIRE
CABANE DANS LES ARBRES	Pour 2 à 4 personnes. Les chambres de 12 à 30 m², généralement avec terrasse, disposent, soit du strict nécessaire pour une toilette de chat, soit d'une salle de bain et d'une cuisine équipées. Certaines offrent même un coin salon avec poêle à bois.	A partir de 65 € la nuit pour 2 personnes, 130 € pour la suite avec petit-déjeuner. **www.lacabaneenlair.com**	Idéale pour une halte romantique, mais également avec enfants (dès 2 ans), ou amis… Attention, certaines cabanes sont accessibles uniquement en baudriers et cordes de rappel !
ROULOTTE FIXE	Les roulottes gîtes sont parfaitement équipées pour recevoir 4 à 5 personnes. Elles disposent d'un coin cuisine, d'une salle de bains, et sont chauffées.	A partir de 70 € la nuit pour 4 personnes avec petit-déjeuner. Autour de 280 € la semaine, en formule gîte. **www.roulottes-de-campagne.com**	Habitation originale et bohème pour passer un week-end en amoureux (formule roulotte d'hôte) ou en famille (roulotte-gîte), dans un cadre naturel authentique.
TIPI	Le tipi peut accueillir 4 à 6 personnes. Il est équipé de plaques chauffantes, évier, eau courante, matériel de cuisine, chambres séparées, table, chaises… A proximité du tipi : local sanitaire avec WC, douche, lavabo.	A partir de 85 € la nuit pour 3 personnes dans un tipi. **www.lebonheurdevivre.net**	Expérience originale à vivre en famille ou entre amis.
IGLOO	Après une balade en raquette, vous réalisez vous-même l'igloo avec un accompagnateur et y passez la nuit. Matelas isolant, couverture de survie et sac de couchage sont fournis.	20 € par personne la nuit avec petit-déjeuner. A partir de 90 € par personne pour un week-end raquette avec dîner en chalet d'altitude. **kanata.igloo.free.fr**	L'igloo est construit en deux heures. Une expérience inoubliable pour les amateurs de nuit nomade en pleine nature. Déconseillée aux enfants de moins de 10 ans.
TROGLODYTE	Un habitat de 20 à plus de 100 m², avec ou sans jardinet.	A partir de 310 € la semaine pour un «troglo» de 80 m², 60 € la nuit pour une chambre d'hôte. **www.gites-touraine.com**	Pour des vacances en famille ou entre amis dans un gîte original et authentique.
YOURTE	Entre 25 m² (2 à 5 personnes) et 66 m² (10 à 15 personnes). Les yourtes sont parfaitement équipées : lits, mobilier mongol, chauffage, vaisselle, réfrigérateur… Sanitaires et salle d'eau indépendants.	Entre 350 et 500 € la semaine. Compter 44 € la nuit pour 2 personnes avec petit-déjeuner en formule «yourte and breakfast». **www.yourte.com**	Une aventure douce à vivre en famille ou entre amis. Dépaysement total sans voyager et confort garantis.

L'évasion luxe

Rare, beau, précieux, unique... Le luxe et son cortège d'attributs fait toujours rêver. A l'occasion d'un anniversaire, d'un événement privé ou d'un voyage de noce, on est prêt à s'offrir une folie : une nuit dans un palace mythique, une croisière sur un yacht ou un séjour en villa privée. Inutile d'aller au bout du monde pour savourer une évasion luxe. En France, destination chic et luxe par excellence, les possibilités sont innombrables. Hôtellerie haut de gamme, somptueuses demeures historiques transformées en hôtels, superbes parcours de golf, domaines skiables mondialement connus, gastronomie raffinée hautement renommée, spa prestigieux... A vous les séjours VIP pour peu que votre portefeuille soit un tant soit peu garni ! Jet privé, yacht ou voilier ultraluxe, spa privatif, Limousine avec chauffeur ou autre transfert en hélicoptère, villa avec prestations sur mesure... le luxe se marie aujourd'hui avec exclusivité. Même si les valeurs sûres – les adresses légendaires parisiennes ou de la Côte d'Azur, Ritz, Carlton, Martinez, et autre – restent l'emblème du luxe, la tendance actuelle porte aux nues des «produits» plus intimes, voire confidentiels. On rêve désormais d'un chalet avec majordome et gouvernante, on brigue une suite élégante dans un château isolé en Bourgogne ou une demeure de charme douillette perdue dans un écrin de verdure morvanais plutôt qu'un hôtel de chaîne internationale très en vue. Très tendance, dans nos vies effrénées, le petit manoir breton avec vue imprenable sur la mer, mais également le tandem luxe et originalité. On traque les hébergements insolites au confort irréprochable et au service personnalisé : une chambre romantique au sommet d'un phare ou une cabane

Dans la baie des Anges, le Negresco, palace niçois.

cosy perchée en haut d'un arbre centenaire. Le top du luxe : discrétion et calme dans un havre d'exception. Et même si Cannes, Courchevel, La Baule, Deauville et le triangle d'or parisien tiennent toujours le haut de pavé, les adresses secrètes en Anjou ou dans le Lot séduisent de plus en plus. De même que les hôtels «design», à l'architecture inédite, la décoration audacieuse et l'ambiance «zen». A l'heure où la quête du bien-être fait fureur, on privilégie les établissements dotés de spa intimes où il fait bon cocooner et se laisser chouchouter. Alors, un petit coin de paradis pour votre prochain week-end ? ■

Les spécialistes du luxe

- **Bienvenue au château**
  www.bienvenue-au-chateau.com
- **La compagnie de croisière des îles du Ponant**
  0821.20.30.40. www.ponant.com
- **Emotions de Kuoni**
  01.42.85.60.00. www.kuoni-emotions.com
- **Grandes étapes françaises**
  01.40.02.99.99. www.grandesetapes.fr
- **Privilèges voyages**
  0811.650.045. www.privileges-voyages.com
- **Relais et châteaux**
  0825.32.32.32. www.relaischateaux.com/fr
- **Secrets de Jet Tours**
  0820.832.000. www.secretsdejettours.com

Les jeux et les casinos

Lieux d'émotion, de plaisir, de détente... Casinos et champs de course ont la cote. Parieur mordu de courses hippiques ou joueur invétéré de black jack, l'engouement des Français pour les jeux de hasard et d'argent ne faiblit pas, tendance oblige ! Véritables espaces de loisirs, dotés d'une grande richesse architecturale datant du XIXe siècle ou de la période Art déco, les casinos ne se résument pas aux machines à sous. Ils offrent, en sus de leurs salles de jeux, des spectacles, des animations culturelles, artistiques, une discothèque ainsi qu'une restauration, souvent raffinée. Implantés dans les stations balnéaires et thermales, ils restent un lieu de divertissement, associé à un univers de luxe, de convivialité ou de glamour. Loin d'être désuet, le casino version XXIe siècle est un lieu touristique attractif, en bonne place dans les catalogues des opérateurs. Il se conjugue alors à une cure thalasso, de remise en forme, à une escapade amoureuse, voire à un circuit culturel. Leader, le groupe Lucien Barrière a développé de véritables «resorts» autour des ses casinos, que ce soit au cœur du mythique palais des Festivals à Cannes sur la Croisette ou à La Baule. Au Touquet, à Monaco ou à Biarritz, mais également dans les petites stations thermales, comme Saint-Nectaire et ses 685 habitants, ils sont ouverts toute l'année et jouent un vrai rôle d'animation, y compris pendant les périodes creuses. Ils n'attirent donc pas seulement les amateurs de jeux. Même constat dans le monde du turf où les parieurs côtoient familles et couples aux grands rendez-vous hippiques - prix d'Amérique ou prix de l'Arc de Triomphe - sur les hippodromes d'Enghien, Longchamp ou Vincennes, comme aux courses dominicales. ■

■ Quels opérateurs ?

L'organisation des jeux est confiée au Pari mutuel urbain (PMU) pour les courses hippiques.
La Française des jeux est compétente en matière de loterie et pronostics sportifs et les casinos le sont pour les jeux de table et les machines à sous.

■ Combien ?

La France compte 197 casinos et 264 hippodromes.

■ Qui ?

L'accès aux casinos est réservé aux personnes majeures pouvant justifier leur âge par une pièce d'identité. Les mineurs ne sont pas autorisés à parier dans les points de vente des PMU.

■ Quelle tenue ?

Attention, certains casinos exigent une «tenue correcte» (pas de jeans, ni de baskets). Depuis le 1er janvier 2008, il est de surcroît interdit de fumer à l'intérieur des établissements de jeux.

■ Quels jeux autorisés ?

Les jeux de table comme les jeux de cartes ou jeux à base de roulette (black jack, baccara, roulette, trente-et-quarante, craps, punto banco, stud poker, poker Texas hold'em), et les machines à sous.

■ Quelle législation ?

Seules les stations balnéaires, thermales, climatiques et, depuis 1988, les agglomérations de plus de 500 000 habitants qui doivent avoir en charge un budget culturel conséquent, peuvent accueillir un casino. Lequel en vertu de la loi est «un établissement comportant trois activités distinctes, le spectacle, la restauration et le jeu». Il ne peut exploiter uniquement les machines à sous : il est tenu d'offrir à sa clientèle un ou plusieurs jeux de table.

■ Quelle fréquentation ?

40 millions d'entrées pour les casinos.
2 millions pour les hippodromes.

■ Quels groupes ?

Six groupes détiennent la majorité du marché des casinos en France : Lucien Barrière (34 casinos), Partouche (47), Tranchant (16), Joa, ex-Moliflor (20), Emeraude (8), Cogit (8).

Les destinations bien-être

La mer et l'océan, sources inépuisables de soins pour les centres de thalassothérapie situés en majorité sur le littoral.

La zen attitude, c'est tendance ! Quel que soit votre âge, la quête du bien-être est un véritable phénomène sociétal. L'adage «un esprit sain dans un corps sain» est devenu l'injonction actuelle. Inutile d'aller bien loin pour vous faire chouchouter et retrouver du tonus dans une ambiance cosy. La France, berceau de la thalassothérapie, est truffée de centres de remise en forme, ou spa. De quoi satisfaire vos envies ! Sur un week-end ou une semaine, l'éventail des adresses et des formules est immense. Que vous choisissiez un centre thermal comme à Vichy, un centre de balnéothérapie urbain ou un centre thalasso, en Bretagne ou sur la Côte d'Azur, sachez que, désormais, tous se sont mis au spa, y compris l'hôtellerie, qui, elle aussi, surfe sur la vague du bien-être avec des espaces dédiés. Massage ayurvédique, shiatsu, aux algues chaudes, au lait de coco, réflexologie plantaire, aromathérapie, pressothérapie, enveloppement au chocolat... Au menu, des soins et massages : une liste variée qui ne cesse de s'allonger. Selon la carte choisie, vous optez pour un séjour relaxant, vivifiant, purifiant, reminéralisant, amaigrissant... Vous n'avez que l'embarras du choix. Les centres redoublent d'imagination pour vous offrir, dans un cadre raffiné, les meilleurs services et les dernières nouveautés en matière de relaxation. Les massages du monde ont fait leur entrée dans l'univers du spa ainsi que, parmi les dernières tendances, les pierres de Jade mayas, le ghee indien, et les huiles

essentielles maories ou encore la réflexologie chinoise. Tout un programme ! Bien-être et bio allant naturellement de pair, de nombreux spa proposent des soins 100% bio.
En solo, en duo, pendant ou après une grossesse, une déprime, un stress, le bien-être s'adapte à tous pour retrouver vitalité, ligne, sourire, ressourcement, plaisir, détente. Des classiques cures de remise en forme et minceur à la cure au masculin, au duo mère-fille, toute une ribambelle d'offres sont aux catalogues. En vogue, les séjours bien-être combinés avec une semaine sport, gastronomie, golf, ski, yoga... Là encore, la palette des propositions est riche. Pour recharger vos batteries, mettez le cap sur un séjour bien-être où, de toute évidence, corps et esprit se ressourcent. Alors, que diriez-vous d'un petit massage aux pierres chaudes dans un havre de détente ? ■

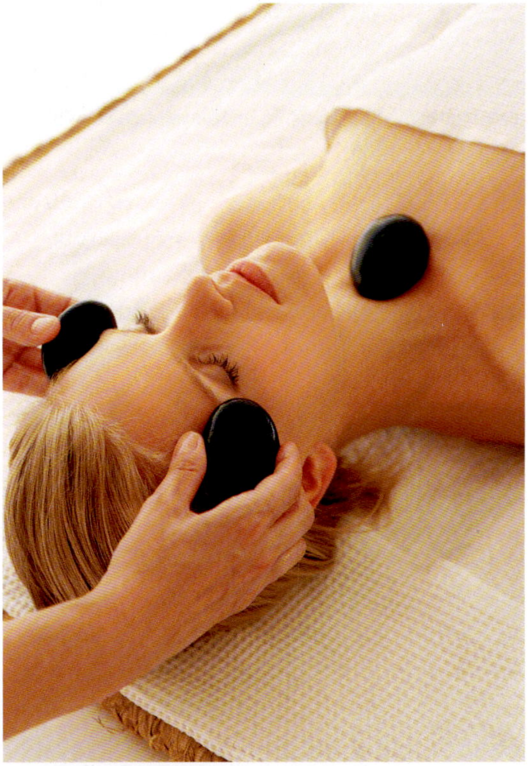

La détente d'un massage relaxant aux pierres chaudes.

Quelle eau ?

Le thermalisme exploite les richesses de l'eau des sources naturelles, à haute teneur en oligo-éléments, **la thalassothérapie**, les ressources de la mer en associant air iodé et eau du large, boue marine, algues et sable exfoliant.
La balnéothérapie utilise exclusivement la vitalité naturelle de l'eau douce.
Le spa, du latin «sanitas per aquam» qui signifie santé par les eaux, est un espace dédié au bien-être avec hammam, sauna, institut de beauté, jacuzzi, piscine, dans une ambiance relaxante et un décor souvent design et luxueux.

Où ?

Les centres thalasso sont installés sur les littoraux et souvent associés à une hôtellerie de luxe.
Les stations thermales sont situées exclusivement en montagne et parfois en plaine, sur les lieux d'émergence des eaux minérales.
Les centres de balnéothérapie, à mi-chemin entre institut de beauté et centre de remise en forme, sont implantés au cœur ou à proximité des grandes villes ainsi qu'en montagne, souvent en station. Thalasso, thermalisme et balnéo sont de plus en plus associés à l'univers du spa.

Quels soins ?

Thalasso, balnéothérapie et thermalisme emploient les mêmes soins d'hydrothérapie : bains (bouillonnants, hydromassants ou à microbulles), douches (à affusion, sous-marine, à jet) massages et enveloppements sous surveillance médicale, dans un but préventif et curatif, ou tout simplement relaxant.
Les cures thermales, toujours à visée thérapeutique (affections de rhumatologie, d'ORL, de dermatologie, phlébologie...) sont prescrites par un médecin.

Depuis quand ?

Dés l'Antiquité, Egyptiens, Grecs et Romains découvrent les vertus de l'eau et inventent les bains de boue marine. L'utilisation des eaux chaudes à usage médical date de 3 000 ans avant J.-C. En Gaule, c'est avec les Romains que les thermes se multiplient.

Quel climat ?

A chaque climat son séjour spécifique de remise en forme. Souffle vivifiant de la Manche, air riche en oligo-éléments, embruns purs et iodés de l'Atlantique pour des cures toniques. Douceur apaisante et climat sédatif de la Méditerranée pour des cures lénifiantes.

La France du bout du monde

Vue de la très paradisiaque île des Pins, langue de sable fin dans l'atoll turquoise de Nokanwi, en Nouvelle-Calédonie.

Plages de rêve, cocotiers et mer cristalline pour des séjours les pieds dans l'eau... Impensable de résumer Saint-Martin, la Polynésie et autres paradis à ces simples images d'Epinal, si vraies et belles soient-elles. De la très touristique Saint-Barthélémy à Mayotte aux racines africaines bien vivantes, cette France du bout du monde revêt des qualificatifs disparates et une mosaïque de visages. Petit tour d'horizon de ces îles lointaines, disséminées sur la surface du globe.

Il y a bien sûr les destinations «cartes postales» desservies depuis la Métropole et qui jouissent de descriptifs dithyrambiques dans les catalogues des opérateurs touristiques. **Saint-Barthélémy**, Saint-Barth pour les intimes, en fait évidemment partie. Si petite, à peine 25 km^2, et pourtant si touristique, l'île nichée entre la mer des Caraïbes et l'océan Atlantique, décline une palette d'atouts, entre tradition et tendance : une infrastructure d'accueil riche et tournée vers le haut de gamme, des plages nombreuses, notamment sur la baie de Saint-Jean où se dressent de luxueux hôtels, une mer turquoise, une architecture traditionnelle, une gastronomie aux saveurs anciennes ou modernes, une nature jalousement préservée et de somptueuses villas appartenant à

la jet set, dissimulées sur les collines. Une île paradisiaque, et pas seulement pour milliardaires, même si la superbe rade de Gustavia, sa capitale, est parfois pleine à craquer de yachts géants. Pour peu que l'on s'y rende l'été, Saint-Barth se fait plus modeste et recouvre un charme authentique.
Tout aussi cosmopolite et balnéaire que sa voisine, - à **Saint-Martin**, on parle français et néerlandais, anglais, espagnol, italien et portugais -, cet autre paradis antillais, ses cases et ses cultures traditionnelles et colorées, ses somptueuses plages de sable blanc, sa mer limpide, se distingue par une gastronomie hors pair, subtil mélange de saveurs, d'épices et d'arômes. Très touristique (un million de croisiéristes par an !) et terre des lunes de miel, Saint-Martin recèle une faune et une flore remarquables, notamment sur la côte nord.

Aux antipodes, un autre petit bout de France, un autre visage. A quelque 10 000 kilomètres de la Métropole, et à 400 de la côte ouest africaine, en plein océan Indien, **Mayotte** est encore méconnue. Préservée des ravages du tourisme en raison d'une desserte aérienne très coûteuse et de la quasi-absence de structures d'accueil, l'Île aux Parfums abrite des merveilles et pas des moindres. Parmi elles, l'un des plus grands et des plus beaux lagons du monde (1 100 km²), incroyablement riche et encore préservé, délimité par une barrière de corail de plus de 160 kilomètres. On y croise des tortues géantes, on y observe des baleines... Ce coin de paradis, lieu de rêve pour les plongeurs, offre des paysages à couper le souffle, des îlots de sable blanc, et les fameux makis, ces lémuriens emblématiques de l'île.
Peu fréquentés également : **Wallis et Futuna**. Ici, pas de 5 étoiles, pas de colonnes de touristes, de jetskis, et de lagon ravagé, mais un mode de vie traditionnel et des manifestations coutumières hautes en couleurs. En plein cœur du Pacifique, l'archipel, composé de trois îles principales et d'une vingtaine d'îlots coralliens aux plages de rêve, a de quoi ravir les amateurs de croisières. Equipé d'un seul masque et tuba, on découvre la faune merveilleuse du lagon : raies léopard, rascasses, tortues et poisson-clowns. Autre activité inattendue pour une destination où le tourisme est marginal : le survol de l'île en ULM !
Si proche et si différente : l'ensorceleuse **Polynésie**, destination touristique hautement prisée du Pacifique Sud. «C'est le paradis terrestre !» se serait exclamé Bougainville en abordant Tahiti un matin d'avril 1768. Trois siècles plus tard, qui n'a jamais rêvé, au plus fort de l'hiver, des plages exotiques ensoleillées de Huahine, Moorea ou Bora Bora. Couvrant une superficie émergée de 4 200 km², dont près d'un tiers pour Tahiti, la Polynésie française abrite d'immenses étendues de sable blanc ornées de pandanus et de cocotiers, des îles couvertes de fleurs de monoï au parfum si subtil, des montagnes et paysages époustouflants, des cascades impressionnantes, une végétation exubérante, des chevaux en liberté, mais également des coutumes ancestrales. Autrement dit, l'éden sur terre !

A quelques miles des terres polynésiennes, encore une île de rêve... La **Nouvelle-Calédonie**, territoire français des antipodes situé en plein cœur du Pacifique Sud. On la surnomme «la plus proche du paradis», tant elle décline d'avantages : nature luxuriante, plages de cartes postales, paysages variés de la Grande-Terre, avec ses falaises et ses vastes plaines, richesse culturelle des tribus kanaks et, surtout, le plus vaste lagon du monde, riche d'une faune et d'une flore tropicales exceptionnelles. Des plongées idylliques à tout de même pas moins de vingt-deux heures de la Métropole...

La France du bout du monde... et des sanctuaires naturels

Bassas-da-India, île Amsterdam, Clipperton... Ces noms ne nous évoquent pas grand-chose. Et pourtant, ces petites îles d'outre-mer, parfois d'à peine 1 km^2, sont des morceaux de France éparpillés aux quatre coins du monde où le tourisme reste marginal, voire inexistant. Coup de projecteur sur des sanctuaires naturels où se jouent des enjeux environnementaux majeurs pour la planète. A sauvegarder de toute urgence.

Elles ne sont habitées que par des scientifiques, des militaires et des météorologues. Sur place : un patrimoine naturel exceptionnel où la faune est endémique et la biodiversité fabuleuse. Nous sommes en terres australes et antarctiques françaises (TAAF). Territoires isolés, parfois inhospitaliers, dans la zone sud de l'océan Indien et sur l'Antarctique. Constituées des archipels **Crozet**, **Kerguelen**, **des îles Amsterdam**, **Saint-Paul** et **Eparses** (îlots dispersés entre Madagascar et l'Afrique) ainsi que de la vaste **Terre Adélie** couverte de glaciers, elles offrent un environnement unique. A l'heure du réchauffement climatique, ces bout de France d'outre-mer n'ont certes pas besoin de hordes de touristes mais d'une protection accrue, doublée, éventuellement, d'un écotourisme parfaitement maîtrisé. Du fait de leur isolement géographique, d'une occupation humaine historiquement très limitée et de leur insularité (excepté Terre Adélie), leurs écosystèmes terrestres et marins sont parmi les moins perturbés mais aussi les plus fragiles au monde. Peu d'endroits sur le globe abritent encore une telle faune et flore originale, des récifs coralliens aussi intacts. C'est là où évolue la plus riche communauté d'oiseaux marins. Manchot empereur, éléphant de mer, grand albatros, manchot royal, pétrel géant, skua, gorfous, sternes, frégate du Pacifique, fou masqué... se comptent par milliers. Depuis 1994, l'administration des TAAF autorise à une quinzaine de privilégiés, depuis la Réunion, la visite de Crozet, Kerguelen et Amsterdam-Saint-Paul, lors des quatre rotations annuelles du Marion Dufresne, navire ayant pour mission le ravitaillement et la relève des personnels des trois districts. Chaque groupe de passagers est accompagné par un guide naturaliste et les escales s'effectuent dans le respect de la faune et de la flore locale. A des milliers de kilomètres des TAAF, dans l'Atlantique Nord, un autre petit coin de France loin des hauts lieux touristiques : **Saint-Pierre et Miquelon**. Dernier vestige de la Nouvelle-France, non loin des Terres Neuves, ces îles du bout du monde déroulent des paysages sublimes : falaises, plaines lunaires parsemées d'étangs et une faune remarquable dont des phoques, des chevaux sauvages et des centaines d'espèces d'oiseaux. L'écotourisme s'y développe doucement mais sûrement. Achevons ce tour de France d'outre-mer avec **Clipperton**. Minuscule atoll perdu aux confins du Pacifique nord-oriental, à 1 200 kilomètres à l'ouest du Mexique, Clipperton et son anneau de corail ne fait que 3 kilomètres sur 4. Un confetti! L'île abrite pourtant une faune exceptionnelle et constitue un lieu unique de recherche pour les scientifiques. Plus de onze millions de crabes et trente mille oiseaux de mer vivent sur cette terre française où les écosystèmes terrestres et lagonaires, malheureusement, se dégradent en raison de visites clandestines de pêcheurs et de contrebandiers et même de la poignée de touristes qui pêchent au gros dans ses eaux. Une situation préoccupante que déplore, notamment, l'un de ses fervents défenseurs, Jean-Louis Etienne. ■

SANCTUAIRES NATURELS FRANÇAIS DU BOUT DU MONDE					
SITUATION et distance de Paris	**POPULATION**	**SUPERFICIE**	**CAPITALE**	**CLIMAT** (moyenne)	**ILES PRINCIPALES**
CLIPPERTON					
Pacifique Est 11 260 km	Pas de présence humaine permanente. Les rares missions scientifiques durent quelques mois.	7 km²		27°C	
MAYOTTE					
Océan Indien 8 000 km	160 285 hab.	374 km²	Mamoudzou	26,3°C	
NOUVELLE-CALEDONIE					
Pacifique Sud 18 000 km	230 789 hab.	18 575 km²	Nouméa (sur Grande-Terre)	23,4°C	Grande-Terre, île des Pins, l'archipel des Bélep, les îles Loyauté (Lifou, Maré, Ouvéa, Tiga) et un grand nombre d'îlots inhabités (Chesterfield, Surprise, Matthew, Beautemps-Beaupré...).
POLYNESIE					
Pacifique Sud 15 700 km	256 200 hab. (près de 85 % à Tahiti et Moorea).	3 600 km²	Papeete (sur l'île de Tahiti)	26,3°C	118 îles (dont 76 habitées) réparties en 5 archipels : l'archipel de la Société composé des îles du Vent (Tahiti, Moorea, Tetiaroa, Maiao et Mehetia) et des îles Sous-le-Vent (Rauatea, Tahaa, Huahine, Bora Bora et Maupiti), les Tuamotu (Anaa, Fakarawa, Hao, Rangiroa...), les Marquises (Hatutaa, Hiva Oa, Nuku Hiva...), les Australes (Raïvavae, Tubuaï...) et l'archipel Gambier (Mangareva, Mururoa...).
SAINT-BARTHELEMY					
Au nord des Petites Antilles **6 700 km**	8 450 hab.	25 km²	Gustavia	27°C	Îles Chevreau, île Coco, île Fourchue, île Frégate, île de la Tortue, île Le Boulanger, Les Grenadins, Pain-de-Sucre, île Pelée, île Petit-Jean, île Toc-Vert.
SAINT-MARTIN					
Au nord des Petites Antilles **6 700 km**	36 000 hab.	**53 km²** (partie française)	Marigot	27°C	Grande-Terre, presqu'île des Terres-Basses et plusieurs îlots : Pinel, Tintamarre, Cayes vertes, Petite-Clef ou Crowl Rock.
SAINT-PIERRE ET MIQUELON					
Océan Atlantique au nord-est du Canada **4 600 km**	6 316 hab.	242 km²	Saint-Pierre	**5,3°C** (15°C l'été, -3°C l'hiver avec des pointes à -30°C)	Saint-Pierre, Miquelon (ou Grande-Miquelon), Langlade (ou Petite-Miquelon), et plusieurs îlots (Grand-Colombier, île aux Marins, île aux Pigeons, île aux Vainqueurs, île Verte).
TERRES AUSTRALES ET ANTARCTIQUES (TAAF)					
Antarctique **12 000 km**	Aucune population permanente. Selon les bases, 50 à 100 personnes (scientifiques et personnels techniques) y séjournent de six mois à un an.	7 829 km²	Base scientifique permanente sur l'île d'Amsterdam à Martin-de-Viviès, sur l'archipel de Crozet à Alfred-Faure et sur l'île de Kerguelen à Port-aux-Français.	**5°C** aux Kerguelen **5,5°C** à Crozet **14,2°C** à Amsterdam **- 11°C** en Terre Adélie	Archipel Crozet, Kerguelen, Terre Adélie, île Amsterdam, île Saint-Paul, îles Eparses (Bassas-da-India, île Europa, île Glorieuse, Juan de Nova, Tromelin, îles Glorieuses).
WALLIS ET FUTUNA					
Pacifique Sud-Ouest **19 500 km**	15 185 hab.	274 km²	Mata-Utu (sur l'île de Wallis)	27,1°C	Futuna, Wallis (Uvéa), Alofi.

A chacun son choix

Durée du transport avec un comparatif entre le train et la voiture, grands rendez-vous saisonniers pour déterminer ses dates de voyage en fonction des calendriers festifs de chaque département et une appréciation de l'affluence touristique sont des critères de choix pour préparer ses vacances.

A CHACUN SON CHOIX

	TRANSPORT AU DEPART DE PARIS	RENDEZ-VOUS D'ETE	RENDEZ-VOUS D'HIVER	AFFLUENCE
Ain	**Paris-Bourg-en-Bresse:** 2h en train, 4h en voiture	Printemps de Pérouge-Plaine de l'Ain, festival d'Ambronay	Foire artisanale de Collonges	Moyenne
Aisne	**Paris-Laon:** 1h30 en train, 2h en voiture	Médiévales de Laon, fête du Bouffon à Saint-Quentin, foire aux Fromages de La Capelle	Animations médiévales et marchés de Noël	Moyenne
Allier	**Paris-Moulins:** 2h30 en train, 3h15 en voiture	Festival des Cultures du Monde de Gannat, Rencontres lyriques européennes de Vichy	Salon du livre ancien de Souvigny	Modeste, forte en été à Vichy pendant la saison des cures
Alpes-de-Hte-Provence	**Paris-Digne-les-Bains:** 5h en train, 7h45 en voiture	Journées de la préhistoire de Quinson, corso de la lavande de Digne-les-Bains	Semaine des Saveurs et Senteurs, biennale des métiers d'art de Forcalquier	Très forte en été
Alpes-Maritimes	**Paris-Nice:** 4h en train, 8h30 en voiture	Festival International du Film de Cannes, festival Jazz à Juan	Carnaval de Nice, Fête du Citron de Menton	Forte, très forte en juillet et en août
Ardèche	**Paris-Privas:** 4h en train, 5h45 en voiture	Marathon int. des Gorges de l'Ardèche en canoë-kayak, l'Ardéchoise à Saint-Félicien	Festival Int. du Premier Film d'Annonay, Rencontre des Cinémas d'Europe à Aubenas	Forte en été
Ardennes	**Paris-Charleville-Mézières:** 1h45 en train, 2h21 en voiture	Festival Médiéval de Sedan, fête de la bière, Festival Mondial des Théâtres de Marionnettes		Modeste d'octobre à mars, moyenne d'avril à septembre
Ariège	**Paris-Foix:** 8h en train, 7h15 en voiture	Transhumance en Couserans, Dansou Tradadou de Seix, Festival des Grands Chemins	Fête de la Figue au Mas d'Azil, fête de la Citrouille à Bélesta	Moyenne au printemps et en été
Aube	**Paris-Troyes:** 1h30 en train, 2h en voiture	Fête du Champagne, foire à la choucroute, Festival de Clairvaux	Nuits de Champagne à Troyes, Salon régional du livre pour la jeunesse de Troyes	Très forte du 14 juillet au 15 août et pendant les soldes, moyenne le reste du temps
Aude	**Paris-Carcassone:** 6h30 en train, 7h15 en voiture	Embrasement de Carcassonne, fête des Pêcheurs de Gruissan	Marchés aux truffes de Villeneuve-Minervois	Moyenne, forte à très forte en été
Aveyron	**Paris-Rodez:** 8h en train, 6h15 en voiture	Route du Sel, Festival Folklorique International du Rouergue	Atelier de l'école Boulle à Conques	Modeste à moyenne au printemps et en été
Bas-Rhin	**Paris-Strasbourg:** 2h20 en train, 4h30 en voiture	Fêtes de la choucroute, festival Pisteurs d'Etoiles d'Obernai	Marchés de Noël, carnavals, Festival Int. d'Humour de Strasbourg	Très forte les trois semaines précédant Noël
Bouches-du-Rhône	**Paris-Marseille:** 3h en train, 7h en voiture	Festival du Cheval de Camargue, Mondial de Pétanque à Marseille	Fête des Bergers d'Istres	Forte à très forte en été
Calvados	**Paris-Caen:** 2h en train, 2h30 en voiture	Festival des AOC de Normandie, fête de la Mer à Dives-sur-mer	Festival du Cinéma Américain de Deauville, Equi'days	Forte au printemps et en été, le week-end sur la côte

A CHACUN SON CHOIX

	TRANSPORT AU DEPART DE PARIS	RENDEZ-VOUS D'ETE	RENDEZ-VOUS D'HIVER	AFFLUENCE
Cantal	**Paris-Aurillac:** 6h en train comme en voiture	Estive d'Allanche, Festa del Païs à Saint-Flour, Festival Int. de Théâtre de Rue d'Aurillac	Foire à la Châtaigne de Mourjou ; fête du Cochon de Laroquebrou	Modeste à forte au Lioran, très forte pendant le Festival Int. de Théâtre de Rue d'Aurillac
Charente	**Paris-Angoulême:** 2h30 en train, 4h30 en voiture	Festival Musiques Métisses et festival du Film Francophone d'Angoulême, fête du Cognac	Festival International de BD et Gastronomades d'Angoulême	Moyenne, forte l'été
Charente-Maritime	**Paris-La Rochelle:** 3h en train, 4h30 en voiture	Festival Int. du film et Festival des Francofolies de La Rochelle	Voiles de nuit à La Rochelle, La Rochelle Jazz Festival	Forte au printemps et en été
Cher	**Paris-Bourges:** 3h en train, 2h45 en voiture	Printemps de Bourges, fête des Marais de Bourges		Modeste, très forte pendant le Printemps de Bourges
Corrèze	**Paris-Tulle:** 5h en train, 4h45 en voiture	Journées artisanales d'art de Meymac, festival des Nuits de Nacre à Tulle	Foire des Rois à Brive-la-Gaillarde, Foire du Livre de Brive-la-Gaillarde	Modeste
Corse-du-Sud	**Paris-Ajaccio:** 1h25 en avion	Contafoli à Vero, Jazz in Aiacciu, fête des Pêcheurs, Sorru in Musica, fêtes napoléoniennes	Foire à la Châtaigne de Bocognano, procession U Catenacciu, fête de l'Huile d'olive nouvelle	Très forte en été
Côte-d'Or	**Paris-Dijon:** 1h40 en train, 3h en voiture	Médiévales de Semur-en-Auxois, Festival Int. d'Opéra Baroque de Beaune, Nuits Péplum d'Alésia	Foire internationale et gastronomique de Dijon, vente des vins des Hospices de Beaune	Moyenne
Côtes-d'Armor	**Paris-Saint-Brieuc:** 3h en train, 4h30 en voiture	Fête du coco de Paimpol, fête des Remparts à Dinan, festival des Hortensias à Perros-Guirec	Festival de Lanvellec	Forte en été, très forte du 15 juillet au 15 août
Creuse	**Paris-Guéret:** 3h30 en train, 4h en voiture	Festival Int. du Conte de Vassivières, Festival Danses, Musiques et Voix du Monde de Felletin		Modeste
Deux-Sèvres	**Paris-Niort:** 2h15 en train, 4h en voiture	Festival de Melle, Festival Ah ? de Parthenay, rallye du Marais d'Airvault, Lumières du baroque Niort	Très Grand Conseil Mondial des Clowns, Niort et communes des Deux-Sèvres	Moyenne, forte à Melle en été
Dordogne	**Paris-Périgueux:** 4h30 en train, 5h15 en voiture	Marché des Tisserands à Varaignes, festival des Bastides, Festival Musique en Périgord	Fête des vendanges, marchés au gras, fête de la Truffe de Sorges, festival du film de Sarlat	Forte au printemps et très forte en été
Doubs	**Paris-Besançon:** 2h30 en train, 4h en voiture	Diagonale du Doubs, Jazz et Musique Improvisée, Orgues en Fête, descente des alpages	Doubs Hiver, Envolée Nordique, Transjurassienne, Lumières de Noël, Noël en Franche-Comté	Modeste
Drôme	**Paris-Valence:** 2h45 en train, 5h15 en voiture	Fêtes nocturnes de Grignan, Crest Jazz Vocal	Alicoque de Nyons, fête de la truffe, salon des vins des coteaux du Tricastin, St-Paul-Trois-Châteaux	Moyenne, forte de mai à juin et septembre à octobre, très forte en juillet-août
Essonne	**Paris-Evry:** 40 mn en train ou en voiture	Marche de la Bièvre, Jardins secrets, secrets de jardins, Les Couleurs du Jazz à Corbeil-Essonnes	Festival International du Cirque de Massy, rallye L'Essonnien, foire aux Tomates à Montlhéry	Moyenne

Précision : la liste des festivals et manifestations qui apparaissent dans ce tableau n'est pas exhaustive mais rend compte des rendez-vous majeurs.

A CHACUN SON CHOIX				
	TRANSPORT AU DEPART DE PARIS	**RENDEZ-VOUS D'ETE**	**RENDEZ-VOUS D'HIVER**	**AFFLUENCE**
Eure	**Paris-Vernon:** 40 min en train, 1h en voiture	Festival d'Art Naïf de Verneuil-sur-Avre, festival du Lin à Routot, Le Rock dans tous ses états, Evreux	Marché au Foie gras du Neubourg, marché aux Pommes à Sainte-Opportune-la-Mare	Modeste, moyenne en été
Eure-et-Loir	**Paris-Chartres:** 1h10 en train, 1h15 en voiture	Rencontre Européenne de l'Accordéon de Chartres, foire aux Laines de Châteaudun	Carnaval des Flambarts à Dreux	Moyenne
Finistère	**Paris-Quimper:** 4h20 en train, 5h30 en voiture	Festival des Vieilles Charrues à Carhaix, Festival du Bout du Monde à Crozon	Atlantique Jazz Festival, Festival Européen du Film Court de Brest	Forte en été
Gard	**Paris-Nîmes:** 3h en train, 6h30 en voiture	Rencontres d'été de la Chartreuse à Villeneuve-lez-Avignon, férias de Nîmes	Festival de Flamenco à Nîmes, Saint-Valentin à Roquemaure	Forte du 15 juillet au 15 août
Gers	**Paris-Auch:** 6h20 en train, 7h15 en voiture	Bandas y Penias à Condom, festival Country Music Mirande, Tempo Latino, Jazz in Marciac	Flamme de l'Armagnac	Modeste, forte au festival de jazz à Marciac, de country à Mirande et aux férias
Gironde	**Paris-Bordeaux:** 3h en train, 5h45 en voiture	Fête du vin et fête du Fleuve à Bordeaux, Championnat du Monde de Surf à Lacanau	Festival Novart à Bordeaux	Moyenne à forte l'été sur la côte
Guadeloupe	**Paris-Pointe-à-Pitre:** 8h15 en avion	Pâques, fête de l'Abolition de l'esclavage, Terre de Blues, tour cycliste, bénédiction de la Mer	Toussaint, combats de coqs, Chanté Nwèl, carnaval, festival de musique	Forte à très forte en décembre, janvier, juillet, août et pendant le carnaval ou le tour cycliste
Guyane	**Paris-Cayenne:** 9h en avion	24h des musiques guyanaises	Carnaval à Cayenne, Kayenn Jazz Festival, festival Transamazoniennes, nouvel an Hmong	Moyenne pendant la saison sèche d'août à octobre
Haut-Rhin	**Paris-Colmar:** 3h en train, 5h45 en voiture		Marchés de Noël à Mulhouse et Turckheim, fêtes de l'Avent et de la Saint-Nicolas	Forte en été
Haute-Corse	**Paris-Bastia:** 1h35 en avion	Estivoce, Festival Europ. du Cinéma et du Monde Rural de Lama, Isule Maestre, Rencontres de chants polyphoniques	Festiventu, festival du Vent de Calvi	Très forte en été
Haute-Garonne	**Paris-Toulouse:** 5h15 en train, 6h30 en voiture	Rio Loco à Toulouse, Festival du Comminges, Toulouse les Orgues, Jazz sur son 31	Festival International de la Creation Télévisuelle de Luchon	Moyenne, forte en week-end, de mai-juin-septembre à Toulouse et dans les stations de ski
Haute-Loire	**Paris-Le-Puy-en-Velay:** 4h45 en train, 5h30 en voiture	Festival de musique de la Chaise-Dieu, fêtes du Roi de l'Oiseau au Puy-en-Velay	Rassemblement International de Montgolfières du Velay	Modeste
Haute-Marne	**Paris-Chaumont:** 2h15 en train, 2h45 en voiture	Festival Int. de l'Affiche et du Graphisme de Chaumont, festival Musical Eté à Saint-Dizier	Festival International de la Photo Animalière et de Nature de Montier-en-Der	Modeste de novembre à mars, moyenne d'avril à octobre
Haute-Saône	**Paris-Vesoul:** 3h15 en train, 4h en voiture	Festival Int. de Folklore de Port-sur-Saône, Festival Musique et Mémoire	Festival International du Film Asiatique de Vesoul	Modeste de novembre à mars, moyenne d'avril à octobre
Haute-Savoie	**Paris-Annecy:** 3h45 en train, 5h15 en voiture	Les Escales Musicales à La Grange au Lac, festival du Baroque, Rock'n Poche Festival	Retour des Alpages, La Grande Odyssée Savoie Mont Blanc	Très forte en hiver
Haute-Vienne	**Paris-Limoges:** 3h en train, 4h en voiture	Eté musical à Saint-Léonard-de-Noblat, La Route du Cirque à Nexon, Festival Int. du Conte, à Vassivière	Course de la Quintaine à Saint Léonard de Noblat, Frairie des Petits Ventres à Limoges	Moyenne
Hautes-Alpes	**Paris-Gap:** 7h en train comme en voiture	Nuit des Refuges, festival Messiaen, Cols réservés, triathlon l'Embrunman	Noël de Cristal, festival Rire en Montagne, derby de la Meije, Altitude Jazz Festival	Forte durant les vacances scolaires d'été et d'hiver
Hautes-Pyrénées	**Paris-Tarbes:** 6h en train, 7h45 en voiture	Festival de Gavarnie, Piano Pic, Equestria à Tarbes, A Voix Haute à Bagnères-de-Bigorre		Moyenne, forte de décembre à février, très forte à Lourdes de mars à octobre

A CHACUN SON CHOIX				
	TRANSPORT AU DEPART DE PARIS	**RENDEZ-VOUS D'ETE**	**RENDEZ-VOUS D'HIVER**	**AFFLUENCE**
Hauts-de-Seine	**Paris-Nanterre:** 14 mn en RER, 26 mn en voiture	Seine de danse à La Défense, fête des Guinguettes, Opéras en Plein Air, Rock en Seine à Saint-Cloud	Salon du Terroir de Rueil-Malmaison, marché de Noël de La Défense	Modeste à moyenne, forte à très forte à la Grande Arche de la Défense
Hérault	**Paris-Montpellier:** 3h25 en train, 7h en voiture	Festival de Musique à Maguelone, fête de l'Etang de Thau, courses camarguaises, joutes	Fête du Mimosa à Roquebrun, carnaval des Pailhasses à Cournonterral	Très forte en été pendant les férias et les fêtes traditionnelles
Ille-et-Vilaine	**Paris-Rennes:** 2h en train, 4h en voiture	Festival Etonnants Voyageurs à Saint-Malo, La Route du Rock à Fort Saint-Père	Fête du livre à Bécherel, Festival du Film Britannique de Dinard, Transmusicales de Rennes	Forte en été sur la côte
Indre	**Paris-Châteauroux:** 2h en train, 2h45 en voiture	Rencontres Int. F. Chopin à Nohant, Rencontres Int. Luthiers et Maîtres Sonneurs, Saint-Chartier	Fête de Saint-Luc et de la Sorcellerie à Cuzion, Lisztomanias de Châteauroux	Modeste à très forte pendant le week-end du 14 juillet et du 10 au 22 août
Indre-et-Loire	**Paris-Tours:** 1h en train, 2h15 en voiture	Jour de Loire, Vitiloire et foire à l'ail et au basilique à Tours, sons et lumières dans les châteaux		Forte en été
Isère	**Paris-Grenoble:** 3h30 en train, 5h15 en voiture	Jazz à Vienne, festival Berlioz à la Côte-Saint-André	Rencontres du Cinéma de Montagne à Grenoble, Sang d'encre à Vienne	Moyenne à très forte pendant les périodes des sports d'hiver
Jura	**Paris-Lons-le-Saunier:** 3h en train, 4h en voiture	Festival de Musique du Haut-Jura, les Petites Fêtes de Dionysos, fête du Comté, Idéklic	Noël au Pays du Jouet, Percée du Vin Jaune, Transjurassienne, Les Rousses en Apesanteur	Forte de mi-juillet à mi-août, durant les vacances de Noël et de février dans le Haut-Jura
Landes	**Paris-Mont-de-Marsan:** 4h42 en train, 7h15 en voiture	Arte Flamenco à Mont-de-Marsan, Toros y Salsa à Dax	Printemps des Landes, Armagnac en Fête	Forte d'avril à juin et de septembre à octobre, très forte en juillet et août
Loir-et-Cher	**Paris-Blois:** 1h45 en train, 2h en voiture	Festival Int. des Jardins à Chaumont-sur-Loire, Les Folklores du monde à Montoire-sur-le-Loir	Journées Gastronomiques de Sologne à Romorantin, rendez-vous du Touraine Primeur	Forte l'été
Loire	**Paris-Saint-Etienne:** 3h en train, 5h15 en voiture	Les Nuits de la Bâtie d'Urfé	Biennale Internationale Design de Saint-Etienne	Modeste
Loire-Atlantique	**Paris-Nantes:** 2h en train, 4h45 en voiture	Médiévales à Saint-Nazaire et Nantes, Les Nuits Salines à Batz-sur-mer, balades guérandaises	Celtomania à Nantes, Festival des 3 continents à Nantes	Très Forte en été
Loiret	**Paris-Orléans:** 1h en train, 1h30 en voiture	Festival de Sully et du Loiret, Festival de Loire à Orléans, Nocturnes de Ferrières	Noël dans les châteaux du Loiret	Moyenne
Lot	**Paris-Cahors:** 5h en train, 5h30 en voiture	Cahors Blues Festival, festival de jazz Sim Copans à Souillac, festival Ecaussystème à Gignac	Fête de la Truffe à Lalbenque, fête du Safran à Carjac, fête de la Noix à Thégra	Forte en été
Lot-et-Garonne	**Paris-Agen:** 4h en train, 6h30 en voiture	Festival du Rire de Villeneuve-sur-Lot, Grand Pruneau Show d'Agen	Festival Garorock de Marmande, Festival Georjacléo de Vianne	Forte en juillet-août, moyenne de mai à juin et de septembre à octobre
Lozère	**Paris-Mende:** 6h30 en train, 5h45 en voiture	Festival Détours du Monde à Chanac	Festival de la soupe de Florac, La Dégelée Rabelais à Bagnols-les-bains et Vallon du Villaret	Modeste, forte en été dans les villages les plus réputés
Maine-et-Loire	**Paris-Angers:** 4h en train, 3h en voiture	Carnaval de Cholet, Carrousel de Saumur, Les Musicales du Cadre Noir, Mondial du Lion	Marché de Noël et crèche vivante de Cholet	Modeste à moyenne
Manche	**Paris-Saint-Lo:** 2h50 en train, 3h en voiture	Festival de la Glisse d'Agon-Coutainville, fête du Débarquement, Sorties de Bain à Granville	Carnaval de Granville	Forte en été, très forte au Mont-Saint-Michel
Marne	**Paris-Châlon-en-Champagne:** 1h30 en train, 2h en voiture	Fête de la vigne et du vin, Les Flâneries champenoises, fêtes Henri IV d'Aÿ-Champagne	Saint-Vincent, fête des vendanges à l'ancienne, Habits de Lumière à Epernay	Moyenne à forte en été

Précision : la liste des festivals et manifestations qui apparaissent dans ce tableau n'est pas exhaustive mais rend compte des rendez-vous majeurs.

A CHACUN SON CHOIX				
	TRANSPORT AU DEPART DE PARIS	**RENDEZ-VOUS D'ETE**	**RENDEZ-VOUS D'HIVER**	**AFFLUENCE**
Martinique	**Paris-Fort-de-France:** 8h25 en avion	Festival de Haute-Taille et des Quadrilles du Monde, Festival Culturel de Fort-de-France	Fête de la Toussaint, semi marathon de Fort-de-France, Chanté Nwel, carnaval	Forte à très forte pendant les vacances de Noël, forte en juillet et en août
Mayenne	**Paris-Laval:** 1h30 en train, 2h45 en voiture	La Chalibaude, Festival Les Nuits de la Mayenne, festival de la Moisson à Beaulieu/Oudon	Festival du Blé Noir à Juvigné, Marché de Noël de Laval	Forte au printemps et en été
Meurthe-et-Moselle	**Paris-Nancy:** 1h30 en train, 4h en voiture	Nancy Jazz Pulsations, Musique sacrée et baroque à Froville, Nancyphonie, Estivales de Lunéville	Marchés de Noël, Saint-Nicolas dont procession ancestrale à Saint-Nicolas-de-Port	Moyenne à forte en été
Meuse	**Paris-Bar-le-Duc:** 2h en train, 2h45 en voiture	Les Dimanches de Mai, Nocturnes de la Citadelle de Montmédy, Festival des Granges	Fête de la Saint-Nicolas	Modeste, forte sur les lieux de mémoire de mai à septembre
Morbihan	**Paris-Vannes:** 3h en train, 4h30 en voiture	La Semaine du Golfe (tous les 2 ans), Festival Interceltique de Lorient	Festival Les Indisciplinées à Lorient, Festi'Mômes au Pays de Questembert	Très forte en été
Moselle	**Paris-Metz:** 1h20 en train, 3h15 en voiture	Fête de la Mirabelle à Metz	Marché de Noël, Saint-Nicolas	Modeste à moyenne en été
Nièvre	**Paris-Nevers:** 2h en train, 2h30 en voiture	Courses d'auto et de moto sur le Circuit de Magny-Cours	Rencontres Internationales D'Jazz de Nevers	Modeste, moyenne du 15 juillet au 15 août
Nord	**Paris-Lille:** 1h en train, 2h15 en voiture	Franche Foire à Tourcoing, Géants à Bourbourg, festival du Carillon de Douai, braderie de Lille	Fête des Gayants de Bailleul, Dunkerque et Tourcoing, carnaval de Bergues, Cassel...	Moyenne, très forte pendant les fêtes et carnavals ou la braderie de Lille
Oise	**Paris-Beauvais:** 1h15 en train comme en voiture	Nuits de Feu à Chantilly, Journées de la Rose à l'abbaye royale de Chaalis, festival des Forêts		Moyenne en été
Orne	**Paris-Alençon:** 2h10 en train, 2h30 en voiture	Jeudis du Pin au haras national du Pin, fête de la Chasse et de la Pêche au château de Carrouges	Septembre musical de l'Orne, L'Automne Gourmand à Bagnoles-de-l'Orne	Moyenne
Paris		Fête de la Musique, Paris-Plage	Journées du Patrimoine, La Nuit Blanche, illuminations de Noël, semaine du Fooding	Très forte
Pas-de-Calais	**Paris-Arras:** 50 mn en train, 1h45 en voiture	Joutes d'Arras, festival de la Côte d'Opale, journée médiévale d'Azincourt, Festival d'Hardelot	Enduro du Touquet, carnaval de Béthune, Rencontres Int. de Cerf-Volant de Berck-sur-Mer	Moyenne, très forte au Touquet en février, à Béthune fin mars, forte en été sur la côte
Puy-de-Dôme	**Paris-Clermont-Ferrand:** 3h30 en train, 4h en voiture	Fêtes médiévales du Dauphiné d'Auvergne à Montferrand, Les Arverniales à Gergovie	Festival Int. du Court-Métrage de Clermont-Ferrand, festival Sancy Snow Jazz	Modeste
Pyrénées-Atlantiques	**Paris-Pau:** 5h10 en train, 7h45 en voiture	Fêtes de Bayonne, corridas, Cesta Punta à Biarritz et Saint-Jean-de-Luz, Hestiv'oc à Pau	Fête du Sel à Salies-de-Béarn, Festival de Biarritz Cinémas et Cultures de l'Amérique latine	Très forte du 14 juillet au 20 août, moyenne en février et vacances de Noël
Pyrénées-Orientales	**Paris-Perpignan:** 5h05 en train, 7h45 en voiture	Les Déferlantes d'Argelès-sur-Mer, Visa pour l'Image à Perpignan	Fête de l'Ours à Prats-de-Mollo, fête du Muscat de Noël à Rivesaltes	Très forte en juillet et août, forte d'avril à juin et en septembre
Réunion	**Paris-Saint-Denis:** 10h30 en avion	Fête du Chouchou à Salazie, festival Tempo, carnaval de Saint-Gilles-les-Bains, Dipavali	Nouvel An chinois et Tamoul, carnaval de Saint-Pierre, fête de l'Abolition de l'Esclavage, Noël	Forte à très forte durant les vacances d'hiver et d'été
Rhône	**Paris-Lyon:** 2h en train, 4h15 en voiture	Nuits de Fourvière	Fête des Lumières à Lyon, Beaujolais Nouveau	Moyenne à très forte lors des fêtes et festivals
Saône-et-Loire	**Paris-Mâcon:** 3h20 en train, 3h45 en voiture	Festival Châlon dans la rue, fête de la Vielle à Anost	Carnaval de Chalon-sur-Saône, concours Les Glorieuses de Bresse à Louhans	Moyenne

A CHACUN SON CHOIX				
	TRANSPORT AU DEPART DE PARIS	**RENDEZ-VOUS D'ETE**	**RENDEZ-VOUS D'HIVER**	**AFFLUENCE**
Sarthe	**Paris-Le-Mans:** 54 mn en train, 2h en voiture	Europa Jazz au Mans, 24 heures du Mans, Le Mans Classic, La nuit des chimères au Mans	Fête de la Pot-Bouille à Savigné l'Evêque	Modeste, très forte au 24 heures du Mans
Savoie	**Paris-Chambéry:** 4h en train, 5h15 en voiture	Festival d'Humour des Arcs/Bourg-Saint-Maurice	Trophée Femmes en Or à Courchevel, La Grande Odyssée	Forte à très forte pendant les vacances d'hiver
Seine-et-Marne	**Paris-Melun:** 25 mn en train, 45 mn en voiture	Festival Django Reinhardt à Samois-sur-Seine, Médiévales de Provins, Le Bruit de Melun	Festival Musik'Elles de Meaux, Journées des Métiers d'Art (les années paires)	Moyenne
Seine-Maritime	**Paris-Rouen:** 1h10 en train, 1h30 en voiture	Armada Rouen (tous les 4 ans), Festival Int. de Cerf-Volant de Dieppe	Foire aux Harengs de Dieppe, foire à la Coquille Saint-Jacques d'Etretat	Moyenne, forte en été, très forte pendant l'Armada
Seine-Saint-Denis	**Paris-Bobigny:** 30 mn en métro ou en voiture	Rencontres de la BD de Livry-Gargan, L'été du canal, l'Ourcq en fête	Semi-marathon de Saint-Denis la Voie Royale, Fête de la Science, Festival H20 à Aulnay-sous-Bois	Modeste
Somme	**Paris-Amiens:** 1h13 en train, 1h30 en voiture	La Transbaie, la cathédrale en Couleurs à Amiens, Festival de Musique de Saint-Riquier	La Transhenson, marché de Noël	Moyenne
Tarn	**Paris-Albi:** 7h en train, 6h45 en voiture	Musiques des Lumières à Sorèze, fête de l'Ail Rose à Lautrec	Grand Carnaval d'Albi, Fête à Molière à Réalmont	Très forte en août, forte en juillet et en septembre
Tarn-et-Garonne	**Paris-Montauban:** 3h en train, 5h45 en voiture	Alors... Chante ! à Montauban, Jazz à Montauban et en Tarn-et-Garonne	Alors... Raconte ! et Lettres d'Automne à Montauban	Forte en juillet et août
Territoire de Belfort	**Paris-Belfort:** 4h en train, 5h en voiture	Les Eurockéennes de Belfort, Marché aux Puces, Festival Int. de Musique Universitaire	Festival du film EntreVues	Moyenne en été et en hiver
Val-d'Oise	**Paris-Cergy:** 40 mn en RER ou en voiture	Festival Int. de Musique d'Auvers-sur-Oise	Festival Int. du Cirque du Val-d'Oise, Festival théâtral du Val-d'Oise, Salon des Arts à Pontoise	Moyenne
Val-de-Marne	**Paris-Créteil:** 40 mn en métro ou en voiture	Festival Int. de Films de Femmes de Créteil, Festival de l'Oh !	Festi'Val de Marne, Salon des Artisans d'Art de Saint-Maur, rencontre des Arts et de la Musique	Moyenne
Var	**Paris-Toulon:** 3h50 en train, 7h30 en voiture	Festival de l'Anche à Hyères-les-Palmiers, Rencontres de musique médiévale du Thoronet	Corso du Mimosa, fête de la Châtaigne à Collobrières	Très forte en août, forte en juillet et septembre, moyenne d'avril à juin et en octobre
Vaucluse	**Paris-Avignon:** 2h40 en train, 6h15 en voiture	Festival d'Avignon, Chorégies d'Orange	Hivernales de la Danse à Avignon, Plantes rares et Jardin naturel à Sérignan-du-Comtat	Très forte en juillet-août, forte d'avril à juin et en septembre et octobre
Vendée	**Paris-La-Roche-sur-Yon:** 3h15 en train, 4h en voiture	La déferlante, Saint Jazz sur Vie, Nocturnes Océanes de Luçon, Autrefois Challans	Eperluette à Chantonnay, départ du Vendée Globe aux Sables d'Olonne (tous les 4 ans)	Très forte en été, forte pendant les autres vacances scolaires sur le littoral
Vienne	**Paris-Poitier:** 1h30 en train, 3h30 en voiture	Fête médiévale de Nouaillé, Jazzellerault, Polychromies à Poitiers, Soirées Lyriques de Sanxay	Les Expressifs à Poitiers, Rencontres cinématographiques Henri Langlois à Poitiers	Moyenne à forte pendant les vacances scolaires autour des parcs et activités
Vosges	**Paris-Epinal:** 2h30 en train, 5h en voiture	Trophée Mondial de Montée Impossible à La Bresse, Théâtre du Peuple à Bussang	Festival Int. de Géographie à Saint-Dié-des-Vosges, Fantastic'Arts à Gérardmer	Forte de juillet à août, en décembre et en février
Yonne	**Paris-Auxerre:** 2h en train, 1h45 en voiture	Fleurs de vigne à Auxerre, festival Les Nuits Métisses à Auxerre, marché des Potiers	Fête de l'Ane à Sens, fête des Vendanges à Joigny	Moyenne au printemps et en été
Yvelines	**Paris-Versailles:** 12 mn en train, 30 mn en voiture	Grandes Eaux Musicales et Grandes Eaux Nocturnes au château de Versailles	Festival de la B.D. à Buc, Blues sur Seine, fête d'Automne à Montigny-le-Bretonneux	Moyenne, très forte au château de Versailles

Précision : la liste des festivals et manifestations qui apparaissent dans ce tableau n'est pas exhaustive mais rend compte des rendez-vous majeurs.

ARRIVEZ AVEC L'ESSENTIEL
Corse
GEOGUIDE
2009
2010
guides
Gallimard
www.guides.gallimard.fr

L'ILE DE FRANCE

LES DEPARTEMENTS D'OUTRE-MER (DOM)

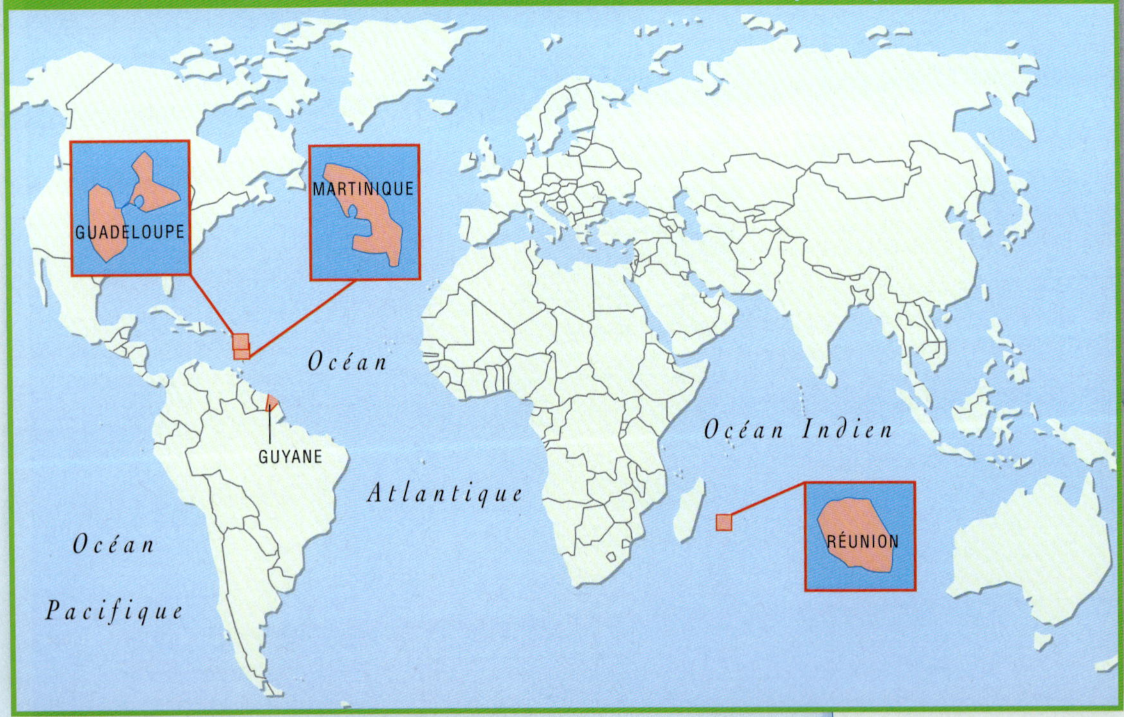

ROYAUME-UNI
Manche
NORD-PAS-DE-CALAIS
PAS-DE-CALAIS
NORD
BELGIQUE
SOMME
PICARDIE
AISNE
OISE
SEINE-MARITIME
HAUTE-NORMANDIE
EURE
ARDENNES
LUXEMBOURG
ALLEMAGNE
NCHE
CALVADOS
BASSE-NORMANDIE
ORNE
ILE-DE-FRANCE
MARNE
CHAMPAGNE-ARDENNE
MEUSE
MOSELLE
LORRAINE
MEURTHE-ET-MOSELLE
BAS-RHIN
ALSACE
VOSGES
HAUT-RHIN
MAYENNE
SARTHE
EURE-ET-LOIR
LOIRET
LOIR-ET-CHER
AUBE
HAUTE-MARNE
PAYS DE LA LOIRE
MAINE-ET-LOIRE
CENTRE
INDRE-ET-LOIRE
CHER
INDRE
YONNE
CÔTE-D'OR
BOURGOGNE
NIÈVRE
SAÔNE-ET-LOIRE
HAUTE-SAÔNE
FRANCE-COMTÉ
DOUBS
JURA
TERRITOIRE DE BELFORT
SUISSE
NDÉE
DEUX-SÈVRES
VIENNE
POITOU-CHARENTES
CHARENTE-MARITIME
CHARENTE
HAUTE-VIENNE
CREUSE
LIMOUSIN
CORRÈZE
ALLIER
PUY-DE-DÔME
AUVERGNE
CANTAL
HAUTE-LOIRE
LOIRE
RHÔNE
AIN
HAUTE-SAVOIE
RHÔNE-ALPES
SAVOIE
ISÈRE
ITALIE
DORDOGNE
AQUITAINE
GIRONDE
LOT-ET-GARONNE
LANDES
LOT
AVEYRON
TARN-ET-GARONNE
MIDI-PYRÉNÉES
TARN
GERS
HAUTE-GARONNE
YRÉNÉES-LANTIQUES
HAUTES-PYRÉNÉES
ARIÈGE
ANDORRE
ESPAGNE
LOZÈRE
GARD
HÉRAULT
LANGUEDOC-ROUSSILLON
AUDE
PYRÉNÉES-ORIENTALES
ARDÈCHE
DRÔME
HAUTES-ALPES
VAUCLUSE
ALPES-DE-HAUTE-PROVENCE
ALPES-MARITIMES
MONACO
PROVENCE-ALPES-CÔTE D'AZUR
BOUCHES-DU-RHÔNE
VAR
HAUTE-CORSE
CORSE
CORSE-DU-SUD
Mer Méditerranée

GEO
ÉDITIONS
À la découverte du monde au fil des pages...
GEO
Jean-Marc Durou
PASSION SAHARA
Les pionniers racontent leur désert
...une sélection de beaux livres des Éditions GEO
disponible en librairie et sur www.aboshop.geo.fr
GEO
Atlas satellite mondial
Toute la Terre en cartes et en images satellite
GEO
À la recherche de
LA GRANDE ROUTE
INCA
GEO
ARBRES
ET FORÊTS
DU MONDE
DOMINIQUE SEYTRE
GEO
UN NOUVEAU MONDE : LA TERRE

Les régions et les départements de A à Z

La liste ci-dessous répertorie les 100 départements français présentés dans le guide selon un classement régional basé sur les divisions territoriales administratives.

Bas-Rhin

Dans le vieux quartier des tanneurs de la Petite France, Strasbourg célèbre Noël.

Bénéficiant de l'aura de Strasbourg, capitale à la fois régionale et européenne, et gâté par de nombreuses possibilités de randonnées, le Bas-Rhin a su préserver la richesse de ses traditions rurales. Il attire une foule de visiteurs en Alsace, en toutes saisons, mais surtout à Noël.

Les villes et les monuments

Métropole régionale, **Strasbourg** abrite plusieurs institutions internationales et européennes à visiter sur rendez-vous. Avec sa flèche de 142 mètres de haut, la **cathédrale Notre-Dame** (XIᵉ-XVᵉ siècle) en est le point culminant. Chef-d'œuvre gothique

de grès rose, elle recèle des trésors dont l'horloge astronomique, avec le rituel du défilé des apôtres, tous les jours, à 12h30. La légende dit que c'est le diable qui, en tournant autour de l'édifice, fait souffler le vent qui l'anime… Poussés par ce zéphyr, arpentez ce quartier de la **Grande-Ile** classé au Patrimoine de l'Unesco et la romantique **Petite France** agrémentée de maisons à colombages, dans un décor de ruelles tortueuses, d'anciens moulins à eau et de canaux. Enjambez-les pour découvrir, juste en face, le musée d'Art moderne et contemporain, avant de flâner au parc

QUE VOIR, QUE FAIRE EN BAS-RHIN ?

Les villes, les villages et les monuments

- Strasbourg (cathédrale, Petite France, Parlement européen)
- Obernai, mont Sainte-Odile, Saverne (roseraie), Sélestat (bibliothèque humaniste)
- Châteaux du Haut-Koenigsbourg et des Rohan
- Villages (Marlenheim, Molsheim, Gertwiller, Andlau, Mittelbergheim, Barr)

Les paysages et les randonnées

- Parc naturel régional des Vosges du Nord
- Grand Ried, maison de la Nature
- Route des vins d'Alsace
- Vosges moyennes (Climont, champ du Feu)

Les traditions

Marchés de Noël, Carnaval, Pâques

Sous la neige, la silhouette massive du château du Haut-Koenigsbourg.

de l'Orangerie signé par Le Nôtre.
Sur la route des vins, au pied des Vosges et à proximité du mont Sainte-Odile, se trouve **Obernai**. Sur la place du Marché, le Kapellturm, beffroi de l'église de la Vierge domine la vieille ville et la halle aux blés. Ne manquez pas le puits à six seaux, chef-d'œuvre de la sculpture Renaissance, avant de suivre la promenade des remparts.
Le **mont Sainte-Odile** tire son nom de la première abbaye de femmes de la région, fondée vers 680 par la patronne des Alsaciens, sur la place du château paternel. Près d'un million de pèlerins le gravissent chaque année, en quête du monastère et des vestiges du mur Païen. La construction de cette mystérieuse muraille mégalithique de plus de 10 kilomètres de long et clôturant 110 hectares de montagne, pourrait remonter, selon les sources, au IIe siècle avant notre ère, voire à l'âge de bronze. Les courageux seront récompensés : la grande terrasse ouvre son horizon sur la plaine d'Alsace, les Vosges et la profonde Forêt-Noire.
Les amoureux apprécieront une balade dans la deuxième **roseraie** de France, à **Saverne**. Ce joli port de plaisance abrite des édifices remarquables dont le **château des Rohan** et l'ancien couvent des Récollets.
A proximité, le château ruiné du Haut-Barr, surnommé «l'œil de l'Alsace», bénéficie d'une vue magnifique sur toute la plaine d'Alsace, les Vosges, et, en contrebas, l'abbaye royale bénédictine de Marmoutier.
A **Sélestat,** la plus vieille **bibliothèque** publique d'Alsace renferme des incunables rassemblés par le grand humaniste Beatus Rhenanus. A visiter aussi, la maison du pain d'Alsace ainsi que les églises Saint-Georges et Sainte-Foy. Un peu plus à l'ouest, le **château du Haut-Koenigsbourg**, forteresse érigée en pleine forêt sur un éperon rocheux. Ce fleuron de l'architecture médiévale offre, lui aussi, un large panorama sur la plaine d'Alsace, les Vosges et la Forêt-Noire avec, au loin, par temps clair, les Alpes.

Les paysages et les randonnées

Les **Vosges du Nord,** au nord du Bas-Rhin, constituent un véritable poumon vert aux paysages doux et verdoyants faits de forêts à la faune variée, étangs et vallons. Classé parc naturel régional labellisé «réserve mondiale de la biosphère» par l'Unesco, elles s'étendent à cheval sur les régions Alsace et Lorraine, et sur la frontière allemande avec le Naturopark-Pfälzerwald. Les pistes cyclables et les sentiers de randonnée permettent de marier art et nature en

Les vestiges de l'énigmatique mur Païen, sur le plateau du mont Sainte-Odile.

visitant églises, habitations troglodytiques taillées dans le grès, petits musées et beaux villages de France, comme Hunspach ou Seebach.

Près de Wissembourg, un circuit monte à travers les vignobles pour un parcours historico-sportif, prétexte à découvrir monuments et remparts comme le château Saint-Paul et évoquer la guerre de 1870. Pour les moins sportifs, mais aussi les plus gourmets, un petit train touristique s'aventure en partie dans le vignoble français et allemand.

Le **Grand Ried** (roseau en alemanique) est la partie centrale de la plaine d'Alsace qui s'étend entre Sélestat, au sud, et Strasbourg, au nord, sur les plaines inondables de l'Ill et du Rhin. Prairies humides et petits bois de saules et de peupliers forment ce paysage composite se transformant au gré des crues de l'Ill. Pour apercevoir daims et busards des roseaux, rendez-vous à la réserve naturelle régionale du Ried de Sélestat qui protège 1500 hectares de forêt alluviale. Entre janvier et mars, des inondations imprévisibles transforment en lac le paysage habituel de prairies et, en décembre, parfois, d'aucuns s'aventurent en patins à glace ! Cela vaudra la peine de s'informer avant à la **maison de la Nature du Grand Ried et de l'Alsace centrale** à Sélestat. A ne pas manquer avec un bon anti-moustique l'été, la réserve naturelle de l'île de Rhinau. Les **Vosges moyennes** constituent l'autre paradis des randonneurs : le val de Villé, entre les Vosges et la plaine d'Alsace, situé stratégiquement sur l'antique route du sel, sur un axe de communication est-ouest. A atteindre, le sommet du **Climont**, une heure d'effort pour une vue imprenable ou le Grand Donon à 1 009 mètres, point culminant des Basses-Vosges. Montagne sacrée pour les Celtes, cette balade est émaillée de pierres druidiques et de temples gallo-romains dédiés à Mercure. On peut aussi y skier gratuitement (huit pistes nordiques), comme au **Champ du Feu,** «la» station de ski du Bas-Rhin où se ruent par temps de neige amateurs de promenades en raquettes et de ski de fond.

A voir également, le joli village du Hohwald, station thermale Belle Époque, et Schirmeck où le mémorial de l'Alsace Moselle retrace l'histoire particulièrement douloureuse des populations d'Alsace et de Lorraine qui durent changer quatre fois de nationalité entre 1870 et 1945. De l'autre côté de la vallée, le camp de concentration du Struthof et son mémorial sur la déportation.

La **route des vins** se déroule sur le Piémont des Vosges. A l'abri du massif, les coteaux préparent les fameux vins blancs alsaciens. L'occasion de découvrir, en sillonnant les routes à travers les vignobles, certains des plus beaux villages fleuris d'Alsace avec leurs typiques maisons à colombages comme **Marlenheim**, **Molsheim**, **Barr**, **Gertwiller**, **Mittelbergheim**, **Andlau**, Dambach-la-Ville...

LE CARNET DE VOYAGE

Les premiers contacts
Agence de développement touristique du Bas-Rhin, 9 rue du Dôme, B.P. 53, 67061 Strasbourg Cedex, 03.88.15.45.88. www.tourisme67.com

La population
1 026 120 habitants. Préfecture : Strasbourg.

Les fêtes
Fin mars : Festival International d'Humour (Strasbourg).
Avril : festival Pisteurs d'Etoiles (Obernai).
Mars-Mai : Printemps d'Alsace (Obernai).
Pentecôte : fêtes et courses hippiques (Wissembourg).
Juillet : Rêve d'une nuit d'été (son et lumière, Villé).
15 août : Mariage de l'ami Fritz (spectacle, Marlhenheim).
Octobre : Mondial de la Bière (Strasbourg).
Novembre : Foire européenne d'art contempoprain st-art (Strasbourg).
Décembre : marchés de Noël et manifestations de l'avent.

Les produits locaux
- Bretzel, flammekueche (tarte flambée), foie gras et charcuterie de Strasbourg, choucroute, bouton de rose de Saverne, pain d'épices de Guertwiller, bredle (gâteaux traditionnels de Noël).
- Vins (gewurtztraminers, klevener, riesling, pinots gris et noir, bière, kirsch).

L'artisanat
Poterie (Betschdorf, Soufflenheim), tissage du kelsh (robuste toile vosgienne, Muttersholtz).

Les traditions

L'Alsace, plus petite région de France, est pourtant l'une des plus grandes en matière de préservation des tra-

Etape majeure de la route romane d'Alsace, la charmante ville Rosheim est également une terre vinicole de renom.

ditions, cultivant avec soin le goût de la bonne chère et de la convivialité. Pendant toute la période de l'avent, les **marchés de Noël**, dans les effluves de vin chaud aux épices et à la cannelle, sont une occasion unique de balade. Le dimanche précédant Noël, à Wissembourg, les enfants pourront découvrir, dans un défilé-spectacle auquel participe la population, la légende alsacienne du Père Fouettard mais aussi celle du Hans Trapp, odieux chevalier-brigand de Rhénanie, velu et repoussant, qui accompagne le bon Christkindel, dans sa tournée de distribution des cadeaux. Au **carnaval** des paysans Schieweschlawe à Offwiller et à Dieffenthal, le premier dimanche de carême, on fait rougir des disques de hêtre sur un bûcher puis on les lance à l'aide d'une baguette de saule enflammée. À Pâques, ce sont naturellement les œufs qu'on chasse à Barr, au Hohwald et à Marmoutier. À la Saint-Jean, les feux s'allument partout dans la vallée de la Bruche pour les amoureux qui s'inspireront, dans l'été, du Mariage de l'ami Fritz, spectacle monté à **Marlenheim.** En juillet, à Villé, le «Rêve d'une nuit d'été» retrace l'histoire de l'Alsace dans un épatant son et lumière. Du côté des papilles, les fêtes de la choucroute (fin août-début septembre) à Geispolsheim, Krautergersheim et Meistratzheim clôturent la saison. ■

LES SUGGESTIONS GEO

- **Découverte :** le Vaisseau, à Strasbourg, centre de découvertes scientifiques doublées d'expériences ludiques.
- **Aventure :** le parc Alsace Aventure, parcours en forêt de Breitenbach, sur le massif du Champ du Feu.
- **Insolite :** le Cristal Palace, à Kirrwiller, deuxième plus grand music-hall de France en terme de fréquentation, théâtre de 1000 places dans un village de 400 habitants !

LES CONSEILS GEO

▶ Les plus

La force des traditions et le dépaysement assuré. Le côté « nature et découverte » : pas besoin de choisir entre nature et culture, on peut faire les deux, à pied ou à vélo, et en famille.

▶ Les moins

À Strasbourg, l'affluence touristique énorme pendant les sessions parlementaires ou pendant les week-ends précédant Noël peut rendre l'hébergement problématique, malgré la richesse du parc hôtelier.

▶ Les tendances

Les randonnées cyclo au vert et les promenades sur le canal de la Marne au Rhin en vedettes fluviales sans permis.

Bordant l'Allemagne, l'Alsace se décline en deux départements dont le Haut-Rhin au sud. Le Rhin faisant frontière à l'est, le département voisine également avec la Suisse, dans une belle communauté culturelle. Un heureux melting pot.

Arrosé par le Lauch, le quartier de la Krutenau donne à Colmar une allure vénitienne.

Haut-Rhin

Les paysages

Situé au sud de l'Alsace, le département s'étend des **crêtes** des Vosges jusqu'au bord du Rhin, flirtant tour à tour avec la Forêt-Noire allemande et la ville de Bâle. C'est dire si les trois pays mélangent leurs influences respectives au cœur d'une zone d'échanges culturels européenne tout à fait privilégiée.

Par beau temps, du sommet du Ballon d'Alsace ou du Grand Ballon, points culminants des Vosges, on découvre un panorama époustouflant sur la **plaine d'Alsace**, remarquant au passage le bel alignement des coteaux du vignoble éponyme. La descente vers la plaine se fait à travers d'imposantes forêts aux essences variées, en passant par des zones de tourbières, protégées et indiquées grâce aux sentiers pédagogiques. Viennent ensuite les rangées de vignes qui s'étagent sagement au gré du relief, de collines douces en pentes plus abruptes jusqu'aux très ravissants villages typiquement alsaciens.

Le patrimoine

C'est presque un décor d'opérette que nous offrent ces adorables villages aux maisons à pans de bois et aux façades colorées, toutes de tons différents. A **Riquewihr**, **Turckheim**, **Kaysersberg** ou **Kientzheim**, il faut passer sous les porches, entrer dans les cours pour y admirer, fresques, enseignes en fer forgé et balcons fleuris. Personne ne vous en tiendra rigueur, les Alsaciens sont fiers de leur patrimoine. Nombre d'églises ou de temples protestants, en grès rose des Vosges, valent aussi la visite. Au registre de l'art sacré, ne manquez pas les beaux **prieurés de Lièpvre** et de **Thierenbach**, les **abbayes de Lucelle**, **Marbach**, **Murbach**, **Pairis**, **Munster** ou **Oelenberg**, ainsi que les **églises de Hunawihr** ou **Kaysersberg**.

Levez la tête pour voir les nids de cigognes sur les cheminées, avec un peu de chance, la locataire est là, et toujours le nez en l'air, admirez les nuées colorées des géraniums envahir les

LE CARNET DE VOYAGE

Les premiers contacts
Association départementale du tourisme du Haut-Rhin
1, rue Schlumberger
BP 60337 – 68006 Colmar Cedex,
03.89.20.10.68.
www.tourisme68.com et
www.tourisme-alsace.com
Maison du parc naturel régional des Ballons des Vosges
1, cour de l'Abbaye – 68140 Munster,
03.89.77.90.20.
www.parc-ballons-vosges.fr

La population
730 000 habitants.
Préfecture : Colmar.

Les fêtes
Décembre : calendriers de Noël (Mulhouse et Turckheim), Saint-Nicolas, les 6 et 7 décembre (Munster, Kaysersberg, Mulhouse).

Les produits locaux
- Asperge, foie gras d'oie, charcuterie alsacienne (cervelas, knack), choucroute, flammekueche.
- Bargkas (fromage à pâte pressée à manger cru ou fondu), bibeleskäs (fromage blanc aux herbes).
- Tartes aux quetsches ou myrtilles, kougelhopf (brioche), bredele (petit gâteau sec de Noël), strudel aux pommes, bretzel.
- Vins d'Alsace.

QUE VOIR, QUE FAIRE EN HAUT-RHIN ?

Les paysages

Espace naturel du Val Plaine d'Alsace, route des crêtes, route des vins

Le patrimoine

- Musées (Beaux-Arts à Colmar, Industrie et Techniques à Mulhouse, écomusée à Ungersheim)
- Prieurés (Lièpvre, Thierenbach), abbayes (Lucelle, Marbach, Murbach, Pairis, Munster, Oelenberg), églises (Hunawihr, Kaysersberg)
- Villages (Riquewihr, Kientzheim, Turckheim, Kaysersberg, Munster)

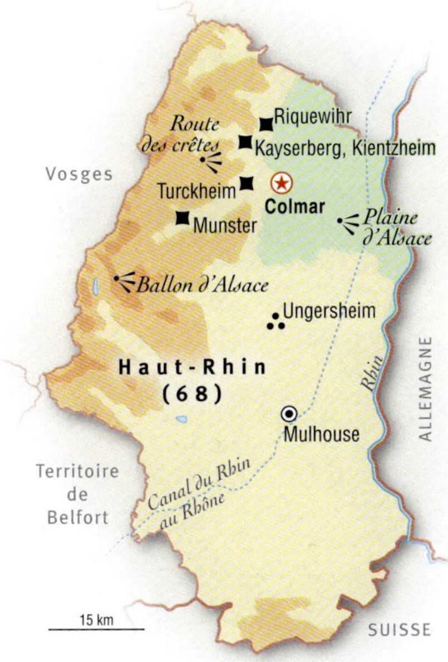

LES CONSEILS GEO

▶ Les plus

Toutes les saisons sont agréables, elles ont toutes leur charme, paysages, villes et villages se parant d'attraits complètement différents.

▶ Les moins

Le climat est continental, il peut faire très froid, avec de la neige en hiver. En été en revanche, la chaleur y est fréquente, parfois étouffante.

▶ Les recommandations

Attention à la conduite en hiver dans le massif des Vosges.

▶ Les tendances

L'œnotourisme pour bobos gourmands avec pour devise «in vino veritas» : une petite randonnée sillonnant les coteaux de vignoble mène, depuis les Trois Epis, vers Turckheim et Ammerschwihr en faisant halte chez les vignerons pour s'initier aux saveurs. À l'arrivée, les mets du terroir attendent les appétits aiguisés par la marche.

encadrements de fenêtres des traditionnelles maisons à colombages.

A Sainte-Marie-aux-Mines, au pied des Vosges, le parc Tellure pour découvrir la vraie vie d'un mineur du XVIe siècle dans ces gisements d'argent exploités ici même, le long d'étroites galeries souterraines.

Véritable village alsacien reconstitué en 73 maisons démontées et remontées à l'identique, l'**écomusée d'Alsace** à **Ungersheim** invite à fêter, tout au long de l'année, les traditions populaires : Pâques à la recherche du lièvre et à la traditionnelle course aux œufs, par exemple.

Du côté de Ribeauville, les ruines du château-fort de Girsberg et de l'Altenkastel (milieu du XIIIe siècle) font face au château de Saint-Ulrich tandis qu'à Eguisheim, le Wahlenbourg, château des comtes d'Alsace (XIe siècle) est flanqué de ceux du Dagsbourg (XIIe siècle) et du Weckmund (XIIIe siècle). A Wintzenheim, sur la route des Cinq Châteaux, la forteresse médiévale du Hohlandsbourg se visite.

■ Les villes et les musées

L'art de vivre alsacien a sa capitale : **Colmar** avec sa «Petite Venise», arrosée par la rivière Lauch. Le quartier de la Krutenau est le plus typique. Ville d'art et d'histoire dont le passé remonte au début du XIIIe siècle, la cité prend son essor vers 1850, grâce au développement de l'industrie textile. Sublime, le musée d'**Unterlinden**

LES SUGGESTIONS GEO

■ **Découverte :** Bioscope, premier parc de loisirs dédié à l'environnement et à la préservation des milieux naturels (Ungersheim).

■ **Aventure :** visite des mines avec l'Association spéléologique pour l'étude et la protection des anciennes mines : 1 h 30 à 2 h sous terre, expédition vraiment passionnante (Sainte-Marie-aux-Mines).

■ **Insolite :** sentier sonore du Markstein à parcourir écouteurs sur les oreilles, à la découverte des curiosités botaniques, agricoles et touristiques grâce à une bande audio agrémentée de témoignages, ambiances et musique originale (massif du Grand Ballon).

doit son renom au fameux retable d'Issenheim, œuvre de Grunewald présentée dans le merveilleux cloître gothique de la chapelle d'un ancien couvent dominicain. Sur la place de l'Ancienne Douane, une statue de Schwendi, le seigneur de Kientzheim par Bartholdi, dont le musée occupe la maison natale.

A **Mulhouse**, haut lieu du développement de l'industrie textile au XIXe siècle (assez peu de bâti antérieur), le **musée de l'Impression sur étoffes** retrace l'histoire des arts décoratifs et expose des machines. Une sélection de musées : Rixheim, le musée du Papier peint, spécialité locale réputée depuis toujours ; celui de l'Automobile, le plus grand du genre, présente quelque 400 voitures anciennes ; le musée français du Chemin de fer, retrace la belle aventure du rail avec une collection exceptionnelle de locomotives et de wagons historiques que l'on visite. ■

Dordogne

Peintures rupestres de la grotte de la Font-de-Gaume, aux Eyzies-de-Tayac.

En Aquitaine, la Dordogne est séparée de l'Atlantique par la Gironde. Les touristes y affluent dès les premiers rayons de soleil pour découvrir son patrimoine préhistorique. Ses vallées dévoilent des saveurs culinaires uniques et un éventail de monuments dans des atmosphères authentiques.

Les paysages

La grande variété des paysages de la Dordogne est résumée par la dénomination de ses pays : quatre couleurs pour quatre territoires distincts. Le **Périgord vert,** au nord, dévoile ses espaces naturels protégés. C'est le pays du Nontronnais et du Val-de-l'Isle. Là, les vallées verdoyantes sont entrecoupées de ruisseaux sinueux épousant les tourbières et les douces pelouses calcaires du **parc régional Périgord-Limousin**.

Le **Périgord blanc,** au centre, est le pays de **Périgueux** et de la **vallée de l'Isle**. Les sols blanchâtres des plateaux calcaires demeurent le dénominateur commun de ce pays. Les falaises y dominent de larges vallées : l'Isle, l'Auvezère et la Loue traversent le territoire. Au sud de Périgueux, la fine silhouette des pins maritimes annonce déjà la flore océanique.
Au sud-ouest, les cultures de vignes et les vergers façonnent le décor du

QUE VOIR, QUE FAIRE EN DORDOGNE ?

Les paysages

- Périgord vert, parc régional Périgord-Limousin
- Périgord blanc (Périgueux, vallée de l'Isle)
- Périgord pourpre (pays du Grand Bergerac)
- Périgord noir (vallées de la Vézère et Dordogne, grottes préhistoriques)

Le patrimoine

- Grottes (Lascaux, Eyzies de Tayac, Bara-Bahau…)
- Périgueux, Sarlat, Bergerac
- Châteaux (Puymartin, Castelnaud, Beynac)
- Bastides (Beaumont, Monpazier, Domme…)
- Cités de caractère (Montferrand, Belvès, Saint-Léon-sur-Vézère…)

Les activités

- Randonnée (pédestre, équestre, cycliste)
- Activités d'eau douce (baignade, canoë-kayak)
- Golf, escalade

Surplombant la Dordogne, le château de Castelenaud, musée de l'Art de la guerre.

Périgord pourpre. Le **pays du Grand Bergerac** et des bastides révèle un très riche patrimoine, entre nobles traditions et histoire.
Enfin, le **Périgord noir** a puisé son nom dans la renommée de sa truffe et la couleur sombre de ses chênes. Dans les champs de tabac et les châtaignes aussi. Il abrite les sites et gisements préhistoriques de la région. Sur le territoire de **Sarlat**, au sud-est, les forêts de chênes verts taquinent le Quercy tout proche. Entre les vallées de la Vézère et de la Dordogne, les nombreuses **grottes** cachent des peintures et des ossements millénaires, quelques villages troglodytiques et une série de cités aux toits de lauze.
Depuis les belvédères de Domme, Beynac et Trémolat, on découvre les superbes panoramas de la **vallée de la Dordogne** tandis que depuis ceux de la Rocque-Saint-Christophe et de la Côte de Jor, la **vallée de la Vézère** montre ses plus beaux profils.

Le patrimoine

La Dordogne est réputée pour son patrimoine préhistorique, témoignage d'une très longue occupation humaine. C'est un voyage dans le temps qu'offre la visite de ses cavités. Pour introduire ce circuit, un détour par le Musée national de la Préhistoire est indiqué. Il dispose de la plus importante collection d'archéologie paléolithique de France.
Les homo sapiens ont investi les vallées de la Dordogne et de la Vézère laissant les traces de leur passage dans une quinzaine de sites classés au Patrimoine mondial de l'Unesco. Les **Eyzies-de-Tayac** est capitale mondiale de la Préhistoire pour la profusion de ses grottes et abris naturels. La célèbre **Lascaux** de Montignac est considérée comme la «chapelle Sixtine» de la Préhistoire. Les gravures des **Combarelles**, de **Bara-Bahau**, **Saint-Cirq (...)**, les peintures rupestres de **Bernifal**, de **Font-de-Gaume**, de **Teyjat** ou de **Villars** (...) mettent en exergue les croyances mystiques de nos plus lointains ancêtres.
Les amoureux de vieilles pierres trouvent ici de quoi se rassasier. Des cités de caractère abritent des chefs-d'œuvre d'architecture, dans des atmosphères authentiques.
Périgueux est une étape majeure des chemins de Compostelle : sa cathédrale Saint-Front est classée au Patrimoine mondial. Au gré des ruelles du quartier historique, elle dévoile la tour Mataguerre, des hôtels particuliers de la Renaissance, les vestiges de son ancienne cité gallo-romaine et la tour gallo-romaine de Vésone (IIe siècle).
A **Bergerac**, les cultures de vignes alentour imposent les plus grandes

Maîtrise parfaite de l'art topiaire aux jardins suspendus de Marqueyssac.

appellations (monbazillac, pécharmant…) Dans la vieille ville, maisons à colombages, pans de bois et ouvertures Renaissance côtoient l'église Saint-Jacques et la statue de Cyrano, place de la Myrpe.
Sarlat, emblématique cité du Périgord noir, possède un patrimoine historique intact. L'abbaye bénédictine et la maison de La Boétie (XVIe siècle) se mêlent aux murs couleur de miel et aux toits de lauze.
Les prétextes d'itinéraires autour du patrimoine ne s'arrêtent pas là. La route des Mille et Un châteaux raconte les légendes familiales telle celle de la Dame Blanche au **château de Puymartin**. Ne pas manquer le château de Lanquais, aussi appelé le «Louvre inachevé» du Périgord. Les châteaux de Losse, de **Castelnaud**, ou encore d'Hautefort composent également de belles visites, dont l'environnement suscite la contemplation. Le **château de Beynac** a d'ailleurs inspiré le réalisateur Luc Besson lors du tournage de sa «Jeanne d'Arc».
Les bastides du Périgord pourpre agrémentent la découverte des vignobles. Les architectures françaises et anglaises s'y confrontent. **Beaumont** et **Monpazier**, cités médiévales édifiées au XIIIe siècle sont des modèles anglais du genre. **Domme**, ses portes, sa place centrale et son hôtel de ville du XIIIe siècle ; Villefranche de Périgord, la plus ancienne des bastides fondée en 1261 ; et Molières, la plus petite, dévoilent les architectures françaises, sur la Dordogne.
Enfin, moulins à eau, à huile ou à papier, que l'on trouve respectivement à Bourdeix, Couze et Sainte-Nathalène, racontent les industries traditionnelles et vivaces le long de la riche vallée de la Dronne.
Au creux des vallées, de nombreux villages méritent qu'on s'y arrête pour l'église, un vieux bourg médiéval ou un point de vue divin : Domme, **Montferrand**, **La Roque-Gageac**, **Saint-Léon-sur-Vézère**, Saint-Jean-de-Côle et **Belvès** ont du cachet.

Les activités

Nombreuses sont les randonnées pédestres ou équestres sur les traces du patrimoine, des paysages et du terroir. GR, petits chemins de randonnée et voies vertes sillonnent le département. Le long des tourbières et des étangs du parc régional, au cœur de la forêt de Campagne du Bugue, non loin des forges de Savignac-Lédrier, sur le site de Trémolat ou encore sur les rives de la Dordogne, les balades sont ponctuées de baignades. Thématisées ou non, elles promettent la découverte de gorges sur le sentier de Fougères et du Rouchilloux, la rencontre avec la Préhistoire sur la boucle de Micoque et l'accès à des sites d'interprétation, comme celui de l'énergie hydraulique de Lud'Eau Vives.
Des pistes cyclables sont aménagées, de Thiviers à Saint-Pardoux ou de

LE CARNET DE VOYAGE

Les premiers contacts
Comité départemental du tourisme de la Dordogne, 25 rue Wilson, BP 2063, 24002 Périgueux cedex, 05.53. 35. 50. 24. www.dordogne-perigord-tourisme.fr

La population
388 385 habitants. Préfecture : Périgueux.

Les fêtes
Janvier : fête annuelle de la truffe (Sorges).
Mars : manifestations «Nomades de toujours» en pays des bastides.
Avril : carnaval des soufflets (Nontron).
Mai : festival des Arts en folie (Sarlat).
Juin : marché des Tisserands (Varaignes), festival Not'EnBulles (Lanquais).
Juillet : festival musique et paroles en Ribéracois, festival des jeux de théâtre (Sarlat), festival des Bastides (Monpazier, Beaumont, Villefranche), Tradigordines (Rencontres Internationales de Musiques et de Danses Trad (Lalinde).
Août : Festival Musique en Périgord, Estivales (Lanquais), fête des couteaux (Nontron).
Septembre : ouverture du marché aux cèpes (Villefranche du Périgord), fête de la Pomme (La Coquille).
Octobre : fête des vendanges (Bergerac), fête de la châtaigne (Villefranche).
Novembre : festival du film (Sarlat).
Décembre : marché au gras et primés (Périgueux, Thiviers, Excideuil, Sarlat, Thenon).

Les produits locaux
- Truffe, oie, canard.
- Noix AOC, champignons (morilles, cèpes, girolles).
- Vins de Bergerac : 13 AOC (rosette, pécharmant, monbazillac…).

L'artisanat
Laine tissée (Varaignes), poteries (Saint-Pierre-de-Frugie), couteaux (Nontron), sculpture (Corgnac sur l'Isle).

Pour découvrir le village de La Roque-Gageac arrimé à flanc de falaise, en bordure de la Dordogne, embarquez sur une gabare.

Sarlat à Cazoulès. Sports et culture, la Dordogne mêlent ses atouts. La variété des espaces naturels offre bien des options : golf à Périgueux et à Vitrac, escalades des roches de Bayac ou de Tourtoirac, visites de musées (Abeilles du Périgord à Auriac ou écomusée de la Noix à Castelnaud), balades au cœur des parcs et jardins (institut du Tabac à Bergerac, jardin de Calebasses à Bussac ou encore ceux d'Eyrignac et Marqueyssac...). Grâce aux rivières, les plaisirs de l'eau ne sont pas en reste : croisières en gabare pour voir les rives de la Dordogne et ses bastides, baignades en eau douce aux plans d'eau (Montpon-Menestérot, Tocane-Saint-Apre ou Saint-Estèphe) ou parcours en canoë-kayak (sur la Vézère à Peyzac-le-Moustier ou au fil de la Dordogne entre Limeuil et Trémolat.)

Enfin, la découverte du terroir fait partie intégrante du voyage. Les richesses culinaires se dévoilent au gré des rencontres avec des passionnés. Les secrets de la truffe sont révélés à l'écomusée de Sorges, sur les sentiers des truffières ou sur les marchés de Périgueux et de Sarlat. Et, autour d'un circuit de découverte du vignoble, les vins de Bergerac révèlent leur qualité à la maison des Vins. ■

LES SUGGESTIONS GEO

- **Découverte :** voûtes souterraines de la grotte de Proumeyssac et ses jeux de lumières (Audrix-le Bugue) ; présentation et dégustation à la maison du Châtaignier, Marron et Champignon (Villefranche-du-Périgord).
- **Aventure :** parcours nature de tir à l'arc en juillet et août, en forêt de Campagne ; initiation aux techniques de spéléologie (Les Eyzies) ; balade nocturne aux flambeaux en canoë-kayak (1er août à Neuvic).
- **Insolite :** visite guidée de l'élevage de l'escargot du Périgord (Vaunac) ; découverte du vélo-rail du Périgord vert (Corgnac sur l'Isle).

LES CONSEILS GEO

▶ Les plus
La gastronomie de la Dordogne mérite réellement un détour vers les marchés et les restaurants, fameux.

▶ Les moins
Le manque d'activités est notoire en période hivernale.

▶ Les recommandations
En été, penser à se munir d'un chandail pour la visite des grottes.

▶ Les tendances
En Dordogne, de nombreux sites touristiques sont dotés du label «tourisme et handicap». Sur chacun, une série de pictogrammes clairs indique les diverses accessibilités aux handicaps auditif, visuel, moteur ou encore mental.

Gironde

La dune mobile du Pyla, poussée lentement par les vents vers l'intérieur des terres.

Terre de nature et de culture rayonnante en Aquitaine, la Gironde aime les grands espaces. Océan, dunes et plages immenses se partagent le paysage avec les vignobles. Une destination pour s'aérer l'esprit et s'éclaircir les sens d'une gorgée de vin.

Les côtes

Avec 126 kilomètres de côtes faisant face aux rouleaux de l'Atlantique, la Gironde offre aux amoureux de la mer une pléiade d'activités sportives et nature. Pinèdes, rivages, dunes et lacs font le charme de son paysage. Le littoral est marqué par l'**estuaire de la Gironde**. A son extrémité nord, le **phare de Cordouan** aussi appelé «Versailles de la mer» ou «Roi des phares», majestueux avec sa tour en pierre blanche de Saintonge. D'une hauteur de 68 mètres, il se visite l'été. Sur le côté sud de l'embouchure du fleuve, la tour carrée du **phare de Graves** lui fait face, arrimée à la pointe. Amateurs de plages tranquilles à l'aura Belle Epoque et friands d'huîtres ont rendez-vous sur le **bassin d'Arcachon**. Pour tout savoir de la faune locale, direction le parc ornithologique du Teich où jusqu'à 260 espèces sont visibles, 70 d'entre elles y étant sédentarisées. Lieu idéal de promenade, la presqu' île de Lège-

QUE VOIR, QUE FAIRE EN GIRONDE ?

Les côtes
Dune du Pyla, bassin d'Arcachon, estuaire de la Gironde, phares (Graves, Cordouan)

Les paysages
Parc naturel régional des Landes de Gascogne, lacs (Hourtin-Carcans, Cazaux, Lacanau), lagune de Contaut, étang de Cousseau

Les villes
Bordeaux, Arcachon

Le patrimoine
Fortifications (Blaye, Cussac-Fort-Medoc), église monolithe (Saint-Emilion,) abbaye de la Sauve-Majeure

Les châteaux
Yquem, Margaux, Maucaillou (musée des Arts et Métiers de la vigne et du vin), Beychevelle, Cos d'Estournelle

Cabane tchanquée (sur échasses, en gascon), typique du bassin d'Arcachon.

Cap-Ferret, barrière de protection du bassin, se déguste en toute saison. Le paysage de la pointe du cap Ferret, soumis aux intempéries et au vent, changeant de façon quotidienne.
Les sportifs ont adopté les stations de Lacanau, Carcans, Maubuisson, Hourtin… qui, rassemblées sous le nom de Médoc-Océan, font valoir leurs atouts avec un seul mot d'ordre : «nature et infrastructure». Si les stations de cette partie de l'Atlantique sont très prisées des surfeurs, elles se tournent de plus en plus vers les familles qui apprécient d'y trouver les plaisirs cumulés des vagues et de l'eau douce.
La **dune du Pyla** ou Pilat, la plus haute d'Europe, est classée comme site national. L'ascension de ses 60 millions de mètres cubes de sable est incontournable : son sommet surplombe l'océan d'une centaine de mètres, offrant une vue grandiose sur les alentours et les Landes de Gascogne.

Les paysages

A quelques kilomètres de la mer, les lacs des Landes attirent de nombreux touristes. Le **lac d'Hourtin-Carcans** est le plus grand de France avec une surface de 6 600 hectares. A peine moins grand, le **lac de Cazaux** se partage entre la Gironde et les Landes et occupe la deuxième place du classement des lacs français en surface. Avec le **lac de Lacanau**, situé seulement à cinq kilomètres de l'océan, ils attirent de nombreuses familles en villégiature. Certaines parties des lacs restent en effet très sauvages, dans un environnement particulièrement préservé. D'autres ont été aménagées pour permettre la pratique des sports nautiques. Un peu moins connus, des étangs présentent également des écosystèmes uniques comme la **lagune de Contaut** et **l'étang de Cousseau.**
Le **parc naturel régional des Landes de Gascogne** est en partie situé en Gironde. Son action a pour but de préserver les paysages et le patrimoine des Landes, notamment le delta de la Leyre dans le bassin d'Arcachon. On trouve aussi des forêts de pins en Gironde, notamment au pied de la dune du Pyla, côté terre. Enfin, les vignes font partie du paysage girondin : Médoc, Libournais, Blayais, ou encore Graves entourent l'estuaire de la Gironde.

Les villes

Bordeaux est inscrite au Patrimoine mondial de l'humanité par l'Unesco. Dès l'Antiquité, la cité prospère sous le nom de Burdigala. Au XVIIIe siècle, elle devient un port important en pratiquant le commerce triangulaire. C'est de cette époque que datent les joyaux de l'architecture bordelaise :

L'église de Saint-Emilion, juridiction inscrite au Patrimoine mondial de l'Unesco.

la place de la Bourse, le Grand-Théâtre, la «grosse cloche» (beffroi à l'entrée du quartier Saint-Pierre), ou encore la place du Parlement. L'église Saint-Michel, ancrée dans un quartier populaire, est plus ancienne. Bâtie du XIVe au XVIe siècle, elle est célèbre pour son clocher, tour carrée de 144 mètres de haut, construite indépendamment de la nef. Sous sa flèche, on jouit d'une vue sur la Garonne, le pont de pierre et les quais. **Arcachon** la paisible a été conçue au XIXe siècle afin de devenir un lieu de villégiature pour touristes fortunés. Dès la Restauration, des cabanons puis des chalets et enfin des villas ont pris position sur le front de mer avant qu'un casino n'ouvre ses portes. Venant y séjourner, Napoléon III lance la mode : Arcachon devient alors une station balnéaire cotée. On trouve encore les traces de cette époque nonchalante en se promenant dans la Ville-d'Hiver, autrefois réputée pour ses vertus sanitaires (climat tempéré, air marin et senteurs résinées). Les villas colorées y rivalisent de fantaisie architecturale.

Le patrimoine

Au milieu des vignobles, se cachent des trésors d'architecture militaire et religieuse. Les **forts** de **Blaye** et de **Cussac-Fort-Medoc** sont entrés au Patrimoine mondial de l'Unesco, aux côtés de dix autres fortifications de Vauban. A **Saint-Emilion,** outre des grands crus, l'église monolithe est unique en Europe. Construite dans la roche calcaire du XIe au XIVe siècle, son ensemble comprend des catacombes et un ermitage.

Dans l'Entre-Deux-Mers, au sud-est de Bordeaux, l'abbaye de Blasimon dépendait de celle de la Sauve-Majeure, aux ruines classées Unesco. D'une architecture typique du XVIIe siècle, le château bâti pour le duc d'Epernon, à Cadillac, domine la bastide et la Garonne. A l'intérieur, on peut admirer des cheminées travaillées, des tapisseries et des plafonds peints qui témoignent du faste de cette demeure qui accueillit deux souverains, Louis XIII et Louis XIV, avant d'être transformé en prison pour femmes au XIXe siècle (jusqu'en 1952). A Mazères, le château de Roquetaillade présente deux châteaux forts, unis dans la même enceinte, l'un datant du XIe siècle et l'autre du XIVe siècle. La cité de Saint-Macaire possède encore de belles traces de son passé médiéval. Les arcades de la place du Mercadiou valent le détour. A la Réole, au sud de Libourne, on trouve le plus vieil hôtel de ville français. Il date du XVIe siècle.

Les châteaux

En Gironde, les châteaux signalent souvent des domaines viticoles, mais ce sont également de remarquables ensembles architecturaux. **Yquem** est un château fortifié du XVe siècle. A l'origine de l'épopée du plus renommé des sauternes, Françoise-Joséphine de Sauvage d'Yquem, qui a fait prospérer le domaine à l'époque de la Révolution française.

Sur les terres du Médoc, et du cépage cabernet, se trouve le **château de Cos d'Estournel** qui produit du saint-estèphe. Son architecture a subi des influences d'Extrême-Orient et ses chais sont surmontés de pagodes. Le prestigieux **château de Beychevelle**

LE CARNET DE VOYAGE

Les premiers contacts
Comité départemental du tourisme de la Gironde, Maison du tourisme, 21, cours de l'Intendance 33000 Bordeaux, 05.56.52.61.40. www.tourisme-gironde.fr

La population
1 387 000 habitants. Préfecture : Bordeaux.

Les fêtes
Juin : fête du vin (Bordeaux, en alternance avec Vinexpo), fête Le Fleuve (Bordeaux).
Juillet : festival Jazz en liberté (Andernos-les-Bains), Jazz and Wine (Pauillac).
Août : fête de l'Huître (Arcachon), Championnat du Monde de surf (Lacanau).
Début novembre : festival Novart (art contemporain à Bordeaux).

Les produits locaux
- Cannelés de Bordeaux, huîtres du Bassin d'Arcachon, cèpes à la bordelaise, carré d'agneau de Pauillac, magret de canard, lamproie à la bordelaise, bœuf de Bazas, asperges du Blayais.
- Grands Vins du Bordelais : 57 appellations dont pomerol, sauternes, saint-émilion, médoc, Graves…

Caprice de Louis-Gaspard d'Estournel, « maharadjah de Saint-Estèphe », les chais surmontés de pagodes du Cos d'Estournel.

et son cru classé, s'avère aussi un exemple d'architecture classique, fondé par une famille bourgeoise bordelaise enrichie par le négoce. Au XIIe siècle, on l'appelait la Mothe de Margaux et le domaine, tel que nous le connaissons aujourd'hui, a été fondé par le seigneur Pierre de Lestonnac à la fin du XVIe siècle. Sur les 265 hectares qu'il compte, un tiers est dédié à la vigne depuis le XVIIe siècle. Le **château Margaux** actuel est une bâtisse néo-classique dont les plans ont été créés par Louis Combes, qui a su les adapter à la vocation viticole de la demeure. Ce bel ensemble architectural a été classé Monument historique au lendemain de la Seconde Guerre mondiale.

Le **château Maucaillou**, à proximité de Moulis-en-Médoc, accueille le précieux **musée des Arts et Métiers de la vigne et du vin** qui propose un panorama de ce savoir-faire, du cep de vigne jusqu'à la dégustation. L'exposition fait la part belle à tous les métiers liés de près ou de loin à la vigne : œnologie, tonnellerie, fabrication des bouchons et des étiquettes, imagerie liée au vin. A souligner, le terroir de Moulis où sont situés les 63 hectares du **château Maucaillou**, s'avère le plus ancien vignoble du médoc. ■

LES SUGGESTIONS GEO

- **Découverte :** visite guidée de la criée d'Arcachon ; observation des grues cendrées le temps d'un week-end ornithologique (Captieux).
- **Aventure :** initiation au body board à Lacanau, abordable même pour les moins sportifs ; plongée sous-marine dans la zone abritée du bassin d'Arcachon (Pyla-sur-Mer).
- **Insolite :** cinéma Utopia à Bordeaux, construit dans l'ancienne église Saint-Siméon ; week-end bivouac dans les arbres, suspendu dans des sortes de cabanes-hamac dotées de douches solaires (Balizac).

LES CONSEILS GEO

▶ Les plus

Le développement constant des infrastructures autour des stations balnéaires de l'Atlantique.

▶ Les moins

L'immense renommée du vin fait un peu oublier l'importance du patrimoine architectural de la région, ne passez pas à côté.

▶ Les recommandations

Attention aux baïnes. Creusées par la houle et les courants, ces piscines naturelles peuvent aller jusqu'à 5 m de profondeur et 100 m de long. Pendant la marée montante ou descendante, des brèches peuvent s'ouvrir dans les baïnes, provoquant des forts courants de «vidange».

▶ Les tendances

Pleines de charme, les chambres d'hôtes sont légion en ce terroir. L'occasion de se mettre, le temps d'un week-end, à l'œnotourisme.

Landes

Adossées à l'océan Atlantique, les Landes offrent une belle palette d'activités de plein air dans un cadre émaillé de lacs et de pins maritimes. La première station thermale de France, Dax, et ses traditions, feria en tête, donnent à ce terroir aquitain son identité si particulière.

La côte et les activités

De la **Côte d'Argent** aux villages de l'intérieur, le département des Landes étire un paysage qui grimpe doucement depuis le niveau de la mer, jusqu'à son point culminant situé au village de Lauret (234 m), au sud-est de Mont-de-Marsan. Propice aux activités balnéaires, la Côte d'Argent déroule une étendue de sable qui court sur 106 kilomètres entre forêts, lacs et stations balnéaires.

A **Biscarrosse**, le baigneur a le choix : 15 kilomètres de sable blond en façade de l'océan Atlantique ou les plages aménagées du lac de Cazaux-Sanguinet. Pour la promenade, il optera pour les sentiers tracés dans la pinède, le long des lacs ou au cœur des lagunes. A moins de s'élancer sur les 30 kilomètres de pistes cyclables qui permettent de rallier la dune du Pyla et le bassin d'Arcachon au nord ou le sud du département. Biscarrosse abrite aussi un agréable parc de plein air, l'Aventure Parc, dont les itinéraires acrobatiques et la plate-forme de saut à l'élastique réservent aux amateurs leur lot de sensations fortes.

Non loin de Mimizan, se trouvent le lac d'Aureilhan et les étangs de Malloueyre. Station balnéaire active elle aussi, **Mimizan** apprécie les familles, et particulièrement les enfants. Détentrice du label national «Station Kid», elle offre des infrastructures adaptées, un environnement sûr, des événements et des animations ludiques. Les sportifs, et particulièrement les surfeurs, iront plutôt à Hossegor, où se déroule chaque année en septembre une compétition de surf, le Quiksilver Pro France.

Hossegor jouxte Seignosse et Capbreton. Estampillée années 30, son architecture néo-régionaliste, dite «basco-landaise», donne à son front de mer une allure folle. Le programme offert par cette jolie station est varié : balades le long des berges du lac salé (rives réservées aux piétons) ou de son canal, golf sur l'exceptionnel parcours 18 trous (très agréablement ombragé), avant de tenter sa chance aux machines à sous et tables de jeux du Sporting Casino ouvert de jour comme de nuit.

QUE VOIR, QUE FAIRE DANS LES LANDES ?

Les paysages et les activités

- Côte d'Argent : Biscarrosse (baignade, cyclotourisme, parcours acrobatique) ; Mimizan (station famille) ; Hossegor (surf, golf, casino)
- Parc naturel régional des landes de Gascogne (randonnée, canoë, écomusée de la Grande-Lande, lagunes)

Le patrimoine

- Mont-de-Marsan (maisons romanes, remparts, parc Rameau, sculptures de rues, musée Despiau-Wlérick)
- Dax (quartier historique, fontaine Chaude, musée de Borda)
- Voies Jacquaires (abbaye bénédictine de Saint-Sever)

Marquèze, quartier de la commune de Sabres reconstitué dans sa physionomie du XIXe siècle, abrite l'écomusée de la Grande-Lande.

Le front de mer d'Hossegor avec ses coquettes maisons blanches aux toits vermillon et aux façades striées de pans de bois.

Les paysages

Sur le plateau sableux, la pinède révèle des micro-paysages tantôt humides, tantôt secs et couverts de bruyères. La forêt des Landes étant la plus grande forêt artificielle d'Europe. Les pins maritimes et leur senteur de résine sont ici omniprésents. Ils ont été plantés à la fin du XVIIIe siècle pour stopper la lente progression du sable à l'intérieur des terres, en particulier du côté de Garosse. Le **parc naturel régional des Landes de Gascogne** commence dans les Landes et se termine dans le département voisin de la Gironde. Il offre de nombreuses possibilités de randonnées, mais aussi l'attrait insolite d'une croisière sportive en canoë sur la Leyre, cours d'eau traversant le parc, et navigable sur 90 kilomètres. Dans les vallées de la Leyre, véritables épines dorsales du parc des Landes de Gascogne, le décor végétal change : ce sont les feuillus qui dominent.

Ailleurs, là où le drainage des nappes phréatiques est moins soutenu, s'ouvre le territoire des lagunes, vestiges de la lande originelle. Ecosystèmes uniques et très fragiles, ces milieux humides formés par les étangs et marais du littoral, barthes et saligues de l'Adour, retenues collinaires, tourbières et autres landes humides sont les objets de solides mesures de préservation.

A Marquèze, au cœur du parc, l'histoire des Landes se parcourt en plein air, dans un ancien village reconstitué pour créer l'**écomusée de la Grande-Lande**, le premier à avoir ouvert en France. On y découvre l'airial, l'habitat caractéristique des Landes de Gascogne. Plongeon dans le passé avec la visite d'une maison à ossature de bois typique, avec sa toiture à longs pans et son auvent.

LE CARNET DE VOYAGE

Les premiers contacts
Comité départemental du tourisme des Landes, 4, av. Aristide-Briand, BP 407, 40012 Mont-de-Marsan cedex, 05.58.06.89.89. www.tourismelandes.com

La population
347 000 habitants (38 habitants au km²). Préfecture : Mont-de-Marsan.

Les fêtes
Mi-avril : Printemps des Landes (dans le département).
Mi-mai : Festival International de Céramique (Hastingues).
Mi-juillet : festival Arte Flamenco (Mont-de-Marsan), fêtes de la Madeleine (tauromachie à Mont-de-Marsan).
Mi-août : Musicalarue (Luxey).
Début septembre : feria Toros y Salsa (Dax).
Dernier week-end d'octobre : Armagnac en Fête (Labastide d'Armagnac).

Les produits locaux
- Foie gras, confit et magret de canard, bœuf de Chalosse, poulet fermier de Saint-Sever, asperge des sables, kiwi de l'Adour, pastis landais (brioche anisée), tourtière landaise (tourte aux pommes, parfumée à l'armagnac).
- Vins de Tursan et de Chalosse, AOC armagnac et Floc de Gascogne.

L'artisanat
Fleurs séchées, céramiques, savons.

Les 5 800 hectares du lac de Cazaux-Sanguinet forment un bel espace naturel.

LES CONSEILS GEO

▶ Les plus

Les Landes sont à vivre toute l'année, pour le thermalisme l'hiver et les activités de plein air l'été. Côté nature, le parc naturel régional des Landes de Gascogne offre un très beau cadre pour des randonnées aisées en forêt.

▶ Les moins

Si la côte est bien desservie par le réseau autoroutier, il n'en va pas de même pour l'intérieur. Comme le département est le 3e de France en superficie, prévoir suffisamment de temps pour se déplacer.

▶ Les tendances

L'écotourisme est très bien implanté, incitant à découvrir le département à vélo (plus de 200 km de pistes littorales cyclables), à pied sur les sentiers de la forêt landaise (la plus grande d'Europe), ou en canoë, au fil de la Leyre.

■ Le patrimoine

Dans les Landes, vaste département à très faible densité de population, les villes restent à taille humaine.
A **Mont-de-Marsan**, la tranquille préfecture, on découvre une cité fortifiée du Moyen Age, traversée par la Midouze, au confluent de deux rivières, la Douze et le Midou. La ville est décorée du pavillon à quatre fleurs, comme sa voisine Hagetmau. Il est agréable d'y flâner en quête des jolies **maisons romanes** bâties en pierres coquillères de la région et de cheminer sous les **remparts**, vestiges de la muraille médiévale. Du printemps à l'automne, Mont-de-Marsan s'épanouit de toutes les couleurs de la nature, au **parc Jean-Rameau** notamment. La ville est aussi un musée à ciel ouvert, avec ses sculptures classiques et contemporaines à repérer au fil des rues.
Pour poursuivre dans cette voie, ne pas manquer le donjon Lacataye, qui abrite le **musée Despiau-Wlérick** consacré à la sculpture figurative des années 1930. Pour les amateurs de spectacles taurins, prendre la direction des arènes du Plumaçon.
Plus au sud, la ville de **Dax** revendique son statut de première station thermale de France. Sa réputation est assurée depuis la Haute Antiquité. Quinze centres accueillent les curistes venus sur prescription, mais il est aussi possible de prendre des soins à la carte, lors d'un week-end de remise en forme. Cité landaise aux traditions préservées, Dax vit chaque été au rythme de la feria, durant laquelle s'affrontent dans les arènes toreros et vaches landaises, au son des fanfares qui envahissent les rues. Très agréable, le quartier historique s'ordonne autour de la **fontaine Chaude**, source d'eau thermale jaillissant à 63°C, de la cathédrale et du **musée de Borda**, retraçant l'histoire de la ville, de l'époque gallo-romaine à nos jours. A noter qu'une crypte étonnante renferme les fondations d'un temple romain du IIe siècle tandis que les vestiges des anciens remparts, certifiés gallo-romains, sont datés du IVe siècle.
L'histoire des Landes est également étroitement liée au pèlerinage de Saint-Jacques de Compostelle. Pas moins de quatre **voies Jacquaires** traversent ainsi le département : voie littorale, de Tours, de Vezelay et du Puy. C'est sur le chemin de Vezelay que s'est établie l'**abbaye bénédictine de Saint-Sever**, classée à ce titre au Patrimoine mondial de l'Unesco. Fondée au XIe siècle et réputée pour son atelier de copistes (Beatus de Saint-Sever), l'abbatiale romane renferme d'exceptionnels chapiteaux polychromes décorés de lions. ■

LES SUGGESTIONS GEO

■ **Découverte :** courses landaises à la Ganaderia de Buros (Escalans) ; Musée préhistorique d'Arthous (Peyrehorade) ; écomusée de la Grande-Lande (Marquèze).

■ **Aventure** : parcours arboricole de Landes Aventure (Mimizan) ; tyrolienne et saut à l'élastique (Biscarrosse).

■ **Insolite** : wallabies (kangourous) du moulin de Poyaller (Saint-Aubin) ; initiation à la technique de la marche sur échasses (domaine d'Echasses-Landes, à Sanguinet).

Voies fluviales parallèles, la Garonne et son canal latéral éponyme, au pied du promontoire rocheux de Meilhan-sur-Garonne.

Lot-et-Garonne

Le Lot-et-Garonne se découvre au fil de l'eau, en bateau, le long des berges. Ce département vert, mais aussi gastronomique, incite à découvrir les saveurs du Sud-Ouest aquitain, son histoire, ses villages de caractère, au rythme si paisible de ses fleuves, le Lot et la Garonne, et de son canal.

Les paysages et les activités

Deux fleuves, le Lot et la Garonne, ont donné leur nom au département. Venu du nord-est, le **Lot** creuse les vallées du centre, puis rejoint la Garonne au niveau d'Aiguillon. Quant à la **Garonne**, elle passe par Agen, au sud-est, et se dirige ensuite vers le nord-ouest. Depuis le milieu du XIXe siècle, ce fleuve se double d'une seconde voie d'eau, le **canal de Garonne**, offrant 87 kilomètres de navigation aisée à travers le département. On suit son cours en coche d'eau ou en vedette fluviale. Ces embarcations sont aménagées pour y vivre en vacances, et certaines se pilotent sans permis. On peut les louer au port fluvial d'Agen, à celui de Buzet, où se jette dans la Garonne le cours naturellement tumultueux de la **Baïse**, rendu navigable par de nombreuses écluses. Le département propose en tout 200 kilomètres de **voies fluviales** aux plaisanciers. Ceux qui préfèrent embarquer pour une mini-croisière essaieront les promenades

LE CARNET DE VOYAGE

Les premiers contacts
Comité départemental du tourisme de Lot-et-Garonne, 271, rue Péchabout, BP 30158, 47005 Agen, 05.53.66.14.14. www.tourisme-lotetgaronne.com

La population
315 000 habitants. Préfecture : Agen.

Les fêtes
Début avril : festival Garorock (rock à Marmande).
Juillet : festival du Rire (Villeneuve-sur-Lot), fête du Pruneau (Sainte-Livrade).
Août : festival de théâtre (Bonaguil-Fumel).
Début septembre : Grand Pruneau Show (Agen).
3e week-end d'octobre : festival Georjacléo (Vianne).

Les produits locaux
- Foie gras.
- Pruneau d'Agen, tomate de Marmande, noisette de Cancon, fraises (variétés Gariguette et Mara des bois), kiwi, melon.
- Cabécou d'Autan (petit fromage au lait de chèvre).
- Tourtière (tourte fine aux pommes).
- Vins de Buzet, côtes-du-marmandais, de duras, vin du Tsar (Thézac-Perricard), armagnac.

L'artisanat
Objets décoratifs, art de la table en verre gravé, terre cuite et céramique.

QUE VOIR, QUE FAIRE EN LOT-ET-GARONNE ?

Les paysages et les activités

- Voies navigables (Lot, Garonne, Baïse, canal de Garonne), en coche d'eau ou gabare
- Sentiers balisés, véloroute de la vallée du Lot, lacs (Clarens, Néguenou)

Le patrimoine

- Agen (tour du Chapelet), Villeneuve-sur-Lot, Marmande
- Musées du Pruneau (Lafitte-sur-Lot) et du Foie gras (Frespech)
- Bastides (Castillonnès, Monflanquin, Pujols), châteaux (Nérac, Bonaguil, Duras)

en gabare. Ces embarcations à fond plat qui servaient à décharger les marchandises accueillent désormais les vacanciers pour une promenade commentée au fil de l'eau, au départ de Fumel ou de Nérac. Le tourisme vert du Lot-et-Garonne s'épanouit aussi en randonnée, le long de 3 500 kilomètres de **sentiers balisés**, comportant des itinéraires de grande randonnée (GR 652 et 654). A bicyclette, c'est la **véloroute de la vallée du Lot** qu'il faut suivre en longeant le fleuve sur 80 kilomètres entre Aiguillon et Bonaguil. Pour se baigner, on fera escale au bord des **lacs de Clarens** et **Néguenou**, on y louera aussi des canoës. A la base Saint-Exupéry de Montpezat-d'Agenaises, les plus intrépides essaieront un baptême de l'air en ULM. Quant aux pêcheurs, ils pourront s'adonner à leur loisir favori au bord des rivières ou sur l'un des 41 plans d'eau conventionnés.

Le patrimoine

La ville d'**Agen** s'étire le long de la Garonne dont le **musée du Pruneau de Lafitte-sur-Lot** ou celui du **Foie gras de Frespech** invitent à découvrir l'excellente gastronomie. Eclectique, son musée des Beaux-Arts présente des toiles de Goya, des œuvres impressionnistes et des porcelaines de Sèvres. De son passé de cité fortifiée, Agen a conservé quelques vestiges, dont la **tour du Chapelet**. Ses monuments offrent un avant-goût des environs. Repérez les **bastides**, villages perchés sur promontoires ou cernés de fortifications. Ces cités médiévales s'illustrent à **Castillonnès**, **Pujols** ou **Monflanquin** où elles ont leur musée. Une invitation à flâner dans leurs rues pittoresques et découvrir ensuite **Villeneuve-sur-Lot** avec son plan orthogonal organisé autour d'une place centrale, son moulin de Gajac devenu musée, l'église romano-byzantine de Sainte-Catherine, celle gothique et méridionale de Saint-Etienne et le château de la Sylvestrie (XIIe-XIIIe siècles).
A **Marmande**, il faut visiter le cloître et l'église Notre-Dame. En Lot-et-Garonne, l'Histoire compte des hôtes célèbres, dont le roi Henri IV. Celui-ci naît à Pau, mais passe son enfance au **château de Nérac**, puis y installe sa cour au début de son mariage avec la reine Margot, vers la fin du XVIe siècle. Au cœur de son village préservé, il est à voir absolument. Autres étapes majeures dans la découverte des demeures historiques : le **château-fort de Bonaguil**, juché sur son promontoire depuis le XIIIe siècle et le **château des ducs de Duras**, forteresse transformée en château d'agrément à la fin du XVIe siècle. ■

LES SUGGESTIONS GEO

- **Découverte :** mini-croisière en gabare (barque à fond plat) sur le Lot ou la Baïse ; train touristique de l'Albret, de Nérac à Mézin.
- **Aventure :** parcours acrobatiques en forêt de Parc-en-Ciel (Moulin-de-Courrance) ; escalade et canoë, domaine cap Cauderoue (Barbaste).
- **Insolite :** vol en montgolfière (Saint-Jean-de-Duras) ; labyrinthe végétal (maïs) de Dédal'Prune (Granges-sur-Lot).

LES CONSEILS GEO

▶ Les plus

Le Lot-et-Garonne offre toute une palette d'hébergements, des hôtels aux chambres d'hôtes ainsi que de bonnes tables (gastronomie du Sud-Ouest oblige), doublées d'un accueil toujours généreux.

▶ Les moins

En hiver, le brouillard (prudence sur les routes) et l'humidité sévissent.

▶ Les recommandations

L'été est la plus belle saison dans le Lot-et-Garonne, mais c'est aussi celle des moustiques. On évitera de se faire piquer en portant des vêtements longs, en appliquant une crème à la citronnelle. Sans oublier d'allumer, pour dîner au bord de l'eau, une bougie répulsive.

▶ Les tendances

Le département se découvre de plus en plus au fil de l'eau, sur ses quelque 200 kilomètres de voies fluviales et canaux ou en séjournant au bord des lacs aménagés pour les activités de plein air.

Pyrénées-Atlantiques

Sur le rocher, face à l'Océan, Biarritz et la villa Belza s'ouvrent aux vents marins.

Dans le 64, les Pyrénées sont atlantiques. Adossé à l'Espagne, ce département porte en lui deux puissantes cultures identitaires : le Béarn et le Pays basque. Au sud de l'Aquitaine, entre océan et montagne, il offre de grands espaces naturels.

Les paysages et les randonnées

Longues plages de sable fin, falaises abruptes, baies immenses, petits lacs nichés dans la montagne, vignes, torrents et autres gaves : voilà quelques-uns des paysages des Pyrénées-Atlantiques, destination adulée des randonneurs - qui ont accès à 5 000 kilomètres de sentiers balisés -, et des amoureux des sports aquatiques. Dans le **Pays basque**, le voyageur a le choix : il peut pratiquer surf, nautisme, plaisance, thalassothérapie, pêche ou plongée tout le long du littoral ou s'aventurer vers l'intérieur du pays, sur les pentes bien raides de l'**Artzamendi** ou de la **Rhune** où il croisera des pottoks, de petits chevaux sauvages à la crinière drue.

QUE VOIR, QUE FAIRE EN PYRÉNÉES-ATLANTIQUES ?

Les paysages et les randonnées

- Pays basque (Côte basque, Artzamendi, Rhune, Soule, Saint-Jean-Pied-de-Port, forêt d'Iraty, vallée de Baïgorry)
- Béarn (vallée d'Ossau, pic du Midi d'Ossau, vallée d'Aspe, Escot, col du Somport, parc national des Pyrénées, vallée de Barétous, Arette, La Pierre-Saint-Martin)

Les villes

- Bayonne, Anglet, Biarritz, Bidart, Guéthary, Saint-Jean-de-Luz, Ciboure, Hendaye, Cambo-les-Bains, Saint-Jean-Pied-de-Port
- Pau, Morlaàs, Lembeye, Garlin, Oloron-Sainte-Marie, Eaux-Bonnes, Eaux-Chaudes, Salies-de-Béarn

Le patrimoine

- Châteaux (Moncade, Pau)
- Route des Seigneurs, chemins de Saint-Jacques-de Compostelle
- Makila, pelote basque, chants basques, laubur

Au fond du golfe de Gascogne, le port de pêche abrité de Saint-Jean-de-Luz.

Ou encore découvrir la **Soule**, montagnarde et farouche, avec ses canyons et ses forêts de hêtres. Il suivra les chemins de Saint-Jacques-de-Compostelle en traversant **Saint-Jean-Pied-de-Port** ou s'aventurera dans la **forêt d'Iraty** dont on raconte qu'elle est hantée par les fées et les lutins. Il peut aussi se promener dans la **vallée de Baïgorry,** avec ses maisons typiques de la basse Navarre et ses vignes en terrasse, ou pousser la promenade vers l'ouest, entre Brisous et La Bastide-Clairence, terroirs où le paysage s'arrondit en bordure de la rivière Adour.

Dans le **Béarn**, plus à l'intérieur des terres, le visiteur sera séduit par les paysages imposants offerts par la **vallée d'Ossau** et ses cirques glaciaires**,** ses lacs, ses torrents et ses sommets majestueux. Particulièrement apprécié par les amateurs de sports d'hiver, le **pic du Midi d'Ossau** (qui culmine à 2 884 mètres) et sa station de ski de Gourette.

La **vallée d'Aspe**, qui s'étend sur 40 kilomètres, entre **Escot** et le **col du Somport,** sur la frontière espagnole, est un lieu de randonnée idéal qui mène au cœur du **parc national des Pyrénées** (1 093 hectares de nature préservée). Territoire de passage et d'échanges, cette vallée garde des traces de la voie romaine qui traversait la région. De belles demeures du Moyen Age peuvent être admirées dans ses 15 villages.

La vallée de Barétous, est la plus petite des trois vallées du Béarn. Elle offre un spectacle de paysages calcaires époustouflants : le plus grand lapiaz (sortes de gouffres ciselés par le ruissellement de l'eau dans le calcaire) d'Europe est ici perché à 1 650 mètres, juste au-dessus du village d'**Arette**. De la même manière, **La Pierre-Saint-Martin**, et sa gigantesque salle de Verna que Haroun Tazieff explorait dans les années 50, est devenue un lieu de rendez-vous international des spéléologues.

Les villes et les activités

Au bord de la Nive et de l'Adour, **Bayonne**, la capitale du Pays basque : ville portuaire très influencée par les Anglais au Moyen Age, elle est à la fois pittoresque et historique avec ses maisons à colombages aux volets rouges et verts, ses remparts, la citadelle de Vauban et sa cathédrale. Connue pour ses fêtes en août, son jambon, son fameux chocolat. Ses arènes accueillent aujourd'hui les plus grands noms de la tauromachie.

Anglet, sur la côte, est une destination résolument nature, avec ses 250 hectares de forêt à découvrir à vélo, à cheval ou à pied, ses huit plages de 5 kilomètres de long, le prestigieux golf de Chiberta et le très célèbre centre de thalassothérapie d'Atlanthal.

Biarritz, à l'origine un petit port de

Edifiée au XIIe siècle, Saint-Jean-Pied-de-Port, sur la Nive (rivière) de Béhérobie.

pêche, est devenue une ville branchée et chic après les séjours de Napoléon III et de l'Impératrice. Des voyages qui ont attiré l'aristocratie européenne de l'époque et qui séduisent encore de nombreuses célébrités d'aujourd'hui. Ses plages et ses vagues en font le rendez-vous des grands surfeurs du monde entier.
En longeant la côte vers le sud, on traverse les petites stations balnéaires de **Bidart** et de **Guéthary** avant d'atteindre **Saint-Jean-de-Luz.** C'est dans son église que Louis XIV épousa Marie-Thérèse, en 1660. Ici, le pâtissier du roi, Adam, inventa une recette qu'on appela le macaron.
En traversant le pont, on arrive à **Ciboure** où plane l'âme de Ravel et celle des artisans pêcheurs de thon. A **Hendaye**, ville frontière et station de voile, on pourra visiter le château d'Abbadia, construit dans un style néo-gothique par Violet-le-duc.
A **Cambo-les-Bains,** l'eau de source possède des vertus rhumatologiques. Station thermale réputée aux XVIIIe et XIXe siècles, la ville a reçu l'écrivain Edmond Rostand en 1900, qui y fit construire sa villa Arnaga. La station reçoit 12 000 curistes par an qui profitent également du bon air de la région, du vin du pays (l'irouléguy) et de la marche à pied sur le chemin de Saint-Jacques-de-Compostelle qui passe, non loin de là, par la cité de **Saint-Jean-Pied-de-Port**.
On dit que tout voyage en Béarn doit commencer par **Pau**, sa capitale, ville royale, patrie du roi Henri IV et préfecture du département. En flânant sur le boulevard des Pyrénées, on se souviendra de Lamartine qui le rendit célèbre par une phrase : *«la plus belle vue de terre comme Naples est la plus belle vue de mer»*. Rien que ça. A deux pas, se dresse le château de Henri IV, la palmeraie et les parcs aux essences rares dans lesquels il fait bon flâner. La ville a été fortement marquée par les Britanniques au cours du XIXe siècle, tant dans son paysage que dans son esprit. Ils y ouvrirent le premier terrain de golf hors d'Ecosse. Aux portes de la cité, on peut visiter deux vignobles, le Madiran et le Jurançon. Mais aussi découvrir les belles églises romanes de **Morlaàs**, **Lembeye**, **Garlin**.
Oloron-Sainte-Marie, la capitale du Haut-Béarn, possède le label «ville d'art et d'histoire». Sa forêt d'Oloron (2 500 hectares) est l'une des plus belles du massif pyrénéen. A visiter en VTT, à cheval ou à pied. Dans ce cadre, le semi-marathon d'Oloron attire plus de 2 000 coureurs tous les ans. Le Béarn possède aussi ses propres stations thermales. Celles d'**Eaux-Bonnes**, **Eaux-Chaudes** et **Salies-de-Béarn** sont les plus réputées.

LE CARNET DE VOYAGE

Les premiers contacts
Comité départemental du tourisme Béarn-Pays basque, 2, allée des Platanes 64100 Bayonne, 05.59.30.01.30. www.tourisme64.com

La population
600 000 habitants. Préfecture : Pau.

Les fêtes
Avril : foire au Jambon (Bayonne).
Mai : journées du Chocolat (Bayonne).
Juillet : fête des Chipirons (Hendaye).
Août : fêtes de Bayonne (1er mercredi, pendant 5 jours), grand festival de force basque (Saint-Palais, 3e dimanche), Hestiv'oc (musiques basques et béarnaises) à Pau (3e semaine).
Septembre : fête du Ttoro (ragoût de poisson, Saint-Jean-de-Luz), fête du Sel (Salies-de-Béarn), fête du Gâteau basque (Cambo-les-Bains).
Octobre : festival de Biarritz Cinémas et Cultures de l'Amérique latine, fête du Piment d'Espelette (dernier dimanche du mois).

Les produits locaux
- Fromage fermier de brebis, piment d'Espelette, jambon de Bayonne, chocolat de Bayonne.
- Vins d'Irouléguy, béarn-bellocq, jurançon et madiran.

L'artisanat
Makila (bâton), béret basque, linge basque, espadrilles de Mauleon.

Le patrimoine

Les Basques et les Béarnais sont très attachés à leur identité culturelle et à leur langue. D'où la place primordiale des écoles qui enseignent l'euskara (la langue basque, dont l'origine mystérieuse divise encore les linguistes) et le béarnais (une forme très particulière de l'occitan).
Cet attachement à la liberté et à l'indépendance ne date pas d'hier. En l'An Mil, le Béarn était un Etat à part

Le lac Gentau offre ses rives aux randonneurs, le temps d'une pause (1 947m) aux pieds du pic du Midi d'Ossau (2 884 m).

entière avec sa monnaie, son parlement, ses figures célèbres : Gaston IV Fébus, comte de Foix (qui vécut au **château Moncade**), Jeanne d'Albret, Henri IV roi de Navarre (à qui appartenait le **château de Pau**). C'est de cette riche histoire que le Béarn tire son droit et ses règles pastorales toujours actuelles, ses coutumes, ses fêtes et son caractère «bien trempé». Sur la **route des Seigneurs,** on peut visiter les 24 demeures qui ont abrité des personnages célèbres de la région, dont Gaston Fébus, les Mousquetaires et Edmond Rostant…

Ou, comme les pèlerins, suivre l'une des quatre routes des **chemins de Saint-Jacques-de-Compostelle** qui convergent vers ces terres basques et béarnaises.

Et pour marcher sur ces lieux remplis d'histoire, mieux vaut s'appuyer sur un **makila,** le bâton du montagnard, sculpté dans du bois de néflier. Un objet unique, emblématique du Pays basque puisqu'il symbolise sa puissance et son indépendance.

Autres symboles forts de la région : la **pelote basque**, un sport né des jeux de la paume au Moyen Age, et les **chants basques** ancestraux, de véritables poèmes épiques. Ou encore le **lauburu**, le fameux motif de la croix basque formée par quatre virgules, que l'on remarque dès le XVIIe siècle dans la région. ■

LES SUGGESTIONS GEO

- **Découverte :** train d'Artouste, dans la vallée d'Ossau à 2 000 mètres d'altitude (le plus haut train d'Europe) ; petit train à crémaillère de Saint-Ignace (qui va jusqu'au sommet de la Rhune, 915 mètres d'altitude) ; musée de la Mer (Biarritz).
- **Aventure :** ski à Gourette et La-Pierre-Saint-Martin (également un rendez-vous international pour les spéléologues) ; rafting et nautisme (dans les eaux vives de la Nive et des Gaves de Pau).

LES CONSEILS GEO

▶ Les plus

Une volonté farouche de perpétuer la tradition, d'où l'importance de la langue, qui véhicule la culture. L'esprit de fête : un concert de chœur d'hommes basques en pleine rue, un spectacle de danses, un bal de village…

▶ Les moins

Comme le dit ici le vieux dicton : « ciel basque, ciel fantasque ». En une seule journée, il est possible d'assister à trois changements de saison. Mais quand il pleut, ça ne dure jamais longtemps.

▶ Les tendances

La région propose cinq centres de thalassothérapie et de remise en forme, parmi les plus célèbres et les plus modernes de l'Hexagone, à Anglet, Biarritz, Saint-Jean-de-Luz et Hendaye. Elle est également connue pour ses parcours de golf et ses sports de glisse.

Edifié sur les vestiges d'un couvent du XVe siècle, le pavillon de la Source des Célestins, délicate architecture de style vichyssois.

Allier

Forêts, vallées alluviales, collines, montagnes, gorges, tourbières, landes, coteaux calcaires... Avec sa mosaïque de reliefs, ses rivières tour à tour sages ou sauvages, ses stations thermales et sa constellation de châteaux au charme délicat, l'Allier invite à la dolce vita. Un certain art de vivre, à l'auvergnate.

Les paysages et les randonnées

Le département regroupe sept pays touristiques. Il est traversé dans son axe central par l'**Allier** qui arrose Moulins et Vichy et en formant une réserve naturelle d'une vraie richesse écologique. Sauvage, cette zone humide est la deuxième réserve ornithologique après la Camargue. Le balbuzard pêcheur, l'œdicnème criard ou le martin pêcheur y ont élu domicile.

Au sud du **Val d'Allier**, la rivière draine d'un côté les plaines de la Limaille et de l'autre la Forterre. Au sud-ouest, la Combraille est un plateau granitique entaillé par les **gorges de la Sioule**, de la **Bouble** et du **Bellon**. Leurs paysages pittoresques séduiront les amateurs de **canoë-kayak** (**Ebreuil**). Au sud-est, la **montagne bourbonnaise**, jalonnée de sentiers, offre de belles balades balisées (Bois-Noirs,

LE CARNET DE VOYAGE

Les premiers contacts
Comité départemental du tourisme de l'Allier, parc de Bellevue, 03402 Yzeure cedex, 04.70.46.81.50. www.allier-tourisme.

La population
343 000 habitants, 47 hab/km^2.
Préfecture : Moulins.

Les fêtes
Juin-Juillet : Les Nuits des Musiques Vivantes du Val de Sioule, festival des Cultures du Monde (Gannat), fête des Chavans (concerts, spectacles et bals à Château-sur-Allier).
Juillet-Août : foire médiévale de Souvigny, foire aux Paniers de Mayet-de-Montagne (3ème dimanche d'août), foire aux Anes de Braize (dernier dimanche d'août), festival viticole et gourmand (Saint-Pourçain).
Juin-Octobre : Rencontres lyriques européennes (Vichy).
Octobre : festival Jean Carmet (Moulins).
Novembre : salon du livre ancien (Souvigny).
Décembre : foire aux dindes (Jaligny-sur-Besbre).

Les produits locaux
- Pâté de pommes de terre, moutarde de Charroux, charolais, dinde de Jaligny, foie gras de Bert, fromages de vache (cérilly, chambérat), pastilles de Vichy.
- Vin de Saint-Pourçain, bières (Gannay-sur-Loire, Treban).

L'artisanat
Vanneries (Mayet-de-Montagne).

QUE VOIR, QUE FAIRE EN ALLIER?

Les paysages et les randonnées
Val d'Allier, gorges (Sioule, Bouble, Bellon), montagne et Sologne bourbonnaises, puy de Montoncel, forêt de Tronçais

Les monuments, les villes et les villages
- Château de Lapalisse, église prieurale Saint-Pierre et Saint-Paul de Souvigny, églises «arc-en-ciel» du Val de Sioule
- Vichy, Moulins
- Villages (Le Mayet-de-Montagne, Charroux)
- Stations thermales (Vichy, Bourbon-l'Archambault, Néris-les-Bains)

Les activités
Voile (Vichy), canoë-kayak (Ebreuil), montgolfière (Bellerive-sur-Allier), ski (La Loge-des-Gardes)

LES CONSEILS GEO

▶ Les plus
La douceur des paysages incite à un tourisme vert, volontiers familial. Et les stations thermales qui concilient bien-être et tourisme, avec leur architecture flamboyante.

▶ Les moins
Peu d'affluence en dehors de la saison estivale : le calendrier des fêtes et des activités de pleine nature se réduit dès le mois de septembre.

▶ Les tendances
L'Allier se met à l'heure des courts séjours et propose de nombreuses formules week-end.

monts de la Madeleine) et des sites enchanteurs (cascade de la Pisserotte, panorama de Châtelus, **ski** à **La Loge-des-Gardes**). A Lavoine, le **Puy de Montoncel** culmine à 1 292 mètres.
Plus au nord, c'est le bocage bourbonnais avec la vallée du Cher, doucement vallonnée et richement boisée ; on y rencontre de paisibles troupeaux de Charolais. Au nord-ouest, le **pays de Tronçais** abrite la plus belle chênaie d'Europe. Ponctuée de nombreuses sources et d'étangs, elle forme un espace de découvertes et de loisirs apaisant.
A l'est, s'étend la **Sologne bourbonnaise**, bordée par la Loire. La partie la plus sauvage se compose de bois, landes et étangs.

Les monuments

Berceau des Bourbons, l'Allier possède un patrimoine riche de plus de 500 châteaux et demeures cossues d'une infinie variété de styles et d'époques. Parmi ceux qui méritent un simple coup d'œil ou une visite guidée : le légendaire **château de Lapalisse**, le château de Riau avec ses fastueux colombages et ses briques polychromes, le château de Thoury célèbre pour ses murailles et ses tours en pentagone ou encore les forteresses imprenables de Billy, **Bourbon-l'Archambault** et Hérisson.
Tout aussi présentes dans le paysage bourbonnais, les églises révèlent la beauté épurée de l'art roman, déclinée dans les styles berrichon, auvergnat et bourguignon : **église prieurale Saint-Pierre et Saint-Paul de Souvigny**, Notre-Dame de Châtel-Montagne...

LES SUGGESTIONS GEO

- **Découverte :** parc d'attractions et animalier le PAL (Dompierre-sur-Besbre) ; musée de l'Automobile (Bellenaves) ; Centre national des costumes de scène (Moulins) ; Vichy plage (juillet-août).
- **Aventure :** vélo électrique (forêt de Tronçais) ; montgolfière (Bellerive).
- **Insolite :** pagode et bouddhas (Noyant-d'Allier) ; horloge colossale à billes et à eau la plus grosse du monde (place du village de Lavoine).

Les **églises «arc-en-ciel» du Val de Sioule-Forterre** présentent de nombreuses peintures murales et une foule d'évocations célestes qui justifient leur nom étrange.

Les villes et les villages

Vichy, avec son opéra, ses parcs et ses établissements de bains a gardé son aura de «reine des villes d'eaux». Son esprit 1900 ravira les amateurs d'ambiance rétro, comme **Néris-les-Bains** et **Bourbon-l'Archambault**.
La ville de **Moulins**, marquée par l'héritage des Bourbons, offre des richesses historiques incontestables (château des Ducs, cathédrale et triptyque du maître de Moulins).
Montluçon, avant tout ville industrielle, possède aussi son quartier médiéval avec ses maisons à pans de bois, au pied du double rempart protégeant son château, ancien fief de la dynastie bourbonnaise qui abrite aujourd'hui un très intéressant musée dédié aux musiques et aux instruments populaires. Aux alentours, beaucoup de bourgades ont gardé ce cachet moyenâgeux (**Le Mayet-de-Montagne**, Verneuil-en-Bourbonnais, Hérisson). Certaines figurent même parmi les «plus beaux villages de France» (**Charroux**). ■

En Auvergne, le Cantal est assis sur un volcan, le plus grand d'Europe. Les soubresauts de la Terre y ont patiemment dessiné massifs acérés, hauts plateaux entaillés de vallées, collines rondes et boisées. Traversé d'innombrables cours d'eau, montagne et campagne à la fois, ce département est divinement vert.

La pittoresque vallée du Falgoux prend sa source dans les entrailles du puy Mary.

Cantal

Les paysages

Occupant le cœur du département, les monts du Cantal ont surgi du cratère affaissé d'un unique volcan. Infini tapis de velours vert, ces «puys» comme on dit ici, terminés par un sommet aride et acéré, constituent une partie du **parc naturel régional des volcans d'Auvergne.** A 1 855 mètres d'altitude, le **Plomb du Cantal** est le plus haut. A deux pas, la station de ski du **Lioran** - tout à fait à la hauteur - dessert 60 kilomètres de pistes de ski alpin et 150 pour le ski de fond.

Autre site marquant : le **puy Mary** (1 787 m). C'est le lieu le plus visité du département. Après une marche facile jusqu'à sa cime, le regard embrasse les douze vallées glaciaires creusées en étoile tout autour. Suivent en hauteur décroissante les **puys de Chavaroche**, **Griou**, **Violent**...

En aval, ce sont les hauts plateaux, les planèzes, anciennes coulées de laves devenues gras pâturages. Ceux de l'**Artense**, du **Cézallier** et de l'**Aubrac** coiffent le nord-est du massif. L'Aubrac, pays d'eau (les sources thermales de **Chaudes-Aigues**, les plus chaudes d'Europe - 82 °C - coulent ici), accueille sur ses flancs nourriciers les célèbres vaches du même nom, robe sable et œil de velours délicatement cerné de noir.

Au nord-ouest, la **vallée de la Dordogne** où la rivière et les gorges s'apprécient lentement, en gabare, bateau de fret d'autrefois.

Au sud, la **vallée du Lot**, le point le plus bas du département (210 m), où l'on file sur le Lot en canoë. Ici comme sur les plateaux boisés de la **Châtaigneraie**, le Midi chante déjà, cigales au rendez-vous.

A l'extrême est, la **Margeride** est une terre rude de landes et de forêts, ventée, très ventée, mais au climat ensoleillé et sec l'été. Mystérieuse dit-on. Selon la légende, l'effrayante bête du Gévaudan y rôda...

LE CARNET DE VOYAGE

Les premiers contacts
Cantal Tourisme, 36, rue de Sistrières, 15000 Aurillac, 0826.96.15.15. (0,15 €/mn), www.cantaltourisme.fr

La population
150 000 habitants (27 habitants au km²). Préfecture : Aurillac.

Les fêtes
Fin mai : Estive d'Allanche (départ des troupeaux pour la montagne).
Août : Festa del Païs à Saint-Flour (métiers et traditions), Festival International de Théâtre de Rue à Aurillac.
Septembre : fête des cornets de Murat (dégustations, concours culinaires).
Fin octobre : foire de la Châtaigne à Mourjou.
Février : fête du Cochon à Laroquebrou (marché aux salaisons, découpe).

Les produits locaux
- Fromages (5 AOC : saint-nectaire, cantal, bleu d'Auvergne, fourme d'Ambert, salers), salaisons.
- Cornets de Murat (biscuits secs artisanaux garnis de chantilly, de crème de marron ou de lentille...).
- Lentilles blondes de la Planèze.
- Apéritif à base de gentiane.

L'artisanat
Parapluie d'Aurillac, couteau «l'Aurillac».

QUE VOIR, QUE FAIRE EN CANTAL ?

Les paysages

- Parc naturel régional des volcans d'Auvergne (Plomb du Cantal, puy Mary, puys de Chavaroche, Griou, Violent)
- Hauts plateaux d'Artense, du Cézallier et de l'Aubrac, station de ski du Lioran, Chaudes-Aigues
- Vallées de la Dordogne et du Lot, châtaigneraie, Margeride, gorges de la Truyère, viaduc de Garabit

Le patrimoine

- Châteaux de Sedaiges, Anjony, Val, Messilhac, La Trémolière, Auzers, La Vigne, Conros, Pesteils, Alleuze
- Villages de Salers, Tournemire, Marcolès, Laroquebrou, Montsalvy, Murat, Allanche ; Villes de Saint-Flour, Aurillac
- Burons

La marche est un moyen d'approche intime de ces territoires typés, sur les 2 600 kilomètres de sentiers de randonnée du département : chemins de crêtes, de sous-bois ou de bord de lacs comme celui de Grandval dans les **gorges de la Truyère**, enjambé par le **viaduc de Garabit**, fine construction aérienne de Gustave Eiffel.

Le patrimoine

En couronne autour des monts du Cantal, châteaux, forteresses et autres citadelles chapeautent les vallées. Parmi les plus remarquables de ces vigies de granite et de basalte : **Sedaiges**, exemple unique du style troubadour du XIXe siècle, également chambre d'hôtes ; **Anjony**, forteresse aux quatre tours rondes ramassées sur son piton (superbes mobilier et fresques) ; le château de **Val** (XVe siècle), sorti tout droit d'un conte de fée, au bord du lac de Bort-les-Orgues. Et aussi **Messilhac**, seul vestige de la Renaissance, **La Trémolière** (et ses tapisseries d'Aubusson), **Auzers**, **La Vigne**, **Conros**, **Pesteils**, **Alleuze**... Plus modestes mais stylées, les maisons paysannes. La plupart sont des « fermes bloc » : d'un seul tenant l'habitation et ce qui était autrefois l'étable, la grange à l'étage. Solides, elle sont minérales, tout de pierre de pays aux teintes nuancées de roux et de gris : basalte ou granite pour les murs, lauze ou schiste pour le toit. Postées à la croisée des chemins, comme ces croix ouvragées qui ornementent le paysage cantalien, ou rassemblées et formant hameaux et villages.

Salers et le minuscule **Tournemire** font partie à juste titre des « plus beaux villages de France ». Remarquables aussi, quelle que soit leur taille, **Aurillac**, **Saint-Flour**, **Laroquebrou**, **Marcolès**, **Montsalvy**, **Murat**... et les petits villages des vallées.

Allanche, dans le Cézallier, fête le départ des bêtes pour l'estive. Fin mai, cette journée réunit troupeaux et randonneurs pour la montée aux pâturages des salers, la race de vache étendard du Cantal, robe cuivrée et cornes en forme de lyre. En résidence d'été à la montagne, elle donne un lait parfumé qui fait un fromage « salers tradition » au goût délicat de noisette. Sur d'autres hauteurs, de rares buronniers en leurs **burons** (ces longères de pierre à la fois habitation, étable et cave d'affinage) travaillent encore à l'ancienne. ■

LES SUGGESTIONS GEO

- **Découverte :** parcs animaliers et à thèmes (le Scénoparc iO et ses 100 bovidés) ; parcours des Gorges de la Jordane (2 km de passerelles et ponts flottants) ; vélo-rail du Cézallier (Landeyrat-Allanche) ; écomusées (maison de la Châtaigne, écomusée de Margeride).
- **Aventure :** parapente (Puy-Mary).
- **Insolite :** Dirt Monstrer, vélo de descente à grosses roues de quad et fourche de moto (Lioran).

LES CONSEILS GEO

▶ Les plus

Le Cantal est le département des grands espaces et de la chlorophylle. Parfait pour reprendre son souffle.

▶ Les moins

Les températures et le temps changeants au cours d'une même journée.

▶ Les recommandations

Connaître la météo avant de partir en montagne mais sans son chien : les vaches, à l'instinct maternel développé, peuvent charger.
Il faut se méfier du GPS, pas toujours fiable.
En octobre et mai, vérifier si le col du Pas-de-Peyrol est ouvert avant d'entreprendre la traversée du massif en voiture ou l'ascension du puy Mary.

▶ Les tendances

Le développement durable guide les aménagements touristiques (sites, sentiers, construction et rénovation d'auberges et de chambres d'hôtes).

Vestige d'une cheminée volcanique, le rocher de Saint-Michel d'Aiguilhe et sa chapelle romane, en surplomb du Puy-en-Velay.

Haute-Loire

Entre Massif central et Provence, la Haute-Loire doit à sa position son doux surnom de Midi de l'Auvergne. C'est aussi le berceau du plus long fleuve de France. Nature vive et patrimoine religieux imposant sont les attraits de ce département encore préservé.

Les paysages

Mézenc, Haut-Allier ou Vivarais-Lignon, la Haute-Loire est un territoire constitué de hauts plateaux. Les deux tiers du département dépassent les 400 mètres d'altitude, seules les Hautes-Alpes battent ce record.

Dans le plateau du **Mézenc**, le village des Estables se transforme l'hiver en une station de ski plutôt familiale. Le massif du Mézenc (dont le mont culmine à 1 749 mètres d'altitude, sur la même ligne de crête que le mont Gerbier de Jonc) voit passer la jeune Loire qui prend sa source, à quelques kilomètres seulement, en Ardèche. Premier massif important à l'ouest des Alpes, il attire une faune volontiers montagnarde : des marmottes et même des loutres y vivent.

Les hauteurs du plateau du **Vivarais-Lignon**, paysage de pâturages et de forêts, sont célèbres pour avoir été une terre de résistance au cours de la Seconde Guerre mondiale.

Parmi les sites naturels de toute beauté du département, le **lac du Bouchet** est l'un des plus fréquentés, sans doute pour la fraîcheur et le calme de ses rives pendant les chaleurs d'été. Circulaire, ce lac du massif du Devès (1 421 mètres) s'avère d'origine volcanique. Près du village

LE CARNET DE VOYAGE

Les premiers contacts
Comité départemental du tourisme de Haute-Loire, Hôtel du département, 1, place Monseigneur-de-Galard, BP 332, 430012, Le Puy-en-Velay, www.mididelauvergne.com

La population
218 000 habitants. Préfecture : Le Puy-en-Velay.

Les fêtes
Fin juillet : la Belle Journée (Langeac).
Mi-août : festival de Cuivres (Monastier-sur-Gazeille), festival de musique de La Chaise-Dieu.
Mi-septembre : fêtes renaissance du Roi de l'Oiseau (Le Puy).
Novembre : Rassemblement International de Montgolfières du Velay.

Les produits locaux
- Lentille verte du Puy AOC, fin-gras du Mézenc AOC (bœuf), verveine du Velay.
- Fourme d'Yssingeaux (bleu).

L'artisanat
Dentelle du Puy.

QUE VOIR, QUE FAIRE EN HAUTE-LOIRE ?

Les paysages
Mézenc, Vivarais-Lignon, lac du Bouchet, pays de la Margeride, cascade de Baume

Les villes et les villages
Le Puy-en-Velay, Lavoûte-Chilhac, Arlempdes, Blesle, Pradelles, Langeac

Le patrimoine
Abbatiale Saint-Robert (La Chaise-Dieu), basilique Saint-Julien (Brioude), cloître de Lavaudieu, château de Polignac (Lavoûte-sur-Loire)

de Solignac-sur-Loire, dans un site boisé et rocailleux, **la Baume** forme une **cascade** haute de 27 mètres.
A la limite du Cantal et de la Lozère, s'étend le **pays de la Margeride**. Le mont Mouchet (1 497 mètres), à la frontière des trois départements, en est le lieu emblématique. C'est dans ses environs que Jean Chastel est parti traquer la mystérieuse bête du Gévaudan. Au cours de la Seconde Guerre mondiale, un maquis très actif y fut implanté. On trouve d'ailleurs un mémorial au sommet du mont.

Les villes et les villages

La préfecture, le **Puy-en-Velay**, est l'un des plus anciens départs de France pour Saint-Jacques-de-Compostelle : la via Podiensis. L'imposante cathédrale Notre-Dame, de style roman avec des influences byzantines, abrite une Vierge noire. Tout comme les chemins de Saint-Jacques-de-Compostelle, elle est classée au Patrimoine mondial de l'Unesco. Attenant à la cathédrale, le cloître roman possède la particularité d'avoir des arcades polychromes. Bâtie sur un ancien volcan, la ville est dominée par la statue Notre-Dame-de-France, portant un enfant Jésus qui bénit la ville du bras. Pour visiter la chapelle Saint-Michel, à Aiguilhe, une commune attenante, il vous faudra grimper au sommet du rocher de 88 mètres, sur lequel elle est perchée.
La Haute-Loire comporte également de nombreux villages de caractère : **Pradelles**, **Blesle**, **Lavoûte-Chilhac**, Saint-Arcon d'Allier, Saint-Privat d'Allier ou encore **Arlempdes** où l'on peut aussi visiter un très enrichissant musée de la Ruralité…

Le patrimoine

La Haute-Loire présente de nombreux sites religieux exceptionnels. A **La Chaise-Dieu**, l'**abbatiale Saint-Robert** est un théâtre parfait pour le festival de musique sacrée qui a lieu en août. Une curiosité, la salle des Echos : posté à l'un des angles, on entend un murmure prononcé dans le coin opposé. A **Brioude**, la basilique **Saint-Julien** bâtie du Xe au XIIe siècle, est un pur chef-d'œuvre d'art roman. Enfin à **Lavaudieu**, dont le nom signifie littéralement «vallée de Dieu», le **cloître** roman est aussi représentatif de l'Auvergne romane.
La **forteresse de Polignac** domine le Velay avec son donjon de 32 mètres. Elle contient des vestiges du XIe siècle et se visite d'avril au 11 novembre. Elle a défendu pendant des siècles les membres de la famille de Polignac, l'une de plus vieilles familles de l'aristocratie française, apparentée aux Grimaldi de Monaco.
Chavaniac-Lafayette est le village natal du marquis de Lafayette, dont il a finalement pris le nom. On peut y visiter une maison forte bâtie au XIVe siècle dans laquelle le marquis, héros de la guerre d'Indépendance américaine et personnalité de la Révolution française, a vu le jour.
A **Langeac**, toute proche, la fête de la belle journée reconstitue, tous les ans, l'arrivée du marquis dans la ville qui se retrouve alors plongée dans l'ambiance du XVIIIe siècle, mettant en scène de somptueux costumes dans le style de l'époque. ■

LES SUGGESTIONS GEO

■ **Découverte :** pendant la saison estivale, visites non pas guidées mais théâtralisées du Puy-en-Velay.

■ **Aventure :** saut à l'élastique à 70 m de haut (viaduc de la Recoumène, Le Monastier-sur-Gazeille).

■ **Insolite :** vélo-rail pour pédaler doucement sur une ligne de chemin de fer désaffectée (Pradelles).

LES CONSEILS GEO

▶ **Les plus**
L'été, la Haute-Loire est une terre riche en festivals !

▶ **Les moins**
Peu de trains pour rallier les environs de Saint-Etienne et Clermont-Ferrand, y compris depuis les villes principales du département.

▶ **Les recommandations**
Même si la tentation est grande, pas de canoë, ni de baignades hors des zones permises sur les rivières.

▶ **Les tendances**
Pour des vacances qui sortent de l'ordinaire, le chemin de Compostelle ouvre bien volontiers ses étapes aux familles.

Puy-de-Dôme

Notre-Dame d'Orcival, perle noire des monts Dore, joyau de l'art roman auvergnat.

Territoire volcanique marqué par la chaîne des Puys, le Puy-de-Dôme est une zone verte privilégiée en Auvergne. Deux parcs naturels régionaux, des stations thermales et une foule de sites pour pratiquer des activités nature font sa réputation grandissante.

Les paysages et les activités

L'emblématique **puy de Dôme**, icône du département, fait partie du **parc naturel régional des Volcans d'Auvergne**. Le «géant des Dômes» veille du haut de ses 1 465 mètres sur la **chaîne des Puys** et ses 80 volcans endormis. Sacré dès l'Antiquité (vestiges d'un temple dédié à Mercure), il est l'un des sites naturels les plus visités de l'Hexagone, labellisé «grand site de France». Accéder au sommet par le sentier des Muletiers depuis le col de Ceyssat en une heure de montée (vingt minutes en voiture). Bien chaussés, et l'hiver en raquette, les plus sportifs feront le tour des puys voisins en 5 heures : **puy Pariou** (1 209 mètres), **puy Chopine** (1 181 mètres), **puys de la Vache** et de **Lassolas** (1 167 mètres et 1 195 mètres).
Non loin, le lac Pavin, maar volcanique, est le plus profond des lacs auvergnats (92 mètres). Grimper au **puy de Sancy** (1 886 mètres) et arpenter la vallée de Chaudefour et sa réserve naturelle où l'on pourra apercevoir

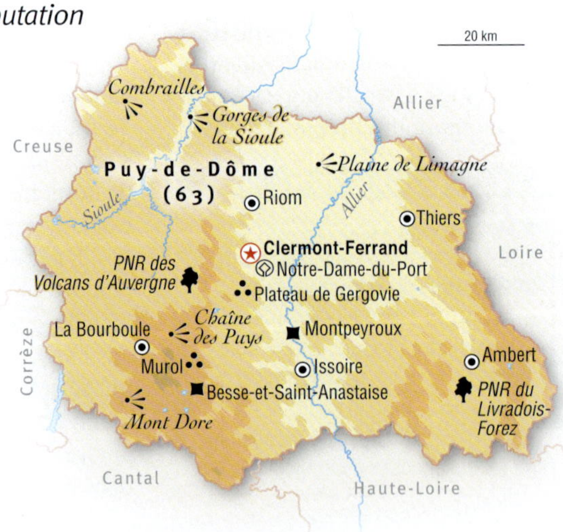

QUE VOIR, QUE FAIRE EN PUY-DE-DÔME ?

Les paysages et les activités

- Parc naturel régional des Volcans d'Auvergne, mont Dore, chaîne des Puys
- Bassin clermontois, plaine de Limagne
- Plateau des Combrailles, gorges de la Sioule
- Parc naturel régional du Livradois-Forez
- Issoire-Val d'Allier (villages perchés)

Les villes et le patrimoine

- Clermont (Notre-Dame-Du-Port), Riom (Vierge à l'Oiseau), vierge d'Orcival, Issoire (abbatiale Saint-Austremoine), Thiers (coutellerie), Ambert (papier)
- Plateau de Gergovie
- Mont Dore, château de Murol, La Bourboule
- Besse-et-Saint-Anastaise

Vue hivernale sur le puy de Dôme qui domine le parc naturel régional des volcans.

entre autres, le mouflon de Corse et le faucon pèlerin. Aller aussi voir la vallée glaciaire de la Fontaine salée, avant d'admirer l'impressionnant face-à-face des roches Tuilière et Sanadoire, le village d'Orcival et la Banne d'Ordanche (1 512 mètres).

Au sud, on pratique l'alpinisme et l'escalade des cascades glacées (massif du Sancy). Les skieurs glissent sur les pistes de descente au **Mont-Dore** (versant nord)et à Super-Besse (versant sud), cadre parfait pour le ski de fond et s'initier à la conduite d'un attelage de chiens de traîneau.

Au nord-ouest, dans le secteur du **plateau des Combrailles**, pays d'eau par excellence comprenant moult étangs et ruisseaux, on descendra les **gorges de la Sioule** en canoë. La vue panoramique sur la chaîne des Puys et quelques belvédères en surplomb de la Sioule, tel celui du méandre de Queuille, est de toute beauté. A ne pas manquer non plus, les gorges de Chouvigny, le gour de Tazenat (lac volcanique), le volcan de Lemptégy et chemin Fais'art à Chapdes-Beaufort, où 21 sculptures monumentales ornent le chemin communal.

Au nord-est de **Clermont,** le **pays de Riom-Limagne.** Avec sa riche plaine céréalière surplombée par la chaîne des Puys (Ouest) et les monts du Forez (Est), il invite à la randonnée «nature et culture» car le pays de Riom, l'ancienne capitale de l'Auvergne, regorge de belles demeures. Autres suggestions, la cascade et les sous-bois des gorges d'Enval, la vallée des Prade, sur les communes de Châtel-Guyon et de Loubeyrat, en poussant jusqu'au Roc Errant pour la vue.

A l'est, le **parc naturel régional du Livradois-Forez** est constitué d'un paysage montagnard de cols et de crêtes abritant de petites vallées où sont installés les artisans couteliers et papetiers. La nature bien préservée des Hautes-Chaumes, des tourbières, des forêts de sapins et de hêtres se parcourt facilement à vélo. Aller voir la Pierre-sur-Haute (1 634 mètres, point culminant du Forez), la vallée du Fossat et le cirque de Valcivières.

Le **pays d'Issoire Val-d'Allier** a déjà un petit air du Sud, vallée couleur ocre où s'étalent de part et d'autre de la rivière Allier, des vignobles et des **villages perchés** aux pierres blondes (Montpeyroux, Saint-Floret ou Husson). On pourra facilement faire du canoë dans les gorges de l'Allier, ou profiter de la via Ferrata et des tyroliennes à Orbeil. Le Signal du Luguet (1 551 mètres) ainsi que la réserve naturelle nationale des Sagnes de la Godivelle qui protège une zone de tourbière autour d'un lac glaciaire, valent aussi le détour.

Dominant la vallée glaciaire du Chausse, les roches Tuilière et Sanadoire.

Les villes et le patrimoine

Clermont-Ferrand bénéficie d'une position centrale, à la croisée des axes autoroutiers. Comme le volcan qui dort, ne pas se fier à sa tranquillité apparente, c'est une ville d'art et de culture dynamique avec ses 25 000 étudiants, son tramway flambant neuf et son grand festival du court-métrage. Dans le vieux Clermont, impossible de rater la silhouette noire en lave andésite (pierre de Volvic) de la cathédrale gothique Notre-Dame-de-l'Assomption (XII-XIXe siècles). Tout autour, des rues piétonnes bordées d'hôtels particuliers dont l'hôtel de Chazerat. Déambuler à la découverte d'une cinquantaine de fontaines, dont celle d'Amboise qui date de 1515. Sublime, la basilique romane **Notre-Dame-du-Port,** inscrite au Patrimoine mondial de l'Unesco pour sa position sur l'un des chemins de Saint-Jacques-de-Compostelle. Prenez encore le temps de traverser la place de Jaude où trône la statue de Vercingétorix, bordée par des édifices intéressants dont l'église Saint-Pierre-des-Minimes et le théâtre.

A voir aussi, le musée d'Art Roger-Quilliot dans le vieux Montferrand, et, à l'occasion d'une balade architecturale à la fois médiévale et Renaissance, le musée Bargoin qui abrite une collection archéologique préhistorique et gallo-romaine.

A 7 kilomètres, prenez de la hauteur pour admirer le panorama sur la Limagne depuis le **plateau de Gergovie,** où Vercingétorix écrasa César en 52 avant J.-C. Deux chantiers de fouilles font l'objet de visites commentées en été et, en juillet, lors des Arviénales, des troupes de «reconstituteurs» pointus (artisans, archéologues et comédiens) font connaître la vie des Gaulois et des Romains.

Au sommet de la tour de l'Horloge de **Riom**, on découvre la chaîne des Puys et la plaine de la Limagne, situant l'ancienne capitale d'Auvergne entre la montagne et la plaine.

Admirables, la **Vierge à l'Oiseau**, œuvre magnifique du XIVe siècle, est cachée dans l'église Notre-Dame-Du-Marthuret, de style gothique languedocien ou les vitraux (fin XVe siècle) de la Sainte-Chapelle, dans l'enceinte de l'actuel palais de Justice, vestige du château du Duc de Berry. Voir aussi, le musée Mandet (peinture et arts décoratifs) et le musée régional d'Auvergne (traditions populaires).

Les thermes du **mont Dore** sont classés, abrités par un édifice de style néo-byzantin, comme à **La Bourboule**. Non loin, le **château de Murol** dont la visite est animée par des comédiens médiévistes et la vue sur le lac Chambon et les monts Dore. Autres bijou roman, la basilique Notre-Dame-des-Fers à Orcival, fondée par les moines de la Chaise-Dieu, dont la statue, la **Vierge d'Orcival**, fait l'objet d'une

LE CARNET DE VOYAGE

Les premiers contacts
Agence départementale de développement touristique du Puy-de-Dôme, place de la Bourse 63038 Clermont-Ferrand Cedex, 04.73.42.22.50. www.planetepuydedome.com

La population
604 200 habitants. Préfecture : Clermont-Ferrand.

Les fêtes
Janvier : Auver'glace, Saint-Cochon (Besse, Saint-Anastaise).
Début février : Festival international du Court-Métrage (Clermont-Ferrand).
Mi-février : festival Sancy Snow Jazz.
Mars : Volcaniques de Mars (concerts à Clermont-Ferrand).
Mars : ouverture de la Pêche Blanche (sous la glace) au lac de Guéry.
Mai : pèlerinage à la Vierge noire (Notre-Dame-du-Port).
Juin : fêtes médiévales du Dauphiné d'Auvergne (Montferrand), Rando-Raid des volcans (La Bourboule, Aydat, Volvic).
Juillet-août : Arverniales (plateau de Gergovie).
Octobre : jazz en tête, Nicéphore (photographie à Clermont-Ferrand), Cervolix (rencontre de cerfs-volants).
Novembre : biennale du carnet de voyage (Clermont).
Décembre : Satcar, festival du film publicitaire automobile.

Les produits locaux :
- Fromages AOC : saint-nectaire, bleu d'Auvergne, cantal, salers et fourme d'Ambert.
- Truffade, aligot, potée, pounti, ail rose de Billom, pâtes de fruits, fruits confits (Clermont-Ferrand), eaux (Volvic, Châteldon, Sainte-Marguerite).
- Vins : boudes, châteaugay, corent, chanturgue, madargue.

L'artisanat
Coutellerie (Thiers), papier (Ambert), verrerie (Riom), poterie de Limagne, lave émaillée (Riom).

Sous les pics intensément noirs des flèches de sa cathédrale, Clermont-Ferrand, vue depuis les hauteurs du parc Montjuzet.

grande procession, à l'Ascension. A proximité, promenez-vous dans le joli village médiéval de **Besse-et-Saint-Anastaise**, construit sur une coulée de lave, tout autour de l'église Saint-André, harmonie de style roman et gothique. Marguerite de Valois, la célèbre «Reine Margot», aurait vécu dans la pittoresque rue des Boucheries. Enfin, filer au château du Bailli avant de randonner au proche lac Pavin. **Thiers,** construite à flanc de montagne, dans le Livradois-Forez, mérite la visite pour son musée de la Coutellerie et la vallée des Usines. A **Ambert,** célèbre pour sa fourme, il faut encore découvrir le fonctionnement du moulin Richard de Bas, le plus ancien témoignage de l'industrie papetière en France.

Plus méridionale, **Issoire** vaut pour son église romane, l'**abbatiale Saint-Austremoine**, exceptionnelle par sa taille, son décor polychrome (rendu au XIXe siècle) et ses chapiteaux. A deux pas, la tour de l'Horloge offre une très belle vue panoramique sur les toits de la ville. Point de départ de randonnées faciles comme la belle vallée des Saints avec des sculptures naturelles de 10 à 30 mètres de haut ainsi que trois villages de charme : Usson, sur sa butte (prison de Marguerite de Valois), Montpeyroux village fortifié sur un plateau et Saint-Floret, au fond du vallon. ■

LES SUGGESTIONS GEO

- **Aventure :** survol en montgolfière de la chaîne des Puys et du massif du Sancy : puys, lacs de cratère, tourbières vues du ciel (à la maison du Parc des Volcans).
- **Découverte :** Vulcania, pour ravir petits et grands avec des grands films d'aventure sur les «Colères de la Terre» et simulations dynamiques, au pied du puy de Dôme.
- **Insolite :** randonnée avec un âne pour une journée ou davantage.

LES CONSEILS GEO

▶ Les plus
Tout pour la randonnée, quel que soit le niveau. Un département de moyenne montagne au relief et aux paysages très variés.

▶ Les moins
A la dernière minute, difficile de trouver un gîte en montagne l'hiver, mieux vaut s'y prendre à l'avance.

▶ Les recommandations
Se renseigner sur la météo avant de se lancer à l'assaut des volcans, auprès de la maison du parc naturel régional des Volcans d'Auvergne.

▶ Les tendances
Les thermes classiques muent. A Royat-Chamalières (Royatonic), l'ambiance se veut à la fois nordique et orientale ainsi qu'à Saint-Nectaire (Thermadore).

Calvados

Maisons parées d'ardoises (XVIIe-XVIIIe siècles), au bord du vieux bassin d'Honfleur.

Le long de la Manche, la côte du Calvados est réputée pour ses plages immenses, décor propice à toutes sortes de joies balnéaires. Mais sur cette terre de Basse-Normandie, pas aussi plate qu'on le suppose d'ailleurs, campagne et patrimoine remarquables cohabitent également, dans une harmonie enchanteresse.

Les côtes

De la réserve ornithologique du Gros Blanc, sur l'estuaire de l'Orne, jusqu'à Honfleur s'étend une succession de plages de sable fin investies de stations balnéaires réputées. C'est sur cette **Côte Fleurie** que se trouvent Cabourg, Dives, Houlgate, Blonville, Deauville, Trouville et Honfleur dont le port aux façades d'ardoises a été immortalisé maintes fois dans les toiles de Courbet, Boudin, Monet et de Jongkind. De la digue de Cabourg où Proust mettait en scène les flâneries d'Albertine, au majestueux pont de Normandie reliant le Calvados au Havre, les **marais de Dives-sur-mer**, les villas d'Houlgate et les plages infinies de Deauville et de Trouville se passent le relais le long d'une côte dont la réputation n'est plus à faire. Petits ports de pêche et marinas, bourgs médiévaux et nobles demeures ponctuent un panorama le plus souvent horizontal.

Entre Houlgate et Villiers, les falaises des Vaches Noires recèlent un gisement paléontologique de renommée mondiale. La toponymie indique que les blocs de craie éboulés à ses

QUE VOIR, QUE FAIRE EN CALVADOS ?

Les paysages

- Côte Fleurie, Côte de Nacre, plages du Débarquement
- Bessin, Bocage virois, Suisse normande, plaine de Caen

Le patrimoine et les villes

- Stations balnéaires et ports (Deauville, Trouville, Houlgate, Cabourg, Honfleur)
- Villes (Caen, Lisieux, Bayeux)
- Châteaux (Crèvecœur, Saint-Germain-de-Livet)
- Villages (Saint-Martin-de-Mieux, Thaon, Douvres-la-Délivrande)

Les activités

- Randonnées (la Dives, parc régional, Bessin)
- Kayak (sur l'Orne), char à voile (Côte de Nacre et Côte Fleurie), pirogue (baie de Sallenelles), pêche, kitesurf (Merville-Franceville)

Sur la Côte Fleurie, Houlgate et ses villas typiques de l'architecture balnéaire.

pieds ressemblent de loin à des troupeaux de bovins. Outre les nombreux fossiles, reste que ces falaises présentent des formes insolites qui évoquent surtout des châteaux forts ruinés… De l'autre côté du canal de Caen, un paysage plus sauvage, aux escarpements abrupts, dévoile les **plages du Débarquement**. La **Côte de Nacre**, appelée ainsi pour la couleur de ses plages à marée basse, s'étire sur plus de 80 kilomètres, d'Ouistreham à Isigny-sur-mer. Théâtre du débarquement allié lors de la Seconde Guerre mondiale, elle constitue aujourd'hui un musée à ciel ouvert. Entre Lion et Luc-sur-mer, de plus modestes falaises de marne et de calcaire surplombent la Manche pour s'imposer majestueusement au bout de l'incontournable pointe du Hoc. Le relief découpé alterne ici prairies sauvages et vieux bourgs (dont Saint-Aubin, Bernières, Courseulles-sur-mer), prisés des touristes en été.

Les paysages

Au sud-ouest de la côte, la région de **Bayeux** voit se succéder un étroit plateau, une imposante plaine ainsi que les vallées inondables de l'Aure, bordées de larges forêts. Le **Bessin** livre un panorama de bocages géométriques, piqueté de villages sincères tels **Douvres-la-Délivrande**, **Thaon**, Brécy ou Lantheuil. Le **parc régional des Marais du Cotentin et du Bessin**, paysage d'eaux d'un grand calme, vient parfaire le tableau de cette nature préservée.

Au sud, le Bocage virois prend place le long de la rivière de la Vire, plus mouvementée. Un vaste plateau granitique se décline en carrières, massifs, dolmens et résonne jusque dans les matériaux des habitats locaux. Ici, un accord minéral unit la nature et l'architecture. Les collines verdoyantes, habitées çà et là par de jolies chaumières, alternent avec les forêts de houx, d'aubépine et de sorbier.

Lovée au centre, la **Suisse normande** dénote sensiblement avec ses paysages de relative altitude. Rochers et gorges assez profondes se glissent entre les sommets les plus hauts du département, comme le fameux Pain de Sucre (214 m), gourmandise des grimpeurs. L'Orne et les cours d'eau vive dans lesquels se déhanchent les kayakistes creusent des vallées chlorophylliennes, façonnant de bien surprenants points de vue. Dans le prolongement, la **plaine de Caen** suggère la Normandie telle qu'on se l'imagine : la campagne à perte de vue, les villages regroupés, les fermes traditionnelles et leurs troupeaux de vaches, les champs cultivés et les vastes prairies de haies et de pommiers, image archétypale par excellence.

En plein cœur de la Suisse normande, les vertigineux rochers du parc, à Clécy.

Le patrimoine

Sur la Côte Fleurie, les villes (parmi lesquelles **Deauville**, **Trouville**, **Cabourg**, **Houlgate** et **Honfleur**) sont les élégantes représentantes d'une architecture de villégiature. Au travers de leurs demeures cossues, ces chics stations balnéaires racontent l'histoire des loisirs depuis la seconde moitié du siècle et le formidable essor du tourisme sur cette côte, phénomène de mode jamais démenti. La villa Strasburger (Deauville) et la villa Marguerite (Houlgate) en sont de magnifiques exemples.

Dans l'arrière-pays, le bois et l'argile, l'ardoise, la tuile et le chaume donnent un cachet typique aux villages dont la beauté, moins ostentatoire, n'en est pas moins visible (Beuvron-en-Auge, Saint-Hymer, Coupesarte, ou encore Pont-L'Evêque…).

Le Calvados cultive le mélange des genres et des époques : les châteaux font aussi partie intégrante du paysage. Celui de **Crèvecœur** est un sublime exemple d'architecture médiévale. À **Saint-Germain-de-Livet**, son style est typique du pays d'Auge et Fontaine-Henry constitue un précieux héritage de la Renaissance.

Le patrimoine religieux est également très présent, art gothique et art roman se côtoyant harmonieusement. Chose rare aujourd'hui, des édifices antérieurs au Xe siècle subsistent même encore. Parmi les mosaïques du temps, la basilique de **Douvre-la-Délivrande**, liée à un pèlerinage dont l'origine remonterait à l'époque gallo-romaine. Détruite par les Vikings en 830 puis rebâtie au XIIe siècle pour subir ensuite les foudres des guerres de religion, elle a été remplacée par un édifice de style néogothique, à la fin du XIXe siècle. La cathédrale Saint-Pierre de Caen affiche fièrement une construction gothique ; la basilique Sainte-Thérèse de Lisieux mêle nefs, mosaïques et dômes dans un pastiche des années 30. Les églises sont aussi remarquables à Falaise, Audrieu, **Thaon** et Ouistreham. Plus confidentielles, les chapelles des villages cachent également de beaux trésors : **Saint-Martin-de-Mieux**, Livry, Pont-d'Ouilly.

Les villes

En grande partie reconstruite après-guerre, **Caen** demeure incontournable pour son patrimoine religieux, méritant sans effort son titre de «ville aux 100 clochers». En circulant dans la vieille ville, cité de Guillaume le Conquérant, on admire ses maisons à colombages (maison des Quatrans, XIVe siècle; musée de la Poste, maison du XVe siècle), sa cathédrale gothique, son palais épiscopal et ses façades Renaissance (hôtels de Than, d'Escoville et de Mondrainville). Tous deux du XIe siècle, l'abbaye aux Dames, aujourd'hui siège du conseil général de Basse-Normandie, est le pendant de l'abbaye aux hommes qui accueille désormais l'hôtel de ville. Le charme de la préfecture repose également sur ses quartiers Belle Epoque, son université, son château (ne pas rater la salle de l'Échiquier). Et le musée-mémorial de la Bataille de Normandie constitue également une visite intéressante.

Épargnée par les bombardements de 1944, **Bayeux** abrite la légendaire tapisserie, immense broderie de laine mettant en images la conquête de l'Angleterre par Guillaume, duc de Normandie. Sa cathédrale Notre-

LE CARNET DE VOYAGE

Les premiers contacts
Comité départemental du tourisme du Calvados, 8 rue Lenoir 14000 Caen, 02.31.27.90.30. www.calvados-tourisme.com

La population
648 385 personnes vivent dans le département du Calvados. Préfecture : Caen.

Les fêtes
Mai : festival des AOC de Normandie (Cambremer), fête des Marins (Honfleur).
Juillet : fête de la Mer (Dives-sur-mer).
Août : foire aux fromages (Livarot).
Septembre : Festival du Cinéma Américain (Deauville), fête du Port (Caen).
Octobre : foire à l'Andouille (dégustations à Vire), Equi'days (manifestation célébrant le cheval, dans les principaux haras du département).

Les produits locaux
- Fromages AOC (pont-l'évêque, livarot), crème.
- Andouille, tripes, escargots.
- Cidre, pommeau, calvados.

L'artisanat
Poterie, tapisserie, céramique.

Chef-d'œuvre du roman et du gothique normand, la cathédrale Notre-Dame de Bayeux pour qui fut réalisée la célèbre tapisserie.

Dame (XIe-XVe siècle) mérite aussi une visite, de même que le conservatoire de la Dentelle.

A **Lisieux**, les thermes gallo-romains témoignent de l'histoire millénaire de la cité qui affiche un mélange subtil d'ancien et de moderne : cathédrale romane et gothique, maisons à colombages, porte de Paris, centre médiéval et église Saint-Jacques.

LES SUGGESTIONS GEO

■ **Découverte :** plongée sur les pontons d'Arromanches ; visite de haras familial (le Mesnil-Mauger) ; fermes d'animaux (Grange au Mohair de Bernesq et parc des bisons de Maisoncelles-la-Jourdan).

■ **Aventure :** swing du viaduc de la Souleuvre ; parcs d'attractions (Festyland, grand centre aquatique Sirena, labyrinthe de Bayeux).

■ **Insolite :** nuit sous une yourte mongole, tout près des fauves (parc zoologique du Cerza).

■ Les activités

Le Calvados se dévoile au gré de circuits touristiques : route des gorges de la Vire (entre rivières et plateau de granit, vallées et collines boisées); route des moulins (non loin des plages du débarquement) ; route de la Suisse normande (reliefs tourmentés et bourgs authentiques)…

D'autres balades se font à pied, à vélo, à cheval et même parfois à dos d'âne : les **marais de la Dives**, les **falaises du Bessin**, la **baie de Sollenelles**, les forêts (Grimbosq, Campandre), les réserves naturelles et ornithologiques (falaises du cap romain de Luc-sur-mer, réserve ornithologique du Gros Blanc, parc régional des Marais du Cotentin…). D'agréables sentiers balisés permettent aussi aux randonneurs plus aguerris de découvrir Port-Winston, la vallée de la Souleuvre et son viaduc signé Eiffel ou les voies vertes qui traversent de part en part le département.

LES CONSEILS GEO

▶ **Les plus**

La variété des paysages, cumul des plaisirs de la mer et de la campagne. Et la gastronomie, dotée de deux visages, elle aussi.

▶ **Les moins**

Peu d'activités d'hiver en dehors des balades. Sur la côte, très ouverte, les amoureux de petites criques isolées seront en peine…

À la belle saison, les plages de la Côte de Nacre et de la Côte Fleurie sont un paradis pour les activités balnéaires et les sports nautiques en tout genre : kayak dans l'estuaire de l'Orne, char à voile sur les plages du Débarquement, pirogue dans la baie de Sallenelles, pêche à Port-en-Bessin, kite-surf (**Merville-Franceville**). Enfin, ULM, parachutisme et escalade ravissent les férus de sports extrêmes qui appréhendent depuis le ciel le panorama du Calvados. ■

Manche

La «Petite Irlande» de la pointe de la Hague, près du hameau de La Roche.

A l'ouest de la région Basse-Normandie, la Manche est un territoire généreux qui dévoile volontiers aux touristes ses mille facettes. Côtes sauvages, patrimoine unique, bourgs commerçants et stations balnéaires lui assurent un beau succès en toute saison.

Les îles

Tout près de Granville, l'**archipel de Chausey** est le plus grand d'Europe. Il compte une cinquantaine d'îlots à marée haute et plus de 360 à marée basse. La grande île (46 hectares) est la seule à être habitée. Sur l'année, elle abrite près de 200 habitants et environ une dizaine l'hiver. Cette faible fréquentation préserve la nature. La majorité du territoire est classée en réserve ornithologique. Grands cormorans, goélands marins et autres huitriers-pies y trouvent refuge. Les promeneurs les plus chanceux peuvent aussi apercevoir des phoques ou des dauphins. Une très ancienne

QUE VOIR, QUE FAIRE DANS LA MANCHE ?

Les îles et les côtes

- Iles (Chausey ,Tatihou)
- Baie du mont Saint-Michel, Roche Torin (Courtils), Grouin du Sud (Vains-Saint-Léonard), Gué de l'Epine (Val-Saint-Père)
- Pointe de la Hague (Nez de Jobourg, baie d'Ecalgrain, Port-Racine)
- Plages (Bréville-sur-Mer, Barneville-Carteret, Montmartin-sur-Mer, Agon-Coutainville, Granville)
- Utah Beach, Sainte-Mère-Eglise, dunes d'Hatainville

Les villes, les villages et le patrimoine

- Mont Saint-Michel (abbaye), Cherbourg (fort du Roule, rade), Barfleur, Avranches (centre médiéval, remparts, Scriptorial), Granville (musées Dior, du Vieux Granville et Richard Anacréon)
- Coutances (cathédrale, églises Saint-Pierre et Saint-Nicolas, jardin des Plantes), Regnéville-sur-Mer (fours à chaux, donjon médiéval), Villedieu-les-Poêles, château de Pirou

L'îlot rocheux du mont Saint-Michel, site classé au Patrimoine mondial de l'Unesco.

carrière est toujours visible. Son granit a servi à bâtir une partie de l'abbaye du mont Saint-Michel. Dans le charmant village des Blainvillais, le travail de la soude obtenue par le brûlage du varech a laissé son empreinte. Un peu plus loin, on découvre la maison du peintre de Marin Marie et l'ancien fort du XVIe siècle reconstruit par la famille Renault. Malheureusement, aucun de ces beaux édifices ne se visitent.

Au large de Saint-Vaast-la-Hougue, l'île **Tatihou** est plus petite (28 hectares) et inhabitée mais elle témoigne d'une riche histoire. Son nom («hou» signifie «terre entourée d'eau», «tat» était un nom propre) provient des Vikings qui occupaient les côtes de Normandie au IXe siècle. Sa tour Vauban est inscrite - comme celle de la Hougue - au Patrimoine mondial de l'Unesco. A ses pieds se trouvent une ferme fortifiée, des casernements et une chapelle. L'île renferme des trésors naturels comme la réserve ornithologique et les jardins. L'endroit est un havre de paix qui apporte quiétude et émerveillement.

De **Barneville-Carteret** et de **Granville**, stations balnéaires de la Manche, on accède aux îles Anglo-Normandes.

Les côtes

Au sud-ouest du département, la **baie du mont Saint-Michel** est d'une splendeur inégalée. Elle s'étale sur plusieurs centaines de kilomètres entre Granville et Cancale. Les prés-salés et les espaces de culture occupent une vaste superficie. L'écosystème permet à une faune et une flore exceptionnelles de s'y épanouir. Ses marées, dont l'amplitude peut atteindre 15 mètres, offrent un spectacle unique. Le mont Saint-Michel est un formidable poste d'observation, comme la **Roche Torin** à **Courtils**, le **Grouin du Sud** à **Vains-Saint-Léonard** ou le **Gué de l'Epine** au Val-Saint-Père.

En remontant vers Cherbourg se trouvent les huit havres de la côte ouest où sont élevés les fameux moutons de prés-salés. Les plages de sable y sont nombreuses. Certaines sont restées sauvages (**Bréville-sur-Mer**, **Barneville-Carteret**...), d'autres sont plus familiales (**Montmartin-sur-Mer**, **Agon-Coutainville**...).

A deux pas de là, les hautes **dunes** d'**Hatainville** s'élèvent à 80 mètres et recouvrent d'anciennes falaises. Les couleurs varient selon les saisons et constituent un décor magique.

Encore plus au nord, à la **pointe de la Hague** ici surnommée «la Petite Irlande», se dressent d'immenses falaises dont le **Nez de Jobourg**, à ne surtout pas manquer. Le paysage y est vraiment à couper le souffle. Baies

Face aux îles Anglo-Normandes, les plages du cap de Carteret, cernées de dunes.

de galets et longues plages de sable alternent dunes indolentes et champs verdoyants. La **baie d'Ecalgrain** offre un très beau point de vue. Les maisons avec leur toit et leur murets en pierres sont typiques. L'occasion de voir le plus petit port de France doit ici être saisie. **Port-Racine** est un lieu parfaitement conservé, d'une grande poésie. Seules quelques barques de pêcheurs y sont amarrées.
Sur la côte est du Cotentin, les plages ont avant tout une dimension historique, ce sont celles de l'opération Overlord. **Utah Beach** est incontournable pour qui s'intéresse au Débarquement américain du 6 juin 1944. Nombreux sont les monuments et les musées évoquant la Seconde Guerre mondiale. **Sainte-Mère-Eglise** est un bon point de départ pour découvrir les différentes plages. Cette petite ville est devenue célèbre grâce à John M. Steele, soldat américain dont le parachute resta accroché au clocher de l'église.

LE CARNET DE VOYAGE

Les premiers contacts
Comité départemental du tourisme de la Manche, Maison du département, 98, route de Candol, 50008 Saint-Lô Cedex, 02.33.05.98.70. www.manchetourisme.com

La population
489 500 habitants. Préfecture : Saint-Lô.

Les fêtes
Février : carnaval de Granville.
Juin : anniversaire du Débarquement (Saint-Mère-Eglise et les lieux liés au Débarquement).
Juin : festival de la Glisse (Agon-Coutainville).
Juillet : Sorties de Bain, festival des arts de la rue (Granville).
Juillet-août : parcours nocturne en musique (abbaye du mont Saint-Michel), estivales du pays de Coutances.
Août : Nuit des soudeurs à Granville, Festival Les Traversées Tatihou, Saint-Vaast (musiques dites du large).

Les produits locaux
- Huîtres (côte ouest du Cotentin, Saint-Vaast-la-Hougue, baie des Veys), moules de Barfleur, praires et bulots de Granville, coquilles Saint-Jacques, homards bleus, ormeaux, bars.
- Roussin (agneau de pré-salé).
- Carotte Label Rouge de Créances, navet.
- Crème, camembert de Normandie, coutances, Trappe de Bricquebec (fromages au lait de vache).
- Cidre, calvados, pommeau, poiré.
- Bourdelot (pommes cuites dans une pâte feuilletée), confiture de lait, caramels Dupont d'Isigny, teurgoule (riz au lait à la cannelle cuit 5 heures).

L'artisanat
Cuivres et cloches (Villedieu-les-Poêles), vannerie (Lehodey), bijoux de pèlerins (Saint-Michel), parapluies (Cherbourg).

Les villes, les villages et le patrimoine

Mondialement connu, le **mont Saint-Michel** attire tous les étés une foule de touristes. Mieux vaut choisir un autre moment pour le visiter. En basse saison, les rues sont beaucoup plus calmes. Outre les ruelles pavées, les maisons du XVe siècle, le cimetière typique et le formidable panorama, le mont Saint-Michel se visite aussi pour l'**abbaye médiévale** construite au sommet. Sur trois étages, elle enserre le sommet et constitue une prouesse architecturale.
Non loin de là, la ville d'**Avranches** dévoile son **centre médiéval** et ses **remparts.** Très intéressant également, le **Scriptorial** expose les manuscrits du mont Saint-Michel et permet de faire une plongée immédiate dans les temps médiévaux.
Plus au nord, **Granville** est une cité balnéaire offrant de nombreuses activités. Casino, sports nautiques, thalassothérapie, golf et régates sont au rendez-vous. La ville abrite aussi la **maison d'enfance de Christian Dior**, aujourd'hui transformée en musée. Les personnes intriguées par l'histoire de la cité se rendront au **musée du Vieux Granville**. Les passionnés d'art moderne préféreront le **musée Richard Anacréon**.
Coutances, ville d'art et d'histoire, se trouve à une dizaine de minutes de la mer. Sa **cathédrale**, dont on a fêté les 800 ans en 2008, témoigne de l'architecture gothique normande, comme les **églises Saint-Pierre et Saint-Nicolas**. Le **jardin des Plantes**, l'un des plus anciens de la région, est l'occasion d'une pause agréable.
Non loin de Coutances, le charmant village de **Regnéville-sur-Mer** mérite le déplacement. Ses **fours à chaux** datant du XIXe siècle peuvent se visiter, tout comme le **donjon médiéval**. A quelques kilomètres se trouve aussi le **château de Pirou**, la plus ancienne

Charmant village de pêcheurs, Barfleur aligne ses maisons en granite et à toit de schiste sur la presqu'île du Cotentin.

forteresse de Normandie (XIIe siècle). Dans un tout autre genre, la ville de **Cherbourg** située au nord de la Manche, propose une multitude d'animations. Elle apporte aussi un très important témoignage historique. Fortement touchée lors des conflits du fait de sa position stratégique, elle a subi plusieurs séries de destructions.

LES SUGGESTIONS GEO

■ **Découverte :** monter en haut du phare de Gatteville pour admirer le Val de Saire ; emprunter le train touristique (de Carteret à Port-Bail).

■ **Aventure :** s'adonner aux sports liés au vent : kayak de mer, speed-sail, char à voile ; explorer les grottes de Jobourg ; planer au-dessus de la baie du mont Saint-Michel ou de l'archipel des îles Chausey en ULM, avion ou montgolfière.

■ **Insolite :** aller sur l'île Tatihou en bateau amphibie (départ de Saint-Vasst-la-Hougue) ; voir un os de baleine exposé depuis des siècles dans l'église du petit village La Baleine.

Des habitations datant du XVe siècle demeurent néanmoins, lui conférant beaucoup de charme.

Le **fort du Roule**, du haut de sa colline, domine l'ensemble. La **rade de Cherbourg** est la plus grande rade artificielle du monde. Une excellente manière de la découvrir est de prendre place à bord d'un bateau.

Classé parmi les «plus beaux villages de France», **Barfleur** (du nom viking «barnr» pour «coin», «floit» pour «crique») est une station balnéaire très réputée. Son petit port entouré de belles maisons en granit et toits de schiste est ravissant.

La tradition est également au rendez-vous à **Villedieu-les-Poêles**, cité traditionnellement vouée au travail du cuivre, comme son nom l'indique. Les artisans œuvraient dans les typiques cours intérieures des maisons. Atelier du cuivre, fonderie des cloches et musées se visitent et permettent d'en apprendre davantage sur les métiers du cuivre. ■

LES CONSEILS GEO

▶ Les plus

Des sites exceptionnels, chargés d'histoire. Le premier d'entre eux, le mont Saint-Michel, est comparé aux merveilles du monde. Et les plages du Débarquement, incontournables.

▶ Les moins

Il pleut souvent. Bourrasques de vent et tempêtes sont fréquentes.

▶ Les recommandations

Parapluie, imperméable et foulard font partie de la panoplie indispensable. Même s'il fait beau, ne jamais les laisser très loin de vous, le temps est particulièrement changeant.

▶ Les tendances

L'accent est mis sur les séjours en famille ou en amoureux, les sorties à la mer et les randonnées nature.

Le parc naturel régional du Perche, écrin de verdure à de nombreux manoirs, comme celui de La Vove (XIVe-XVIIe siècles).

 Orne

Département rural idéal pour les courts séjours, l'Orne, en Basse-Normandie, réserve bien des surprises. Sous son voile de dentelle, des paysages verdoyants où s'oxygéner et savourer le temps qui passe. Et des villages de charme nichés dans une campagne servant d'écrin à un riche patrimoine : des atouts de cœur.

Les paysages et les villages

Le nord-ouest de l'Orne est souvent appelé la **Suisse normande**. Ses versants sont abrupts, les vallées profondes. Une bonne centaine de mètres en surplomb des gorges de la Rouvre, le belvédère naturel de la **Roche d'Oëtre** permet d'apprécier le visage sauvage et unique de ce coin de Normandie. Nichés à flanc de colline ou blottis au creux des vallons, plus au sud, au cœur du bocage, ses villages, comme le très fleuri **Saint-Fraimbault**, situé en limite ouest du département, dégagent un charme particulier.

Dessiné avec plus de douceur, le **pays du Perche**, dans le sud, offre aux regards de petites collines, forêts et prairies où paissent tranquillement les nombreux chevaux.

Dans le sud-est, le **parc naturel régional du Perche** abrite de hêtres et chênes centenaires. Les habitations traditionnelles sont enduites de crépi ocre. Quelques villages méritent le détour comme l'ancienne cité défensive **Bellême**, La Perrière, Moutiers-au-Perche ou **Mortagne-au-Perche**.

LE CARNET DE VOYAGE

Les premiers contacts
Comité départemental du Tourisme de l'Orne, 86, rue Saint-Blaise, BP 50, 61002 Alençon cedex, 02.33.28.88.71. www.ornetourisme.com

La population
292 337 habitants.
Préfecture : Alençon.

Les fêtes
Début juin-fin septembre : Jeudis du Pin au haras national du Pin (mises en scène de chevaux).
Début août : fête de la Chasse et de la pêche (château de Carrouges).
15 août : Flories d'Antan (grand marché floral à l'ancienne, Saint-Fraimbault).
Septembre : Septembre musical de l'Orne.
Mi-septembre : L'Automne gourmand (Bagnoles-de-l'Orne).

Les produits locaux
- Camembert (originaire du village éponyme), boudin noir
- Produits cidricoles (poiré, cidre, pommeau, calvados (eau-de-vie).

L'artisanat
Dentelle (point d'Alençon).

QUE VOIR, QUE FAIRE DANS L'ORNE ?

Les paysages et les villages

- Pays d'Alençon (Saint-Céneri-le-Gérei, parc naturel régional Normandie-Maine, massif d'Ecouves, châteaux de Carrouges et d'O)
- Suisse normande (Roche d'Oëtre, Saint-Fraimbault)
- Pays du Perche (parc naturel régional du Perche, Bellême, Mortagne-au-Perche)
- Haras national du Pin, Saint-Evroult-Notre-Dame-du-Bois, Saint-Ouen-sur-Iton

Les villes et le patrimoine

Alençon, Bagnoles-de-l'Orne

Entre ces deux espaces, se trouve le **pays d'Alençon** qui accueille une grande partie du **parc naturel régional Normandie-Maine**. Il est recouvert du **massif d'Ecouves**, vaste forêt giboyeuse dominée par le signal d'Ecouves (413 mètres), quasi-jumeau géologique du mont des Avaloirs (416 mètres) qui marque la frontière entre l'Orne et la Mayenne. Le massif abrite l'un des «plus beaux villages de France», **Saint-Céneri-le-Gérei**. Ne manquez pas les fresques et peintures sur bois de son église (XIIe siècle). Les beaux jours seront parfaits pour visiter le légendaire **château de Carrouges** et pour profiter de son vaste parc (XIVe siècle). Non loin, à Mortée, se distingue la très élégante silhouette Renaissance du **château d'O**. Entouré d'un cordon de miroirs d'eau, avec ses toits d'une infinie complication, ses fines tourelles aspirées vers le haut et les jeux graphiques de la brique et de la pierre, il ne dépareillerait pas avec les plus illustres châteaux de la Loire.

La moitié nord de l'Orne met aussi le cheval à l'honneur, grâce notamment au célèbre **haras national du Pin**. Les pâturages s'étendent ici à perte de vue. Les manoirs à pans de bois s'élèvent dans de véritables écrins de verdure. Des villages typiques comme Camembert, **Saint-Evroult-Notre-Dame-du-Bois** (ruines et musée de l'Abbaye, châteaux) ou **Saint-Ouen-sur-Iton**, célèbre pour ses curieuses cheminées torsadées, font découvrir une architecture et un art de vivre traditionnels.

Les villes et le patrimoine

Ville chic et élégante par excellence, **Alençon** est avant tout connue pour sa technique dentellière appelée le «point d'Alençon». Le musée des Beaux-Arts et de la Dentelle permet d'en apprendre davantage sur ce savoir-faire unique. La majestueuse église Notre-Dame est également à visiter. Son porche gothique abrite des sculptures uniques dont l'extrême finesse leur a valu d'être comparées à de la dentelle, de pierre cette fois-ci. Un peu plus loin, les bureaux de l'office de tourisme de la ville ont pris place dans un magnifique hôtel particulier de style médiéval, la maison d'Ozé. A ne pas manquer également, la Halle au blé, vaste bâtiment circulaire dont la coupole en métal et en verre laisse passer la lumière naturelle. Depuis quelques années, l'endroit est consacré aux nouvelles technologies et à la culture.

Dans un tout autre style, **Bagnoles-de-l'Orne** fait figure de lieu de relaxation, entièrement dédié au bien-être. La station thermale est installée au cœur de la forêt des Andaines, tout autour d'un lac qui pourrait même être celui de Lancelot, si l'on en croit la légende arthurienne. Le style Belle Epoque des constructions renforcent le caractère distingué de l'ensemble. Du golf au casino, de nombreuses activités sont possibles dans cette très jolie ville d'eau. ■

LES SUGGESTIONS GEO

- **Découverte :** randonnées en Suisse normande et vélo-rail (départ à Saint-Pierre-du-Regard) ; croisière sur le lac de Rabodanges.
- **Aventure :** parcours dans les arbres (la Roche d'Oëtre, Bagnoles-de-l'Orne) ; découverte de l'attelage sportif de percherons (La Mesnière).
- **Insolite :** nuit dans une cabane perchée (Bellou-le-Trichard) ou une yourte (Longny-au-Perche).

LES CONSEILS GEO

▶ Les plus

La grande variété des paysages qui donnent parfois l'impression de voyager bien au-delà des seules limites du département. Certains endroits transportent en Bretagne, d'autres dans les pays de la Loire, et même en Suisse dit-on...

▶ Les moins

Le manque notoire d'activités l'hiver.

▶ Les recommandations

Préférez les séjours au printemps, quand la nature s'éveille, et à l'automne, périodes où les forêts sont magnifiques : des cueillettes de champignons sont même organisées.

Côte-d'Or

Fondées par le chancelier Nicolas Rolin en 1443, les célèbres Hospices de Beaune.

Appelé Côte-d'Or parce que ses vignes deviennent dorées à l'automne, ce département de Bourgogne séduit par sa variété de paysages, ses vignobles réputés et son important patrimoine.

Les paysages

La Côte-d'Or est composée de plusieurs grands espaces. Tous portent l'empreinte du travail de la vigne par les hommes. Considéré comme l'un des plus prestigieux du monde, le vignoble de Bourgogne s'étale sur plus de 9 000 hectares. Les **Côtes de Nuits** et celles de **Beaune** en sont les principales sous-régions. A ne pas manquer près de Beaune, le cirque du Bout du monde avec ses falaises en calcaire creusées pendant des millénaires par la Cozanne et sa cascade d'une bonne quarantaine de mètres de hauteur, impressionnante.
Au sud-ouest, le massif montagneux du **Morvan** rassemble vastes forêts, vallons, prairies bocagères et étangs. Son parc naturel régional est à cheval sur plusieurs départements : la Nièvre, la Saône-et-Loire et l'Yonne.

QUE VOIR, QUE FAIRE EN CÔTE-D'OR ?

Les paysages

- Côtes de Nuits et de Beaune, Morvan
- Pays (Auxois, Châtillonnais, Seine et Tilles, plaine de Saône-Vingeanne)
- Vallée de l'Ouche, canal de Bourgogne

Le patrimoine vinicole

- Château du Clos de Vougeot, Nuits-Saint-Georges (site gallo-romain des Bolards, église Saint-Symphorien, Cassissium, Imaginarium)
- Beaune (Hospices, collégiale basilique Notre-Dame), Pommard (château), Volnay, Meursault (hôtel de ville, château de Meursault, camp romain, léproserie et église Saint-Nicolas), Puligny-Montrachet, Chassagne-Montrachet (château Philippe le Hardi, église Saint-de-Narosse, moulin à vent, site du Mont-de-Sène)

Les villes et les monuments

- Dijon (hôtel de ville, musée des Beaux-Arts, tour Philippe le Bon, musée Perrin de Puycousin, cathédrale Saint-Bénigne, puits de Moïse, hôtel Chambellan)
- Abbaye de Fontenay, site d'Alésia, château de la Rochepot, forteresse de Châteauneuf-en-Auxois, Flavigny-sur-Ozerain, Semur-en-Auxois, musée du Châtillonnais, Auxonne

Sur les coteaux de Pernand Vergelesses, village et cru bourguignon, la vigne est d'or.

Plus au nord, se trouve le **pays de l'Auxois** avec ses vignes, son bocage, le **canal de Bourgogne** et sa plaine argileuse peu accidentée. A deux pas de là, le **pays Châtillonnais** regroupe de grands plateaux calcaires, d'amples forêts et des espaces servant à la culture céréalière. Pour découvrir ses petits villages, si typiques, suivre le circuit des lavoirs.
Pas très loin de Dijon, le **pays de Seine et Tilles** accueille la ligne de partage des eaux entre le bassin de la Seine et le bassin Saône-Rhône. Les gorges du Val-Suzon, havre de paix et de verdure, serpentent au milieu d'une immense forêt. Entre le plateau du Châtillonnais et du Haut-Auxois, la Seine prend sa source à Saint-Germain-Source-Seine.
Le **pays plaine de Saône-Vingeanne** s'étend à l'est avec ses champs cultivés et ses doux vallons boisés. La Saône et la Vingeanne imposent ici leur rythme tranquille. Egalement très verte, la **vallée de l'Ouche** offre de formidables promenades. Forêts, prairies, falaises et combes se succèdent avec harmonie.

Le patrimoine vinicole

La route des grands crus de Bourgogne également appelée «les Champs-Elysées de la Bourgogne» traverse un chapelet de villages de Côte-d'Or. Elle permet de découvrir à pied, en vélo ou en voiture, les secrets de la vigne et du vin tout en contemplant un riche patrimoine. De Dijon à Santenay en passant par Beaune, la balade est aussi apaisante qu'enrichissante. Quelques haltes touristiques sont quasi obligatoires. La première peut se faire au **château du Clos de Vougeot**, célèbre château bourguignon du domaine viticole. Construit au milieu des vignes, il offre un décor somptueux. Un peu plus loin, la petite ville de **Nuits-Saint-Georges** propose les visites de l'**église Saint-Symphorien**, du **site gallo-romain des Bolards**, du **Cassissium** (vaste musée du cassis) et de l'**Imaginarium** (espace dédié aux vins effervescents).
En plein cœur du vignoble le plus réputé, **Beaune** est considérée comme la capitale du vin de Bourgogne. Plusieurs maisons anciennes spécialisées dans l'élevage, l'embouteillage et le commerce des vins y ont leur siège. Ses Hospices (ancien hôpital médiéval abritant un musée et le polyptyque du Jugement dernier de Rogier Van der Weyden) permettent de découvrir un bel exemple de l'architecture gothique. La **collégiale basilique Notre-Dame** est également digne d'intérêt pour son bâtiment datant du XIIe siècle mais aussi sa collection de tapisseries de Tournai.

Le bandeau calcaire du cirque du Bout du monde, creusé par la Cozanne vers Nolay.

Plus loin, **Pommard** est un village mondialement connu pour ses caves. Installé au pied des coteaux, il est composé de vieilles maisons romanes et de vastes demeures comme le **château de Pommard**.

En continuant vers Santenay, les promeneurs arrivent à **Volnay**, déjà recouvert de vignes à l'époque romaine. Outre son église et sa chapelle, le village se visite aussi pour ses très beaux points de vue. A quelques kilomètres de là, se tient **Meursault**. Ses petites ruelles pleines de charme dévoilent lavoirs et jardins. L'**hôtel de ville**, ancien château féodal, rappellera des souvenirs aux cinéphiles car s'y est tournée «La Grande Vadrouille».

A ne pas manquer, le **château de Meursault**, l'**église Saint-Nicolas**, la **léproserie**, le **camp romain**.

A **Puligny-Montrachet**, très connu pour ses vins, on découvre une église du XVe siècle. Le temps semble s'être arrêté à **Chassagne-Montrachet** où les maisons vigneronnes s'organisent autour de l'église. Pas très loin, des vignes s'étalent à perte de vue.

Dernière étape majeure : Santenay dont le patrimoine est très important. Entre autres merveilles, citons l'**église Saint-de-Narosse**, le **château Philippe le Hardi** et le **moulin à vent**. Pour une halte en pleine nature, faites un saut sur le site du **Mont de Sène** d'où le panorama est exceptionnel.

Les villes et les monuments

Capitale de la Bourgogne, **Dijon** est une ville comme on en voudrait tant : riche d'un passé dont on trouve trace un peu partout, elle allie savamment patrimoine et modernité. Une des manières les plus agréables pour découvrir ses maisons à colombages, son secteur préservé et ses musées, reste certainement de flâner au fil de ses ruelles pavées en partant de son cœur, la place de la Libération. On y découvre l'ancien palais des Ducs et des Etats de Bourgogne qui abrite aujourd'hui l'**hôtel de ville** et le **musée des Beaux-Arts**. Ce dernier est d'une richesse exceptionnelle. Outre le cadre somptueux, il donne à voir les tombeaux de Philippe le Hardi et de Jean sans Peur ainsi que des tableaux de primitifs flamands et des œuvres contemporaines.

A quelques pas de là, la **tour Philippe le Bon** et ses 316 marches offre une vue sublime sur la cité des ducs de Bourgogne. A visiter aussi, le **musée de la vie bourguignonne Perrin de Puycousin**, installé dans un ancien monastère. Il met en lumière les traditions bourguignonnes du XIXe et XXe siècle. Incontournable aussi, le **puits de Moïse** de Claus Sluter est l'un des restes de l'ancienne chartreuse.

Dans un tout autre genre, le musée d'Art sacré mérite également le détour, de même que la très gothique **cathédrale Saint-Bénigne** (assez largement remaniée au XIXe siècle) et le bel **hôtel Chambellan** situé rue de la Vannerie (XVIIe siècle).

LE CARNET DE VOYAGE

Les premiers contacts
Côte-d'Or Tourisme, BP 1601, 21035 Dijon Cedex, 03.80.49.90.97. www.cotedor-tourisme.com

La population
506 755 habitants vivent en Côte-d'Or. Préfecture : Dijon.

Les fêtes
Mars : fête du Crémant et du Tape-Chaudron (Châtillon-sur-Seine).
Mai : salon des antiquaires et de la brocante (Dijon), fêtes médiévales (Semur-en-Auxois).
Juin-août : festival l'Eté des Arts (Auxois-Morvan).
Juillet : Festival International d'Opéra Baroque (Beaune), Nuits Péplum (Alésia).
3e week-end d'août : fête du Charolais (Saulieu).
Septembre : festival musical des Grands Crus de Bourgogne (Gevrey-Chambertin), fêtes de la Vigne (Dijon).
Fin octobre : fête du Vin Bourru (fin des vendanges à Nuits-Saint-Georges), Foire internationale et gastronomique (Dijon).
Novembre : vente des vins des Hospices (Beaune).

Les produits locaux
- Viande charolaise, truffe de Bourgogne, jambon persillé, escargots de Bourgogne, moutarde, cassis.
- Epoisses AOC et brillat-savarin (fromages au lait de vache à pâte molle), crottins du Morvan (fromage de chèvre).
- Pain d'épices, anis de Flavigny.
- Vins : pommard, bourogne, volnay, meursault, puligny-montrachet, chassagne-montrachet, santenay, corton, crémant.

L'artisanat
Pierres : bleu de Vix (pour carrelage en pierre calcaire), beauvillon rubané (dallage veiné, rubanné ou moucheté), anstrude, granité, corton.

Les tours rondes et la collégiale de la cité médiévale fortifiée de Semur-en-Auxois, bâtie sur une boucle de l'Armançon.

En Auxois, l'**abbaye de Fontenay**, classée Patrimoine mondial de l'Unesco est l'un des plus anciens monastères cisterciens d'Europe. Sa fondation par Bernard de Clairvaux remonte au XIIe siècle. D'un grand dépouillement, ses salles sont très bien conservées et des manifestations y sont organisées l'été. Incontournable également, le site d'**Alésia**, connu pour sa bataille qui opposa, en 52 avant J.-C., Vercingétorix et César et qui déboucha sur la naissance de la civilisation gallo-romaine. Quelques vestiges demeurent.

LES SUGGESTIONS GEO

■ **Découverte :** véloroute « Beaune Santenay » pour sillonner la côté méridionale ; balade en vieux train sur le chemin de fer de la vallée de l'Ouche (Bligny-sur-Ouche) ; circuit des lavoirs (Châtillon-sur-Seine).

■ **Insolite :** balade en calèche au cœur de la Côte de Nuits.

Disséminés un peu partout sur le territoire, de nombreux châteaux invitent à un voyage fascinant à travers le Moyen Âge comme le **château de la Rochepot** (près de Beaune) ou la **forteresse de Châteauneuf-en-Auxois** (sud de l'Auxois). Pour explorer un peu plus les temps médiévaux, rendez-vous à **Flavigny-sur-Ozerain**, cité médiévale classée parmi les «plus beaux villages de France» ou à **Semur-en-Auxois** ville médiévale bâtie sur un rocher de granit rose, non loin de la rivière Armançon. Elle offre un formidable panorama à partir de la promenade des remparts. Son ancien pont-levis, la tour Renaissance aux tuiles vernissées et la collégiale sont absolument fascinants. Ne pas manquer le **musée du Châtillonnais** qui abrite le fameux vase de Vix (Ve siècle) ou la ville d'**Auxonne**, avec son musée présentant des effets personnels de Napoléon Bonaparte et son petit arsenal d'artillerie. ■

LES CONSEILS GEO

▶ Les plus

Département fortement marqué par les vignobles, la Côte-d'Or permet de découvrir les secrets de fabrication de vins mondialement connus tout en profitant d'un patrimoine exceptionnel. Bouffées d'air frais, terroir et culture sont au rendez-vous.

▶ Les moins

Une météo vraiment continentale : les hivers sont très froids et les étés chauds et secs, parfois trop.

▶ Les tendances

En Côte-d'Or, le tourisme vert se développe surtout selon deux axes : la randonnée pédestre et le vélo.

Délimitée à l'ouest par l'impétueuse Loire et à l'est par les énigmatiques monts du Morvan, la Nièvre est un pays de caractère au cœur tendre et verdoyant traversé par le paisible canal du Nivernais. Ce département de Bourgogne séduit aussi par ses vignobles et par ses villes ligériennes dont Nevers, capitale d'art et d'histoire.

La façade du palais ducal de Nevers (XVe-XVIe siècles), avec son escalier d'honneur.

Nièvre

Les paysages

A l'ouest, se trouve le **Val de Loire** où est concentrée la population. La frange ligérienne doit son charisme à la Loire au bord de laquelle sont établis villes et villages. On y rencontre des espaces préservés faits d'îlots sablonneux et de berges sauvages. La région entre Loire et Allier est réputée pour ses élevages de charolais. Le **bec d'Allier** (communes de Marzy, Gimouille, Saincaize-Meauce et Nevers), là où l'Allier se jette dans la Loire en formant de nombreux bras, est classé «site Panda» par le WWF. Au nord du Val de Loire, la Puisaye et le Donzais aux campagnes particulièrement vallonnées et, juste en dessous, le **vignoble de Pouilly-sur-Loire,** à la double identité.

Positionné au centre, le Nivernais est une région rurale, fortement boisée. Le **canal du Nivernais** reliant Saint-Léger-des-Vignes à Auxerre (Yonne) traverse le département dans sa ligne médiane, apportant un supplément d'âme. Autrefois consacré au flottage du bois vers Paris, ce canal est aujourd'hui dédié à la plaisance.

A l'est, le **Morvan**, vaste massif granitique situé en bordure orientale du Massif central, est protégé par le **parc régional du Morvan**. Forêts profondes, rivières et lacs (**Settons**) forment le paysage dont le point culminant est le mont Prénelay (855 mètres).

Les randonnées

La Loire est une source intarissable de découvertes. De nombreux sentiers sont aménagés le long des berges pour y découvrir la flore et la faune (anguilles, castors, hérons, sternes, cigognes). Le secteur le plus foisonnant, de La Charité-sur-Loire à Tracy-sur-Loire, est couvert par la **réserve naturelle du Val de Loire**. On peut aussi se balader sur le fleuve en bateau traditionnel (gabare, toue cabanée), depuis Decize ou Nevers. Entre le Morvan et la Loire, on trouve de magnifiques forêts peuplées de grands animaux : Amognes, Prémery, Guérigny. La **forêt des Bertranges** est

LE CARNET DE VOYAGE

Les premiers contacts
Agence de développement touristique de la Nièvre,
2, av. Saint-Just,
BP 10318,
58000 Nevers,
03.86.36.39.80.
www.nievre-tourisme.com

La population
225 198 habitants.
Préfecture : Nevers.

Les fêtes
Mai : salon du livre (Cosne-sur-Loire).
Juin : festival du Mot (La Charité-sur-Loire).
Juillet : Zaccros d'ma rue (Nevers), festival Chemins des arts (Authiou), festival de piano (La Charité-sur-Loire).
Août : festival de musique classique (Corbigny), Conviviales de Nannay (art, cinéma et ruralité).
Novembre : Rencontres internationales D'Jazz (Nevers).

Les produits locaux
- Sandre, jambon du Morvan, andouillette de Clamecy, AOC charolais, agneau du Nivernais, confiseries neversoises (négus, nougatine, Petit Marinier).
- AOC crottin de Chavignol, nivernais (fromage de vache).
- AOC pouilly-fumé, coteaux de Cosne et de Gien, vins de pays.

L'artisanat
Faïence (Nevers), poterie (Saint-Amand-en-Puisaye) sabots (Gouloux).

QUE VOIR, QUE FAIRE DANS LA NIÈVRE ?

Les paysages et les randonnées

- Berges de la Loire, réserve naturelle du Val de Loire, vignobles (Pouilly-sur-Loire)
- Morvan (mont Beuvray, lac des Settons), forêt des Bertranges, canal du Nivernais, étangs (Vaux, Baye), panorama du Bec d'Allier (Marzy)
- Tourisme fluvial (Val de Loire), vélo (chemins de halage du canal du Nivernais), sports nautiques et pêche, station thermale (Saint-Honoré-les-Bains)

Le patrimoine

- Site de Bibracte, pierre de la Wivre (mont Beuvray)
- Nevers (palais ducal, cathédrale, châsse de Sainte-Bernadette)
- Château-Chinon, château de Bazoches, La Charité-sur-Loire (abbatiale)

l'une des plus belles chênaies de France faisant de la Nièvre le premier département producteur de bois de chêne. Le canal du Nivernais, de Clamecy à Decize, est ponctué de ports taillés pour le tourisme fluvial qui sont autant de haltes sympathiques. Les **chemins de halage** sont aménagés pour faciliter randonnées pédestres et cyclistes.

Du Haut Folin au **mont Beuvray** (821 mètres), les belles vues sont légion. Le plus magnifique des panoramas est celui du **mont Beuvray**, classé Grand site de France et Monument historique pour ses **vestiges de Bibracte**. Le chemin qui mène à son sommet est ponctué de vieux hêtres courbés aux formes fantomatiques.

Le patrimoine

Nevers, ville d'art et d'histoire, est connu pour la botte d'escrime du duc de Nevers rendue célèbre par le film «Le Bossu» et pour sa faïence d'art d'un bleu profond. Son **palais ducal** inspiré par la Renaissance italienne, ancienne résidence des ducs, est considéré comme le premier château de la Loire. L'église clunisienne de Saint-Etienne et la chapelle Saint-Gildard qui abrite la **châsse de sainte Bernadette** témoignent de l'époque romane. La **cathédrale Saint-Cyr** et Sainte-Julitte a la particularité de posséder deux chœurs, l'un roman et l'autre gothique. A la **Charité-sur-Loire**, l'**abbatiale romane Notre-Dame** est reconnue «étape majeure sur le chemin de Saint-Jacques-de Compostelle» par l'Unesco. Parmi les châteaux légendaires, celui de **Bazoches** qui fut la demeure de Vauban.

Le **canal du Nivernais** a laissé un riche patrimoine industriel fait de pont-levis et écluses. Les voûtes de la Collancelle et l'échelle de Sardy, succession de trois tunnels et seize écluses, forment un bel ouvrage d'art. La Loire, autrefois empruntée par les bateliers pour le transport de marchandises, livre son histoire à travers ses ponts, ses guichets et les villes tranquilles qui la bordent.

Le Morvan est un haut lieu celte. C'est sur les hauteurs du mont Beuvray que les Eduens, peuple gaulois, ont établi leur capitale, Bibracte, au IIe siècle avant J.-C., devenue aujourd'hui un grand chantier archéologique européen. Dans une clairière surplombant le rempart antique, on peut voir la **pierre de la Wivre**, emblème d'un lieu mythique hanté par le passage de Vercingétorix. ■

LES SUGGESTIONS GEO

- **Découverte :** maison du Parc naturel régional du Morvan (Saint-Brisson) ; centre d'art contemporain (Pougues-les-Eaux) ; forges royales (Guérigny) ; musée de la Loire (Cosne-sur-Loire) ; thermalisme (Saint-Honoré-les-Bains).
- **Aventure :** tree-climbing dans les arbres (Saint-Brisson, Mont-Beuvray).
- **Insolite :** œuvres d'art des territoires occupés (5 plasticiens sur la route de Corbigny à Gacôgne).

LES CONSEILS GEO

▶ Les plus
Avec ses cours d'eau et ses canaux, le tourisme fluvial est très présent. Son rythme lent s'accorde avec le paysage, d'un calme olympien.

▶ Les moins
Essentiellement rurale, la Nièvre cache bien ses petits trésors.

▶ Les recommandations
Attention aux routes du Morvan en hiver, difficilement accessibles en cas de neige.

▶ Les tendances
La mise en avant des sites naturels témoigne d'une réelle éco-sensibilité. Le foisonnement artistique et culturel qui se veut l'expression de tous les talents et dont la dynamique se lit au travers des festivals.

Saône-et-Loire

Symbole du renouveau monastique en Occident, l'abbaye de Cluny, fondée en 909.

A l'extrême sud de la Bourgogne, la Saône-et-Loire, terre de rencontre entre plusieurs régions, ravira amateurs de bons vins et gastronomes, passionnés d'art roman, férus d'archéologie et marcheurs, aussi bien que ceux qui préfèrent le lent bercement du tourisme fluvial.

Les paysages

La Saône-et-Loire est le département le plus méridional de Bourgogne. Sa situation géographique, entre Bresse et Morvan, lui assure une importante diversité de paysages. Posté au nord, l'Autunois correspond déjà au **parc naturel régional du Morvan**. C'est le domaine de la forêt. On y trouve des chênes, des hêtres et des résineux.

A l'est du département, à la frontière du Jura et de l'Ain, se place la **Bresse bourguignonne**. Caractérisé par ses étangs, ce territoire fait le lien avec la Franche-Comté mais également la région Rhône-Alpes.
Au sud-ouest, le **Charolais-Brionnais**, avec ses pâturages et ses bocages, présente encore un visage différent de

QUE VOIR, QUE FAIRE EN SAÔNE-ET-LOIRE ?

Les paysages

- Morvan, Monts du Mâconnais, Bresse bourguignonne, Charolais-Brionnais, Chalonnais
- Parc naturel régional du Morvan
- Canal du Centre

Les villes

- Mâcon (pont Saint-Laurent)
- Autun (théâtre antique, temple de Janus)
- Chalon-sur-Saône (hospices, musée Niepce)

Le patrimoine

- Abbayes (Cluny, la Ferté), basilique de Paray-le-Monial, églises romanes du Charolais-Brionnais
- Châteaux (Germolles, Sully), apothicairerie de l'hôtel-Dieu (Louhans), maison Galvachers (Anost)
- Roche de Solutré, parc archéologique de Bibracte

Icône du Mâconnais, la roche de Solutré surplombe le vignoble de Pouilly-Fuissé.

la Saône-et-Loire. Le paysage est vallonné et traversé par de nombreuses rivières comme l'Arroux, l'Arconce ou encore l'Oudrache, qui finissent toutes par se jeter dans la Loire.

Le **Chalonnais** est marqué par ses vignobles et sa forêt. C'est aussi un espace de vastes cultures maraîchères et céréalières. Le long du **canal du Centre,** la région de Montceau-les-Mines et du Creusot offre le versant industriel de la Saône-et-Loire.

Le **Mâconnais**, pays de Lamartine et de l'art roman, est constitué d'une part de prairies situées autour du Val de Saône, et d'autre part des **monts du Mâconnais**, collines où prend position l'une des plus importantes surfaces viticoles de Bourgogne.

Les villes

Mâcon, la préfecture, est une très ancienne cité, qui a longtemps été un carrefour de communication décisif. Durant tout le Moyen Age et ensuite au début de la Renaissance, elle se positionne à la frontière de la France et du Saint-Empire romain germanique. On y admire le majestueux **pont Saint-Laurent** qui enjambe la Saône de ses douze arches. La cathédrale Saint-Vincent reçut les obsèques du poète Lamartine, originaire de là. Il existait une ancienne cathédrale Saint-Vincent, attestée dès le XIe siècle. Vendue en 1799 comme bien national, il n'en reste que des vestiges. Le musée des Ursulines propose des œuvres de peintres et de sculpteurs du XVIe au XXe siècle.

Autun rassemble des monuments importants de l'Antiquité. A l'est de la ville qui portait autrefois le juste titre d'Augustodunum (la forteresse d'Auguste, protégée par un cordon de remparts), le **théâtre antique** pouvait accueillir 20 000 spectateurs, sans doute le plus vaste de la partie occidentale du monde romain. De tradition gauloise par sa forme, le **temple de Janus** compte parmi les monuments de ce type les mieux conservés de France (Ier siècle).

Chalon-sur-Saône vit depuis quelques années un essor touristique grâce à son festival d'arts de la rue et à la mode du tourisme fluvial. La ville accueille chaque année 5 000 navires de plaisance. Deux remarquables hôpitaux se visitent. L'hôpital Saint-Laurent (XVIe siècle) fonctionnait grâce aux sœurs de l'ordre bourguignon de Sainte-Marthe. L'**hospice Saint-Louis**, créé sous Louis XIV, servait à héberger les pauvres, les cantonnant à bonne distance de la ville. C'est également dans les environs de Chalon que **Nicéphore Niépce** a inventé la photographie. Un musée consacré à cet art porte son nom.

Avec 148 mètres de diamètre, le théâtre d'Autun fut le plus grand du monde romain.

Le patrimoine religieux

Fondée il y a plus de 1000 ans par le duc d'Aquitaine et Guillaume Ier, le comte d'Auvergne, l'abbaye de **Cluny** était sans nul doute le fleuron de l'art roman sur le plan architectural. Sur le plan social, historique et intellectuel, son influence rayonnait dans toute l'Europe. Elle fut l'un des symboles du renouveau monastique en Occident. Malheureusement, il ne reste que des vestiges de l'abbatiale et de la cité qui l'entouraient, mais ils ne cessent de titiller l'imagination des archéologues et des profanes. Plusieurs visites thématiques permettent de se rendre compte de l'organisation de ce haut lieu de la chrétienté, à l'époque de son apogée. A proximité, se trouve le haras national de Cluny créé en 1807 par Napoléon.

Paray-le-Monial a elle aussi été bâtie autour d'un monastère, mis en chantier par saint Hugues de Semur, abbé de Cluny et grand bâtisseur. Très bien conservée, la basilique du Sacré-Cœur est un bijou d'art roman, daté du XIIe siècle. Elle a été restaurée avec soin par Violet-le-Duc.

A Saint-Ambreuil est née celle que l'on surnomme la «première fille de Cîteaux», l'**abbaye de la Ferté**. Du monument d'origine, ne reste que le palais abbatial, cependant presque intact. Autour, on découvre un château du XVIIIe siècle avec ses tableaux et son mobilier d'origine. Une galerie présente des objets d'érudition scientifique du XIXe siècle.

LE CARNET DE VOYAGE

Les premiers contacts
Comité départemental de tourisme de la Saône-et-Loire, Maison de la Saône-et-Loire, 389, avenue de Lattre-de-Tassigny, 71000 Mâcon, 03.85.21.02.20. www.bourgogne-du-sud.com

La population
546 000 habitants. Préfecture : Mâcon.

Les fêtes
Février : carnaval de Chalon-sur-Saône.
Fin juillet : Chalon dans la rue (festival des arts de la rue).
Fin août : fête de la Vielle d'Anost (grande fête autour de la musique traditionnelle du Morvan), foire de la Balme (une des plus grandes foires agricoles de France).
Mi-décembre : Les Glorieuses (grand concours de volailles de Bresse entre l'Ain et la Saône-et-Loire, avec la commune de Louhans).

Les produits locaux
- Bœuf du Charolais, volailles de Bresse, primeurs et divers produits maraîchers.
- Fromages mâconnais et charolais, beurre de Bresse.
- Œufs en meurette, bœuf bourguignon, pôchouse (morceaux de poissons de rivière cuisinés au vin blanc).
- Côte chalonnaise, côte-de-beaune, crus du Mâconnais, beaujolais.

Les monuments

Pas moins de 189 châteaux sont recensés sur le territoire de la Saône-et-Loire, en prélude à ceux de la Loire. Dix-sept d'entre eux, parmi les plus remarquables, ont été regroupés dans un itinéraire touristique : la route des Châteaux de Bourgogne du Sud. Pour visiter des forteresses médiévales, rendez-vous à Brancion, Brandon, Couches, Rully ou encore Berzé-le-Châtel. Romantique dans l'âme, vous préférerez peut-être le château de Cormatin, que l'on croirait sorti tout droit d'un poème de Lamartine. On peut y visiter les beaux intérieurs du XVIIe siècle : l'antichambre et la chambre de la marquise, ainsi que le cabinet privé du marquis.

Citons également le **château de Germolles**. Au XIVe siècle, le duc de Bourgogne, Philippe le Hardi, en avait fait l'acquisition pour sa femme, Marguerite de Flandres. C'est l'une des très rares résidences princières de cette époque que nous ayons conservées.

Le **château de Sully**, bâtisse où naquit le général Mac Mahon, est un exemple typique de l'architecture Renaissance, avec ses douves d'agrément. Dans ses écrits, madame de Sévigné le qualifiera à juste titre de «Fontainebleau de Bourgogne».

A **Louhans**, ville commerçante bordée d'arcades, n'oubliez pas de vous arrêter à l'**apothicairerie de l'Hôtel-Dieu**. C'est l'une des plus riches d'Europe avec ses vases des XVe et XVIe siècles, sa salle des malades et son mobilier. On peut aussi visiter le réfectoire et la chapelle des religieuses de l'ordre de Sainte-Marthe.

Dominant la vallée de la Petite Grosne, le château de Berzé-le-Châtel est la plus grande des forteresses de Bourgogne.

Anost, perché à 550 mètres d'altitude au nord de la Saône-et-Loire, était au XIXe siècle le lieu de la foire annuelle des galvachers. Ces charretiers itinérants passaient la moitié de l'année sur les routes, pour transporter et débarder du bois. L'une des cinq maisons à thème du parc national du Morvan, la **maison Galvachers**, y retrace l'histoire de ce vieux métier aujourd'hui disparu.

LES SUGGESTIONS GEO

- **Découverte :** abbaye de Saint-Ambreuil qui propose une visite tout spécialement dédiée au jeune public. Costumés en princesse ou en mousquetaire, ils découvriront, tout en s'amusant, la vraie vie des enfants aux XVIIe et XVIIIe siècles.
- **Aventure :** survol de la région en planeur (contacter l'un des neuf clubs d'aéromodélisme de la région).
- **Insolite :** sans prendre la route pour autant, passer des vacances à l'esprit gipsy dans l'une des roulottes sédentaires du Brionnais.

Les vestiges

Si l'époque romane est omniprésente en Saône-et-Loire, on trouve également des traces encore sensibles de la période préhistorique.

Près de Mâcon, la **roche de Solutré** et ses environs ont fait l'objet de fouilles dès la fin du XIXe siècle, mettant à jour des traces de l'homme datant du paléolithique. A flanc de falaise, les chasseurs traquaient chevaux, rennes et bisons, mais surtout les troupeaux de chèvres qui allaient se désaltérer dans la Saône. Solutré est un site majeur de la Préhistoire française qui a même donné son nom à l'une des dernières périodes du Paléotlithique supérieur : le solutréen.

A Saint-Léger-sous-Beuvray, découvrez aussi le **site archéologique de Bibracte**, qui fut la capitale des Eduens, un des peuples les plus puissants de Gaule. Le musée de la Civilisation celtique, le site de fouilles et le centre de recherche forment le parc archéologique de Bibracte. ■

LES CONSEILS GEO

▶ Les plus
De nombreux labels défendent l'identité locale et permettent de trouver hébergements, restaurants et produits du terroir de qualité.

▶ Les moins
Ce département - particulièrement rural - n'est pas à conseiller aux personnes souhaitant faire du tourisme urbain et branché.

▶ Les recommandations
En visitant Cluny, le touristes sont souvent déçus de ne voir que des «ruines» : il est important de suivre une visite guidée pour comprendre la magnificence et l'organisation du site au Moyen Age.

▶ Les tendances
Le département vous invite à dormir à la belle étoile : une cabane haut perchée dans les arbres, sécurisée, accueille familles et amoureux (domaine de Poiseuil à Viré).

Yonne

Aux portes de la Bourgogne, l'Yonne est un pays de campagne, de cours d'eau navigables et de vignes. Dans cette nature préservée, le patrimoine historique est un noble prétexte à la découverte d'un département où tourisme fluvial et activités de plein air dominent.

QUE VOIR, QUE FAIRE DANS L'YONNE ?

Les paysages

- Avallonnais, Morvan, Sénonais, pays d'Othe, Gâtinais, Tonnerrois, Florentinois
- Vignobles (Chablis, Grand Auxerrois, Vezelay)
- Pays de Puisaye-Forterre

Les villes et le patrimoine

- Auxerre, Sens, Vézelay, Tonnerre, Joigny, Avallon, Chablis
- Sites archéologiques (grottes d'Arcy-sur-Cure, Cora, fontaines salées de Saint-Père-sous-Vézelay)
- Village de Noyers-sur-Serein

Les activités

- Nautisme (croisières, rafting, hydro-speed, canoë, pêche, baignades)
- Randonnées pédestres et équestres, cyclisme
- Escalade, golf, trains touristiques

Les paysages

Du nord au sud, l'Yonne, un des affluents de la Seine, traverse le département, lui donnant au passage son nom. Au nord, s'étendant à perte de vue, les cultures céréalières ne sont interrompues que par les vallées de l'Yonne et de l'Armançon. Le **Sénonais** est constitué de plaines sédimentaires, entre collines et vergers, le **pays d'Othe**, d'espaces forestiers et le **Gâtinais**, d'un plateau ondulé.

Au centre, dans la vallée de Serein, le **vignoble de Chablis** s'étend sur 4 500 hectares, tandis que celui du **Grand Auxerrois**, établi sur les coteaux de la vallée de l'Yonne, couvre 1 500 hectares. Au sud-ouest, le **pays de Puisaye-Forterre** est fait de forêts, vallées et bocages. Ici, le relief s'accentue et son sol calcaire se retrouve dans les pierres blanches des maisons.
A l'est, le **Tonnerrois** et le **Florentinois** composent un pays d'eau dont les sources alimentent les lavoirs des villages. Rivières et canaux parcourent des paysages plats, avec les vignobles pour seul horizon.
Enfin, l'**Avallonnais** et le **Morvan** se partagent le sud de l'Yonne. C'est l'univers des roches calcaires, des reliefs capricieux du **parc régional du Morvan**, des **vignobles de Vézelay**,

Au même titre que la cathédrale Saint-Etienne, l'activité fluviale sur l'Yonne est une composante du patrimoine auxerrois.

terre d'élection pour les eaux vives des torrents. Surplombé par les monts Breuvay et Préneley, la Roche de Suize et le Bas Folin, le Bas-Morvan impose une altitude avoisinant les 600 mètres. Rivières, lacs et épaisses forêts de chênes, de hêtres, de conifères et de sapins forment le cœur granitique de la Bourgogne.

Les villes et le patrimoine

Le château de Tanlay et le château d'Ancy-le-Franc, tous deux sur les bords du canal de Bourgogne, témoignent de l'architecture Renaissance, respectivement française pour le premier et italienne pour le second. A Saint-Fargeau, la bâtisse est un majestueux pentagone de briques roses, aux tourelles d'angles ornées de campaniles. Véritable énigme de la Renaissance, l'étonnant labyrinthe du château de Maulnes a été construit pendant les guerres de religion.

Entre deux routes de campagne, conjuguant le charme des vieilles pierres à un précieux héritage religieux, les cités de l'Yonne méritent une halte. Ville d'art et d'histoire, **Auxerre** conserve une exceptionnelle fresque du IXe siècle à l'intérieur de la crypte carolingienne de l'abbaye Saint-Germain. La cathédrale Saint-Etienne est quant à elle un chef-d'œuvre d'art gothique du XIIIe siècle, admirée pour ses vitraux, son chœur, ses portails, sa crypte ou encore ses fresques. Le quartier médiéval de la ville surplombe la vallée de l'Yonne. En son vieux centre piétonnier, la tour de l'Horloge avec son cadran solaire voisine avec des maisons à pans de bois. **Sens** mérite une halte pour son marché couvert, son bâti médiéval, ses rues commerçantes. La cathédrale, elle aussi dédiée à Saint-Etienne (XIIe-XVIe siècles), retrace, à travers sa verrière, l'histoire des vitraux, du XIIIe au XIXe siècle. Son trésor d'orfèvrerie et d'ivoire est un des plus riches de France.

Haut lieu de la chrétienté au Moyen Age, **Vézelay** est aujourd'hui inscrit au Patrimoine mondial de l'Unesco. Cette charmante ville au bâti de

Dans le bassin de la Fosse Dione, une source alimentée par les eaux d'infiltration.

pierre abrite un chef-d'œuvre d'art sacré : la basilique Sainte-Madeleine, chère aux pèlerins en route vers Saint-Jacques-de-Compostelle, depuis le Xe siècle. Sublime témoignage de l'art roman, son architecture s'élève dans des proportions étourdissantes, magnifiées par la lumière. Sur les flancs d'une petite colline qui domine l'Armançon et le canal de Bourgogne, **Tonnerre** offre d'enrichissantes visites. L'hôtel-Dieu, fondé en 1295, abrite le musée Marguerite de Bourgogne, petite-fille de saint Louis. Faire un tour à la Fosse Dionne dans laquelle s'écoule une source vauclusienne, aménagée en lavoir circulaire au XVIIIe siècle.

D'allure Renaissance, **Joigny** surmonte la vallée de l'Yonne. Ses maisons à pans de bois confèrent un charme fou à son centre historique. Ne pas manquer de visiter l'église Saint-Jean, l'espace d'art contemporain et le musée de la Résistance.

Cité fortifiée, **Avallon** offre un superbe panorama sur la vallée du Cousin. Pour qui souhaite découvrir les caves et le domaine viticole, **Chablis** est une halte incontournable. Se rendre aussi à **Noyers-sur-Serein**, cité médiévale faisant partie des «plus beaux villages de France» et à Pontigny dont l'abbaye fut fondée en 1114.

D'autres réjouissances, elles aussi culturelles, font de l'Yonne un vaste vivier archéologique : les grottes ornées d'**Arcy-sur-Cure**, le site de **Cora**, protégé par son impressionnante muraille, et le site thermal gallo-romain des fontaines salées, à **Saint-Père-sous-Vézelay**.

LE CARNET DE VOYAGE

Les premiers contacts
Agence de développement touristique de l'Yonne, 1 et 2 quai de la République, 89000 Auxerre, 03.86.72.92.00. www.tourisme-yonne.com

La population
341 000 habitants. Préfecture : Auxerre.

Les fêtes
Janvier : fête de l'âne (Sens).
Mars-avril : Les Vinées Tonnerroises.
Mai : saison musicale de Pontigny, Fleurs de vigne (Auxerre).
Juin : foire aux Cerises (Escolives), festival Les Nuits Métisses (Auxerre).
Juillet : marché des Potiers (Saint-Sauveur).
Août : fête de la Moisson (Saint-Père-sous-Vézelay).
Octobre : fête des Vendanges (Joigny).
Décembre : marché du réveillon (Bailly).

Les produits locaux
- Cerises, pommes, poires, mirabelles, châtaignes et leurs confitures.
- Truffes, truite, escargots, canards.
- Soumaintrain et saint-florentin (fromages de vache au lait cru), Délice de Bourgogne (fromage au lait de vache enrichi de crème créé par Jean Anthelme Brillat-Savarin), vézelay (fromage au lait de chèvre).
- Gougère (beignets fourrés au gruyère), andouillette de Chablis, œufs en meurette (œufs pochés en sauce au vin rouge, lardons, échalotes).
- Croquets de Saint-Bris (biscuits secs), biscuit Duché, piliers de Chablis (petits chocolats blancs à la ganache pralinée, raisins macérés dans du marc de Bourgogne).
- Chablis, irancy, saint-bris et toutes les appellations de Bourgogne.
- Eaux de vie, jus de pommes, cidre du pays d'Othe, bière de Sens.

Les activités

Le tourisme fluvial est ici roi : le canal du Nivernais serpente d'Auxerre à Decize, le canal de Bourgogne longe des châteaux, celui de Briare aligne sept écluses à Rogny dans un remarquable ouvrage d'art tandis que l'Yonne baigne Auxerre et Sens…

Dotées de rapides, les rivières du Morvan permettent des activités d'eaux vives, mais aussi la baignade. Sur la Cure, le Cousin et le Chalaux, mais aussi l'Yonne et l'Armançon, les amateurs de sensations fortes profiteront de sorties en rafting, en hydro speed ou en canoë. Torrents et étangs abritent aussi un très riche domaine

L'abbatiale de Vezelay, située sur le point culminant d'une haute colline du canton d'Avallon, était ceinturée de murailles.

piscicole qu'apprécient les pêcheurs. Sur les traces des Gallo-Romains, le long de la voie Agrippa, ou des pèlerins sur la route pour Vézelay, le département se parcourt volontiers à pied. Bucoliques, les balades sont nombreuses et faciles, sur les bords des grands lacs du Morvan, au cœur de l'Avallonnais ou encore sur les vallons et les vignobles du Chablisien. Les cavaliers et les attelages sont les bienvenus en bordure de l'Yonne, autour d'Auxerre, sur les terres du Morvan ou dans le pays d'Othe.

Pour les cyclistes, les campagnes tranquilles accueillent une trentaine d'itinéraires et le parc régional du Morvan autorise l'accès à ses espaces protégés aux vététistes.

L'escalade se pratique aux rochers du Saussois. Les amateurs de circuits acrobatiques prendront plutôt la direction des massifs forestiers de l'Avallonnais, du Tonnerrois et de la Puisaye. Pour le golf, de beaux parcours à La Celle-Saint-Cyr, Chassy, Lixy, Tanlay ou Clairis.

Les voies ferrées offrent enfin des itinéraires insolites. A découvrir le long de la vallée du Serein ou à travers le bocage poyaudin à bord du train touristique de Puisaye-Forterre, mais aussi au fil de la rivière Agréau avec celui de Champignelles ou encore à la conquête du terroir dans les wagons du Vézelay. ■

LES SUGGESTIONS GEO

- **Découverte :** musée de la Vigne et du Tire-bouchon (Beine) ; musée des Arts populaires à Laduz (collection consacrée aux vieux métiers des artisans ruraux et leurs outils).
- **Aventure :** sortie vol à voile dans le Sénonais (Gisy-les-Nobles) ; parcours acrobatique dans une ancienne carrière (Coutarnoux).
- **Insolite :** musée des Voitures de chefs d'Etat (château de Sauvigny-le-Bois) ; serre tropicale (parc du Moulin à Tan–Sens) ; chantier médiéval de Guédelon (édification d'un château fort selon les méthodes du XIIIe siècle) ; Fabuloserie, étonnante collection d'art brut (Dicy).

LES CONSEILS GEO

▶ Les plus

La gastronomie bourguignonne mérite à elle seule que l'on s'attarde dans le département. La profusion de cours d'eau promet un agréable voyage à travers le territoire.

▶ Les moins

Le manque d'activités en hiver.

▶ Les recommandations

Certaines saisons sont privilégiées pour apprécier les paysages : au printemps, cerisiers et champs de colza sont en fleurs, tandis qu'à l'automne, la vigne se pare de couleurs orangées.

▶ Les tendances

Le département et la région travaillent conjointement au développement d'itinéraires pour les deux roues et aménagent un tour de Bourgogne à bicyclette, par les chemins de halage et une vélo-route reliant le canal de Bourgogne à la voie verte du canal du Nivernais.

Côtes-d'Armor

QUE VOIR, QUE FAIRE EN CÔTES-D'ARMOR ?

Les côtes et les îles

- Côte d'Emeraude (Lanceux, Cap Fréhel, Fort La Latte)
- Baie de Saint-Brieuc et sa réserve naturelle
- Côte de Goëlo (falaises de Plouha, île de Bréhat)
- Côte de Granit rose (Sept-Iles, Ploumanac'h, Trégastel, Trébeurden, Perros-Guirec)

Le paysage des terres

- Vallée de la Rance (Samsom-sur-Rance, Pleudihen, Plouer-sur-Rance)
- Canal de Nantes à Brest, lac de Guerlédan, forêt de Quénécan
- Belle-Isle-en-Terre, vallée des Papeteries

Les villes et le patrimoine

- Petites cités de caractère (Moncontour, Jugon-les-lacs, Quintin, Châtelaudren, Léhon, Tréguier, la Roche-Derrien, Pontrieux)
- Dinan (ville d'art et d'histoire), Lanvallay

Rivages aussi salés que sauvages ou verte campagne baignée d'eau douce : les Côtes-d'Armor marient les extrêmes. Ici la Bretagne sait caresser avec ses plages de sable fin, bousculer avec des panoramas ébouriffants mais aussi passionner grâce à un patrimoine soigneusement mis en avant.

Les côtes et les randonnées

Ce n'est pas vraiment un hasard si le pays côtier, «Armor» en breton, a donné son nom au département. Ses différents rivages, avec chacun une identité forte, sont la vraie richesse des Côtes-d'Armor dont l'activité touristique est essentiellement tournée vers la Manche.

En arrivant par l'est, la **Côte d'Emeraude** vous accueille. Le discret pont du Frémur entre Saint-Briac et la station balnéaire de **Lancieux** tient lieu de gué entre l'Ille-et-Vilaine et les Côtes-d'Armor. Le paysage qui s'offre alors à la vue présente un bon aperçu de ce que cette côte bleu émeraude a à offrir : un contraste éclatant entre douces criques de sable fin et sombres rochers escarpés.

Autre point de vue saisissant à ne pas manquer : celui du **cap Fréhel**. Du haut de ses falaises en grès rouge de 70 mètres, le panorama par temps clair embrasse la pointe du Grouin à l'est jusqu'à l'île de Bréhat, à l'ouest. Profitez-en pour aller visiter le **fort La Latte**, château du XIVe siècle idéalement situé, un peu en aval. Cette mise en bouche sublime ne donne qu'une envie : partir à la découverte des trésors costarmoricains.

La **baie de Saint-Brieuc** abrite une **réserve naturelle** classée depuis 1988.

Avec leurs formes insolites, les amas de granit rose de Ploumanac'h se profilent, géants de pierre à découvrir entre terre et mer.

Un paradis pour ornithologues avec ces 120 espèces d'oiseaux qui viennent y faire une halte migratoire. Cinquième baie au monde pour l'amplitude de ses marées, la mer peut ici se retirer sur plus de 7 kilomètres découvrant ainsi plusieurs milliers d'hectares d'une faune et d'une flore entre terre et mer. Pour continuer la balade, poursuivez sur la **Côte de Goëlo** jusqu'aux **falaises de Plouha**, dont la pointe culmine à 104 mètres. Pas moins de 14 kilomètres de côtes vertigineuses et de plages abritées attendent les amateurs de randonnées pédestres.

Les îles

Les Côtes-d'Armor ce sont aussi des îles. Il y a **Bréhat**, bien sûr, surnommée «l'île aux fleurs» grâce à la douceur de son climat qui permet à une végétation luxuriante de s'y développer : mimosas, figuiers et eucalyptus se mêlent au granit et à la lande. Composée de deux îles principales reliées depuis le XVIIIe siècle, Bréhat est entourée de nombreux îlots et récifs. Les voitures y sont interdites. L'idéal est de la découvrir au printemps pour profiter de la floraison et d'une moindre affluence.

Ne manquez pas les **Sept-Îles** au large de **Perros-Guirec**. Cet archipel sauvage de 40 hectares est le refuge des oiseaux de mer. En dehors de l'île aux Moines (à ne pas confondre avec celle du Morbihan), le débarquement est interdit. Il vous faudra emprunter les vedettes pour admirer depuis la mer les fous de Bassan, pingouins Torda et les quelques phoques qui séjournent aussi sur ce site protégé.

Les rivages se quittent en une vision flamboyante : les teintes cuivrées de la **Côte de Granit rose**. Les rochers sculptés par le vent et la mer en des formes insolites sont baptisés «tortue», «lapin» ou encore «château du diable». La commune de **Ploumanac'h** abrite un complexe unique de ces amas rocheux.

C'est aussi la côte du repos et du farniente avec des stations balnéaires à découvrir comme **Trégastel**, **Perros-Guirec** et ses plages de sable fin ou **Trébeurden** et ses menhirs.

Accessible par vedette depuis la pointe de l'Arcouest, zoom sur Bréhat, la plus grande des îles de l'archipel du même nom.

Le paysage des terres

La partie intérieure du département ne dévoile ses charmes qu'aux plus curieux. Moins évidente que la façade maritime, elle est placée sous le signe de l'eau et des bois.

L'eau tout d'abord avec la **vallée de la Rance** qui suit son cours sur une trentaine de kilomètres de Dinan jusqu'à Saint-Malo. Cheminer le long de ses berges, c'est s'engager dans une promenade tout en douceur à la découverte des communes qui la bordent : **Pleudihen**, **Saint-Samson-sur-Rance** ou encore **Plouer-sur-Rance**. A pied le long des chemins de halage ou tout simplement à bord d'une vedette au départ de Dinan, le spectacle n'est que calme et prairies verdoyantes, offrant un étonnant contraste avec les côtes acérées de la mer toute proche.

A l'ouest, le **canal de Nantes à Brest** s'étire sur près de 360 kilomètres avec ses anciens chemins de halage devenus sentiers de randonnée, véritables invitations à la promenade. Vélos, bateaux, kayaks ou randonneurs suivent chacun à leur rythme ce ruban d'eau à la découverte de la Bretagne intérieure, de ses villages, châteaux et chapelles. Là ou le canal et la rivière du Blavet se rencontrent se situe un lieu presque irréel : le **lac de Guerlédan**. Avec ses 400 hectares, c'est le plus grand lac breton. Difficile de se croire encore en Bretagne tant cette étendue d'eau créée par l'homme au début du XXe siècle évoque un oasis canadien. La **forêt de Quénécan** qui borde ses rives à grand renfort de chênes, hêtres et épicéas n'est pas pour rien dans cette franche sensation de dépaysement. Ici le temps s'écoule doucement au fil des activités aquatiques, des plages aménagées et des escapades dans les sous-bois.

Si les lieux bucoliques vous enchantent, continuez plus au nord-ouest à

LE CARNET DE VOYAGE

Les premiers contacts
Comité départemental du tourisme, maison du tourisme, 7 rue Saint-Benoît, BP 4620, 22046 Saint-Brieuc, 02.96.62.72.01. www.cotesdarmor.com

Les fêtes
Fin avril-début mai : fête de la Coquille Saint-Jacques (Erquy, Saint-Quay-Portrieux).
Mai : festival Art Rock (Saint-Brieuc), pardon de Saint-Yves (Tréguier).
Juillet : fête des Remparts à Dinan (tous les deux ans : tournois, marché, bals médiévaux et nombreuses animations dans la ville).
Août : festival des Hortensias (Perros-Guirec), fête du coco de Paimpol (Paimpol), festival du Chant de Marin (tous les deux ans), festival de Saint-Loup à Guingamp (musiciens et danseurs du monde celtique).
Octobre : festival de Lanvellec (musique baroque).

Les produits locaux
- Coquille Saint-Jacques (baie de Saint-Brieuc, Paimpol, Saint-Quay-Portrieux, Erquy), homard, huîtres (Paimpol, Tréguier), ormeaux (Côte de Granit rose et baie de Saint-Brieuc).
- Coco de Paimpol, artichaut Camus, pomme de terre BF15.
- Gavotte (biscuit en crêpe dentelle), craquelin (toast craquant et aérien).

L'artisanat
Meubles de tradition en bois, saboterie, céramique, vitraux et verrerie d'art.

Les remparts de Dinan, sur la Rance, abritent le château de la duchesse Anne.

Belle-Isle-en-Terre. Plus précisément dans la **vallée des Papeteries** récemment réhabilitée et ouverte au public. La destruction du barrage de Kernansquillec a redonné à cette partie de la vallée du Léguer une nouvelle jeunesse, une nouvelle dimension. Visite de l'ancien site des Papeteries Vallée, fermées dans les années 60, mais aussi joli chemin de randonnée, font de ce lieu un exemple de valorisation intelligente du patrimoine à la fois naturel et industriel.

LES SUGGESTIONS GEO

■ **Découverte :** aquarium marin de Trégastel avec toute la faune des mers bretonnes ; musée rural de l'Education à Saint-Nicolas du Pélem ; visite d'une classe de campagne des années 30.

■ **Aventure :** sortie en mer à bord de la Nébuleuse, ancien thonier de 32 mètres restauré ; parcours aventure «Vivons perchés», sept parcours de 2 à 15 mètres à Pleumeur-Bodou sur la Côte de Granit rose.

■ **Insolite :** vapeur du Trieux, un train avec une vraie locomotive à vapeur effectue le trajet Paimpol-Pontrieux ; village gaulois, Pleumeur-Bodou (ouvert d'avril à septembre).

■ Les villes et le patrimoine

Les Côtes-d'Armor sont le département breton comptant le plus de «petites cités de caractère», label chargé de promouvoir la richesse architecturale de la région. Il regroupe, pour l'essentiel, d'anciennes places fortes comme **Moncontour,** sise sur un éperon rocheux, et ceinturée d'imposants remparts du XIIIe et XIVe siècle ou encore **Jugon-les-Lacs**, exemple de ville fortifiée par l'eau dès le XIIIe siècle. N'hésitez pas non plus à pousser jusqu'à **Quintin** qui abrite deux châteaux du XVIIe et XVIIIe siècle.

Ces petites cités permettent de mesurer l'importance du patrimoine religieux. De la chapelle Notre-Dame-du-Tertre de **Châtelaudren** avec ses splendides lambris peints, à l'abbaye bénédictine fondée par le roi breton Nominoë à **Léhon**, au IXe siècle. Sans oublier **Tréguier,** ville natale de saint Yves et d'Ernest Renan et ancienne cité épiscopale avec sa cathédrale aux tours romanes et gothiques, son cloître du XVe siècle, ses arcades gothiques, ses maisons à colombages. Grande histoire et vie quotidienne ont ici partout semé leurs traces. A la **Roche-Derrien**, admirez les vestiges du donjon de l'ancien château mais aussi ceux de la maladrerie. Ou encore le port et les vieilles demeures de marchands. A **Pontrieux**, de jour comme de nuit, un parcours lumineux vous guide vers les anciens lavoirs, les maisons en pans de bois ou pierres de taille et la fontaine du XVIIIe siècle.

Mais, s'il y a bien une ville dont l'histoire se raconte au gré des rues et ruelles, c'est **Dinan**. L'idéal est d'arriver par **Lanvallay** pour profiter de la vue plongeante sur les remparts et le port. Une foule de touristes y flâne presque toute l'année. Pour découvrir cette cité médiévale exceptionnellement bien conservée, suivez un des trois parcours couleurs proposés : le tour des remparts en rouge, le circuit du vieux Dinan en or ou celui des trésors religieux en émeraude. ■

LES CONSEILS GEO

▶ Les plus

La variété de ses paysages et de ses côtes. Des activités aussi bien sportives que culturelles à petits prix grâce aux centres Cap Armor en place depuis vingt ans.

▶ Les moins

Les très forts coefficients de marée transforment parfois l'accès à la mer en course de fond.

▶ Les recommandations

Bien se renseigner avant de partir à la pêche à pied. Dans certaines zones, la mer montante et ses courants redoutables peuvent vous surprendre. Il existe une réglementation concernant le ramassage, les périodes....

▶ Les tendances

Les Côtes-d'Armor ne vivent pas que par le tourisme et entendent bien le montrer. Des entreprises ouvrent leurs portes pour faire découvrir savoir-faire et spécialités. Au menu : visite guidée d'une distillerie de whisky breton à Lannion (distillerie Warenghem), d'une biscuiterie à Belle-Isle-en-Terre, des ateliers d'ébénistes ou de la criée d'Erquy.

Finistère

Sur le quai du port de l'île de Sein, les maisons imbriquées toisent les tempêtes.

Le Finistère est à la fois l'extrémité et le cœur palpitant de la Bretagne. Terre de légendes au caractère trempé dans le granit, son face à face avec la mer en fait une destination à part, mélange de grands espaces à la beauté vertigineuse et de stations balnéaires familiales.

Le patrimoine maritime

Avec plus de 800 kilomètres de littoral défiant à la fois la Manche et l'Atlantique, l'identité du Finistère se confond avec la mer. Ici la grande bleue rythme vie quotidienne et culturelle. Deux rendez-vous brestois incontournables : le **musée national de la Marine** qui a pris ses quartiers dans le château médiéval et retrace, à grand renfort de maquettes, sculptures et peintures, les liens historiques entre la cité bretonne et la marine. Et le paradis aquatique **Océanopolis**, pour aller à la découverte des océans avec phoques, manchots et requins. Au sud, le **port-musée** de **Douarnenez** met à l'honneur marins et bateaux. Dans la jolie ria de Port-Rhu, quatre navires

QUE VOIR, QUE FAIRE DANS LE FINISTÈRE ?

Le patrimoine maritime

- Musée national de la Marine et Océanopolis (Brest), port-musée (Douarnenez), musée de la Pêche (Concarneau), écomusée des Goémoniers (Plouguerneau)
- Tour Vauban (Camaret), phares (île Vierge, Stiff, Four, Ar-Men)

Les côtes et les îles

- Côte des Légendes, Abers (Wrac'h, Benoît et Ildut)
- Pointes (Raz, Corsen, la Torche, Saint-Mathieu)
- Iles (Ouessant, Glénan, Molène, Batz, Sein), presqu'île de Crozon

Les terres

- Domaine départemental de Trévarez (Saint-Goazec), manoirs (Kérazan à Loctudy, Kernault à Mellac), enclos paroissiaux, abbayes (Relec, Daoulas)
- Forêt de Huelgoat, monts d'Arrée, montagnes Noires

Les villes

Morlaix, Roscoff, Brest, Douarnenez, Audierne, Le Guilvinec, Quimper, Pont-L'Abbé, Doëlan, Concarneau, Pont-Aven

Proue rocheuse sur la mer d'Iroise, la pointe du Raz est classée «grand site de France».

se visitent entièrement, du pont à la cale. Le **musée de la Pêche** de **Concarneau** permet d'accéder à bord d'un chalutier hauturier. L'**écomusée des Goémoniers** à **Plouguerneau** et la **tour Vauban** à **Camaret** (inscrite au Patrimoine mondial de l'humanité par l'Unesco) méritent aussi une escale. Pour ressentir au plus près l'attachement du Finistère à cette mer à la fois amie et ennemie, il faut visiter ses phares. Ces édifices chargés de prévenir les marins du danger offrent des vues à couper le souffle. Le **phare de l'île Vierge**, un des plus hauts d'Europe à 90 mètres au-dessus de la mer. Ou le plus ancien de Bretagne, le **phare du Stiff** à Ouessant, édifié au début du XVIIIe siècle. En cas de tempête, le **phare du Four** au large de la presqu'île de Saint-Laurent, où les vagues peuvent dépasser sa lanterne et, à l'extrémité de la Chaussée de Sein, le **phare d'Ar-Men**, surnommé «l'enfer des enfers»…

Les côtes et les îles

Très découpé, le littoral finistérien réserve de belles surprises. Une des premières si l'on arrive par le nord-est est la **côte des Légendes**, et plus particulièrement les **Abers**. Ces profonds estuaires que la mer envahit à marée haute se transforment au gré des marées : l'**Aber-Wrac'h**, le plus long, l'**Aber-Benoît** et l'**Aber-Ildut**. Hormis leur douceur qui invite à la randonnée, les abers sont un lieu prisé des amateurs de plongée.

Face à Brest, la **presqu'île de Crozon** offre des paysages monumentaux : cap de la Chèvre, pointes de Pen-Hir et des Espagnols, château de Dinan. Un paradis enchanteur pour la randonnée (GR 34) et la baignade en eau émeraude ou turquoise.

Pour embrasser les panoramas de la côte, se rendre sur les pointes qui ponctuent le rivage. La plus célèbre est la **pointe du Raz**, éperon rocheux classé «grand site national». La **pointe de Corsen**, limite théorique entre la Manche et l'Atlantique, la **pointe de la Torche**, repaire de surfeurs et d'archéologues ou encore la **pointe Saint-Mathieu** et ses vestiges d'une abbatiale bénédictine, étapes indispensables pour se remplir la mémoire et les yeux de la beauté sauvage des côtes finistériennes.

Autre moyen imparable : accoster sur les îles disséminées au large. A l'extrême ouest, **Ouessant** et **Molène** appartiennent au parc naturel régional d'Armorique. «Qui voit Molène voit sa peine. Qui voit Ouessant voit son sang» avaient coutume de dire les marins. Le Fromveur, courant qui sépare les deux îles, est un des plus rapides d'Europe et l'archipel est cerné d'écueils redoutables. Pas moins de

Œuvre de granit et de kersantite, l'enclos paroissial de Guimiliau (XVIe-XVIIe siècles).

cinq phares ont ainsi été édifiés à Ouessant. Etrangement, le climat y est très doux. Même phénomène lié au Gulf Stream sur l'**île de Batz** au large de Roscoff qualifiée de «jardin de la mer». Les amateurs d'eaux calmes et limpides mettront le cap sur l'**archipel des Glénan**, célèbre pour son école de voile. Sa dizaine d'îles forme un cercle baptisé «la Chambre» abritant des eaux turquoise dignes d'un lagon. L'**île de Sein**, lopin de terre nu, se compose d'un unique village aux maisons bien serrées pour résister aux assauts du vent.

Les paysages des terres

Difficile pour l'intérieur du pays de rivaliser avec la côte, flamboyante et omniprésente. Pourtant, le Finistère récompense ceux qui s'aventurent en son sein. Manoirs et châteaux montrent un visage moins brut : le **manoir de Kernault**, à Mellac, s'accroche à sa vocation rurale avec un domaine de 30 hectares, des chevaux de trait, des moutons d'Ouessant et un verger conservatoire, comme celui, ravissant, de **Kérazan**. Le **domaine départemental de Trévarez**, délicat château rose néo-gothique de 1907, semble, lui, tout droit sorti d'un conte de fée. Le Finistère recèle également un riche patrimoine religieux. Les **enclos paroissiaux** sont, en cela, une particularité bretonne. Ces ensembles sont composés d'un arc de triomphe, d'un calvaire, d'un ossuaire, d'une église, d'un baptistère et de retables. Pour les découvrir, suivez la route des enclos au départ de Morlaix vers Saint-Thégonnec, Guimiliau, Sizun ou Plougonven. Autres monuments de la piété bretonne : l'**abbaye cistercienne du Relec** et celle de **Daoulas** avec son cloître roman (XIe siècle). La nature a aussi ses droits en terre finistérienne et il n'y a pas qu'en bord de mer que les rochers s'imposent. La **forêt domaniale de Huelgoat** abrite d'impressionnants chaos. Non loin, les **monts d'Arrée**, plus hautes montagnes bretonnes, élancent leurs crêtes de quartzite vers le ciel. Ils composent une bonne partie du parc naturel régional d'Armorique fait de landes d'ajoncs, de bruyères, tourbières, rivières et de lacs. Moins élevées, les **montagnes Noires** forment une chaîne montagneuse de 60 kilomètres, au sud de Carhaix-Plouguer.

Les villes

Ici les villes ne sont jamais bien loin de l'eau. **Brest** ne déroge pas à la règle. Nichée dans une des plus belles rades d'Europe, vieux gréements et bâtiments de guerre s'y croisent. Pour la découvrir, optez pour les balades commentées en bateau qui vous emmènent dans les différents ports de la ville, à l'arsenal mais aussi aux abords des presqu'îles de **Crozon** et de Plougastel. N'hésitez pas non plus à aller visiter la tour Tanguy qui abrite un musée faisant revivre le Brest d'avant-guerre ou à vous balader rue de Siam, cours d'Ajot ou au Conservatoire botanique national, certainement l'un des plus riches d'Europe après celui de Londres.

LE CARNET DE VOYAGE

Les premiers contacts
Comité départemental du tourisme, 4 rue du 19-Mars 1962, 29018 Quimper Cedex, 02.98.76.20.70. www.finisteretourisme.com, www.finistere-resa.com

La population
880 000 habitants. Préfecture : Quimper.

Les fêtes
Avril : festival Livres & Mer (édition à Concarneau).
Mai : festival Mai-Photographies (Quimper).
Juin : fête des fraises (Plougastel), Tonnerre de Bulles (Brest).
Juillet : fête des brodeuses (Pont-l'Abbé), festival des Vieilles Charrues (Carhaix).
Août : festival du Livre Insulaire (Ouessant), festival du Bout du Monde (Crozon), Brest (flottilles du monde entier et vieux gréements, tous les quatre ans, en rade de Brest).
Octobre : Atlantique Jazz Festival (plusieurs villes).
Novembre : Festival Européen du Film Court (Brest).
Décembre : festival Très Tôt Théâtre (plusieurs villes).

Les produits locaux
- Primeurs du Léon (choux-fleurs, pommes de terre, artichauts), oignons de Roscoff, fraises de Plougastel, algues alimentaires.
- Kig Ha Farz (pot-au-feu au blé noir), galettes (Pont-Aven, Fouesnant, Pleyben), kouign-amann du pays de Douarnenez (gâteau au beurre et au sucre).
- Chouchen, cidre de Cornouaille.

L'artisanat
Faïence de Quimper.

Dans les monts d'Arrée, la forêt de Huelgoat, plantée de chênes et de hêtres centenaires, pousse sur un chaos rocheux.

Autres villes, autres ports. **Douarnenez, Roscoff** et leurs centres de thalassothérapie, **Le Guilvinec**, **Doëlan** ou **Audierne** racontent, chacun à leur façon, le rôle déterminant de la mer, de la pêche et du commerce dans le Finistère passé et présent. Non loin du port de pêche de **Concarneau**, la Ville Close s'ouvre aux visiteurs. Installée sur l'îlot de Conq, cette cité aux fortifications médiévales est reliée à la terre par un pont. Plus dans les terres mais toujours les pieds dans l'eau, il y a **Quimper**, préfecture du Finistère et capitale historique de la Cornouaille, au confluent du Steir et de l'Odet. Ne manquez pas le vieux quartier de Locmaria, la faïencerie HB Henriot ou la divine cathédrale Saint-Corentin.

Autre étape de charme : **Morlaix**. Son vieux port, son viaduc, ses ruelles escarpées et ses maisons «à lanterne». Sans oublier **Pont-Aven**, pour ses galettes et ses peintres, au premier rang desquels Paul Gauguin ou Emile Bernard. Le musée municipal présente des œuvres de cette école de la fin du XIXe siècle. Une balade au bois d'Amour, lieu d'inspiration des artistes, sur les rives de l'Aven, complète agréablement la visite.

Pour finir, rendez-vous à **Pont-L'abbé** blottie au fond d'un estuaire et plus particulièrement dans son Musée bigouden. Histoire de voir ce qui se cache derrière l'image d'Epinal de la bretonne à haute coiffe brodée. ■

LES SUGGESTIONS GEO

- **Découverte :** château du Taureau (d'avril à octobre) érigé sur un îlot rocheux ; maison des jeux bretons (Saint-Jean-Trolimon).
- **Aventure :** randonnée avec «Les Aventuriers de la Légende» en forêt de Huelgoat (chasse au trésor, énigmes et magie) ; kayak de mer (îlots de Santec, Baie du Kernic).
- **Insolite :** dormir en roulotte (Guilligomarc'h) ; découvrir les monts d'Arrée sur un âne (Tromarc'h).

LES CONSEILS GEO

▶ Les plus
Un patrimoine naturel exceptionnel se prêtant à des activités plutôt «familiales» et peu onéreuses.

▶ Les moins
Un département assez excentré, le trajet pour s'y rendre est souvent long (plus de 4h en train pour un Paris-Brest).

▶ Les recommandations
Beaucoup de lieux, notamment les phares, sont fermés hors saison. Téléphonez avant pour vous informer et réserver votre visite.

▶ Les tendances
Des séjours proposent de découvrir le patrimoine breton à travers ses légendes et sa gastronomie. Randonnée contée, visite de sites mégalithiques sacrés et dégustation de repas traditionnels au son de la bombarde.

Ille-et-Vilaine

Les rochers de Rothéneuf, 300 statues sculptées par l'abbé Fourré (fin XIXe siècle).

Porte d'entrée vers la Bretagne, l'Ille-et-Vilaine est un département rural résolument orienté vers la mer et son joyau : la Côte d'Emeraude. Mais la magie de Brocéliande, mystérieuse terre de légendes, et les nombreux châteaux qui émaillent ses terres, font aussi de ce département un lieu parfait pour se mettre «au vert».

QUE VOIR, QUE FAIRE EN ILLE-ET-VILAINE ?

Saint-Malo

- Intra-muros (remparts, Fort National, fort du Petit bé, îlot du Grand-Bé, Cézembre, demeure de Corsaire, cathédrale Saint-Vincent, château)
- Extra-muros (Saint-Servan, tour Solidor, cité d'Aleth, Grand Aquarium, parc de la Briantais, plage du Sillon, pointe de Rothéneuf, malouinières)

Les côtes et la vallée

- Cancale, pointe du Grouin, baie du mont Saint-Michel
- Dinard, Saint-Lunaire, Saint-Briac-sur-Mer
- Vallée de la Rance

Les paysages des terres

- Forêts de Paimpont (Brocéliande)
- Vallées du Couesnon et de la Vilaine, canal d'Ille-et-Rance

Les villes et le patrimoine

- Rennes (parlement de Bretagne, hôtel de ville, Champs Libres, marché des Lices, jardin du Thabor)
- Bécherel, Les Iffs, Vitré, Combourg, Redon, Fougères, Dol-de-Bretagne

Saint-Malo

Avec seulement 72 kilomètres de rivage s'étirant de Saint-Briac au mont Saint-Michel, l'Ille-et-Vilaine est le plus «terrien» des départements bretons. Paradoxalement, il s'offre la plus mythique des villes maritimes : **Saint-Malo**. La cité corsaire s'aborde intra-muros. Une fois le double porche de la porte Saint-Vincent franchi, il suffit de gravir une volée de marches pour accéder aux **remparts**. Cette balade circulaire offre des points de vue majestueux : d'un côté les ruelles de Saint-Malo et les sévères façades de granit, de l'autre le bassin Vauban, la gare maritime et ses ferries en partance pour les Anglo-Normandes, les plages mais aussi et surtout le large. Quelques îlots sont accessibles à marée basse

Vue depuis l'île du Grand-Bé accessible à marée basse, la mythique cité corsaire de Saint-Malo.

comme le **Fort National**, le **fort du Petit Bé** ou l'**îlot du Grand-Bé** qui abrite la tombe de Chateaubriand. Plus à l'écart, l'**île de Cézembre**, petit paradis de tranquillité, n'est accessible que par bateau. Une fois au sein des remparts, visitez la **demeure de Corsaire**, la **cathédrale Saint-Vincent** ou le château du XVe siècle. Mais le plus beau se situe peut-être en dehors des murs. Le quartier de **Saint-Servan** à l'embouchure de la Rance, est un délice de douceur : ses petits restaurants en front de mer, la **tour Solidor** et son musée des Cap-Horniers, le **parc de la Briantais** à fleur d'eau, la **cité d'Aleth** et son panorama splendide. Plus à l'écart, dans une zone industrielle sans aucun charme, se dresse le **Grand Aquarium**, époustouflant avec son anneau de requins et son bassin tactile.

Au nord, allez longer l'immense **plage du Sillon** avant de vous ressourcer au centre de thalassothérapie.

Les plus curieux pousseront jusqu'à la **pointe de Rothéneuf** d'où surgissent d'étranges rochers sculptés, folle évocation d'une famille corsaire du XVIe siècle. Quant aux plus férus d'histoire, ils ne manqueront pas les **malouinières**, ces résidences secondaires de corsaires et d'armateurs bâties dans l'arrière-pays. Certaines se visitent comme la Ville Bague à Saint-Coulomb ou encore le Puits-Sauvage au hameau Saint-Etienne.

Les côtes et la vallée

Mais la côte ne se limite pas à la cité malouine. A quelques kilomètres, **Cancale** revendique elle-aussi sa filiation maritime. Ses huîtres plates ont fait sa renommée. Pour percer leurs secrets, rendez-vous à la Ferme marine, une exploitation familiale qui initie au métier d'ostréiculteur ou au musée des Arts et Traditions populaires. Mieux : après avoir flâné sur le petit port, dégustez des huîtres sur les étals en plein air. Pour prendre de la hauteur, empruntez le chemin des douaniers qui relie Cancale à la **pointe du Grouin**, promontoire rocheux le plus avancé du département avec vue sur la fameuse **baie du mont Saint-Michel**.

De l'autre côté de Saint-Malo en poursuivant plein ouest, **Dinard** affiche un flegme tout britannique. Elle a des faux airs de Nice ou de Biarritz avec sa jolie plage de l'Ecluse en plein centre ville et ses cabines rayées, ses villas Belle Epoque, ses halles. Suivez la délicieuse promenade au Clair de Lune. Orientée plein sud, elle est abritée des vents d'ouest.

Ne repartez pas sans avoir poussé jusqu'aux limites du département :

Sur deux hectares, Fougères, l'un des plus grands châteaux fortifiés de France.

Saint-Lunaire et **Saint-Briac-sur-mer**. Ces petites villes de bord de mer très «bon chic, bon genre» réservent des points de vue magiques. Notamment la pointe du Décollé à Saint-Lunaire et sa perspective à 360° ou celle de la Garde-Guérin tout en altitude.
Pour quitter la côte en douceur, explorez un pays mi-terre mi-mer. La **vallée de la Rance** est un écrin délicat de bourgs charmants comme Saint-Suliac, ancien village de pêcheurs niché dans un vallon, Pleurtuit et son château de Montmarin ou la cale de La Landriais, marquée par l'épopée des Terre-Neuvas. Sur l'eau, à pied ou en voiture, cheminer le long de ces paisibles rives offre comme une parenthèse enchantée.

Les paysages des terres

En Ille-et-Vilaine, la campagne manque parfois de charme. Beaucoup de haies, de petits chemins de terre ou d'allées boisées ont disparu au profit de champs bien alignés. Cependant, ne pas s'arrêter à cette première impression, des trésors s'y cachent.
Le plus magique d'entre eux est certainement la **forêt de Paimpont** plus connue sous le nom de **Brocéliande**. La légende du roi Arthur et des chevaliers de la table ronde y est partout présente. Pour vous en assurer, cap sur Tréhorenteuc et son église du Graal. Vitraux, murs comme tableaux reviennent ici sur la geste arthurienne. Puis offrez-vous une marche au Val sans Retour, partie de la forêt où la fée Morgane, la demi-sœur d'Arthur, aurait piégé les chevaliers infidèles. D'autres chapitres se parcourent aux fontaines de Barenton et Jouvence, au tombeau de Merlin. Pour les plus cartésiens, Paimpont offre d'autres visites. Celle de son abbaye avec son riche trésor et ses boiseries du XVIIe siècle mais aussi celle des anciennes forges. Situés autour d'un bel étang, ses vestiges évoquent la période du XVe au XIXe siècle où elle fournissait les principaux arsenaux de l'ouest.
Mais l'Ille-et-Vilaine c'est aussi plus de 5 000 kilomètres de rivières qui sont autant d'invitations à la promenade. Pour vous y adonner, la **vallée du Couesnon** est idéale. Son circuit touristique s'étend d'Antrain à Saint-Jean-sur-Couesnon et alterne vieilles pierres, falaises, bocage et forêt.
Autre escale en eau douce : le **canal d'Ille-de-Rance**. Construit au XIXe siècle pour relier les principales villes bretonnes, c'est un site parfait pour les randonnées sur les chemins de halage ou les croisières.

Les villes et le patrimoine

S'il est une ville où il fait bon vivre en Bretagne c'est bien **Rennes**. Avec ses 60 000 étudiants, la préfecture d'Ille-et-Vilaine, brille par son dynamisme, ses festivals, et ses jeudi soirs festifs. C'est aussi une cité à échelle humaine. Le mieux est de s'enfoncer dans les rues de la vieille ville avec ses maisons à pans de bois aux escaliers parfois de guingois place du Champ-Jacquet, rue Saint-Michel ou encore rue Saint-Georges. L'autre visage architectural se compose des imposants **parlement de Bretagne** et **hôtel de ville**, du musée des Beaux-Arts et du nouvel espace culturel des **Champs Libres**. Le samedi, foncez au **marché des Lices** et programmez-vous, comme de nombreux Rennais,

LE CARNET DE VOYAGE

Les premiers contacts
Comité départemental du tourisme de Haute-Bretagne Ille-et-Vilaine, 5, rue du Pré-Botté, BP 60149, 35101 Rennes, 02.99.78.47.40. www.bretagne35.com
La population
938 500 habitants.
Préfecture : Rennes.
Les fêtes
Mars : fête du livre (édition à Bécherel).
Mai : festival Etonnants Voyageurs (Saint-Malo).
Juillet : Tombées de la Nuit (Rennes).
Août : La Route du Rock (musique à Fort-Saint-Père).
Août : festival de Poche (Hédé).
Septembre : fête de la Galette (Pipriac).
Octobre : Festival du Film Britannique (Dinard) ; Quai des Bulles (Saint-Malo).
Décembre : Transmusicales (Rennes).
Les produits locaux
- Moules de bouchots de la baie du mont Saint-Michel, huître de Cancale, anguille de Redon, poule Coucou de Rennes, poulet et chapon de Janzé, pâté rennais.
- Pommé (gâteau aux pommes), lait ribot, crêpe de froment et galette de blé noir, craquelin, beurre Bordier.

Prison légendaire pour les malheureux amants de la fée Morgane, le Val sans Retour, au cœur de la forêt de Brocéliande.

une promenade au **jardin du Thabor**. A **Bécherel**, la culture prend de la hauteur. Sur le point culminant du département cette «cité du livre» qui a fait jadis sa fortune avec le lin et le chanvre, fourmille de librairies, galeries et artisans. Et comme en Bretagne un château n'est jamais loin, allez visiter celui de Montmuran aux **Iffs** où Du Guesclin fût adoubé et se maria, sans oublier la belle église.
A **Vitré**, le château fort couronne la ville, sa cité médiévale et son église Notre-Dame gothique flamboyante.

LES SUGGESTIONS GEO

- **Aventure :** balade gourmande en baie de Cancale : dégustation de produits régionaux à bord d'un vieux gréement ; parcours dans les arbres, canoë et pédalo sur le lac, quad et paintball (domaine de Trémelin).
- **Insolite :** port miniature de Ville-Cartier (Bazouges-la-Pérouse) ; cirque Métropole : initiation aux arts de la piste dans un parc de 11 ha (près de Treffendel).

Aux environs, à Rochers-Sévigné, profitez-en pour découvrir le château de madame de Sévigné où elle écrivit une partie de ses célèbres lettres.
Fougères, autre porte de la Bretagne, s'enorgueillit aussi de son château construit sur un éperon rocheux dès l'An Mil, de son église Saint-Léonard et des hôtels particuliers de la rue Nationale. Non loin de la baie du mont Saint-Michel, **Dol-de-Bretagne** arbore sa remarquable cathédrale Saint-Samson, célèbre pour sa tour inachevée et de superbes maisons à pans de bois.
A **Combourg**, le château où vécu jeune Chateaubriand vous attend surplombant majestueusement le lac Tranquille. A **Redon**, le patrimoine architectural est renforcé par l'important site mégalithique Saint-Just non loin de là, à la Grée-de-Cojoux. Quant à La Roche-aux-Fées à Essé, elle dévoile ses pierres ancestrales par le biais d'une allée couverte de plus de 19 mètres constituée de blocs de schiste monumentaux. ■

LES CONSEILS GEO

▶ Les plus
Une splendide façade maritime. Une région facile d'accès, Rennes n'est qu'à deux heures de Paris en train.

▶ Les moins
Un département un peu déséquilibré : la mer vampirise une grande partie du dynamisme touristique.

▶ Les recommandations
Les jours de mauvais temps en haute saison, évitez Saint-Malo intra-muros, noir de monde. Attention aux chemins balisés en forêt, certaines zones sont privées.

▶ Les tendances
Découvrir le département en deux-roues. Le conseil général a aménagé 180 km de pistes cyclables sur d'anciennes voies ferrées et le long du canal d'Ille-de-Rance et prévoit à l'avenir 700 km en plus de «véloroutes» sur les axes avec peu de trafic.

Morbihan

Situé au sud de la pointe bretonne, c'est un visage réputé doux et ensoleillé qu'offre le Morbihan. Ses mystérieux sites mégalithiques, uniques au monde, et son splendide golfe parsemé d'une centaine d'îles au charme sauvage, en font sans doute le département le plus touristique de la région.

Les côtes

Les plus doux rivages de Bretagne ne sont pas pour autant les moins accidentés. A chaque pointe, chaque cap, la côte morbihannaise se réinvente et ouvre un nouvel univers.
Le plus exceptionnel, et le plus célèbre, est certainement le **golfe du Morbihan**. Cette petite mer, «mor bihan» en breton, a même donné son nom au département. S'étalant voluptueusement sur près de 12 000 hectares, elle ne communique avec l'océan que par un goulet d'un kilomètre. Véritable gardienne de ce trésor naturel, la **presqu'île de Rhuys** protège le golfe sur son flanc est. Cette étroite langue de terre de 10 kilomètres de long, est en grande partie occupée par la commune de Sarzeau, la réserve ornithologique de la pointe du Duer et le château de Suscinio, résidence chérie des ducs de Bretagne bâtie entre le XIIIe et le XVe siècle. Découvrez également Arzon situé à la pointe de la presqu'île avec le port traditionnel de Port-Navalo et son pendant moderne, Port-Crouesty.

Pour connaître le golfe, empruntez l'itinéraire côtier aménagé pour les promeneurs sur près de 180 kilomètres. Parmi les étapes à ne pas rater : les réserves naturelles, paradis pour oiseaux. Notamment les marais de Pen en Toul à Larmor-Baden. Mais aussi ceux de Séné pour admirer les Sinagots, frêles voiliers à voile rouge et coque sombre. A voir aussi, le charmant petit port du Bono et son vieux pont suspendu ou Locmariaquer, son site mégalithique et son face-à-face avec Rhuys.
En poursuivant vers l'ouest, une autre presqu'île embrasse la Baie du même nom : celle de **Quiberon**. On y accède par une étroite bande de terre où le fort de Penthièvre veille sur son éperon rocheux. Puis la splendide Côte Sauvage s'étend sur 8 kilomètres de beauté furieuse et déchiquetée avant Quiberon, station balnéaire familiale et bondée l'été. Plus au calme, Saint-Pierre-Quiberon ou Portivy valent aussi une halte.

QUE VOIR, QUE FAIRE EN MORBIHAN ?

Les côtes
- Golfe du Morbihan, presqu'île de Rhuys, presqu'île de Quiberon
- Ria d'Etel, massif dunaire Gâvres-Quiberon, petite mer de Gâvres, Larmor-Plage, la Laïta

Les îles
- Dans le golfe : île aux Moines, île d'Arz, Gavrinis
- Au large : Belle-Île-en-Mer, Groix, Houat et Hoëdic

Les villes côtières
Lorient, Hennebont, Port-Louis, Carnac, la Trinité-sur-Mer, Vannes, Auray

Les terres et le patrimoine
- Vallée de l'Oust (Josselin, Rochefort-en-Terre, Malestroit, Ploërmel)
- Vallée du Scorff (Guémené-sur-Scorff, Pont-Scorff, Lanvaudan, Kernascléden)
- Pontivy, le Faouët, Saint-Anne-d'Auray

Mythique, la plage d'Herlin à Belle-Ile est aussi réputée à cause de ses courants latéraux, dangereux par mer forte ou agitée.

Cap à l'ouest toujours pour une autre particularité morbihannaise : la **ria d'Etel** qui entaille la côte en un estuaire de 15 kilomètres. Elle est naturellement protégée de l'océan par la barre d'Etel, un banc de sable sous-marin qui se déplace au gré des vents et marées. Le village d'Etel et son musée des Thoniers, l'îlot de Saint-Cado relié à la terre par une étroite chaussée et sa curieuse chapelle romane ou encore les mégalithes qui ponctuent la ria, font de cette petite mer un détour délicieux.

Entre les presqu'îles de Quiberon et de Gâvres, s'étend un **massif dunaire** sauvage et exceptionnellement bien préservé. Il mène à un autre caprice côtier : la **petite mer de Gâvres**. Cette lagune de 350 hectares est un site naturel préservé à mieux découvrir à la maison de l'île Kerner à Riantec. Après la rade de Lorient, ne manquez pas **Larmor-Plage** avec sa belle église au clocher polygonal, ses villas d'armateurs, ses plages familiales, le parc océanique de Kerguélen.

Le rivage morbihannais se quitte en un ultime clin d'œil : la **Laïta**. Soumise elle aussi aux marées, cette rivière maritime marque la frontière avec le Finistère.

Les îles

Comme le reste de la Bretagne, une belle partie du Morbihan est insulaire. Il y a tout d'abord les îles du Golfe. La légende dit qu'il y en a 365, une pour chaque jour. Mais beaucoup sont minuscules ou bien privées, elles n'en demeurent pas moins un cadre somptueux pour les navires de plaisance qui sillonnent la «Petite Mer».

La plus célèbre ouverte au public est l'**île aux Moines**. Fleurie et verdoyante, elle est idéale pour la promenade malgré le monde qui s'y presse l'été. Elle abrite une jolie chapelle et un petit port ainsi que des menhirs et dolmens. Juste à côté, l'**île d'Arz** est une alternative plus sauvage avec ses petites plages, ses pointes rocheuses et son moulin à marée du Berno.

Enfin, ne manquez pas non plus l'**île de Gavrinis** et son célèbre monument

LE CARNET DE VOYAGE

Les premiers contacts
Comité départemental du tourisme, PIBS Allée Nicolas-Leblanc, BP 408, 56010 Vannes, 0825.13.56.56. www.morbihan.com

La population
694 000 habitants. Préfecture : Vannes.

Les fêtes
Mi-mai : La Semaine du Golfe (bateaux à voile, tous les 2 ans).
Fin juillet-début août : festival Jazz à Vannes.
Août : Festival Interceltique de Lorient.
Septembre : festival de Saint-Nolff.
Novembre : festival Les Indisciplinées à Lorient, Festi'Mômes au pays de Questembert.

Les produits locaux
- Salicornes, pouce-pieds (crustacé), conserves de la Belleloise et de la Quiberonnaise.
- Andouille de Guémené-sur-Scorff, gochtial (pain brioché de la presqu'île de Rhuys), salidou (caramel au beurre salé à tartiner), niniches de Quiberon (sucettes).
- Mor Braz (bière blonde à l'eau de mer), cidre, Breizh Cola.

L'îlot de Saint-Cado situé dans la ria d'Etel, un petit fleuve côtier envahi par les eaux à marée montante.

mégalithique du IVe millénaire avant J.-C. : un cairn de 8 mètres de haut somptueusement ornementé.
Une fois sorti du golfe, d'autres rendez-vous attendent les amoureux de beaux paysages au large. La plus célèbre est la judicieusement nommée **Belle-Île-en-Mer**. C'est la plus vaste île bretonne. En accostant au port du Palais, préparez-vous à tomber sous le charme. La visite commence par la citadelle Vauban et son musée, impressionnant ouvrage défensif construit à partir de 1549. Puis partez découvrir des côtes alternant jolies criques propices à la baignade et sites à couper le souffle notamment par gros temps. Parmi eux : la pointe des Poulains avec ces amoncellements de rochers et le fortin où vécu Sarah Bernhardt, les aiguilles de Port-Coton qui jaillissent des flots écumants ou encore la grotte de l'Apothicaire encadrée de dangereux récifs. Visitez aussi Koh-Kastell et sa réserve ornithologique ou le Grand Phare s'élevant à 92 mètres au dessus de la mer. En escale de charme et de douceur, il y a Sauzon, joli petit port de pêche et de plaisance où il fait bon se reposer face aux tranquilles barques amarrées.
Au nord-ouest, c'est au tour de l'**île de Groix** de ponctuer le littoral. Cet ancien premier port thonier de France garde la trace de cette épopée du début du XXe siècle au gré des rues mais aussi grâce à l'écomusée de Port-Tudy. Autre particularité : la plage des Grands-Sables, c'est la seule d'Europe à être convexe, elle se déplace au gré des courants. Mais aussi ses criques de sable rouge, son eau limpide et la réserve naturelle François le Bail. Sur 42 hectares, une soixantaine de minéraux y ont été recensés. Sans oublier le phare de Pen Men et les charmants petits ports Saint-Nicolas et de Locmaria.
Pour finir, deux autres îles, beaucoup plus petites, invitent à la promenade : **Houat** et **Hoëdic**, classées Natura 2000, font partie de l'association des îles du Ponant. Ces bouts de terre de quelques km^2 dénués de voitures dévoilent la richesse de leur faune et de leur flore au gré des sentiers côtiers.

Les villes côtières

Ne vous arrêtez pas à l'austérité apparente de **Lorient**, ville d'art et d'histoire nichée à l'abri de sa rade. Cette ville en ruines au sortir de la Seconde Guerre mondiale, s'est relevée forte d'une architecture loin de faire l'unanimité. Sa force est d'avoir su concilier harmonieusement les différentes périodes de son histoire. Lorient conserve ainsi des vestiges de son architecture ancienne comme l'enclos du Port, les hôtels particuliers du quai des Indes et quelques édifices des XVIIIe et XIXe siècles. Mais aussi des sites comme la base sous-marine de Kéroman. Cette immense forteresse de 650 000 m^3 de béton est initiée par les Allemands durant la Seconde Guerre mondiale puis utilisée par l'armée à la Libération avant d'être désarmée en 1997 et de se transformer en lieu de visite. Même esprit pour l'abri de 400 places construit en 1941 pour accueillir les populations civiles, transformé depuis en mémorial de la ville détruite.
Mais Lorient c'est aussi un port ou plutôt des ports puisque la ville en compte cinq. N'hésitez pas, de bon

Abrité, le port de plaisance de Saint-Goustan, au fond de la rivière d'Auray.

À Carnac, les immenses alignements du Menec sont constitués de 1 099 menhirs.

LES SUGGESTIONS GEO

- **Découverte :** village de Poul-Fétan, reconstitution d'un village paysan bâti entre le XVIe et le XIXe siècle. Toits de chaume, cheminées rustiques, culture de blé noir...; Odyssaum à Pont-Scorff : espace de découverte consacré à l'odyssée du saumon sauvage qui abonde dans les eaux du Scorff.
- **Aventure :** parc de la Préhistoire de Bretagne à Malansac dans 25 ha parsemés d'anciens puits d'ardoisières et surmontés de falaise de 40 m, évocation de l'univers sauvage des dinosaures avec des reconstitutions grandeur nature et évolution des premiers hommes ;«Embarquement immédiat !», balade dans la rade de Lorient et initiation à la voile à bord d'un des Kaïdoz (voilier habitable avec cockpit à toit ouvrant) de la cité de la Voile Eric Tabarly.
- **Insolite :** Tire-Bouchon, train entre Auray et Quiberon, qui dessert les plages et offre une vue imprenable sur la Côte Sauvage (circulation en juillet et août seulement) ; Parcabout «Chien Noir» à Groix, parc de loisirs s'inspirant des «bouts» utilisés par les marins et des filets des trimarans. Installations dans les arbres sans baudriers, ni longes.

matin, à vous rendre au port de pêche de Kéroman pour y admirer sa criée ouverte et le ballet des chalutiers. Autres rendez-vous maritimes : la Thalassa, un navire océanographique et la cité de la Voile Eric Tabarly consacrée à l'univers de la course au large et de la voile de compétition.
Aux environs, **Hennebont** mérite la visite pour les remparts de sa ville close, sa basilique Notre-Dame-du-Paradis mais aussi pour son haras national. Faites également une halte à **Port-Louis** et plus particulièrement à sa citadelle qui abrite à la fois le musée de la Compagnie des Indes et le musée national de la Marine.
Plus à l'est, **Carnac** offre le double visage d'une station balnéaire dans le vent et d'une des plus fortes concentrations mégalithiques au monde. Ses alignements édifiés au néolithique réunissent plus de 3 000 pierres. Elle abrite aussi l'église Saint-Cornély, un bel édifice Renaissance et le musée de la Préhistoire.
A quelques kilomètres de là se dresse la Mecque des «voileux» : **La Trinité-sur-Mer**. Un agréable port de plaisance où admirer quelques-uns des plus célèbres multicoques. Sans oublier le port de pêche et sa criée ou le beau panorama depuis le pont de Kerisper à l'entrée de la ville. Bien que n'étant pas en front de mer mais plutôt en front de golfe, deux autres jolies villes baignées d'eau vous attendent. Il y a **Vannes**, préfecture du Morbihan, avec son port de plaisance longé par la promenade de la Rabine mais aussi la cathédrale Saint-Pierre avec sa succession de chapelles, le musée de La Cohue, les remparts, la vieille ville, la place des Lices et le quartier Saint-Patern. Même charme portuaire à **Auray**. Cette «ville d'art et d'histoire» lovée au fond d'une ria abrite le port de Saint-Goustan au bas des Rampes du Loch. Un lieu attachant auquel on accède par un petit pont de pierre. Maison à colombages et goélette reconstituée vous y attendent parmi une foule de restaurants touristiques.

Les terres et le patrimoine

Le cœur du Morbihan bat au rythme doux des villes chargées d'histoire. A l'est, la **vallée de l'Oust** recèle bon nombre de «petites cités de caractère», qui ont obtenu ce label grâce à un patrimoine savamment sauvegardé et mis en avant. C'est le cas de **Josselin**, cité médiévale qui abrite notamment le château des ducs de Rohan mais aussi des demeures à pans de bois, de vieux moulins et la basilique Notre-Dame-du-Roncier. Elle aussi perchée sur un éperon rocheux, **Rochefort-en-Terre** offre aux curieux maisons de pierre, château, collégiale mais aussi La Grée, une grande barrière de schiste hérissée de rochers. Autre cité à découvrir : **Malestroit** surnommée «la perle de l'Oust» avec ses quais du canal de Nantes à Brest et ses maisons à pans de bois ornées de figurines singulières. Légèrement plus à l'est, **Ploërmel** se situe près d'un des plus grands lacs de Bretagne, le lac au Duc et ses 250 hectares. Cette

Citadelle comprenant huit tours et un imposant donjon, le château des Rohan à Josselin possède une façade Renaissance.

ancienne cité des ducs de Bretagne vaut le détour pour son musée Jean-Marie-de-la-Mennais et son horloge astronomique du XIXe siècle, la maison des Marmousets ornée de figures étranges et le magnifique arboretum de l'hortensia avec ses 500 variétés.

A l'opposé, à l'ouest du Morbihan, la **vallée du Scorff** égrène aussi ses bourgs charmants tel **Guémené-sur-Scorff** et ses ruelles moyenâgeuses, **Pont-Scorff** et ses maisons de granit en bord d'eau, **Kernascléden** et sa superbe église du XVe siècle avec ses deux grands porches pour hommes et femmes mais aussi **Lanvaudan**, un petit village classé Monument historique avec des chaumières des XVIIe et XVIIIe siècles flanquées de toitures en paille de roseau.

Au beau milieu des terres bretonnes, **Pontivy** affiche un savant mélange d'architecture médiévale et d'austérité napoléonienne. On y découvre le château massif de cette ancienne capitale du duché des Rohan, la place médiévale du Martray ou encore le musée-moulin des Récollets.

Et enfin, pour se rendre compte de la richesse du patrimoine religieux morbihannais, il suffit de pousser jusqu'au **Faouët**. Hormis ses halles impressionnantes et son musée, la cité réserve deux merveilles de chapelles gothiques : tout d'abord Sainte-Barbe qui surplombe un ravin vertigineux mais aussi Saint-Fiacre et son magnifique jubé en chêne. Complétez ce pèlerinage par une visite à **Saint-Anne-d'Auray**. Cette ville très calme accueille près de 800 000 visiteurs à l'occasion du grand pardon en juillet. En 1624, la Vierge serait apparue à Yves Nicolazic, un paysan, lui ordonnant de reconstruire une chapelle élevée en son nom des années plus tôt. Aujourd'hui, c'est une basilique de style néogothique qui se dresse dans cette capitale spirituelle de la Bretagne. ■

LES CONSEILS GEO

▶ Les plus

Un climat doux et ensoleillé.
Des paysages côtiers très variés et un golfe de toute beauté.
Les îles de Belle-Ile-en-Mer, Houat, Hoëdic ou Groix, auxquelles s'ajoutent celles de la «petite mer».

▶ Les moins

Beaucoup de monde l'été. Attention, de nombreux itinéraires sont sujets aux embouteillages.

▶ Les recommandations

Malgré un calme apparent, le golfe est parcouru de forts courants. Prenez-y garde en bateau. A noter : la navigation de nuit y est interdite.

▶ Les tendances

Pas moins de quatre thalassothérapies ainsi que des hôtels de bord de mer misant sur spa et soins esthétiques : le Morbihan est aussi une destination pour prendre soin de soi.

A hauteur de Mehun-sur-Yèvre, dans sa branche nord-ouest, le canal du Berry, artère verte du Cher pour la balade ou la navigation.

Cher

Avec ses paysages jardinés, ses chemins d'eau, son bocage, ses coteaux viticoles et la route Jacques Cœur, jalonnée de monuments, le Cher est un département au charme campagnard empreint de mystère. Situé au milieu de la France, il appartient à la région Centre et forme avec l'Indre la province du Berry.

Les paysages

Au cœur du département, le pays de Bourges est marqué par le plateau calcaire de la **Champagne berrichonne** où s'étalent les cultures céréalières, des forêts et une zone de marais qui irrigue vergers et vignobles. Au sud, s'ouvre le Berry Saint-Amandois avec la **vallée de Germigny** puis le Boischaut traversé par la vallée du Cher. La région de la Marche, au relief plus accentué, occupe la pointe sud du département. Aux confins est du Berry, du Nivernais et du Bourbonnais, le pays Loire-Val d'Aubois est une région argileuse et calcaire, domaine des bois humides et des oiseaux. C'est également une terre agricole, réputée pour son élevage de charolais. Tout au nord, le **pays Sancerre Sologne** et les autres visages du Cher. Les coteaux viticoles de Sancerre dominent la Loire et les bocages du Pays-Fort rejoignent les forêts et les étangs de **Sologne**. Le pays de Vierzon, à l'ouest du département, vallonné et verdoyant, est emprunté par le canal de Berry qui contribua autrefois à l'essor de la région.

LE CARNET DE VOYAGE

Les premiers contacts
Comité départemental de tourisme du Cher, 5, rue de Séraucourt, 18000 Bourges, 02.48.48.00.10. www.berrylecher.com

La population
314 388 habitants. Préfecture : Bourges.

Les fêtes
Avril : Printemps de Bourges.
Mai (Pentecôte) : foire aux Anes et aux Mules (Lignières).
Juillet : Rencontres Internationales d'Art Vocal (Noirac), festival musical de Boucard, Musique aux Caves (jazz dit «vigneron», Sancerre).
Juillet-août : animations sur la route Jacques-Cœur.
Septembre : fête des Marais (Bourges).

Les produits locaux
- Pâté berrichon, huile de noix, AOC crottin de Chavignol, sablés de Nançay, forestines de Bourges (pralines).
- Vins (châteaumeillant et AOC sancerre, quincy, reuilly, menetou-salon, coteaux-du-Giennois).

L'artisanat
Poteries, céramiques, ferronnerie.

QUE VOIR, QUE FAIRE EN CHER ?

Les paysages et les randonnées

- Champagne berrichonne, Sologne, Sancerrois, vallée de Germigny
- Marais de la Voiselle à Bourges, parcs et jardins « Remarquables », route des vignobles sancerrois, Sancerre
- Loire à vélo, canal Latéral à la Loire (tourisme fluvial), canal du Berry, étang de Bessais-le-Fromental

Le patrimoine

Cathédrale de Bourges, route Jacques-Coeur, églises romanes sculptées ou peintes, abbaye cistercienne de Noirlac, village d'Apremont-sur-Allier, pont-canal du Guétin

LES CONSEILS GEO

▶ Les plus

A deux heures de Paris et au centre de la France, le Cher est une destination facilement accessible pour se mettre au vert, y compris le temps d'un court week-end.

▶ Les moins

Vraiment peu d'animations en dehors des mois d'été.

■ Les randonnées

Les **marais de la Voiselle**, en plein cœur du pays de **Bourges**, forment une zone de canaux, sentiers et petits jardins très agréables à visiter, à pied ou en bateau. De nombreux **parcs et jardins** permettent de se mettre au vert tout en découvrant de magnifiques collections de plantes. Cinq d'entre eux sont labellisés «Remarquables» (jardins du prieuré Notre-Dame d'Orsan, jardins artistiques de Drulon, roseraie et chartreuses du château d'Ainay-le-Viel, parc Floral d'Apremont-sur-Allier, Prés Fichaux à Bourges). Tous méritent une visite, surtout au printemps et en été. Des espaces préservés permettent également d'apprécier la faune et la flore (sites européens de chauve-souris des carrières de Bourges et de Trouy, vallée et coteaux du Cher à Lunery).

Autre décor, la **route des vignobles**, des coteaux sancerrois au bocage du Boischaut, est aussi l'occasion de faire de nombreuses haltes gourmandes, notamment dans la très jolie petite ville de **Sancerre**. Pour découvrir la Loire à vélo, le parcours de Belleville-sur-Loire et Couargues, proche du fleuve, propose des points de vue inédits. Les amateurs de tourisme fluvial emprunteront le **canal Latéral à la Loire** allant de Briare à Digoin, avec ses bases d'embarquement pittoresques, ou le **canal du Berry**. L'**étang de Bessais-le-Fromental**, à deux pas de la forêt domaniale de Tronçais, est une des bases de loisirs nautiques.

LES SUGGESTIONS GEO

- **Découverte :** village de Potiers (La Borne) ; village d'antiquaires (Nançay) ; route des porcelaines (Foëcy, Mehun-sur-Yèvre) ; Aubigny-sur-Nère (cité écossaise) ; musée de l'Ocre (Saint-Georges-sur-la-Pree).
- **Insolite :** musée de la Sorcellerie (Concressault) ; cathédrale du céramiste Jean Linard (Neuvy-deux-clochers) ; cité de l'Or (sur la bijouterie, à Saint-Amand-Montrond).

■ Le patrimoine

Bourges est réputée pour ses vieux quartiers, ses musées et sa **cathédrale** gothique inscrite au Patrimoine mondial de l'Unesco. Véritable hymne à la lumière, Saint-Etienne émeut par ses vitraux et les cinq portails de sa façade occidentale. La **route Jacques-Cœur**, du nom du célèbre argentier du roi Charles VII, relie de sublimes monuments parmi lesquels châteaux, musées et abbayes. A Bourges, on peut visiter le palais du riche commerçant, magnifique demeure civile du XVe siècle. Les **églises romanes**, parfaitement bien conservées, ont la particularité de présenter de très beaux décors sculptés (Plaimpied, Châteaumaillant) ou peints (Arvord, Chalivoy-Milon). Quant à l'**abbaye cistercienne de Noirlac**, elle illustre remarquablement l'architecture monastique. De même que le patrimoine rural s'exprime à travers les villages moyenâgeux : maisons à pans de bois, granges et lavoirs, témoignages de l'art de vivre traditionnel, émaillent la campagne tandis qu'**Apremont-sur-Allier** est classé «plus beau village de France». Au Moyen Age, son activité de carriers a fait sa grandeur. Le canal de Berry et le canal latéral à la Loire, qui ont accompagné le développement industriel de la région, ont également laissé un très bel héritage architectural et technique : le **pont-canal du Guétin** à Cuffy, admirable ouvrage d'art. ■

Des chevaux dans le bocage percheron, paysage verdoyant et doucement vallonné qui contraste avec les plaines céréalières.

Eure-et-Loir

Aux portes de la Beauce, dans la région Centre, l'Eure-et-Loir affiche ses ambitions touristiques avec des demeures princières et une cathédrale classée Patrimoine mondial par l'Unesco. À moins de 100 km de Paris, ruralité et culture offrent un cocktail équilibré pour des week-ends au vert.

Les paysages et les randonnées

Par ses vastes étendues beauceronnes, l'Eure-et-Loir est le premier département céréalier de France. Ces paysages ultra plats sont traversés par les cours d'eau de l'**Eure**, au nord du département, et du **Loir**, plus au sud. L'**Huisne** file vers Nogent-le-Rotrou, au cœur du Perche, et complète les possibilités de randonnées en canoë-kayak, aux beaux jours.

Plus verdoyant et vallonné, dans un décor de rivières, de collines et de prés enclos de haies, le **parc naturel régional du Perche** est, pour les chevaux, le berceau de la race percheronne. Elevage et bocage adoucissent le paysage. Ici, l'équitation se pratique à partir d'**Authon-du-Perche**. Le cheval permet la découverte de 150 kilomètres balisés au cœur des massifs boisés. Les **forêts domaniales de Senonches** et de **Dreux** accueillent les cavaliers, tandis que la Transbeauce, 50 kilomètres de Chartres, à Orgères-en-Beauce, a lieu fin juin.

Les villes

Chartres, ville lumière, capitale du vitrail, est avant tout médiévale. Une basse ville longe l'Eure et ses lavoirs, ses ponts de pierre et ses maisons à pans de bois. Des ruelles pavées re-

LE CARNET DE VOYAGE

Les premiers contacts
Office départemental du tourisme de l'Eure-et-Loir, 10 rue du Docteur-Maunoury 28002 Chartres cedex, 02.37.84.01.00. www.tourisme28.com
Parc naturel régional du Perche, Maison du parc Courboyer 61340 Nocé, 02.33.85.36.36. www.parc-naturel-du-perche.fr

La population
410 000 habitants.

Préfecture :
Chartres.

Les fêtes
Avril-septembre : Chartres en lumières (la nuit).
1er week-end de mai : Percheval, fête médiévale (Nogent-le-Rotrou).
2e week-end de juin : Rencontre Européenne de l'Accordéon (Chartres).
1er week-end de juillet : foire aux laines (Châteaudun).
Fin septembre : Journées Lyriques de Chartres (sous la direction d'Eve Ruggieri).
Décembre : carnaval des Flambarts (Dreux).

Les produits locaux
- Pâté de Chartres, fromage feuille de Dreux.
- Mentchikoffs (cœur de chocolat enrobé de meringue), cochelins (gâteaux feuilletés en forme de bonhomme).

QUE VOIR, QUE FAIRE EN EURE-ET-LOIR ?

Les paysages et les randonnées

- Canoë et kayak (Eure, Loir, Huisne)
- Equitation dans le parc naturel régional du Perche, Authon-du-Perche (3 circuits de 20 à 39 km)
- Forêt de Senonches (chêne fauteuil de 310 ans), forêt de Dreux

Les villes

Chartres, Châteaudun, Dreux

Les monuments

- Cathédrale de Chartres (Patrimoine mondial de l'Unesco)
- Châteaux d'Anet et de Maintenon
- Moulins à vent de Frouville-Pensier (Ozoir-le-Breuil), Pelard (Bouville), Moutiers, Ouarville

Les villages

Crécy-Couvé, Bonneval, Illiers-Combray

montent vers la ville haute où se trouvent la plus vieille maison datant du XIIe siècle et celle de la Truie-qui-file, du XVIe siècle, sculptée de bois. La maison Picassiette, avec son art naïf, est une curiosité locale.

Delacroix, Ingres, Viollet-le-Duc, Millet, Mercié ont contribué à l'édification des vitraux de la chapelle royale Saint-Louis de **Dreux**. Cette nécropole de la famille princière d'Orléans est édifiée au cœur des ruines du château fort. Des vestiges des fortifications demeurent dans la ville, ainsi qu'un beffroi du XVIe siècle. Entre les plateaux de la Beauce et

les collines du Perche, **Châteaudun** est érigé sur un promontoire rocheux. Doté d'un superbe donjon, il est présenté comme le premier château de la Loire. En centre ville, des grottes offrent une balade géologique.

Les monuments

De style gothique, la **cathédrale de Chartres** est un pur joyau reconnu Patrimoine mondial par l'Unesco avec sa collection unique de vitraux médiévaux et sa crypte romane, la plus longue de France.

Abritant les amours du roi Henri II et de Diane de Poitiers, le **château d'Anet** (1547) est du plus pur style Renaissance. Un portail monumental s'impose, dressé à la gloire de la déesse de la chasse. La chapelle et son dôme furent l'œuvre préférée de l'architecte Philibert de l'Orme. Autre château, autre favorite, avec la demeure de madame de **Maintenon**.

LES SUGGESTIONS GEO

- **Découverte :** location de bateaux électriques pour visiter la «Venise de la Beauce» sur le Loir (Bonneval) ; stage d'initiation aux techniques d'un maître-verrier (Centre international du vitrail, Chartres).
- **Aventure :** faire du char à voile sur la route du blé.
- **Insolite :** week-end en cabane perchée (parc régional du Perche).

LES CONSEILS GEO

▶ Les plus

À moins de 100 km de Paris, l'Eure-et-Loire offre un panel de week-ends plus ou moins longs. Un savoureux mélange de culture (châteaux, musées, cathédrale) et de traditions agricoles avec les moulins du cœur de la Beauce.

▶ Les moins

Certains sites ne sont ouverts, malheureusement, que trois mois dans l'année, vérifier les dates d'ouverture avant de s'y rendre.

▶ Les tendances

Faire découvrir l'Eure-et-Loir comme un département touristique à part entière, en dehors de Chartres. Les paysages du Perche et de la Beauce y contribuent.

L'épouse secrète du Roi Soleil profita d'un parc dessiné par Le Nôtre et d'un aqueduc inachevé construit par Vauban et La Hire.

Inscrits dans le paysage depuis le XIe siècle, les **moulins à vent** sont emblématiques du patrimoine agricole beauceron. Restaurés et classés pour la plupart, ils se visitent : **Ouarville**, **Frouville-Pensier** (**Ozoir-le-Breuil**), **Pelard** (**Bouville**) ou encore **Moutiers** sont dignes de Don Quichotte.

Les villages

Crécy-Couvé, à l'ouest de Dreux, fut imaginé par La Pompadour. La maîtresse de Louis XV fit construire le moulin de la Bellassière, un relais de poste, une glacière, un hôpital, l'église Saint-Eloi et un baillage de justice.

A **Illiers-Combray**, c'est Marcel Proust qui a laissé son empreinte. Du Pré Catelan, parc où le romancier venait écrire, à la maison de tante Léonie, il flotte dans la bourgade comme une odeur de madeleine. **Bonneval** la fortifiée, surnommée la petite «Venise de la Beauce», se visite en barques électriques, XXIe siècle oblige. ■

Imposante forteresse du milieu du XIVe siècle, le château de Sarzay compta jusqu'à 38 tours défensives et 3 ponts-levis.

Indre

Au sud de la région Centre, ce département, traversé par les vallées de la Creuse et de l'Indre, constitue avec le Cher l'ancien Berry. Cette terre de traditions et de légendes, source d'inspiration des écrivains, musiciens et peintres, abrite aussi le parc régional de la Brenne, lieu où la nature est reine.

Les paysages et les randonnées

Après les grandes plaines céréalières de la Champagne berrichonne place aux 166 000 hectares de la **Brenne**, 26e parc naturel régional français. Au «pays des mille étangs», la faune et la flore sont exceptionnelles : des centaines d'oiseaux, comme le busard des roseaux ou le héron pourpré, nichent autour des étangs de la **Mer rouge**, du **Blizon** ou Massé. Vers le sud, à la lisière du Massif central, le **Boischaut** se caractérise par un paysage de petites vallées fertiles où serpentent des cours d'eau. Le **lac de barrage d'Eguzon** possède des plages et les baignades y sont surveillées. Des sentiers balisés sillonnent tout le territoire, notamment un sentier de grande randonnée, trois **GR de pays**, une **voie verte** des vallées de l'Anglin et de la Creuse ainsi qu'un **itinéraire du pèlerin de Saint-Jacques**...

LE CARNET DE VOYAGE

Les premiers contacts
Comité départemental de tourisme de l'Indre, 02.54.07.36.36. www.berrylindre.com
Parc naturel régional de la Brenne, 02.54.28.12.13. www.parc-naturel-brenne.fr

La population
232 010 habitants. Préfecture : Châteauroux.

Les fêtes
Lundi de Pâques : pèlerinage de Neuvy-Saint-Sépulchre.
3 premiers week-ends de juin : fêtes romantiques de Nohant (musique et littérature).
14 juillet : Rencontres Internationales Luthiers et Maîtres Sonneurs (Saint-Chartier).
Fin juillet : Rencontres Internationales F. Chopin (La Châtre, Nohant).
Fin août : festival DARC (danse contemporaine, Châteauroux).
Octobre : fête de Saint-Luc et de la Sorcellerie (Cuzion), foire aux Potirons (Tranzault).
Novembre : fêtes de la Châtaigne (Eguzon), Lisztomanias (festival dédié à Litz, à Châteauroux).

Les produits locaux
- Fromages de chèvre AOC de Valençay et de Pouligny-Saint-Pierre.
- Lentilles vertes du Berry, carpe de Brenne, huiles bio de Clion.
- Croquets de Charost, chocolats du Blanc et Valençay.
- Vins AOC de Valençay et de Reuilly (fruités et légers).

QUE VOIR, QUE FAIRE EN INDRE ?

Les paysages

- Parc naturel régional de la Brenne (étangs de la Mer rouge, du Blizon), les sentiers (GR et GR de pays, voie verte, itinéraire de Saint-Jacques)
- Boischaut, lac d'Eguzon, espaces naturels sensibles

Les villes et les monuments

- Argentomagus, Châteauroux, Déols, Issoudun, Nohant, Gargilesse, Saint-Benoit-du-Sault, La Châtre, Argenton-sur-Creuse
- Châteaux (Valençay, Bouges, Ars, Crozant, Sarzay, Château-Guillaume, Azay-le-Ferron)
- Eglises (Gargilesse, Neuvy Saint-Sépulchre, Saint-Benoît-du-Sault, Vic, Fontgombault, Méobecq)

Les villes et les monuments

On trouve trace des Gallo-Romains à **Argentomagus** et, en surplomb des fleuves, des forteresses témoignent de la puissance des seigneurs du Moyen Age. L'histoire a imprimé sa trace à **Châteauroux**, dans l'ancien couvent des Cordeliers, les riches collections du musée Bertrand et les ruelles moyenâgeuses qui conduisent aux vestiges de la puissante abbaye de **Déols**. **Issoudun** doit sa tour Blanche à Richard Cœur de Lion. Quant à George Sand, son souvenir se ravive en sa maison de **Nohant**, où elle recevait Chopin, Flaubert, Delacroix, Liszt ou Balzac, et en son refuge familial, la villa Algira, à **Gargilesse**. Ce village est un des «plus beaux de France», comme Saint-Benoît-du-Sault, accroché à son piton rocheux. Les vieux quartiers d'**Argenton-sur-Creuse**, surnommée aussi la «Venise berrichonne», valent le détour.

Les châteaux et les églises

Plus d'une centaine de châteaux et demeures du Moyen Age émaillent l'Indre : **Valençay** était la demeure somptueuse du prince de Talleyrand. L'élégante architecture de **Bouges** évoque le petit Trianon à Versailles. Perché sur son éperon rocheux au-dessus de la Creuse, **Crozant** a inspiré bien des peintres et des poètes. A voir aussi, Saint-Chartier et **Ars**, **Château-Guillaume**, **Sarzay** ainsi qu'**Azay-le-Ferron** et ses jardins à la française. Etape majeure du pèlerinage de Saint-Jacques de Compostelle depuis le Moyen Age, la basilique de **Neuvy Saint-Sépulchre** vient d'être inscrite au Patrimoine mondial de l'Unesco. Les églises de **Saint-Benoît-du-Sault**, de **Méobecq** et de **Vic** sont aussi de magnifiques représentations de l'art roman. A l'abbatiale bénédictine de **Fontgombault**, les offices se chantent en grégorien.

LES SUGGESTIONS GEO

- **Découverte :** labyrinthes végétaux (château de Valençay, Niherne) ; parc animalier de la Haute-Touche, plus vaste d'Europe (Obterre) ; animations «nature au jardin» (château d'Azay-le-Ferron).
- **Aventure :** stages trappeurs (plein air du Blanc).

LES CONSEILS GEO

▶ Les plus

En saison estivale, l'abondance de manifestations culturelles fait la part belle à la musique et à la danse, genres bien représentés. Avis aux amateurs !

▶ Les moins

A toute médaille, son revers : du fait de cette grande saisonnalité, la plupart des activités sont mises en sommeil durant l'hiver, période moins propice au tourisme.

▶ Les recommandations

L'été, un vêtement de pluie et une paire de jumelles seront utiles du côté de la Brenne.

▶ Les tendances

Avec ses figures romantiques (Listz, Chopin...), l'Indre travaille son image de terre de voyages à deux : Saint-Valentin, seul village de France dédié au patron des amoureux, accueille chaque année des couples venus parfois de très loin pour célébrer leur passion. Au programme, un week-end de festivités en musique!

Les traditions

Cette zone d'anciens marécages est aussi une terre de légendes et de superstitions toujours en cours. Parmi les fêtes faisant revivre le «bon vieux temps» celles de la châtaigne à Eguzon, des potirons à Tranzault, de la lentille verte du Berry à Vatan ou de la moisson à Preuilly-la-Ville. **La Châtre** est également célèbre pour son Centre de danses et musiques traditionnelles et ses luthiers. ■

Indre-et-Loire

QUE VOIR, QUE FAIRE EN INDRE-ET-LOIRE ?

Les paysages

- Bords de Loire, forêts (Loche, Amboise, Chinon), vignobles (Bourgueil, Chinon, Vouvray)
- Parc naturel régional Loire-Anjou-Touraine
- Villages (Montrésor, Candes-Saint-Martin, Villaines-les-Rochers, Crissay-sur-Manse)
- Vallée de la Goupillière

Les villes

- Tours (musée des Beaux-Arts, manufacture de soierie le Manach, cathédrale Saint-Gatien, basilique Saint-Bastien)
- Amboise (château, Clos Lucé, pagode de Chanteloup)
- Chinon, Loches (donjon, forteresses royales)

Le patrimoine

Châteaux (Chenonceau, Azay-le-Rideau, Chinon, Amboise, Villandry, Langeais, Ussé)

Autrefois adulée des rois, l'Indre-et-Loire voit aujourd'hui défiler les touristes du monde entier, attirés par ses sublimes châteaux. Située dans la région Centre, elle est idéale pour un week-end ou une longue semaine faite de visites culturelles et de détente, au calme, sur les bords de la Loire.

Les paysages

Au centre du département (également appelé Touraine, selon la dénomination touristique), sur les coteaux des plaines alluviennes, sont concentrés la plupart des châteaux et des **vignobles** (citons notamment **Chinon**, **Vouvray** et aussi **Bourgueil**). Plusieurs immenses **forêts** (**Loches, Chinon, Amboise**) s'étendent au nord et au sud. Majoritairement plat, le territoire est davantage vallonné à partir de Loches, au sud.

L'Indre-et-Loire est très arrosé. La **Loire**, l'Indre, la Vienne, le Cher et leurs multiples affluents y serpentent, donnant du caractère aux terres traversées. Vedette incontestée, la Loire est fermée au trafic de commerce depuis le XIXe siècle. Elle conserve ainsi ses aspects les plus sauvages. Envolées d'oiseaux, plantes foisonnantes et rythmes apaisants s'offrent aux promeneurs. Les amoureux de la nature peuvent apercevoir quelques espèces protégées comme des hérons cendrés, des martins-pêcheurs ou des rousserolles qui se réfugient dans les îlots boisés ou des castors, réintroduits il y a une trentaine d'années. Les **berges** s'avèrent idéales pour des

Sur les coteaux de la Vienne, Chinon dont la devise est «petite ville, grand renom», depuis le XVe siècle.

pique-niques, des parties de pêche et de longues promenades. L'été, les bains de soleil sur les petits bancs de sable sont des moments de grande détente. Une excellente manière de profiter de l'ensemble est d'emprunter l'un des itinéraires de la «Loire à vélo». Plusieurs centaines de kilomètres balisés permettent de découvrir en toute tranquillité les somptueux châteaux construits dans les vallées tout en profitant de la beauté de ce paysage culturel que l'Unesco a classé au Patrimoine mondial de l'humanité. Plusieurs bateliers installés près du fleuve proposent aussi aux touristes de sortir sur des bateaux traditionnels (gabare, toue, sapine, futreau). Dépaysement garanti ! Plus à l'ouest du département, entre Villandry et Candes-Saint-Martin, se situe le **parc naturel régional Loire-Anjou-Touraine** qui s'étale aussi en partie sur le département du Maine-et-Loire. De nombreuses actions y sont menées pour sensibiliser le public à la fragile richesse du patrimoine naturel et historique.

Les villages

Tout autour de la Loire se sont organisées, au fil des décennies, les activités des hommes. Il faut dire que jusqu'au XIXe siècle, le fleuve était fortement utilisé pour des échanges marchands. Si ce passé vous intéresse, allez à **Chinon**. Dans d'anciens abattoirs, il est possible de visiter la très didactique maison de la Rivière. L'espace retrace l'histoire du fleuve, propose de nombreuses maquettes de bateaux ancestraux et regroupe les différentes espèces de poissons dans des aquariums.

L'Indre-et-Loire est assez rurale. Trois villages classés parmi «les plus beaux de France» méritent tout particulièrement le détour. Près de

Traditionnelles gabares à fond plat sur la Loire, classée au Patrimoine mondial de l'Unesco, au même titre que sa vallée.

Loches, dans le sud, **Montrésor** séduit par ses habitations en tuffeau éclatant. L'endroit est également appelé la «Petite Pologne» car Napoléon III y accueillit un opposant au tsar qui s'installa définitivement sur place avec ses partisans. De nombreux habitants du village en sont les descendants directs et certains noms de rue marquent cet événement.

Dans le même style mais beaucoup plus petit, **Crissay-sur-Manse** séduit par ses habitations en pierre de taille. Très peu de constructions récentes viennent abîmer son authenticité.

A la confluence entre la Loire et la Vienne, **Candes-Saint-Martin** se situe un peu avant l'Anjou. Tourné vers l'eau, il est construit en étage sur une petite colline et offre un panorama de toute beauté.

Egalement intéressant, le village de **Villaines-les-Rochers** est celui qui concentre le plus d'artisans vanniers en France (environ 80). Semi-troglodyte, il vaut aussi le détour pour ses habitations creusées dans la pierre. Pour approfondir ce sujet, se rendre dans la **vallée de la Goupillière**, près d'Azay-le-Rideau. Un site troglodyte reconstitué à l'identique permet de comprendre comment se déroulait autrefois le quotidien des cavités.

Les villes

Peu urbanisée, l'Indre-et-Loire englobe tout de même une ville de belle envergure : **Tours**. Très étudiante (une importante partie du campus est située en centre-ville), elle est particulièrement vivante. Le soir, il est possible de sentir son pouls. En journée, les maisons à colombages invitent à voyager dans le temps. Quelques visites incontournables : le **musée des Beaux-arts,** l'ancienne **manufacture de soierie le Manach** (encore en activité grâce à des métiers en bois d'époque), la **cathédrale Saint-Gatien** et la **basilique Saint-Bastien**. Un détour s'impose à quelques kilomètres de Tours, à La Riche, au prieuré de Saint-Cosme où vécu Ronsard et qui abrite aujourd'hui une magnifique collection de roses.

LE CARNET DE VOYAGE

Les premiers contacts
Comité départemental du tourisme de Touraine, 30, rue de la Préfecture, BP 3217, 37032 Tours, 02.47.31.47.48. www.tourisme-touraine.com

La population
571 500 habitants. Préfecture : Tours.

Les fêtes
Mai : Jour de Loire (Tours, île de la Métairie à la Ville-aux-Dames), Vitiloire, fête des vins de Loire (Tours).
Tous les 26 juillet : foire à l'ail et au basilique (Tours).

Les produits locaux
- Sainte-maure (fromage de chèvre AOC).
- Rillons et rillettes (canard), terrine.
- Poires tapées (poires séchées puis aplaties et chauffées), nougat de Tours.
- Vins : chinon, vouvray, saint-nicolas-de-bourgueil, montlouis-sur-loire.

L'artisanat
Vannerie.

Sur le Cher, le château de Chenonceau, monument historique privé le plus visité.

LES CONSEILS GEO

▶ Les plus

Plusieurs centaines de châteaux ouverts aux visites et lovés dans une nature préservée.

▶ Les moins

A certaines époques de l'année, la fréquentation touristique des châteaux explose.

▶ Les recommandations

Lorsque les sites culturels sont assaillis de visites, préférer les beautés naturelles du département et opter pour une balade le long des rives du Cher ou de la Loire, plus tranquilles. Ne pas se contenter de visiter les quelques châteaux très connus. Au moins une dizaine d'autres méritent le détour, même s'ils ne brillent pas, comme leurs illustres voisins, par leur gigantisme.

▶ Les tendances

En Indre-et-Loire, l'accent est mis sur le développement des jardins et la décentralisation du tourisme pour ouvrir de nouvelles perspectives de visite aux nombreux visiteurs, français et étrangers. Les points importants sont actuellement Amboise, Loches et Tours.

Plus à l'est, **Amboise** est certainement la ville la plus «Renaissance» de Touraine. En plein cœur de son centre-ville, son **château** et le très fameux **Clos Lucé** (demeure de Léonard de Vinci) se visitent.

Un peu plus loin, sur les hauteurs de la ville, à la lisère des bois, la **pagode de Chanteloup** est le dernier vestige d'un vaste château occupé par le duc de Choiseul. Elle est un rare témoignage du goût pour les chinoiseries, très répandu au XVIIIe siècle.

Autres villes importantes, **Chinon** et **Loches** transportent au Moyen Age, grâce notamment à leur architecture et à leurs **forteresses royales**. Rappelons que celle de Chinon vit la première rencontre de Jeanne d'Arc et de Charles VII et qu'à Loches, s'élève l'un des plus grandioses **donjons** d'Europe (44 mètres de haut).

LES SUGGESTIONS GEO

■ **Découverte :** promenade sur la Loire en bateau traditionnel ; vols en montgolfières (Amboise, Chenonceau, Asay-le-Rideau) ; visite du plus grand aquarium d'eau douce d'Europe (Lussault-sur-Loire).

■ **Aventure :** quad (Saint-Benoît-la-Forêt) ; rencontre avec les grands gibiers (réserve de Beaumarchais) ; parcours dans les arbres de la Canopée Enchantée (Fondettes).

■ **Insolite :** Picroboule, musée de la Boule de fort (jeu très ancien) et son aire de jeux (Lerné) ; découvrir les 44 châteaux du Val de Loire à l'échelle 1/25e au parc des Mini-Châteaux (Amboise).

■ Le patrimoine

L'Indre-et-Loire est très visitée pour ses somptueux châteaux. L'un des plus emblématiques reste le **château de Chenonceau**, construit sur le Cher. Marqué par les femmes l'ayant habité, il présente une jolie collection de tapisseries et de mobilier. L'été, les jardins de Catherine de Médicis et de Diane de Poitiers sont le cadre de très agréables promenades.

Un peu plus loin, non plus sur le Cher mais sur la Loire, le **château royal d'Amboise** où vécut jadis François Ier, offre une collection de mobilier de premier plan et conserve en sa chapelle la dépouille de Léonard de Vinci, génie de la Renaissance.

Un peu plus à l'ouest, le **château de Villandry** a su conserver l'aspect familial et habité qui fait défaut à tant d'autres. Son potager décoratif est toujours d'une surprenante beauté et mérite d'être visité. A quelques kilomètres de là, le **château d'Azay-le-Rideau,** construit dans un écrin de verdure, est entouré d'un lac qui reflète et décuple par un effet de miroir la surface de ses vastes façades. Dans un tout autre genre, l'imposant **château de Chinon** est une des places fortes de Touraine. Bâti sur un coteau dominant avec autorité le cours de la Vienne, il offre une vue sublime sur le paysage alentour.

Outre ces incontournables, l'Indre-et-Loire compte de nombreux châteaux, certes plus petits et un peu moins connus, mais qui méritent le détour. Ainsi, le **château de Langeais** et le **château d'Ussé** qui inspira à Charles Perrault le fameux conte de «La Belle au Bois dormant». ■

Loir-et-Cher

Fresques de l'église Saint-Jacques-des-Guérets, à Trôo, vallée du Loir (XIIe siècle).

A l'ouest de la région Centre, à moins de deux heures de la capitale, le Loir-et-Cher permet de prendre un bon bol d'air frais tout en visitant quelques-uns des plus beaux châteaux français. La destination est incontournable, pour un week-end et même plus.

Les paysages

Le Loir-et-Cher doit une partie de son identité aux paysages qui le composent. Dans le sud du département, s'étale la portion principale de la **Sologne**, marquée par les forêts et les étangs. Nombreux sont les pêcheurs et chasseurs qui s'y retrouvent. Les villages sont typiques avec leurs maisons en pans de bois ou en briques rouges, autour des traditionnelles églises à caquetoire (auvent).

Beaucoup plus vallonné et très vert, le **Perche** est situé plus au nord, non loin de la **vallée du Loir**.

Dans la **vallée du Cher** se situe la grande majorité des vignobles, répartis également dans la **vallée de la Loire**. Classée par l'Unesco au Patrimoine mondial de l'humanité, cette dernière concentre les plus beaux et les plus illustres châteaux du département. Pour la découvrir de manière agréable, rien de mieux que d'embarquer à bord d'un navire traditionnel à fond plat et de se laisser porter par ses eaux tranquilles. En amont

QUE VOIR, QUE FAIRE EN LOIR-ET-CHER ?

Les paysages

- Sologne, Perche
- Vallées de la Loire, du Loir et du Cher

Les villages

- Lavardin (ruines du château médiéval, église romane Saint-Genest, habitations troglodytes), Trôo, Bourré, Saint-Dyé-sur-Loire, commanderie templière d'Arville

Les villes

- Vendôme (abbaye de la Trinité, cloître, porte Saint-Georges)
- Blois (château, jardins des Lys et de l'Evêché, cathédrale Saint-Louis, église Saint-Nicolas)
- Romorantin-Lanthenay (château, chancellerie, hôtel Saint-Pol, Carroir Doré)

Les châteaux

Chambord, Cheverny, Beauregard (Cellettes), Fougères-sur-Bièvre

La splendeur de Chambord s'exprime dans la démesure : 156 m de façade, 426 pièces et 282 cheminées.

de Blois, les itinéraires de «la Loire à vélo» et des «châteaux à vélo» permettent également d'apprécier la beauté des paysages préservés tout en traversant de charmants villages. Dans le nord du Loir-et-Cher, ces derniers abritent des églises dont les peintures murales, pour la plupart romanes, sont souvent exceptionnellement conservées. Saint-Genest de Lavardin et Saint-Gilles de Montoire en sont de très beaux exemples, à ne surtout pas rater.

Les villages

Classé comme l'un des «plus beaux villages de France», **Lavardin** est baigné par le Loir. Situées au sommet d'un piton rocheux, les **ruines** de son **château médiéval** offrent une vue fameuse sur les paysages d'alentour. Légèrement plus loin, l'**église romane Saint-Genest** surprend par la grande richesse de ses fresques. Quelques caves et **habitations troglodytes** du Moyen Age demeurent encore visibles, comme la très réputée cave des Vierges, creusée sur deux étages.

Pour aller plus loin dans la découverte des troglodytes, se rendre à **Trôo**. Construite sur un coteau de tuffeau dominant la vallée, cette cité est organisée en un vaste réseau de galeries souterraines. Afin de la découvrir dans de bonnes conditions, prévoir des chaussures de marche car certaines rues ne sont pas accessibles en voiture et parfois très pentues. Les environs abritent de charmantes églises à fresques comme celle de Saint-Jacques-des-Guérêts.

En vallée du Cher, un autre voyage dans le temps vous attend à **Bourré** qui propose une reconstitution à l'identique d'une ville taillée dans le tuffeau. Les explications données permettent de mieux appréhender la vie de l'époque médiévale.

Dans un tout autre style, le village de **Saint-Dyé-sur-Loire** mérite le détour. Ancien port du domaine de Chambord, il a été construit le long du fleuve. L'ambiance qui règne dans ses ruelles est toute particulière. Maisons anciennes, puits et fortifications se dévoilent au fil des promenades. Le vieux bourg est dominé par l'église datant du XVe siècle.

Dans le Nord, **Arville** doit sa renommée à sa **commanderie templière**. C'est non seulement l'une des plus grandes d'Europe mais son état de conservation est rare. Elle accueille un centre d'Histoire des ordres de la chevalerie dont la visite est passionnante. En évoquant les croisades, il permet de comprendre davantage l'épopée de l'ordre du Temple.

120 km de galeries sur 7 étages : la cave champignonnière des Roches, à Bourré.

Les villes

Au nord, la meilleure façon de découvrir **Vendôme** est de monter à bord d'une barque et de se laisser porter par le Cher qui la traverse. Comme souvent dans le département, les maisons médiévales du centre-ville sont à pans de bois. Dans les ruelles, partez à la découverte de l'**abbaye de la Trinité**, chef-d'œuvre de l'architecture gothique flamboyante. Son **cloître** abrite aujourd'hui, sur quatre étages, un musée présentant diverses collections liées notamment à l'art religieux et aux traditions populaires. Plus loin, la **porte Saint-Georges** est toujours visible, vestige des quatre entrées qui fermaient autrefois l'accès à la ville. La porte d'eau, sur la rivière, est plus remarquable encore que les autres.

Blois est bâtie tel un amphithéâtre sur la Loire. Son **château royal**, en plein centre-ville, est très impressionnant. Edifié au fil des siècles, il conjugue quatre styles : quatre châteaux autour d'une cour où s'élève le fameux escalier dans lequel fut assassiné le duc de Guise. La façade des Loges offre un point de vue unique sur la ville. Le **jardin des Lys**, installé dans une des parties des anciens jardins royaux, permet de faire une agréable pause. Autre moment de détente : les **jardins de l'Evêché** et leur roseraie en terrasse, d'où le panorama sur le fleuve est magnifique.

Le patrimoine religieux de la ville ne manque pas d'intérêt pour autant. Citons notamment la **cathédrale Saint-Louis** et l'**église Saint-Nicolas**, érigées en style gothique.

Plus au sud, la capitale de la Sologne, **Romorantin-Lanthenay**, déploie ses charmes. De son **château** construit au XVe siècle ne demeure qu'un donjon et la tour de Prison. Les belles maisons à colombages contrastent avec l'architecture très moderne du musée de Sologne, formé à l'origine de deux moulins séparés par un bief où tournaient trois roues. Rue de la résistance, plusieurs constructions méritent le détour : la **chancellerie**, l'**hôtel Saint-Pol** et le **Carroir Doré** (façade à pans de bois du XVe siècle agrémentée de scènes religieuses sculptées). De captivantes collections archéologiques et minéralogiques se trouvent à l'intérieur.

Les châteaux

Le Loir-et-Cher regroupe quelques-uns des plus beaux châteaux français. Né du rêve de François Ier, **Chambord** est certainement le plus connu de tous et le plus grand des châteaux de la Loire. Passionné par l'architecture et la chasse, ce roi a réussi un pari fou : lier ses deux centres d'intérêt dans une construction spectaculaire. Il est difficile, encore de nos jours, de ne pas être ébloui par une telle prouesse, tant la splendeur s'exprime dans des dimensions et un raffinement hors norme. Construit au cœur d'une vaste forêt giboyeuse, Chambord est un pur chef-d'œuvre de l'architecture de la Renaissance. Plus de soixante-dix escaliers, deux cent quatre-vingt-deux cheminées et huit cents chapiteaux sculptés témoignent de la démesure du lieu. Un peu partout, dans presque chacune des pièces, le visiteur peut admirer des salamandres sculptées, emblème du commanditaire des lieux, François Ier. L'escalier à double révolution placé au centre de la construction aurait

LE CARNET DE VOYAGE

Les premiers contacts
Comité départemental du tourisme de Loir-et-Cher, 5, rue de la Voûte du Château, BP 149, 41005 Blois Cedex, 02.54.57.00.41. www.coeur-val-de-loire.com

La population
314 968 habitants. Préfecture : Blois.

Les fêtes
Mai-novembre : Festival International des Jardins (Chaumont-sur-Loire).
Août : festival Les Folklores du monde (Montoire-sur-le-Loir).
Eté : son et lumière (Blois, Chambord).
Fin octobre : Journées Gastronomiques de Sologne (Romorantin).
Mi-novembre : rendez-vous du Touraine Primeur (Montrichard).

Les produits locaux
- Fromages de chèvre : AOC selles-sur-cher, AOC sainte-maure-de-touraine, Valençay, Trèfle.
- Fraises de Sologne, asperges (nord de Blois), tarte tatin (recette de Lamotte-Beuvron).
- Vins : AOC touraine, touraine-mesland, cheverny, cour-cheverny, valençay, coteaux-du-vendômois.

Près de Vendôme, l'une des plus grandes commanderies de l'ordre des Templiers, fondée à Arville, dans le Perche, en 1130.

été inspiré par Léonard de Vinci. Tout en haut, se trouve la grande terrasse de laquelle la vue sur les toits et les cheminées est magique.

Tout proche, le **château de Cheverny** rappellera certainement de bons souvenirs aux lecteurs de Tintin. C'est de son architecture dont s'est inspiré Hergé en dessinant l'insigne château de Moulinsart. Ce dernier est tout simplement «amputé» des deux pavillons extérieurs. De taille nettement plus humaine (juste deux étages) que ses grands frères de la Loire, Cheverny appartient à la même famille depuis plus de quatre siècles. Ses belles façades blanches sont dues au choix du matériau, la pierre de Bourré, qui blanchit et se durcit avec le temps.

A l'intérieur, le mobilier et la décoration datant du XVIIe siècle ont été pieusement conservés.

Grand privilégié du Val de Loire, le **château de Chaumont**, dressé à l'extrémité d'un parc à l'anglaise, domine le fleuve. Il accueille chaque année, le Festival international des jardins de Chaumont-sur-Loire.

Il est encore d'autres châteaux moins connus mais tout aussi intéressants à visiter : le château de **Beauregard** à **Cellettes**, ceux de **Fougères-sur-Bièvre**, Villesavin ou enocre de Talcy, cadre des amours de Ronsard. ■

LES SUGGESTIONS GEO

- **Découverte :** Loire en bateau traditionnel, naviguer au fil du Cher (location de coches de plaisance sans permis) ; tout savoir sur la culture de la fraise (château du Moulin, Lassay-sur-Croisne), du safran (La Chapelle-Vicomtesse).
- **Aventure :** survoler les illustres châteaux en montgolfière.
- **Insolite :** dormir dans un bateau-hôtel (Saint-Aignan), un troglogîte (Thoré-la-Rochette), une yourte (Le Pré Karvain, Sambin).

LES CONSEILS GEO

▶ Les plus

Une exceptionnelle richesse patrimoniale et des paysages préservés à moins de deux heures de Paris.

▶ Les moins

L'été, l'affluence est suffisamment forte pour rendre difficile certaines visites. En hiver, le département manque au contraire d'entrain.

▶ Les tendances

Deux axes sont particulièrement développés : la mise en avant du terroir avec la gastronomie et les offres à destination des familles. Ces dernières permettent à petits et grands de découvrir ensemble le département grâce à de nombreuses activités, à la fois ludiques et didactiques, rendant les visites culturelles plus attractives au jeune public.

Ouvrage métallique long de 662 mètres, le pont-canal de Briare (XIXe siècle) permet le passage des bateaux au-dessus de la Loire.

Loiret

Il fait bon se ressourcer dans le Loiret, bercé par la Loire et diffusant une image paisible, au cœur de la région Centre. Beaux châteaux, abbayes, canaux, forêts brumeuses, étangs et plaine de Beauce invitent le visiteur à la contemplation. Où l'histoire de la terre rejoint bien vite celle de la pierre.

Les paysages

De sa source à Sully-sur-Loire, le **val de Loire** s'étire peu à peu jusqu'en Anjou. Reconnu Patrimoine mondial par l'Unesco, il symbolise la douceur de vivre sur les bords du fleuve. Indomptée, la Loire attire par sa dolence et la sensualité de ses courbes pour mieux surprendre par la violence de ces crues. Au détour d'une île sablonneuse, la nature dévoile toute sa richesse écologique. Les sentiers historiques de la vallée des Rois sillonnent ses alentours sans jamais la perdre de vue, à pied ou en vélo. Toute aussi mystérieuse, la **Sologne** charme le promeneur de ses brumes et de ses étangs cachés où le silence règne en maître. Bouleaux, chênes et conifères s'y multiplient à foison. La **forêt domaniale d'Orléans** est la plus grande de France (30 000 hectares). Plus au nord, celle de **Montargis** a vu saint Louis venir y chasser. Paradis des cavaliers, ces majestueuses forêts offrent une vaste étendue de pistes équestres (450 kilomètres). A l'est, de Pithiviers à Beaugency, la Beauce

LE CARNET DE VOYAGE

Les premiers contacts
Comité départemental du tourisme du Loiret, 8, rue d'Escures 45000 Orléans, 02.38.78.04.04. www.tourismeloiret.com

La population
618 126 habitants. Préfecture : Orléans.

Les fêtes
Printemps : foire aux plantes (château de La-Ferté-Saint-Aubin).
Début mai : fêtes de Jeanne d'Arc (Orléans).
Fin mai-début juin : Festival de Sully et du Loiret.
Mi-juillet : Nocturnes de Ferrière (spectacle à dimension historique) ; Val de jazz (Saint-Brisson sur-Loire).
Fin septembre : festival de Loire (Orléans, tous les deux ans) en alternance avec la Caravane de la Loire (spectacle de rue).
Automne : foire de la Pomme (Cléry-Saint-André).
Novembre : marché des Rosiéristes (Bellegarde).

Les produits locaux
- Safran gâtinais, vinaigre et moutarde d'Orléans, pithiviers (gâteau aux amandes), pralines de Montargis, cotignac d'Orléans (coing).
- AOC coteaux-du-giennois, vin d'Orléans-Cléry.

L'artisanat
Faïence de Giens.

QUE VOIR, QUE FAIRE EN LOIRET ?

Les paysages

- Val de Loire, Sologne
- Forêt domaniale d'Orléans et de Montargis
- Source du Loiret à Orléans, le Loing, canaux de Briare, latéral de la Loire, du Loing et d'Orléans, Mauves de Meung-sur-Loire

Les monuments

- Châteaux (Gien, Sully-sur-Loire, Bussière, Meung-sur-Loire, Chamerolles, Malesherbes)
- Oratoire de Germigny-des-Prés, basilique Cléry-Saint-André, cathédrale Sainte-Croix (Orléans), Notre-Dame-de-Puiseau

Les villes et les villages

- (Beaugency, Montargis, Pihiviers, Yèvres–le-Châtel)

LES CONSEILS GEO

▶ Les plus

À 100 km de Paris, le Loiret offre une multitude de week-ends culturels et sportifs. L'absence de saisonnalité le rend attractif toute l'année.

▶ Les moins

Le Loiret n'est pas le département le plus connu pour les châteaux de la Loire et garde encore l'image d'un lieu de passage sur la route des vacances.

▶ Les tendances

Le tourisme respectueux de l'environnement, la découverte des producteurs locaux et des logements en chalets écologiques.

s'étend : quiétude d'une vue sans fin, rythmée par les fermes carrées et les villages beaucerons.

A Orléans, au cœur du parc floral de 35 hectares, jaillit un gros bouillonnement, la **source du Loiret**. Cette rivière sillonne les terres du même nom ainsi que le **Loing** et de nombreux canaux navigables. Celui de **Briare** et son pont de fer de 662 mètres de long qui s'écartèle jusqu'au canal **latéral de la Loire**. Il fut construit à l'initiative de Henri IV et de Sully pour alimenter Paris en eau. Le **canal du Loing** et celui **d'Orléans** s'ajoutent aux infinies possibilités de navigation. Écluses et réservoirs vous guidant dans vos balades fluviales. Quant à eux, les **Mauves** de Meung-sur-Loire sont, d'étroits canaux construits au Xe siècle à travers les marécages pour alimenter des moulins.

Les monuments

Par son positionnement, le **château de Gien**, le fief d'Anne de France, fille de Louis XI, est souvent considéré comme le tout premier château de la Loire. Il accueille le musée international de la Chasse. Célèbre pour sa faïence, la ville (détruite en 1941) est en grande partie reconstruite dans un style néo-régional.

Fidèle ministre d'Henri IV, Sully repose dans son bien de **Sully-sur-Loire**. Le château de la **Bussière** date du XVIIe siècle. Bâti de briques rouges, il est entouré d'un beau parc dessiné par Le Nôtre. Autre ambiance : le château de **Meung-sur–Loire**, réputé pour ses cachots souterrains. Au nord d'Orléans, **Chamerolles** ouvre, pour la visite, son pont-levis. Et de l'ancienne forteresse dont est construit **Malesherbes**, il reste un immense pigeonnier de 1 800 cases.

Construit en 806, sous Charlemagne, l'**oratoire de Germigny-des-Prés** est l'un des plus anciens monuments connus de l'art chrétien d'Occident. Tandis que la **basilique Cléry-Saint-André** de style gothique flamboyant abrite le seul roi de France à ne pas reposer à Saint-Denis : Louis XI. L'imposante **cathédrale Sainte-Croix** d'Orléans, se targue, quant à elle, d'être le plus long chantier de l'Histoire ! Commencée au XIIIe siècle, elle fut achevée en 1920. Chef-d'œuvre de compagnonnage, **Notre-Dame-de-Puiseau** possède un curieux clocher en vrille, tournant d'un huitième de tour.

LES SUGGESTIONS GEO

- **Découverte :** moulin à vent de bel air, le seul sur pivot (Guilly) ; belvédère des caillettes. Il surplombe la forêt de ses 24 mètres et offre un magnifique panorama (Orléans).
- **Aventure :** descente de la Loire en canoë-kayak. Une expérience tonique et vivifiante.
- **Insolite** : Saint-Martin-d'Abbat, village aux boîtes à lettres originales.

Les villes et les villages

Libérée en 1429 par Jeanne d'Arc, la ville de **Beaugency** affiche une superbe médiévale. Son pont de 22 arches est une merveille de construction. **Montargis**, parfois surnommée la Venise du Gâtinais, possède 126 ponts et passerelles. Dans le nord du Loiret, des effluves de gâteaux aux amandes émanent de **Pithiviers** au grand délice des visiteurs. **Yèvres–le-Châtel**, seule place forte à résister aux Anglais durant la guerre de Cent Ans, est classé parmi les «beaux villages de France.». ■

Ardennes

De lignes courbes, l'église baroque Saint-Didier est la grande curiosité d'Asfeld.

Il plane sur les Ardennes une atmosphère mystérieuse. Sa forêt dense et profonde, ses innombrables légendes locales et son patrimoine naturel unique y contribuent certainement. Terre chargée d'histoire, elle abrite aussi de nombreux vestiges du Moyen Age. Un territoire contrasté et authentique au nord de la Champagne-Ardenne.

Les paysages

De nombreuses chaînes d'âges différents modèlent le relief ; au nord, un très ancien massif érodé de l'ère primaire qui donne son nom au département tout entier : l'Ardenne. Ce dernier est creusé par les **vallées de la Meuse et de la Semoy** et traversé par les impressionnants méandres des deux rivières éponymes. Au sud, des collines calcaires et des prairies verdoyantes. Au centre, les **crêtes pré-ardennaises**, pays de monts et de coteaux boisés. A l'ouest, le paysage bocagé de la **Thiérache** et enfin l'**Argonne**, à l'est, le royaume des promeneurs en quête d'une nature sauvage et préservée. Une région recouverte d'un massif forestier où serpentent de charmants sentiers au parfum de sous-bois.

Les randonnées

Avec ses mille kilomètres de sentiers balisés aux quatre coins du département, les marcheurs ne seront pas en reste. Il existe quatre **chemins de**

QUE VOIR, QUE FAIRE EN ARDENNES ?

Les paysages et les randonnées

- Vallées de la Meuse et de la Semoy, crêtes pré-ardennaises, Thiérache, Argonne
- Chemins de grande randonnée (GR14, GR122, GR12, GR654)
- Route des fortifications, route Rimbaud-Verlaine, route des églises fortifiées de Thiérache, route du Porcien, route des légendes de Meuse et de Semoy, route des forêts
- Réseau Elfe, voie verte Trans-Ardennes

Les villes et les monuments

- Charleville-Mézières (place Ducale, musée Rimbaud), château fort de Sedan, fort Charlemont, château de Montcornet, Rocroi, église Saint-Didier d'Asfeld
- Maison de l'Ardoise, musée du Feutre de laine

Encerclée par la Meuse, la ville de Montherme épouse sa boucle.

grande randonnée : le **GR14** de La Roche (Belgique) à Paris, le **GR122**, de Chappes à Anvers (Belgique), le **GR12**, de Bruxelles à Paris et le **GR654**, qui relie Saint-Jacques-de-Compostelle depuis l'Europe du Nord. Six **routes à thèmes** permettent également de découvrir les richesses culturelles ardennaises : la **route des fortifications** qui suit les forteresses médiévales (château fort de Sedan, fort de Charlemont) ; la **route Rimbaud-Verlaine**, un pèlerinage littéraire sur les traces des deux grandes figures de la poésie ; la **route des églises fortifiées de Thiérache**, balade historique au cœur des maisons fortes, châteaux et églises fortifiées ; la **route du Porcien** qui sillonne la campagne traditionnelle ; la **route des légendes de la Meuse et de Semoy** pour découvrir une histoire sous chaque pierre. Sans oublier la fameuse **route des forêts**, lacs et abbayes, idéale pour s'immerger au temps des moines bénédictins, chartreux, augustins et cisterciens dans un immense décor vert et boisé.

La **voie verte Trans-Ardennes** est aménagée sur l'ancien chemin de halage entre Givet et Charleville-Mézières, le long de la Meuse. Elle s'étend sur 83 kilomètres exclusivement réservés aux randonneurs non motorisés. Elle traverse, entre autres, les communes de Nouzonville, Monthermé, Fumay, Revin, Haybes, Rancennes, Vireux-Wallerand et Chooz. Une voie dédiée aux amateurs de promenades et de beaux paysages dans un environnement naturel et préservé.

Le **réseau Elfe** (Espace de loisirs forestiers européen) est un organisme conçu pour promouvoir la forêt, la flore et les cours d'eau. Il dispose, lui aussi, de 80 kilomètres de promenade dans le massif de la Croix-Scaille, le point culminant des Ardennes, s'étendant sur 9 000 hectares. Le réseau propose plusieurs balades conçues pour s'initier à la nature, dont deux tout spécialement réservées aux enfants qui suivent un scénario autour d'une mascotte et découvrent ainsi le massif de manière ludique.

Tous les moyens sont bons pour pénétrer les secrets bien gardés des Ardennes : à pied, à vélo, à cheval, en roller, en quad ou sur l'eau !

Les villes et les monuments

Charleville-Mézières est nichée entre les méandres de la Meuse. Construite sur un plan symétrique précis, la ville est organisée autour de deux axes de circulation principaux qui se croisent en son centre, sur la **place Ducale**, le cœur de la cité. Joyau d'architecture du XVIIe siècle et réplique ardennaise de la place des Vosges à Paris avec

Le fort de Charlemont édifié par Charles Quint puis par Vauban veille sur Givet.

ses pavillons couverts de dômes et ses nombreuses arcades. On peut aussi y visiter un **musée** dédié au poète **Rimbaud**, enfant du pays.
Dominant la ville, le **château fort de Sedan** (classé Monument historique) construit en 1424 a conservé toute sa superbe. Le plus grand château fort d'Europe de l'Ouest en impose avec ses 35 000 m² répartis sur sept niveaux et offre un panorama grandiose sur la vallée. Un véritable cours d'histoire grandeur nature !
Sur les hauteurs de **Givet**, le **fort de Charlemont** édifié en 1555 par Charles Quint, largement remanié et agrandi par Vauban en 1697, occupait une position stratégique et témoigne aujourd'hui de l'art militaire du XVIIe siècle.

La cité fortifiée de **Rocroi** est un modèle unique dans l'histoire architecturale française avec ses remparts en étoile, également améliorée par l'architecte Vauban en 1675.
Le château de Montcornet, autre chef-d'œuvre de l'architecture militaire, domine la vallée de la Sormonne et a conservé son aspect de sentinelle moyenâgeuse. Il reste de nombreux vestiges liés aux trois familles ayant possédé la forteresse : les Croy, les Miles de Noyers et les Montcornet. Les souterrains du «colisée féodal de Montcornet» accueillent désormais un musée.
Saint-Didier d'Asfeld doit compter parmi les églises les plus étonnantes de France. De pur style baroque, elle est édifiée en briques sur un plan en forme de viole de gambe. Le monument arbore un nombre impressionnant de colonnades, de coupoles et autres dômes et ne comporte, très étrangement, aucune ligne droite.
Deux lieux uniques préservent la mémoire de l'ardoise, matériau typique de la région ; la **maison de l'Ardoise** à Rimogne, qui permet de se replonger le temps d'une visite dans les mines du bassin ardoisier. Un musée à la gloire de cette roche précieuse pour tous les toits traditionnels ardennais. Et le musée de l'Ardoise à Fumay, qui présente une reconstitution de mine en retraçant l'histoire des «scailleteux», les mineurs de l'époque qui extrayaient le schiste-ardoisier avant de le modeler pour lui donner sa forme définitive.
Le très sérieux **musée du Feutre de laine** à Mouzon propose de découvrir un savoir-faire local unique en Europe, la fabrication industrielle du feutre de laine, l'un des premiers textiles fabriqués par l'homme et utilisé depuis des millénaires. Une chaîne complète explique chaque étape de la transformation de la laine brute du mouton jusqu'au produit fini. Le musée accueille aussi les travaux d'artistes contemporains, designers et mobiliers originaux.

Les fêtes

Le programme des fêtes, festivals et autres foires est très riche dans le département. Parmi les plus courus et les incontournables, on trouve notamment le festival médiéval de Sedan. Créé en 1996, il replonge le château et ses abords dans la joyeuse effervescence de l'époque. Durant deux jours, des joutes amicales et des tournois de chevalerie sont organisés. Habiles jongleurs, cracheurs de feu, troubadours, forgerons, tailleurs de pierre et magiciens enchanteurs envahissent les rues de la cité où se pressent 40 000 visiteurs.

LE CARNET DE VOYAGE

Les premiers contacts
Comité départemental du tourisme des Ardennes, 22, place Ducale, 08107 Charleville-Mézières Cedex, 03.24.56.06.08. www.ardennes.com
La population
Le département compte environ 290 000 habitants avec une densité de 55 hab / km². Préfecture : Charleville-Mézières.
Les fêtes
Avril : foire au Boudin Blanc (Rethel).
Mai : festival des Confréries en Ardennes (rendez-vous des gastronomes), festival Médiéval de Sedan, 3e week-end de mai (la vie au Moyen Age), fête de la bière (Charleville-Mézières).
Juillet : Festival Marionnettes en Jardin.
Septembre : Festival Mondial des Théâtres de Marionnettes (rassemblement international d'artistes et saltimbanques, Charleville-Mézières).
Les produits locaux
- Boudin blanc de Rethel, cacasse à cul nu (plat complet sans viande à base de pommes de terre qui a sa confrérie), dinde rouge des Ardennes.
- Ardwen (bière blonde du pays), cidre ardennais.
L'artisanat
Ardoise de Fumay (extraite depuis le XIIe), vannerie et culture de l'osier, feutre de Mouzon.

À Charleville-Mézières, c'est le vieux moulin qui accueille le musée Rimbaud, enfant sacré de la littérature et du pays.

Capitale mondiale de la marionnette, **Charleville-Mézières** accueille tous les trois ans un événement international qui rassemble des centaines de troupes de quarante pays sur dix jours : le Festival mondial des théâtres de marionnettes. En parallèle, le festival marionnettes en jardin a lieu chaque année. Il est destiné aux jeunes enfants et propose des spectacles, des animations et des ateliers pour fabriquer sa propre marionnette.

Tous les ans, sur la place Ducale, le festival des confréries en Ardennes réunit les membres d'une quarantaine de corporations venues de tout le département. L'occasion de déguster les spécialités ardennaises ; salade au lard, cacasse à cul nu (ragoût de pommes de terre aux oignons) et le fameux boudin blanc.

La grande foire au boudin blanc de Rethel, manifestation majeure de la région, rend hommage à cette spécialité locale dont les gourmets raffolent. Professionnels du boudin et amateurs s'y réunissent pour des dégustations sans modération, dans une ambiance festive. Depuis 2001, preuve de son authenticité, ce produit du terroir bénéficie d'une indication géographique protégée (IGP).

LES SUGGESTIONS GEO

- **Découverte :** grottes de Nichet, une dizaine de salles creusées dans le calcaire, stalactites, stalagmites et formations rocheuses (Fromelennes) ; musée Guerre et Paix, consacré aux guerres et événements marquants de 1870 à 1945 en France et dans les Ardennes (Novion-Porcien).
- **Aventure :** Aventure TerrAltitude, parc avec une tyrolienne géante de 1 200 m de long qui fait partie des deux plus grands câbles de France et du saut à l'élastique (Fumay).
- **Insolite :** Nocturnia, concept unique en Europe et musée mêlant exposition-spectacle, jeux et pédagogie, permet de voir en plein jour les animaux de la nuit : chauve-souris, rapaces, crapauds, chouettes, renards, blaireaux (Olizy-Primat).

LES CONSEILS GEO

▶ Les plus

Une nature généreuse qui recèle de nombreuses richesses à découvrir. Un patrimoine culturel historique important avec des édifices majeurs du Moyen Age très bien préservés. L'accueil et la gentillesse de ses habitants. Des produits du terroir savoureux pour tous les goûts. La proximité de la Belgique. Des festivités hautes en couleurs !

▶ Les moins

Vif, le froid en hiver peut limiter certaines activités de plein air.

▶ Les tendances

L'ouverture récente de la voie verte pour les promeneurs à la recherche de calme et de verdure, à suivre au bord de l'eau.

A Charleville-Mézières, la fête de la bière dure trois jours, attirant un large public. Des brasseries du monde entier présentent leur breuvage. Animations musicales, dégustations et traditionnelle «course des garçons» sont au rendez-vous. ■

Une cabane vigneronne, minuscule bâti de pierre planté dans le cœur verdoyant des coteaux du fameux vignoble champenois.

Aube

Réputé pour son champagne, sa forêt d'Orient, et pour ses fameuses foires du Moyen Age, ses églises du XVIe siècle en pans de bois, leurs vitraux et leur belle statuaire, l'Aube, au cœur de la Champagne-Ardenne, est une mine de contes et de légendes, d'histoire et de nature.

Les paysages

Ici, les routes serpentent à travers des plaines vallonnées, des collines recouvertes de forêts, des coteaux abritant des vignobles et des petits villages traditionnels.

La **Côte des Bar** («sommet» en celte), au sud de Troyes, est un haut lieu de la production du champagne. L'Aube en produit chaque année 80 millions de bouteilles, classées «appellation d'origine contrôlée». On peut y suivre la fameuse **route du champagne** et découvrir des anciennes cabanes de vignerons, faites de pierres plates posées tout simplement les unes sur les autres.

A l'est de Troyes, se déploie la Champagne humide, avec la **forêt d'Orient** qui couvre 70 000 hectares. Son nom très mystérieux vient des chevaliers d'Orient, les illustres templiers. Les trois lacs du parc naturel régional de cette énigmatique forêt, les lacs d'Orient, d'Amance et du Temple, proposent toutes sortes d'activités sportives - voile, nautisme, pêche - autour de Port-Dienville, Géraudot et Mesnil-Saint-Père. Deux observatoires ornithologiques permettent aussi d'admirer les 267 espèces d'oiseaux qui fréquentent la zone.

LE CARNET DE VOYAGE

Les premiers contacts
Comité départemental de tourisme Aube en Champagne, 34, quai Dampierre 10000 Troyes, 03.25.42.50.00. www.aube-champagne.com

La population
292 564 habitants. Préfecture : Troyes.

Les fêtes
Fin juillet-début août : fête du Champagne.
3e week-end de septembre : foire à la choucroute (La Brienne-le-château).
Fin octobre : Nuits de Champagne (Troyes, concerts autour d'un auteur compositeur et interprète francophone).
Mi-octobre : Salon régional du livre pour la jeunesse (Troyes).

Les produits locaux
- Andouillette, fromage de Chaource.
- Champagne, cidre, prunelle de Troyes, rosé des Riceys, coteau champenois.
- Vêtements (grands magasins d'usines).

QUE VOIR, QUE FAIRE EN AUBE ?

Les paysages

- Route du champagne (entre Bar-sur-Aube et Bar-sur-Seine)
- Parc régional de la forêt d'Orient

Les villes et le patrimoine culturel

Troyes, Nogent-sur-Seine (Camille Claudel), Essoyes (Renoir), La Motte-Tilly (château)

Les monuments

Abbaye de Clairvaux, chapelle de la commanderie templière d'Avalleur (Bar-sur-Seine), Bayel (cristallerie), églises à pans de bois (Longsols, Soulaines-Dhuys, Mathaux, Lentilles), église Saint-Jean-Baptiste (Chaource)

LES CONSEILS GEO

▶ Les plus

La diversité des activités possibles, entre randonnées et visites de caves sur la route du champagne, sport et nature autour des lacs de la forêt d'Orient, sans compter les monuments de la ville de Troyes.

▶ Les moins

Une région peu fréquentée en hiver à cause de l'humidité et du froid.

▶ Les tendances

L'Aube mise sur une valorisation de son patrimoine traditionnel, estampillé Moyen Age et Renaissance. Ses personnages mythiques - Chrétien de Troyes (auteur de «Perceval ou le conte du Graal»), saint Bernard de Clairvaux (moine réformateur) et Rashi (l'un des plus grands exégètes de la Bible et du Talmud) - inspirent volontiers les auteurs de romans fantastiques.

Les villes et le patrimoine culturel

Troyes, capitale historique de la Champagne, témoigne de l'histoire de l'Europe médiévale et de la Renaissance. Avec ses neuf églises classées, cette cité d'art en forme de bouchon de champagne renferme l'un des plus beaux trésors européens de vitraux et de statuaire du XVIe siècle. L'hôtel de ville est une curiosité de style Louis XIII : à son fronton, l'un des seuls exemples non édulcoré de la devise révolutionnaire. On peut y lire «République - Liberté, égalité, fraternité, ou la mort». Les hôtels du Lion Noir, Marisy ou Mauroy (XVIe siècle) et ses maisons à colombages sont précieusement restaurés et la célèbre maison du Boulanger s'est muée en centre culturel. Troyes est aussi le berceau du compagnonnage dont la maison de l'Outil et de la Pensée ouvrière retrace l'histoire. Mais surtout le cœur des célèbres foires de Champagne, au XIIe siècle. La bonneterie s'y est ensuite développée à partir du XVIIIe siècle, et aujourd'hui, Troyes abrite encore d'importants magasins d'usine fort prisés.

Au tournant du siècle dernier, c'est **Nogent-sur-Seine** qui aimantait les artistes, nombreux à s'y installer. Le musée Dubois-Boucher réunit les œuvres des sculpteurs de renom du pays : Alfred Boucher, Paul Dubois ou **Camille Claudel**. Le peintre **Renoir**, lui, passait ses étés à **Essoyes** où il plantait son chevalet. Le Nogentais, étiqueté «romantique», a abrité les amours de Héloïse et Abélard et propose la visite du **château** de **La Motte-Tilly** (XVIIIe siècle).

LES SUGGESTIONS GEO

- **Découverte :** Kid'jouer, rallye découverte ludique à pratiquer en 3 heures de circuit, pour toute la famille (Troyes) ; découverte ornithologique et stages d'initiation aux chants d'oiseaux (lac d'Orient).
- **Aventure :** randonnées cyclo sur la vélovoie de 42 km (forêt et lacs de la forêt d'Orient) ; parc d'attractions Nigloland (Dolancourt).
- **Insolite :** balade avec des ânes dans le pays d'Othe.

Les monuments

L'**abbaye de Clairvaux** se tient à quelques dizaines de kilomètres de Troyes. Saint Bernard, son abbé fondateur au XIIe siècle, aurait rédigé les règles de l'ordre des Templiers et essaimé le mouvement réformateur cistercien à travers toute l'Europe. Haut lieu de l'histoire de ces moines soldats, la **commanderie templière d'Avalleur** se trouve à Bar-sur-Seine.

Les **cristalleries** royales de champagne, créées en 1678 à **Bayel** par Jean-Baptiste Mazzolay, maître verrier vénitien, avec le soutien des religieux de Clairvaux, se visitent aussi.

Un circuit à travers **Soulaines-Dhuys**, **Longsols**, **Mathaux** et **Lentilles** met sur la piste des églises à pans de bois du XVIe siècle. Et **Chaource**, au sud-ouest, n'est pas seulement connu pour son cidre et son fromage, mais aussi pour le maître sculpteur anonyme de l'école troyenne, dont on peut voir la mise au tombeau à l'**église Saint-Jean-Baptiste** (XVIe siècle). ■

QUE VOIR, QUE FAIRE EN HAUTE-MARNE ?

Les villes et les monuments

- Colombey-les-Deux-Eglises, Langres, Chaumont, Saint-Dizier, Châteauvillain
- Villa d'Andilly-en-Bassigny, mausolée (Faverolles)
- Châteaux (Cirey-sur-Blaise, Grand-Jardin, Pailly)

Les paysages et les loisirs

- Lacs (Der), forêts (Arc-en-Barrois, Auberive, Châteauvillain)
- Tourisme fluvial (canal de la Marne à la Saône), thermalisme

Haute-Marne

Au sud de la région Champagne-Ardenne, si l'on tend bien l'oreille, il est encore possible d'entendre les voix d'illustres personnages. De Gaulle, Voltaire ou Diderot vous content les mérites d'un département qui leur était cher : son patrimoine antique, ses châteaux Renaissance et ses traditions locales.

Les villes et les monuments

Le village de **Colombey-les-Deux-Eglises** est célèbre pour avoir abrité le refuge du général de Gaulle dès 1934. L'ancienne demeure de La Boisserie est aujourd'hui transformée en musée. Une gigantesque croix de Lorraine se dresse non loin de là et un **Mémorial Charles de Gaulle** entièrement consacré au Général a ouvert ses portes.

Classée «ville d'art et d'histoire» et berceau du philosophe Diderot, **Langres** et sa cité fortifiée recèlent une foule de trésors architecturaux d'époques différentes. L'architecture militaire y est prédominante. A ses remparts, s'ajoutent sept portes et douze tours. Autres monuments, la cathédrale Saint-Mammès du XIIe siècle mélangeant l'art roman et les audaces gothiques, la maison Renaissance et l'hôtel du Breuil, parfaits exemples de la Renaissance.

Ancienne cité industrielle de la métallurgie, **Saint-Dizier** mérite que l'on s'arrête en son cœur historique. Place forte, le château ne se visite pas, mais la promenade des remparts est intéressante avec les portes d'entrée du château et les tours du XIIIe siècle. A voir aussi, l'église Notre-Dame-de-l'Assomption (XIIIe siècle) et la maison Parcollet (XVIe siècle) avec ses murs en torchis à colombages.

LE CARNET DE VOYAGE

Les premiers contacts
Comité départemental du tourisme et du thermalisme de Haute-Marne, cours Marcel-Baron, BP 2048, 52902 Chaumont cedex 9, 03.25.30.39.00. www.tourisme-hautemarne.com

La population
La Haute-Marne compte 189 000 habitants et 30 habitants au km^2. Préfecture : Chaumont.

Les fêtes
1er week-end de mai : fête annuelle des plantes au château du Grand Jardin (Joinville).
Mi-mai : Festival International de l'Affiche et du Graphisme (Chaumont).
Juin-mi-août : festival Musical Eté (Saint-Dizier).
3e week-end de novembre : Festival International de la Photo Animalière et de Nature (Montier-en-Der).

Les produits locaux
- Truffe, foie gras, langres (fromage AOC).
- Champagne, vins.

Sur le plateau de Langres, aux portes de la ville de Diderot, de nombreuses voies se prêtent volontiers à la balade.

LES CONSEILS GEO

▶ Les plus

L'attrait des villes et des monuments historiques à découvrir, des artisans divers et leur savoir-faire unique et une nature généreuse.

▶ Les moins

Un département aux hivers rigoureux. De nombreuses activités cessent durant cette période.

▶ Les tendances

La Haute-Marne mise sur une mise en valeur de son patrimoine doublée d'un partage de ses traditions. Des ateliers sont organisés pour apprendre les savoir-faire locaux.

Le village fortifié de **Châteauvillain** comprend un étonnant parc aux Daims créé en 1655 pour constituer l'immense domaine de chasse d'un seigneur, clos par un mur de pierre long de plus de 6 kilomètres.

Quelques vestiges de l'époque gallo-romaine ont résisté au temps, le **mausolée de Faverolles** et la **villa d'Andilly-en-Bassigny**. La Renaissance a aussi laissé de nombreux édifices en Haute-Marne, le **château du Grand-Jardin** à Joinville, celui de **Cirey-sur-Blaise**, demeure de Voltaire de 1734 à 1749, ou bien encore le **château de Pailly**.

La préfecture de **Chaumont**, avec ses hôtels particuliers (XVe-XVIe siècles) et ses maisons bourgeoises (XVIIe-XVIIIe siècles), offre une belle promenade au pied des vieux remparts qui ceinturent les anciens quartiers des lavandières et des tanneurs.

Curiosité locale à voir, la glacière de Chaumont-le-Bois se présente sous la forme d'un œuf géant. Cette maçonnerie de 6,50 mètres de haut pour une circonférence de 3 mètres est l'ancêtre du réfrigérateur.

■ Les traditions et le terroir

La coutellerie occupe une place importante dès le XVIe siècle et ne va cesser de se développer jusqu'à nos jours. Le musée Espace Pelletier retrace l'histoire de la coutellerie et plusieurs ateliers sont ouverts au public. La fonte d'art, autre tradition indissociable du département, reste encore aujourd'hui une activité prépondérante. On retrouve de nombreux éléments Guimard (les entrées des bouches du métro parisien) façonnés dans la région, comme les balcons de Saint-Dizier.

LES SUGGESTIONS GEO

■ **Découverte :** une multitude de cours, ateliers manuels et stages créatifs pour apprendre ou fabriquer soi-même les spécialités locales (cuisine, décoration florale, vannerie, jardinage, photographie...).

■ **Aventure :** le pays du Der et son lac, lieu d'exception pour l'observation des oiseaux en milieu naturel.

■ **Insolite :** séjour en roulotte aux sources de la Meuse, pour découvrir le Bassigny au rythme du cheval de trait ; souterrains de Bugnières avec sa grande salle dotée de trois nefs, accessible par une immense galerie (Arc-en-Barrois).

La culture de l'osier et la vannerie, est une autre fierté de la Haute-Marne depuis de XVIIe siècle. Métier d'art traditionnel unique, la fleuristerie d'art et son célèbre moulin confectionnent fleurs, pistils, tiges et fruits pour la haute couture, la pâtisserie, la décoration intérieure ou les accessoires de mariées.

■ Les paysages et les loisirs

La nature foisonne de richesses : la flore (orchidées sauvages), la faune (grue cendrée, aigle pygargue du lac du Der, chauve-souris), les lacs (**lac du Der** et les quatre lacs du pays de Langres), les forêts (**Auberive**, **Arc-en-Barrois**, **Châteauvillain**) et quelques cascades pétrifiantes appelées tuffières (Rolampont, Rouvres-sur-Aube). Un décor qui offre de multiples balades : VTT et randonnées pédestres ou équestres... Le tourisme fluvial permet de visiter la région différemment. Le **canal de la Marne à la Saône** traverse la Haute-Marne du nord au sud en proposant des haltes découvertes. Les thermes de **Bourbonne-les-Bains**, réputés pour leurs bienfaits sur les rhumatismes, l'arthrose ou les problèmes respiratoires, vous accueillent pour des cures de remise en forme entre mars et fin novembre. ■

Classée Patrimoine mondial de l'Unesco, la cathédrale Notre-Dame de Reims, réalisation majeure de l'art gothique français.

L'histoire a sacré les rois de France en Champagne-Ardenne, la nature et les hommes y ont conjugué leurs soins pour élever ici une vigne bien née... Belle récompense pour la Marne, où ces grappes d'or donnent naissance à un pétillant nectar qui escorte les fêtes les plus brillantes : champagne !

Marne

Les paysages

De la plaine champenoise aux célèbres coteaux du vignoble en passant par les **forêts d'Argonne** et la Brie champenoise qui côtoie déjà l'Île-de-France, la nature de la Marne est variée et réserve même des curiosités. C'est le cas des Faux de Verzy dans le parc naturel de la **montagne de Reims**. Du latin fagus , il s'agit d'une variété d'arbre rarissime, au tronc et aux branches incroyablement sinueuses, d'où leur nom de hêtres tortillards, véritable énigme botanique car il n'en existe d'autres quasiment qu'en Allemagne et en Suède.

Unique aussi, le vignoble qui donne le nectar le plus célèbre au monde se situe principalement sur la montagne de Reims, dans la vallée de la Marne et sur la Côte des blancs. Au Moyen Age déjà, le vin de Champagne est considéré comme un vin de qualité et au XVIIe siècle les gourmets les plus raffinés n'en tolèrent pas d'autre à leur table. Le célèbre moine

LE CARNET DE VOYAGE

Les premiers contacts
Comité départemental du tourisme de la Marne BP 74 51006 Châlons-en-Champagne Cedex, 03.26.69.59.31. www.tourisme-en-champagne.com
Maison du parc naturel de la montagne de Reims 51480 Pourcy, 03.26.59.44.44. www.parc-montagnedereims.fr
Sur la migration des grues cendrées, www.grus-grus.com.

La population
Un peu plus de 565 000 habitants. Préfecture : Chalons-en-Champagne

Les fêtes
Janvier : fête de la Saint-Vincent.
Mai : fête de la vigne et du vin.
Mai-septembre : Les Flâneries champenoises (Marne).
Juin : fêtes Johanniques à Reims.
Fin juin : escapade pétillante et gourmande en Champagne (Epernay).
Début juillet : fêtes Henri IV (Aÿ-Champagne).
Octobre : fête des vendanges à l'ancienne.
Décembre : chemin des Crèches (vignobles entre Reims, Epernay et Chalons), Habits de Lumière (Epernay).

Les produits locaux
- Biscuit rose de Reims (à tremper dans le champagne), pied de porc à la Sainte-Menehould.
- 75 % du vignoble champennois est en Marne, réparti en trois cépages : pinot noir, pinot meunier et chardonnay.

QUE VOIR, QUE FAIRE EN MARNE ?

Les paysages

Montagne de Reims, forêt de l'Argonne, lac du Der

Le patrimoine

- Reims (cathédrale Notre-Dame, basilique Saint-Rémi, musée des Beaux-Arts, chapelle Foujita)
- Châlons-en-Champagne (collégiale Notre-Dame-en-Vaux, basilique Notre-Dame-de-l'Epine)

LES CONSEILS GEO

▶ Les plus

Pour connaître le champagne ailleurs que dans les flûtes, découverte de terrain passionnante à tout âge, que l'on soit «accro» aux bulles ou pas !

▶ Les moins

A part l'observation de la nature et des animaux ou les randonnées à faire facilement en famille car sans grande difficulté, peu de points d'attraction ou de visites spécifiques pour les jeunes enfants.

▶ Les tendances

Avec des haltes réservant visites et dégustations, les randonnées pédestres thématiques font ici la part belle à la vigne...

Dom Pérignon lui donne au XVIIIe siècle sa forme actuelle et ses lettres de noblesse en mettant au point sa vinification, mais aussi l'assemblage et le remuage. Autant d'opérations que les grandes maisons de champagne, les propriétaires récoltants et le musée de la Vigne et du Vin se font un devoir d'expliquer.

Egalement acteurs du paysage, les oiseaux migrateurs jouent leur rôle dans la Marne, y attirant deux fois l'an les ornithologues du monde entier. Eux aussi sont à la fête puisqu'ils observent au printemps et à l'automne sur les rives du **lac du Der**, le plus grand lac artificiel d'Europe, des dizaines de milliers de grues cendrées et autres oiseaux migrateurs venus faire une halte réparatrice avant leur envol pour le sud de l'Espagne. Leurs vols en formation, à l'aube et au crépuscule, sont magnifiques et toujours impressionnants.

Mais les paysages gardent aussi la mémoire de l'histoire et les chemins de l'Argonne portent encore les marques de la Grande Guerre et de ses tranchées. Une randonnée accompagnée particulièrement émouvante emmène le visiteur «sur les traces des Poilus d'Argonne» permettant de mieux imaginer l'enfer vécu par ces soldats dans un paysage empreint aujourd'hui d'une grande sérénité.

Le patrimoine

De l'imposante **cathédrale Notre-Dame de Reims** ornée de plus de 2 300 sculptures et renommée pour ses vitraux réalisés par Chagall, théâtre du sacre de bien des rois de France, aux modestes, mais ô combien charmantes, églises à pans de bois du pays du Der, l'architecture religieuse montre ici sa diversité. Exemple, le superbe circuit des églises romanes de la vallée de l'Ardre dans le Tardenois au nord-ouest de Reims. Tout cet héritage sacré, dont nombre de joyaux sont classés au Patrimoine mondial de l'Unesco, a vu se forger plus d'un destin historique, de Clovis à Jeanne d'Arc en passant par les comtes de Champagne, avec pour témoin l'ange de la cathédrale de Reims au radieux sourire de paix éternelle.

La **basilique Saint-Remi**, ses vitraux du XIIe siècle, le musée-abbaye et ses tapisseries illustrant la vie de Saint-Remi, le **musée des Beaux-Arts** et sa très importante collection de toiles de Corot, font de **Reims** une étape obligée. A ne pas manquer non plus, la **chapelle Foujita**, entièrement décorée par l'artiste japonais en 1966. Elle est à présent la propriété de la célèbre maison Mumm.

A **Châlons-en-Champagne**, art roman et art gothique se marient avec bonheur dans l'harmonie de la **collégiale Notre-Dame-en-Vaux** dont les superbes verrières du XVIe siècle méritent, à elles seules, le détour. Un peu à l'écart de la ville, en direction de Sainte-Menehould, il faut voir se dresser au loin la **basilique Notre-Dame-de-l'Epine**, magnifique exemple du gothique flamboyant affichant une dentelle de pierre d'une incroyable richesse avec ses gargouilles aux figures fantastiques. ■

LES SUGGESTIONS GEO

- **Découverte :** visite des véritables villes souterraines que sont les caves des grandes maisons de champagne (Epernay, Reims).
- **Aventure :** à pied ou en VTT, arpenter les dunes de sable et la pinède de Sablière de Chalons-sur-Vesle : dépaysant !
- **Insolite :** essayer la cyclo-draisine, sorte de vélo-rail qui se déplace en pédalant sur la voie ferrée désaffectée d'une petite ligne ferroviaire rurale d'autrefois, entre Sézanne et Neuvy. Tranquillité assurée !

Corse-du-Sud

Côtes dentelées, massifs expressifs, plages enchanteresses. La Corse-du-Sud porte les couleurs mêlées de la montagne modeste et de la Méditerranée éclatante. Elle est aussi le territoire des origines de l'homme sur l'île. Autant de motifs qui lui font le caractère bien trempé.

QUE VOIR, QUE FAIRE EN CORSE-DU-SUD ?

Les côtes

- Golfe de Porto, réserve de Scandola, calanches de Piana, îles Sanguinaires, archipel des Lavezzi, golfe du Valinco
- Plages (Rondinara, Santa-Giulia, Palombaggia, Saint-Cyprien, Pinarello)

La montagne

- Gorges de la Spelunca et de la Ricchiusa, forêt d'Aïtone, aiguilles et forêt de Bavella
- Sites préhistoriques (Filitosa, Cucuruzzu, Capula, Palaggiu)

Les villes et les villages

Piana, Cargèse, Ajaccio, Bonifacio, Porto-Vecchio, Sartène

Les côtes

En descendant la côte par l'ouest, sur une route vertigineuse, se dessine l'échancrure profonde et déchiquetée du **golfe de Porto** gardé par sa tour génoise. Ses falaises et ses îlots rouges et tourmentés, ses grottes et ses criques font de ce lieu l'un des plus connus de l'île. Le site naturel est classé au Patrimoine mondial de l'humanité de l'Unesco, au même titre que la **réserve de Scandola**. Ce décor flamboyant d'aiguilles, de crevasses et d'orgues horizontaux, qui fait partie du parc naturel régional de Corse, est protégé sur terre et sous l'eau. Le royaume des balbuzards et des mérous ne peut être approché qu'en petit bateau.

Les **calanches de Piana**, à l'extrémité sud du golfe, sont un autre panorama remarquable : des falaises orangées de plus de 300 mètres de hauteur qui plongent en à-pic dans le bleu sombre de la Méditerranée, et rougeoient magnifiquement au coucher du soleil. Une route étroite et serpentine traverse ce massif aux formes surprenantes, sur un peu plus d'un kilomètre de possibles embouteillages estivaux. Pour découvrir la magie du lieu sans encombrement, préférer l'ancien sentier muletier, à parcourir tranquillement à pied.

Postées en ligne à l'entrée ouest du golfe d'Ajaccio, les **îles Sanguinaires**, se couvrent aussi d'un flamboiement superbe en fin de journée. A goûter depuis l'extrémité de la pointe de la Parata après être passé par la case «baignade» sur l'une des plages et criques qui bordent la côte.

Dans le **golfe du Valinco**, où se love le port de plaisance de Propriano, la mer est si calme qu'elle prend même des airs de lac. Les plages bordées de

Le golfe de Porto où se nichent les calanches de Piana, «muraille sanglante de granit rouge» selon Maupassant.

maquis de chênes verts et d'arbousiers sont appréciées des familles. Parmi elles, Cupabia, la plus sauvage, Campomoro et Porto Pollo (pour les plongeurs confirmés, découverte des «cathédrales», imposants rochers couverts de gorgones).
L'**archipel des Lavezzi**, site protégé à quelques miles marins de Bonifacio, a sa ville sous-marine, Mérouville, peuplée de... mérous affectueux aimant les caresses des plongeurs.
Indéniablement, les plus belles plages de Corse se trouvent sur la côte orientale, de part et d'autre de Porto-Vecchio. Couleur lagon et sable blanc pour de vrai à **Rondinara**, **Santa-Giulia**, **Palombaggia**, **Saint-Cyprien**, **Pinarello**... au vif succès. Pour fuir l'affluence ? Remonter tout simplement sur la baie de Figari, domaine des criques sauvages, petites, charmantes et très peu fréquentées.

La montagne

Sur les hauteurs du golfe de Porto se nichent les **gorges de la Spelunca** que l'on aborde à pied depuis le village typique d'Ota accroché à sa montagne. Pas de difficulté sur cet ancien chemin muletier - sinon les marches longues d'un mètre ! - qui file au creux des gorges, dans le maquis et parmi les châtaigniers. Arrivée à Evisa. Du village part un sentier vers la très belle **forêt d'Aïtone**, domaine du pin laricio, arbre emblématique de l'île au tronc droit s'élançant à près de 50 mètres de hauteur pour déployer enfin ses branches (délicieuses rivières et piscines naturelles).
La vallée de la Gravona, dans l'arrière-pays du golfe d'Ajaccio, se coule entre les deux plus hauts massifs du centre de la Corse (2 300 m d'altitude). Tout comme les **gorges de la Ricchiusa** dont l'eau transparente et

Les aiguilles de Bavella, forêt granitique de l'Alta Rocca, à 900 mètres d'altitude.

fraîche garnit de bien tentantes vasques naturelles de granit.

Dans le Taravo, le site mégalithique de **Filitosa** est un lieu majeur de la Préhistoire en Europe. Sur une butte, parmi des oliviers centenaires, se racontent 6 000 ans d'histoire humaine (statues-menhirs aux visages sculptés et constructions circulaires dites «torréennes»). La vallée du Taravo est aussi l'occasion d'une belle halte gourmande (délicieuses charcuteries) et thermale (bains de Tacana).

Dans l'Alta Rocca, une enceinte monumentale de l'âge de bronze (-2 000 av. J.-C.) se dresse sur le site préhistorique de **Cucuruzzu**. Plus loin, par un sentier, le site médiéval de **Capula** (beaux vestiges d'un château).

Impressionnants aussi par ailleurs, les **alignements de Palaggiu** (plus de 250 menhirs) et le castellu d'Arragiu (spectaculaire forteresse de l'âge de bronze de 120 m de circonférence).

Autre alignement, les **aiguilles de Bavella** dans l'Alta Rocca. Une forêt minérale de pics de granit se dressant jusqu'à 900 mètres de hauteur. A ses pieds, la **forêt de Bavella** aux odorantes essences de pins. Nombreux sentiers de randonnée depuis le col, notamment vers le très populaire trou de la Bombe, gigantesque percée dans une paroi rocheuse.

Les villes et les villages

Le village de **Piana** est installé sur un plateau à 400 mètres au-dessus du golfe de Porto, face aux fameuses calanches rouges. Classé parmi les «plus beaux villages de France», il s'y distingue, habillé du blanc de ses maisons et de son église baroque au haut campanile réunies autour de placettes agréablement ombragées et aux fontaines rafraîchissantes.

Posté sur un promontoire de granit, **Cargèse** la blanche tracée au cordeau est singulière. Ici se font face deux belles églises, l'une latine, l'autre grecque qui voient leurs offices célébrés par le même prêtre. Une communauté orthodoxe vit ici, descendante de réfugiés grecs chassés par les Turcs au XVIIe siècle.

Le berceau de Napoléon Bonaparte, c'est **Ajaccio** (celui de Tino Rossi aussi). La ville cultive sa mémoire (statues à son effigie ici et là, grotte où il se réfugiait, maison Bonaparte où il naquit...). Très belles collections de grands maîtres italiens (Véronèse, Titien, Botticelli...) au musée Fesch, oncle de l'Empereur et collectionneur éclairé. Ne pas hésiter à flâner dans la vieille ville aux maisons pastel et sur le port de pêche gardé par une imposante citadelle génoise. Et plus loin, jusque dans les vallées du fleuve côtier Prunelli (à Bastelica, Tolla ou Cauro) et de son affluent la rivière Gravone (villages de Cuttolli-Corticchiato, Bocognano, Vero).

Sartène est bourrue. Ses maisons hautes et massives en granit gris, serrées sur leur éperon rocheux, ne sont pas

LE CARNET DE VOYAGE

Les premiers contacts
Agence du tourisme de la Corse, 17, bd du Roi-Jérôme, BP 19, 20181 Ajaccio cedex 01, 04.95.51.00.00. www.visit-corsica.com

La population
129 000 habitants.
Préfecture : Ajaccio.

Les fêtes
Mars : procession U Catenacciu à Sartène, procession des cinq confréries à Bonifacio, cérémonies pascales de Cargèse, fête de l'Huile d'olive nouvelle à Sainte-Lucie-de-Tallano.
Avril : journée du Fromage et du Vin (dégustation et vente des productions de tout le département et à Cauro).
Juin : Contafoli (festival de la nuit du conte) à Vero, Jazz in Aiacciu et fête des Pêcheurs (Ajaccio).
Juillet : Sorru in Musica (festival de musique classique dans les villages de la haute vallée du Liamone).
Août : fêtes napoléoniennes (Ajaccio).
Décembre : foire à la Châtaigne (Bocognano).

Les produits locaux
- Charcuterie de porc (figatellu (saucisse de viande, foie et herbes), coppa, lonzu, salsiccia (saucisse), salamu (saucisson), prisuttu (jambon cru)), tripes à la mode corse.
- Fromages fermiers au lait de de brebis et/ou de chèvre (brocciu frais ou sec, sartenais, bastellicaccia, brebis de la Gravona et du Taravo).
- Huile d'olive AOC Oliu di Corsica.
- Canistrellu (gâteau sec aux amandes ou noisettes, grains de fenouil, raisins sec ou parfumé au citron), canistro finucchiettu d'Ajaccio (gâteau parfumé à l'anis).
Vins (porto-vecchio, sartène, ajaccio), liqueur d'arbouse, de myrte, de cédrat.

L'artisanat
Couteau de berger, chasse, pêche...

La Palombaggia, plage mythique de Porto-Vecchio et parmi les plus belles de l'île. Un paradis couleur lagon pour les baigneurs.

des plus accueillantes. Joli quartier médiéval cependant tout en ruelles coupées d'escaliers voûtés. Profondément corses : les chants polyphoniques de son chœur d'hommes et le Catenacciu, procession du Vendredi saint (un pénitent anonyme vêtu de rouge et cagoulé va nu-pieds et enchaîné, portant une croix de 35 kg). Unie à sa falaise de calcaire, de la même blancheur qu'elle, **Bonifacio** aligne ses hautes et étroites demeures à 60 mètres au-dessus d'une Méditerranée turquoise. Flâner le nez au vent dans la cité forteresse aux influences pisanes et génoises (fines ruelles, maisons à arcades, loggias et persiennes). Descente vertigineuse sur la mer par le fameux escalier du roi d'Aragon taillé dans la falaise. Citadelle génoise, **Porto-Vecchio** est aujourd'hui prise d'assaut par les visiteurs. En période estivale du moins, magnifiques plages alentour obligent. Elle est donc LA station balnéaire corse, avec ce qu'il faut de boutiques chics, de restaurants et de bars animés, autour de sa marina et dans la ville haute. Celle-ci, ceinturée d'épais murs, est toute en ruelles aux maisons serrées débouchant sur places et placettes. Charmante. ■

LES SUGGESTIONS GEO

■ **Découverte :** promenade en mer (îles Lavezzi, calanches de Piana, grottes autour de Bonifacio) ; en train (parcours spectaculaire entre Ajaccio et Bastia par le cœur de l'île); sentier pédagogique sous-marin des Lavezzi (Bonifacio).

■ **Aventure :** parcours acrobatiques dans les arbres (forêts de Bavella et de l'Ospedale, Solenzara) ; canyoning (gorges du Baracci) ; kayak (vallée du Taravo).

■ **Insolite :** skier dans la mini station du val d'Ese, à 1 600 m d'altitude, si la neige est au rendez-vous… Et faire aussi de la raquette à neige ou du ski de fond.

LES CONSEILS GEO

▶ Les plus

Un département qui réunit en de courtes distances distractions et sublimes paysages, très variés.

▶ Les moins

Une affluence record en juillet et août surtout sur les côtes. Préférer les mois de juin et septembre pour une découverte tranquille (chaleur douce et accueil plus détendu).

▶ Les recommandations

En voiture sur les routes souvent étroites et sinueuses, méfiance au détour des virages où l'on peut se retrouver face à un camping-car, un vélo, une vache, un cochon ou un troupeau de chèvres en vadrouille.

▶ Les tendances

Une mini croisière vers Ajaccio au départ de Marseille ou de Toulon (nuit de traversée en ferry, journée libre pour découvrir la capitale de la Corse-du-Sud le lendemain et le retour en bateau dans la nuit).

Haute-Corse

Aride, mais surtout inhabité, le désert des Agriate et sa typique végétation rase.

La Corse de l'En-Deça-des Monts, comme elle s'appela un temps, est une séduisante association de haute montagne et de plaines descendant doucement vers la mer. De villages perchés en marines charmantes, de plages couleur lagon en églises baroques, cette terre à l'âme indocile multiplie les singularités.

Les côtes

Le **cap Corse** s'avance dans la Méditerranée. Ce promontoire montagneux et effilé conserve de son passé génois tours de guet et églises romanes (fresques du XIVe siècle à Sainte-Marie-des-Neiges) ; de celui de ses émigrants partis aux Amériques et revenus riches, des villas inspirées de palais italiens et du style colonial hispanique, une particularité dans ce paysage de maisons simples et grises. Piqué de hameaux sur sa montagne, le cap se découpe en criques dans lesquelles se lovent des «marines», les ports de pêche (**Erbalunga** aux maisons au ras de l'eau ou **Cannelle**, ses ruelles pavées et ses passages voûtés). Sur son versant oriental, d'agréables plages de sable descendent en pente douce vers la mer (**Tamarone** et **Barcaggio**).

Sur sa falaise, emmitouflé dans le maquis, **Nonza** se montre à l'ouest du cap Corse. Signes distinctifs de ce joli village : une auguste église à la façade

QUE VOIR, QUE FAIRE EN HAUTE-CORSE ?

Les côtes

- Cap Corse (villages d'Erbalunga et de Cannelle, plages de Tamarone et Barcaggio), Nonza
- Agriate (plages du Lodo, de Saleccia et Malfalco), Ostricani (village de Lama)
- Balagne (plages de Calvi, Ghjunchitu, U'Catarellu, Aregno, Alga), villages balanins de Corbara, Sant'Antonino, Monticello, Pigna, Speloncato

La montagne

- Défilés de l'Inzecca et des Strette, gorges de la Restonica, lacs du Melo et de Capitello
- Venacais (villages de Venaco et Vivario), vallée et village de l'Asco, Castagniccia (villages de Morosaglia, Stretta)

Les villes

Bastia, Saint-Florent, Calvi, Corte

Sur le flanc du Monte Stello, le village de Nonza fait place forte autour de l'église Santa Ghjulia.

saumonée, une fontaine miraculeuse et une grande tour carrée gardant en contrebas sa plage de galets gris.

Pas de route mais des pistes cabossées et des sentiers sur les **Agriate**. Cette vaste étendue protégée faite de maquis, d'affleurements rocheux et de maigres étangs ne conserve de la présence humaine que quelques vestiges de bergeries. Récompense suprême d'une longue marche sur son chemin du littoral : l'arrivée aux plages couleur lagon du **Lodo** ou de **Saleccia** sur lesquelles quelques vaches lézardent parfois (4X4 obligatoire pour accéder à la très belle plage de **Malfalco**).

Frontalière des Agriate, la région de **l'Ostriconi**. Sa longue plage sauvage du même nom attire le regard : près d'un kilomètre de sable et de dunes tapissées de genévriers. Et dans les terres, le village de **Lama**. A 450 mètres au-dessus de la vallée, il présente son cœur médiéval (maisons serrées dotées de toits terrasses, passages voûtés, ruelles pentues) aux côtés de demeures bourgeoises du XIXe siècle d'inspiration toscane.

Plus au sud, le littoral de la **Balagne** recèle quelques plages engageantes. **Ghjunchitu**, **U'Catarellu** et **Aregno** aux environs de la station balnéaire de l'Ile-Rousse ; la plage de **Calvi** (5 km de sable et son ruban de pinède) ou encore les criques de la presqu'île de la Revellata, telle **Alga** au départ de laquelle un sentier de bord de mer s'en va jusqu'à la pointe de la péninsule et son phare (vue imprenable sur le littoral balanin).

Dans l'arrière-pays, dominant la Méditerranée entre vignes et vergers, des **villages** méritent le détour (**Corbara** le mauresque au riche patrimoine religieux, **Sant'Antonino** estampillé «plus beau village de France» et l'un des plus vieux de Corse, sur son nid d'aigle, et aussi, **Pigna**, **Speloncato**, **Monticello**).

La montagne

La route des **défilés de l'Inzecca et des Strette** est particulièrement impressionnante. Elle longe ces deux étroites tranchées traversées par le très vif torrent Fiumorbo. L'Inzecca marqué du vert de la pierre serpentine devient de schiste rouge avant de s'ouvrir en un bassin boisé d'oliviers et de châtaigniers. Le défilé des Strette le prolonge et l'on continue de suivre le torrent sur une route en corniche, parfois à 300 mètres en surplomb. Généreux, le Fiumorbo offre aux baigneurs des vasques d'eau claire.

Autre lieu très couru pour se tremper : les **gorges de la Restonica**. La rivière tumultueuse, ralentie parfois par d'immenses blocs de roche,

L'Île-Rousse, en Balagne, tire son nom des gros îlots rocheux de porphyre rouge.

devient alors bassins d'eau (fraîche) au cœur d'une forêt de pins laricio, tendus hauts et droits vers le ciel. En poursuivant plus avant à pied, on rejoint, en une bonne heure de montée, le **lac du Melo** (à 1 710 m) puis, en continuant encore une heure, le **lac de Capitello** (à 1 930 m), le plus profond de l'île (40 m).

Dans le parc naturel régional de Corse, la petite région pastorale du **Venacais** gravite autour du monte Rotondo, le second plus haut sommet de Corse (2 622 m). Les chemins de randonnée sont ici légion, au départ des villages de **Venaco** (réputé pour ses fromages de chèvre et de brebis au lait cru) et de **Vivario**. Ce dernier est particulièrement attachant, ses hautes maisons de pierre se tenant bien serrées, encerclées par de foisonnantes forêts. Il est une étape, notamment sur le GR 20, le très couru et sportif sentier de randonnée qui traverse la Corse du nord au sud sur 200 kilomètres.

Le village de l'**Asco** est logé tout seul à 600 mètres d'altitude au creux d'une petite vallée éponyme et perdue. Au-dessus de ses toits, une vingtaine de sommets dépasse les 2 000 mètres. Tout autour, la forêt de pins laricio de Carozzica et, plus haut, le territoire des emblématiques mouflons. Et de nombreux départs de randonnée.

La **Castagniccia**, au nord-est, est la terre ancestrale de «l'arbre à pain», le châtaignier à la précieuse farine. Plantée là depuis le XVe siècle, cette essence couvre tout le territoire, collines et vallées. Ici, les villages et hameaux sont gris de pied en cape, celui du schiste des murs et de la lauze des toits. Parmi eux, **Morosaglia**. C'est ici qu'est né Pascal Paoli, celui que les Corses appellent «le Père de la Nation», qui vint à bout de Gênes et gagna l'indépendance de l'île au XVIIIe siècle (un musée lui est dédié dans sa maison natale à **Stretta** où il repose dans une charmante petite chapelle attenante).

Les villes

Capitale de la Haute-Corse, **Bastia** sait être active en prenant son temps. Autour du vieux port de pêche et de son marché aux poissons (langoustines, rougets ou daurades tout frais), le quartier de la Terra-Vecchia, la ville basse. Ses ruelles et ses maisons aux toits de lauzes sont veillées par l'imposante église Saint-Jean-Baptiste, face à la Méditerranée. La ville haute, Terra Nova, vit autour de la citadelle. Y entrer en pente douce par le joli jardin Romieu pour découvrir le palais des Gouverneurs et la cathédrale Sainte-Marie-de-l'Assomption hautement baroque (XVIIIe siècle).

Saint-Florent est un charmant port de pêche, un port de plaisance aussi qui a choisi de se poster dans une baie majestueuse, entre les massifs du cap Corse et du Nebbio à l'est, et la côte sauvage des Agriates à l'ouest aux plages accessibles seulement par bateau. A voir dans l'arrière-pays,

LE CARNET DE VOYAGE

Les premiers contacts
Agence du tourisme de la Corse, 17, bd du Roi-Jérôme, BP 19, 20181 Ajaccio cedex 01, 04.95.51.00.00. www.visit-corsica.com

La population
150 000 habitants. Préfecture : Bastia

Les fêtes
Mai : foire aux Fromages de Venaco.
Juin : Veghe à Pigna (concerts de chants corses, jusqu'en septembre).
Juillet : foire du Vin à Luri, Estivoce à Pigna (concerts de musique classique, contemporaine et traditionnelle), Festival Européen du Cinéma et du Monde Rural à Lama (avec séances en plein air), Isule Maestre (chants polyphoniques des îles de Méditerranée), à Speloncato.
Septembre : Rencontres de chants polyphoniques à Calvi, du 7 au 9 septembre, A Santa di Niolu (célébration de la Sainte Vierge, chants, procession) à Casamaccioli.
Octobre : Festiventu à Calvi (spectacles de rue, concerts, expositions).

Les produits locaux
- Charcuterie porcine: figatellu (saucisse de viande, foie et herbes), coppa, lonzu, salsiccia (saucisse), salamu (saucisson), prisuttu (jambon cru).
- Fromages de brebis et/ou de chèvre (niolo, venacais, balaninu, brocciu...)
- Huile d'olive de Balagne, canistrellu (gâteau sec aux éclats d'amande ou de noisette, de grains de fenouil, raisins secs ou au citron), miel AOC de châtaigne.
- Vins (rouges, blancs et rosés AOC de Calvi et Patrimonio, blancs iodés et muscats du cap Corse).
- Liqueur d'arbouse, de myrte, de cédrat.

L'artisanat
Couteau de berger.

L' ancienne cité génoise de Saint-Florent, sur le golfe du même nom, possède un charmant port de pêche et de plaisance.

l'église San Michele de Murato isolée sur son promontoire. C'est un petit édifice roman simple et élégant du XIIe siècle à la façade quadrillée de vert et de blanc.

Calvi surplombe une baie offrant 6 kilomètres de plages de sable. Gros succès donc l'été pour cette ville à la citadelle affirmée dans laquelle le pavé est d'origine génoise (XIIIe siècle). A voir : la cathédrale Saint-Jean-Baptiste et sa Vierge du Rosaire portée en procession, l'ancien palais des Evêques de Sagone (XVIe siècle) dont un bar occupe une partie et quelques maigres pans de murs passant pour être ceux de la maison natale de Christophe Colomb.

Chère au cœur des Corses : la ville de **Corte**, siège au XVIIIe siècle du gouvernement de l'île indépendante. Tout en haut, la citadelle en équilibre sur son éperon minéral, plus bas, le vieux quartier de la ville haute accroché à la pente (ruelles et épaisses maisons de schiste gris) et la ville basse, plus récente. Et tout autour, montagnes, gorges et torrents palpitants. Visiter le musée de la Corse (pour tout apprendre de l'île, de son histoire et de ses traditions). ■

LES SUGGESTIONS GEO

■ **Découverte :** sentier sous-marin de Calenzana (avec palmes, masque et tuba) ; à dos d'âne en Balagne et à Sant'Antonino ; en train (parcours spectaculaire entre Ajaccio et Bastia par le cœur de l'île et de Calvi à l'Ile-Rousse par la côte, à fleur d'eau) ; village des Tortues (Moltifao).

■ **Aventure :** «tyrotrekking», descente en tyrolienne sur 2 km à 180 m d'altitude (Ponte-Leccia).

■ **Insolite :** skier en apercevant la mer dans la petite station de Ghisoni-Capanelle, à 1 600 m ; jouer à la pelote basque (sur le fronton de Santa-Maria-Poggio).

LES CONSEILS GEO

▶ Les plus

Des paysages aux différences marquées, de la mer à la montagne, en l'espace de quelques kilomètres.

▶ Les moins

Des routes en lacets et étroites (côte ouest et montagne, deux routes seulement pour traverser le cap Corse dans sa largeur), peu de possibilités de doubler transforment quelques kilomètres en de longues minutes de voiture, voire des heures en été.

▶ Les recommandations

Etre vigilant à chaque virage car il n'est pas rare de se retrouver nez à nez avec un camping-car, une vache ou un troupeau de chèvres. Du coup, éviter la grosse berline pour circuler plus aisément. Dans les villages, les commerces se reposent souvent jusqu'à la fin de la sieste, vers 16 h.

Guadeloupe

La Guadeloupe est une île des Caraïbes en forme d'ailes de papillon. C'est aussi un archipel comprenant Marie-Galante, Les Saintes et La Désirade, toutes proches. Plus éloignées, Saint-Martin et Saint-Barthélemy complètent ce tableau polychrome posé sur l'arc des Petites Antilles.

La nature

Sur la Basse-Terre règne la forêt tropicale foisonnante contenue en partie dans le parc national de la Guadeloupe, territoire des arbres immenses, des fougères arborescentes, des feuillages géants, des lianes tentaculaires et des orchidées par centaines. Plus de 200 kilomètres de sentiers de randonnée, les traces, la parcourent. A explorer sans risque de croiser de grosses bébêtes, dans le pépiement des merles piailleurs, des fameux pics de Guadeloupe ou des minuscules colibris. Départ de la maison de la Forêt après avoir reçu les conseils avisés des gardes (traces de la rivière Quiock ou des ruisseaux, cascade aux Ecrevisses…). Plus au sud, le sentier de la Grande-Pointe permet d'observer des pétroglyphes, ces pierres gravées par les indiens Arawaks (IVe-Ve siècle après J.-C.). A compléter par l'instructive visite du parc archéologique des Roches Gravées (Trois-Rivières).
Un condensé de la faune et de la flore tropicales est réuni au très instructif **parc des Mamelles** (circuit dans la forêt et à la cime des arbres, grotte des chauves-souris, insectarium, serre aux papillons, salut au racoon, raton laveur en créole, la mascotte du parc).
Autres beaux domaines consacrés aux plantes : le **jardin botanique de Deshaies**, le domaine de Valombreuse (Petit-Bourg), l'écomusée de la Guadeloupe (Sainte-Rose), le parc Paysager (Petit-Canal), le parc aux Orchidées (Pointe-Noire), le jardin d'Eau (Goyave).
A accomplir encore : l'ascension de la **Soufrière**, le point culminant des Petites Antilles (1 467 mètres) et volcan actif souvent enlacé par les nuages. Montée sans difficulté par le chemin des Dames (après avoir goûté à l'eau chaude des Bains Jaunes), au fil d'une végétation rase. Arrivée sur la lune : des gouffres, des crevasses, des pitons et des fumerolles chaudes et sulfureuses à l'odeur d'œuf pourri. Redescente par les trois **chutes du Carbet** (et bain au pied de la première,

QUE VOIR, QUE FAIRE EN GUADELOUPE ?

La nature
Parc des Mamelles, jardin botanique de Deshaies, Soufrière, chutes du Carbet, réserve du Grand-Cul-de-Sac Marin

Les côtes
- Pointe des Châteaux
- Plages (Saint-François, Malendure, Grande-Anse, Le Gosier, Sainte-Anne)

Les traditions
- Architecture créole (Pointe-Noire, Le Moule, Sainte-Rose, Basse-Terre, Pointe-à-Pitre)
- Saveurs (plantation Grand-Café, habitation La Grivelière, caféière Beauséjour, La Bonifierie, Domaine de Vanibel)
- Distilleries Séverin, Damoiseau, Montebello, Bologne, Longueteau

Les autres îles
Les Saintes, La Désirade, Marie-Galante, Saint-Martin, Saint-Barthélemy

Sur l'île de Basse-Terre, dans le parc national de la Guadeloupe, la seconde des trois chutes du Carbet (110 m), au pied de la Soufrière.

Perle de l'archipel de la Guadeloupe, Marie-Galante et ses plages de sable blanc.

la plus haute, tombant de 120 mètres). Entre la Grande-Terre et la Basse-Terre, au nord de la rivière Salée, la **réserve naturelle du Grand-Cul-de-Sac Marin** laisse s'épanouir des espèces originales entre lagon, récif corallien, forêt marécageuse et mangrove (enchevêtrements de palétuviers à fleur d'eau). Tortues marines, balbuzards pêcheurs, algues, gorgones et éponges corail sont à approcher à la nage, en kayak ou voilier.

Les côtes

A l'extrême est de la Grande-Terre, la **pointe des Châteaux** s'avance effilée et déchiquetée sur l'Atlantique. Du bout de cette impressionnante falaise, vue par temps clair sur les îles de Petite-Terre, Marie-Galante et les Saintes. Depuis la pointe de la Grande-Vigie, tout au nord, c'est vers la Basse-Terre, les îles de Montserrat, Antigua et La Désirade que s'en va le regard. Continuation vers la porte d'Enfer (un couloir d'eau calme face à l'Atlantique déchaîné), le trou de Madame Coco (immense crevasse fréquentée par les quimboiseurs, les sorciers) et la pointe du Souffleur d'où jaillit un geyser d'eau de mer.
Toutes les couleurs de sable habillent les plages de Guadeloupe. Sur la Basse-Terre, on se baigne dans la mer des Antilles à la **plage de Malendure** (sable noir) ou de **Grande-Anse** (plage de sable blond bordée de cocotiers sur fond de forêt tropicale).
Sur la Grande-Terre, les plages protégées par la barrière de corail sont un concentré de rêve caraïbe : doux sable blanc, cocotiers et eau turquoise s'alignent de **Saint-François** (et son golf réputé de 18 trous) à **Gosier** (et son îlet éponyme) en passant par **Sainte-Anne**. Avec tout ce qui peut être souhaité de marinas, loisirs nautiques, hôtels, restaurants et marchés locaux. Ne pas manquer depuis Le Gosier une incursion dans les Grands-Fonds, pays retiré d'agriculteurs et d'éleveurs enchâssé entre mares, mornes (collines) et vallons étroits.
Sous l'eau, sur Basse-Terre, la réserve Cousteau protège coraux colorés, poissons perroquets ou anges chatoyants et barracudas inoffensifs, notamment autour des îlets Pigeon (découverte possible avec palmes, masque et tuba ou en bateau à fond de verre). Pour pratiquer cette fois la plongée avec bouteilles, rendez-vous à Malendure, Bouillante ou à Sainte-Rose en Basse-Terre, Saint-François (raies pastenagues) et Port-Louis (grottes) en Grande-Terre.

Les traditions

Les cases créoles, petites maisons rurales d'une seule pièce au toit de tôle ondulée, et les maisons de ville plus sophistiquées (porte à persiennes, galerie, arrière-cour) sont souvent réunies autour de l'église comme à **Pointe-Noire**, **Sainte-Rose** ou encore

LE CARNET DE VOYAGE

Les premiers contacts
Comité de tourisme des îles de Guadeloupe, 23-25, rue du Champ-de-l'Alouette, 75013 Paris, 01.40.62.99.07. www.lesilesdeguadeloupe.com
Office de tourisme de Saint-Martin, 30, rue Saint-Marc, 75002 Paris France, 01.53.29.99.99. www.st-martin.org

La population
451 000 habitants (pour les 4 îles de l'archipel). Préfecture : Basse-Terre.

Les fêtes
Janvier : carnaval (défilés les dimanches jusqu'au mercredi des Cendres), festival de musique (classique et jazz) à Saint-Barth.
Avril : fête de Pâques (le lundi).
Mai : fête de l'Abolition de l'esclavage (le 27), concours de bœufs tirants (courses d'attelages sur pente. Jusqu'en décembre à Saint-François, au Moule et Marie-Galante), festival Terre de Blues (Marie-Galante).
Juillet : festival de Gwo ka (tambour traditionnel), à Sainte-Anne.
Août : fête des Cuisinières (bénédiction des plats, banquet, à Pointe-à-Pitre), fête des Marins (messe et courses de voiles traditionnelles, les 15 et 16) à Saint-François et à La Désirade, tour cycliste de la Guadeloupe, bénédiction de la mer (le 15, aux Saintes).
Novembre : fête de la Toussaint (tombes couvertes de bougies), saison des combats de coqs en Guadeloupe et à Marie-Galante (jusqu'en juillet).
Décembre : Chanté Nwèl (cantiques de Noël chantés sur les places publiques ou chez l'habitant).

Les produits locaux
- Epices, confitures de fruits exotiques, miel (Marie-Galante), nombreuses fleurs exotiques.
- Rhum.

L'artisanat
Bijoux créoles, tissus madras, vanneries, mobilier de style colonial (antiquaire).

Au bourg de Terre-de-Haut, une randonnée sur les hauteurs de la baie de Marigot offre une vue turquoise sur Les Saintes.

Le Moule. On les trouve aussi dans la ville de **Basse-Terre** (maisons dites du Patrimoine et Coquille, dans les rues Peynier, Baudot et Docteur-Cabre) et, dans une moindre mesure, à **Pointe-à-Pitre** (très intéressantes constructions du XIXe siècle que l'église Saint-Pierre-et-Saint-Paul ou encore les musées Victor-Schoelcher sur l'esclavagisme et Saint-John Perse consacré au poète guadeloupéen).
Les habitations coloniales sont très rares : **caféière Beauséjour** à Pointe-Noire, **La Grivelière** à Vieux-Habitants et la maison de Zévallos au Moule. Flâner aussi à Deshaies ou Vieux-Bourg, charmants et authentiques petits villages de pêcheurs.
Pour le bonheur du palais, la cuisine guadeloupéenne fait mijoter influences africaine, caribéenne, européenne et indienne. Légumes et fruits du pays aux noms lointains (christophines, caramboles, maracujas…) sont d'abord à goûter des yeux sur les marchés (très animés à Basse-Terre et Pointe-à-Pitre). La viande (poulet, cabri, porc), les poissons fraîchement pêchés et les ouassous (de grosses crevettes d'eau douce) sont préparés en court-bouillon parfumé, ragoût épicé ou sont boucanés (fumés au feu de bois). Pour tout savoir sur la banane, se rendre à la **plantation Grand-Café** (Bel-Air) et à la maison de la Banane (à La Regrettée Trois-Rivières) ; sur le café, aller au domaine de l'**Habitation La Grivelière** (Vieux-Habitants) et à la **caféière Beauséjour** ; sur le café et le chocolat à **La Bonifierie** (Saint-Claude) ainsi qu'au **domaine de Vanibel** (explications aussi sur la vanille, à Vieux-Habitants). Les épices (muscade, bois d'Inde, cannelle…) se hument au jardin de Cantamerle (Capesterre-Belle-Eau). Le rhum (il sera agricole pour les puristes, blanc, paille ou vieux, préparé en ti-punch avec sucre de canne et citron vert) se déguste dans quelques **distilleries** : celles de **Séverin** à Sainte-Rose, **Damoiseau** au Moule, **Montebello** à Petit-Bourg, **Bologne** à Baillif et aussi **Longueteau** à Sainte-Marie.

Les Saintes

A seulement 15 kilomètres, au large de la Guadeloupe, **Les Saintes** occupent 13 km² en deux îles habitées : Terre-de-Haut et Terre-de-Bas. Le climat sec n'intéressa pas les colons et il y eut peu d'esclaves. Les quelque 3 000 habitants de l'archipel sont donc à peine métissés, descendants de Bretons et de Normands. La baie du bourg de Terre-de-Haut appartient au club des plus belles baies du monde (du vert et des petites cases en bois colorées face à une eau turquoise). Apprécier ici les plages du Pain-de-Sucre (et les orgues de basalte dudit pain), anse Mire (canots saintois et cocotiers) ou les criques de Fond-de-Curé. Les plongeurs plus confirmés aimeront le beau spot de Sec-Pâté.

Aussi chatoyantes qu'en surface, la faune et la flore sous-marines des Caraïbes.

LES SUGGESTIONS GEO

Découverte : approcher baleines à bosses, cachalots et dauphins (de janvier à avril, plage de Malendure) ; passer une journée aux Saintes (croisière en voilier au départ de Malendure) ; se promener en carriole à cheval parmi les champs de canne et les maisons créoles (Sainte-Rose).

Aventure : escalade aux Saintes (Terre-de-Haut) ; kitesurf (Le Moule, Saint-François ou Sainte-Anne) ; parcours dans les arbres sur Basse-Terre (passerelles suspendues à la cime des arbres, face au parc des Mamelles) ; visite de la grotte du Trou à Diable (Etang-Noir, Marie-Galante).

Insolite : sillonner la mangrove en engin nautique à pédale et à moteur, sorte de «VTT des mers» (location à Vieux-Bourg).

A pied, plusieurs balades faciles vers le fort Napoléon (musée d'histoire locale et jardin exotique) ou la trace des crêtes qui relie la divine plage de Grande-Anse à celle de Pompierre. Plus verte, vallonnée et moins touristique, l'île de Terre-de-Bas vit de la pêche et offre petites criques, sentiers en forêt ou dans les mornes et la mare de Grand-Trou assiégée par les iguanes, tortues et poules d'eau.

Marie-Galante

A 43 kilomètres de Pointe-à-Pitre, **Marie-Galante** est l'île agricole de l'archipel. Les champs de canne à sucre couvrent près de la moitié de ses 158 km². Ce sont toujours les chars à bœufs, les cabrouets, qui transportent les tiges de cette graminée. Le rhum, renommé et costaud, produit ici, dans les distilleries Bellevue, Poisson et Bielle, titre 59 °. Emprunter la route des Moulins pour découvrir les vestiges de quelques-uns des 71 moulins à vent, autrefois broyeurs de canne (et visiter le moulin de Bézard).

Trois villages paisibles à découvrir : Saint-Louis, Grand-Bourg et Capesterre-de-Marie-Galante, de rares hôtels mais des gîtes, des bungalows et des villas à louer, de jolies plages (La Feuillère, Anse-Canot, anse du Vieux-Fort, Petite-Anse ou Anse-Feuillard) font tout le charme de ce concentré de Guadeloupe originelle. Entrer dans l'habitation Murat devenue depuis musée (fin du XVIIIe et milieu du XIXe siècles) pour mieux en connaître l'histoire et les traditions dont le pit, gallodrome où s'affrontent les coqs de combat, et le bébélé, soupe épicée à base de tripes et de bananes vertes, font partie.

La Désirade

La Désirade est un haut plateau calcaire tout en longueur (11 km sur 2) posté à quelques miles à l'est de la Guadeloupe. Une seule route littorale borde le flan sud de cette île métissée et peu dérangée par le tourisme. Là sont installés les habitants aux ancêtres bretons, normands et poitevins (bourg de Beauséjour, son cimetière marin, son chemin de croix vers la chapelle), les lolos (épiceries) et les plages (celles de Petite-Rivière, du Souffleur ou des Colibris tout en coquillages). Les fonds sont ici un régal pour les plongeurs d'un bon niveau qui approcheront de bien gros poissons (requins dormeurs, raies-aigles, pagres…). Au nord, les falaises et, à la pointe du Grand-Abaque, un bout du monde âpre planté de cactus. A quelques encablures de là, la réserve des îlets de Petite-Terre abrite notamment une concentration d'iguanes endémiques.

Saint-Martin

Française au nord, néerlandaise au sud (Sint-Marteen), anglophone et créole, ainsi va **Saint-Martin** depuis 1648. A 260 kilomètres au nord de la Guadeloupe, l'île de 93 km² accueille des paquebots d'Américains venus faire du shopping en duty free (beaux bijoux et montres de luxe, hi-fi…) à Philipsburg (capitale de la partie hollandaise aux gingerbread houses, maisons colorées à pignon) et jouer au casino. Un peu de shopping aussi à Marigot, capitale de la partie française qui préserve quelques petites maisons créoles en bois. La «french touch» culinaire s'apprécie à Grand-Case, avenante station balnéaire qui compte la plus grande concentration de restaurants de l'île et une agréable plage. Parmi les autres étendues de sable blanc, concentrées côté français : Anse-Marcel, Petite-Caye, baie du Galion ou encore baie Orientale,

Pittoresque avec sa profusion de fruits aux noms tout aussi exotiques, le marché traditionnel de la Darse, à Pointe-à-Pitre.

surnommée volontiers la Saint-Trop' des Caraïbes. Côté néerlandais, les charmantes Dawn Beach et Little Bay, et Maho Beach ventilée par l'arrivée des avions gros-porteurs.
Escale aussi sur les îlets protégées et sauvages Pinel et Tintamarre, au cœur de la réserve naturelle (plongées avec masque et tuba, kayak autour de l'îlet Pinel). Halte instructive à la plantation Mont-Vernon (raconte l'économie de l'île autrefois) et à la Old House (intérieur d'antan et histoire du rhum) ; promenade virevoltante à la ferme aux Papillons. Et pour dominer tout Saint-Martin et les îles environnantes, grimper jusqu'au pic Paradis, culminant à 424 mètres.

Saint-Barthélemy

A quinze minutes d'avion à peine de Saint-Martin, la petite île de **Saint-Barthélemy** (21 km²) a développé un tourisme haut de gamme (hôtels chers et villas disséminées sur ses mornes aux airs de maquis et de garrigue) tenu par des descendants de Bretons, Normands et Vendéens. Pas de passé créole mais une ascendance suédoise (à découvrir dans les rues de la petite capitale Gustavia et au Wall House Museum qui raconte l'histoire de l'île). Quelques villages typiques (Lorient et ses maisons de poupée, Corossol et ses pêcheurs, Grand-Fond, ses cases créoles et ses murets de pierre dans un paysage sauvage aux humeurs bretonnes) contrastent avec Saint-Jean, la zone la plus touristique et la plus construite. Le lieu est cependant plaisant : maisons aux toits rouges, jardins fleuris, cocotiers, gracieuse baie à l'eau émeraude ou turquoise, c'est selon. Les plages de Saint-Barth sont particulièrement belles : anse des Flamands, Grande-Saline, Grand-Cul-de-Sac (pour les enfants), Colombier (pour le snorkeling) ou anse des Cayes (vrai paradis pour les surfeurs). ■

LES CONSEILS GEO

▶ Les plus
La variété des paysages, de la forêt tropicale aux plages des lagons. Une température de l'air et de l'eau toujours douce (autour des 25 °C, sauf sur les hauteurs de Basse-Terre où il peut faire assez frais).

▶ Les moins
Un coût de la vie touristique relativement élevé.

▶ Les recommandations
Privilégier les mois de mai et juin pour voir la Guadeloupe en fleurs tout en évitant la foule. Attention, septembre et octobre sont les mois des possibles cyclones : à éviter. Ne pas toucher le mancenillier, petit arbre toxique de l'écorce aux fruits ressemblant au pommier.

A la frontière avec le Brésil, en plein «enfer vert» amazonien, le village amérindien de Camopi, sur les rives du fleuve Oyapock.

Guyane

Entre l'Equateur et le tropique du Cancer, la Guyane est une terre contrastée où la découverte d'une nature luxuriante se conjugue à la rencontre d'un peuple attaché à ses traditions. Rivières tumultueuses et forêts tropicales sont propices à l'écotourisme le plus pur.

Les paysages

A 8 heures de Paris, la Guyane transporte dans un autre monde, bien loin de la Métropole. Ici, le dépaysement est instantané. Situées sur la côte Atlantique, les deux principales villes, Cayenne, la capitale, et Kourou, réputée pour son centre spatial, sont les plus importantes agglomérations. Composée de rivières et de forêts surabondantes, la nature, en tout point sauvage, a gardé possession du reste du territoire.

Avec leurs eaux opaques, les larges fleuves navigables trouvent leurs sources pendant la saison des pluies, d'avril à juillet. Le **Maroni**, à la frontière surinamaise, l'**Oyapock**, limitrophe du Brésil, l'**Approuague** et le **Mana** parcourent la jungle tropicale. Sur leurs rives, de modestes villages, lieux de vie des ethnies amérindiennes et businengues. La **forêt équatoriale** couvre 96 % du territoire. En partie primaire, elle est protégée par le **parc amazonien de Guyane** dans le Sud et une série de réserves naturelles : la Trinité, les Nouragues, les marais de Kaw, l'île du Grand Connétable et l'Amana. Arbres millénaires, mangroves, savanes et inselbergs (collines isolées) y abritent des écosystèmes d'une extraordinaire variété.

LE CARNET DE VOYAGE

Les premiers contacts
Comité départemental du tourisme de la Guyane,
1, rue Clapeyron,
75008 Paris,
01.42.94.15.16.
www.tourisme-guyane.com

La population
209 000 habitants.
Préfecture : Cayenne.

Les fêtes
Janvier-février : carnaval (Cayenne).
Avril-mai : 24 heures des musiques guyanaises.
Octobre : Kayenn Jazz Festival.
Novembre : festival Transamazoniennes (Saint-Laurent-du Maroni, tous les 2 ans), Nouvel An Hmong (Cacao).

Les produits locaux
- Epices (gingembre, muscade, cannelle, girofle, poivre, piment).
- Bouillon d'awara (recette à base de pâte d'awara, le fruit d'un palmier, légumes, salaisons, viande et crustacés), colombo de porc (aux épices), fricassés de lambis (coquillage), poulet et poisson boucané (fumé).

L'artisanat
Travail du bois (créoles), tissages (par les Hmong), art Tembé (peinture, sculpture et couture aux motifs d'entrelacs, par les Businengués).

QUE VOIR, QUE FAIRE EN GUYANE?

Les paysages

- Fleuves (Maroni, Approuague, Oyapock)
- Forêt équatoriale, parc amazonien de Guyane

Les sites naturels et les activités

- Croisières sur les marais de Kaw
- Descente de sauts sur les fleuves
- Observation de la faune et de la flore dans les réserves

Le patrimoine historique

- Cayenne
- Iles du Salut
- Saint-Laurent du Maroni

Les sites naturels

A 50 kilomètres de Roura, les **marais de Kaw** sont le paradis des toucans, hazins et flamants roses qui sillonnent le dédale de canaux. Leurs ailes chamarrées frôlent souvent les pirogues. Aménagés en hébergements de fortune, les carbets flottants, traditionnels abris de bois aux toits de palme, invitent à la contemplation.

Le long du **Maroni**, les petits villages businengués (Apatou, Grand Santi, Papaichton…) offrent la rencontre avec un mode de vie trivial. Compter environ quatre jours de pirogue pour aller jusqu'à Maripasoula. Les habitations sont immergées dans la végétation et le spectacle des échanges et des passages sur le fleuve est unique.

Sur le **fleuve Oyapock**, les plus beaux sauts (des rapides augmentent le courant) attirent les férus de sensations fortes. A vivre à bord d'un canoë ou d'une pirogue. Le fleuve **Mana** prend le relais avec ses 430 kilomètres de descente. Si l'**Approuague** est un beau terrain de jeu pour franchir les courants, le fleuve n'en est pas moins une porte d'entrée dans la forêt équatoriale. Propice à la randonnée accompagnée en forêt amazonienne, le village de **Saül** dévoile le cœur de la Guyane. Pour observer la tortue Luth, se rendre aux plages des Hattes. Près de Mana, c'est l'un des lieux de ponte de ces cuirassées géantes pouvant peser la moitié d'une tonne et mesurer 1 mètre 80. Sinnamary est le territoire des ibis rouges et des oiseaux échassiers. A découvrir aussi, la seule aire marine protégée de toute la côte amazonienne, dans la **réserve de l'île du Grand Connétable**.

LES SUGGESTIONS GEO

- **Découverte :** observation des tortues marines, ponte d'avril à juillet et naissances d'août à octobre (Les Hattes) ; parc botanique et zoologique de Guyane, pour la faune et les canopées à la cime des arbres (Macouria) ; musée de l'Espace (Kourou).
- **Aventure :** observation nocturne des caïmans (marais de Kaw) ; pêche sportive en mer (îles du Salut).
- **Insolite :** assister au décollage d'une fusée (Kourou) ; labyrinthe aquatique de la crique Gabriel, au milieu des vestiges d'anciennes plantations de cacao et de bois de rose (à 35 km de Cayenne).

LES CONSEILS GEO

▶ Les plus
La moindre excursion offre une immersion totale dans la nature : dépaysant. Les populations, francophones, facilitent les découvertes.

▶ Les moins
Le climat tropical, chaud et humide, est difficile à supporter. Le confort spartiate lors des excursions (nuit en hamac ou en carbet).

▶ Les recommandations
Le vaccin contre la fièvre jaune ainsi qu'un traitement contre le paludisme sont indispensables. En forêt et sur les fleuves, ne pas s'aventurer seul.

▶ Les tendances
La Guyane augmente son panel de partenaires : les tour-opérateurs développent de nouveaux circuits sur la destination à partir de 1 600 euros.

Le patrimoine historique

Alors que Cayenne est caractérisée par son architecture coloniale, les îles du Salut et Saint-Laurent du Maroni racontent les conditions d'emprisonnement des bagnards. Depuis les années 1850 et durant un siècle, elles furent un lieu de déportation. Dreyfus et Seznec y furent captifs. Le bagne aboli, les édifices de la colonie carcérale subsistent aux **îles du Salut**, au large de Kourou. A l'approche de cet archipel (idéalement en catamaran), les eaux se font turquoises et limpides. D'origine volcanique, le trio des îles Royale, Saint-Joseph et du Diable façonne un lieu paradisiaque, propice à la baignade.

La culture des terres et l'extraction de l'or ont engendré un fort brassage ethnique qui anime le marché de **Saint-Laurent du Maroni**. En ville, le camp de la Transportation transporte des années en arrière, à l'ancien siège de l'administration pénitentiaire. ■

Martinique

Au village des Anses-d'Arlet, l'église Saint-Henri est dans l'exact alignement du ponton.

Au cœur des Petites Antilles, la Martinique sait profiter de ce que lui offre la nature : forêt tropicale, plages accueillantes, fleurs à profusion. Une générosité agraire qui engendra jadis un calvaire vécu dans les plantations de café, de tabac ou de canne à sucre, poignants lieux de mémoire aux précieux monuments historiques.

Les paysages

La luxuriance caractérise le Nord et le cœur de la Martinique placés sous la protection du parc naturel régional : arbres géants, fougères immenses, lianes enveloppantes de la **forêt tropicale** dense et humide (visiter la maison de la Nature, route de la Trace pour la découvrir sur d'instructifs sentiers botaniques) ; champs de bananes et d'ananas, arbres fruitiers, manguiers, goyaviers, avocatiers… et fleurs dont les touches de couleurs éclatantes égaient les villages ; apprendre leurs noms dans le somptueux **jardin de Balata** et dans celui de l'habitation **Anse-Latouche**.
Des sentiers, les traces, permettent de s'enfoncer dans l'entrelacs végétal de la forêt. Parmi les plus connus, **la trace des Jésuites** (une immersion dans la pénombre sylvestre), le **canal**

QUE VOIR, QUE FAIRE EN MARTINIQUE ?

Les paysages

- Forêt tropicale (trace des Jésuites, canal de Beauregard, ascension de la montagne Pelée, gorges de la Falaise, presqu'île de la Caravelle, savane des Pétrifications, maison de la Nature)
- Jardins de Balata et de l'habitation Anse-Latouche

Les côtes

- Stations balnéaires de pointe du Bout, Trois-Ilets (musée de la Pagerie), Sainte-Anne, du Diamant
- Plages de Grande-Anse, Anses-d'Arlet, Les Salines, Anse Couleuvre, Tartane

Les villes et les monuments

- Fort-de-France, Saint-Pierre
- Habitations Fond-Saint-Jacques, Clément, château Dubuc
- Rhumeries Depaz, JM, Saint-James, La Mauny, Trois-Rivières, Neisson

La grande plage du Diamant, la plus longue de Martinique, doit son nom au rocher éponyme.

de Beauregard (une promenade sur le bord d'un ancien canal d'irrigation datant du XVIIIe siècle donnant sur le vide en contrebas) ou encore le parcours de Grand-Rivière, le dernier village au nord, à Anse Couleuvre. L'ascension de la **montagne Pelée**, à la fois volcan actif et sommet de l'île à 1 397 mètres, se fait communément par le Chinois (un guide est conseillé pour gravir ce monstre à la tête souvent dans les nuages). Compléter ses connaissances géologiques par la visite de la maison des Volcans, située à Morne-Rouge.

On peut aussi remonter les **gorges de la Falaise** par un sentier encaissé, caillouteux et glissant, pour déboucher ensuite sur une rafraîchissante cascade et se baigner.

A l'est, la **presqu'île de la Caravelle** s'avance dans l'Atlantique avec des airs déchiquetés de côtes bretonnes. Deux sentiers permettent d'approcher la mangrove, cette végétation tropicale emmêlée entre terre et eau, habitée par crabes, poissons et oiseaux par milliers. Halte recommandée au **château Dubuc**, ruines éparses d'une ancienne habitation du XVIIIe siècle qui fut un terrain de contrebande et de trafic d'esclaves.

A l'extrémité sud de l'île, la **savane des Pétrifications** peut faire l'objet d'une balade dans un paysage désertique, lunaire et protégé surplombant de hautes falaises tourmentées.

Les côtes

Les stations balnéaires les plus courues sont installées dans le Sud, sur la côte léchée par la mer des Caraïbes et balayée juste ce qu'il faut par les alizés. Ainsi de la **pointe du Bout** avec sa marina et son village créole de restaurants, un peu «toc» mais toujours animé. Pour plus d'authenticité, rendez-vous au bourg des **Trois-Ilets** en l'église duquel fut baptisée Joséphine de Beauharnais. Non loin, le **musée de la Pagerie** sur le domaine où naquit la future impératrice.

Longs et bien confortables croissants de sable blond de **Grande-Anse** et des **Anses-d'Arlet**, avec leurs cases et leurs petits restos colorés. Au **Diamant**, sympathique bourg resté couleur locale, les vagues rendent la baignade malaisée mais pas la plongée sous-marine. Au large notamment, autour du gros rocher éponyme déclaré par les Anglais en 1804 «navire de guerre de sa Majesté».

Les Salines : voici la plus grande, ici réputée la plus belle et la plus visitée des plages. Pas d'hôtels, une eau calme, limpide et turquoise, du sable blanc et des cocotiers. Ce rivage de carte postale se situe sur la commune

Au nord, le mont Pelé est l'un des neuf volcans actifs de l'arc des Petites Antilles.

de **Sainte-Anne**, agréable bien que très touristique avec ses maisons peintes, son marché coloré, ses pêcheurs et surtout ses 10 kilomètres de littoral balnéaire.

Tout au bout de l'île, toujours côté mer des Antilles, jolies plages de sable noir d'**Anse Couleuvre**, Anse à Voile et Anse Céron, à flan de falaises et dans les rouleaux.

En remontant la côte est, sur la façade atlantique cette fois, les plages plus houleuses (parfaites pour les véliplanchistes et autres kitesurfers) sont moins fréquentées : criques du cap Macré, Anse Trabaud, ou encore Grand Macabou et la **presqu'île de la Caravelle** (Tartane, Anse à l'Etang, Anse Rivière…).

Grands classiques : la découverte des îlets (Chevalier, Robert, Chancel), de micro îles désertes si l'on exclut les vacanciers, et celle des fonds blancs, des bancs de sable où l'on a pied au milieu de l'océan, telle la Baignoire de Joséphine souvent encombrée (préférer d'autres fonds blancs où se faire déposer en yole par un pêcheur).

LE CARNET DE VOYAGE

Les premiers contacts
Comité martiniquais du tourisme, 2, rue des Moulins, 75002 Paris, 01.44.77.86.00. www.martinique tourisme.com

La population
400 000 habitants. Préfecture : Fort-de-France.

Les fêtes
Février : carnaval (4 jours de liesse).
Avril : Patte d'Or (courses de crabes de terre et dégustation de matoutou, le lundi de Pâques au Lamentin).
Mai : semaine Gastronomique de Sainte-Marie (concours culinaires, dégustations, dîners dansants).
Juin : festival de Haute-Taille et des Quadrilles du Monde (danses traditionnelles, tous les deux ans, prochaine édition en 2009, Le François), fête de fin de récolte de la Canne à sucre (musée du Rhum, Sainte-Marie).
Juillet : Festival Culturel de Fort-de-France (musique et théâtre).
Août : Tour de Martinique des Yoles Rondes.
Novembre : fête de la Toussaint (illumination des cimetières) ; semi-marathon de Fort-de-France, Chanté Nwel (cantiques de Noël chantés tous ensemble, en décembre aussi).

Les produits locaux
- Confitures (de coco, banane, goyave…), sirop de batterie (concentré de jus de canne utilisé comme le miel ou le sirop d'érable), fleurs exotiques.
- Rhum agricole et punchs (mélanges de rhum et de jus de fruits).

L'artisanat
Bijoux créoles (boucles d'oreilles, «chaînes forçat», «colliers choux»…), vêtements en madras (motifs de carreaux de couleurs), poteries du village de la Poterie (Trois-Ilets).

Les villes et les monuments

Fort-de-France, la capitale urbanisée et laborieuse, recèle quelques élégants monuments du passé qui se visitent : la bibliothèque Schoelcher et la cathédrale Saint-Louis, ouvrages métalliques, aériens et lumineux du XIXe siècle, dans un style très décoratif, le fort Saint-Louis (XVIIe siècle), l'hôtel des Postes (début XXe siècle) ou le palais de justice. Encore quelques vieilles maisons ici et là (il faut flâner pour les découvrir) ; le grand marché sous sa halle, le marché aux fleurs et celui aux poissons, et la place de la Savane pour l'animation (ce poumon vert et fleuri avec ses flamboyants, ses palmiers royaux et son fromager ancestral est cependant déconseillé le soir) ; le musée d'Histoire et d'Ethnographie et le musée d'Archéologie et de Préhistoire, pour s'instruire sur le lieu de ses vacances. Penser aux navettes en bateau depuis les Trois-Ilets et ses environs pour se rendre sans encombre dans la cité des embouteillages.

Le 8 mai 1902 au matin, **Saint-Pierre** est détruite par l'éruption de la montagne Pelée. Ce désastre se lit dans les restes touchants du théâtre, de l'église ou du cachot de Cyparis, l'un des deux rescapés du séisme qui anéantit totalement ce «Petit Paris des Antilles». Traces encore de la catastrophe dans les objets du quotidien exposés au Musée vulcanologique Franck-Perret et explications des emportements de la nature au centre de découverte des Sciences de la Terre. Pour les amateurs, impressionnantes plongées sous-marines sur les épaves des vaisseaux coulés dans la baie en ce jour sombre. Dans les environs et au soleil couchant, assister au retour de pêche à la senne (immense filet traditionnel) des gommiers multicolores à Bellefontaine, et à celui des yoles au Carbet ou un plus loin

Autour d'une habitation au charme créole, l'écrin luxuriant du jardin botanique tropical de Balata, ode végétale à la Martinique.

à Grand-Rivière, au Vauclin ou bien à Sainte-Luce.
La Martinique compte encore de très belles habitations, maisons de maître des plantations, ces domaines agricoles sur lesquels étaient installés tout à la fois les manufactures de tabac, de café ou de sucre et les dortoirs des esclaves. Il faut pas manquer de parcourir le village de cases reconstituées de la savane des Esclaves. Il raconte la vie des Neg'Marrons, les esclaves évadés, à Rivière-Salée. Certaines habitations (XVIIe et XVIIIe siècles) sont devenues depuis des hôtels chics, ou des lieux forts d'évocation historique. C'est le cas de l'**habitation Fond-Saint-Jacques**, monastère au XVIIe siècle puis sucrerie et distillerie de rhum du père Labat, l'inventeur de ce breuvage de feu. Oser y pénétrer pour prendre un simple verre et s'imprégner de la magie de ces architectures stylisées qui ont tant de choses à raconter. Avec ses plantations de sucre de canne, la Martinique produit un très fameux rhum agricole AOC à déguster blanc, vieux ou paille à la robe dorée, aux habitations **Clément** et **Depaz** ou dans l'une des dix autres rhumeries en activité parmi lesquelles **Saint-James**, **La Mauny**, **Neisson**, **Trois-Rivières** ou **JM**. ■

LES SUGGESTIONS GEO

- **Découverte :** balade dans le petit train des Plantations parmi les champs de canne à sucre et de bananes (rhumerie Saint-James) ou à bord du Cyparis Express à Saint-Pierre ; découverte des fonds marins en bateau Aquabulle (Le Marin).
- **Aventure :** parcours dans les arbres (Trois-Ilets et Vauclin) ; kayak dans la mangrove (Trois-Ilets, Sainte-Anne, Trinité ou Ducos) et vers l'îlet Chancel et ses iguanes (au Robert).
- **Insolite :** initiation à la danse bélè (Maison du Bélè, Sainte-Marie).

LES CONSEILS GEO

▶ Les plus
La possibilité de varier les plaisirs sur de courtes distances (canyoning, baignade, dégustation de rhum...). De nombreux gîtes où séjourner, une occasion de rencontrer l'âme martiniquaise à la table de ses hôtes. Une température moyenne de 25°C toute l'année.

▶ Les moins
Une destination touristique au coût relativement élevé.

▶ Les recommandations
Faire des réserves de crème solaire, indispensable, et plus chère sur place qu'en métropole.
Compter sur une voiture pour se déplacer car les bus passent, ou pas, au petit bonheur la chance.

▶ Les tendances
L'émergence d'hôtels de charme, de petites structures de style créole et d'esprit maison d'hôtes.

QUE VOIR, QUE FAIRE A LA REUNION ?

Les paysages et les activités

- Cirques (Cilaos, Salazie, Mafate)
- Forêt primaire de Bébour-Bélouve, piton de la Fournaise, Trou de Fer (randonnée, VTT, canyoning,)

Les plages et la plongée

Saint-Gilles-les-Bains, l'Hermitage, Boucan-Canot, La Saline-les-Bains, Etang-Salé-les-Bains

Le patrimoine et les traditions

- Villas créoles (maison Folio, domaine du Grand-Hazier, musée de Villèle, Saint-Pierre, Saint-Denis)
- Cases créoles (Hell-Bourg, Entre-Deux)

Les jardins et les saveurs

- Conservatoire botanique national de Mascarin, Jardins (des Parfums, des Epices, de l'Etat, d'Eden)
- Sucreries (Bois-Rouge, GOL), distilleries (Savannah, Rivière du Mât), musée agricole et industriel Stella Matutina

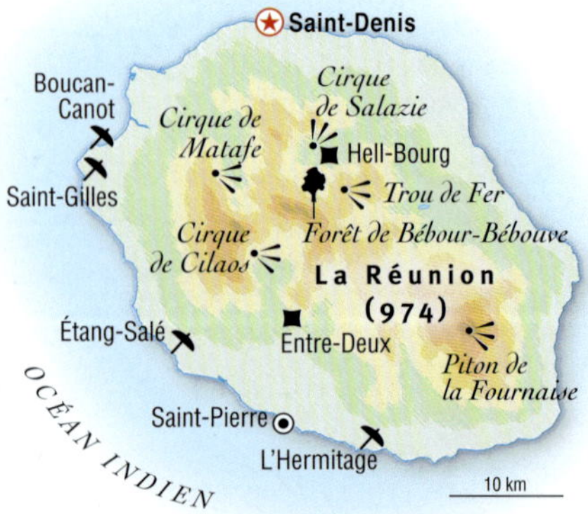

Réunion

Métisse. Voici la Réunion, dans l'océan Indien. Plantes à profusion emmenées par les vents et les navires ; hommes et femmes d'origines chamarées... Le résultat de ces apports multiples ? Une île insolite, dotée d'un puissant caractère volcanique et habitée par un paisible et foisonnant syncrétisme.

Les paysages et les activités

Le **cirque de Cilaos** est un bout du monde auquel on accède par une route en lacets infinis. A 1 200 mètres d'altitude, ce site grandiose est enserré par les sommets les plus élevés de l'île, piton des Neiges en tête (3 070 m). Parti du parc national, c'est un espace rêvé pour les randonneurs de tous niveaux : parcours botanique facile de la Roche Merveilleuse ; sentier des Porteurs (il suit le chemin qu'empruntaient au XIXe siècle les riches Blancs, partis prendre les eaux thermales assis dans leur chaise soutenue par huit hommes) ou encore ascension du **piton des Neiges** réservée aux marcheurs avertis (en forêt puis sur la lave et ses scories jusqu'au sommet et la vue magnifique sur les cirques de Salazie et de Mafate, les plaines des Palmistes et des Cafres). Les amateurs de canyoning ont l'embarras du choix et des émotions notamment sur le parcours de Fleurs Jaunes au toboggan de 55 mètres descendu en rappel. Incursion en voiture à Ilet-à-Cordes (prononcer «îlette», un plateau posé comme en équilibre sur un piton rocheux). Dans ce village, on cultive des lentilles et du vin (dont un rouge issu du cépage isabelle. Autorisé uniquement en consommation personnelle et titrant 19°, il rendrait fou). Dans le bourg de Cilaos, se promener à la recherche des vieilles maisons créoles, prendre un bain douillet aux thermes ou visiter la maison de la Broderie, une autre spécialité du lieu.

La petite route qui conduit au **cirque de Salazie** suit la rivière Mât fréquentée par les kayaks et les rafts, sillon de bitume au creux de gorges amples et verdoyantes desquelles jaillit le Voile de la mariée, un gracieux rideau liquide. Ici encore, la marche est d'actualité : chemin vraiment aisé pour l'Ilet-à-Vidot et une baignade dans la rivière Mât ; ascension plus délicate du piton d'Anchaing (1 352 m) pour dominer tout le cirque, ou bien randonnée vers la **forêt primaire de Bébour-Bélouve** aux précieuses essences endémiques, tamarins des hauts aux fines aiguilles vert tendre, bois joli cœur, bois de corail, camphriers ou palmistes, des palmiers protégés dont on mange le cœur très prisé de ceux cultivés exprès.

La faune est ici plus rare : paille en queue, élégant oiseau longiligne emblème de l'île, papangue, un rapace,

La vertigineuse commune de Salazie, au cœur du cirque du même nom, près des chutes du Voile de la Mariée.

Principale station balnéaire de la Réunion, Saint-Gilles-les-Bains, sur la côte ouest.

LE CARNET DE VOYAGE

Les premiers contacts
Comité régional de tourisme, 90, rue La Boétie, 75008 Paris, 01.40.75.02.79.
www.la-reunion-tourisme.com

La population
800 000 habitants. Préfecture : Saint-Denis.

Les fêtes
Janvier : Nouvel An chinois.
Février : carnaval de Saint-Pierre.
Avril : Nouvel An tamoul.
Mai : fête du Chouchou (Hell-Bourg), festival Tempo (spectacles de rue, concerts, Saint-Leu).
Juin : carnaval de Saint-Gilles-les-Bains.
Août : pèlerinage à la Vierge au Parasol (Piton-Sainte-Rose).
Septembre : tour de l'île cycliste.
Octobre : Dipavali (fête tamoule de la lumière, danses, chants, défilés à Saint-André notamment), fête de la Canne à sucre (Saint-Louis) ; festival de jazz (Saint-Gilles-les-Bains), fête des lentilles (Cilaos), Grand Raid (la plus longue course de montagne du monde, 147 km et 9100 m de dénivelé positif).
Décembre : fête de l'Abolition de l'esclavage (le 20, avec kabars et concerts traditionnels), marches sur le feu (fête tamoule de Pandialé. Sur plusieurs communes et plusieurs mois de l'année), marchés de Noël.

Les produits locaux
- Achards (légumes émincés et épicés conservés dans de l'huile), lentilles de Cilaos.
- Epices, miel (letchis, baies roses), confitures de fruits péi (combava, ananas, goyave...), gousses de vanille.
- Rhum et rhum arrangé (avec fruits et épices macérés).

L'artisanat
Vannerie en bambou et vacoa tressé (vers Saint-Philippe), broderies (Cilaos), nappes brodées et paniers (en provenance de Madagascar), mobilier en rotin ou de style colonial (Saint-Louis), huile essentielle (géranium, vétiver), fleurs.

ou cardinal à la robe d'un rouge éclatant en période nuptiale. Continuer jusqu'au belvédère du **Trou de Fer**, un gouffre géant de 300 mètres de profondeur dans lequel se jettent plusieurs cascades (y pénétrer en hélicoptère est très impressionnant !). **Mafate** est le plus intriguant des trois cirques. Ses 700 habitants vivent sur une dizaine d'îlets que l'on ne peut rejoindre qu'à pied. Ici, pas de route mais des chemins, dessinés sur la lave anthracite et dans la forêt, qui conduisent sur ces plates-formes cernées de ravines plongeantes et de sommets de 2 000 à 3 000 mètres.
Autrefois, il fallait à ces insulaires des Hauts une journée de marche pour aller se ravitailler sur la côte avec bœuf paquet (de bât). Aujourd'hui il y a l'hélicoptère. Ne pas hésiter à découvrir plusieurs îlets : La Nouvelle, la « capitale », Ilet-à-Bourse, Ilet-à-Malheur, Ilet-des-Orangers, Roche-Plate... Beau point de vue sur Mafate depuis le belvédère du piton Maïdo (2 203 m) que l'on peut rejoindre en voiture et redescendre sur une piste de VTT. La Réunion compte 800 kilomètres balisés pour «dégringoler» des sommets jusqu'aux plaines.
L'approche du **piton de la Fournaise** se fait par la piste lunaire et ocre de la plaine des Sables, dernière ligne droite, version Ouest américain, pour le pas de Bellecombe. Ici, fin de la route et apparition du volcan en son enclos Fouqué, immense cuvette naturelle que l'on rejoint sans difficulté en une petite demi-heure de marche (départ très matinal de préférence pour éviter le brouillard). Au sol, des pierres de lave aux formes inspirées et aux couleurs multiples (bleu, rouge, jaune...). Plusieurs sentiers permettent ensuite d'approcher des cratères plus ou moins récents (pitons Kapor, Célimène, Legros...).
Au sud de l'île, possibilité de voir et surtout de marcher sur les coulées de

Randonnée au chevet du très actif piton de la Fournaise, sur les coulées de lave du Kapor, l'un des grands cratères volcaniques.

lave récentes de la Fournaise (sur le sentier du jardin Volcanique par exemple, tracé sur la coulée de 1986, à 4 kilomètres de Saint-Philippe). Arrêt aussi à l'instructive maison du Volcan (Bourg-Murat). Pour les moins ambitieux, survol en hélicoptère ou en ULM. Côté ciel toujours, parapente à Saint-Leu, le «spot» où néophytes et pro se retrouvent pour planer au-dessus du lagon.

Les plages et la plongée

Les plages propices à la baignade ne sont pas nombreuses. Concentrées sur la côte nord-ouest, elles constituent un cordon littoral d'une trentaine de kilomètres. Pas désagréables, abritées des alizés, tapissées de sable blanc parfois moucheté de noir basalte, bordées par le lagon aux beaux bleus changeants. LA station balnéaire de l'île, c'est **Saint-Gilles-les-Bains**. Restos, bars, marina, tout y est du décor classique de bord de mer, idéalement placé entre les deux plus grandes plages : **Boucan-Canot** et **l'Hermitage** frangées de filaos et de quelques bars et restaurants à la mode. Les hôtels se trouvent plutôt à Boucan-Canot et à **La Saline-les-Bains**, un peu plus au sud.
Les sites de plongée sous-marine sont essentiellement sur la côte ouest et au sud (de cap La Houssaye à Grand-Bois). Au programme en multicolore : des coraux et des poissons perroquets, anges, chirurgiens… à approcher au bord de tombants, de failles ou de tunnels de lave. Il y en a pour tous les niveaux. Le style «palmes, masque et tuba» est toujours envisageable quelle que soit la plage, notamment à l'Hermitage (qui propose un parcours découverte dans le lagon) ou encore dans les bassins Bleu et Sardines à **Etang-Salé-les-Bains** (agréable plage de sable noir). Pour faire du surf, s'orienter vers les rivages de Boucan-Canot, des Roches-Noires, de l'Hermitage ou Trois-Bassins et, plus au sud, de Saint-Leu, Etang-Salé et Saint-Pierre.

Le patrimoine et les traditions

A La Réunion, on est «cafre» (Noir aux traits africains), «zarab» (Indien musulman), «malbar» (Indien hindou), «yab» (Blanc de condition modeste des Hauts de l'île), «zoreil» lorsqu'on vient de métropole, et souvent métisse. On est catholique, musulman, hindouiste, bouddhiste, et syncrétique lorsqu'il s'agit de prier saint Expedit croisé fréquemment au bord des routes, dans de petites niches rouges. Les gramounes (les anciens) croient aux esprits et chaque communauté a ses guérisseurs et ses fêtes (impressionnantes chez les Tamouls avec notamment la marche sur le feu pratiquée pour la fête de Pandialé). A chacun donc ses lieux de culte : la mosquée Noor al Islam, la

Le temple tamoul de Saint-André illustre parfaitement le syncrétisme réunionnais.

plus grande de la Réunion et la plus ancienne de France (1905) à Saint-Denis et celle de Saint-Louis au beau minaret de style indopakistanais ; à Saint-Louis toujours, l'étonnante église de Sainte-Anne à la façade hétéroclite (tourelles, motifs floraux, coquillages…) ; à Saint-André, les temples tamouls du Colosse (le plus grand) et celui du Petit Bazar, tout en statues et en couleurs.

A la Réunion, on rentre «à la case», la maison, qui a quelquefois encore une allure traditionnelle : bois de tamarin peint en blanc ou en couleur, varangue, la caractéristique terrasse couverte, soigneusement aménagée dans les grandes maisons de maître, les villas. Quelques rues du centre ancien de **Saint-Denis** et de **Saint-Pierre** comptent encore de ces cases créoles élégantes et historiques. Parmi les plus appréciées, la **maison Folio**, propriété du XIXe siècle restée «dans son jus» et toujours habitée, à **Hell-Bourg**. Faire à l'occasion le circuit guidé des cases créoles (proposé aussi au village de l'**Entre-Deux**) et un petit tour à l'îlet de Be-Maho dans les hauteurs, aux cases comme au «tan lontan», le temps d'avant. Un enseignement à compléter par la visite de la maison du Peuplement des Hauts qui raconte l'installation à Cilaos des Nègres marrons (enfuis).

Autres demeures de charme, celle du **domaine du Grand-Hazier** à Sainte-Suzanne (maison de planteurs du XVIIIe siècle, jardin exotique et cases des esclaves) et le **musée de Villèle** à Saint-Gilles-les-Hauts (propriété du XVIIIe siècle aussi, témoin intact du passé colonial, parc, hôpital des esclaves, vestiges de l'usine sucrière et musée de l'Esclavage).

Les jardins et les saveurs

Le climat tropical laisse s'épanouir arbres, plantes et fleurs parfumées, flamboyants, jacarandas, hibiscus, frangipaniers, bougainvillées… A découvrir au **Conservatoire botanique national de Mascarin** (Saint-Leu) dont les collections racontent l'histoire du peuplement végétal de la Réunion. Le **jardin des Parfums et des Epices** (Saint-Philippe) présente de délicieuses senteurs et des variétés rares d'arbres et de plantes au cœur de la forêt (dont un vénérable arbre à letchis, fruits chéris des Réunionnais à Noël). Visite guidée, de préférence avec Patrick Fontaine, prolixe et passionné propriétaire. Intéressante halte encore au **jardin de l'Etat** (Saint-Denis), parc botanique aménagé au XVIIIe siècle, planté de vieux sages entourant le muséum d'Histoire naturelle en sa belle bâtisse blanche à colonnades.

A Saint-Gilles-les-Bains, le **jardin**

En route vers le Trou de Fer, les tamarins séculaires de la forêt de Bébour-Bélouve.

d'Eden réunit des plantes médicinales, alimentaires, tinctoriales... et un arbre caca aux fleurs malodorantes. Dans les Hauts de l'Ouest, à Petite-France, quelques distilleries artisanales produisent encore une huile essentielle de géranium rosat, reconnue comme la plus fine au monde (explications sur le sujet à la maison du Géranium ou chez l'un des petits producteurs du village).

LES SUGGESTIONS GEO

- **Découverte :** explorer le monde sous marin en bateau à fond de verre (Saint-Gilles) ; aller voir passer les baleines (de mi-juin à mi-octobre, Saint-Gilles) ; observer les tortues (Kelonia, Pointe-des-Châteaux) ; crocodiles au Croc Parc (Etang-Salé).
- **Aventure :** marcher dans les récentes galeries de la coulée de lave de 2004 (renseignement à l'hôtel Aloès, à Cilaos).
- **Insolite :** faire du mini bobsleigh au parc du Maïdo (Petite-France) ; assister à une marche sur le feu (fête tamoule de Pandialé) ; créer une eau de parfum (coopérative agricole des huiles essentielles de Bourbon, Le Tampon) ; apprendre à cuisiner un cari (Sainte-Suzanne).

Parfums d'épices, de fruits et de légumes aux formes inédites et aux noms fleuris, chouchous, cœurs de bœuf ou ti jacques, se goûtent sur les marchés (pas de relâche, chaque jour une ville ou un village a le sien. Ceux de Saint-Paul, Saint-Pierre et Saint-Denis sont les plus importants).
Pour mieux faire leur connaissance : coopérative de vanille de Bras-Panon et plantations de vanilliers de monsieur Rouloff (Saint-André) qui racontent l'histoire de cette précieuse orchidée ; plantation du Joyau des Laves (Piton-Cascades, Sainte-Rose) pour découvrir la banane (c'est aussi une ferme auberge) ; maison du Curcuma (Plaine-des-Grègues), épice rousse qui réchauffe la couleur et le goût du cari (sorte de ragoût de viande ou de poisson servi avec riz et grains, lentilles ou pois, en sauce) ; maison de Laurina pour déguster le café Bourbon pointu et le labyrinthe en-champ-thé pour apprécier le seul thé de France dans un lacis de théiers (Grand Coude, Saint-Joseph).
Le sucre de canne, principale exportation de l'île, passe des teintes de roux (le plus diététique) au blanc. Instructives visites des **sucreries du GOL** (Saint-Louis) et de **Bois-Rouge** (Saint-André), et de la grande exploitation agricole de canne à sucre de Far-Far de Bézaves (Saint-Joseph), à découvrir pendant la période de coupe, de juillet à novembre.
Dégustation enfin de rhum, la boisson péi. Agricole ou industriel, blond, ambré ou vieux, il est souvent «arrangé» (fruits et épices, fleurs parfois - chacun fait à sa façon - ont macéré dans le brûlant breuvage). A goûter à la **distillerie de Savannah** (Saint-André) ou de **Rivière du Mât** (Saint-Benoit). Tour complet de la question au **musée agricole et industriel Stella Matutina** (piton Saint-Leu). ■

LES CONSEILS GEO

▶ Les plus

Le faible décalage horaire avec la Métropole (+ 2 ou 3 h).
Les nombreux gîtes, chambres d'hôtes et fermes auberges, endroits parfaits pour faire connaissance avec les Réunionnais.

▶ Les moins

Bouchons et ralentissements sont fréquents, en particulier sur la fameuse route du littoral à l'ouest.

▶ Les recommandations

Les randonneurs préféreront l'hiver austral (de mai à octobre), plus frais et sec que l'été austral, et profiteront ainsi des fleurs.
Ne pas hésiter à prendre le bus (le réseau est conséquent, plus ponctuel sur la côte que dans les Hauts).
Réserver à l'avance son hébergement le week-end dans les cirques pris d'assaut par les Réunionnais.
Se protéger des moustiques. L'épidémie de chikungunya est passée, pas le virus.

▶ Les tendances

Les spa et soins de bien-être proposés par les rares établissements haut de gamme.
Les traditions et l'accueil créoles encouragés par l'association Villages Créoles (hébergements de charme et sorties péi).

Doubs

QUE VOIR, QUE FAIRE DANS LE DOUBS?

Les paysages

- Massifs du Mont-d'Or et du Larmont, lac Saint-Point, lac de Remoray (maison de la Réserve)
- Grotte d'Osselle, gouffre de Poudrey, Saut du Doubs

Le patrimoine et les traditions

- Saline royale d'Arc-et-Senans, citadelle de Besançon, château de Joux
- Patrimoine rural (musée de plein air des Maisons comtoises)
- Art sacré (temple Saint-Martin, églises du Sacré-Cœur, Saint-Georges et de la Madeleine, abbaye de Montbenoît, séminaire de Consolation)
- Saveurs (fort de Saint-Antoine, ferme-musée du Montagnon, Ferme des produits régionaux, Tuyé du Papy Gaby)

Les villes

Besançon, Montbéliard, petites cités comtoises de caractère, Ornans

Le Doubs, souvent cité comme le département le plus vert de France, est aussi le plus industrialisé. Mais ces activités mécanisées ne défigurent en rien cette terre de forêts, d'alpages et de monts arrondis. Une part de Franche-Comté à la lisière de la Suisse, spécialiste de la maîtrise du temps qui lui fait la faveur de ne pas l'altérer.

Les paysages

Le **mont d'Or** n'est pas seulement le nom d'un fromage crémeux. C'est d'abord le point culminant du Doubs. A 1 463 mètres d'altitude, cette muraille de calcaire est une charmante montagne à vaches, tapissée de hautes gentianes en été, sur laquelle des dizaines de chalets ont élu domicile. Devant elle et ses massifs voisins du Haut-Doubs (Grand Taureau, mont Châteleu, Crêt Monniot), à la lisière de la Suisse, se montrent les cimes de plus de 300 sommets des Alpes, mont Blanc compris. Sur ces balcons, qui sont aussi une immense forêt visitée par lynx, chamois et grands tétras, les sentiers de randonnée sont nombreux et l'ascension à pied facile. Un peu plus sportive pour les vététistes choyés dans ce département qui leur offre plus de cent parcours, telle cette «Grande traversée du Jura», qui longe les sommets du massif sur 150 kilomètres dans le Doubs. Un parcours qui peut aussi être emprunté à pied, en raquette à neige ou en ski de fond, sport roi ici. Près de 1 000 kilomètres de pistes de ski nordique permettent d'explorer des paysages

inattendus de taïga (forêts de bouleaux, tourbières, lacs gelés) entre Mouthe et Chapelle-des-Bois, ou bien encore des forêts de résineux, des combes et des alpages typiquement jurassiens, du côté des Fourgs. A Malbuisson, le char à voile peut remplacer les skis pour une traversée de 7 kilomètres sur le **lac Saint-Point** transformé en plus grande patinoire naturelle de France. Le plan d'eau est aussi le troisième plus important lac naturel de l'Hexagone, riviera émergeant entre forêts de sapins et pâturages. A 900 mètres d'altitude, il plaît aux baigneurs alanguis sur les plages de ses stations lacustres (Saint-Point la plus ensoleillée, Malbuisson la surannée, les Grangettes et ses fermes d'autrefois).

Le **lac de Remoray,** dans le prolongement de celui de Saint-Point, est une réserve naturelle. Décor humide de marais et de tourbières, il a sa plage à Labergement-Sainte-Marie, et sa très instructive **maison de la Réserve** qui présente les occupants des lieux : foulques, hérons cendrés et autres poules d'eau…

Les concrétions de la **grotte d'Osselle** attirent les foules depuis 1504. Sur un kilomètre de galeries, d'une salle à l'autre, stalactites et stalagmites effilées ou charnues passent de l'ocre au gris bleuté. Un parcours insolite dans la plus ancienne nécropole d'ours des cavernes au monde. Dans la salle unique et monumentale du **gouffre de Poudrey** - Notre-Dame de Paris y tiendrait -, les stalactites font une chute vertigineuse de 40 mètres. Au **Saut du Doubs**, la rivière fait une degringolade verticale de 27 mètres, une originalité spectaculaire. En amont, elle descend placidement un joli fjord jurassien à découvrir en une croisière de quelques heures.

Sur les rives du lac naturel Saint-Point, fleurissent prairies et bouquets de maisons aux architectures de bois colorées.

Le patrimoine et les traditions

La **saline royale d'Arc-et-Senans** (XVIIIe siècle), classée au Patrimoine mondial de l'humanité par l'Unesco,

La maison du directeur, pièce centrale de la saline d'Arc-et-Cenans (XVIIe siècle).

en impose par la ligne sobre et fluide de ses onze bâtiments en demi-lune et par l'ingéniosité de sa conception (23 km de canalisations souterraines pour l'alimentation en eau salée).

Classée également au Patrimoine mondial de l'Unesco, la **citadelle de Besançon**. Erigée par Vauban au XVIIe siècle, elle domine la ville sur son promontoire imprenable autour duquel le Doubs s'enroule en une boucle presque parfaite. Intacte, elle se découvre par le circuit des remparts. Lieu vivant, elle réunit musées (de la Résistance et de la Déportation, Musée comtois), insectarium, ferme et aquarium…

Vauban à l'œuvre encore au **château de Joux** soudé à son éperon et protégé par cinq enceintes. Dix siècles d'architecture militaire habitent cette forteresse millénaire où se visite la cellule de Toussaint Louverture, héros de la lutte contre l'esclavage.

LE CARNET DE VOYAGE

Les premiers contacts
Comité départemental de tourisme, 13, rue de la Préfecture, 25031 Besançon cedex, 03.81.21.29.99. www.doubs.travel

La population
499 060 habitants. Préfecture : Besançon.

Les fêtes
Janvier : Doubs Hiver (initiation au traîneau à chiens, au biathlon, à la sculpture sur glace… dans plusieurs stations de ski), Envolée Nordique (course de ski de fond par équipe de deux) à Chapelle-des-Bois.
Février : Transjurassienne (course internationale de longue distance de ski nordique), courses de chiens de traîneaux aux Fourgs.
Avril : Diagonale du Doubs (randonnées VTT et vélo).
Juin : festival Jazz et Musique Improvisée à Besançon, Orgues en Fête (musique classique dans les églises du plateau de Maîche).
Août : festival des Mômes Vache de Fête (ateliers et spectacles) à Montbéliard.
Septembre : descente des alpages aux Hôpitaux-Neufs et à Montlebon, Festival International de Musique (classique) à Besançon.
Octobre : Absinthiades (diverses animations et festivités autour de l'absinthe) à Pontarlier.
Novembre-décembre : Lumières de Noël (marché traditionnel et spectacles de Noël) à Montbéliard, Noël en Franche-Comté (contes de Noël, ateliers culinaires et créatifs…) à Besançon.

Les produits locaux
- Fromages (comté, emmental, AOC mont-d'or ou vacherin, morbier, cancoillotte).
- Salaisons (saucisses de Morteau, de Montbéliard, ornanaises ou cendrées, brési (bœuf séché et fumé), jambon de montagne).
- Gâteau de ménage (tarte briochée à la crème).
- Kirsch de la Marsotte (eau de vie de cerises), liqueur de gentiane, absinthe.

L'artisanat
Montres, horloges.

Dans le Doubs, les fermes sont massives, construites en pierre et bois. Pour apprécier leur diversité, rendez-vous à l'éducatif **musée de plein air des Maisons comtoises** (un vrai concentré d'architecture et d'histoire rurales en 29 édifices d'époque, du XVIIe au XIXe siècles).

Quelques belles églises, des temples aussi, à croiser en chemin, avec leur clocher très haut, souvent chapeauté «à l'impériale» de tuiles colorées disposées en audacieux motifs géométriques. Le **temple Saint-Martin** à Montbéliard, le plus ancien de France (1601), œuvre de la Renaissance germanique ; l'**abbaye de Monbenoît** (remarquables stalles en bois sculpté) ; la sobre **église du Sacré-Cœur** à Audincourt (édifiée de 1949 à 1951, vitraux de Fernand Léger, Le Moal et Bazaine). Et encore l'**église Saint-Georges** au Bizot, le **séminaire de Consolation**, l'**église de la Madeleine** à Besançon…

Fruit d'une tradition millénaire, le comté, ce fromage AOC au lait cru, est toujours fabriqué de la même façon, dans de petites coopératives au doux nom de fruitières. Le lait des vaches montbéliardes, parfumé des arômes d'herbes et de plantes sauvages broutées aux pâturages, est toujours tourné dans de grands chaudrons de cuivre. L'affinage est une affaire sérieuse à expérimenter au **fort de Saint-Antoine**, ancien édifice militaire qui abrite 65 000 meules au creux de ses galeries en pierre de taille (visite sur réservation).

Autres mets du cru, les saucisses de Morteau et de Montbéliard, fumées dans la tradition au cœur du «tuyé», une très haute cheminée (intéressante **ferme des produits régionaux** à La Cluse-et-Mijoux, **ferme-musée du Montagnon** à Fournets-Luisans, **Tuyé du Papy Gaby** à Gilley). Et l'absinthe, la fée verte, muse des poètes, à nouveau élaborée à Pontarlier.

Perché sur son promontoire rocheux, véritable verrou naturel, le château de Joux dispose de cinq enceintes défensives.

Les villes

Enlacée par le Doubs, **Besançon** conte deux mille ans d'histoire. Il faut voir les hôtels particuliers et demeures au calcaire jaune et bleu de la Grand-Rue, la cathédrale Saint-Jean à l'étonnante horloge astronomique, l'hôpital Saint-Jacques et sa riche apothicairerie d'antan, la synagogue néo-mauresque de la vieille ville, le faubourg Battant aux airs de village et finir par une promenade sur les quais Vauban de la ville de Victor Hugo et des frères Lumière.

A **Montbéliard** naquit George Cuvier, père de la paléontologie. L'influence germanique est ici manifeste (façades colorées, pignon crénelé du logis des Gentilshommes, château des ducs de Wurtemberg). Son passé médiéval a laissé d'autres particularités : yorbes (petites tours d'escaliers à vis) et tchâfas (lucarnes pour hisser les provisions). Plus récent, le parc du Près-la-Rose (jardins variés, pavillon des Sciences).

Le Doubs compte huit **petites cités comtoises de caractère** riches d'un patrimoine qu'elles s'emploient à valoriser. **Ornans**, ville natale du peintre Gustave Courbet (atelier de l'artiste, ferme familiale et musée) est charmante avec ses maisons à encorbellement posées à fleur d'eau le long de la Loue (à descendre en canoë-kayak). Et puis aussi Vuillafans, Rougemont, Saint-Hippolyte… ■

LES SUGGESTIONS GEO

- **Découverte :** houseboat sur le Doubs ; croisière promenade dans le défilé du Saut du Doubs ; balade en train à vapeur (le Coni'fer), musée de l'Horlogerie ; musée de la Montre ; musée et chaîne de montage Peugeot ; Parc polaire (chiens de traîneau, rennes) ; Dino-zoo (parc de la préhistoire).
- **Aventure :** GPS safari (chasse au trésor à pied, à VTT, à ski ou en raquettes) ; tyrolienne du val de Consolation (500 m de long à 120 m du sol).
- **Insolite :** saut à ski à Chaux-Neuve ; ski-jöring (ski tracté par un cheval) dans le Hauts-Doubs ; char à voile, lac de Saint-Point gelé.

LES CONSEILS GEO

▶ Les plus

Un automne aux couleurs flamboyantes, celles des feuillus contrastant avec le vert des sapins et des épicéas. On le compare souvent à l'été Indien du Canada. Une desserte facile du département par train (4 gares TGV) et par autoroute depuis le nord comme le sud de la France (l'A36 le traverse).

▶ Les moins

La période de transition entre l'immensité blanche hivernale et l'éclosion printanière dans le Haut-Doubs, lorsque la neige n'a pas encore fondu partout et que l'herbe n'est pas encore verte et fleurie.

▶ Les tendances

Le Biathlon pour Tous qui se pratique en toute sécurité dès 8 ans. Il associe le tir à la carabine (laser) debout et couché à une course au choix : à pied, à VTT, en roller ou à ski-roues en été, en ski de fond ou en raquette l'hiver.

Jura

Sérénité d'un paysage d'hiver vers Lajoux, le plus haut village du massif du Jura.

De la plaine doloise aux montagnes du Haut-Jura, ce département de Franche-Comté égrène lacs, cascades et forêts immenses. Dans cet écrin vert et bleu se logent de petits villages et quelques villes où l'on perpétue avec exigence d'ancestrales traditions, de la fabrication des jouets en bois à celle du vin, jaune ou de paille.

Les paysages

Sorte de bout du monde en forme d'amphithéâtre verdoyant, la **reculée de Baume-les-Messieurs** accueille en son sein le petit village du même nom, posé là comme par inadvertance. Cette formation géologique propre au Jura, vallée étroite se terminant par un cirque de falaises pouvant atteindre 250 mètres de haut, est saisissante. De même conformation : la **reculée des Planches** et le **creux de la Frasnée**.

L'eau omniprésente et persévérante a modelé le sol et le sous-sol, faisant jaillir ici cascades, torrents et rivières, creusant là grottes, gorges et lacs.

Les **cascades du Hérisson** sont un exemple éloquent de cette érosion liquide : 31 chutes, sauts et vasques en enfilade, telle la cascade du Grand Saut qui plonge sur 60 mètres. Il faut aussi citer la **cascade de Tuf**, celles **de la Billaude, des Planches**, des **gorges de la Langouette** ou **du Flumen**. Dans les profondes **gorges de l'Abîme**,

QUE VOIR, QUE FAIRE DANS LE JURA ?

Les paysages
- Reculées (Baume-les-Messieurs, Planches, la Frasnée)
- Cascades (Hérisson, Tuf, Planches, la Billaude)
- Gorges (la Langouette, Flumen, l'Abîme)
- Grottes (Baume-les-Messieurs, Moidons, Planches)
- Lacs (Vouglans, Chalain, Clairvaux, Bonlieu, Antre, Lamoura, Rousses)
- Forêts (Chaux, la Joux)

Les monuments
- Site gallo-romain de Villards-d'Héria, saline de Salins-les-Bains
- Châteaux (Pin, Rosay, Frontenay, Arlay)

Les villes et les villages
Baume-les-Messieurs, Saint-Amour, Orgelet, Château-Chalon, Arbois, Poligny, Lons-le-Saunier, Dole

Sous les brumes matinales, la vallée du Hérisson recèle de superbes cascades.

le tumultueux torrent a creusé des couloirs, formant par endroit des «marmites de géants», chaudrons rocheux emboîtés les uns dans les autres. Echelles et passerelles en surplomb permettent d'approcher ces péripéties géologiques.

Sous terre, les **grottes de Baume-les-Messieurs** (des salles de 20 à 80 m de hauteur, une rivière et un lac), celles **des Moidons** (les plus belles stalactites du Jura) et les **grottes des Planches** (où l'eau omniprésente en période de crue est turquoise ou émeraude) dessinent bien d'autres parcours, tout aussi surprenants.

Les lacs éclairent de bleu nuit, turquoise ou ciel le sud du département. Entre 400 et 800 mètres d'altitude, certains sont de véritables stations lacustres de vacances offrant de confortables plages de sable blanc et une eau à 25°C en été. Ainsi du **lac artificiel de Vouglans**, le plus grand (82 km de contours en pentes et forêts), des lacs naturels de **Chalain**, **Clairvaux** ou des **Rousses**. Restées sauvages, les berges des lacs de **Bonlieu**, d'**Antre** ou de **Lamoura** sont tout disposées à accueillir marcheurs et vététistes.

Près de la moitié du territoire du Jura est boisée. Parmi les innombrables feuillus de la **forêt de Chaux**, des chênes sacrés, cinq fois centenaires, quelques fouletots, les lutins du coin et, à sa lisière, de massives colonnes Guidon en pierre, dressées là au XIXe siècle pour se repérer. Le plus remarquable des sapins de la **forêt de la Joux** est élu «président». L'actuel, nommé en 1964, a dépassé les deux cents ans et s'élance à 45 mètres de hauteur.

Le parc naturel régional du Haut-Jura couvre la quasi-totalité du massif montagneux. C'est le royaume du ski nordique sur plus de 1 000 kilomètres de pistes entre forêts d'épicéas et clairières, monts arrondis et combes. Départ de l'une des 25 stations villages dont certaines maisons ont leurs façades en partie couvertes de tavaillons de bois, traditionnelles planchettes jurassiennes.

Les monuments

Dans un bel espace naturel, le **site gallo-romain de Villards-d'Héria** abrite les vestiges d'un sanctuaire du Ier siècle après J.-C. (bâtiment des pèlerins, restes d'enceinte, de temples, de théâtre). Toujours dans le registre archéologique et plus étonnant encore, les empreintes de dinosaures laissées sur le sol à Coisia et Loulle.

Dans les **salines de Salins-les-Bains**, on remonte le temps dans les galeries souterraines où, depuis le Moyen Age et jusqu'en 1962, la saumure était transformée en sel. Avant d'être en partie acheminée par des canalisations dans

Marmites de géant de la grotte des Planches, au pied de la plus haute reculée.

le Doubs voisin, vers la saline d'Arc-et-Senans (fin du XVIIIe siècle). Dans la ville, découvrir aussi la collégiale gothique Saint-Anatoile postée en hauteur et l'apothicairerie de l'hôpital, ou bien faire une cure thermale dans une eau… salée.

Perché sur sa colline, le **château du Pin** (XVe siècle) domine les vallées de la Seille, du Doubs et de la Saône. C'est un château fort comme on les imagine, avec tout ce qu'il faut de donjons, remparts et échauguettes. Tout comme la superbe **forteresse de Rosay,** reconstruite pierre par pierre en vingt ans par un passionné. Plus récent, le château d'Arlay (XVIIIe siècle) au beau parc romantique (théâtre de verdure, bosquets, grotte…) et celui de **Frontenay**, remanié plusieurs fois depuis son édification au XIIe siècle, surplombe la plaine de la Bresse jurassienne. Noyé parfois dans un brouillard féerique, il est occupé par la même famille depuis cinq cents ans. Romantiques encore, les vestiges des châteaux ruinés de Mirebel, Présilly, Chevreaux…

Les villes et les villages

Ce sont les moines bénédictins de l'abbaye de **Baume-les-Messieurs** qui fondèrent celle de Cluny au Xe siècle. Dans le cadre grandiose des falaises de la reculée, découvrir l'église et son précieux retable flamand du XVIe siècle, le cloître et le quartier abbatial. Et flâner dans ce tout petit village de 200 âmes à peine.

A **Saint-Amour**, à la frontière bourguignonne, l'influence méridionale se lit dans les tuiles rondes des toits. Musarder dans les ruelles de l'une des plus anciennes cités de Franche-Comté et entrer dans l'église, l'apothicairerie et la prison royale. Dans les environs, s'arrêter à Gigny (superbe abbaye bénédictine), à l'église romane Saint-Hymetière (XIe siècle) près de Montfleur et à **Orgelet,** l'une des 28 «petites cités comtoises de caractère», village de Cadet Roussel dont l'église abrite un très précieux carrelage médiéval.

Château-Chalon, ravissant village perché à l'intéressant patrimoine médiéval, est la capitale du vin jaune. Ce cru AOC à la robe or vieillit six ans et trois mois précisément en fût de chêne avant de devenir cette rareté aux arômes puissants de noix, de fruits confits, d'épices douces.

A **Arbois,** capitale des vins du Jura, se dégustent des crus nés de cépages locaux, les savagnin, poulsard et trousseau aux tempéraments très prononcés. S'arrêter dans les caves, au musée de la Vigne et du Vin mais aussi à la maison de Pasteur qui grandit dans ce bourg aux demeures vigneronnes cossues.

Autre spécialité chère au Jura, le comté. **Poligny** dédit un musée à ce fromage AOC. Dans cette belle cité,

LE CARNET DE VOYAGE

Les premiers contacts
Comité départemental de tourisme, 8, rue Louis-Rousseau, BP 80458, 39006, Lons-le-Saunier cedex, 03.84.87.08.88. www.jura-tourism.com

La population
252 000 habitants. Préfecture : Lons-le-Saunier.

Les fêtes
Février : Percée du Vin Jaune (nouveau millésime offert à la dégustation dans une des communes productrices, 1er week-end), Transjurassienne (course de ski de fond, 2e week-end).
Mars : Les Rousses en Apesanteur (rassemblement de montgolfières) aux Rousses.
Juin : pique-nique vigneron dans tout le vignoble, Festival de Musique du Haut-Jura (musiques anciennes).
Juillet : Petites Fêtes de Dionysos (festival littéraire et gastronomique) à Arbois, fête du comté à Poligny (et en août), festival des Pieds et des Mains (cirque, danse, marionnettes…) à Lons-le-Saunier, Idéklic (festival pour les enfants : ateliers et spectacles) à Moirans-en-Montagne.
Septembre : Forestière (course de VTT et vélo dans les montagnes du Jura).
Décembre : Noël au Pays du Jouet (Moirans-en-Montagne).

Les produits locaux
- Fromages AOC : comté, bleu de Gex, morbier.
- Poulet de Bresse (AOC), gaudes (sablés à la farine de maïs), miel de sapin et d'acacia.
- Vins rouges et blancs (savagnin, poulsard, trousseau…), vin jaune (blanc sec), vin de paille (moelleux), crémant du Jura (vin effervescent), Macvin (association de marc et de vin).

La cascade de Tuf, du nom du dépôt sédimentaire qui tapisse le lit des rivières, milieu très riche en carbonate dissout.

apprécier aussi l'église romane (XIe siècle), la chapelle des Jacobins (XIIIe siècle), la pharmacie de l'hôtel-Dieu (XVIIe siècle), les hôtels particuliers et le quartier vigneron de Charcigny. Intéressante incursion dans la cave d'affinage du **fort des Rousses** (des milliers de meules conservées). Pour le clin d'œil, visite de la maison de la Vache qui Rit à **Lons-le-Saunier**. La ville natale de Rouget de Lisle, l'auteur de la Marseillaise, ville thermale aussi, mérite une halte (musées d'Archéologie et des Beaux-Arts, rue des Arcades, place de la Comédie aux maisons vigneronnes, théâtre rococo). Des traditions encore, sont évoquées aux ludiques musées du Jouet à Moirans-en-Montagne, de la Lunette à Morez ou à l'exposition Pipes et Diamants à Saint-Claude. Autrefois glorieuse capitale régionale, **Dole** est aujourd'hui plus modestement classée «ville d'art et d'histoire». Etablie au pied du Doubs, la cité, qui est aussi un agréable port de plaisance fluviale, recèle de louables richesses : l'auguste collégiale gothique Notre-Dame (XVIe siècle) au clocher porche haut de 73 m, la maison natale de Pasteur, le canal des Tanneurs, l'hôtel-Dieu (XVIIe siècle) ou le musée des Beaux-Arts. ■

LES SUGGESTIONS GEO

- **Découverte :** parcours des sites sonores (à l'écoute des phénomènes acoustiques et des sons de la montagne, échos, clapotis, sonnailles...) ; sentiers des Contes en balade : 7 promenades accompagnées par un livret (jeux, énigmes, histoires) ; en train sur la jolie ligne «aérienne» des hirondelles de Dole à Saint-Claude ; centre polaire Paul-Emile Victor (à Prémanon) ; musée de la Boissellerie (fabrication des ustensiles en bois) à Bois-d'Amont.
- **Aventure :** chasse au trésor en canoë et parcours dans les souterrains du fort des Rousses (Les Rousses) ; initiation à la spéléologie.
- **Insolite :** raid en traîneau à chiens avec nuits en yourte, tipi, roulotte ou camp de trappeur (Bellecombe).

LES CONSEILS GEO

▶ Les plus

Quatre pays typés sur un petit territoire (région des étangs, des vignobles, des lacs et des montagnes du Jura). Une nature présente et bien préservée (nombreux lacs, forêts, grottes et cascades).

▶ Les moins

Une vie culturelle modeste (pas de grands festivals jurassiens).

▶ Les recommandations

Pour profiter pleinement des couleurs de la nature, privilégier les mois d'octobre, mai et juin. Ne pas oublier son appareil photo (lacs et cascades sont très photogéniques).

▶ Les tendances

Point trop n'en faut, l'aventure jurassienne est proposée sans risques (raid en traîneau à chiens avec nuits en yourte ou roulotte tout confort). Apparaît aussi une nouvelle génération de gîtes écologiques (matériaux de construction et production de l'énergie propres).

Sur la colline de Bourlémont, à Ronchamp, les rondeurs de la chapelle Notre-Dame-du-Haut (1950-1955), par Le Corbusier.

Haute-Saône

Au nord de la Franche-Comté, le département de la Haute-Saône réserve de belles surprises naturelles comme l'étonnant plateau des Mille-Etangs aux allures de petite Finlande et un incontournable patrimoine culturel, principalement autour des villes de Vesoul et de Luxeuil-les-Bains.

Les paysages et les activités

Le département est divisé en quatre régions. Le **pays de Vesoul**, au centre. A quelques kilomètres du centre-ville de Vesoul s'étend le **lac** de Vesoul-Vaivre et sa base de loisirs. On peut aisément en faire le tour à pied, le long des berges. Un parc aquatique de 2 hectares y a été aménagé pour des détentes en famille : le **Ludolac**, avec toboggan, bassin, canon à eau et jacuzzi. Un grand **vélorail** de neuf kilomètres permet aussi de découvrir la nature environnante autrement, à un rythme différent. La **vallée de la Saône**, au nord-ouest, offre de douces balades à fleur d'eau. Prenant sa source dans les Vosges, la Saône traverse le département sur 130 kilomètres et permet de naviguer

LE CARNET DE VOYAGE

Les premiers contacts
Agence de développement touristique de la Haute-Saône, 1, rue Max-Devaux, BP 20 057, 70001 Vesoul cedex, 03.84.97.10.70. www.destination70.com, www.la-haute-saone.com

La population
231 200 habitants. Préfecture : Vesoul.

Les fêtes
Février : Festival International du Film Asiatique (Vesoul).
Avril : festival de la Randonnée (jusqu'en juin).
Juillet : festival Musique et Mémoire, journées artisanales et artistiques (Fondremand), Festival International de la Dentelle (Luxeuil).
Fin Août : Festival International de Folklore (Port-sur-Saône).

Les produits locaux
- Biscuits de Montbozon, cancoillotte.
- Vin de pays (champlitte, charcenne et gy), griottine de Fougerolles (griottes sauvages à la liqueur et au Kirsch).

L'artisanat
Verrerie et cristallerie d'art (Passavant-la-Rochère), dentelle (Luxeuil-les-Bains).

QUE VOIR, QUE FAIRE EN HAUTE-SAÔNE ?

Les paysages et les activités

- Pays de Vesoul (lac, randonnée, Ludolac, vélo-rail)
- Vallée de la Saône (tourisme fluvial, vélo, équitation)
- Vosges saônoises (parc naturel régional des Ballons des Vosges, plateau des Mille-Etangs)
- Vallée de l'Ognon (canoë-kayak)

Les villes et les monuments

- Vesoul (église, quartiers anciens), Luxeuil-les-Bains (conservatoire de la Dentelle, thermes)
- Gray (musée Baron-Martin), Ronchamp (chapelle Notre-Dame-du-Haut)
- Fondremand, Marnay, Pesmes, Champlitte, Gy, Ray-sur-Saône

LES CONSEILS GEO

▶ Les plus

Un territoire aux facettes multiples où la nature et l'eau sont partout enchanteresses. Et de nombreux villages de charme.

▶ Les moins

Pas d'aéroport, ni d'autoroute. Des activités au ralenti en hiver.

▶ Les tendances

A Ronchamp, la chapelle Notre-Dame-du-Haut, rare œuvre sacrée de Le Corbusier, fait l'objet d'une demande officielle de classement au Patrimoine mondial de l'Unesco.

lentement en bordure de rives et de faire des haltes dans ses ports de plaisance tout à fait charmants. Entre Port-sur-Saône et Gray, le chemin de halage a été réhabilité et met à disposition plus de 40 kilomètres de pistes taillées pour l'équitation, le vélo ou les promenades à pied.
Véritable paradis pour tous les amoureux de la nature et de la randonnée, les **Vosges saônoises**, plus à l'est, sont situées pour une large partie sur le **parc naturel régional des Ballons des Vosges**. Elles y déploient leur paysage unique avec le fascinant **plateau des Mille-Etangs** qui est souvent surnommé «la Petite Finlande». C'est une curiosité géologique modelée par des glaciers, il y a 12 000 ans. Patchwork de terres, d'eau, de forêts et de prairies, ce site est d'une rare beauté. La **vallée de l'Ognon**, tout au sud du département, suit la rivière du même nom qui déroule délicatement son lit dans des paysages calmes et authentiques. C'est le royaume du **canoë-kayak**, avec près de 180 kilomètres de parcours aménagés et accessibles à tous les publics.

Les villes et les monuments

Sur la colline de la Motte, la cité comtoise de **Vesoul** abrite un patrimoine historique important : **église**, hôtels particuliers, palais de justice et des **quartiers anciens** classés Monuments historiques. **Luxeuil-les-Bains**, réputée depuis l'époque romaine pour ses **thermes** (aujourd'hui la seule station thermale en Haute-Saône), a su garder sa tradition de ville d'eau et jouit également de nombreux monuments du XVe siècle à découvrir : maison du cardinal Jouffroy, palais abbatial, cloître et basilique Saint-Pierre. Sans oublier le passionnant **conservatoire de la Dentelle** (très réputée sous le second Empire), installé dans l'ancienne abbaye Saint-Colomban.
La basilique Notre-Dame et l'hôtel de ville de **Gray**, autrefois place forte de Franche-Comté, témoignent du passé brillant de la ville tandis que le **musée Baron-Martin** expose une impressionnante collection d'œuvres d'art, dont des pastels de Prud'hon. L'étonnante **chapelle Notre-Dame-du-Haut** à **Ronchamp,** construite en 1955 par Le Corbusier, est un symbole de l'art sacré contemporain. Ses formes galbées et son voile de béton ne laissent personne indifférent !
Mettant l'accent sur la typicité, l'appellation «petites cités comtoises de caractère» regroupe 24 communes en Franche-Comté dont 11 rien qu'en Haute-Saône, parmi elles : **Marnay**, **Gy**, **Fondremand**, son château et son musée du Donjon, **Champlitte**, son musée des Arts et Traditions populaires et son couvent des Augustins, la citadelle de **Pesmes** (un des «plus beaux villages de France»), **Ray-sur-Saône** et son château... Tous possèdent le charme d'antan et jouissent d'un environnement très paisible, amoureusement préservé. ■

LES SUGGESTIONS GEO

- **Découverte :** écomusée du pays de la Cerise (Fougerolles); musée des Arts et Traditions populaires (château de Champlitte, Gray-Langres).
- **Aventure :** espace VTT des monts de Gy (135 km de parcours balisés).

Territoire de Belfort

Petit par sa taille mais immense par sa personnalité, le Territoire de Belfort occupe une place privilégiée entre deux massifs montagneux. Dans cet écrin de verdure, il a traversé avec audace une histoire tumultueuse et abrite désormais un patrimoine historique fort au cœur de sa cité. Un département aux attraits touristiques indéniables, rattaché à la Franche-Comté.

Les paysages et les activités

Situé entre les massifs des Vosges et du Jura, le département occupe une place privilégiée au cœur de l'Europe, aux portes de la Suisse, de l'Alsace et de l'Allemagne. Sa position géographique et stratégique, à la croisée d'influences et de convoitises, a forgé son identité unique.

C'est une terre de contrastes avec, au nord, les **Vosges du Sud** et le sommet du **Ballon d'Alsace**. Culminant à 1 248 mètres, ce grand site classé du **parc naturel régional des Ballons des Vosges** est le paradis des randonneurs en été (carrefour des sentiers de grandes randonnées GR5, GR533, GR7 et GR 59) avec ses 160 kilomètres d'itinéraires balisés surplombant des panoramas grandioses sur les vallées environnantes. Et pour la pratique du ski, le Territoire de Belfort compte pas moins de onze pistes. Il se révèle aussi idéal pour les amateurs de pêche (sportive ou détente) avec ses torrents et ses cascades dans une nature à l'état pur. Il ravira de même les inconditionnels des balades à cheval ou à vélo et les assoiffés de sensations fortes avec du parapente et de l'escalade.

Le **lac du Malsaucy** (le plus étendu du Territoire), lieu privilégié d'observation de la nature avec sa faune et sa flore, dispose également d'une base de loisirs et d'une base nautique (voile, aviron, kayak, VTT, minigolf, cinéma de plein air…). Ancien marais au fond réputé vaseux, l'étang des Forges ne permet pas la baignade mais offre ses rives ombragées aux promeneurs et ses eaux calmes aux véliplanchistes et aux écoles de voile.

Empruntant le tracé d'une voie antique, la **route des Villages fleuris** parcourt le Piémont vosgien d'est en ouest à travers neuf communes du département.

Adossé aux **contreforts du Jura**, le sud du département offre une région riche en étangs (surnommée la «Petite Sologne»)

QUE VOIR, QUE FAIRE EN TERRITOIRE DE BELFORT?

Les paysages et les activités

- Vosges du Sud, Ballon d'Alsace, parc régional Naturel des Ballons des Vosges (randonnée pédestre, équestre et à vélo, pêche, parapente, escalade)
- Lac du Malsaucy (voile, aviron, kayak, VTT, cinéma de plein air, minigolf), étang des Forges
- Route des Villages fleuris et contreforts du Jura (randonnée, pêche, vélo)

Le patrimoine

- Belfort (Lion, citadelle, promenade des Hauts de Belfort, porte de Brisach, tours 41, 46, 27, forts de la Miotte et de la Justice, monument des Trois Sièges, cathédrale Saint-Christophe, hôtel de ville, marché couvert, mur peint d'Ernest Pignon-Ernest, musée d'Histoire)
- Delle, Beaucourt

Emblème de la ville de Belfort et symbole de sa résistance, le lion sculpté par Bartholdi, à qui l'on doit aussi la statue de la Liberté éclairant le monde.

Parapente au-dessus du Ballon d'Alsace et des Vosges, panorama naturel grandiose en plein cœur du Territoire de Belfort.

et de rivières : une nature préservée aux paysages charmants et les plus beaux belvédères du Territoire. Du haut du plateau de Croix, le panorama s'étend des monts d'Ajoie en Suisse aux monts du Jura, en passant par la forêt Noire, la plaine d'Alsace et les Vosges. De magnifiques promenades en perspective, à pied ou à vélo, et un immense réservoir réputé inépuisable pour la pêche.

L'histoire

La cité de **Belfort** joue un rôle important dès le XIIe siècle par sa situation stratégique au centre de la trouée de Belfort. Logiquement, elle devient une place forte militaire, à défendre. La citadelle fut construite dès 1648 par le comte Gaspard de la Suze afin de fermer le passage aux nombreuses invasions étrangères. Par la suite, Louis XIV confia sa fortification à Vauban qui lui proposa, en 1687, le projet d'une enceinte urbaine en pentagone, renforcée par des tours bastionnées aux angles. C'est le seul exemple en France de ce système particulier de fortification que Vauban n'a pas utilisé ailleurs. Le général Haxo, nommé inspecteur général des fortifications frontalières (Grenoble, Besançon, Dunkerque, Saint-Omer, Sedan, Fort l'Écluse, Belfort, Bitche). modifiera encore la citadelle en lui donnant ses atours modernes, en 1817. A Paris, son nom figure sur l'arc de triomphe de l'Etoile.

Aujourd'hui, la citadelle reste un héritage important de l'illustre Vauban. Le dispositif défensif imaginé par ce dernier et les vingt ans de travaux nécessaires à sa réalisation ont permis de résister à trois sièges dont celui de la guerre franco-prussienne de 1870 mené avec grand succès par le colonel Denfert-Rochereau.

LE CARNET DE VOYAGE

Les premiers contacts
Maison du tourisme du Territoire de Belfort, 2 bis, rue Clemenceau, 90 000, Belfort, 03.84.55.90.90. www.ot-belfort.fr

La population
142 277 habitants. Préfecture : Belfort.

Les fêtes
Mai : Festival International de Musique Universitaire (FIMU) à Belfort, (week-end de la Pentecôte).
Juillet : Eurockéennes de Belfort (musique rock).
Novembre : Festival International du film de Belfort EntreVues (festival du 1er film des jeunes auteurs).
Mars-décembre : Marché aux Puces (le plus grand de l'est de la France), le 1er dimanche du mois, dans le vieux Belfort.

Les produits locaux
- Epaule du Ballon (carré d'agneau aux myrtilles), comtine (terrine de truite, sandre et pomme), repas marcaire (casse-croûte au fromage munster, selon la tradition des trayeurs de vaches).
- Facettes du Territoire (gourmandises chocolatées), Belflore (pâtisserie aux framboises et amandes meringuées), tarte aux brimbelles (myrtilles).
- Brimbul' (apéritif mêlant myrtille, Gin, crémant du Jura).

Plus petit que le lac du Malsaucy, l'étang des Forges, rives de Belfort et Offemont.

LES CONSEILS GEO

▶ Les plus

La cité de Belfort offre un cours d'histoire grandeur nature : chaque site, judicieusement mis en valeur, permet de comprendre les événements qui ont marqué la ville. Deux massifs montagneux offrent aussi un large choix d'activités.

▶ Les moins

Son relatif manque de notoriété dû à sa position excentrée.

▶ Les tendances

Le Ballon d'Alsace bénéficie d'un programme d'aménagement afin d'améliorer les équipements touristiques sur son massif, notamment pour le ski alpin et les loisirs.

La découverte des monuments et des sites de la ville permet une approche vivante et une compréhension accrue de l'histoire de Belfort.

■ Le patrimoine

La ville de Belfort recèle d'innombrables trésors de mémoire à découvrir en se promenant dans la vieille ville, à commencer par le célèbre **Lion de Belfort**, chef-d'œuvre monumental du sculpteur Bartholdi qui trône fièrement au pied de la falaise de la citadelle et symbolise l'héroïsme de la résistance des Belfortains entre 1870 et 1871. Il a donné à la ville son surnom de «cité du Lion».

La **citadelle** et la promenade des **Hauts de Belfort** permettent d'en faire le tour à pied. Classée Monument historique et également érigée par Vauban en 1687, l'épaisse **porte de Brisach** est la seule entrée conservée des fortifications. La **tour 41** abrite désormais le **musée des Beaux-Arts**, la **tour 46** accueille des expositions temporaires. Il faut encore voir la **tour 27** et la tour des Bourgeois, les **forts de la Miotte et de la Justice** ainsi que le **monument des Trois Sièges**.

La **cathédrale Saint-Christophe**, classée Monument historique, l'**hôtel de ville** et sa façade d'origine, la statue «Quand Même», représentant une Alsacienne soutenant un soldat du siège de 1870, le **marché couvert** (inscrit à l'inventaire supplémentaire des Monuments historiques) font aussi partie du patrimoine local.

Plus récents, le théâtre, entièrement revisité par l'architecte Jean Nouvel en 1983, la préfecture, la salle des fêtes et le **mur peint d'Ernest Pignon-Ernest**, représentant des illustres personnages européens, réunis autour d'un banquet imaginaire (Picasso, Molière, Beethoven, Victor Hugo, Nietzsche…).

Le **musée d'Histoire**, installé dans la caserne Haxo, à l'ancien emplacement du château médiéval, expose des plans en relief de Vauban, des effets personnels ayant appartenu au colonel Denfert-Rochereau, des maquettes de la citadelle, des croquis du Lion et de nombreux objets militaires. Le musée d'Art moderne de la «Donation Maurice Jardot» présente une collection d'art contemporain de près de cent cinquante œuvres,. Parmi les artistes exposés, on trouve Léger, Braque, Picasso et Chagall.

Delle, la cité des Cariatides, fait partie de l'association des Petites Cités comtoises de caractère et mérite que l'on s'y arrête. Pour flâner dans ses vieux quartiers et découvrir la maison des Remparts, la maison Feltin qui est l'hôtel de ville actuel, et la maison des Cariatides.

A visiter aussi, **Beaucourt**, la capitale de l'horlogerie industrielle, et son musée Japy, retraçant l'épopée beaucourtoise de l'horlogerie en série, du XVIIIe siècle à nos jours, et l'histoire de son créateur, Frédéric Japy. ■

LES SUGGESTIONS GEO

■ **Découverte :** randonnée des forts : un parcours pédestre original de 72 km sur la ceinture fortifiée de Belfort. On y découvre une dizaine de forts datant du Moyen Age à la fin du XIXe siècle dans des paysages alternant plaines, montagnes et étangs. A effectuer sur plusieurs jours !

■ **Aventure :** Acropark du Ballon d'Alsace (parcours dans les arbres) avec ses ponts de singe et ses tyroliennes, impressionnant du haut du point culminant du département.

■ **Insolite :** Grand Souterrain et sa nouvelle scénographie dans la citadelle de Belfort, mêlant jeux de lumières, musiques, projections vidéo et commentaires audio pour un voyage unique à la rencontre des grands défenseurs de la liberté.

Le foisonnant jardin de Claude Monet, véritable œuvre en soi, met nature et peinture en perspective, comme nulle part ailleurs.

Eure

Havre de paix au sud de la Haute-Normandie, l'Eure abrite des paysages préservés, comme en marge du temps, et plusieurs magnifiques châteaux et abbayes au charme discret. Une belle idée de week-end à une heure seulement du tumulte de la capitale.

Les paysages et le patrimoine

L'Eure fait figure de belle exception. Département jalonné de rivières et peu urbanisé bien qu'étant situé à une heure de la capitale, il offre de doux moments de repos. Les vallées de l'**Andelle**, de la **Seine**, de la **Risle** ou, plus intime, la **vallée de l'Oison** (dans laquelle se trouve la plus petite mairie de France) sont particulièrement charmantes. Les champs jaunes de colza contrastent avec le bleu des plantations de lin et le vert des prairies. Vaches, moutons et chevaux occupent les pâturages.

Entre Rouen et Le Havre, au nord-ouest, s'étale le **parc naturel régional des Boucles de la Seine normande**, fortement investi dans le respect de l'environnement. Non loin de là, aux Andelys, se trouve la forteresse érigée par Richard Cœur de Lion, le **Château-Gaillard**. Majestueux en haut de son piton rocheux, il domine les méandres de la Seine et offre un panorama exceptionnel. Datant de la même époque, le **château d'Harcourt** est l'un des châteaux médiévaux les mieux conservés de Normandie.

LE CARNET DE VOYAGE

Les premiers contacts
Comité départemental du tourisme de l'Eure, 3, rue du Commandant-Letellier, BP 367, 27003 Evreux Cedex, 02.32.62.04.27. 0810.27.00.27. www.cdt-eure.fr

La population
560 000 habitants vivent dans l'Eure (93 hab./km²). Préfecture : Evreux.

Les fêtes
Début avril : Festival d'Art Naïf (Verneuil-sur-Avre).
Juin : festival du Lin (Routot).
Fin juin : festival Le Rock dans tous ses états (Evreux).
Octobre, novembre, décembre, avril : marché au Foie gras (Neubourg).
Octobre-avril, les 1ers dimanches du mois : marché aux Pommes (Sainte-Opportune-la-Mare).

Les produits locaux
- Lin, pavé du plessis (fromage).
- Plusieurs spécialités gourmandes sucrées : cailloux de Louviers, mirlitons et rislois de Pont-Audemer, pavé d'Evreux.
- Calvados, cidre (produits à base de pommes et leurs produits dérivés).

L'artisanat
Toitures en chaumière, verrerie.

QUE VOIR, QUE FAIRE EN EURE ?

Les paysages et le patrimoine

- Château-Gaillard, châteaux d'Harcourt et du Champ-de-Bataille
- Abbayes (Notre-Dame-de-Fontaine-Guérard, Notre-Dame-du-Bec, Mortemer, Bonport)
- Vallées (Andelle, Seine, Risle, Oison), parc naturel régional des Boucles de la Seine normande

Les villes et les villages

- Evreux (cathédrale Notre-Dame), Louviers (Parlement de Normandie, église Notre-Dame, cloître des Pénitents), Bernay (musée des Beaux-Arts et abbatiale), Gisors (fort)
- Giverny (jardin, musée), Pont-Audemer, Lyons-la-Forêt, Le Bec-Hellouin

Bâti plus tardivement, le **château du Champ de Bataille** et ses jardins, sans doute dessinés par Le Nôtre, ont été entièrement repris en main par le décorateur parisien Jacques Garcia. Le résultat est surprenant d'audace et de beauté.

Pleines de majesté, les abbayes du département (**Notre-Dame-du-Bec**, **Notre-Dame-de-Fontaine-Guérard**, **Bonport** ou **Mortemer**) racontent la vie religieuse passée.

Les villes et les villages

L'Eure est aussi faite de quelques villes d'importance. Malgré les destructions de juin 1944, **Evreux**, la capitale de l'Eure, a conservé tout le charme d'une ville à la campagne avec ses chemins de promenade, sa **cathédrale** et ses brebis que l'on aperçoit sur les collines environnantes.

Un peu plus au nord, **Louviers** et ses vingt et un bras de rivière ouvre ses portes. Ancienne cité drapière, elle a fabriqué du drap de laine et du cuir du XIIe au XIXe siècle. Outre les vestiges du patrimoine industriel, les visites de la maison du **Parlement de Normandie**, de l'**église Notre-Dame** et du **cloître des Pénitents** construit sur l'eau sont recommandées.

A l'ouest, **Bernay**, traversé par la Charentonne et le Cosnier, séduit par ses maisons à colombages et poutres décorées. Anciens lavoirs, moulins à eau et buanderies sont encore visibles. Antiquaires et bistrots animent les vieux quartiers. Quelques beaux endroits sont à visiter comme le **musée des Beaux-Arts** et l'**abbatiale romane**, construite en tuf, au XIe siècle.

A l'est, à deux pas du Val-d'Oise et au bord de l'Epte, **Gisors** s'impose comme la capitale historique du Vexin normand. Sa **forteresse** était autrefois considérée comme le «verrou oriental» de la Normandie face à l'invasion anglaise. Dans son enceinte intérieure se trouve un jardin très agréable.

Un peu plus au sud, **Giverny** fait figure de centre culturel bouillonnant. Au XIXe siècle, Claude Monet en tombe amoureux et s'y installe, attirant dans son sillage de nombreux artistes. Aujourd'hui, le **jardin** du maître se visite et le **musée** s'attache tout logiquement à mettre en lumière le mouvement impressionniste.

Disséminés sur tout le territoire, des villages de charme méritent également le déplacement. Ainsi, **Lyons-la-Forêt** avec ses colombages et sa cathédrale, **Pont-Audemer** pour ses minces canaux et ses ruelles moyenâgeuses ou encore **Le Bec-Hellouin** et son enfilade de maisons colorées ou son illustre abbaye dotée d'un très bel ensemble monastique. ■

LES SUGGESTIONS GEO

- **Découverte :** circuits à bord d'un train d'autrefois (départ de Pacy-sur-Eure) ; route des Chaumières (parc naturel régional des Boucles de la Seine) ; Itinéraire impressionniste (de Giverny aux boucles de la Seine).
- **Aventure :** Authentik Aventure, pour découvrir la vallée de l'Andelle en canoë, à VTT, grâce à l'escalade ou à des courses d'orientation (Romilly-sur-Andelle).
- **Insolite :** dormir dans une cabane nichée dans un arbre (Les Barils).

LES CONSEILS GEO

▶ Les plus
A une heure de Paris et à peine plus de la mer, l'Eure offre une bouffée d'air frais et de verdure.

▶ Les moins
On regrette un peu qu'il n'y ait pas une manifestation d'envergure ou une grande ville proposant un large panel d'activités.

▶ Les recommandations
Pour apprécier le charme de l'Eure, privilégiez des séjours courts de deux ou trois jours, à différentes saisons.

▶ Les tendances
Les initiatives en faveur du développement durable se multiplient, tout comme les circuits en pleine nature.

Seine-Maritime

QUE VOIR, QUE FAIRE EN SEINE-MARITIME ?

Les paysages
- Côte d'Albâtre, pays de Caux et de Bray, vergers
- Seine et son estuaire, parc naturel régional des Boucles de la Seine
- Forêts (Brotonne, Lyons, Eawy, Eu)

Le patrimoine
- Châteaux (Martainville, Eu, Ango, Catel)
- Musées (Traditions et Arts normands, Louis-Philippe)
- Abbayes (Saint-Georges de Boscherville, Jumièges, Montivilliers, Saint-Wandrille)
- Ponts (Brotonne, Tancarville, Normandie)
- Maisons (Flaubert à Canteleu, Corneille à Petit-Couronne, Victor Hugo à Villequier)

Les villes
Le Havre, Rouen, Etretat, Fécamp, Dieppe

Bordée par la Côte d'Albâtre, la Seine-Maritime accueille la Seine, sur son flanc. Entre deux eaux, c'est la Haute-Normandie des falaises vertigineuses, des plateaux calcaires et des forêts qui s'étire du Havre à Rouen. Avec sa palette nuancée de gris et de vert, elle offre une navigation touristique haute en couleur.

Les paysages

Dominant les plages de galets gris rossés par les marées, les falaises de la **Côte d'Albâtre** surgissent des flots, mur blanc frisant les 100 mètres de haut. Ses 150 kilomètres ceinturent le pays de Caux, parsemé des villages de pêcheurs blottis aux creux des plages. Surplombant ces paquebots de craie, le plateau calcaire court, traversant le **pays de Caux**, jusqu'au **pays de Bray**. Au creux d'un paysage dit «en boutonnière» (dépression géologique) les vergers, certes moins nombreux que par le passé, affichent encore les fameux pommiers-tiges qui donneront le cidre.

Au sud, l'embouchure de la **Seine** ramène la paix dans les flots tumultueux. La **forêt de Brotonne** se love au cœur de ses méandres et de ceux du **parc naturel régional des Boucles de la Seine**. Un chêne cuve y affiche majestueusement ses quatre troncs. Du Havre à Tancarville, l'estuaire de la Seine, zone de transition terre-mer, eau douce-eau salée, abrite un écosystème unique, intermédiaire entre le marin et le continental, paradis de la faune et de la flore. Amphibiens, mammifères et insectes abondent en

En pays de Caux, les arches minérales de la falaise d'Aval et de l'Aiguille Creuse, géants calcaires d'Etretat.

ses vastes roselières et prairies humides et 250 oiseaux y font étape. Passé Rouen, la **forêt de Lyons**, plus grand massif forestier du département, accueille une belle futaie de hêtres, spécialité régionale. La **forêt d'Eawy** et la **forêt d'Eu** complètent les espaces dédiés aux randonnées pédestres et équestres. Mais comment aborder la Normandie sans penser à ses vaches ? Au cœur des bocages, où l'herbe grasse et verte donne des pâtures à la riche réputation, leurs mufles humides font partie du paysage !

Le patrimoine

Qu'elle soit à pans de bois, d'un mélange de silex noir, blanc et de briques, la bâtisse normande est typique. En 1485, le **château de Martainville** voit le jour, doté de rondes tours de briques rouges vernissées. Le **musée des Traditions et des Arts normands** s'y installe avec ses armoires régionales, rouennaises ou cauchoises, ses dentelles et ses broderies. Garde des Sceaux sous Louis XVI, le marquis de Miromesnil finit sereinement ses jours en son château éponyme (XVIIe siècle). Guy de Maupassant y naquit, le 5 août 1850. Dans le parc, un cèdre du Liban, bicentenaire, subsiste. Datant du XIIIe siècle, le **manoir du Catel** est l'un des plus anciens de la région. Des graffitis laissés par les visiteurs au fil des siècles en font un témoignage médiéval unique. Celui d'**Ango**, pur chef-d'œuvre du XVIe siècle, se targue d'être un joyau de la Renaissance en pays normand. Avec ses décors géométriques hautement polychromes et sa toiture d'inspiration byzantine, son pigeonnier est l'un des plus célèbres de France.

Plus sophistiqué encore, le **château d'Eu** (1578), au cœur de la plus vieille commune de Normandie (1151), conquit la grande «Mademoiselle», cousine de Louis XIV, qui acheta donc tout le comté. **Louis-Philippe** lui succéda et donnera son nom au musée où tableaux, argenterie et fine porcelaine agrémentent la visite.

Avec les pommiers de la route des fruits pour paravent, les ruines de l'abbaye de Jumièges, fondée par saint Philibert en 654.

Dans un pur style roman, l'**abbaye Saint-Georges de Boscherville** (XIe siècle) ouvre la route des abbayes. Ses absides à deux ou trois niveaux de fenêtres sont typiques de l'architecture normande. Outre la tour-lanterne de son église, sa richesse réside dans les sculptures historiées de la salle capitulaire. Redessinés selon un plan ancien, des jardins à la française entourent l'abbaye. Potager, verger et parterres de plantes aromatiques ou médicinales complètent la visite. **Jumièges** suit. Perçant les brumes matinales, les ruines romanes (654) nous rappellent la fin tragique des amours d'Agnès Sorel et de Charles VII. Depuis, la sérénité enveloppe «les plus belles ruines de France» saluées par Victor Hugo. En 649, **saint Wandrille**, ministre de Dagobert, fonde l'abbaye bénédictine du même nom. Ayant résisté aux invasions des Vikings, aux assauts des Huguenots et aux fureurs iconoclastes de la Révolution française, elle est aujourd'hui réputée pour ses produits d'entretien dits «monastiques», destinés aux sols, linge et cuisine. Proche de la Côte d'Albâtre, l'**abbaye de Montivilliers** était destinée aux femmes, selon la volonté de saint Philibert et de saint Ouen, évêque de Rouen. Datant de 682, elle atteint son apogée au XVIIe siècle dans un mélange d'architecture romane et gothique, suite aux travaux de reconstruction entrepris par Guillaume le Conquérant.

Autre époque, autre patrimoine. Les ponts se succèdent sur la Seine. Avec **Brotonne** (1977) et **Tancarville** (1959), la traversée s'achève en apothéose sur le pont à haubans le plus haut du monde : le **pont de Normandie** reliant Le Havre à Honfleur (1995).

Du haut de la colline de Canteleu, la maison où vécut pendant trente-cinq ans **Flaubert**, diffuse sur la terre normande le parfum capiteux d'Emma Bovary. En contrebas, le rouennais **Corneille** s'installa dans une maison de campagne à Petit-Couronne. Une effluve bien plus amère émane de la

LE CARNET DE VOYAGE

Les premiers contacts
Comité départemental du tourisme de Seine-Maritime, 6 rue couronné, BP 60 76420 Bihorel, 02.35.12.10.10. www.seine-maritime-tourisme.com
Maison du parc naturel régional des Boucles de la Seine 76940 Notre-Dame de Bliquetuit, 02.35.37.23.16. www.pnr-seine-normande.com

La population
1 239 200 habitants. Préfecture : Rouen.

Les fêtes
Juillet : Armada Rouen, rassemblement de vieux gréements et voiliers d'exception (tous les quatre ans).
Septembre : Festival International de Cerfs-Volants (Dieppe).
Fin octobre-fin novembre : foire Saint-Romain, fête foraine du Moyen Âge (Rouen), Automne en Normandie (théâtre, danse, musique).
Novembre : foire aux Harengs (Dieppe), foire à la Coquille Saint-Jacques (Etretat).

Les produits locaux
- Cœur-de-neufchâtel (fromage de vache), caramels d'Etretat, sucre de pomme de Rouen, bourdelots (pommes en pâte feuilletée).
- Cidre de Bray, lait.

Le colombier du manoir d'Ango, conçu pour abriter jusqu'à 3 200 pigeons (XVIe siècle).

LES CONSEILS GEO

▶ Les plus

Une association unique de paysages grandioses entre falaises, bocages, et Seine. Une richesse patrimoniale aussi dense en ville qu'à la campagne qui ne génère aucun temps mort dans les vacances.

▶ Les moins

Des visites de châteaux limitées aux mois d'été. Vérifiez bien les dates d'ouverture en dehors de juillet-août.

▶ Les tendances

La Seine-Maritime s'engage en faveur du développement durable. Des initiatives sont encouragées, comme l'ouverture de voies vertes.

maison Vacquerie de Villequier. Le musée conserve le souvenir intact de Léopoldine, fille chérie tragiquement perdue de Victor Hugo.

■ Les villes

Ville de commerce et de trafic transatlantique, **Le Havre** fut rasée en 1944. Auguste Perret, le «poète du béton» a redessiné tout le centre ville, reconnu Patrimoine mondial par l'Unesco en 2005. Le musée Malraux peut aussi s'enorgueillir d'exposer, après Orsay, la plus grande collection de toiles impressionnistes.

À l'opposé, **Rouen** garde la trace de la fin tragique de Jeanne d'Arc sur sa place du vieux marché. Maisons à pans de bois et ruelles tortueuses, entourent d'histoire la cathédrale gothique peinte 28 fois par Monet, le Gros Horloge (1389) et son beffroi. L'abbatiale Saint-Ouen frise les limites du possible dans le gothique rayonnant. L'aître Saint-Maclou (1526), ancien ossuaire aux frises évocatrices de têtes de mort, abrite l'école des Beaux-Arts. Le palais de Justice (1599) cache, sous sa cour, le plus vieux monument juif de France, la Maison Sublime. Le musée de la Céramique présente une collection de faïences de Rouen (XVIe siècle). Ceux des antiquités et des beaux-arts achèvent de cultiver les visiteurs.

Coincée entre deux falaises, **Étretat** s'affiche mystérieuse. Pointant en mer son aiguille, elle cache le gentleman-cambrioleur Arsène Lupin, à la maison de son créateur, Maurice Leblanc. L'accès aux plages s'effectue par d'immenses portes creusées dans la falaise. Depuis 1777, la mer couleur d'huître recouvre des parcs, pour la gourmandise de Marie-Antoinette.

Plus rude, face à la plage de **Fécamp**, le musée des Terres-Neuvas et de la Pêche rappelle les dures conditions de vie des marins jusqu'au XIXe siècle. La morue disparue, seule reste la fête des harengs, en novembre.

Ramenées des quatre coins du globe, 27 épices constituent ici la fameuse liqueur bénédictine. En son palais de Fécamp, voulu par Alexandre Le Grand, elle se déguste toujours. Associé à la distillerie, un musée de sculptures et peintures regroupe des œuvres depuis le XIVe siècle, notamment des ivoires et des manuscrits.

Premier port du royaume sous Louis XIV, **Dieppe** est, depuis, spécialisé dans la coquille Saint-Jacques et le hareng. Dès 1628, la ville a développé l'importation et le commerce d'ivoire par la route des épices. Une des plus belles collections d'Europe est conservée au sein du château-musée. 1822 voit ensuite l'apogée de la station balnéaire, «la plage la plus près de Paris». La duchesse de Berry donnera alors le ton. Les casinos néoclassiques, mauresques, en fonte et verre qui ont ainsi vu le jour ornent toujours le front de mer. ■

LES SUGGESTIONS GEO

■ **Découverte :** route des Fruits qui suit les anciens chemins de halage, le long de vergers de pommes destinées au cidre, poires, prunes, cerises (départ de Duclair).

■ **Aventure :** 40 km sans circulation entre le littoral et les collines du pays de Bray sur l'avenue verte (de Dieppe à Forges-les-eaux) ; véloroute sur les chemins de craie du pays de Caux.

■ **Insolite :** 9 bacs sur la Seine permettent de traverser d'une rive à l'autre en voiture (entre Rouen et la mer) ; lait frais en self-service au pays de la vache grâce à des distributeurs automatiques accessibles à tous (lait cru à Doudeville, lait pasteurisé ou encore demi-écrémé à Notre-Dame-de-Gravenchon).

Œuvre de l'architecte Mario Botta, la cathédrale de la Résurrection, à Evry, est la seule construite en France au XXe siècle.

Essonne

Bien que très urbanisé au nord, l'Essonne est le lieu de villégiature idéal pour les personnes à la recherche d'espaces verts, de promenades culturelles et de découvertes historiques. Même si son patrimoine est sans doute le moins couru d'Ile-de-France, il gagne à être connu pour son charme désuet et sa simplicité.

Les villes et les monuments

Préfecture de l'Essonne, la ville **d'Evry** peut se vanter de posséder un riche patrimoine religieux : la **cathédrale de la Résurrection** (seule et unique cathédrale construite au XXe siècle en France), la célèbre **mosquée** de Courcouronnes, la **synagogue** et la future **pagode Khanh-Anh** où se dresse déjà un bouddha en bronze assis dans la position du lotus. Ces édifices cultuels mettent en avant la belle diversité culturelle de la ville.

L'Essonne compte également des villes au caractère plus historique, comme **Étampes** qui est classée «ville d'art et d'histoire». Cette «ville royale», souvent traversée par les pèlerins sur le chemin de Saint-Jacques-de-Compostelle, se caractérise par ses quatre églises médiévales : Saint-Martin, Saint-Gilles, Saint-Basile et Notre-Dame-du-Fort. Du château royal où vécut Philippe Auguste, il ne reste que la tour de Guinette qui se dresse sur les hauteurs de la ville. Mais bien d'autres monuments sont à découvrir comme l'hôtel de ville de style Renaissance, offert à Diane de Poitiers par Henri II.

Autre ville royale incontournable du département : **Dourdan**, considérée

LE CARNET DE VOYAGE

Les premiers contacts
Comité départemental du tourisme, 19, rue des Mazières, 91000 Évry, 01.64.97.35.13. www.tourisme-essonne.com

La population
1 187 800 habitants.
Préfecture : Evry.

Les fêtes
Janvier : Festival International du Cirque de Massy.
Avril : marche de la Bièvre (nocturne).
Mai : Journées des Plantes de Courson (printemps).
Juin : Jardins secrets, secrets de jardins ; festival Les Couleurs du Jazz.
Septembre : rallye L'Essonnien (VTT francilien, Essonne), foire aux Tomates (Montlhéry), foire aux Haricots (Arpajon).
Octobre : Journées des Plantes de Courson (automne).
Octobre-novembre : programme culturel «Découvrez les entreprises de l'Essonne».

Les produits locaux
Plantes médicinales aromatiques, menthe poivrée (Milly-la-Forêt), cresson (vallées), miel du Gâtinais.

L'artisanat
Verrerie d'art (Soisy-sur-Ecole).

QUE VOIR, QUE FAIRE EN ESSONNE ?

Les villes et les monuments

- Evry (cathédrale, mosquée, synagogue, pagode), Étampes, Dourdan (château, église), Milly-la-Forêt (chapelle, Conservatoire national des plantes aromatiques médicinales et industrielles, Cyclop de Jean Tinguely)

Le patrimoine naturel

- PNR du Gâtinais français, domaines (Chamarande, Saint-Jean-de-Beauregard, Courson, Courances), parc Caillebotte
- Ports (Draveil, Morsang-sur-Seine, Santry-sur-Seine)

LES CONSEILS GEO

▶ Les plus

Grâce à la présence du parc naturel régional du Gâtinais, de forêts, mais aussi de nombreux parcs et jardins, l'Essonne est le lieu idéal pour s'adonner au tourisme vert en toute simplicité.

▶ Les moins

Mis à part Le Port-aux-Cerises (la base régionale de loisirs de Draveil), et la base régionale de plein air et de loisirs d'Étampes, l'Essonne ne propose guère d'activités destinées aux jeunes enfants.

comme le berceau des capétiens. Le **château**, construit au XIIIe siècle par Philippe Auguste, témoigne de l'architecture médiévale, tout comme l'église gothique **Saint-Germain-l'Auxerrois**, la halle et les quelques maisons anciennes d'un genre tout à fait pittoresque.

Milly-la-Forêt fait figure de curiosité dans le département, car cette commune se caractérise par sa vocation hospitalière. En effet, la **chapelle Saint-Blaise-des-Simples,** construite au XIIe siècle, témoigne de l'existence d'une ancienne maladrerie où étaient soignés les lépreux. Par ailleurs, Milly-la-Forêt s'est rendue célèbre par la culture des plantes médicinales, appelées «simples», que l'on peut encore observer dans le jardin entourant la chapelle. A deux pas de là se trouve le **Conservatoire national des plantes aromatiques médicinales et industrielles** où sont cultivées pas moins de 1 200 espèces végétales.

Au massif des Trois-Pignons, c'est le curieux **Cyclop**, œuvre monumentale, collective et anthropomorphe entreprise sous la direction du sculpteur Jean Tinguely, qui interpelle les promeneurs. Structure étincelante de miroirs de 22 mètres de haut, ses engrenages de ferraille se visitent au gré de passerelles, escaliers et autres mezzanines. Outre le créateur, quinze artistes ont pris part à sa réalisation, à partir de 1969, parmi lesquels Nikki de Saint-Phalle, Arman, César.

Le patrimoine naturel

Ponctué par le **parc naturel régional du Gâtinais français** au patrimoine remarquable (églises, lavoirs, moulins) et par de vastes forêts (Sénart, Dourdan, Verrières, Fontainebleau), l'Essonne bénéficie de beaux domaines à visiter librement ou au cours des journées portes ouvertes.

LES SUGGESTIONS GEO

- **Découverte :** château du Saussay, à l'origine du roman « Les Trois Mousquetaires » ; maison littéraire de Victor Hugo (Bièvres) ; maison d'Alphonse Daudet (Draveil).
- **Aventure :** Atout Branches, parcours arboricole (Milly-la-Forêt) ; Aventure floréval (Bruyères-le-Châtel).
- **Insolite :** Cyclop de Jean Tinguely (Milly-la-Forêt) ; demeure de Claude François (moulin de Dannemois).

Celui de **Saint-Jean-de-Beauregard** se distingue par son parc fleuri, son potager et son pigeonnier, témoignages de l'art de vivre au XVIIe.

A Courson-Monteloup, le **domaine de Courson** dévoile un parc à l'anglaise de 35 hectares, lieu romantique où les arbres, parfois centenaires et d'essences rares, côtoient de superbes massifs. Deux fois par an, les très réputées journées des plantes y accueillent les passionnés.

Véritable jardin d'eau renaissant, entre Dannemois et Milly-la-Forêt, le **domaine de Courances** se distingue par la présence de 14 sources, 17 pièces d'eau, cascades et cascatelles. Outre son jardin anglo-japonais, il est l'occasion de découvrir le moulin de Grenat et le lavoir Saint-Etienne.

Composé d'un château Louis XIII et d'un immense parc, le **domaine départemental de Chamarande** s'impose comme un lieu très animé où la programmation culturelle varie toute l'année. Danse, musique, cinéma de plein air... Le **parc Caillebotte,** sur les bords de l'Yerres, invite à la redécouverte les toiles de ce grand impressionniste. L'occasion aussi d'une promenade en barque. Les amateurs de plaisance apprécieront les **ports de Morsang-sur-Seine, Saintry-sur-Seine** et de **Draveil**. ■

Dessiné par Le Nôtre pour Colbert, le parc de Sceaux s'étend sur 181 hectares.

Hauts-de-Seine

Voici le plus petit département de France et d'Ile-de-France après Paris. Enchâssant une partie de la Seine, les Hauts-de-Seine sont urbains mais pas seulement. Les espaces verts composent près de la moitié de ce territoire qui hébergea Rodin et Bonaparte et dont les attraits sont souvent évincés par la proche capitale.

La nature

Dans la **forêt domaniale de Meudon**, étangs, châtaigniers, hêtres et chênes ancestraux composent un décor sylvestre dont on fait le tour en cinq heures de marche. Plus au nord, la **forêt de Fausses-Reposes** offre une trentaine de kilomètres de sentiers balisés, de pistes cavalières et cyclables, deux parcours sportifs et des étangs que peignit Camille Corot.

La **forêt de la Malmaison**, plus modeste, est séduisante. Joséphine de Beauharnais en fut propriétaire.

Parcs et jardins complètent cette foison verte. Le **Domaine national de Saint-Cloud** a perdu son château mais reste majestueux (beaux jardins de Le Nôtre, bois centenaires, bassins (grandes eaux en mai et juin), **ferme pédagogique du Piqueur** et **musée des Avelines** sur l'histoire locale).

Le **parc de la Vallée-aux-Loups** à Châtenay-Malabry recèle de majestueuses futaies, un arboretum (jardins des fruits, floraisons, châtaigniers… et un cèdre unique au monde occupant plus de 680 m² de surface) ainsi que la **maison de Chateaubriand** (XVIIIe siècle) et son parc, romantiques à souhait.

Les **jardins Albert-Kahn** (Boulogne-Billancourt) sont une très gracieuse floraison de parterres variés (japonais, anglais, français) assortis d'un musée (collection d'images rares du monde du début du XXe siècle).

Au fil de la Seine

Le fleuve borde le département sur 67 kilomètres jalonnés de péniches d'habitation, d'îles et d'espaces verts. Fini les guinguettes populaires hier fréquentées par les peintres impressionnistes sur l'**île de la Jatte**. Le lieu est aujourd'hui un îlot résidentiel et un parc paisible à l'instructive **maison de la Pêche et de la Nature**. Entre jardins ouvriers à une extrémité et résidences bourgeoises à l'autre, l'**île Saint-Germain** est un intéressant mélange des genres. C'est aussi un vaste parc duquel émergent

LE CARNET DE VOYAGE

Les premiers contacts
Comité départemental de tourisme, 8, place de la Défense, Courbevoie, 92974 Paris La Défense cedex, 01.46.93.92.92. www.tourisme-hautsdeseine.com

La population
1 500 000 habitants. Préfecture : Nanterre.

Les fêtes
Mai : Seine de danse (dédiée aux nouvelles tendances) à La Défense.
Juin : fête des Guinguettes (bal musette et tenue d'époque) au Plessis-Robinson, Parades (festival des arts de la rue et du cirque) à Nanterre, Opéras en Plein Air (parc de Sceaux).
Juillet-Août : La Mer à Suresnes (initiation gratuite au nautisme).
Août : Rock en Seine (parc de Saint-Cloud).
Septembre : foire aux Fromages et aux Vins (Antony), Salon Nature et Jardins (Rueil-Malmaison).
Octobre : fête des Vendanges (Suresnes, Rueil-Buzenval), mois des Entreprises (portes ouvertes).
Décembre : marché de Noël (parvis de La Défense), Salon du Terroir de Rueil-Malmaison (hippodrome de Saint-Cloud).

L'artisanat
Porcelaine de Sèvres.

QUE VOIR, QUE FAIRE EN HAUTS-DE-SEINE ?

La nature

- Forêts (Fausses-Reposes, Meudon, La Malmaison)
- Parcs et jardins de Saint-Cloud, Albert-Kahn, La Vallée-aux-Loups

Au fil de la Seine

- Iles de la Jatte (maison de la Pêche et de la Nature), Saint-Germain et de Puteaux (Naturoscope)
- Promenade Bleue (parcs des Impressionnistes, des Chanteraines, Lagravère et du Chemin de l'Ile)

Le patrimoine

- Châteaux de Malmaison et de Sceaux (musée de l'Ile-de-France), Grande Arche
- Maisons-musées (Rodin, des Jardies, Roybet-Fould, fondation Jean-Arp)
- Musées (Paul-Landowski, des Années 30, Céramique, Informatique, Carte à Jouer)

la tour aux Figures de Dubuffet et une halle du XIXe siècle convertie en centre de documentation sur le développement durable et en manège à poneys. Sur l'**île de Puteaux**, le sport est roi (foot, tennis, golf ou natation). Visite aussi de la belle roseraie et du **Naturoscope** qui dit tout sur la flore et la faune des bords de Seine. A approcher sur la **Promenade Bleue** : 11 kilomètres de sentiers aux tonalités champêtres le long des rives du fleuve, du **parc des Impressionnistes** à Rueil-Malmaison à celui des **Chanteraines** à Villeneuve-la-Garenne en passant par le **parc Lagravère** à Colombes et celui du **Chemin de l'Ile** à Nanterre.

Le patrimoine

Le Premier consul Bonaparte et son épouse Joséphine de Beauharnais vécurent trois années au château de Malmaison (XVIIe-XVIIIe siècles). Meubles et objets rendent palpable l'intimité du couple. Beau parc attenant et, plus loin, château de la **Petite Malmaison** (Rueil-Malmaison).
Le **château de Sceaux** (XIXe siècle) abrite le **musée de l'Ile-de-France** (histoire de la région du XVIIe au XXe siècle). L'édifice se trouve dans un majestueux parc du XVIIe siècle, ancienne propriété de Colbert (jardins à la française par Le Nôtre avec grand et petit canal, grandes cascades par Le Brun, orangerie par Mansart…). Le **musée Rodin** à Meudon occupe la maison-atelier du sculpteur (études et ébauches en plâtre d'œuvres). A Sèvres, la **maison des Jardies** eut Balzac puis Gambetta pour hôtes célèbres. A Boulogne, le **musée-jardin Paul-Landowski** présente maquettes, dessins et créations du sculpteur du Christ de Rio de Janeiro.
Voir encore le **musée des Années 30** (Boulogne-Billancourt), le **musée national de Céramique** (Sèvres), le **musée Roybet-Fould** (art pompier dans l'un des pavillons de l'Exposition universelle de 1878, à Courbevoie), la **fondation Jean-Arp** (œuvres du sculpteur du XXe siècle dans sa maison de Clamart) et l'original **musée de la Carte à jouer** (Issy-les-Moulineaux). Finir enfin sur le **toit de la Grande Arche** de La Défense (**musée de l'Informatique**), à 110 mètres de hauteur. Avec vue sur le plus grand quartier d'affaires d'Europe et le «petit» arc de triomphe parisien. ■

LES SUGGESTIONS GEO

- **Découverte :** observatoire de Meudon (la plus grande lunette d'Europe) ; art bonsaï (Châtenay-Malabry).
- **Aventure :** randonnée Bossapas (33 km et 1100 m de dénivelé cumulé, forêt de Fausses-Reposes) ; escalade indoor sous les arches d'un viaduc (Issy-les-Moulineaux).
- **Insolite :** coulisses de l'hippodrome de Saint-Cloud ; entraînement avec clowns et acrobates du cirque de Paris (parc des Chanteraines) ; cimetière des Chiens (Asnières-sur-Seine) ; séjour sur une péniche chambre d'hôte (Asnières).

LES CONSEILS GEO

▶ Les plus

Depuis Paris, une très bonne desserte en transports en commun. Pas ou peu d'affluence sur les sites (sauf pour l'accès au toit de la Grande Arche par ascenseur).
La toute petite taille du département permet de visiter aisément deux ou trois lieux en une journée, à condition d'éviter le flot routier aux heures de bureau (matin et fin de journée) et en fin de week-end.

▶ Les moins

Des attractions touristiques dispersées et mal reliées entre elles en transports en commun : il faut souvent repasser par Paris.

▶ Les tendances

Une offre accrue de chambres d'hôtes et de maisons à louer rendant la ville plus accueillante.

Paris

QUE VOIR, QUE FAIRE A PARIS ?

Le Paris historique
- Halles, Louvre, place Vendôme, Tuileries
- Sorbonne, jardins et palais du Luxembourg
- Place des Vosges, musée Carnavalet
- Saint-Germain-des-Prés

Les autres arrondissements
- Champs-Elysées : Arc de Triomphe, Elysée, faubourg Saint-Honoré, avenue Montaigne
- Montmartre : Sacré-Cœur, place du Tertre
- Pigalle : Moulin rouge

Les îles
- Saint-Louis, la Cité, Notre-Dame de Paris

Les monuments
- Tour Eiffel, Trocadéro
- Hôtel de ville, Conciergerie, Sainte-Chapelle, tour Saint-Jacques
- Panthéon, arènes de Lutèce
- Eglise de la Madeleine, opéra Garnier, place de la Concorde

Les musées
- Louvre, Orsay, centre Georges-Pompidou, Invalides, Cluny
- Petit et Grand Palais

L'une des plus belles villes du monde vous ouvre ses portes en Ile-de-France. Paris, sublime capitale, fait palpiter le cœur des romantiques, mais pas seulement... Sa forte concentration en musées, monuments, jardins et autres lieux de loisirs en fait une destination de rêve, pour un week-end comme pour une vie !

Le Paris historique

Dans le Ier arrondissement, les **Halles** désignaient autrefois un immense marché qui s'étalait au pied de l'église Saint-Eustache, considéré comme le «ventre» de Paris. Déplacé à Rungis pour des raisons d'hygiène en 1969, il a été remplacé par un vaste centre commercial sous-terrain et une grande gare accueillant RER et métros. Devenues le centre nerveux de la ville, les Halles ne désemplissent pas. Les rues alentour reflètent le vieux Paris avec des immeubles datant de la Révolution. Le **Louvre**, palais royal de Philippe-Auguste et résidence des têtes couronnées jusqu'à Louis XIV, et le **jardin des Tuileries** ne sont pas loin, tout comme la place et la rue réputées «les plus chères de Paris». Les amateurs de Monopoly auront reconnu la **place Vendôme** et la rue de la Paix. Palaces luxueux et haute joaillerie leur assurent un rayonnement mondial.

Etabli à cheval sur les IIIe et IVe arrondissements, se trouve le quartier du Marais. Réputé pour ses bars gays ou ses boutiques branchées de mode et de décoration, il est aussi le témoin d'un glorieux passé dont l'architecture conserve la trace. Ses édifices ont échappé aux travaux de démolition et de reconstruction voulus par Haussmann à la fin du XIXe siècle. Les artères transportent dans un Paris oublié, celui d'avant la Révolution. Les hôtels particuliers sont légion. Avec ses pavillons de brique

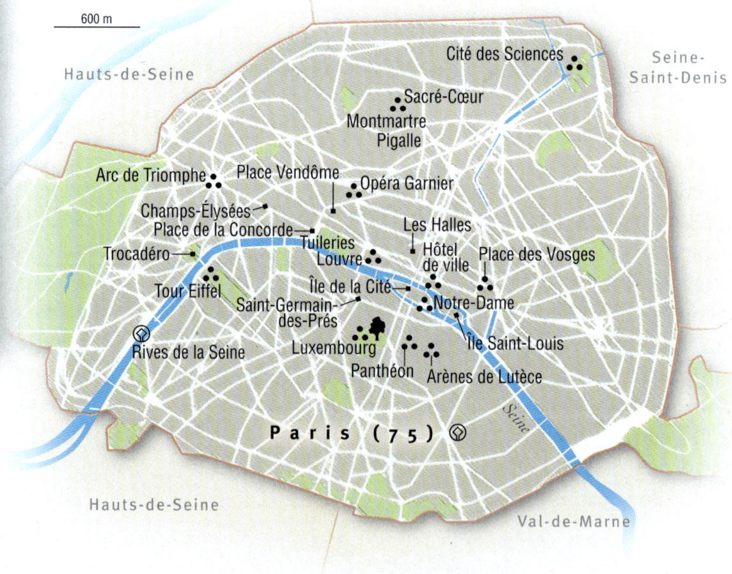

Modèle d'équilibre, la façade de la cathédrale Notre-Dame, joyau de l'art sacré parisien.

Les ors du pont Alexandre III sur le ruban bleu de la Seine, la tour Eiffel en fond.

rouge aux toits d'ardoises et au rez-de-chaussée à arcades, la **place des Vosges** en accueille plusieurs, comme la rue de Sévigné où l'hôtel qu'habitait l'épistolière s'est mué en musée : à **Carnavalet**, l'histoire de Paris, des origines à nos jours, est retracée.

Le quartier Latin se situe dans les Ve et VIe arrondissements. Etroitement lié à la vie littéraire et estudiantine de la capitale, il est fréquenté par des jeunes de toutes nationalités faisant leurs études à la **Sorbonne**. Par beau temps, il n'est pas rare de les retrouver en train de lire dans le **jardin du Luxembourg**. Outre les terrains de tennis, les bassins et les parterres de fleurs, l'endroit abrite le **palais du Luxembourg** où siège le Sénat.

A deux pas de là, **Saint-Germain-des-Prés** fut le quartier en vogue par excellence. Sous l'Occupation, ses cafés ne désemplissaient pas d'intellectuels et d'artistes à la mode. Le Flore, Les Deux Magots et la brasserie Lipp existent toujours. Il n'est d'ailleurs pas rare d'y croiser quelques personnalités du monde littéraire ou de la chanson. Au fil de ses ruelles et le long du boulevard Saint-Germain, découvrir également la sereine église éponyme et celle de Saint-Sulpice.

Les autres arrondissements

Sur la rive opposée de la Seine, le VIIIe arrondissement est incontournable. Moins authentique que le centre de Paris, il est essentiellement constitué de beaux immeubles à la rigueur haussmannienne. Près de l'**Elysée** et de la place Beauveau, le **faubourg Saint-Honoré** accueille boutiques d'art et de grands créateurs.

A deux pas, l'**avenue Montaigne** avec ses magasins de luxe et autres enseignes de haute couture, débouche sur la plus belle avenue du monde : les **Champs-Elysées**. De jour comme de nuit, ses larges trottoirs fourmillent de passants. Boîtes de nuit, restaurants et magasins en assurent l'animation. Pour la voir, mesurer la perspective tracée selon son axe entre le Louvre et le quartier d'affaires de la Défense, monter tout en haut de l'**Arc de Triomphe** édifié sous Napoléon Bonaparte, en hommage aux actions menées par son armée.

Dans le XVIIIe arrondissement, les touristes aiment partir à la découverte du pittoresque quartier de **Montmartre**. En haut de la butte, le **Sacré-Cœur**, avec son allure de chou à la crème, domine la Ville Lumière. Son esplanade offre une vue éblouissante. L'endroit est rendu très vivant par des artistes de rue. La **place du Tertre** avec sa concentration de restaurants et de portraitistes est une halte obligatoire. Juste en contrebas, **Pigalle** dévoile la face friponne de Paname. Sous les néons fluorescents, les rues s'animent à la nuit tombée. Le **Moulin rouge**, célébrissime cabaret où l'on danse toujours le French Cancan, côtoie bars, boîtes de nuit et autres commerces sexy.

D'autres quartiers, moins touristiques mais bien vivants et populaires, offrent mille et un visages à Paris, formant une mosaïque assez unique de «micro-villages», chacun doté d'une

LE CARNET DE VOYAGE

Les premiers contacts
L'Office du tourisme et des congrès de Paris, 25, rue des Pyramides, 75001 Paris, 08.92.68.30.00. (0.34 €/min), www.parisinfo.com

La population
2 166 200 habitants pour 105 40 km². 20 433 hab./km². Chef-lieu de la région Ile-de-France.

Les fêtes
20 juin : fête de la Musique.
20 juillet-20 août : Paris Plage (sur les quais de Seine).
3e week-end de septembre : Journées du Patrimoine.
Octobre : Nuit Blanche (animations nocturnes, 1er samedi du mois).
Fin novembre-début janvier : illuminations de Noël (sur les Champs-Elysées notamment) et les décorations des vitrines des grands magasins (boulevard Haussmann, rues de Sèvres et de Rivoli).
1er-5 décembre : semaine du Fooding (de grands chefs font découvrir une cuisine innovante).

Les produits locaux
- Jambon de Paris, hachis parmentier (au boeuf haché).
- Baguette, pain, croissants.
- Saint-Honoré, opéra, amandine, macaron lisse, chouquette (petits choux), brioche parisienne, pain au lait, flan à la parisienne (vanillé).

L'artisanat
Haute couture, prêt-à-porter, créateurs (mode, design), reliure, pièces frappées à la Monnaie de Paris (événements, commande).

Mariage réussi du verre et de la pierre, la magnificence du Louvre se mire dans le prisme de sa pyramide, œuvre du XXIe siècle.

identité et d'une ambiance propre. Dans le prolongement des places de la Bastille et de la République, le canal Saint-Martin, dont l'atmosphère actuelle, très bobo, diffère de celle d'Arletty, file jusqu'à la Géode du parc de la Villette. Au-dessus, les hauteurs de Belleville sont résolument cosmopolites, animées par les restaurants de spécialités tenus par les communautés nord-africaines et asiatiques, sans toutefois rivaliser avec la petite Chinatown du XIIIe arrondissement. Près des gares du Nord et de l'Est, c'est pour les Indes que le passant embarque. Le brassage culturel est partout, visible sur les marchés et espaces verts qui sertissent les quartiers : parc Monceau ou parc Floral, Champ-de-Mars, Buttes-Chaumont, parcs Montsouris, André-Citroën et Georges-Brassens, Bagatelle, Villette ou Batignoles (…). Avec les bois de Vincennes et de Boulogne, ils sont des lieux de vie prisés.

Les îles

Sur la Seine, deux îles naturelles confèrent à Paris un charme supplémentaire. La plus petite, l'**île Saint-Louis**, est l'un des secteurs où le mètre carré atteint les prix les plus vertigineux. Les habitations aux poutres apparentes et les hôtels particuliers y sont la norme. A la pointe de l'île, l'hôtel de Lambert est signé Le Vau, architecte du château de Vaux-le-Vicomte, alors qu'on doit à son frère l'église Saint-Louis-en-l'Île. Installé dans la rue principale, le glacier Berthillon a la réputation de faire les meilleurs sorbets de la capitale : à goûter en prenant le soleil sur la très animée passerelle du pont Saint-Louis reliant les deux îles.

Un peu plus grande, l'**île de la Cité** accueille la somptueuse **cathédrale Notre-Dame de Paris**. Sa façade occidentale et son architecture gothique en font un chef-d'œuvre unique en France, mais aussi en Europe. Visible de la Seine, elle peut aussi être admirée le soir lors d'un dîner sur une péniche. Le long des quais, les célèbres bouquinistes de Paris proposent aux collectionneurs des livres anciens et d'occasion.

Les monuments

Symbole de la ville et même du pays dans le monde, la **tour Eiffel** est le monument le plus visité de l'Hexagone. Haute de 312 mètres, elle est visible de nombreux endroits de la capitale. L'**esplanade du Trocadéro**, juste en face, offre une vue imprenable. Pour monter tout en haut de la Dame de fer et profiter de son panorama exceptionnel, mieux vaut s'armer de patience. Les files d'attente sont souvent interminables.

Autre vitrine de la capitale, l'**hôtel de ville** dont la façade et les salons grandioses sont le symbole du raffinement français. Sur sa grande place, des manifestations sont organisées attirant

Lieu de détente situé dans la partie méridionale de Paris, le parc Montsouris déploie ses jardins à l'anglaise sur 15 hectares.

une population jeune. Pas très loin, se dresse la **tour Saint-Jacques** dont les longues années de restauration sont enfin achevées. Les bâches retirées laissent voir des sculptures d'une rare finesse.

En remontant vers le nord de Paris, découvrez l'**église de la Madeleine** construite dans un style néoclassique. Ses marches offrent une belle perspective sur la **place de la Concorde**, théâtre d'événements dramatiques comme la décapitation de Louis XVI et de Marie-Antoinette.

L'histoire de cette dernière est également liée à la **Conciergerie** située en bord de Seine. Ce vaste bâtiment au style moyenâgeux a abrité son cachot. Eclairées la nuit, les deux tours semblent sorties d'un autre temps. L'intime **Sainte-Chapelle** dévoile des vitraux et un plafond bleu roi exceptionnels. Des concerts de musique classique y sont souvent organisés.

Rive gauche, dans le Ve arrondissement, se trouve le plus vieux monument de Paris, les **arènes de Lutèce**. Cet amphithéâtre gallo-romain situé en plein cœur de la capitale a été construit au I^{e} siècle. A quelques pas, se dresse l'une des bâtisses les plus impressionnantes de la capitale : le **Panthéon**. Il célèbre depuis le XVIIIe siècle la mémoire des personnalités ayant marqué l'Histoire. En son sein, reposent les dépouilles d'Alexandre Dumas, Emile Zola, Victor Hugo, Voltaire ou Jean Jaurès.

Un peu plus loin, l'**opéra Garnier**, royaume des petits rats, est un bonheur pour les yeux. Une débauche de dorures alterne avec le marbre dans une construction de style Napoléon III. Le plafond de la salle de spectacle est signé Chagall.

Les musées

Le **Louvre**, le plus important musée de la capitale (et l'un des plus grands et des plus riches au monde) est installé dans un lieu unique, à la hauteur des collections exposées. Sur plus de 200 000 m^{2} se succèdent des collections impressionnantes d'œuvres de l'Antiquité à 1848. La Joconde de Léonard de Vinci et la Vénus de Milo sont parmi les œuvres les plus admirées. La pyramide du Louvre, prisme translucide de verre et de métal, a été conçue par le grand architecte Leoh Ming Pei.

Pour voir la production artistique des années 1848 à 1914, les passionnés

À la cité des Sciences du parc de la Villette, la rotondité du dôme de la Géode.

doivent traverser la Seine et se rendre dans une ancienne gare transformée en musée. Sous sa grande voûte, **Orsay** abrite des toiles, du mobilier et des sculptures. La Petite Danseuse de Degas en est l'une des vedettes. Plus récentes encore, les collections du **centre Georges-Pompidou** datent de la première moitié du XXe siècle. Avec ses larges tuyaux bleus, verts, jaunes ou rouges ornant sa façade, Beaubourg, pensé par Renzo Piano et Richard Rogers, a fait date dans l'histoire de l'architecture.

Dans le quartier Latin, le musée du Moyen Age, installé dans l'**hôtel de Cluny**, illustre le raffinement de l'art sacré. La visite des thermes gallo-romains jouxtant le musée permet de terminer en beauté.

Dans un tout autre genre, l'hôtel des **Invalides** met l'histoire militaire à l'honneur. Ancien hôpital des armées sous Louis XV, il abrite aujourd'hui le musée de l'Armée et l'impressionnant tombeau de Napoléon Bonaparte, façonné dans des blocs de quartzite rouge autour duquel des inscriptions célèbrent les grandes victoires de l'Empire.

Les musées sont très nombreux à Paris, parmi lesquels les musées Picasso, Rodin, Guimet, Cernuschi, Marmottan, le palais de Tokyo, le muséum d'Histoire naturelle, la Pinacothèque de Paris, l'institut du Monde arabe ou bien le tout récent musée du Quai-Branly consacré aux arts premiers... Citons encore simplement les Petit et Grand Palais qui font régulièrement figure de passage obligé pour les amateurs d'art et de culture.

Construit pour l'exposition universelle de 1900, le **Petit Palais** abrite le musée des Beaux-Arts et un panorama artistique complet. En face, le **Grand Palais** est divisé en deux entités. D'un côté, le palais de la Découverte, musée scientifique, et de l'autre les Galeries nationales qui sont le théâtre d'expositions temporaires dont la qualité n'est jamais démentie. Parfaitement restaurée, sa construction donne au lieu une aura particulière, tout en lumière, avec sa verrière et son dôme, gigantesques. ■

LES SUGGESTIONS GEO

■ **Découverte :** enfourcher un Vélib' et partir à la découverte de la capitale en téléchargeant des parcours thématiques sur Internet (promenade audioguidée par téléphone portable sur le www.allovisit.com, location d'un guide multimédia de poche sur le www.digi-guide.com et visites touristiques au format mp3 sur www.monguideaudio.com).

■ **Aventure :** participer à une chasse au trésor dans les rues de Paris (www.malangueauchat.com) ; monter dans le ballon ascensionnel Air de Paris s'élevant à 150 mètres, (parc André-Citroën).

■ **Insolite :** découvrir Paris en 2CV décapotable (www.4roues-sous-1parapluie.com), les égouts (départ quai d'Orsay) ou les catacombes (www.catacombes-de-paris.fr).

LES CONSEILS GEO

▶ Les plus

La richesse de l'offre culturelle et événementielle. Les musées et les monuments sont fortement concentrés. Une légende française dit que 300 événements ont lieu dans la capitale chaque jour ! Pour ne rien gâcher, le cadre est splendide. Architecture, bords de Seine, quartiers typés et avenues branchées font de Paris l'une des plus belles villes du monde.

▶ Les moins

Comme dans toute grande ville, le bruit, la pollution et la forte fréquentation peuvent déranger. Certains quartiers (dans le nord de la capitale notamment) sont un peu «sensibles», surtout le soir.

▶ Les recommandations

Prenez une carte touristique, un abonnement à la journée ou à la semaine aux transports parisiens pour partir à la découverte de la ville. Prenez le temps de prendre un verre à la terrasse d'un café en vous éloignant des quartiers très touristiques pratiquant des prix souvent élevés, supplément d'âme en prime. Sortez la nuit pour profiter d'une ville qui reprend son souffle.

▶ Les tendances

Placer l'écologie au cœur de la ville fait partie des priorités et des axes développés à Paris.

Seine-et-Marne

L'histoire de l'art des jardins se lit à Fontainebleau. En toile de fond, le château.

Si le département est surtout connu du grand public grâce à Disneyland Resort Paris, devenu premier site européen du tourisme en quelques années, la Seine-et-Marne regorge de richesses historiques et culturelles et dispose d'un patrimoine naturel qui compte parmi les plus beaux paysages d'Ile-de-France.

Les villes et les monuments

La Seine-et-Marne est particulièrement riche d'un passé historique dans lequel il est possible de se replonger le temps d'une visite.
A **Fontainebleau**, huit siècles d'histoire attendent les visiteurs. Depuis le Moyen Age, 34 souverains se sont succédé dans cette ville royale, célèbre pour son château - surnommé «Maison des siècles, vraie demeure des rois» par Napoléon Ier - et sa forêt, tous deux classés Patrimoine mondial par l'Unesco.
Chef-d'œuvre du XVIIe siècle, le château de **Vaux-le-Vicomte** possède la particularité de se visiter de fond en comble, des cuisines jusqu'aux dômes, pour finir dans le jardin à la française réalisé par Le Nôtre. Le parcours rappelle l'histoire de ce vaste domaine qui a suscité la jalousie du

QUE VOIR, QUE FAIRE EN SEINE-ET-MARNE ?

Les villes et les monuments
Fontainebleau, Vaux-le-Vicomte, Provins, Blandy-les-Tours, Melun, Meaux

Les paysages et les jardins
- Jardins et forêt de Fontainebleau, jardins de Vaux-le-Vicomte, parc du château et forêt de Ferrières
- PNR du Gâtinais français
- Forêt de Crécy-la-Chapelle, forêt du Mans

Le patrimoine
- Musée de la Préhistoire (Nemours), musée de la Civilisation paysanne (Jouarre), musée napoléonien d'Art et d'Histoire militaire (Fontainebleau)
- Maisons de Théodore Rousseau et Jean-François Millet (Barbizon), atelier de Rosa Bonheur (Thomery), maison de Stéphane Mallarmé (Vulaines-sur-Seine), maison de Louis Braille (Coupvray)

A Bois-le-Roi, les affolantes, exceptionnelles demeures de style 1900, se mirent dans la Seine.

roi Louis XIV et précipité la chute de son propriétaire, le surintendant des finances, Nicolas Fouquet.

A **Provins**, «ville d'art et d'histoire» classée au Patrimoine mondial par l'Unesco, les visiteurs découvrent l'héritage médiéval de la cité grâce aux nombreux monuments d'époque: la tour César, symbole de la ville, la collégiale Saint-Quiriace, les remparts, les portes fortifiées ou encore les 10 kilomètres de souterrains. La ville joue constamment avec ce passé en proposant des visites guidées et des spectacles à thèmes tels que «Les aigles des remparts» ou «La légende des chevaliers».

Rendez-vous avec l'histoire également à **Blandy-les-Tours** dont le château classé Monument historique a fait l'objet d'une rénovation. Construit au XIIIe siècle, ce château fort est l'un des derniers témoins d'une architecture militaire visant à protéger Paris. Son point fort : un donjon culminant à 35 mètres qui offre un panorama unique. Moins touristiques mais tout aussi intéressantes, d'autres villes ont hérité des richesses du passé.

Melun, un temps surnommée la «Lutèce briarde», témoigne d'un rôle économique majeur grâce à ses axes fluviaux et terrestres favorisant le commerce dès le Moyen Age, puis une ligne de chemin de fer Paris-Lyon-Marseille tracée à la fin du XIXe siècle, et l'implantation d'industries telles que la brasserie Gruber ou la Coopération pharmaceutique.

Avec ses remparts gallo-romains et sa cathédrale de style gothique, **Meaux**, l'ancienne capitale de la Brie, multiplie les références à l'Histoire. Un musée est même consacré à l'évêque Jacques Bénigne Bossuet, plus connu sous le nom de «l'Aigle de Meaux». Il rassemble toute une collection de peintures et de sculptures datant du XVIe au XIXe siècle.

Le patrimoine

Riche, l'histoire de Seine-et-Marne est à découvrir dans la multitude de musées qu'elle possède.

A Nemours, le **musée de la Préhistoire** présente la Protohistoire et la Préhistoire de la région parisienne, depuis l'apparition de l'homme jusqu'à la période gallo-romaine. Au programme: la vie quotidienne des chasseurs du paléolithique, celle des agriculteurs-éleveurs du néolithique, puis l'introduction de la métallurgie du bronze et du fer.

A Jouarre, le **musée de la Civilisation paysanne** présente une importante collection de documents témoignant de l'histoire de la Brie : gravures et dessins d'époque, mais aussi meubles,

Le massif bellifontain est ponctué d'amas rocheux, tel le chaos de Dame Jouanne.

costumes ainsi que des outils… Le **musée napoléonien d'Art et d'Histoire militaire** de Fontainebleau rassemble, quant à lui, plus de 3 500 pièces (figurines, armes, costumes) datant de la période napoléonienne.
Les artistes ont eux aussi laissé leurs empreintes, notamment à Barbizon, petit village qui a su séduire les peintres impressionnistes et paysagistes du XIXe siècle, amoureux de la nature et de la liberté. Deux maisons-musées sont à visiter : celle de **Jean-François Millet**, peintre du naturalisme paysan, et celle du peintre des forêts, **Théodore Rousseau**. Et aussi : l'atelier de **Rosa Bonheur** (artiste animalier et l'une des premières femmes peintres à être mondialement connues) à Thomery-By; la «petite maison des bords de Seine» du poète **Stéphane Mallarmé** à Vulaines-sur-Seine ; la maison-musée de **Louis Braille** (inventeur de l'écriture universelle à points saillants qui porte son nom), à Coupvray.

LE CARNET DE VOYAGE

Les premiers contacts
Comité départemental du tourisme de Seine-et-Marne, 11, rue Royale, 77300 Fontainebleau, 01.60.39.60.39. www.tourisme77.fr

La population
1 260 000 habitants, mais seulement 213 habitants au km^2.
Préfecture : Melun.

Les fêtes
Juin : Couleur Jardin (portes ouvertes et rencontres sur le thème du patrimoine vert), Festival International de Jazz Django Reinhardt à Samois-sur-Seine ; Les Médiévales de Provins.
1er week-end de Juillet : Le Bruit de Melun (scène francophone).
Septembre : Opéra en Plein Air à Vaux-le-Vicomte, festival Musik'Elles à Meaux (talents féminins).
Octobre : Balade du Goût (dans le cadre de la semaine du goût), Journées des Métiers d'Art (années paires).

Les produits locaux
- Gastronomie paysanne à l'honneur avec bovins, agneaux, volailles et lapins fermiers.
- Fromages de la Brie (brie de meaux, brie de melun, coulommiers).
- Spécialités des villes : rose de Provins (déclinée sous forme de baume, lotion, sirop et sucre d'orge), coquelicot de Nemours (en liqueur, nougat, bonbon), sucres d'orge de Moret-sur-Loing, miel du Gâtinais, moutarde de Meaux.
- Le département produit son champagne et des boissons typiques comme la bière de brie et la gâtine.

Les jardins

La nature a conservé une place indiscutable en Seine-et-Marne, et il est possible d'en profiter en flânant dans les nombreux parcs, jardins et forêts qui font encore et toujours sa noble réputation.
Qui dit château, dit jardin. Le **château de Fontainebleau** possède sans doute les jardins les plus intéressants qui soient, puisqu'ils témoignent de l'évolution des modes paysagistes du XVIe au XIXe siècle : le jardin Renaissance caractérisé par ses jeux d'eaux, le grand parterre et ses perspectives et enfin le jardin de Diane reprenant le style des jardins anglais.
A **Vaux-le-Vicomte**, le château et le jardin ont été mis en scène afin d'établir une relation idéale entre architecture et paysage. Il s'agit d'une volonté d'atteindre la perfection avec ce jardin à la française, le premier réalisé par Le Nôtre : l'ordre et la rigueur symbolisent parfaitement la noblesse. Réputé sans modestie «plus beau jardin anglais du continent», le **parc du château de Ferrières** étonne par sa liberté et son romantisme. Lieu de promenade, le parc est aussi prisé, par les photographes spécialistes des clichés de mariage.

Les paysages

Avec ses 135 000 hectares de forêt, en grande partie artificielle, la Seine-et-Marne représente environ 50% des espaces boisés d'Ile-de-France. Elle possède également l'un des massifs forestiers les plus connus mondialement : la **forêt de Fontainebleau**, qui s'étend sur 28 000 hectares et comptabilise près de 13 millions de visites par an. Avec ses monts et ses rochers, ses vallées et ses dénivelés, la forêt offre différents points de vue, ainsi qu'une faune et une flore exceptionnelles : 1 350 plantes à fleurs, 215 espèces d'oiseaux, des chevreuils, des cerfs, des sangliers et différentes

Barbizon, mythique villégiature de peintres au XIXe siècle, a conservé son cachet et l'Auberge Ganne abrite un musée.

espèces de rongeurs... Au total, 300 kilomètres de sentiers balisés faciles d'accès s'offrent aux promeneurs, ainsi qu' aux coureurs, rollers, vététistes et cavaliers. Parmi les sites à ne pas manquer : les chaos et le désert d'Apremont, les gorges de Franchard, les chaos de Dame Jouanne, les hauteurs de la Solle ou encore la croix du Calvaire. Ces atouts naturels en font le troisième site touristique français, après Disneyland Resort Paris et Notre-Dame de Paris.

LES SUGGESTIONS GEO

■ **Découverte :** Disnleyland Resort Paris (Marne-la-Vallée) ; parc des Félins pour voir 120 espèces en semi-liberté, (Nesles) ; aquarium Sealife (Marne-la-Vallée) ; spectacle «Les aigles des remparts» (Provins).

■ **Aventure :** bases de loisirs multi-sports pour pratiquer en plein air (Bois-le-Roi, Jablines, Vaires-Torcy...).

Classé parc naturel régional depuis 1999, le **Gâtinais français** s'étend sur 57 communes dont 29 situées dans le sud-ouest de la Seine-et-Marne. Surnommé le «pays des mille clairières et du grès», le Gâtinais français est riche en terres agricoles, bois et forêts qu'il est possible de parcourir en empruntant l'un des 25 itinéraires de randonnées et de promenades. Pour mieux apprécier le parc, des sorties thématiques sont régulièrement organisées ainsi que des rencontres avec des producteurs locaux.

D'autres forêts de moindre importance ponctuent encore le département comme la **forêt du Mans** ou celle de **Crécy-la-Chapelle**, vestiges de la forêt de Brie qui couvrait 20 000 hectares au XIIIe siècle. Devant son nom aux forges de fer qu'elle alimentait, la **forêt de Ferrières** vaut le détour puisqu'elle abrite toutes sortes de gibiers à observer. ■

LES CONSEILS GEO

▶ Les plus

A quelques encablures de Paris, la Seine-et-Marne est un poumon vert facile d'accès pour les Franciliens qui sont nombreux à venir se frotter aux rochers ou à s'offrir une belle journée de décompression dans sa grande forêt.

▶ Les moins

Les grands sites touristiques mis à part, la signalisation est parfois insuffisante sur la route, une fois les grands axes délaissés.

▶ Les tendances

Après la mise en place du festival Musik'Elles, le département s'est lancé un nouveau défi avec Dépayz'arts, un festival permettant à cinq sites de se faire connaître autrement, en accueillant des artistes et leurs œuvres.

A ville nouvelle, architecture nouvelle : les arènes Picasso de Manolo Nunez dans les quartiers du Mont-d'Est de Noisy-le-Grand.

Seine-Saint-Denis

«Dure à vivre et douce au cœur». Ces quelques mots expriment la dualité de la Seine-Saint-Denis, ce département d'Ile-de-France qui a su dépasser son statut de banlieue parisienne pour dévoiler ses nombreux charmes. A découvrir avec plaisir et sans préjugés.

Les paysages

Contrairement aux idées reçues, la Seine-Saint-Denis regorge d'espaces verts propices aux balades et à la découverte du milieu naturel. Le **parc départemental de la Courneuve** s'impose comme le plus grand parc de la région parisienne avec une superficie de 400 hectares. Des bois aux lacs, il n'y a qu'un pas à franchir.

Le **parc départemental du Sausset** permet un véritable retour aux sources puisque faune et flore ont repris leurs droits dans un espace où il est possible pour l'homme de tester un parcours de relaxation et de maîtrise de soi. Les citadins apprécient…

Le **parc départemental de l'Ile-Saint-Denis** propose quant à lui une approche plus culturelle avec un «parcours impressionniste» développé autour de somptueux paysages et de leur représentation dans la peinture.

Lieu résolument à part, à la jonction du XIXe arrondissement de Paris et de la Seine-Saint-Denis, le **parc de la Villette** accueille les promeneurs au

LE CARNET DE VOYAGE

Les premiers contacts
Comité départemental du tourisme, 140, av. Jean-Lolive, 93695 Pantin Cedex, 01.49.15.98.98. www.tourisme93.com

La population
1 485 000 habitants. Préfecture : Bobigny.

Les fêtes
Mai : Rencontres de la BD (Livry-Gargan).
Mai-septembre : L'été du canal, l'Ourcq en fêtes.
Octobre : semi-marathon de Saint-Denis la Voie Royale.
Novembre : Fête de la Science.
Décembre : festival H2O (hip-hop à Aulnay-sous-Bois).

Les produits locaux
Surnommée le «pays des grandes fermes» au XVIIIe siècle, la Seine-Saint-Denis était reconnue pour ses vastes exploitations agricoles. Aujourd'hui, les productions locales se concentrent toujours autour des produits de la ferme.
Et pour ramener un souvenir original, rien ne vaut un passage au célèbre marché aux puces de Saint-Ouen, riche en antiquités et objets de récupération.

QUE VOIR, QUE FAIRE EN SEINE-SAINT-DENIS ?

Les paysages

- Parcs départementaux de la Courneuve, du Sausset et de l'Ile-Saint-Denis
- Parc de la Villette

Le tourisme fluvial

Canaux de l'Ourcq et de Saint-Martin

Les villes et le patrimoine

- Saint-Denis (basilique, stade de France)
- Promenades « Douce banlieue » (Saint-Denis, Montreuil, Noisy-le-Grand), visite de sites industriels, entreprises, laboratoires, ateliers

cœur d'un parc urbain innovant, riche de 10 jardins thématiques et de lieux dédiés à la culture (la Géode, le Zénith ou la Cité de la musique).

Le tourisme fluvial

A bord d'une catalante pour une navigation paisible ou d'un zodiac pour un baptême, les balades sur le **canal de l'Ourcq** se fédèrent autour d'un objectif unique : l'évasion. Véritable lieu de détente et de loisirs, le canal s'apprécie au fil de l'eau comme sur les rives où sont organisées de nombreuses fêtes, et ce, depuis le début du XIXe siècle.

Le **canal Saint-Martin** se dévoile au cours d'une véritable croisière de plusieurs heures, commentée en français et en anglais. Des bords de la Seine au parc de la Villette (ou inversement), le paysage fait défiler monuments, belles demeures, guinguettes et petites îles... Une occasion de retrouver les plaisirs simples de la vie en région parisienne.

Les villes et le patrimoine

Découvrir la Seine-Saint-Denis sous un nouveau jour : tel est l'objectif de «**Douce banlieue**». Chaque semestre, de nombreuses villes du département proposent un nouveau programme de **balades urbaines**, allant des flâneries aux randonnées, à pied ou à vélo... Toutes ces promenades sont autant d'invitations à visiter des villes comme **Montreuil** (église Saint-Pierre-Saint-Paul, domaine de Montreau datant du XVIIIe siècle, parcs des Beaumonts et des Guilands) ou la ville en partie nouvelle de **Noisy-le-Grand** (églises Notre-Dame et Saint-Sulpice du XIe siècle, arènes Picasso de Manolo Nunez ou Palacio d'Abraxas de Ricardo Bofill) et de découvrir leurs secrets... La ville de **Saint-Denis** se prête elle aussi au jeu pour faire connaître ses multiples facettes. De la **basilique Saint-Denis**, véritable chef-d'œuvre de l'art gothique en passant par l'abbaye royale, le porche monumental du couvent des Ursulines et le siège du journal «L'Humanité,» conçu par l'architecte brésilien Oscar Niemeyer, jusqu'à l'ovale du **stade de France**, construit à l'occasion de la Coupe du monde de football en 1998.

La Seine-Saint-Denis continue sur cette lancée plutôt originale en permettant également aux touristes de visiter des **sites industriels**, des **entreprises**, des **laboratoires** et des **ateliers**, dans le cadre des sorties «Et voilà le travail !». Ces portes ouvertes sont l'occasion pour le public de faire connaissance avec les travaux de recherche, le processus de production, et tout un savoir-faire propre aux métiers d'art (ateliers de chalcographie ou de moulage), du spectacle (théâtre Gérard-Philippe, Centre national de la danse), ou des transports (RATP, aéroport Charles-de-Gaulle) entre autres exemples... Une vision des «coulisses» qui offre la possibilité de se familiariser avec une expérience et une culture du travail, de façons différentes. ■

LES SUGGESTIONS GEO

- **Découverte :** basilique-cathédrale (Saint-Denis) ; musée de l'Air et de l'Espace (Le Bourget) ; musée Pierre-Cardin (Saint-Ouen).
- **Insolite :** visite du stade de France, pour découvrir l'endroit et revivre ses plus grands moments sportifs et musicaux (Saint-Denis) ; musée Bouilhet-Christofle, consacré aux arts de la table (Saint-Denis).

LES CONSEILS GEO

▶ Les plus

Un point fort évident dans le domaine du tourisme vert et fluvial, associé à une variété de salons et de manifestations culturelles mis en place tout au long de l'année.

▶ Les moins

La Seine-Saint-Denis souffre d'une mauvaise réputation, qui est parfois justifiée dans certains quartiers.

▶ Les recommandations

Un séjour en Seine-Saint-Denis s'avère d'une grande originalité, puisque le département joue la carte du décalage en proposant promenades urbaines et visites de sites industriels. Une façon étonnante de transformer des points faibles sur le plan touristique en atouts de charme.

Limitrophe de Paris, le Val-de-Marne cultive les paradoxes entre lieux très urbanisés et terres agricoles en Brie. A l'image du reste de l'Ile-de-France, la nature a su y défendre sa place. Espaces verts, fleuves et rivières en font un endroit idéal pour se ressourcer.

Exotique à défaut d'être académique, le jardin intérieur de Chinagora, à Alfortville.

Val-de-Marne

Les villes et les monuments

Le Val-de-Marne possède un héritage historique dont il peut se vanter : il a vu défiler reines et rois. Le **château de Vincennes** en est l'exemple le plus représentatif. Au XIIe et XIIIe siècles, il n'était rien de moins que la résidence royale où auraient séjourné les rois Philippe Auguste et saint Louis. Aujourd'hui, on peut encore admirer l'enceinte, les tours médiévales, la Sainte-Chapelle et surtout le donjon datant du XIVe siècle. Pour les amateurs de visites guidées, il ne faut pas manquer celle, très complète, du château et qui comprend notamment le tour détaillé du châtelet, du chemin de ronde, du donjon et des douves.

Moins connu et pourtant tout aussi intéressant, le **château de Grosbois** à **Boissy-Saint-Léger** fut érigé au XVIe siècle à la demande de Charles de Valois, duc d'Angoulême. Au fil des ans, des propriétaires tout aussi prestigieux se sont succédé dans la demeure, tels que Barras, l'un des responsables de la chute de Robespierre, mis ensuite en résidence surveillée par Napoléon Bonaparte ; ou encore le maréchal Berthier, grand dignitaire de l'Empire dont les convictions se retrouvent dans le choix du mobilier et de la décoration.

Le **château de Sucy-en-Brie** est encore plus récent puisqu'il fut édifié au XVIIe siècle par Louis Le Vau, également à l'origine du château de Vaux-le-Vicomte et des pavillons du Roi et de la Reine venus compléter le château de Vincennes. L'historique du vieux Sucy est à découvrir dans la métairie du château.

A **Saint-Maur-des-Fossés**, les ruines de l'**abbaye** ont le tout charme des pierres séculaires, avec sa chapelle Notre-Dame-des-Miracles flanquée de la tour Rabelais.

Créteil, ville en partie nouvelle symbolisée par ses tours en épis de blé, les fameux choux signés par Gérard Grandval, possède aussi un beau patrimoine architectural avec l'église Saint-Christophe et sa crypte du VIIIe siècle ainsi que le polissoir néolithique formé d'un monumental bloc de

LE CARNET DE VOYAGE

Les premiers contacts
Comité départemental du tourisme en Val-de-Marne, 16, rue Joséphine de Beauharnais, 4500 Champigny-sur-Seine, 01.55.09.16.20. www.tourisme-valdemarne.com.

La population
1 279 000 habitants. Préfecture : Créteil.

Les fêtes
Mars : Festival International de Films de Femmes (Créteil).
Juin : Festival de l'Oh, atour d'un thème toujours en relation avec l'eau (le long de la Marne et de la Seine).
Octobre : Festi'Val de Marne, dédié à la chanson française et francophone.
Novembre : Salon des Artisans d'Art (Saint-Maur).
Novembre-décembre : Rencontre des Arts et de la Musique (Charenton-le-Pont).

Les produits locaux
Belle de Fontenay, variété de pommes de terre apparue à Fontenay-sous-Bois (également connue sous le nom de hénaut et celui de boulangère).

QUE VOIR, QUE FAIRE EN VAL-DE-MARNE ?

Les villes et les monuments

- Vincennes, Créteil, Alfortville, Vitry-sur-Seine (MAC/VAL), Saint-Maur-des-Fossés (abbaye)
- Châteaux (Vincennes, Grosbois à Boissy-Saint-Léger, Sucy-en-Brie)

Le tourisme vert

- Bois de Vincennes
- Parc zoologique de Paris
- Roseraie du Val-de-Marne

Le tourisme fluvial

- Croisières sur la Marne
- Lac de Créteil

grès destiné à l'affûtage. A **Vitry-sur-Seine**, le musée d'Art contemporain du Val-de-Marne (abrégé en **MAC/VAL**) embrasse la création artistique depuis les années 50 et expose un millier d'œuvres des mouvements d'art cinétique, supports/surfaces ou du Nouveau réalisme… Autre curiosité sur les bords de la Marne : Chinagora, grand complexe touristique d'**Alfortville**, avec ses toits en pagode et son jardin ordonné autour d'une pièce d'eau et d'un pavillon.

Le tourisme vert

Ironie du sort, l'espace vert le plus connu du Val-de-Marne est en réalité situé dans le XIIe arrondissement de Paris. En effet, le **bois de Vincennes** se trouve au niveau de la porte Dorée.

Agrémenté de sentiers piétonniers, de pistes cavalières et de circuits cyclotouristes, ce vaste espace boisé entoure les lacs Daumesnil, Minimes et Saint-Mandé. Il s'agit de l'endroit idéal pour prendre l'air ou passer un dimanche après-midi en famille car presque toutes les attractions sont réunies, des aires de jeux au théâtre de Guignol, en passant par le manège, les barques ou encore l'hippodrome.

En plein cœur du bois de Vincennes, le **parc zoologique de Paris** - plus connu des Parisiens sous le nom de Zoo de Vincennes - s'étend sur 15 hectares et présente 500 mammifères et oiseaux, pour la plupart menacés de disparition dans leur habitat d'origine (en cours de restauration). La flore, quant à elle, est mise à l'honneur dans la **roseraie du Val-de-Marne**, la première roseraie occidentale dont la collection a débuté à la fin du XIXe siècle : 3 177 variétés et 16 000 rosiers sont à découvrir dans ce beau jardin, vraiment exceptionnel.

LES SUGGESTIONS GEO

- **Découverte :** Ecole nationale vétérinaire de Maisons-Alfort; musée Fragonard et sa collection de pièces anatomiques et les «Étrangetés» (écorchés) d'Honoré Fragonard (Maisons-Alfort).
- **Aventure :** Paintball Athletic Club (Sucy-en-Brie); Fun Kart Paris Sud Loisirs (Vitry-sur-Seine); parc Acrochats, espace de jeux «indoor» (Thiais).
- **Insolite :** Playmobil FunPark (Fresnes); Chinagora (Alfortville).

LES CONSEILS GEO

▶ Les plus

Aux portes de Paris, le Val-de-Marne possède une grande richesse culturelle mais offre surtout de belles idées de promenades au fil de l'eau ou sur les berges, sous le charme particulier (mais pas toujours sincère) des guinguettes.

▶ Les moins

Un patrimoine historique mis en valeur de façon insuffisante dans un département dynamique qui privilégie les activités familiales, sportives et ludiques.

▶ Les tendances

Le Val-de-Marne fait le bonheur des enfants qui peuvent participer à de nombreuses animations culturelles et sportives, dans des lieux qui leur sont principalement destinés.

Le tourisme fluvial

Le charme bucolique du Val-de-Marne se découvre lors des incontournables **croisières sur la Marne**. Ces promenades au fil de l'eau sont synonymes de dépaysement et de tranquillité : faune et flore se dévoilent sous un nouveau jour, dans une atmosphère paisible, pourtant pas si loin des villes. Au programme, l'approche originale de Paris, Bry-sur-Marne, Joinville-le-Pont ou celle de Nogent. L'une des halles du Ventre de Paris y a été sauvegardée au moment de sa destruction au profit de Rungis : le pavillon Baltard. Le long de la rivière, les guinguettes des bords de Marne n'ont plus rien à voir avec celles du temps de Renoir mais ont encore leurs aficionados.

Le **lac de Créteil** est l'un des nombreux atouts du département : cette pièce d'eau artificielle de 40 hectares héberge une base de loisirs, une maison de la nature, une école de voile, des jardins et des aires de promenades. Une multitude d'activités pour satisfaire tous les publics. ■

Lieu sacré, l'abbaye royale de Royaumont fondée par saint Louis en 1228 connut alors un immense rayonnement.

Territoire de contrastes qui abrite à la fois le premier aéroport européen, Roissy-Charles-de-Gaulle, et deux parcs naturels régionaux, le Val-d'Oise multiplie les possibilités de séjours, entre tourisme vert, historique et culturel. Une diversité qui en fait le département le plus curieux d'Ile-de-France.

Val-d'Oise

Les villes et les monuments

Les zones urbaines sont principalement concentrées au sud du département, autour des trois pôles économiques que constituent la ville nouvelle de **Cergy-Pontoise**, le secteur Argenteuil-Bezons et le Sud-Est où se trouve l'aéroport Paris Roissy-Charles-de-Gaulle. Unique station thermale d'Ile-de-France, **Enghien-les-Bains**, doit sa célébrité au Second Empire. Son casino et les rives de son lac demeurent attractifs. Le reste du Val-d'Oise présente une série de villages bucoliques (Chérence, Chars, Vétheuil) dont la découverte s'associe volontiers à celle des châteaux. Incontournable, **Auvers-sur-Oise** se caractérise par son habitat troglodytique. Son château rend hommage aux impressionnistes qui se sont inspirés des paysages de la commune.

Ancien logis médiéval implanté au cœur du **parc naturel régional du Vexin français**, le château de **La Roche-Guyon** a été agrandi à la Renaissance pour devenir une demeure seigneuriale au XVIIIe siècle. De grands personnages y séjournèrent : le duc de La Rochefoucauld, Victor Hugo et Lamartine. Construit au XVIIIe siècle, celui d'**Epinay-Champlâtreux**, a lui vu défiler Chateaubriand ou Anna de Noailles. Bombardé en août 1944

LE CARNET DE VOYAGE

Les premiers contacts
Maison du tourisme du Val-d'Oise, château de la Motte, rue François-de-Ganay, 95270 Luzarches, 01.30.29.51.00. www.val-doise-tourisme.com

La population
1 122 000 habitants. Préfecture : Cergy-Pontoise.

Les fêtes
Mi-mai-fin juin : Festival International de Musique (Auvers-sur-Oise)
Septembre : Festival International du Cirque du Val-d'Oise.
Octobre-novembre : Festival théâtral du Val-d'Oise, Salon des Arts (Pontoise).
Novembre-décembre : festival Jazz au fil de l'Oise.

Les produits locaux
- Cerise de Montmorency (rendue célèbre par madame de Sévigné au XVIIe siècle), iris du château d'Auvers (variété considérée de collection).
- Pinot noir et chardonnay (Argenteuil), pinot gris et vin blanc sec (Sannois).

QUE VOIR, QUE FAIRE EN VAL-D'OISE ?

Les villes et les monuments

- Auvers-sur-Oise, Cergy-Pontoise, Enghien-les-Bains
- Châteaux (Auvers-sur-Oise, La Roche-Guyon, Epinay-Champlâtreux, Stors), domaine de Villarceaux, moulin de Sannois

Le patrimoine culturel

Espace William-Thornley, maison Van Gogh, château d'Auvers-sur-Oise, promenade des Peintres

Le patrimoine naturel

- Parc naturel régional du Vexin français, parc naturel régional Oise-Pays de France
- Jardins du château d'Auvers-sur-Oise, jardin botanique de Sannois, jardin de Campagne, parcs (Cassan, Cadet de Vaux)

et laissé à l'abandon, le **château de Stors** à l'Isle-Adam renaît grâce à l'énergie de ses nouveaux propriétaires passionnés par l'histoire de ce lieu où auraient séjourné des philosophes comme Rousseau ou d'Alembert, mais aussi des familles illustres telles que les Romanov.

Le **domaine de Villarceaux**, composé de deux châteaux, se distingue par des bâtiments et des jardins remarquables illustrant chaque période de l'histoire. Daté du XVIIIe siècle, le **moulin de Sannois** se visite.

A Asnières-sur-Oise, l'**abbaye cistercienne de Royaumont** fondée par saint Louis mérite son statut royal.

■ Le patrimoine culturel

Terre des peintres impressionnistes, le Val-d'Oise permet de découvrir des œuvres d'art, en espaces fermés ou au cours d'une promenade.

A Osny, l'**Espace William-Thornley** regroupe la plus grande collection consacrée à ce peintre post-impressionniste ainsi que des toiles de Degas, Pissarro, Monet ou Eugène Duc. La **maison Van Gogh** à Auvers-sur-Oise fait pénétrer l'univers intime de l'artiste grâce à une projection audiovisuelle composée d'extraits de sa correspondance.

Le **château d'Auvers-sur-Oise** propose de faire un bond dans le passé lors d'un «Voyage au temps des impressionnistes», parcours-spectacle ponctué par la projection de plus de 500 œuvres des tenants de ce courant artistique révolutionnaire : Monet, Cézanne, Renoir, Pissarro…

Tout aussi ludique mais plus simple d'approche, l'agréable **promenade des Peintres** de Frette-sur-Seine est émaillée de reproductions, à l'endroit où les originaux ont été peints.

LES SUGGESTIONS GEO

■ **Découverte :** abbaye de Maubuisson (fondée par Blanche de Castille) ; visites thématiques «Sur les pas de Van Gogh» et «Sur les pas de Cézanne»(Auvers-sur-Oise).

■ **Insolite :** jardin japonais (centre hospitalier du Vexin) ; pavillon chinois (l'Isle-Adam) ; visite des souterrains (Pontoise).

LES CONSEILS GEO

▶ Les plus

En plus du parc naturel régional du Vexin français et du parc naturel régional Oise-Pays de France, le Val-d'Oise regorge d'espaces verts qui permettent de prendre une véritable bouffée d'air frais entre deux visites historiques ou culturelles.

▶ Les moins

Le Val-d'Oise mise d'avantage sur la découverte et les promenades que sur les activités sportives qui ont tendance à lui faire défaut.

▶ Les recommandations

Si le tourisme vert reste la façon la plus reposante de découvrir le département, il est possible de l'aborder de façon plus originale en suivant les pas des nombreux peintres impressionnistes qui y ont séjourné.

■ Le patrimoine naturel

Le parc naturel régional du Vexin français et le **parc naturel régional Oise-Pays de France** rendent le Val-d'Oise propice aux balades, qui peuvent se poursuivre dans des espaces verts à dimension plus «humaine».

Au cœur d'un parc de 5 hectares, le **jardin du château d'Auvers-sur-Oise** vaut le détour pour son agencement à la française. Le parc comprend également un labyrinthe de charmilles, un nymphée serti de coquillages, un jardin éphémère et les fameux iris chers à van Gogh. Le **jardin botanique de Sannois** propose une collection de plantes à vocation curative ou condimentaire, alors que le **jardin de Campagne** présente fleurs et roses anciennes, dans le Vexin.

En plus d'une école de musique, le **parc Cadet de Vaux** à Franconville abrite une variété importante d'arbres : ginkgo biloba, séquoia, pin de l'Himalaya, cèdre, hêtre pourpre... Tandis qu'avec son pavillon chinois, celui de **Cassan**, à L'Isle-Adam, offre une balade pittoresque. ■

Contrepoint aux ors de Versailles, la nature idéalisée du hameau de la Reine, dépendance du Petit Trianon de Marie-Antoinette.

Yvelines

L'Ile-de-France peut se vanter d'accueillir l'un des sites historiques français les plus connus au monde : le château de Versailles. Riche de six villes royales et de huit autres châteaux, les Yvelines sont un véritable voyage dans le passé. Tout en offrant la possibilité de s'adonner au tourisme vert, à trente minutes de Paris.

Les villes et les monuments

Le département des Yvelines pourrait se résumer à l'une de ses villes, dont le seul nom évoque la vie à la cour. D'abord assez modeste village, **Versailles** s'est mué en cité royale grâce à Louis XIV. Les trois grandes avenues de la ville convergent vers le **château** de Versailles, véritable chef-d'œuvre de l'art français du XVIIe siècle. Entouré d'un **parc** de 950 hectares, il se distingue par son luxe (Grands Appartements, galerie des Glaces, **opéra** Royal, **écuries**) et ses annexes (Grand Trianon, domaine de Marie-Antoinette). Versailles et sa **cathédrale** ne suffisent pas au Roi-Soleil, qui se tourne vers **Marly-le-Roi**, où il fait bâtir sa résidence secondaire. Aujourd'hui, ce château a disparu mais la ville sait mettre en avant bien d'autres richesses : ses hôtels du XVIIIe siècle au cœur du vieux village, les **maisons d'artistes** du XIXe siècle et le discret **château de Monte-Cristo**, demeure d'Alexandre Dumas. Les rois de France aimaient également séjourner à **Saint-Germain-en-Laye** où le **château Renaissance** et la Grande Terrasse témoignent de son passé. Les beaux hôtels particuliers des XVIIe et XVIIIe siècles côtoient

LE CARNET DE VOYAGE

Les premiers contacts
Comité départemental du tourisme des Yvelines, 2, place André Mignot, 78012 Versailles, 01.39.07.71.22. www.tourisme.yvelines.fr

La population
1 395 000 habitants. Préfecture : Versailles.

Les fêtes
Mars-octobre : Grandes Eaux Musicales, Grandes Eaux Nocturnes (château de Versailles).
Mai-juin : festival Courants d'arts à la Ferme (Elancourt).
Septembre-octobre : festival des musiques L'Estival (Saint-Germain-en-Laye).
Octobre : festival de la B.D. (Buc).
Novembre : festival Blues sur Seine (Mantes-la-Jolie), fête d'Automne, rendez-vous festif consacré au théâtre (Montigny-le-Bretonneux).

Les produits locaux
- Gastronomie paysanne, à redécouvrir en même temps que les fruits et légumes de variétés anciennes ou originales en provenance du potager du Roi (en vente au château de Versailles).
- Pain d'Yveline, eau de Saint-Lambert.
- Noyau de Poissy (liqueur à base d'amandes et de noyaux d'abricots).

QUE VOIR, QUE FAIRE EN YVELINES ?

Les villes et les monuments

- Versailles (château et parc, opéra, écuries, cathédrale)
- Marly-le-Roi (maisons d'artistes, château de Monte-Christo)
- Saint-Germain-en-Laye (château, musées Claude Debussy et Maurice Denis)
- Mantes-la-Jolie (collégiale Notre-Dame)
- Rambouillet (château)
- Poissy (villa Savoye, collégiale Notre-Dame)

Le patrimoine naturel

- Parcs naturels régionaux de la haute vallée de Chevreuse et du Vexin français
- Domaines nationaux de Versailles, Rambouillet, Marly-le-Roi,

LES CONSEILS GEO

▶ Les plus
La variété des activités, alliant histoire (9 châteaux et 6 villes royales), culture, gastronomie, tourisme vert et fluvial.

▶ Les moins
Des sites tellement historiques qu'ils font fatalement de l'ombre aux initiatives culturelles locales.

▶ Les tendances
La visite des fermes et des lieux de fabrication des produits locaux, avec rencontres des producteurs et marchés du terroir à la clé.

les **maisons de Claude Debussy** et du peintre **Maurice Denis,** transformées en de passionnants musées.
Ville royale et surtout jolie, **Mantes** (son nom initial) se singularise notamment par la **collégiale Notre-Dame**, un monument qui suscite encore la polémique tant la ressemblance avec la cathédrale Notre-Dame de Paris est frappante.
Rambouillet est considérée comme un pont entre les différentes périodes de l'histoire puisqu'elle a accueilli la demeure des rois avant d'être nommée «résidence présidentielle» en 1896. La ville charme grâce à son **château**, mais aussi par sa forêt qui compte près de 30 000 hectares.
Poissy se démarque des autres villes royales, puisqu'elle présente à la fois des vestiges historiques et industriels, la ville étant considérée comme le berceau du développement de l'industrie automobile. Outre l'imposante **collégiale Notre-Dame**, la **villa Savoye**, œuvre emblématique de Le Corbusier, attire les amateurs avisés d'architecture contemporaine.

■ Le patrimoine naturel

Avec 70 000 hectares de massifs forestier et deux parcs naturels, le département des Yvelines est propice au tourisme vert.
Le **parc naturel régional de la haute vallée de Chevreuse** s'étend sur 24 300 hectares et permet de découvrir sous un autre angle les 21 communes qu'il recouvre. Avec des sentiers de découverte, de nombreuses balades culturelles guidées ou de simples flâneries, il donne l'occasion d'approcher, et d'apprécier, le département et ses villages, d'une manière authentique.
La partie yvelinoise du **parc naturel régional du Vexin français** offre également de belles possibilités de promenades et randonnées sur environ 800 kilomètres de sentiers. Au programme : observation de la faune et de la flore, activités sportives en tout genre et visites culturelles...
Le **domaine national de Rambouillet** se caractérise par le jardin à la française et le parc, mais surtout par sa forêt, considérée comme le vestige le plus important de l'ancienne forêt d'Yveline. Son caractère particulièrement sauvage est apprécié par les visiteurs et par les pratiquants de la chasse à courre.
Le **domaine national de Marly-le-Roi** ouvre aux curieux le parc et ses richesses héritées du temps de Louis XIV : l'alignement des végétaux selon le plan original, les bassins, les fragments d'architecture ou encore l'abreuvoir qui est resté intact.
Le **domaine national de Versailles** se distingue, quant à lui, par le parc et les jardins du château, qui constituent à eux seuls un motif de visite. Le labyrinthe végétal et les grandes eaux musicales accordent le privilège de goûter un peu, ne serait-ce que durant quelques précieuses heures, au faste d'antan. ■

LES SUGGESTIONS GEO

■ **Découverte :** Bergerie nationale et musée du Mouton (Rambouillet) ; fermes ouvertes de Gally (Saint-Cyr-l'Ecole) ; serre aux papillons (La Queue-lez-Yvelines) ; contes de Perrault (château de Breteuil, Chevreuse) ; musée du Jouet (Poissy) ; Réserve zoologique (Thoiry).
■ **Insolite :** désert de Retz (Chambourcy) ; dolmens (cave aux fées à Breuil en Vexin, Epone Elisabethville).

La cité de Carcassonne, construite à 150 mètres d'altitude au-dessus de la ville basse, surplombe l'Aude de ses vieux remparts.

Aude

Profitant du tourisme balnéaire et pourvu d'un patrimoine exceptionnel, l'Aude, pays cathare du Languedoc-Roussillon, s'est taillé une forte identité. A découvrir pour ses infinies plages de sable fin et ses sites classés au Patrimoine mondial de l'Unesco.

Les côtes

Avec ses immenses plages de sable fin, l'Aude est bien sûr un département idéal pour le tourisme balnéaire. **Port-la-Nouvelle**, avec l'unique port de pêche du département, est peut-être la plus authentique. C'est le point de départ du sentier cathare. Depuis cette station saisonnière, on peut également rallier **l'île Sainte-Lucie**, via le canal de la Robine.

A l'entrée du parc naturel régional de la Narbonnaise en Méditerranée, on trouve **Leucate**, une ancienne île devenue presqu'île. Cette station est idéale pour la baignade, la plaisance ou les sports de glisse.

Coup de cœur pour **Gruissan** et sa plage aux chalets sur pilotis immortalisés par Jean-Jacques Beneix dans «37°2 le matin». L'ancien village de pêcheurs est construit en cercle autour de la tour Barberousse, vestige d'un château du XIe siècle. Il est aussi un spot de windsurf et funboard particulièrement réputé.

A deux pas du vieux village, se trouve le **salin de l'île Saint-Martin**, l'un des trois du département. Un peu plus loin dans l'arrière-pays, sur le massif de la Clape qui culmine à 214 mètres,

LE CARNET DE VOYAGE

Les premiers contacts
Comité départemental du tourisme de l'Aude, conseil général, chemin du Moulin-de-la-Seigne, 11855 Carcassonne, 04.68.11.66.00. www.audetourisme.com

La population
339 500 habitants. Préfecture : Carcassonne.

Les fêtes
Un samedi de décembre, janvier et février : marché aux Truffes (Villeneuve-Minervois).
14 juillet : Embrasement nocturne de la cité médiévale (Carcassonne).
Fin août : fête traditionnelle des Pêcheurs (Gruissan).

Les produits locaux
- Cassoulet de Castelnaudary, poissons de la Méditerranée.
- Miel, sel.
- Vins AOC du Minervois, des Corbières, du Fitou, des Cabarès, de Malepière, blanquette, crémant de Limoux.

L'artisanat
Marbre de Caunes-Minervois (cheminées, vasques).

QUE VOIR, QUE FAIRE EN AUDE ?

Les côtes
Port-la-Nouvelle, Gruissan, Port-Leucate, salins, île Sainte-Lucie

Le paysage
Parc naturel régional de la Narbonnaise en Méditerranée, montagne Noire, gorges de Galamus

Le patrimoine
■ Canal du Midi
■ Carcassonne (fortifications, château comtal, basilique Saint-Nazaire
■ Châteaux cathares (Quéribus, Peyrepertuse, Villerouge-de-Termenès), abbaye de Fontfroide

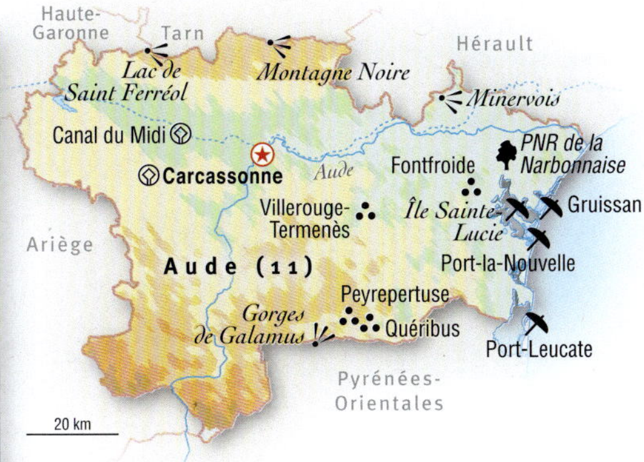

LES CONSEILS GEO

▶ Les plus
Avec pas moins de deux sites majeurs classés au Patrimoine mondial de l'Unesco (le canal du Midi et la ville fortifiée de Carcassonne), ses châteaux, le sentier cathare, l'abbaye de Fontfroide, l'Aude est le département que doivent visiter les passionnés d'histoire.

▶ Les moins
L'hiver, les villes du bord de mer ressemblent à des villes-fantômes.

▶ Les recommandations
Les stations balnéaires sont très ventées, ce qui fait le bonheur des véliplanchistes mais pas celui des parents. Attention aux jouets gonflables, vite entraînés vers le large.

▶ Les tendances
La mise en place d'un label le Pays Cathare®, pour signaler des produits de qualité et du pays dans tous les secteurs : tourisme, alimentation, fruits et légumes.

on peut visiter la chapelle des Auzils et son insolite cimetière marin, qui témoigne à sa façon de l'ancienne activité maritime de Gruissan.

■ Les paysages

L'Aude est divisé en cinq pays parfaitement distincts. Le Narbonnais s'étend sur le **parc naturel régional de la Narbonnaise en Méditerranée**. Les étangs d'eau salée du bord de mer - autrefois réputés abiotiques - hébergent un écosystème unique et désormais bien protégé.

Le Carcassonnais est partagé entre la plaine du Carcassès et la **montagne Noire**, dernière pointe du Massif central. Le grand lac artificiel de Saint-Ferréol, aménagé au XVIIe siècle recueille les eaux de ce massif. La cascade de Cubserviès est l'une des plus hautes d'Europe (90 m).

Le Minervois se caractérise par ses paysages de vignes et des ravins très escarpés formés par les gorges de l'Orbieu et les **gorges de Galamus**. Le pays de la Haute Vallée de l'Aude est traversé par les **gorges de l'Aude**. A découvrir, le Pech de Bugarach, un peu plus de 1 200 mètres. Sans doute à cause de sa forme étrange, les légendes le soupçonnent d'être un repère de lutins…

■ Le patrimoine

Ancienne forteresse des comtes de Trencavel, restaurée par Viollet-le-Duc, **Carcassonne** est classée au Patrimoine mondial de l'Unesco. C'est la plus grande cité médiévale d'Europe, dans un parfait état de conservation. Ses remparts sont surmontés de 26 tours intérieures, doublées de 26 tours extérieures. A visiter absolument, la **basilique Saint-Nazaire** et le **château comtal**.

Pour les amoureux du tourisme fluvial, l'Aude est sans doute l'un des plus jolis départements de France puisque s'y déroulent les 240 kilomètres de méandres du **canal du Midi**. Classé au Patrimoine mondial de l'Unesco depuis 1996, le chemin de halage est l'occasion de longues promenades à vélo. Ne pas manquer les écluses, aqueducs et ponts qui l'agrémentent, dont certains ont à peine été modifiés depuis leur origine.

L'histoire religieuse de France a également beaucoup marqué l'Aude, théâtre du catharisme au Moyen Age. Dans le Minervois, de nombreuses forteresses gardent des traces sensibles de ceux qu'on désignait alors comme les Parfaits. Elles sont surnommées, à raison, les citadelles du vertige, toujours édifiées sur de hauts éperons rocheux. Parmi elles, citons l'illustre **château de Quéribus**, le **château de Peyrepertuse** ou encore celui de **Villerouge-de-Termenès**.

Lors de la terrible croisade contre les Albigeois, l'**abbaye de Fontfroide** fut souvent le dernier bastion du catholicisme. Bâtie au XIe siècle, elle a été parfaitement restaurée et mérite aussi une visite. ■

LES SUGGESTIONS GEO

■ **Découverte :** le train touristique du Pays cathare et du Fenouillèdes.
■ **Aventure :** safari dans la réserve africaine de Sijean (une partie se visite en voiture et l'autre à pied).
■ **Insolite :** le bien sinistre musée de la Torture de Carcassonne, âmes sensibles s'abstenir.

Gard

Cavités cylindriques creusées par les galets dans le lit rocheux de la Cèze.

En Languedoc-Roussillon, entre Cévennes et Camargue, vignes, oliviers et garrigues du Gard séduisent autant que les espaces naturels de mer et de montagnes qui le bordent. En prime, une lumière unique, des parfums enivrants, et des marchés pleins de jovialité.

Les paysages

Le département est divisé en trois grandes zones : montagnes, garrigues et plaines. Au nord-ouest, le **mont Lozère** et le **mont Aigoual** (1567 m) forment la ligne de partage des eaux entre Atlantique et Méditerranée. Entre ces deux pôles granitiques, les **Cévennes**, protégées par le grand parc national des Cévennes, déploient leurs serres et leurs vallées. Dans le Piémont cévenol, les châtaigniers cèdent peu à peu la place aux mûriers, aux oliviers et à la garrigue. Aux confins ouest, se dressent le causse Noir et le causse du Larzac (en partie sur le Gard) et, plus au sud, le **causse de Blandas**. Il offre dans ses contrebas, en Hérault, une magnifique formation géologique : le cirque de Navacelles, creusé par la rivière Vis, y forme une impressionnante cuvette. Les garrigues occupent le cœur du département, sur quatre massifs.

QUE VOIR, QUE FAIRE DANS LE GARD ?

Les paysages et les randonnées

- Mont Aigoual (observatoire météorologique), mont Lozère (drailles), causse de Blandas, vallées cévenoles, grottes de la Cocalière (Courry), Cévennes
- Pays d'Uzès, pont du Gard, voie de Régordane (Génolhac à Saint-Gilles), vallée de la Cèze (cascades du Sautadet, concluses de Lussan), Petite-Camargue (marais salins, plage de l'Espiguette)

Le patrimoine, les villes et les villages

- Pierre plantée de Lussan, carrières de Junas
- Nîmes (Maison Carrée, arènes), Uzès (château), pont du Gard et son aqueduc, pont Saint-Esprit, Villeneuve-lez-Avignon, Sommières, Aigues-Mortes, Saint-Gilles (abbatiale), Le Grau-du-Roi (vieux port)

L'aqueduc romain du pont du Gard, construction sans mortier de 275 mètres de long.

Elles sont traversées avec force par l'Ardèche, la Cèze, le Gardon, la Vidourle et l'Hérault en formant un ensemble de paysages imbriqués aux reliefs variés. Avec ses oliviers, ses cistes, ses buis et ses plantes aromatiques, le massif des garrigues de Nîmes est ponctué de murets, masets et capitelles (abris) en pierre sèche. Le **pays d'Uzès**, plus au nord, se démarque par ses gorges et son pont du Gard qui enjambe le Gardon.
La **vallée de la Cèze**, entre vignes, garrigues et pitons calcaires est une région sauvageonne à laquelle la rivière aux poussières d'or apporte un charme particulier. Elle fait partie du Gard rhodanien qui s'ouvre sur la vallée du Rhône avec ses prestigieux vignobles. La région des plaines déploie une grande diversité végétale (forêts méditerranéennes, vignes, rizières, roseaux). Le long plateau de la Costière, au sud de Nîmes, est caractérisé par un sol très caillouteux (le gress) où poussent des vignes. Les paysages de la Camargue, plats et humides, façonnés par le delta du Rhône et la Méditerranée, débordent plus largement dans les Bouches-du-Rhône. La partie gardoise est nommée **Petite-Camargue**. Cette frange d'eaux et de terres abrite une faune emblématique (flamants roses, chevaux blancs et taureaux noirs). Sur la route du Grau-du-Roi, les **salins** forment des paysages arrondis et multicolores (salins du Midi).

Les randonnées

En grimpant à l'**observatoire météorologique de l'Aigoual**, on a une vue circulaire époustouflante. Autre spectacle réjouissant, celui des troupeaux de moutons qui transhument à la fin du printemps en empruntant les **drailles** du mont Aigoual, du Lingas, des Causses ou du mont Lozère, circuits balisés qu'on peut suivre à pied. Dans la région de Saint-Jean-du-Gard, les chemins de la soie entre mûriers, magnaneries et filatures permettent de découvrir l'histoire séricicole des Cévennes. En suivant la **voie médiévale de Régordane** qui va à Saint-Gilles, on découvre des sites et villages pittoresques, chargés de légendes locales.
Se balader sur les Causses est toujours un plaisir presque mystique. Celui de **Blandas** est parsemé de pierres plantées et autres menhirs. Dans la région d'**Uzès**, le parcours muséographique «Mémoires de garrigue» est une randonnée incontournable pour suivre l'évolution des paysages et les traces de l'aqueduc, depuis le site du pont du Gard. Dans le Gard rhodanien, la vallée de la Cèze surprend par ses **cascades du Sautadet**

Couleurs automnales dans la châtaigneraie de la vallée cévenole de Rieutord.

et ses **concluses de Lussan**. Pour ceux qui souhaitent jouer les chercheurs d'or, il est possible de s'initier aux techniques de l'orpaillage. Les chemins de la Cézarenque, dans la haute vallée de la Cèze, nous entraînent à travers petits villages et douces châtaigneraies. En passant à Roquemaure, sur la route de la Côte du Rhône gardoise, on découvre le lirac, premier rosé de France.

Pour visiter la Camargue de l'intérieur, embarquer sur une péniche à **Aigues-Mortes** est la meilleure idée. Cette balade tranquille sur le canal du Rhône dévoile des paysages sauvages, insolites et préservés. Sites de nidification pour les hérons, les étangs de Scamandre et du Charnier constituent l'une des plus grandes roselières de France, d'une vraie richesse ornithologique. Pour prendre l'air de la mer, la **plage de l'Espiguette** offre des longues étendues de sable, idéales pour la baignade ou la randonnée cavalière.

LE CARNET DE VOYAGE

Les premiers contacts
Comité départemental du tourisme du Gard, 3, rue Cité-Foulc, 30000 Nîmes, 04.66.36.96.30. www.tourismegard.com

La population
631 268 habitants. Préfecture : Nîmes.

Les fêtes
Janvier : festival de Flamenco (Nîmes).
Avril : fête médiévale de Sommières.
Mai : feria de Pentecôte (Nîmes), Vogua Monstra, fête nautique (Grau-du-Roi).
Juin : fête de la Transhumance (L'Espérou).
Juillet : Rencontres d'été de la Chartreuse (Villeneuve-lez-Avignon), fête de la Lavande et de l'Olivier (Barjac), Estivales (Beaucaire), nuits Musicales (Uzès).
Août : Nuits du Sel (Aigues-Morte), feria de la Pêche et de l'Abricot (Saint-Gilles).
Fin septembre : feria des Vendanges (Nîmes).
Octobre : Journées Méditerranéennes de la Figue (Vézénobres), fête votive d'Aigues-Mortes.
Novembre : Salon des Santons (Garons).

Les produits locaux
- Brandade de Nîmes, huile d'olive de Nîmes AOC, picholine, fleur de sel, taureau de Camargue AOC, riz de Camargue, asperge des sables, truffe d'Uzès, eau pétillante de Perrier.
- Fougasse d'Aigues-Mortes, croquant Villaret (biscuit),
- Vins de pays du Gard et AOC (costières-de-nîmes, clairette-de-bellegarde, côtes-du-rhône, coteaux-du-vivarais, coteaux-du-languedoc), cartagène (digestif à base de moût de raisin).

L'artisanat
Toiles et cotonnades (Nîmes), boutis (Calvisson), poteries (Anduze, Saint-Quentin-la-Poterie), vanneries (Vallabrègues), fourches en bois (Sauve).

Le patrimoine

Le Gard a toujours été un lieu d'échanges et de brassages culturels. Son histoire, marquée par la conquête romaine, a laissé des monuments prestigieux ainsi qu'un réseau routier élaboré. Des vestiges témoignent aussi de la présence des hommes à la période préhistorique : **grottes de la Cocalière** (Courry) ou celles ornées du Gardon, **Pierre Plantée de Lussan** et menhir de Courbessac.

Nîmes, qui doit son nom au dieu de l'eau Nemausus, est la ville qui concentre certainement le plus de belles pierres. Les Romains y ont construit des monuments dédiés aux cultes (**Maison Carrée**, sanctuaire de la Source, temple de Diane), aux jeux (**amphithéâtre**) ainsi que des portes, tours et remparts protecteurs. Ils ont élaboré un vaste programme urbain comportant fontaines, thermes et égouts. C'est pour alimenter la ville en eau, qu'ils ont construit, entre 40 et 60 après J.-C., un **aqueduc** acheminant l'eau des sources d'Eure jusqu'au castellum (réservoir de répartition) et dont l'élément le plus prestigieux est le **pont du Gard,** classé au Patrimoine mondial de l'Unesco. Construction sans mortier, il aligne ses trois niveaux et ses arches majestueuses sur 275 mètres de long.

Après une période de déclin et d'invasions, un réveil économique se produit dans le Gard. Sous l'impulsion des fondations monastiques, un certain nombre de places fortes voient le jour. Ces lieux de pèlerinage et d'échanges commerciaux sont situés en des lieux stratégiques : **Beaucaire**, sur la rive droite du Rhône, et **Aigues-Mortes**, établie sur les marais salants, en sont de beaux exemples. **Saint-Gilles**, haut-lieu de pèlerinage sur la route de Compostelle, a laissé une abbatiale qui est un chef-d'œuvre de l'art roman classé au Patrimoine mondial de l'Unesco.

Unique débouché maritime du Gard, le Grau-du-Roi et son port autrefois dédié à la pêche, aujourd'hui à la plaisance.

■ Les villes et les villages

Le Gard abrite une majorité de petites villes, profondément marquées par l'histoire. C'est le cas d'**Uzès**, avec son château ducal intégré au centre d'allure moyenâgeuse; de Vézénobres, modeste village médiéval perché sur un éperon rocheux dont le château témoigne pourtant des fastes du XVIIIe siècle ; de **Sommières**, bâtie à côté d'un gigantesque pont romain enjambant le Vidourle et qui doit son développement passé à ses activités dans le commerce du cuir, de la laine et des essences aromatiques. Dans la vallée du Rhône, **Villeneuve-lez-Avignon**, abrite des richesses issues du fréquent passage des cardinaux (fort Saint-André, chartreuse du Val-de-Bénédiction). Autre belle ville, célèbre pour son pont médiéval : **Pont-Saint-Esprit**. Dans les villages, fontaines, lavoirs, places ornées de platanes ou anciennes manufactures racontent le temps qui passe. Certains sont réputés pour leurs activités : Saint-Jean-du-Gard et Le Vigan baignés par la sériciculture, Anduze et ses poteries, Calvisson et ses boutis, Alès et la Grand-Combe et leurs mines, aujourd'hui fermées... Inévitable en Camargue, le **Grau-du-Roi**, village de pêcheurs, et son Port-Camargue. ■

LES SUGGESTIONS GEO

■ **Découverte :** musée des Vallées cévenoles (Saint-Jean du Gard) ; musée du Désert (Mialet) ; musée de la Soie (Saint-Hippolyte-du-Fort) ; Mine Témoin (Alès) ; musée du Vélo et de la Moto (Domazan).

■ **Aventure :** canyoning (Bramabiau, cascades d'Orgon, à Aiguières) ; escalade (La Capelle).

■ **Insolite :** aigles du château de Beaucaire ; bambouseraie de Prafrance, jardin exotique unique en Europe (Anduze).

LES CONSEILS GEO

▶ Les plus

Une incroyable densité patrimoniale avec pas moins de 550 monuments classés et 2 sites référencés au Patrimoine mondial de l'Unesco (le pont du Gard et l'abbatiale de Saint-Gilles classée au titre des chemins de Saint-Jacques de Compostelle).

▶ Les moins

Les variations parfois brutales de son climat qui se caractérise par de fortes chaleurs en été (Nîmes) et des pluies diluviennes en automne (Cévennes, région de Nîmes et Sommières). Des caractères météorologiques marqués qui peuvent gêner les visites touristiques.

Hérault

Il y a deux Sud en Hérault. Le provençal autour de Montpellier et le languedocien vers Béziers. Ce département du Languedoc-Roussillon qui dessine montagnes de garrigues, lignes de vignes, étangs et plages de Méditerranée, a des élans de courses camarguaises et de ballon ovale.

Les paysages

Au nord du département, le **cirque de Navacelles** est un impressionnant amphithéâtre de calcaire aux parois hautes de 300 mètres. C'est un ancien et monumental méandre de la rivière Vis qui creusa là son lit avant de s'en aller prendre un autre chemin. Le petit village de Saint-Maurice-Navacelles a élu domicile au creux de ce canyon, au bord du nouveau lit de la rivière tandis que son ancien tracé est devenu terres cultivées. Deux suggestions : descendre à pied dans le cirque (7 h aller-retour), et suivre par la route les **gorges de la Vis** jusqu'à Ganges, porte des Cévennes, aux belles demeures bourgeoises des soyeux d'autrefois (XVIIe et XVIIIe siècles) puis rejoindre Laroque, charmant village roman des gorges de l'Hérault que l'on peut suivre en canoë.

Le très grand **lac du Salagou** est un décor de ruffe rose et de basalte noir mêlés venant frapper contre le bleu profond de cette réserve d'eau artificielle. Parfait terrain de distractions nautiques estivales (planche à voile, canoë, catamaran…). C'est aussi un site connu de pêche et un lieu de randonnée, jusque sur les hauteurs du château de Lauzières par exemple, dignes ruines de grès jaune et de basalte habitées par la végétation. Dans les environs, la dalle de la Lieude porte les empreintes fossilisées d'ancêtres des dinosaures, vieilles de 255 millions d'années.

Plus loin, le **cirque de Mourèze** est une vaste étendue piquée de blocs de roche blanche nés de l'érosion patiente de la dolomie. En surgissent des formes plus ou moins évocatrices dont certaines sont baptisées : sphinx, tortue, tête de mort…

Des milliers de grottes et gouffres occupent les sous-sols de l'Hérault. Parmi elles, la magnifique **grotte des Demoiselles**. Accès par funiculaire à un parcours s'immisçant entre stalactites et stalagmites dorées jusqu'à la salle «cathédrale». Depuis un belvédère se déploie alors une nef de 120 mètres de long, 50 mètres de haut, et son rideau de colonnes géantes.

QUE VOIR, QUE FAIRE EN HÉRAULT ?

Les paysages

- Cirques (Navacelles, Mourèze), gorges de la Vis, lac du Salagou
- Grotte des Demoiselles

Les côtes

- Etangs de Mauguio, de Vic, de Thau (Bouzigues, Louipian, Mèze, Marseillan)
- Plages (Grande-Motte, Palavas, Carnon, Frontignan, Cap-d'Agde, Valras)

Les monuments

- Oppidum d'Ensérune, villa Loupian
- Abbaye de Saint-Guilhem-le-Désert, prieurés (Saint-Michel-de-Grandmont, Sainte-Marie-de-Cassan), cathédrale de Maguelone
- Canal du Midi

Les villages

Minerve, Roquebrun, Boussagues, Olargues, villages circulaires

Les villes

Montpellier, Béziers, Sète, Lodève, Pézenas, Agde

Par an, 12 000 tonnes d'huîtres sortent des parcs du bassin ostréicole de l'étang de Thau.

Et aussi la grotte de Clamouse et celle de la Devèze aux draperies de roche et orgues étonnants.
Hors de terre, les sources jaillissent et l'eau soigne depuis l'Antiquité. A Balaruc-les-Bains, troisième station thermale de France, qui conserve les fondations d'un temple du IIIe siècle; à Lamalou-les-Bains à l'atmosphère rétro, qui reçut Alphonse Daudet et Alexandre Dumas fils ; à Avène-les-Bains dont l'eau thermale a la réputation d'apaiser la peau. Tandis qu'à La Salvetat-sur-Agoût, dans le parc naturel régional du Haut-Languedoc, surgit une eau pétillante.

Les côtes

Sur la plus grande longueur de sa côte, de la **Grande-Motte** à l'est au Cap-d'Agde à l'ouest, le littoral héraultais est un cordon de lagunes et d'étangs frôlant la Méditerranée. L'**étang de Mauguio** a des accents de Camargue (envols de flamants roses, aigrettes ou hérons cendrés et manades plus loin dans les terres, vers la ville de Mauguio aux fortes traditions espagnoles). Baignade facile à **Carnon-Plage** : sept kilomètres de sable fin s'allongeant entre mer et étang. **Palavas-les-Flots** borde l'**étang de Vic**. Cet ancien village de pêcheurs bondé en été reste attachant dans le vieux Palavas et son port de pêche où continuent de s'approvisionner les Montpelliérains qui firent de la station balnéaire leur plage attitrée au début du XXe siècle (le caricaturiste Albert Dubout, qui a ici son musée dans le fortin de Ballestras les croqua avec un humour piquant).
L'**étang de Thau** est le plus grand. Sur les rives azur de cette mer intérieure se logent de petits ports de pêche et de plaisance, **Bouzigue**, **Mèze**, **Loupian**, **Frontignan** ou **Marseillan**. «Jardin de la mer», comme on le surnomme parfois, Thau accorde aux hommes, crabes, calmars et poulpes, et des coquillages à foison comme les moules et huîtres réputées de Bouzigues. A assortir à un picpoul de pinet, vin blanc sec des environs qui se marie avec la cuisine typique du bassin, telle la tielle (tourte relevée au poulpe et à la sauce tomate) ou la bourride (sorte de bouillabaisse liée à l'aïoli).
Au-delà de Marseillan-Plage, point d'étang mais des kilomètres de littoral et leurs stations balnéaires attenantes, plus ou moins intimistes, qui ont leur pendant préservé logé en retrait dans les terres (ainsi des villages de Portiragnes-Plage et Portiragnes, Sérignan-Plage et Sérignan ou Vias-Plage et Vias). Blockbuster des sables, le **Cap-d'Agde** est la première destination touristique française (huit ports de plaisance, une «Ile des loisirs» - îlot de discothèques -, un parc aquatique géant) sur fond de falaises de basalte, de plage de sa-

LE CARNET DE VOYAGE

Les premiers contacts
Comité départemental de tourisme, Maison du tourisme, av. des Moulins, 34184 Montpellier cedex 4, 04.67.67.71.71. www.herault-tourisme.com

La population
Un million d'habitants. Préfecture : Montpellier.

Les fêtes
Février : fête du Mimosa (Roquebrun), carnaval des Pailhasses à Cournonterral (courses-poursuites, le mercredi des Cendres), sortie des animaux totémiques (le poulain à Pézenas le mardi Gras ; le chameau à Béziers en avril ; l'âne à Gignac en mai ; le boeuf à Mèze et le loup à Loupian en août...).
Juin : festival de Musique (cathédrale de Maguelone), Printemps des comédiens (Montpellier), Romeria à Mauguio (corridas, festivités d'origine andalouse).
Juillet-août : saison musicale de l'abbaye de Gellone (chants sacrés, musique classique).
Août : fête de l'Huître et de l'Etang de Thau (Bouzigues).
Octobre : Internationales de la Guitare (Montpellier), courses camarguaises, lâchers de taureaux dans la rue (les dimanches de Pâques à octobre en Petite-Camargue, à Lunel, Marsillargues, Mauguio, Lansargues...), joutes languedociennes (tournois sur barques) à Sète mais aussi du printemps à la fin de l'été à Mèze, Agde, Frontignan, Béziers, Palavas-les-Flots et Marseillan.

Les produits locaux
- Huîtres de Bouzigues, pélardon (petit fromage de chèvre), olives (lucque, picholine) et huile d'olive.
- Charcuterie de La Salvetat-sur-Agoût, pâtés de Pézenas et Béziers (petits cylindres de pâte au cédrat confit et agneau), encornets farcis à la sétoise (mélange de chair à saucisse, tomates et herbes).
- Zézettes de Sète (croquants parfumés au vin rosé), eau pétillante de Salvetat.
- Vins (rouges AOC faugères, saint-chinian et minervois ; blancs clairette du Languedoc et picpoul de pinet ; muscat de Frontignan et de Lunel ; rouges, rosés et blancs AOC du Minervois...), Noilly Prat (vermouth de Marseillan).

Site pittoresque de la plaine héraultaise, Béziers est une cité vigneronne. Son Pont-Vieux du Moyen Âge, enjambe l'Orb.

ble noir et d'immeubles colorés. La station est également réputée pour être l'un des plus grands domaines naturistes du monde.

Les monuments

L'**oppidum d'Ensérune**, à une quinzaine de kilomètres de Béziers, s'élève à 120 mètres de hauteur au flanc d'une colline. Sur ses pentes, il conte six siècles d'habitat pré-romain : maisons de pierre sèche, chaussées pavées, nécropole, du VIe siècle avant J.-C. au Ier siècle après. A compléter par la visite du Musée archéologique.

La **villa gallo-romaine Loupian** (IIe-Ve siècle après J.-C.), près du bassin de Thau, était une riche propriété agricole et viticole. De son très lucratif commerce demeurent de substantiels vestiges (chai et ses jarres à vin, four de potier et de rares mosaïques en lignes ou en courbes nées d'une double influence aquitaine et syrienne).

Inscrite au Patrimoine mondial de l'Unesco au titre des chemins de Compostelle, l'**abbaye de Gellone** (XI-XIIe siècles) est un trésor de l'art roman languedocien. On y vénéra une relique de la Sainte-Croix (toujours conservée) et la sépulture de Guillaume, comte de Toulouse et cousin de Charlemagne, qui, deux siècles plus tôt, avait fondé un couvent dans ce petit val désolé fermé par les falaises du cirque de l'Infernet. En sa mémoire, le lieu fut baptisé **Saint-Guilhem-le-Désert**. Se perdre absolument dans les ruelles médiévales du village voisin qui a pris ce nom mystérieux. Autres merveilles d'art sacré : l'abbaye de Valmagne (art roman et gothique) avec son église devenue chai à la Révolution (foudres immenses et croix en cèpe de vigne), son cloître, son jardin de simples ; l'épure des prieurés **Saint-Michel-de-Grandmont** et **Sainte-Marie-de-Cassan**.

La **cathédrale Saint-Pierre** est établie sur le petit îlot rond de la Maguelone,

Formé par un ancien méandre de la rivière Vis, le cirque naturel de Navacelles, cadre grandiose pour des randonnées.

sur l'étang de l'Arnel. Ses chapelles, et son cloître joliment préservés se tiennent groupés au cœur d'un bosquet de pins parasols, de cèdres et d'eucalyptus : charmant.

Le **canal du Midi**, projet colossal imaginé par l'ingénieur natif de Béziers Pierre-Paul Riquet, permit dès 1681 de relier la Méditerranée à l'Atlantique, de Sète à Toulouse (avec prolongement par le canal latéral à la Garonne). Pour y parvenir, des ouvrages originaux furent conçus (les écluses aux huit bassins de Fontsérannes, l'écluse ronde d'Agde ou le pont-canal de Béziers sont parmi les plus remarquables en Hérault). Aujourd'hui, la vocation de cette voie d'eau magique, inscrite au Patrimoine mondial de l'Unesco, est exclusivement touristique. On la suit ainsi à bord d'une coche d'eau, à pied ou à vélo sur les anciens chemins de halage agréablement bordés de platanes, de saules, de pins parasols et de vignes.

Les villages

Comme **Olargues**, **Minerve** est un minuscule village médiéval perché sur un promontoire dont il suit les contours à la perfection. Autour, le vide de ravins géants creusés autrefois par deux rivières en contrebas. Assiégé en 1210 parce qu'il abritait des Cathares, il ne se visite qu'à pied (église romane Saint-Etienne dont le maître-autel est l'un des plus anciens d'Europe (Ve siècle après J.-C.), musée Hurepel qui raconte en santons l'épopée des Cathares occitans).

Le village de **Roquebrun** se déploie sur un coteau plongeant dans la rivière Orb (baignade sur une plage en contrebas). Choyant celui que l'on surnomme le « Petit Nice », un climat chaleureux fait s'épanouir ici orangers et mimosas (à voir en fleurs et embaumant au printemps). Se promener dans le riche Jardin méditerranéen et dans les ruelles aux hautes maisons à arcades pavées de galets.

Boussagues, dans le Haut-Languedoc, est l'un des villages médiévaux les mieux préservés (église romane Sainte-Marie à la tour carrée, vestiges poétiques de l'église gothique de la Trinité, maison seigneuriale Renaissance dite du Bailli...). Une séduisante remontée dans le temps.

Les **villages circulaires** sont caractéristiques du Languedoc de l'An Mil, ils présentent une organisation originale de rues s'enroulant autour de l'église ou du château. Cessenon-sur-Orb, Saint-Geniès-de-Fontedit, Murviel-lès-Béziers, Neffies et aussi Puisserguier sont de ceux-là.

Les villes

Montpellier la sudiste vit sur ses nombreuses places et placettes que l'on prend plaisir à parcourir à pied, notamment en son centre presque exclusivement piéton. Détruit au XVIe siècle, il ne reste du patrimoine religieux antérieur que la cathédrale

L'oppidum romain d'Ensérune (VIe siècle avant J.-C.) surplombe l'étang de Montady.

Saint-Pierre largement «retouchée». Demeurent en revanche des hôtels particuliers des XVIIe et XVIIIe siècles aux cours et escaliers superbement ornementés, notamment rue du Cannau. Dans le vieux Montpellier, découvrir la place royale du Peyrou, la bucolique place de la Canourgue et celle de la Comédie, vaste cœur de la cité orné de sa fontaine des Trois-Grâces. Et aussi le riche Musée languedocien (installé dans l'ancien hôtel des Trésoriers de France), le musée Fabre (collections d'œuvres du XVe au XXIe siècles) et le très beau jardin des Plantes (classé Monument historique, c'est le plus ancien jardin botanique de France).

Aborder **Béziers** par le Pont-Vieux médiéval qui traverse l'Orb pour découvrir la massive cathédrale Saint-Nazaire sur sa colline et la vieille ville nichée à ses pieds. Tout autour les vignes d'une cité que le vin a enrichie (domaines viticoles et leurs châteaux d'apparat du XIXe siècle aux environs). Se promener dans ses ruelles sinueuses, dans les allées Paul-Riquet (beau marché aux fleurs du vendredi et 3e mi-temps des matches de rugby fêtée là par les supporters) et au plateau des Poètes (calme jardin à l'anglaise). Découvrir encore le musée des Beaux-Arts et les arènes animées en août par une féria mouvementée (corridas avec mise à mort du taureau tandis qu'en Petite-Camargue, vers Montpellier, les rasetteurs des courses camarguaises «jouent» à décrocher une cocarde des cornes de l'animal).

A **Sète**, comme sur tout le littoral languedocien, on s'amuse à des joutes nautiques. Le principe : désarçonner avec une lance son adversaire se tenant lui aussi sur la plate-forme d'une barque à dix rameurs. Entre étang de Thau et mer Méditerranée, la cité profondément méridionale a du caractère : à la Pointe-Courte, le village des pêcheurs en bordure d'étang ; le long du canal Royal (lieu des joutes) aux quais bordés d'hôtels particuliers du XIXe siècle, ou encore dans son joyeux MIAM (musée international des Arts modestes, bric-à-brac d'objets du quotidien) ou son inventif CRAC (centre régional d'art contemporain). Sans oublier les espaces rendant hommage à Georges Brassens et Paul Valéry, deux illustres enfants sétois.

Autres villes d'intérêt : **Pézenas** au riche patrimoine des XVIIe et XVIIIe siècles (rue de la Foire). Des artisans d'art ont élu domicile dans la ville natale du chanteur Boby Lapointe, également lieu de multiples séjours de Molière.

Et puis **Agde** habillée de noir basalte (sur sa cathédrale fortifiée du XIIe siècle, sa mairie, ses hôtels particuliers Renaissance) et **Lodève** (cathédrale gothique Saint-Fulcran et son cloître, manufacture de la savonnerie de Paris qui perpétue la belle tradition du tissage de tapis). ■

LES SUGGESTIONS GEO

■ **Découverte :** canal du Midi à bord d'un bateau maison d'hôte ; «Balades vigneronnes» dans le Haut-Languedoc (accompagnées par des viticulteurs).

■ **Aventure :** randonnée souterraine dans la grotte de Labeil ; kitesurf (surf tracté par une voile volante) sur l'étang d'Ingril, le spot de référence.

■ **Insolite :** parc des Dinosaures à Mèze (l'un des plus grands gisements d'œufs de dinosaures d'Europe) ; serre amazonienne du zoo du Lunaret à Montpellier (orage tropical, grotte aux chauve-souris, mangrove aux caïmans...).

LES CONSEILS GEO

▶ Les plus

Une grande diversité d'intérêts, un riche patrimoine bâti remontant à la préhistoire, une nature plurielle (le choix entre vallées, montagnes, grottes et plages), le canal du Midi pour la croisière, une forte tradition taurine, viticole et festive.

▶ Les moins

De forts encombrements en été sur les plages et sites touristiques du département.

▶ Les recommandations

Choisir le début de matinée pour les visites des petits villages perchés aux parkings menus et à la voie d'accès parfois unique, et éviter ainsi la foule.

Lozère

Délimitant les gorges de la Jonte, les falaises de calcaire se font face, immuables.

Appréciée pour la beauté de ses paysages, la Lozère est la destination rêvée de ceux qui souhaitent se ressourcer au sein d'une nature authentique. Naturellement protégées par leurs reliefs, ces hautes terres du Languedoc-Roussillon, nous invitent à un voyage hors du temps, riche en circuits pittoresques.

Les paysages

La géologie délimite quatre régions naturelles. Aux confins ouest du département, l'**Aubrac** est un immense plateau balsatique ponctué de rivières et de lacs (Born, Salhiens, Souveyrols, Saint-Andéol). Ces pâturages d'altitude entourés de murets en pierre constituent le garde-manger des vaches de race Aubrac. Son point culminant est le signal de Mailhebiau (1 469 m). Au nord-est, en **Margeride**, s'étendent des landes et prairies parsemées de roches granitiques, des forêts de hêtres et conifères et des lacs (Naussac, Charpal), avec le Truc de Fortunio pour pic (1 552 m).
Les **grands causses du Sauveterre** et du **Méjean**, vastes plateaux calcaires

QUE VOIR, QUE FAIRE EN LOZERE ?

Les paysages
- Aubrac, Margeride, chemin de Compostelle
- Causses du Sauveterre et du Méjean
- Gorges du Tarn et de la Jonte, vallée du Lot
- Mont Lozère, parc national des Cévennes, chemin de Stevenson

Les monuments, les villes et les villages
- Château de la Baume, remparts du Villard
- Cham des Bondons, mausolée de Lanuéjols
- Temples (Vialas, Collet de Dèze), églises (Ispagnac, Nasbinals)
- Mende, Florac, Le Pont-de-Montvert
- Villages (Sainte-Enimie, La Garde-Guérin)

Les activités
- Randonnée équestre, ski alpin et nordique (Aubrac, Margeride, mont Lozère)
- Sports nautiques (lacs), canoë-kayak (gorges du Tarn et de la Jonte)
- Spéléologie et escalade (Causses, falaises de la Jonte, gorges du Tarn)

Silence minéral sur le lac Saint-Andréol au lever du soleil, dans les monts d'Aubrac.

d'environ 1 000 mètres d'altitude, creusés d'avens et de grottes, couverts de buis, genévriers et chardons, sont le royaume des brebis. Ils sont entaillés par les **gorges du Tarn** et de **la Jonte** formant avec la vallée du Lot, plus au nord, un vaste territoire réputé pour ses paysages grandioses.

Au sud-est, se trouvent les **Cévennes**, chaîne schisteuse située entre le mont Aigoual et le mont Lozère dont le col de Finiels culmine à 1 699 mètres. Avec ses enfilades de vallées sillonnées de petites routes, ses terrasses cultivées plantées de châtaigniers, ses landes de genêts et de bruyères, ses gardons aux eaux vives, ses mas et hameaux accrochés à la montagne, son climat quasi méditerranéen, les Cévennes font figure d'Eldorado.

Les randonnées

Où que l'on soit en Lozère, l'espace règne en maître : randonneurs chevronnés ou simples promeneurs auront l'impression de se retrouver au bout du monde. L'Aubrac est traversé par le **chemin médiéval de Saint-Jacques-de-Compostelle**, sur une portion allant du Puy-en-Velay à Conques, et la Margeride par le chemin de Régordane ou chemin de Saint-Gilles, reliant l'Auvergne au Midi. Les Grands Causses et leurs gorges nous invitent à découvrir des panoramas et des sites magnifiques : Belvédère des Vautours (gorges de la Jonte), grottes de l'Aven Armand, roc des Hourtous (causse Méjean), Point Sublime (causse Sauveterre), grottes de Dargilan (causse Noir). Pour explorer les gorges du Tarn de l'intérieur, les bateliers de La Malène conduisent les touristes jusqu'au très fameux cirque des Baumes.

Le **parc national des Cévennes**, seul parc habité en France, situé à 80 % en Lozère, préserve un patrimoine naturel, paysager et culturel, reconnu comme exceptionnel. Sillonné de chemins de randonnée, il permet de découvrir des sites légendaires. Le mythique **chemin de Stevenson** que l'écrivain écossais parcourut avec son âne en 1878 relie le Monastier, en Haute-Loire, à Saint-Jean-du-Gard, en traversant les Cévennes.

Les activités

En dehors de la randonnée pédestre, la Lozère se prête à de nombreux loisirs sportifs. Bon terrain d'entraînement pour les chevaux d'endurance, le pays est parfaitement adapté à la randonnée équestre (Cévennes, **Causse**, **Aubrac**). Les lacs paisibles (Naussac, Villefort, Aubrac…) et les rivières - parfois tumultueuses - qui courent dans les **gorges du Tarn et de la Jonte** sont prétextes à une foule

L'Eldorado de verdure du *Voyage avec un âne dans les Cévennes* de Stevenson.

d'activités aquatiques (voile, planche, canotage, canoë-kayak, rafting, canyoning). Les pêcheurs peuvent assouvir leur passion dans le Tarn, le Tarnon, la Mimente, les gardons cévenols ou l'étang de Barrandon.

La spéléologie s'exerce aussi à l'aven Armand et Dargilan tandis que l'escalade fait des adeptes dans les gorges de la Jonte et du Tarn (site des Baumes). Autres sources de sensations fortes : le parapente à pratiquer en bordure des causses (Chanet) ou au mont Bougès ainsi que les sports mécaniques (4 x 4, moto ou quad). Sur le plancher des vaches, on peut s'adonner au golf, en **Margeride** (lac de Naussac), dans la **vallée du Lot** (La Canourgue) et au pied du mont Lozère (Villefort, La Garde-Guérin). Ou faire du ski alpin sur la Margeride (Les Bouviers, Laubert-Plateau-du-Roy), l'Aubrac (Nasbinals, col de Bonnecombe), le **mont Lozère** (Le Bleymard, Mas de la Barque). Alternatives : ski nordique, randonnées en raquettes, promenades en traîneaux à chiens.

LE CARNET DE VOYAGE

Les premiers contacts
Comité départemental du tourisme de la Lozère, 14, bd Henri Bourrillon, 48000 Mende, 04.66.65.60.00. www.lozere-tourisme.com

La population
74542 habitants (14,5 hab/km^2). Préfecture : Mende.

Les fêtes
Janvier : festival Contes et Rencontres (spectacle itinérant).
Avril : Printemps de l'Accordéon (foyers ruraux), foire aux Célibataires (La Canourgue).
Mai : fête de la Transhumance (Aubrac), drailles de Lozère (week-end de la Pentecôte).
Juillet : festival Détours du Monde (Chanac).
Août : foire à la bouffe (Saint-Chély-d'Apcher).
Septembre : foire de la Saint-Michel (Meyrues).
Octobre-novembre : festival de la soupe de Florac (spectacles de rue), Gonflé au Jazz à Ispagnac, La Dégelée Rabelais à Bagnols-les-Bains (manifestation d'art contemporain).
Novembre : festival de la Randonnée en Cévennes (thème «Ecrivains et récits cévenols» dans 30 communes).

Les produits locaux
- Bajana (soupe de châtaignes), châtaignes, miels de crus (châtaignier des Cévennes, bruyère callune de l'Aubrac), fouace (brioche), champignons.
- Fromages AOC (pélardon des Cévennes, bleu des Causses, roquefort).
- Viandes labellisées (Agneau de Lozère, Génisse fleur d'Aubrac), aligot, saucisse à l'herbe, fricandeau.

L'artisanat
Objets en pierre, lauze, étain et bois de châtaignier, coutellerie, soie cévennole, laine tissée, paniers.

Les monuments

Châteaux, citadelles et nombreux vestiges témoignent de l'influence des baronnies du Moyen Age (châteaux de **La Baume**, Florac, Miral, Luc, Tournel, Saint-Alban, Cougoussac). Dominant la vallée du Lot, **Le Villard** forme un ensemble caractéristique de forteresse épiscopale. Accroché aux falaises du causse, Castelbouc est un village troglodyte surplombant un magnifique château en ruines.

Plusieurs sites préhistoriques datant de l'âge du cuivre avec dolmens, menhirs et tumulus sont visibles, notamment sur le causse du Sauveterre. Au pied du mont Lozère, le **Cham des Bondons**, avec ses 154 menhirs, est la deuxième concentration de monuments mégalithiques en Europe.

L'époque romaine a également laissé d'innombrables traces en Lozère. Edifié dans le calcaire du Causse, le **mausolée gallo-romain de Lanuéjols** est le second monument funéraire romain en France, après celui de Saint-Rémy-de-Provence.

A l'image des guerres de religion qui ont divisé le pays au début du XVIIIe siècle, les édifices religieux sont de deux types : catholique au nord et protestant au sud. Seuls les **temples du Vialas et du Collet de Dèze** sont antérieurs à la révocation de l'édit de Nantes et ont échappé aux tumultes des batailles, les autres sont de construction plus récente. Les églises romanes, qui ont été érigées principalement le long des deux grands chemins de pèlerinage pour y accueillir les pèlerins, sont d'influence provençale (**Ispagnac**) ou de style auvergnat (**Nasbinals**).

Les villes et les villages

Peu de grandes villes en Lozère mais plutôt des villages plus ou moins imposants, des hameaux et des maisons isolées, dispersées au gré des reliefs dont certaines offrent un témoignage

Saillie de la surface du causse Méjean, le chaos de Nîmes-le-Vieux est un site ruiniforme hérissé de rocs dolomitiques.

des activités passées (burons de l'Aubrac, bergeries voûtées du Causse, grandes fermes de la Margeride, magnaneries des Cévennes). Toutes ont été bâties avec des matériaux issus du sol et selon une architecture qui se fond dans le paysage. **Mende**, avec ses toits de lauze en écaille, ses vieilles rues et sa cathédrale gothique, est classée «ville d'art». **Florac**, avec son esplanade, son château et sa source du Pêcher, s'étale au pied du causse Méjan. En été, cette charmante bourgade appréciée pour son esprit cévenol s'anime et attire les foules.

Le **Pont-de-Monvert**, aux portes du mont Lozère et des Cévennes, est connu pour son passé historique : c'est de là que démarra la guerre des Camisards après l'assassinat du curé du Chayla. Il séduit encore par ses maisons en granit et son pont gothique surplombant le Tarn. Autres villages très pittoresques de Lozère : Nasbinals (Aubrac), Fournels et le Malzieu (Margeride), Meyrueis et Saint-Chély-du-Tarn (gorges du Tarn), La Canourgue (vallée du Lot) ou Saint-Germain-de-Calberte (au sud des Cévennes).

Sont classés «plus beaux villages de France» : **Sainte-Enimie**, dans les gorges du Tarn, dont les rues sont pavées en galets de rivière et **La Garde-Guérin**, au nord des Cévennes, remarquable par sa jolie chapelle romane et ses maisons médiévales. ■

LES SUGGESTIONS GEO

- **Découverte :** parcs de découverte ludique et artistique (vallon du Villaret, Utopix à Champerboux) ; écomusées du mont Lozère (Pont-de-Montvert) et du Cévenol (Sainte-Croix-Vallée-Française) ; ferme caussenarde d'autrefois (Hyelzas).
- **Aventure :** Mimat'Aventures, un beau parcours acrobatique dans les arbres (Mende).
- **Insolite :** parcs animaliers des bisons d'Europe (Sainte-Eulalie), des loups du Gévaudan (Sainte-Lucie) et du Belvédère des Vautours (Saint-Pierre des Tripiers).

LES CONSEILS GEO

▶ Les plus

Une nature sauvage et préservée, de l'air pur (pas de grosses industries), des traditions culturelles très présentes, une multitude d'offres de toits et de couverts : la Lozère est le cadre idéal pour se ressourcer, se dépenser, s'enrichir et goûter à des séjours intimistes.

▶ Les moins

Le réseau ferroviaire est quasiment inexistant. Il est indispensable d'avoir une voiture pour circuler aux alentours de son point de chute.

▶ Les recommandations

Pour randonner léger dans les montagnes cévenoles, la location d'un âne de bât qui porte les bagages permet de joindre l'utile à l'agréable.

▶ Les tendances

Dans un cadre de charme, la Lozère développe des formules de séjours et de stages thématiques autour de la découverte de la nature, des savoir-faire traditionnels ainsi que de la création artistique.

Pyrénées-Orientales

QUE VOIR, QUE FAIRE EN PYRÉNÉES-ORIENTALES ?

Les côtes
- Canet-en-Roussillon, Saint-Cyprien, Argelès-sur-Mer
- Côte Vermeille (Collioure, Banyuls, Port-Vendres)

Les villes et les villages
- Perpignan (Castillet, palais des rois de Majorque, Casa Xanxo, place Arago)
- Villefranche-de-Conflent (cité médiévale, remparts)
- Mont-Louis (Unesco)
- Abbayes (Saint-Martin du Canigou, Saint-Michel de Cuxa)

Le patrimoine naturel
- Bains romains (Dorres)
- Trois Grottes, Tautavel, orgues d'Ille-sur-Têt

Les activités
- Ski (Cerdagne-Puigmal 2900, Formiguères, Les Angles, Font-Romeun, Porté-Puymorens)
- Parc naturel régional des Pyrénées catalanes (randonnée)
- Lac de Matemale (baignade, kayak, planche à voile)

La Méditerranée d'un côté, la haute montagne de l'autre. Un soleil généreux, qui brille sur le littoral plus de 320 jours par an. Une identité bien trempée, une joie de vivre contagieuse. Voici les Pyrénées-Orientales, où les vacances sont quotidiennement de saison, en Languedoc-Roussillon.

Les côtes

Les Pyrénées-Orientales sont baignées par la Méditerranée. Les plages de sable, deux fois plus étendues que la côte rocheuse, se prêtent à merveille aux plaisirs balnéaires. Sous un ciel au beau fixe presque toute l'année. La plage de Perpignan, **Canet-en-Roussillon**, offre ainsi plus de 320 jours de soleil par an. Ce climat s'accompagnant de températures clémentes, on peut en principe s'adonner d'avril à octobre à la baignade et aux sports nautiques. A seulement quelques kilomètres au sud, **Saint-Cyprien** accueille les familles dans une ambiance conviviale qui plaira beaucoup aux plus jeunes. Toboggans aquatiques, piscine à vagues, minigolf, promenades à dos de poney, animations et spectacles dédiés font de la station un lieu où les enfants s'amusent, et où les parents peuvent se reposer, rassurés par la qualité des prestations et des hébergements. Station voisine de Saint-Cyprien, **Argelès-sur-Mer** offre tous les plaisirs de la Grande Bleue, le long d'une plage de 7 kilomètres, au sable nettoyé quotidiennement. On se baigne en toute sécurité, dans une eau transparente, distinguée pour sa grande qualité par le Pavillon bleu, label européen.
Le littoral des Pyrénées-Orientales devient ensuite rocheux au niveau de Collioure, Port-Vendres, Banyuls et Cerbère : c'est la fameuse **Côte Vermeille**. Les derniers reliefs adoucis de la chaîne des Pyrénées s'enfoncent dans la Méditerranée, dissimulant dans leurs replis des criques préservées. A **Collioure**, on vit en bord de mer, mais on s'intéresse aussi à l'art. La ville est célèbre pour avoir séduit Matisse, Picasso ou Dali. Pour découvrir la cité sous le regard des peintres, il suffit de suivre le chemin du fauvisme, jalonné de reproductions célèbres, installées aux endroits où les artistes plantèrent autrefois leur chevalet. En front de mer, s'élève

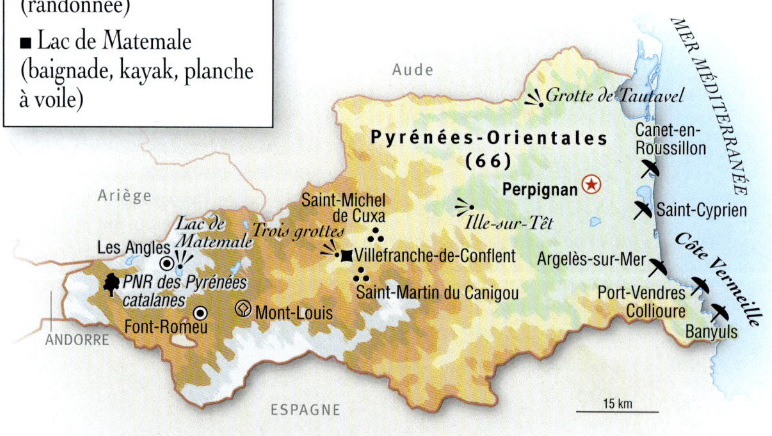

Sur la Côte Vermeille, l'ancien village de pêcheurs d'anchois de Collioure et sa tour de guet transformée en clocher d'église.

la silhouette massive du château Royal, dont le donjon remonte au XIIIe siècle. Ce château aux allures de forteresse jouait un rôle défensif. Au XVIIe siècle, son enceinte fut construite par l'architecte Vauban.
A **Port-Vendres**, on continue à pêcher la sardine selon la tradition, mais une marina accueille également les plaisanciers. Entre ville et nature, des criques de sable et de galets permettent de se baigner loin de la foule.
Au large de Port-Vendres, se situe la réserve marine de Cerbère-Banyuls. En juillet-août, un sentier sous-marin (à explorer avec palmes, masque et tuba) permet de découvrir corail rouge, roussettes ou mérous, qui sont au nombre des espèces se plaisant dans ce milieu protégé.
A **Banyuls**, on cultive un certain art de vivre. Ici, les spécialités catalanes se dégustent volontiers avec un verre de vin de Banyuls, dont les raisins mûrissent sur les coteaux ensoleillés. On se souvient aussi d'un enfant du pays, Aristide Maillol, peintre et sculpteur au tournant du XXe siècle. Sa maison, située dans la vallée de la Roume, est devenue un musée abritant de nombreux témoignages sur la vie et la création de l'artiste.

Les villes et les villages

Perpignan, la ville à l'accent chantant, témoigne d'un riche passé à travers ses nombreux monuments historiques. On y repère vite une tour en forme de donjon : c'est le **Castillet**. Construit au XIVe siècle, il servit de prison mais accueille aujourd'hui le musée des Arts et Traditions populaires. A visiter pour découvrir comment on vivait autrefois dans la région. Vaste bastion défensif, la citadelle abrite le **palais des rois de Majorque**, dont les premières pierres furent posées à la fin du XIIIe siècle. Plus modeste, mais surprenante, la **Casa Xanxo** est la demeure d'un marchand du XVIe siècle. On s'attardera ensuite sur la **place Arago**, verdoyante et fleurie, aux agréables terrasses de cafés ombragées par des parasols.
Dans l'arrière-pays, fleurissent les villages juchés sur des promontoires, certains affiliés à l'association des «plus beaux villages de France» : Eus, Evol, Mosset, Castelnou. Ainsi que la cité de **Villefranche-de-Conflent**. Situé à l'entrée de la vallée conduisant au mont Canigou, ce **bourg médiéval** jouait un rôle stratégique. Il fallait donc en assurer sa défense par une forte enceinte : on confia ce soin à Vauban. Les nouvelles **fortifications**, préservées, sont aujourd'hui classées au Patrimoine mondial de l'Unesco. Leur visite permet d'admirer le panorama, composé de montagnes et de forêts, qui entoure la ville. Serrées à l'intérieur des remparts, les maisons longent des rues au tracé ancien. Façades en pierres, porches fleuris, petites boutiques d'artisanat incitent à s'attarder dans Villefranche-de-Conflent. Avant de prendre le Train Jaune, desserte régionale ralliant La-Tour-de-Carol en passant par Mont-Louis et Font-Romeu. Le trajet, 63 kilomètres en tout, est spectaculaire. Le train longe des parois rocheuses, enjambe des gouffres et se faufile dans des tunnels, réussissant ainsi à

LE CARNET DE VOYAGE

Les premiers contacts
Comité départemental du tourisme des Pyrénées-Orientales, 16, av. des Palmiers, BP 80540, 66005 Perpignan Cedex, 04.68.51.52.53. www.pyreneesorientalestourisme.com

La population
426 000 habitants. Préfecture : Perpignan.

Les fêtes
Février : fête de l'Ours (Prats-de-Mollo).
Fin mai-début juin : fête de la Cerise (Céret).
Mars-avril : fêtes de Pâques (dans tout le département).
Fin juin : fête de la Saint-Jean (dans le département).
Juillet : festival de musique Les Déferlantes (à Argelès-sur-Mer).
Juillet-août : festival Pablo Casals (musique de chambre, à Prades).
Septembre : festival de photojournalisme Visa pour l'Image (Perpignan).
Novembre-décembre : fête du Muscat de Noël (Rivesaltes).

Les produits locaux
- Botifarre (boudin blanc ou noir), saucisse et saucisson catalans.
- Tomme des Pyrénées (fromage au lait cru).
- Abricot et pêche du Roussillon, cerise de Céret, poire de Conflent.
- Crème catalane, touron (nougat), panellets (biscuits aux amandes), rousquilles (biscuits enrobés d'un glaçage au sucre).
- Vins de Collioure, côtes-du-roussillon, banyuls, muscat de Rivesaltes.

L'artisanat
Espadrille Vigatana, croix Badine (or et grenat), vêtements, linge de maison et sacs en tissu catalan, cannes en bois de micocoulier.

Fondée au Xe siècle à 1 000 mètres d'altitude, l'abbaye Saint-Martin sur le piton rocheux du Canigou, à Casteil.

traverser le paysage accidenté, et hautement pittoresque, de la Cerdagne. On s'arrêtera à **Mont-Louis**, cité-forteresse bâtie par Vauban et nommée ainsi en l'honneur du roi Louis XIV, commanditaire des travaux. Le hameau qui se trouvait à l'emplacement de Mont-Louis devint une citadelle imprenable, préservée jusqu'à nos jours, et qui est désormais inscrite au patrimoine mondial de l'Unesco. Plus haut, les sublimes **abbayes de Saint-Martin du Canigou** et **Saint-Michel de Cuxa** (prononcer Coucha) sont des joyaux de l'art pré-roman, l'un tutoyant le Canigou (au petit village de Casteil), l'autre à ses pieds (sur la commune de Codalet). Ne les manquer sous aucun prétexte. Leur accès peut sembler long mais ces sites faisant littéralement corps avec le paysage sont d'une beauté impériale et d'un intérêt architectural rare.

Le patrimoine naturel

Les Pyrénées-Orientales sont couronnées de hautes montagnes : le point culminant du département, le pic Carlit, s'élève à 2 921 mètres ; le mont Canigou le suit de près, avec son sommet situé à 2 784 mètres. L'érosion et la géothermie ont façonné ces fiers paysages, créant ici des grottes, là des bassins de sources chaudes. A **Dorres**, en Cerdagne, à près de 1 500 mètres d'altitude, une source jaillit naturellement à la température de 42°C. Connue depuis l'Antiquité, elle alimentait en eau chaude les habitations, ainsi que des thermes. Aujourd'hui, la source remplit des bassins à l'air libre, appelés **bains romains**, en raison de la forme ancienne de certains d'entre eux. On peut s'y baigner, en hiver comme en été. Riche en minéraux, l'eau de Dorres permet d'apaiser courbatures et rhumatismes. De très bénéfiques sources chaudes se trouvent également à Llo et à Saint-Thomas-les-Bains. En se frayant un passage dans

Les étranges constructions rocheuses érodées des orgues d'Ille-sur-Têt, avec le massif du Canigou en arrière-plan.

le sous-sol, l'eau crée des grottes. On ira voir les **Trois Grottes**, regroupant les Grandes Canalettes, la Cova Bastera et les Canalettes. Celles-ci se situent dans le voisinage immédiat de Villefranche-de-Conflent. Les Grandes Canalettes et les Canalettes présentent des ensembles impressionnants de stalactites et de stalagmites, tandis que la Cova Bastera servait de domicile aux hommes de la Préhistoire. Autre lieu d'habitat de nos lointains ancêtres, la grotte de **Tautavel**, appelée plus précisément Caune de l'Arago. Elle doit sa célébrité à la découverte du crâne d'un homme qui aurait vécu à cet endroit il y a plus de 450 000 ans. C'est celui de Tautavel, qui ne maîtrisait pas encore le feu, mais chassait pour se nourrir. Deux musées présentent ici la vie de ces tout premiers hommes. Le musée de la Préhistoire se centre sur l'homme de Tautavel, évoquant l'existence des tribus de cette époque grâce aux ossements et outils découverts lors des fouilles, mais aussi à des reconstitutions de scènes de la vie quotidienne. Le musée des Premiers Habitants de l'Europe présente, quant à lui, nos ancêtres européens.

Au titre des curiosités géologiques, il faut aller voir les étranges **orgues d'Ille-sur-Têt**, sculptées à l'époque tertaire lors du soulèvement des Pyrénées par la rivière Têt qui termine sa course dans la mer. Avec le massif du Canigou en arrière-plan, ces fines constructions rocheuses érodées sont d'une beauté troublante. A 30 kilomètres à l'ouest de Perpignan, elles offrent un décor surréaliste de cheminées. Un cadre fragile, en perpétuel changement, lié à l'érosion due au vent et à l'eau de pluie.

Les activités

Département privilégié pour son vaste **domaine skiable**, les Pyrénées-Orientales comptent une dizaine de stations, qui totalisent 275 kilomètres de pistes. Un forfait de ski «Les neiges catalanes» permet de varier les plaisirs de la glisse, en offrant l'accès à plusieurs domaines, pour l'ensemble de la saison hivernale. Ski de descente, ski de fond, surf, traîneau à

Dans le parc naturel régional des Pyrénées catalanes, la station de Font-Romeu.

chiens ou randonnée en raquette sont proposés en station. Si l'on vient skier tous ensemble, on dévalera de préférence les pentes des **Angles**. Ce domaine accorde des tarifs spéciaux aux familles. Il dispose également de deux écoles de ski, où les petits peuvent apprendre la glisse à partir de 3 ans. Ceux qui aiment se mesurer aux sommets iront à **Cerdagne-Puigmal 2 900**. Avec ses pistes qui culminent à 2 700 mètres, c'est le plus haut domaine des Pyrénées. Sensations fortes garanties en rejoignant le point de départ des remontées mécaniques. Les amateurs de ski tranquille préféreront le domaine de **Formiguères**, ou celui de **Porté-Puymorens**, entourant un petit village de montagne typique. Sans oublier **Font-Romeu**, où les pistes sont enneigées quelle que soit la météo, grâce à 500 canons à neige. La station abrite également le village d'Odeillo, et juché sur un promontoire, un édifice à la forme insolite : un four solaire, l'un des plus grands au monde.

Lorsque s'achève la saison des sports d'hiver, les montagnes des Pyrénées-Orientales disposent d'autres atouts. Le côté nature s'illustre dans le **parc naturel régional des Pyrénées catalanes**. Celui-ci s'étend sur les hauts plateaux de la Cerdagne et du Capcir, il couvre aussi les sommets crénelés des massifs du Carlit, du Canigou et du Puigmal. Au fil de ses sentiers, dont un de Grande Randonnée (GR10), on apercevra des marmottes, des chevreuils ou des mouflons, on suivra des yeux le vol majestueux de l'aigle royal, du vautour fauve ou du gypaète barbu. On observera aussi les fleurs émaillant les prairies d'altitude : nombre d'entre elles appartiennent aux espèces endémiques du parc.

Serties d'une bonne soixantaine de lacs, les montagnes des Pyrénées-Orientales permettent également de pratiquer la pêche tout en respectant la réglementation, pour en limiter les effets sur l'environnement.

Les amateurs de plaisirs aquatiques en altitude séjourneront sur les rives du **lac de Matemale** (1 600 mètres). Air vivifiant assuré, mais l'été se prête néanmoins à certaines activités comme le kayak ou la planche à voile. On aura vite l'estomac dans les talons. Tant mieux, le département regorge de produits typiques, suprêmes récompenses. ■

LES SUGGESTIONS GEO

- **Découverte :** cité fortifiée (Villefranche-de-Conflent) ; musée de la Préhistoire (Tautavel) ; bains romains (Dorres).
- **Aventure :** karting sur le Grand Circuit du Roussillon (Rivesaltes); conduite d'un attelage de chiens de traîneau (Font-Romeu); vol en planeur (La Llagonne).
- **Insolite :** fours solaires (Odeillo, Mont-Louis) ; «cheminées des fées», roches sculptées par le vent et l'eau (Ille-sur-Têt) ; chemin creusé à même la falaise des gorges de la Carança (Thuès-entre-Valls).

LES CONSEILS GEO

▶ Les plus
Une identité culturelle affirmée, équilibrée entre mer et montagne. Des activités pour toutes les saisons (ski et plage).

▶ Les moins
Quoique très belles, les routes sinueuses en montagne ne facilitent pas les déplacements : prévoir des temps de trajet suffisants.

▶ Les recommandations
En été, penser au chandail pour la haute montagne (entre le niveau de la mer et le mont Canigou, la température diminue de 17°C, pour un dénivelé de près de 2 800 mètres). Un pull sera aussi très utile pour visiter les grottes.

▶ Les tendances
Les Pyrénées-Orientales ont à cœur de préserver leurs traditions. Les fêtes locales sont célébrées avec enthousiasme, les produits locaux garnissent les marchés et les menus des restaurants.
On découvre également ce goût de l'authentique à la ferme, chez les producteurs du réseau Bienvenue à la ferme (visite et dégustation).

Corrèze

Ce département du Limousin dévoile ses reliefs tout en gardant une unité humaine. Que l'on soit amateur de nature, vieilles pierres, savoir-faire ou bons produits, la Corrèze a tout pour nous séduire : de grands espaces, un terroir et des villages pittoresques, des forteresses haut perchées.

L'un des «plus beaux villages de France», Collonges-la-Rouge, bâti en grès écarlate.

Les paysages

La Corrèze possède un sol granitique, gréseux au sud-ouest et calcaire au sud. Les cours d'eau y sont nombreux et la forêt couvre 45 % du département. Au nord, les tourbières et landes à bruyère du **plateau de Millevaches** se prolongent par le massif boisé des **Monédières**. Lieu de partage des eaux, le plateau de Millevaches («mille sources» en celte) est couvert par le parc naturel régional de Millevaches. Du **Suc-au-May** et du mont Bessou (900 mètres d'altitude), on voit les cimes du Massif central. Le pays de Vézère-Auvézère, situé à l'ouest, est un savant mélange de rivières, cascades, collines et vergers ponctué de villages, châteaux, ponts et moulins. Au centre, c'est le pays de Tulle avec ses villages aux toits d'ardoises entourés d'épaisses forêts. A l'est, s'étalent les gorges et vallées de la Dordogne. Au sud, se trouve le pays de Brive, bassin généreux aux cultures maraîchères et fruitières, avec le **Causse corrézien** à la limite du Quercy et, à l'est, des collines de grès rouge.

Les randonnées

Avec un peu plus de 1 000 kilomètres d'itinéraires référencés, la Corrèze fait le bonheur des randonneurs à pied, à cheval, en VTT ou en ski. Des Monédières aux gorges de la Dordogne, les **Transcorréziens** (anciennes voies ferrées aménagées) proposent des itinéraires insolites. Non loin de Meymac, des sentiers de découverte mènent au cœur de la tourbière du Longeyroux. La **Vézère** qui contourne l'éperon rocheux d'Uzerche offre un beau site naturel classé. Les **pans de Travassac** (Donzenac) sont l'occasion de visiter les ardoisières. Dans les vallées de la Corrèze et de Vimbelle,

LE CARNET DE VOYAGE

Les premiers contacts
Comité départemental du tourisme de la Corrèze, 45, Quai Aristide-Briand, 19000 Tulle, 05.55.29.98.78. www.vacances-en-correze.net

La population
232 576 habitants. Préfecture : Tulle.

Les fêtes
Janvier : foire des Rois (Brive-la-Gaillarde).
Mai : fête de la Fraise (Beaulieu-sur-Dordogne).
Juin-septembre : courses hippiques (Pompadour).
Juillet : Brive-Plage et ses festivités.
Août : fête médiévale (Donzenac), Journées artisanales d'art (Meyrac).
Septembre : festival des Nuits de Nacre (Tulle).
Octobre : foire de la Châtaigne et du Marron (Beynat).
Novembre : Foire du Livre (Brive-la-Gaillarde).

Les produits locaux
- Truffes, pomme du Limousin, noix, châtaignes.
- Millassou (galette de pommes de terre rapée, ail, persil, lard), bœuf du Limousin, veau de lait, foie gras.
- Feuille du Limousin (chèvre fermier en forme de feuille).
- Vin paillé (liquoreux rouge ou blanc pour l'apéritif).

L'artisanat
Ardoises (Travassac), poteries (Meyssac), dentelle (Tulle), cabas (Beynat).

QUE VOIR, QUE FAIRE EN CORREZE?

Les paysages et les randonnées

- Plateau de Millevaches, monts des Monédières, Suc-au-May, pans de Travassac, cascades de Gimel, gorges de la Dordogne, orgues basaltiques de Bort-les-Orgues, Causse corrézien
- Randonnée (voies trans-corréziennes), équitation (route des haras de Pompadour à Camps)
- Loisirs nautiques, pêche, canoë (Dordogne, Vézère, Corrèze)
- Ski de fond (Bonnefond, Saint-Setiers)

Les villes et les villages

- Brive-la-Gaillarde, Tulle, Argentat, Pompadour
- Collonges-la-Rouge, Meymac, Ségur-le-Château

LES CONSEILS GEO

▶ Les plus

Avec 125 sites naturels et bâtis inscrits ou classés, la Corrèze conjugue savamment nature et culture. L'accueil y est réputé très chaleureux et jamais démenti.

▶ Les moins

Les pôles touristiques du nord ne sont pas assez valorisés par rapport à ceux du sud, limitrophes avec la Dordogne, grande terre touristique qui attire et capte les foules.

un espace protégé permet d'observer loutres et orchidées. Près de l'étang de Ruffoud, les **cascades de Gimel,** formées par les élans de la Montane, se déployent en trois bonds. Dans les **gorges de la Dordogne**, à **Bort-les-Orgues**, des coulées verticales de laves ont façonné une corniche avec vue sur le lac de Val. Sur le Causse corrézien parsemé d'abris de bergers en pierres sèches, sortes d'igloo (chabanas), se trouve le lac du Causse.

Le patrimoine

Fontaines, puits, moulins, ponts romans et croix de chemin sculptées sont omniprésents. Terre pieuse qui a donné pas moins de trois papes à Avignon, la Corrèze possède un très riche patrimoine religieux qui s'exprime à travers les églises romanes. La forme octogonale de certains clochers est spécifiquement limousine (Aubazine, Meymac, Uzerche, Saint-Robert, Vigeois…). A voir: les vitraux signés Chagall de la chapelle de Saillant et le reliquaire de l'église Saint-Martial à Sainte-Fortunade. Les églises gothiques fortifiées comme celle de Saint-Angel (Millevaches) sont également typiques.

Du Moyen Age, subsistent des châteaux taillés dans le granit ou le grès, où flâne encore l'esprit «troubadour», né en Corrèze au XIIe (Ventadour, Turenne, **Ségur-le-Château**, Comborn, Merle). Les châteaux du XVIe siècle, sont de style Renaissance italienne (Sédières).

La Corrèze est truffée d'ouvrages d'art tel le canal des Moines, du XIIe siècle. Plus contemporains, les viaducs qui enjambent de profondes vallées (Vézère-Corrèze) et toute une série de barrages qui domptent la Dordogne et ses affluents (Bort-les-Orgues, Marèges, l'Aigle, le Sablier ou Chastang).

LES SUGGESTIONS GEO

- **Découverte :** musée du Néandertal (Chapelle-aux-Saints) ; jardins de Colette (Varetz) ; musée de l'Accordéon (Tulle), Grottes de Saint-Antoine de Padoue (Brive-la-Gaillarde).
- **Aventure :** canoë biplace sur la Dordogne (Argentat-Baulieu-Carennac) ; escalade de la coulée (Bort-les-Orgues).
- **Insolite :** gouffre de la Fage où vivent d'importantes colonies de chauves-souris ; croisière en gabare traditionnelle (Beaulieu-sur-Dordogne).

Les villes et les villages

Maisons à pans de bois ou en granite, toits en ardoises ou en lauzes, cités fortifiées sur leur éperon rocheux, petites bourgades lovées près d'une rivière : les villes et villages de caractère ont un passé médiéval ou fluvial. **Tulle**, avec ses maisons hautes aux balcons de bois, est la capitale de la dentelle et de l'accordéon. **Brive-la-Gaillarde** possède un cœur historique dense avec un étonnant «phare-château d'eau». Autres cités de charme: Uzerche, Aubazine, Donzenac et Gimel-les-cascades. Au bord de la Dordogne, **Argentat,** ancien port de gabariers, et Beaulieu-sur-Bourgogne, «la riviera limousine». Au sud-est de Brive, **Collonges-la-Rouge**, avec ses maisons en grès écarlate, fut la première commune classée «plus beaux villages de France». Autres bourgades récompensées : **Meymac**, **Ségur-le-Château**, Curemonte, Saint-Robert, Treignac-sur-Vézère et aussi Turenne. Autre ville de caractère, **Pompadour**, célèbre pour son château et son **haras** national. ■

L'impressionnant amas granitique des Pierres Jaumâtres à Toulx-Sainte-Croix, décor de «Jeanne», roman de Georges Sand.

Creuse

Au cœur du Limousin, la Creuse promet la découverte d'un terroir authentique où nature et culture sont intimement liées. Patrimoine historique, villages secrets, espaces préservés et gastronomie sont les garants d'un séjour agréable, dès l'apparition des premiers bourgeons.

Les paysages

Source d'inspiration de nombreuses toiles de Claude Monet, la Creuse est pittoresque, dans le vrai sens du terme. Entre les lacs de la vallée de la Creuse, les hauts **monts de Guéret**, les étangs de la réserve naturelle et le site des **Pierres Jaumâtres**, les paysages forment une étonnante mosaïque de plaines et de marécages, de cours d'eau vive jouxtés de blocs granitiques aux dimensions parfois imposantes. Les saisons et les lumières ajoutent à la poésie de ces espaces préservés. Les monts de Guéret s'étendent sur un épais massif forestier où les roches sculptées par l'érosion frôlent des arbres centenaires. La réserve naturelle nationale de l'étang des Landes date de l'ère tertiaire et demeure un petit paradis ornithologique. La **vallée de la Creuse** réserve également de magnifiques panoramas : le réputé point de vue de Guémontet, les cascades des moulines et la vallée des peintres. Dans le **parc régional de Millevaches**, situé sur les contreforts du Massif central, tourbières, landes, bruyère, cours d'eau et forêts de feuillus façonnent les couleurs d'un environnement investi par les papillons, les loutres et les truites. Un pur enchantement.

LE CARNET DE VOYAGE

Les premiers contacts
Comité départemental du tourisme de la Creuse, 43 place Bonnyaud, BP 243, 23005 Guéret cedex, 05.55.51.93.23. www.tourisme-creuse.com

La population
La Creuse abrite 124 470 habitants, 22 habitants au km². Préfecture : Guéret.

Les fêtes
Août : Festival Interculturel du Conte (Vassivière), Festival Danses, Musiques et Voix du Monde (Felletin), fête patronale du 15 août (Boussac).
Septembre : Oxygène Cup (400 km de circuit en VTT, monts et vallée de Guéret).

Les produits locaux
- Bœuf limousin, cochon (boudins, jambon de pays).
- Fruits rouges, champignons, châtaignes, chou farci.
- Fromages de chèvre (Gouzon).

L'artisanat
Tapisserie (manufacture d'Aubusson).

QUE VOIR, QUE FAIRE EN CREUSE ?

Les paysages

Monts de Guéret, site des Pierres Jaumâtres, vallée de la Creuse, parc naturel régional de Millevaches

Le patrimoine

- Aubusson et la tapisserie
- Abbatiale Sainte-Valérie (Chambon-sur-Voueize), église de Sous-Parsat
- Villages et châteaux (Saint-Maixant, Measnes, Boussac-Bourg)

Les activités

- Randonnées (à pied, à cheval, en VTT)
- Circuits thématiques (vallée des peintres ; traces des lissiers d'Aubusson)
- Activités aquatiques (canoë-kayak, pêche)

LES CONSEILS GEO

▶ Les plus

L'environnement naturel, une gastronomie généreuse et la diversité des hébergements, trio gagnant de la Creuse touristique.

▶ Les moins

Le manque d'activités hivernales.

▶ Les recommandations

Penser à la Creuse en automne. En cette période de l'année, les forêts sont remplies de cèpes et de girolles à cueillir… et à cuisiner !

▶ Les tendances

Outre les séjours bien-être qui se développent en formule week-end (cocooning à Aubusson, balnéothérapie sur le plateau de Millevaches et cures thermales), la Creuse offre une multitude d'hébergements insolites : cabanes de trappeur en forêt et gîtes de pêche en rondin de bois le long des cours d'eau.

Le patrimoine

Au **Chambon-sur-Voueize**, l'**abbatiale Sainte-Valérie** ouvre le chemin des églises romanes. Elle renferme un remarquable tableau peint sur bois qui serait l'œuvre du fameux Maître de Moulins et un buste-reliquaire de la jeune martyre, pièce d'orfèvrerie composée de feuilles d'argent repoussé et enrichie d'émaux et de pierres fines. A Aubusson, Auzances et Felletin, les chapelles et églises sont aussi de beaux exemples d'art roman. Originale, l'**église Sous-Parsat** a été entièrement détruite à la Révolution, puis reconstruite au XIXe siècle, dans le style néo-roman. L'édifice dévoile d'immenses fresques et des vitraux monumentaux de Gabriel Chabat. L'austérité de son bâti extérieur contrastant avec les couleurs vives qu'elle abrite depuis 1985.

Aubusson est sans doute la ville la plus insolite de la Creuse (pont, châteaux, châtelet de la Terrade, église Sainte-Croix, vestige féodal, maisons à tourelle). Elle est aussi capitale de la **tapisserie**, métiers d'art étendard du département (visites d'ateliers et de galeries, musée).

Au printemps, la Creuse se colore d'une multitude de fleurs, aux balcons de ses villages : **Saint-Maixant** et son beau château médiéval, **Boussac-Bourg** et son horloge ou **Measnes**, Guéret et La Souterraine.

De nombreux châteaux viennent parfaire l'attraction culturelle de la région. Le château de Boussac, qui domine la Petite Creuse, celui de Villemonteix et ses donjons dans un écrin forestier, le site de Pallier et le domaine de Banizette.

Les activités

Les chemins de randonnées dévoilent les aspects culturels, naturels et historiques de la Creuse : sur les traces des maçons creusois, des **lissiers d'Aubusson**, à la rencontre du territoire de Combreille ou du site des Pierres Jaumâtres. La **vallée des Peintres** raconte aussi les aventures des maîtres impressionnistes de l'école de Crozant : Monet, Guillaumin et Detroy y ont trouvé l'inspiration.

De larges chemins permettent balades à cheval ou en VTT sur les monts de Guéret, dans le pays Ouest Creuse et dans la région des trois lacs.

A Vassivières, l'espace forestier favorise les installations de parcours aventure, investis par une foule de familles en été.

Que ce soit sur le vaste étang de Saint-Silvain-Bas-le-Roc, le lac de Champsangland, au moulin de Basse-Ville, les lacs des monts Guéret ou les réservoirs des Grands Champs, on s'adonne à la pêche, à la baignade, au canoë-kayak ou à la voile, sur le port de plaisance de Vauvreix.

En Combrailles, la station thermale d'Evaux-les-Bains propose aussi des cures, du printemps à l'automne. ■

LES SUGGESTIONS GEO

■ **Découverte :** filature de laines Terrade (Felletin) ; jardins du domaine de Banizette (La Nouaille) ; écomusée de la Tuilerie (Pouligny) ; scénovision de Bénévent l'Abbaye (la Creuse en 1900).

■ **Insolite :** coopérative diamantaire et ses ateliers de taille (Felletin).

Haute-Vienne

QUE VOIR, QUE FAIRE EN HAUTE-VIENNE ?

Les paysages

- PNR de Millevaches en Limousin, mont Gargan, lac de Vassivière, Chaud
- PNR Périgord-Limousin, Rochechouart, Puycheny, Le Chalard, Saint-Yriex-la-Perche
- Monts de Blond, lac de Saint-Pardoux, Montrol-Sénard
- Monts d'Ambazac, Saint-Léger-la-Montagne, Saint-Laurent-les-Eglises

Le patrimoine

- Limoges, Le Chalard, Bellac, Mortemart
- Collégiales (Eymoutiers, Châteauponsac, Le Dorat, Saint-Germain-les-Belles, Saint-Junien, Saint-Yriex-la-Perche, Saint-Léonard-de-Noblat, Solignac)
- Châteaux (Rochechouart, Lavauguyon, Montbrun, Châlus, Lastours, Aixe-sur-Vienne, Dournazac, Jourgnac, Champagnac-la-Rivière, Verneuil-sur-Vienne, Bonneval, Châlucet)

Les lieux de mémoire

- Oradour-sur-Glane, Peyrat-le-Château, Saint-Gilles-les-Forêts, Limoges

Dans l'écrin vert de ses forêts, la Haute-Vienne cache un chapelet d'églises romanes et de châteaux. Sur les terres de ce département du Limousin où les grandes villes sont rares, les musées recèlent bien des trésors, des métiers d'autrefois à l'art contemporain.

Les paysages

Une infinie succession de gorges et de vallées, de landes sèches, de tourbières et d'étangs, de forêts de châtaigniers et de bocages fonde les paysages de la Haute-Vienne, pays dédié aux vacances «vertes».

Entre Corrèze, Creuse et Haute-Vienne, le **parc naturel régional de Millevaches en Limousin** prend ses aises entre 400 et 1 000 mètres d'altitude. Du **mont Gargan** au très étendu **lac de Vassivière** (1 000 hectares et six plages aménagées), l'eau est omniprésente. Non loin, à **Chaud**, la cité des Insectes expose 10 000 spécimens, dans leur univers naturel.

Parcouru par près de 2 000 kilomètres de chemins de randonnée et un dense réseau de sentiers thématiques, le **parc naturel régional du Périgord-Limousin** compte des sites naturels exceptionnels comme le cratère géant de la météorite de **Rochechouart**.

Riche, le sous-sol a aussi laissé des témoignages de son exploitation à **Puycheny** (tuiles en argile), au **Chalard** (orpaillage) ou à **Saint-Yriex-la-Perche** (kaolin). Sur le tracé d'une ancienne voie ferrée, la voie verte des Hauts de Tardoire chemine dans une nature bien préservée, entre Châlus,

Au nord-ouest du plateau de Millevaches, à 650 mètres d'altitude, le lac de Vassivières, aux environs d'Eymoutiers.

Champsac, Champagnac-la-Rivière et Oradour-sur-Vayres.

Dans le Haut Limousin, les contreforts du massif des **Monts-de-Blond** offrent de nombreuses randonnées (à pied, à cheval, en VTT) et activités (voile, canoë, ski nautique, baignade et pêche) autour du lac de **Saint-Pardoux**, ou une plongée dans la vie rurale du début du XXe siècle, comme au village de **Montrol-Sénard.** Vers les **monts d'Ambazac**, à l'est, les visites de la biotope de la tourbière des Dauges du côté de **Saint-Léger-la-Montagne**, de l'arboretum de la Jonchère et de bourgades authentiques, telles que Laurière ou **Saint-Laurent-les-Eglises**, s'imposent.

Le patrimoine

Si **Limoges** détient le record de France d'espaces verts par habitant (50 m^2), elle aligne bien d'autres attraits : des quartiers historiques autour de sa cathédrale Saint-Etienne, de vieilles ruelles aux maisons à pans de bois, les halles, la gare des Bénédictins. Elle est aussi la capitale des arts du feu : 12 000 pièces de porcelaine sont exposées au musée national de la Porcelaine Adrien-Dubouché. Le musée national de l'Evêché détient une collection rare d'émaux et quelques toiles d'Auguste Renoir, natif de Limoges ainsi que du peintre impressionniste Suzanne Valadon, mère du célèbre montmartrois Maurice Utrillo.

Parmi les anciennes cités de caractère, **Bellac** cultive le souvenir de Jean Giraudoux, **Le Chalard** doit sa réputation à ses mines d'or et **Mortemart**, avec ses halles et son clocher à bulbe, figure parmi les «plus beaux villages de France». Doté d'une collégiale aux somptueux vitraux, **Eymoutiers** expose l'art contemporain à l'espace Paul Rebeyrolle, en particulier des œuvres de ce grand peintre figuratif,

Saint-Léonard de Noblat, positionné sur la rive nord de la Vienne, sur la voie limousine vers Saint-Jacques-de-Compostelle.

natif de la ville, et des sculptures. Le patrimoine religieux est conséquent dans tout le département. **Châteauponsac** cache un musée ethnographique dans un ancien prieuré bénédictin. La **collégiale de Saint-Germain-les-Belles** date de la guerre de Cent Ans, celle du **Dorat** est un joyau de l'art roman du XIe siècle. A voir aussi, celle de **Saint-Junien** (première cité du cuir et du gant de France) où sont célébrées tous les sept ans les «Ostensions limousines», une cérémonie en costume d'époque donnée en mémoire de Saint-Junien. La **collégiale de Saint-Yriex-la-Perche** est de pur style gothique tandis que celle de **Saint-Léonard-de-Noblat**, est classée au Patrimoine de l'humanité par l'Unesco au titre des chemins de Saint-Jacques-de-Compostelle. L'abbatiale du monastère de **Solignac** est coiffée d'une file de coupoles. Des églises jalonnent la route Richard Cœur de Lion aux salles Lavauguyon, à Montbrun, Les Cars, Nexon, Brie. Parmi les châteaux qui émaillent le paysage, ceux de **Rochechouart** (qui abrite un musée d'art contemporain remarquable), **Lavauguyon, Montbrun, Châlus** (où Richard Cœur de Lion trouva la mort, l'an 1199) et **Lastours** contrôlaient les accès à Limoges, lors des conflits entre les ducs d'Aquitaine, devenus alors rois d'Angleterre, et les rois de France. A voir également, les châteaux de Losmonerie à **Aixe-sur-Vienne** (XVIe-XVIIe siècles), de **Dournazac, de Jourgnac**, de Brie à **Champagnac-la-Rivière**, de Pennevayre à **Verneuil-sur-Vienne**, de **Bonneval** ainsi que la conséquente **forteresse de Châlucet**, exemplaire de

LE CARNET DE VOYAGE

Les premiers contacts
Comité départemental du tourisme de la Haute-Vienne, 05.55.79.04.04. www.tourisme-hautevienne.com, Maison du Limousin à Paris, www.maisondulimousin.com

La population
365 177 habitants. Préfecture : Limoges.

Les fêtes
Avril : Lire (Limoges).
Juin : course «Les gendarmes et les voleurs de temps» (Ambazac).
Juillet-août : Médiévales de Lastours, Eté Musical (Saint-Léonard-de-Noblat), course des deux ponts (Nedde), Estivales du Chalard, Rencontres d'art contemporain (château de Saint-Auvent), festival du Haut Limousin (musique classique), fête folklorique à Mont-Gargan, La Route du Cirque à Nexon, Festival Interculturel du Conte, à Vassivière.
Septembre : foire aux Escargots (Boisseuil), journée de la viande bovine limousine (Saint-Léonard-de-Noblat), salon de la Caricature (Saint-Just-le-Martel).
Octobre : fête de la Nature et du Champignon (Bussière-Galant), Frairie des petits ventres (Limoges), fête de la Châtaigne (Dournazac).
Novembre : course de la Quintaine (Saint-Léonard-de-Noblat).
Décembre : foire aux Chapons (Blond), marché de Noël (Limoges).

Les produits locaux
- Vache limousine, agneau baronet.
- Pommes (AOC), châtaignes.
- Pâté de pommes de terre, galétou, boudin aux châtaignes.
- Massepain de Saint-Léonard, macaron du Dorat, Cyrano de Saint-Junien (chocolat et pruneaux), Burgou (amandes).

L'artisanat
Porcelaine de Limoges, émail, meubles en châtaignier, ganterie (Saint Junien).

Les ruines d'Oradour-sur-Glane, théâtre d'un immense drame, le 10 juin 1944.

l'architecture militaire résolument défensive à l'époque médiévale.

Les lieux de mémoire

Un circuit est spécialement dédié aux lieux de mémoire liés à la Résistance pendant la Seconde Guerre mondiale. Outre le Centre de la mémoire et le triste village **d'Oradour-sur-Glane** qui commémorent le terrible martyre des habitants du village massacrés par une compagnie de SS le 10 juin 1944, le **musée de la Résistance de Peyrat-le-Château** retrace l'histoire de la première brigade de marche limousine des francs-tireurs partisans du colonel Georges Guingouin, 1er maquisard de France. Le **musée de la Résistance Henri Chadourne** de **Limoges** expose des armes, documents et accessoires authentiques. Autre lieu de résistance, le **mont Gargan** à **Saint-Gilles-les-Forêts** témoigne des combats acharnés entre maquisards et troupes allemandes.

La tradition

Le département conserve aussi la mémoire de ses anciens métiers et autres savoir-faire ancestraux. La cité des Métiers et des Arts de Limoges raconte l'histoire du compagnonnage. On saura tout sur la porcelaine au Musée Haviland et au Four à porcelaine des Casseaux à Limoges, à Boisseuil-le-Vigen, à Saint-Yriex-la-Perche et sur le papier au Moulin du Got à Saint-Léonard de Noblat. On pourra voir aussi les clédiers utilisés pour sécher les châtaignes (La Chapelle Montbrandeix) ou encore les loges de bergers (loge aux abeilles à Bessine-sur-Gartempe), les moulins (La Brégère à Cussac, le Daumail à Saint-Priest-sous-Aixe).

Dans ce département où folklore et traditions sont encore très présents, quantités de superstitions ont la vie dure. Un petit patrimoine insolite est à découvrir : les lanternes des morts, des piliers creux en granite destinés à aider les défunts à trouver leur chemin, comme à Cognac-la-Forêt ou Rancon ; les bonnes fontaines dont les eaux sont réputées curatives, comme à Saint-Jean-de-Cussac, Saint-Nicolas-Courbely, Bussière-Galant. Des pèlerinages ont également lieu vers des oratoires et des chapelles rurales nichés au fond des forêts, comme la chapelle Saint-Martin à Saint-Symphorien-sur-Couze, celle du Bois-du-Rat à Cieux, ou l'oratoire Psalmet à Domps. ■

LES SUGGESTIONS GEO

■ **Découverte :** randonnée sur le sentier des Mégalithes (menhir de Ceinturat, abri de la Roche aux Fées, Pierre Champignon, à Cieux) ; parcours dans la Haute Vallée de la Vienne, avec le train Vienne Vézère Vapeur, classé Monument historique (au départ de Limoges).

■ **Aventure :** en vélo, itinéraire Raymond Poulidor (route du Lac de Vassivière) ; descente du Taurion ou de la Vienne en canoë-kayak (depuis le Palais-sur-Vienne) ; wakeboard, mélange de ski nautique, de snowboard et de surf, au lac de Sainte-Hélène (Bujaleuf).

■ **Insolite :** musée des Distilleries limougeaudes autour des traditions artisanales des maîtres liquoristes (Limoges) ; stage en atelier d'émail (Champnétéry, Feytiat, Limoges).

LES CONSEILS GEO

▶ Les plus

Un «poumon vert», en plein centre de la France, où les activités nature abondent. Et qui régale les papilles des gourmands en excellents produits du terroir.

▶ Les moins

Tout - ou presque - s'arrête l'hiver, assez rude.

▶ Les recommandations

Profiter de l'automne pour découvrir la destination : les forêts se teintent alors de magnifiques couleurs et les marchés regorgent de cèpes et de girolles fraîchement récoltés mais aussi de châtaignes.

▶ Les tendances

La Haute-Vienne développe le tourisme équestre en proposant séjours, randonnées et stages.
Les jardins et parcs paysagers sont une autre thématique porteuse, avec une vingtaine de sites à découvrir.
Voie nouvelle, l'art contemporain attire aussi ses amateurs entre Limoges, Rochechouart, Eymoutiers et le lac de Vassivière.

Inscrite au Patrimoine mondial de l'Unesco, la place Stanislas à Nancy, conçue au XVIIIe siècle à la demande du duc de Lorraine.

Meurthe-et-Moselle

Haut lieu des métiers d'art en Lorraine, la Meurthe-et-Moselle mérite plus qu'un simple passage. Baccarat, Lunéville, Longwy, Nancy : des villes où résonne le son cristallin de l'excellence face au solide fort de Vauban et à la ligne Maginot. Pour vivre un tourisme culturel, tout en finesse.

Les paysages

La Meurthe-et-Moselle est un pays d'eau. Étangs, lacs, canaux, rivières (dont la Meurthe et la Moselle), constituent le paradis des pêcheurs de truites, perches et brochets. Le **lac de Pierre-Percée**, près de Baccarat, est avec ces 305 hectares le plus grand lac artificiel de la région. Au cœur du **parc naturel régional de Lorraine**, ces vastes étendues accueillent les visiteurs et offrent une faune typique de ces zones humides exceptionnelles. Véritables curiosités naturelles, des **mares salées** sont le témoignage de la présence la mer il y a 200 millions d'années. Au fond de la vallée de la Seille, les pluies infiltrées donnent naissance à des sources d'où l'eau ressort en saumure. Des tâches blanchâtres attirent l'oeil du promeneur. A 400 kilomètres de la mer, la végétation du littoral, salicorne et asters des mers, y foisonne pourtant. De Chamagne à la limite avec le département des Vosges jusqu'à Virecourt, la **Moselle sauvage** déroule lentement des paysages rescapés de la main de

l'homme. Bancs de galets, forêt alluviale, bras morts, permettent à la biodiversité de se développer. Des méandres où règne le silence. Au bout du Bassin parisien, les **Côtes de Lorraine,** de la Meuse, des Bars et aussi de la Moselle, sont uniques en France. Originalité géologique, elles constituent le paysage lorrain par excellence. Alternance de plateaux, buttes, collines, talus et plaines, les côtes s'étendent sur un sol truffé de sédiments, similaire à celui de la Normandie. Le plateau de la Côte de Moselle (450 mètres d'altitude) est recouvert de bois de chênes et de hêtres. Autre spécialité, les **pelouses sèches**. Sur les flancs de coteaux calcaires se développe une flore méridionale faite d'orchidées et de plantes aromatiques.

Le patrimoine

D'une histoire militaire marquée par les invasions, les Lorrains ont conservé des lieux de mémoire. Au XIe siècle, le château de **Jaulny** avait pour but d'assurer la défense de Preny, première capitale du duché lorrain. Les évêques de Metz trouveront refuge, dès le XVe siècle, dans l'ancienne forteresse médiévale du **château de Salm**. En 1678, Longwy est rattachée à la France. **Vauban** y établit un **fort**, reconnu Patrimoine mondial par l'Unesco. À la sortie de la guerre de 1870, le fort de **Villey-le-Sec** voit le jour, seul ensemble en France de la fin du XIXe siècle où un village est intégré aux fortifications. L'ouvrage de **Fermont** abrite la ligne Maginot. En 1940, 600 hommes vivaient dans cette ville bâtie à 30 mètres sous terre.

Loin des bâtisses militaires, la Meurthe-et-Moselle possède des châteaux aux allures royales. Bien que doté d'un grand donjon féodal (1320), le **château de Fléville** (1533) est un chef-d'œuvre de la Renaissance. La salle des Etats de Lorraine raconte la grande histoire des ducs à travers leurs blasons. Surnommé le «Chambord lorrain», le **château d'Haroué** construit en 1720 est doté d'un parc à la française et d'un jardin à l'anglaise. Son mobilier du XVIIIe et du XIXe siècle s'accorde avec les superbes tapisseries lorraines du XVIIe siècle. Plus grandiose encore, le **château de Lunéville** est surnommé «le Petit Versailles lorrain». Aménagé par Léopold 1er, fervent admirateur du Roi-Soleil, il deviendra la résidence principale de Stanislas, où Voltaire et Montesquieu auront leurs habitudes. Toujours meublé comme au temps de l'illustre maréchal Lyautey,

QUE VOIR, QUE FAIRE EN MEURTHE-ET-MOSELLE ?

Les paysages
- Lac de Pierre-Percée, mares salées
- Parc naturel régional de Lorraine, Moselle sauvage, pelouses sèches
- Côtes de lorraine

Le patrimoine et les monuments
- Châteaux (Jaulny, Salm, Fléville, Haroué, Lunéville, Thorey-lyautey)
- Forts de Vauban et de Villey-le-Sec, ouvrage de Fermont, colline de Sion
- Basilique Saint-Nicolas-de-Port, église Saint-Rémy-de-Baccarat, abbaye des Prémontrés

Les villes et les traditions
- Nancy (place Stanislas, palais ducal, église et couvent des Cordeliers, basilique Saint-Epvre, musées (école de Nancy, Beaux-Arts, Baccarat)
- Musée des Emaux de Longwy (Herserange)

Les vitraux de l'hôtel Bergeret, œuvre typiquement Art nouveau de Jacques Grüber.

le **château de Thorey-Lyautey** abrite une bibliothèque de 16 000 livres. Fêté le 6 décembre, saint Nicolas, patron de la Lorraine, suscite encore un pèlerinage en sa basilique de **Saint-Nicolas-de-Port** où un bras reliquaire est conservé. C'est l'un des plus beaux édifices gothiques flamboyants de la région lorraine dont on admire les colonnes élancées à plus de 21 mètres de haut, bordant une nef qui s'élève à 30 mètres.
Lumineuse, l'église d'art moderne de **Saint-Rémy-de-Baccarat** (1953-57) peut l'être. 20 000 morceaux de cristal en 52 couleurs composent ses vitraux symbolisant la vie et la lumière.
Connue pour sa fonte, Pont-à-Mousson l'est aussi pour son **abbaye des Prémontrés**. Datant du XIIIe siècle, elle affiche trois étonnants escaliers monumentaux qui apportent une touche baroque à l'édifice.
Symbole de la résistance lorraine, la **colline de Sion** abrite une basilique où l'inscription «maintenant c'est pour toujours» rappelle le rattachement de cette région à la France. Maurice Barrès le racontera en 1913, dans «La colline inspirée». Curiosité aussi, des fossiles marins, cousins des étoiles de mers, entourent le site accentuant la dévotion populaire.

Les villes et les traditions

Roi de Pologne imposé comme duc à la Lorraine, Stanislas Leszczynski fut un bienfaiteur pour **Nancy** et sa région. Beau-père de Louis XV, il donnera une stature royale à la place qui porte son nom, reconnue Patrimoine mondial par l'Unesco. La grande **place Stanislas** est entourée de sublimes grilles rehaussées d'or composées par Jean Lamour. L'architecte Emmanuel Héré a aussi conçu des pavillons d'ordonnance classique du XVIIIe siècle tandis que les fontaines d'Amphitrite et de Neptune affichent

LE CARNET DE VOYAGE

Les premiers contacts
Comité départemental du tourisme de Meurthe-et-Moselle, 48, rue du Sergent Blandan, 54 000 Nancy, 03.83.94.51.90. www.tourisme-meurtheetmoselle.fr
Le parc naturel régional de Lorraine Logis abbatial - rue du Quai - BP 35 54702 Pont-à-Mousson Cedex 03.83.81.67.67. www.pnr-lorraine.com

La population
713 779 habitants.
Préfecture : Nancy.

Les fêtes
Mai-septembre : festival Musique sacrée et baroque (Froville).
Juillet-août : Nancyphonies (un mois de concert rock, pop...), Estivales de Lunéville (6 nuits de concerts pop et rock).
Octobre : Nancy Jazz Pulsations.
Début décembre : fêtes de la Saint-Nicolas (Saint-Nicolas-de-Port, Nancy).

Les produits du terroir
- Mirabelles (fruits et eau de vie).
- Pâté, tourte.
- Quiche et potée lorraine.
- Bouchées à la reine et baba au rhum (recettes de Marie Leszczynski et du duc Stanislas).
- Bergamote de Nancy (bonbon acidulé), macarons de Nancy (aux amandes), visitandines (petits gâteaux).
- Vin de Toul (AOC).

Symbole fort et haut lieu de la résistance lorraine, les fortifications de Sion, *La Colline Inspirée* du roman de Maurice Barrès.

un style rocaille. La place d'Alliance et ses tilleuls datant de 1763 et celle de la Carrière s'ajoutent à cet ensemble exceptionnel. Demeure des ducs avant Lunéville, le **palais ducal**, l'église et le **couvent des Cordeliers** sont en charge du musée des Arts et Traditions populaires. La **basilique Saint-Epvre**, au style gothique, en impose avec son escalier monumental, don de l'empereur d'Autriche, François-Joseph. Elle fut promue basilique mineure par le pape Pie IX. Le **musée des Beaux-Arts** est installé dans un des pavillons de l'immense place Stanislas. Il accueille de belles collections de l'art européen du XIVe au XIXe siècle. Rubens, Caravage et Delacroix côtoient les célèbres enfants du pays : Georges de la Tour et surtout Claude le Lorrain. Des maîtres verriers de l'Art nouveau, comme Daum, y ont aussi leur place.

Sous l'influence de Louis Majorelle et de Emile Gallé, l'**Ecole de Nancy** a contribué au renom mondial de la ville, avec l'émergence de l'Art nouveau, au tournant du XXe siècle. Rejoints par les frères Daum et Victor Prouvé, Majorelle et Gallé adaptèrent les techniques industrielles à l'art, avec comme slogan fondateur «l'art dans tout, l'art pour tous». Établi à Nancy, le musée de l'Ecole présente toutes les déclinaisons de ce très riche courant stylistique.

D'une radieuse beauté, le **musée du Cristal de Baccarat** a pris place dans le château de la manufacture. Les émaux de Longwy ne dérogent pas à la règle de la magnificence des métiers d'art régionaux. Service de table de l'empereur Napoléon 1er, les **émaux** investiront toutes les cours d'Europe. Un musée à **Herserange**, leur est consacré. ■

LES SUGGESTIONS GEO

- **Découverte :** village du livre à Fontenay-la-Joute (800 000 livres d'occasions en vente) ; stages de découverte du verre en compagnie des verriers (Vannes-le-Châtel) ou d'enluminures (Château de Jaulny).
- **Aventure :** spéléologie à Pierre-la-Treiche (initiation en grotte, circuits de 1h30 à 2h).
- **Insolite :** vallée de la Seille (sources, flore de bord de mer).

LES CONSEILS GEO

▶ Les plus
Une richesse culturelle souvent méconnue et un paysage étonnant, plein de particularités uniques qui valent le détour.

▶ Les moins
Un climat parfois difficile, des villages à l'architecture parfois peu avenante (village rue ou « en tas »).

▶ Les tendances
La Meurthe-et-Moselle développe le tourisme local de concert avec les pays limitrophes. Axé sur le tourisme vert en plus du culturel, il met en avant les paysages d'eau.

Poumon vert, la Meuse est une terre de forêts et d'eau, de collines et de vergers. Ce département lorrain qui porte la mémoire de la Grande Guerre a connu le départ de Jeanne d'Arc au combat et l'arrestation de Louis XVI. Gourmet, il est amateur de mirabelles, de madeleines chères à Proust et de truffes.

A la Renaissance, Marville fit partie des Pays-Bas espagnols : à lire dans son bâti.

Meuse

Les villages et les paysages

Marville est un petit village du nord meusien, posté sur sa colline face aux jardins et vergers en terrasse de la vallée de l'Othain. Ses maisons Renaissance autour de la place Saint-Benoît et les logis de la Grande-Place rappellent la présence espagnole sous Charles Quint. S'arrêter plus loin sur les bords de la Meuse, à **Stenay**, au **musée européen de la Bière** et découvrir la tradition brassicole à la ferme de la Vallée à Rarécourt, à la brasserie de Charmois à Mouzay et au bar l'Estaminet à Verdun.

En Argonne, pays de vallons boisés, **Beaulieu-en-Argonne** est un minuscule village-rue qui veille à rester joliment fleuri. Un point de départ approprié pour une promenade en forêt dans ce département qui compte jusqu'à 800 kilomètres de sentiers balisés, parfois thématiques («Lac de Madine», «Renaissance», «villages détruits»).

Hattonchâtel, endommagé pendant la Grande Guerre, conserve de beaux bâtiments médiévaux (maisons aux arcades et à voûte, château restauré par une riche Américaine). Situé dans les côtes de Meuse, terre du vignoble le plus septentrional de France, il domine la verte plaine de la Woëvre, espace de prairies, de vergers (des mirabelliers par milliers) et d'eau (**étang de Lachaussée** et **lac de Madine**, le plus grand plan d'eau artificiel de la région et site ornithologique majeur de Lorraine), au cœur du parc naturel régional.

C'est de **Vaucouleurs** que Jeanne d'Arc partit bouter les Anglais hors de France, par la porte de France justement. L'édifice trône encore à côté de la chapelle. Faire halte au musée consacré à l'opiniâtre combattante puis un saut au tout proche château de Gombervaux, l'un des très rares édifices médiévaux de la Meuse.

LE CARNET DE VOYAGE

Les premiers contacts
Comité départemental de tourisme, 33, rue des Grangettes, 55000 Bar-le-Duc, 03.29.45.78.40. www.tourisme-meuse.com

La population
191 700 habitants. Préfecture : Bar-le-Duc.

Les fêtes
Mai : Les Dimanches de Mai (80 métiers du XIXe siècle revivent à Azannes).
Juin : Des Flammes à la Lumière, à Verdun (son et lumière racontant la Grande Guerre, jusqu'en juillet).
Juillet : festival Renaissances, à Bar-le-Duc (la ville aux couleurs du XVIe siècle), Nocturnes de la Citadelle, à Montmédy (découverte de nuit, jusqu'en août), Vent des Forêts (rencontres avec des artistes créant dans les bois).
Août : Festival des Granges à Laimont (musiques en tous genres).
Novembre : fête de la Saint-Nicolas à Thillombois (marché, ateliers, spectacles pour enfants).

Les produits locaux
- Madeleines artisanales de Commercy, croquets (biscuits secs aux amandes) et rochers (bonbons au chocolat et noisettes) de Saint-Mihiel, jeannettes de Vaucouleurs (pâtisserie à base de chocolat, noisettes, caramel au miel).
-Dragées de Verdun, confiture de groseilles épépinées à la plume d'oie de Bar-le-Duc, truffes.
- Bières artisanales, vin des côtes de Meuse (blanc, gris et rouge), eau de vie de mirabelle.

L'artisanat
Faïences d'Argonne.

QUE VOIR, QUE FAIRE EN MEUSE ?

Les villages et les paysages

- Marville, Stenay (musée européen de la Bière), Beaulieu-en-Argonne, Hattonchâtel, Vaucouleurs, château de Gombervaux
- Etang de Lachaussée, lac de Madine

Les lieux de mémoire

Verdun et ses environs (ossuaire de Douaumont, forts de Vaux et de Douaumont, mémorial de Fleury-devant-Douaumont, citadelle Basse, centre mondial de la Paix, Kaiser Tunnel…)

Les villes

- Saint-Mihiel, Bar-le-Duc, Montmédy, Commercy
- Châteaux Gilles de Trèves et La Varenne, basilique d'Avioth

LES CONSEILS GEO

▶ Les plus

Un lieu vraiment majeur de l'histoire européenne et de la mémoire de la Grande Guerre. Une destination aux tarifs plus bas que la moyenne française (hébergement, restauration, billets d'entrée sur les sites), sans préjudice sur la qualité. Une belle campagne à 1 h de TGV de Paris.

▶ Les moins

Un nombre assez modeste d'hébergements. Une muséographie qui laisse parfois à désirer mais qui est en cours de mise à niveau.

▶ Les tendances

En dehors des grands flux touristiques, une destination famille et de tourisme de niches (camping-car, pêche, fluvial…).

Les lieux de mémoire

Autour de **Verdun**, dans l'Argonne, la Woëvre et les côtes de Meuse, les champs de bataille et les villages détruits par la guerre de 14-18 ont laissé des traces poignantes. Parmi les sites de mémoire : l'**ossuaire de Douaumont**, les **forts de Vaux** et de **Douaumont**, le **mémorial de Fleury-devant-Douaumont**, la **citadelle Basse** et le **centre mondial de la Paix à Verdun**, le **Kaiser Tunnel**.

Mais Verdun, qui a reçu de l'ONU le statut de capitale mondiale de la Paix, est aussi une plaisante cité traversée par le canal de la Meuse, où l'on inventa les dragées au XIIIe siècle (visiter la maison Braquier dont c'est la grande spécialité).

Les villes

Au creux de la vallée de la Meuse, **Saint-Mihiel** conserve de belles demeures (XVIe-XVIIIe siècles), une bibliothèque bénédictine dans l'ancien palais abbatial (XVIIIe siècle) et, en l'église Saint-Etienne, la Mise au tombeau, œuvre majeure du sculpteur de la Renaissance, Ligier Richier.

Cette fois en l'église Saint-Etienne de **Bar-le-Duc** se dresse le troublant Transi de Ligier Richier, statue d'un corps décharné. La partie haute de cette ville traversée par l'Ornain et le canal de la Marne au Rhin recèle l'un des ensembles urbains Renaissance les plus remarquables de France (dans la rue des Ducs-de-Bar et place Saint-Pierre). On appréciera particulièrement aussi, dans la vallée de la Saulx, le style Renaissance des **châteaux Gilles de Trèves** à Ville-sur-Saulx et **La Varenne** à Haironville.

À la frontière avec le Luxembourg et la Belgique, **Montmédy** connut les convoitises de l'Histoire et se défendit, du haut de sa puissante citadelle remaniée par Vauban (tour des remparts, musée des Fortifications et musée Jules Bastien-Lepage, portraitiste du XIXe siècle). Dans les environs, voir la **basilique d'Avioth**, joyau gothique de la Meuse.

Dans le Sud, **Commercy** se distingue par son château Stanislas (XVIIIe siècle), résidence de ce roi de Pologne, beau-père de Louis XV (musée de la Céramique et de l'Ivoire dans les anciens bains douches Art déco). Et ses fameuses madeleines, mémoire gustative de Marcel Proust (même recette artisanale depuis le XVIIIe siècle), à savourer à la Cloche lorraine ou à la Boîte à Madeleine. ■

LES SUGGESTIONS GEO

- **Découverte :** assister à la manœuvre de la 22e légion romaine sur le site gallo-romain de Nasium (Naix-aux-Forges) ; s'initier à la généalogie (Bar-le-Duc) ; cuisiner la truffe (Houdelaincourt).
- **Aventure :** chasse au trésor et vélo-rail (Consenvoye-Forges).
- **Insolite :** visiter la maquette grandeur nature des galeries souterraines du laboratoire de recherche Andra (stockage de déchets radioactifs, Bure) ; découvrir de nuit l'observatoire d'astronomie (Saint-Mihiel).

Moselle

QUE VOIR, QUE FAIRE EN MOSELLE ?

Les paysages
- Étang de Lindre, mares salées de la vallée de la Seille
- Jardins sans limites au cœur de l'Europe

Les villes et les monuments
- Metz
- Citadelle de Bitche, Château de Malbrouck

Les musées
Musée Georges-de-la-Tour à Vic-sur-Seille, musée du Sel à Marsal

Le patrimoine industriel
- La mine, musée du carreau Wendel (Forbach), U4, haut-fourneau d'Uckange, plan incliné de Saint-Louis-Arzviller
- La Grande-Place, musée du cristal de Saint-Louis, Maison du verre et du cristal (Meisenthal), musée de la faïence de Sarreguemines

Le patrimoine militaire
Simserhof de la ligne Maginot (Siersthal), ouvrage du Hackenberg (Veckring)

Bien que très ouverte sur l'Europe, la Moselle reste méconnue. Pourtant la variété de son territoire est impressionnante : sites naturels ou historiques, patrimoine militaire ou industriel, en font une destination de choix en Lorraine, à seulement 1 h 20 en TGV de Paris.

Le patrimoine militaire

Le département de la Moselle a été créé en 1790. Un siècle plus tard, il disparaît, annexé par l'Allemagne. Suivront ensuite les annexions par la France ou l'Allemagne, au gré des guerres qui ensanglantent le Vieux Continent jusqu'en 1945. Aujourd'hui, on est ici très Européen et beaucoup de lieux de visite sont transfrontaliers : **Jardins sans limites**, est un réseau de jardins thématiques en France, en Sarre et au Luxembourg. Le parc archéologique de Bliesbruck-Reinheim, situé sur la frontière, restitue la vie quotidienne des Gallo-Romains autour d'une tombe celtique du Ve siècle avant J.-C. Une manière de témoigner de cette volonté de paix pour les générations futures.

Autre façon de lutter contre l'oubli, la découverte des sites militaires dans un esprit pacifique : le **Simserhof** est un des plus vastes ouvrages situés sur la **ligne Maginot** et le **Hackenberg** étend ses 10 kilomètres de galeries sous 160 hectares de forêts. Des visites à faire en famille. Mémoire aussi, celle de l'industrie houillère qui fit vivre la Moselle des décennies durant. Le

LE CARNET DE VOYAGE

Les premiers contacts
Comité départemental du tourisme
2-4 rue du Pont-Moreau, BP 80002
Metz Cedex 1,
03.87.37.57.80.
www.moselle-tourisme.com

La population
Un peu plus d'un million d'habitants.
Préfecture : Metz.

Les fêtes
Fin août-début septembre : fête de la Mirabelle.
Décembre : fête de Saint-Nicolas (le 6), marché de Noël à Metz.

Les produits locaux
- Mirabelle de Lorraine, à consommer fraîche ou en conserve, mais aussi en tartes, en pâtisseries, confitures, confiseries et en alcool de fruit…
- Vins de Moselle, produits essentiellement dans la vallée de la Seille et au Val de Sierck : ils n'ont cessé de s'améliorer ces dernières années.

La cathédrale Saint-Etienne et sa façade en pierre jaune de Chaumont, «dentelée à l'infini» selon Verlaine.

musée du carreau Wendel (près de Forbach) et **U4**, le **haut-fourneau d'Uckange**, permettent de comprendre l'évolution économique et la vie sociale de ces communes ouvrières. Une approche de la région intergénérationnelle. Autre témoin de la vie économique actuelle, le **plan incliné de Saint-Louis-Arziller**, sorte d'ascenseur à bateaux constitué d'un bac de 900 tonnes se déplaçant sur une pente à 41%. Il remplace le passage de 17 écluses sur le **canal de la Marne au Rhin**. Une prouesse technique !

Le patrimoine industriel

La maîtrise du feu et l'art de la cuisson permirent conjointement le développement de cristalleries et de faïenceries en Moselle. Tradition qui perdure et qui s'admire dans les musées et sur les lieux de production. La **cristallerie Saint-Louis** à Saint-Louis-les-Bitche est un fleuron du cristal français. Le site de **Meisenthal** perpétue la fabrication des boules de Noël en verre soufflé. Le **musée de la Faïence de Sarreguemines** montre toute l'évolution de l'art de la faïence.

Les paysages

Deux parcs naturels régionaux occupent une partie du territoire, le parc de Lorraine et celui des Vosges du Nord. Au sud du département, l'**étang de Lindre** est le plus grand étang piscicole de France et l'ouverture de la pêche y donne lieu à une grande fête annuelle. Les **mares salées de la vallée de la Seille**, sont un milieu naturel rare en Europe, qui rappelle la production de sel, avec pour témoins les noms de localités comme Château-Salins ou **Marsal** et son **musée du Sel** retraçant de façon didactique cette ancienne activité.

Les monuments et les villes

Le relief naturel a vu bâtir sur ses éperons rocheux une série de châteaux de légende comme celui de **Malbrouck** ou des ducs de Lorraine à Sierck-les-Bains.

LES SUGGESTIONS GEO

- **Découverte :** parc animalier (Sainte-Croix) ; parc archéologique transfrontalier (Bliesbruck-Reinheim).
- **Aventure :** forêt de l'aventure (Cattenom, pays des Trois-Frontières) ; détente, loisirs aquatiques et thermalisme (Amnéville).
- **Insolite :** mystérieuse forêt des Enigmes (Fribourg).

LES CONSEILS GEO

Les plus
Un département qui gagne à être connu où l'accueil est souvent plus chaleureux qu'on ne l'imagine. La grande diversité des sites à visiter, avec un patrimoine industriel très riche et une dimension historique unique.

Les moins
Nous sommes ici dans l'est de la France, le climat est continental, plus qu'ailleurs : on dit volontiers qu'il fait «cru», surtout le matin et le soir. Conclusion : petite laine de rigueur !

Les tendances
En Moselle, le tourisme est encore jeune et l'arrivée du TGV lui donne un bon coup d'accélérateur.
Du coup, les loisirs de plein air ont le vent en poupe : le golf avec de très beaux parcours, le vélo car un effort a été fait pour réaliser des itinéraires verts, le canoë-kayak parce que les cours d'eau s'y prêtent bien...

A **Bitche**, Vauban érige une **citadelle** sur l'imposant rocher de grès rose et dans de nombreux villages du pays messin, les églises fortifiées imposent leurs silhouettes massives en forme de proue.
Metz, la métropole, attend l'ouverture de son centre Pompidou, première émanation du centre éponyme en région et futur lieu de la création contemporaine. La cathédrale Saint-Etienne, véritable dentelle de pierre au décor sculpté dans les moindres détails, vaut le détour. Notamment pour ses fameux vitraux qui en font l'une des plus grandes verrières gothiques d'Europe : des personnages d'Hermann de Münster (fin XIVe siècle) aux œuvres du peintre Chagall, les influences stylistiques s'y enchaînent dans une infinie variété et une harmonie rare. Comme dans les œuvres de Gorges de la Tour, visibles au musée de Vic-sur-Seille. ■

Vosges

Sur le cœur boisé des Hautes-Vosges et la vallée des lacs souffle un air de Canada.

Monts tout ronds, ligne bleue des crêtes, lacs reflétant le vert des sapins, chamois, jonquilles et bonbons au miel : cette image d'Epinal est celle des Vosges, un département lorrain qui porte le nom de ses montagnes mais dont la plaine est riche d'un patrimoine unique.

Les paysages

Le département se divise en deux zones : la montagne et la plaine. La forêt occupe près de la moitié de l'espace. A l'est, le massif des Vosges avec la fameuse ligne bleue des crêtes qui se dessine à l'horizon, présente des formes douces et arrondies. Sommets panoramiques, chaumes (prairies d'altitude), forêts de sapin, tourbières et lacs façonnent les paysages. C'est dans les Hautes-Vosges que s'élèvent les montagnes portant le nom de «ballons», protégées par le **parc naturel régional des Ballons des Vosges**. La ligne des sommets du Donon au Ballon d'Alsace (1 424 m), en passant par le Hohneck, assure la frontière avec les départements de l'Alsace. Au nord, dans le piémont vosgien, se trouve le pays du Donon avec ses vallées, ses lacs et ses forêts d'épicéas, impressionnantes.

A l'ouest, un ensemble de plateaux et de dépressions d'origine jurassique forme la plaine. Ce vaste territoire fait de vallées alluviales et de forêts concentre des milieux naturels préservés. Il se compose du pays de

QUE VOIR, QUE FAIRE DANS LES VOSGES ?

Les paysages

- Parc naturel régional des Ballons des Vosges, route des crêtes
- Pays d'accueil du Donon, forêt de Sionne, canal des Vosges

Le patrimoine et les villes

- Manufacture royale de Bains-les-Bains, basilique du Bois-Chenu, site de Grand
- Neufchâteau, Charmes, Mirecourt, Epinal, Remiremont, Saint-Die, Senones, Gérardmer, La Bresse

Les activités

- Ski, luge d'été, VTT, randonnée pédestre et équestre
- Sports nautiques, mécaniques et aériens, pêche
- Thermalisme (Vittel, Bains-les-Bains, Plombières-les-Bains, Contrexéville)

Pour les amateurs des grands espaces, le sommet du Hohneck, 3e massif vosgien.

Neufchateau arrosé par la Meuse et ses affluents, du pays d'Epinal aux cultures céréalières, du pays Saintois aux vergers de mirabelliers. La Vôge, qui s'étend de Remiremont à Vittel, pays de rivières et sources, est un haut lieu du thermalisme.

Les randonnées

Le massif des Vosges est le paradis des skieurs en hiver et celui des randonneurs en été. Sept stations se sont associées sous le label «Montagne Hautes-Vosges» pour proposer un panel d'activités innovantes : Valtin-Grand Valtin, Gérardmer, Xonrupt-Longemer, **La Bresse**, Ventron, Saint-Maurice-sur-Moselle et Bussang. De nombreux circuits sont à découvrir à pied, en VTT ou raquettes, avec un accompagnateur en montagne qui saura guider et enrichir les balades. Sur près de 80 kilomètres, la **route des crêtes** chemine le long des sommets vosgiens (Hohneck, Kastelberg, Rainkopf, Grand Ballon), avec de beaux panoramas à la clef. Plusieurs circuits thématiques ménagent aussi de petits crochets à pied ou en voiture pour visiter les sites environnants. La route des Lacs (Gerardmer, Longemer, Retournemer, les Corbeaux) passe à travers cols et forêts. Depuis le lac de Longemer, un rapide détour vers l'étang de Lispach dévoile l'univers protégé des tourbières. A voir aussi, le pont des Fées (arche sculptée dans la roche) et le champ de roches de Barbey-Seroux (accumulation de blocs de granit). Dans le piémont vosgien, au cœur du **pays d'accueil du Donon**, les lacs de Celles-sur-Plaine et de Pierre-Percée (aménagées en bases de loisirs) rappellent les grands espaces canadiens. Autres routes aussi emblématiques : celle du Bois qui traverse le massif des Vosges en trois boucles et, dans le sud, depuis Remiremont en direction du Val d'Ajol, la route des Forts.

En plaine, depuis Sionne, un sentier bordé de hêtres tortillards à la silhouette parfois étrange mène au cœur des forêts de Frébécourt et de Sionne. Aux abords de Neufchateau, découvrir les pertes de la Meuse à Bazoilles-sur-Meuse (infiltrations dans les fractures du sol) ou encore le sentier de la Sermone qui démarre à Dolaincourt. Sur les traces de Jeanne d'Arc, une petite visite à Domremy-La-Pucelle et à Maxey-sur-Meuse s'impose aussi.

Dans les Vosges mosellanes, au départ de Bruyères, les agréables sous-bois d'Helledraye entraînent sur le parcours de fourmis géantes : le sentier des Ducs débute par un de ces énormes insectes, enfermé dans sa cage en fer. Tout au long de cette

Du col du Bonhomme à Thann, la route des Crêtes traverse le Ballon des Vosges.

drôle de randonnée, on admire les crêtes des Hautes Chaumes, le massif du Hohneck ou encore l'arbre des Sept Frères (hêtre à sept troncs).
La route Thermale aux paysages verdoyants est indiquée pour visiter châteaux, églises, ermitages et les stations thermales (**Vittel**, **Contrexéville**, **Bains-les-Bains** et **Plombières-les-Bains**).
A la pointe occidentale du département, l'ancienne station de Martigny-les-Bains surnommée autrefois le «Petit Versailles», témoigne d'un passé fleurissant. Traversant tout le département, le **canal des Vosges** permet de découvrir des sites pittoresques, à pied depuis le chemin de halage ou en bateau: nombreuses croisières au départ d'Epinal et de Fontenoy-le-Château, cité médiévale portuaire très attractive.

Le patrimoine

Depuis l'âge de fer, la civilisation celtique a laissé des témoignages importants (camp de La Bure près de Saint-Dié, pierre de Kerlinkin de Saint-Amé, caveau des fées d'Escles).

LE CARNET DE VOYAGE

Les premiers contacts
Comité départemental du tourisme des Vosges, av. Général-de-Gaulle, 88000 - Epinal, 03.29.82.49.93. www.tourismevosges.fr.
La population
380952 habitants. Préfecture : Epinal.
Les fêtes
Janvier : Fantastic'Arts (Gérardmer).
Février : Trace vosgienne (La Bresse).
Mars : carnaval vénitien (Remiremont).
Avril : fête des Jonquilles (Gérardmer, tous les 2 ans).
Mai : Les Imaginales (Epinal).
Mai-septembre : musée vivant de Chatillon-sur-Saône.
Juin : feux de la Saint-Jean (communes), festival Rues et Cies (Epinal).
Juillet-septembre : festival des abbayes, Xaronval village 1900 (dimanche), Théâtre du Peuple (Bussang).
Octobre : foire agricole et commerciale de Poussay, Festival International de Géographie (Saint-Dié-des-Vosges).
Décembre : cortèges de la Saint-Nicolas, marchés de Noël (villes et villages).
Les produits locaux
- Brimbelles (myrtilles), mirabelles.
- Andouille du Val d'Ajol, munster.
- Miel de sapin, bonbons des Vosges aux bourgeons de sapin, glace Plombières (au kirsh et fruits confits), nonnette de Remiremont (gâteau bombé au pain d'épices).
- Eaux minérales (Vittel, Contrex), bières artisanales, vins de rhubarbe.
L'artisanat
Lutherie (Mirecourt), imagerie populaire (Epinal), papeterie, bois (mobilier, jouets, sabots), verrerie, cristallerie, dentelle, linge de maison, grés flammés (Rambervillers), granite (Bresse).

La route des Leuques et des Romains, au cœur de la plaine des Vosges, séduira les amateurs d'archéologie. Le **sanctuaire de Grand** témoigne des fastes de l'époque gallo-romaine. Il donne à voir l'un des plus vastes amphithéâtres du monde antique ainsi qu'une importante mosaïque appartenant jadis à une grande basilique.
Les édifices religieux sont bien représentés : abbatiale gothique Saint-Pierre de **Remiremont**, abbaye romane Notre-Dame d'Etival et celles de la vallée du Rabodeau (Senones, Autrey, Villers-Bettnach, Justemont) et de l'ancienne principauté de Salm. Mais aussi la **basilique du Bois-Chenu** érigée à l'endroit où Jeanne d'Arc entendait ses «voix», à Domrémy-la-Pucelle et la savante abbaye de Moyenmoutier qui devint, en 960, la première académie d'Europe, l'église baroque de La Bresse ou la basilique Saint-Maurice d'Epinal qui montre différentes influences lorraines (XIe-XIVe siècles).
Le Moyen Age et la Renaissance ont également laissé des maisons fortes, des châteaux et divers vestiges. Le château des Dames à Sandaucourt est un bel exemple d'ouvrage Renaissance. Thuillières fut la dernière demeure de la comédienne de la Belle Epoque, Eve Lavallière. A **Senones**, les deux châteaux des princes de Salm datent du XVIIIe siècle. La terre des Vosges a souvent été convoitée et exposée à la tourmente des guerres : le fort d'Uxegney (1882), aux environs d'Epinal, témoigne des enjeux défensifs de l'architecture militaire.

Les villes et l'artisanat

Les Vosges possèdent un patrimoine industriel, artisanal et culturel très diversifié qui donne un esprit particulier à ses villes et villages. Quelques visites parmi une multitude : ancienne **manufacture royale de Fer-blanc de Bains-les-Bains**, saboterie de la Bresse,

Dans la vallée du Rabodeau, à proximité de la forêt de Bannes, la ville de Senones est bâtie autour de son abbaye bénédictine.

verrerie de Gironcourt-sur-Vraine, cristallerie d'art de Portieux, fabrique de couverts à Darney, tonnellerie de Monthureux-sur-Saône, scierie ou «haut-fer» de Lançoir… Tous les savoir-faire - ou presque - sont représentés dans les Vosges dont la densité artisanale est forte. Pays de bois, les papeteries sont éagalement fréquentes dans les Vosges. La plus célèbre est celle d'Etival-Clairefontaine.

LES SUGGESTIONS GEO

- **Découverte :** maison du peintre Claude Gellée (Charmes) ; maison natale de Jeanne d'Arc (Domremy-la-Pucelle) ; jardin d'altitude du Haut Chitelet (Xonrupt-Longemer).
- **Aventure :** saut à l'élastique (Aventure Parc de Pierre Percée) ; parapente (La Bresse).
- **Insolite :** randonnée avec des lamas de bât (La Bresse) ; balade en chiens de traîneau (vallée des Loups, Gerbépal) ; randonnée GPS avec un accompagnateur en montagne, dans le massif des Vosges.

Aux portes de la Champagne, la ville de **Neufchâteau** est spécialisée dans le meuble de style. Dans le Xaintois, **Mirecourt** est le berceau de la lutherie, de la musique mécanique et de la dentelle au fuseau. A **Gérardmer**, ancien fief du duché de Lorraine surnommé «la perle des Vosges», on fabrique des draps et du linge de maison et des sabots et des objets en bois.
Au carrefour de la Belgique, de l'Allemagne et de la Suisse, **Epinal**, capitale de l'imagerie populaire, conserve en son musée international de l'Imagerie un ensemble de témoignages xylographiques du monde entier.
A **Charmes**, on visite la maison natale du peintre Claude Gellée, dit aussi «Le Lorrain», typique de l'habitat régional. Entre plaine et montagne, les productions gourmandes sont nombreuses. Pour se régaler les yeux et le palais : filez à Bulgnéville découvrir les secrets de la fromagerie de l'Ermitage et ceux de la confiserie des Hautes-Vosges, à Plainfaing. ■

LES CONSEILS GEO

▶ Les plus
Un thermalisme de qualité, un panel d'activités nature à pratiquer en hiver comme un été, de nombreux savoir-faire gastronomiques mais aussi artisanaux à découvrir.

▶ Les moins
Un manque de navettes entre les gares et les sites touristiques.

▶ Les recommandations
Ne jamais s'aventurer seul dans les tourbières, certaines zones marécageuses peuvent s'avérer vraiment dangereuses.

▶ Les tendances
Les ateliers (ébénisterie) ouvrent volontiers leurs portes et organisent des stages pratiques pour acquérir une technique et réaliser des objets.

Ariège

QUE VOIR, QUE FAIRE EN ARIÈGE ?

Les paysages et les activités

- Réserve d'Orlu et du Valier (découverte de la faune locale)
- Activités sportives (randonnée, ski alpin et de fond, VTT, nautisme sur les lacs, pêche dans les cours d'eau, golf, parapente,)
- Thermalisme (Ax-les-Thermes, Ussar-les-Bains, Aulus-les-Bains)

Le patrimoine

- Grottes (Niaux, Labouiche, Lombrives, la Vache), cathédrale souterraine de Bedheilac, parc de l'Art préhistorique
- Châteaux cathares (Foix, Monségur, Usson), bastide de Mirepoix
- Cathédrale Saint-Lizier, église de Saint-Jean-de-Verges, églises superposées de Vals
- Musée de Montferrier, forges de Pyrène (Montgaillhard)

Des vallées verdoyantes aux sommets enneigés des Pyrénées, l'Ariège possède un charme naturel, doublé d'une identité profonde. Cette parcelle des Midi-Pyrénées offre une abondance d'activités, tant culturelles que sportives. Et chaque saison accueille les amoureux de tourisme vert, entraînant son propre dépaysement.

Les paysages

Situé entre la Haute-Garonne, l'Aude et l'Andorre, l'Ariège s'enorgueillit de la variété de ses panoramas. Du nord au sud, son territoire s'élève harmonieusement jusqu'à la chaîne montagneuse des Pyrénées.

La plaine de l'Ariège, au nord, oscille entre collines, champs et vallons. Les terres agricoles, champs de maïs et de tournesols en tête, découpent les paysages. Le Piémont ariégeois prend le relais avec le massif du Plantaurel qui s'évanouit dans le massif granitique des vallées de Foix (Centre) et de Saint-Girons (Ouest). Plus au sud, pointent déjà les premiers, et doux, reliefs pyrénéens.

Enfin, les sommets des montagnes s'affirment dans le haut pays ariégeois. Le Montcalm, le pic du port de Sullo et la pique d'Estats toisent l'horizon, à plus de 3 000 mètres d'altitude. Là, dans les hautes forêts environnantes, châtaigniers, acacias, frênes, hêtres et résineux cohabitent harmonieusement.

Situées au sud-ouest et au sud-est, les **réserves de Valier et d'Orlu** constituent un paradis pour les marmottes, les gypaètes, les aigles et les isards,

Panorama sur le massif pyrénéen depuis la forteresse cathare de Montségur, point culminant à 1 207 mètres.

qu'il est donné de rencontrer au détour de chemins de randonnée.
Bien que sous l'influence dominante d'un climat océanique, la proximité de la Méditerranée se fait sentir en Ariège, dans les collines du Piémont et dans le pays de Sault. Tandis qu'au-dessus de 1 000 mètres, dans les hautes vallées pyrénéennes, il neige fréquemment dès les premiers froids, ourlant de blanc les sommets la majeure partie de l'année.

Les activités

Entre les plaines du Nord, les montagnes du Plantaurel, les massifs de l'Arize et la chaîne des Pyrénées, le paysage n'est jamais figé et les reliefs dégagés sont propices à une infinie variété d'activités.
En été, l'Ariège est un paradis pour les randonneurs avec ses 5 000 kilomètres de sentiers balisés. De nombreux GR passent dans la région qu'emprunte la route de Saint-Jacques-de-Compostelle. Sur les pistes forestières, hésitant entre chemins et crêtes, le relief est tantôt doux, tantôt escarpé. Le cyclotourisme y est aussi très développé, en particulier dans la vallée du Haut Courserans.
Pour la découverte animalière, filer vers les réserves naturelles du Sud ou visiter les fermes thématiques qui racontent la vie quotidienne de ce terroir. En juin, c'est toute la vallée du Courserans qui invite à la transhumance des moutons, des vaches ou des chevaux. Les centres équestres ariégeois ont adopté la race de Merens dont la sûreté de pied est légendaire. Ce petit cheval rustique semble d'ailleurs faire partie du décor depuis des temps immémoriaux, avec sa morphologie étrangement proche de celle des équidés peints sur les parois magdaléniennes.

Dans un excellent état de conservation, le cloître roman de la cathédrale de Saint-Lizier, au cœur du pays Couserans.

Grâce à plus de 3 000 kilomètres de rivières et de lacs, les sports nautiques (planche à voile, kayak, rafting) et la pêche accueillent leurs amateurs. La vallée d'Ax se vante, elle aussi, d'une attractivité certaine avec ses sites de parapente. Enfin, le golf départemental de la bastide de Sérou possède un parcours de 18 trous.

En hiver, les stations de ski s'animent. Ski alpin ou ski de fond, l'Ariège profite d'un bel enneigement et les glisseurs de tous niveaux investissent son terrain de jeu. Alors que la station d'Ax les 3 domaines offre généreusement 75 kilomètres de pistes à dévaler tout schuss, les Monts-d'Olmes, Ascou-Pailhères, Mijanes-Donezan, Guzet et Goulier-Neige sont réputées plus calmes. Sur les plateaux de Beille, le domaine de Chioula, l'étang de Lers et la tour Lafont, on s'adonne au ski de fond et aux randonnées en raquette. Si la nature promet des escapades sportives à deux ou en famille, détente et contemplation trouvent aussi leur place. A **Ussar-les-bains**, **Ax-les-thermes** et **Aulus-les-bains**, stations thermales réputées, on profitera sans effort du décor grandiose des vallées ariégeoises.

LE CARNET DE VOYAGE

Les premiers contacts
Comité départemental du tourisme Ariège Pyrénées, 31 bis av du Général-de-Gaulle, 09000 Foix, 05.61.02.30.80. www.ariegepyrenees.com. Office du tourisme de Foix, 29, rue Delcassé, 09000 Foix, 05.61.65.12.12. Maison des Pyrénées, 15 rue Saint-Augustin, 75002 Paris, 01.42.86.51.86

La population
L'Ariège abrite 137 205 habitants, soit 29 habitants par km². Préfecture : Foix (la plus petite de France).

Les fêtes
Mai-octobre : festival Musiques au pays de Gabriel Fauré (Pamiers).
Juin : feux de la Saint-Jean, Transhumance en Couserans.
Juillet : Chemin de la liberté à Saint-Girons (randonnée pédestre sur les traces des passeurs de la Première Guerre), festival des Grands Chemins d'Ax (Ax-les-Thermes), Dansou Tradou (danses traditionnelles, Seix).
Août : festival de Contes à Saurat, Festival International de la Marionnette (Mirepoix).
Octobre. : fête de la Figue (Mas d'Azil), fête de la Citrouille (Bélesta).

Les produits locaux
- Produits du terroir sur les marchés locaux (foie gras, charcuteries).
- Plats régionaux : mounjetado (cassoulet régional), azinat (potée de choux).
- Fromages au lait de vache ou de brebis (bethmale, broussette).

L'artisanat
Peigne à corne, couteau Montségur, savon au lait d'ânesse, sabot de Bethmale.

■ Le patrimoine

Terre de refuge et d'accueil durant des siècles, l'Ariège dévoile un surprenant patrimoine, au travers de ses églises, châteaux et grottes. Creusées par l'eau dans les roches abruptes, les grottes racontent le quotidien et les coutumes des Magdaléniens. Salles souterraines et peintures rupestres en sont les témoignages et chacune mérite son superlatif ! **Niaux** se targue d'être l'une des plus

Prisé par les skieurs de fond, le domaine nordique de Beille, dans la vallée d'Ax.

célèbres grottes d'Europe, **Lombrives** s'affirme par sa taille, **Labouiche** abrite la plus longue rivière souterraine européenne et il faut se rendre au **parc de la Préhistoire** pour admirer le plus grand fac-similé du monde. Qu'ils soient légende (celle de **Pyrène**, grotte de Lombrives), habitat magdalénien (**grotte de la Vache**) ou **cathédrale souterraine** (**Bedeilhac**), les trésors préhistoriques offrent un exceptionnel voyage dans le temps. Dès le XIIe siècle, les Cathares, eux aussi, ont marqué leur territoire et leur héritage nourrit l'identité locale. En témoigne l'incontournable **château de Foix**, celui **de Monségur**, perché sur sa montagne de calcaire, les vestiges du **château d'Usson** et la **bastide de Mirepoix**.

D'influence catalane et toulousaine, l'art roman ariégeois s'impose à son tour. A **Saint-Lizier**, remparts, tours, cathédrale, fresques, trésors d'ivoire et d'argent agrémentent la visite de cette ancienne cité romaine, édifiée par Pompée en 72 avant J.-C. et désormais reconnue comme l'un des «plus beaux villages de France». L'église de **Saint-Jean-de-Verges**, les deux **églises superposées de Vals** et l'église d'Unac, constituent aussi des chefs-d'œuvre d'art roman.

Les traditions

Au cœur de vertes vallées, une myriade de villages typiques confère un charme particulier à l'Ariège. Les sommets enneigés environnants leur donnent un cachet unique, entre nature et tradition, vieilles pierres et douceur de vivre. Les bourgs s'animent aux quatre saisons. Les spectacles de rue illustrent et pérennisent la culture médiévale. Et, les jours de marchés, les amateurs de terroir slaloment entre primeurs biologiques, producteurs locaux de foie gras et stands de savon d'ânesse.

Au gré des rencontres avec les habitants, des talents transmis de génération en génération émergent. Au détour d'une ruelle, quelques devantures indiquent la présence d'artisans. Les usines de l'Aiguillon et de Campredon à la Bastide-sur-l'Hers dévoilent les étapes de fabrication du peigne en corne, un héritage ancestral datant de l'invasion des Sarrasins. A **Bethmale**, demeure l'ultime confectionneur du fameux sabot de Bethmale, dont la fabrication remonte au VIIe siècle. De même qu'au petit village de la Bastide-sur-l'Hers, les visiteurs découvrent toutes les étapes de fabrication du Montségur, l'indispensable couteau de poche. Au moulin à farine de **Combelongue**, il est même possible d'apprendre les ficelles du vieux métier du meunier, comme autrefois. ■

LES CONSEILS GEO

▶ Les plus

Le contact permanent avec la nature, une gastronomie savoureuse, un accès facile (1h de Toulouse).

▶ Les moins

Peu de vie nocturne.

▶ Les recommandations

Les routes sont sinueuses en montagne. Pour visiter les grottes en été, penser à se munir d'un chandail. Certaines polémiques peuvent fâcher les Ariégeois : soyez donc prudent lorsque vous abordez le sujet de l'ours, il peut être pour eux un véritable prédateur.

▶ Les tendances

L'offre aux familles, qui constituent la majorité des visiteurs en Ariège, s'élargit chaque année. Le parc de la Préhistoire propose aux enfants, à l'issue de la visite, un atelier de peintures rupestres et une initiation à l'usage du propulseur, l'arme des Magdaléniens. Au château de Foix, ils pourront participer à un jeu concours, qui les sensibilisera à la découverte du château.

LES SUGGESTIONS GEO

■ **Découverte :** parc animalier et maison du Loup (Orlu) ; Pays des Traces, parc à thème avec un espace de moulage d'empreintes, parcours ludiques et pédagogiques (Saint-Lizier) ; route des Mines (carrière de talc de Luzenac et Fumanya, ancienne exploitation de charbon à ciel ouvert).

■ **Aventure :** randonnée avec un lama de bât (Auzat, Cazenave).

■ **Insolite :** passer la nuit en igloo (Ax-les-Thermes).

Aveyron

En Midi-Pyrénées, des plateaux verdoyants de l'Aubrac au parc régional des Grands Causses, du flanc de ses vallées aux villages haut perchés qui lui donnent sa belle identité, l'Aveyron est une terre de contrastes. A goûter en toute saison.

Les paysages et les activités

Au nord, le plateau volcanique de l'**Aubrac** dévoile ses vertes prairies, vastes étendues farouches. De mai à octobre, des vaches blondes comme les herbes sauvages, beautés locales aux yeux ourlés de noir, y paissent en silence. Autour, de simples burons de pierres sèches, refuges isolés destinés au repos des bergers durant la longue transhumance.

Si, en été, l'Aubrac pétille de vie avec ses étendues constellées de fleurs de gentiane dont on loue ici les vertus apéritives, en hiver, le plateau enfile sa lourde robe de neige. Reine à la belle saison, la randonnée (à pied, à cheval ou en VTT), au fil des étapes du GR 65, mythique chemin de Saint-Jacques-de-Compostelle ou du tour des monts d'Aubrac, laisse alors place à de gigantesques patinoires de glace et à quelques pistes de ski intimes, essentiellement de fond.

Isolant le plateau du Nord, la rivière Olt coupe le département et ouvre sur le territoire emblématique de la **vallée du Lot**. En remontant le cours de la **Truyère**, les lacs de Castelnau et Golinhac préfigurent les 7 000 kilomètres de cours, rivières et autres réserves où l'eau se fait plurielle, tour-à-tour presqu'île de Laussac, retenue de Montézic, barrage de Couesque, gorges de la Jonte et de la Dourbie, et sa longue litanie de lacs : Jordanie, Pinet, Truel, Sarrans et Maury, miroirs incrustés dans le décor jusqu'en Ségala. Sans oublier les lacs artificiels de **Lévézou**, entre falaises de calcaire et monts fertiles, domaines des amateurs de pêche, de baignade et de sports nautiques.

Recouvrant le tiers sud du département et délimité au nord par les **gorges du Tarn**, le parc régional des Grands Causses se découpe en quatre territoires. Les Causses, terre ultra identitaire du Larzac, s'étendent sur de vastes plateaux calcaires entaillés par les gorges du Tarn, de la Dourbie ou de la Jonte. Les amateurs de sports en eau vive ou de randonnées en ont fait leur terrain de jeux. Les Avant-Causses, patrie du fameux roquefort, avancent un paysage de puechs tabulaires que cisaillent de plus larges vallées où se nichent Millau, Saint-Affrique et Sévérac-le-Château. Les Rougiers offrent une palette de collines aux couleurs chatoyantes tandis que les monts prennent de l'altitude pour se couvrir de forêts

QUE VOIR, QUE FAIRE EN AVEYRON ?

Les paysages et les activités

- Plateau de l'Aubrac (randonnée, sports d'hiver)
- Vallées du Lot, de l'Aveyron et du Tarn, lacs de Lévézou (sports nautiques, baignade, randonnée)

Les villes et le patrimoine

- Rodez, le viaduc de Millau
- Villages classés (Saint-Eulalie-d'Olt, Estaing, Belcastel, Conques, Peyre), villages de la vallée du Lot (Entraygues, Lacroix-Barrez)
- Bastides du Rouergue (Villefranche, Najac, Villeneuve d'Aveyron, Sauveterre-de-Rouergue)
- Châteaux (Coupiac, Bosc, Bournazel, Sévérac)

Au confluent du Dourdou et de l'Ouche, le très médiéval village de Conques, gardien du trésor de l'abbatiale de Sainte-Foy.

Dans les Avant-Causses, terre du roquefort, les brebis se désaltèrent auprès d'immenses abreuvoirs de pierres circulaires.

denses et s'ouvrir sur des vallées rafraîchissantes. Au sein du parc, tout est prévu pour faciliter la découverte d'un patrimoine naturel préservé : gîtes d'accueil pour les randonneurs, panneaux pédagogiques, tables d'orientation, mais aussi équipements pour les nombreux amateurs d'escalade et de spéléologie.

Les villes et le patrimoine

Située au centre du département, **Rodez** est une charmante cité historique, parfait point de départ à la découverte des paysages et du patrimoine. Très gothique, la cathédrale Notre-Dame a été édifiée entre le XIIIe et le XIVe siècle. Son clocher, perché à 87 mètres permet d'appréhender la physionomie de la ville : ses jardins, ses maisons anciennes ou hôtels particuliers et le paysage alentour.

Plus au sud, **Millau** s'enorgueillit de posséder un des fleurons du patrimoine industriel français. Depuis 2005, son **viaduc** se targue d'être le plus haut du monde, culminant à 2 460 mètres d'altitude. Il est l'un des deux sites les plus visités de la région Midi-Pyrénées, l'autre étant les chaînes d'assemblage de l'Airbus A380, à Toulouse. Parfaitement intégré au paysage environnant, comme le souhaitait son architecte, Lord Norman Foster, il trace la voie la plus directe entre Paris et l'Espagne.

L'**Aveyron** abrite dix des «plus beaux villages de France» qu'il est possible de découvrir au gré d'un circuit d'une semaine. Ces petits bourgs pittoresques sont de véritables joyaux architecturaux. Le village escarpé de **Conques**, centre de pèlerinage depuis

LE CARNET DE VOYAGE

Les premiers contacts
Comité départemental du tourisme de l'Aveyron, 17, rue Aristide-Briand, 12000 Rodez, 05.65.75.55.75. www.tourisme-aveyron.com
Maison de l'Aveyron à Paris, 01.42.36.84.63. www.maison-aveyron.com

La population
271 000 habitants. Préfecture : Rodez.

Les fêtes
Mars : Trace du fromage de Laguiole (balade en ski de fond).
Mi-juin : festival Derrière le Hublot (Capdenac).
Juillet : Route du Sel (balade historique à la découverte du Rouergue), fête de la Saint-Fleuret (Estaing).
Début août : Festival Folklorique International du Rouergue, fête de la Lumière (Sauveterre de Rouergue).
Juillet-août : Estivales du Larzac (sur les sites templiers et hospitaliers).

Les produits locaux
- Aligot (purée de pommes de terre à la tome fraîche, plat emblématique de l'Aubrac), tripous (tripes de veau), gâteau à la broche (cuit à la cheminée), régalou (pain local), charcuteries, truffe.
- Roquefort (AOC), bleu des Causses, fromage de Laguiole.
- Vins de Marcillac (AOC), des vallées du Lot et de la Truyère (Entraygues et Estaing), côtes de Millau.

L'artisanat
Couteaux (Laguiole), gants de cuir (Millau), objets en étains (Villeneuve).

Curiosité d'argilite ardente, les Rougiers de Camarès, dans les Grands Causses.

866, accueille les pèlerins en route vers Saint-Jacques-de-Compostelle. A flanc de rocher, le fief de Sainte-Foy est une pure merveille d'art roman. Son abbatiale mise en lumière par les vitraux monochromes de Pierre Soulages, la pesée des âmes de son fameux tympan, son trésor fait de châsses et de reliquaires en or, ses maisons à pans de bois : tout concoure à sa beauté.

De Saint-Laurent à **Entraygues**, une multitude de hameaux de caractère, arrimés aux rives du Lot ou de l'Olt, confèrent à son bassin un charme, une douceur de vivre salutaire.

Sainte-Eulalie-d'Olt et **Estaing** affirment également leur héritage médiéval avec leur château, respectivement du XVe et du XIe siècle, et leurs bâtisses traditionnelles. A visiter aussi, **Sauveterre-de-Rouergue** et sa bastide royale du XIIIe siècle ; **Belcastel** qui tire son nom de ses aspirations belliqueuses ; **Najac** pour sa forteresse royale du XIIIe siècle ; Brousse-le-Château, parfait témoignage d'architecture militaire médiévale ; la Couvertoirade, fondation templière et commanderie hospitalière, édifiées sur un éperon rocheux au cœur du Larzac ; le village de **Peyre** pour son église troglodytique, adossée à la falaise. Même s'ils ne figurent sur la liste des «plus beaux villages», **Lacroix-Barrez** et Mur-de-Barrez affichent également une architecture typique du pays, mélange de vieilles pierres et de toits de lauze…

L'Aveyron est également le pays des bastides. Présentes dans tout le Languedoc, leur architecture est faite de lignes régulières et perpendiculaires. Ainsi, la place publique au centre de la ville est généralement entourée de portiques. **Villefranche-de-Rouergue,** fondée en 1252, est une jolie cité médiévale suivant ce plan architectural, comme Najac, **Villeneuve-d'Aveyron**, devenue une bastide au XIIIe siècle et qui s'articule autour d'un grand monastère, **Sauveterre de Rouergue**, bâtie autour d'une place à arcades ornée de maisons à colombages ou La Bastide-L'Evêque, dotée d'une collégiale du XVe siècle.

Sur la route des Seigneurs de Rouergue, les vallées sont parsemées d'innombrables châteaux : le château du **Bosc** (ancienne demeure de Toulouse Lautrec), **Bournazel** (site majeur de la Renaissance), **Coupiac** (XVe siècle), sans oublier le château de Fayet dans lequel Henri IV prenait ses quartiers d'été. Tours, galeries, fortifications et musées… du beffroi de Millau au château de **Séverac** en passant par la tour ancienne de Viala-de-Pas-de-Jaux, l'Aveyron s'avère toujours très riche en découvertes. ■

LES SUGGESTIONS GEO

- **Découverte :** promenade autour du brame du cerf à l'automne (dans l'Aubrac) ; Micropolis, la cité des Sciences (Saint Léons) ; parc animalier (Saint-Hubert) ; parc préhistorique (grottes et nécropole à Foissac).
- **Aventure :** chasse au trésor ultra moderne, guidée par satellite, GPS fourni aux participants (Aguessac).
- **Insolite :** randonnées à dos de dromadaire sur le Causse (Verrières).

LES CONSEILS GEO

▶ Les plus
Tout autant que ses paysages, l'Aveyron vaut pour sa table. Aligot de l'Aubrac en tête, impossible de ne pas faire bonne chère avec une profusion de produits de terroir d'une authenticité rare.

▶ Les moins
La vie nocturne n'est pas des plus trépidantes. Il est très difficile de trouver de l'animation en dehors des rares centres urbains.

▶ Les recommandations
Haut perchés, les villages d'Aveyron épousent le relief : pour en arpenter les ruelles, il est préférable de bannir les chaussures de ville.

▶ Les tendances
Les offres de circuits de découverte du territoire aveyronnais se multiplient et des idées originales germent : outre la route de la Brebis dans le parc régional des Grands Causses, il est désormais possible de savourer un voyage en barque sous le viaduc de Millau pour en admirer les soubassements, mais aussi d'entreprendre une quête baptisée «LTH code 007», sous la forme d'un parcours d'énigmes sur les sites du Larzac templier et hospitalier.

Le château de Castelmore à Lupiac, lieu de naissance du mousquetaire d'Artagnan.

Gers

Des oies dodelinant à la queue leu leu dans un pré. Le Gers a cette image de vie qui va comme un long fleuve tranquille. Ce qui est vrai mais pas tout à fait. Moelleuse campagne doucement vallonnée, ce département de Midi-Pyrénées, terre de châteaux et de spiritualité, est aussi un bon vivant non dénué d'humour. Au contraire.

Les villes et les villages

Des castelnaux (villages fortifiés entourant un château), des sauvetés (villages édifiés autour d'une église ou d'un monastère) et des bastides (bourgs rectilignes avec une place centrale à arcades et sa halle). Ces regroupements défensifs sortis de terre entre le XIe et le XIVe siècle constituent l'essentiel de l'habitat du Gers. Ainsi, au pays de **d'Artagnan** (qui a son musée à **Lupiac**, charmant castelnau justement, tout proche du château de Castelmore où l'héroïque mousquetaire est né), l'on vit dans des murs qui ont conservé tout leur tempérament.

Souvent, ils dominent la situation au sommet d'une colline, sur cette terre tout en rondeur que l'on nomme aussi Gascogne. C'est le cas de **Larressingle** (la plus petite cité fortifiée de France, un castelnau du XIIIe siècle resté intact), **Montréal** (fleuron des bastides du Gers avec son église gothique du XIIe siècle, ses maisons à colombages et sa place à arcades) ou **Lectoure** (sa cathédrale, l'ancien évêché devenu mairie et abritant un très intéressant musée archéologique, l'atelier de pastel, ce pigment oublié de couleur bleu, installé dans une ancienne tannerie…). Et puis **Condom** la tranquille sous-préfecture (cathédrale gothique Saint-Pierre, cloître devenu mairie et passage public, palais épiscopal du XVIIIe siècle…). **Auch** encore, capitale champêtre avec ses vieilles demeures et ses hôtels particuliers, ses typiques «pousterles», fins escaliers pentus qui relient la ville basse à la ville haute, et son altière cathédrale Sainte-Marie, d'un éclatant gothique flamboyant.

LE CARNET DE VOYAGE

Les premiers contacts
Comité départemental de tourisme, 3, bd Roquelaure, 32002 Auch cedex, 05.62.05.02.16. www.tourisme-gers.com

La population
180 000 habitants. Préfecture : Auch.

Les fêtes
Novembre : Flamme de l'Armagnac (fête de la distillation à Eauze et en Armagnac).
Mai : Festival International de Bandas y Penias (concours de fanfares) à Condom, feria de Pentecôte à Vic-Fezensac (corridas, courses landaises, bandas, bodegas).
Juillet : feria à Eauze, festival de Country Music à Mirande, festival Tempo Latino (concerts et bals de musiques latines), à Vic-Fezensac.
Août : Jazz in Marciac (festival de jazz), festival d'Astronomie à Fleurance, fête de l'Ail à Mauvezin et Saint-Clar.

Les produits locaux
- Foie gras et confit d'oie et de canard, croustade (gâteau feuilleté fourré à la pomme et aux pruneaux parfumés à l'armagnac).
- Armagnac, Floc de Gascogne (liqueur à l'armagnac), Pousse Rapière (vin champagnisé à la liqueur d'armagnac à l'orange), vins (madiran rouge) et pacherench (blanc sec ou moelleux), côtes de Gascogne et côtes de Saint-Mont.

QUE VOIR, QUE FAIRE EN GERS ?

Les villes et les villages
Auch, Condom, Montréal, Larressingle, Lupiac (musée d'Artagnan), Lectoure

Les églises et les châteaux
- Art sacré (cathédrale Sainte-Marie, collégiale de La Romieu, abbaye de Flaran, musée d'Art campanaire, église fortifiée de Simorre)
- Châteaux (Lavardens, Mansencôme, Caumont, Busca-Maniban, Flamarens)

Les traditions
Condom (musée de l'Armagnac, chais de Ryst-Dupeyron), Eauze, Vic-Fezensac

LES CONSEILS GEO

▶ Les plus
Il y a toujours quelque chose à découvrir dans le Gers au fil des saisons : fêtes traditionnelles et festivals au printemps et en été ; vendanges et marchés au gras en automne et en hiver.

▶ Les moins
Un accès un peu difficile (pas d'autoroute dans le département, une seule liaison ferroviaire entre Auch et Toulouse, et l'aéroport le plus proche, Toulouse, à 77 km).

▶ Les recommandations
Réserver très en avance son hébergement au moment des ferias et festivals de jazz à Marciac et de country à Mirande afin de ne pas séjourner trop loin du lieu convoité.

▶ Les tendances
La découverte des vins et liqueurs du cru au cours d'escapades œnotouristiques avec accueil vigneron (dégustation, visite de chai, présentation d'alambic…).

Les églises et les châteaux

Classée au Patrimoine mondial de l'humanité par l'Unesco, la **cathédrale Sainte-Marie** d'Auch était une halte majeure sur les chemins de Saint-Jacques-de-Compostelle. Deux d'entre eux, celui du Puy-en-Velay et celui de Provence, traversent le Gers. Devenus GR65, ils empruntent des voies d'une sacrée richesse patrimoniale (**collégiale de La Romieu** et son cloître, pont roman d'Artigues également inscrits au Patrimoine de l'humanité). Ne pas manquer non plus la bucolique **abbaye cistercienne de Flaran** (XIIe siècle) ni l'**église fortifiée de Simorre**, une rareté, et l'insolite **musée d'Art campanaire** (cloches en tout genre) de l'Isle-Jourdain. L'esprit de cape et d'épée s'exprime quant à lui dans les châteaux. Ainsi de **Lavardens** (fief médiéval des comtes d'Armagnac reconstruit au XVIIe siècle et jamais achevé), **Busca-Maniban** (édifice du XVIIe siècle où est élevé un armagnac renommé) et son voisin **Mansencôme** (XIIIe siècle) au délabrement poétique, **Caumont** (style Renaissance imposant au cœur d'un parc) ou **Flamarens** (ouvrage du XVe siècle à la corpulente tour ronde, patiemment restauré par son propriétaire). Et puis Cassaigne, Lacassagne, Sainte-Mère…

Les traditions

C'est avec un accent bien chantant que l'on accueille le visiteur en pays d'Armagnac. La plus vieille eau de vie de vin du monde, qui lui a d'ailleurs emprunté son nom, a ses trois appellations distillant chacune des saveurs particulières (autour d'Auch, d'Eauze et de Condom qui lui fait l'honneur d'un **musée de l'Armagnac** installé dans les anciennes écuries de l'évêché). Visite conseillée aussi des vieux **chais de Ryst-Dupeyron**.

LES SUGGESTIONS GEO

- **Découverte :** croisière fluviale en house boat sur la Baïse ; astronomie à la Ferme des étoiles (Fleurance).
- **Aventure :** chasse au trésor sur les traces des lutins (Roquelaure).
- **Insolite :** week-end foie gras (stage de préparation à la ferme) ; jardin carnivore (Peyrusse-Massas) ; musée campanaire (Isle-Jourdain).

Le foie gras, d'oie et de canard, est le grand trésor gourmet du département. A déguster (avec confits et magrets) sur l'un des nombreux marchés au gras qui se tiennent sur ses places d'octobre à avril.
La tradition taurine habite aussi fortement l'âme gasconne. Courses landaises dans tout l'Armagnac, notamment à Nogaro et Estang (avec exploits de sauteurs affrontant le taureau pieds joints dans un béret) et corridas endiablées à **Eauze** et **Vic-Fezensac** donnent lieu à d'allègres ferias pascales et estivales.
Autres traditions locales : le championnat du monde de vitesse d'escargots, celui du lancer de béret et le concours international d'épouvantails à moineaux. Qui a dit que l'on s'ennuyait dans le Gers ? ■

Portée par le dynamisme de la Ville Rose, la Haute-Garonne aux accents chantants de Midi-Pyrénées invite à prendre le temps de vivre, de se promener au rythme lent du canal du Midi, de savourer les spécialités gastronomiques locales.

La prairie des Filtres, près du pont Neuf qui enjambe la Garonne, à Toulouse.

Haute-Garonne

Les paysages et les activités

Au nord, le **Frontonnais,** paysage de vignes et d'arbres fruitiers, oasis dans le **pays Toulousain** constitué de plaines fertilisées par la Garonne, avec ses châteaux et bourgs indolents en briques et tuiles roses. A voir, entre autres, les beaux villages Cadours, Brax et Laréole, en bordure de la grande forêt de Bouconne.

A l'est, le **Lauragais,** pays de Cocagne où poussait le pastel. Ces étendues de blé, maïs et tournesol, balayées par le vent d'autan et du Cers, sont traversées par le **canal du Midi.** A découvrir : Saint-Félix, cité perchée, Saint-Julia, Revel et le **lac Saint-Ferréol.**

Au sud-ouest, les coteaux verdoyants du **Volvestre** et ses vallées où coule la Garonne, avec des falaises sur la rive droite, face à de larges terrasses. Ne manquez pas l'ancien siège épiscopal de Rieux-Volvestre ni Montesquieux-Volvestre, avec vue sur les Pyrénées centrales et les vallons.

Plus au sud, la région **Comminges** et **Pyrénées centrales** va des contreforts pyrénéens à la haute montagne, culminant au pic de Perdiguère (3 222 mètres), avec des vallées d'altitude comme l'Oô. Canyoning, parapente, rafting et hydrospeed se pratiquent sur lacs et torrents. Stations de ski : Peyragudes, Luchon-Superbagnères, Le Mourtis et Bourg-d'Oueil.

Les villes

Fille de la Garonne et du Soleil, **Toulouse** voit la vie en rose, celui des briques en argile cuite de la région. Bien enracinée sur cette terre qui a fait la fortune des commerçants de pastel à la Renaissance et dont on peut admirer une cinquantaine d'hôtels particuliers, Toulouse est aussi la ville de l'Espace où l'on construit l'Airbus A380, enorgueilli du titre de plus gros avion de ligne du monde.

LE CARNET DE VOYAGE

Les premiers contacts
Comité départemental du Tourisme de Haute-Garonne, Service Loisirs Accueil, 14, rue Bayard B.P. 71509, 31015 Toulouse Cedex 06, 05.61.99.44.00. www.tourisme31.com et aussi www.randonnees-haute-garonne.fr.

La population
1 089 750 habitants. Préfecture : Toulouse.

Les fêtes
Février : Festival International de la Création Télévisuelle (Luchon), mois de la Violette (Toulouse).
Mars : Rencontres Cinémas d'Amérique latine (Toulouse).
Avril : 13e Printemps du rire (Toulouse).
Juin : Rio Loco, festival de la Garonne.
Juillet-Août : festival du Comminges (musique classique et sacrée), Toulouse d'été, 31 Notes d'été (spectacles gratuits).
Septembre : piano aux Jacobins, Printemps de septembre (Toulouse).
Octobre : Toulouse-les-Orgues, Jazz sur son 31.

Les produits locaux
- Cassoulet et saucisse de Toulouse, pétéram (à base de tripes de mouton) et pistache luchonnaise (cassoulet à base de mouton), tripou, omelette occitane, tourin (soupa à l'ail), aïl violet de Cadours.
- Vin AOC du Frontonnais.

L'artisanat
Faïence (Martres-Tolosane), meubles d'art (Revel).

QUE VOIR, QUE FAIRE EN HAUTE-GARONNE ?

Les paysages et les activités

- Pays (Toulousain, Frontonnais, Lauragais, Volvestre, Comminges, Pyrénées centrales), canal du Midi, lac Saint-Ferréol
- Randonnée, sports, balades fluviales, loisirs de montagne

Les villes et les villages

- Toulouse (place du Capitole, basilique Saint-Sernin, couvent des Jacobins)
- Revel (marché, musée du Canal-du-Midi), Martres-Tolosane, Saint-Bertrand-de-Comminges, Bagnières-de-Luchon

LES CONSEILS GEO

▶ Les plus
Toulouse est une ville multiculturelle, à vivre de jour comme de nuit, idéalement au gré de ses festivals. Les enfants y sont les bienvenus avec un site qui leur est entièrement dédié : www.toulouse-enfant.com.

▶ Les moins
Quand le vent d'autan souffle depuis l'océan, oubliez les promenades, préférez vous réfugier dans les musées, il y a de quoi devenir fou !

▶ Les recommandations
S'y prendre à l'avance pour réserver un hôtel à Toulouse à cause des nombreux congrès d'affaires et multiples festivals.

▶ Les tendances
Le tourisme adopte les outils du XXIe siècle : il est désormais possible de télécharger le parcours «Toulouse en lumière» sur son GPS pour découvrir, la nuit venue, les principaux monuments éclairés.

Les chaînes d'assemblage de cet aéronef hors normes sont ouvertes à la visite tandis que ceux qui s'intéressent à l'aventure aérospatiale se précipiteront à la cité de l'Espace.
Incontournables, la **place du Capitole**, l'actuel hôtel de ville, où il faut aller visiter notamment la salle des Illustres. De là, filez à la **basilique Saint-Sernin**, le plus vaste édifice roman occidental du XIe siècle. Restaurée par Viollet le Duc et chantée par Nougaro, «la fleur de corail» a été classée au Patrimoine mondial de l'Unesco pour sa présence sur la Via Tolosa, voie sur le chemin de Saint-Jacques-de-Compostelle, de même que l'Hôtel-Dieu. A ne pas manquer non plus, le **couvent des Jacobins**, bijou de l'art gothique languedocien.
Pour goûter à l'art de vivre, prenez le temps de flâner dans les parcs et le long du canal du Midi ou sur les quais de la Garonne. A vélo, vous pourrez profiter de la toute nouvelle passerelle qui relie le port Viguerie aux abattoirs, pour visiter le centre d'Art moderne et contemporain de Toulouse et de Midi-Pyrénées. Pour finir par une visite au passionnant muséum d'Histoire naturelle.

Les villages

Sous les halles de l'ancienne bastide royale de **Revel** fondée en 1342 par Philippe VI de Valois, au pied de la montagne Noire, dans le pays lauragais, le **marché** est épatant. C'est aussi la capitale du meuble d'art. A ne pas oublier, le nouveau **musée** et jardins du **Canal-du-Midi** dans l'ancienne maison de l'ingénieur, au pied de la digue du bassin de Saint-Ferréol. L'histoire du plus ancien canal d'Europe classé au Patrimoine mondial de l'humanité et celle de Pierre-Paul Riquet, son auteur, sont racontées.
A voir également, aux alentours de Saint-Gaudens, le site antique de **Saint-Bertrand-de-Comminges** avec ses maisons à colombages (XVe-XVIe siècles) et sa **cathédrale Sainte-Marie** (XIe-XIIe siècles), étape vers Compostelle. Et visiter la basilique Saint-Just, à Valcabrère.
Martres-Tolosane, village circulaire, doit sa célébrité aux exceptionnelles sculptures de la villa gallo-romaine de Chiragan et à sa faïence d'art (ateliers, musée Angonia). A la station thermale de **Bagnères-de-Luchon,** haut lieu du pyrénéisme fréquenté par Sand, Flaubert, Heredia ou encore Rostand, admirer les opulentes villas du XIXe siècle et le bel hôtel de Lassus-Nestier, reconverti en musée du pays de Luchon. ■

LES SUGGESTIONS GEO

- **Découverte :** muséum d'Histoire naturelle et son jardin botanique comprenant huit potagers du monde (Toulouse) ; château de Laréole, au parc dessiné par Le Nôtre, très animé l'été avec des spectacles de jonglage, cirque, poésie.
- **Aventure :** parc African Safari, pour une balade de 3h en voiture et à pied à la découverte de 650 espèces d'animaux, avec spectacles d'otaries et d'oiseaux en saison (Plaisance du Touch).
- **Insolite :** cité de l'Espace où les enfants peuvent passer leur diplôme d'astronaute ! (Toulouse)

Pause contemplative au pied de la trouée naturelle de la brèche de Roland qui marque la frontière avec l'Espagne (2 804 mètres).

Hautes-Pyrénées

Les Hautes-Pyrénées rassemblent bien des atouts pour des séjours réussis en toute saison : la montagne, un soleil généreux, des sites naturels protégés, des activités de plein air et un patrimoine historique non négligeable, au sud-ouest de la région Midi-Pyrénées.

Les paysages

Département recouvert sur une grande moitié de montagnes, les Hautes-Pyrénées invitent à ouvrir grand les yeux sur une nature généreuse et des panoramas grandioses. Frontière naturelle de 450 kilomètres entre la France et l'Espagne, le département, situé au centre de la chaîne des Pyrénées, abrite les sommets les plus hauts (point culminant, le Vignemale 3 298 mètres). Le reste du territoire offre des paysages contrastés : la large plaine alluviale de l'Adour (de Bagnères de Bigorre jusqu'à la pointe nord du département), 300 lacs (Estaing, Gaube, Peyrelade, Lourdes, Ilheou…) et un piémont de coteaux herbeux et boisés au pied du massif. Le **parc national des Pyrénées**, créé en 1967, couvre une surface de 46 000 hectares d'espace protégé et de biodiversité où un vaste choix d'itinéraires à parcourir à pied est proposé. La faune et la flore sont particulièrement riches : isard, gypaète barbu, vautour fauve ou encore desman des Pyrénées sont les animaux les plus

QUE VOIR, QUE FAIRE EN HAUTES-PYRÉNÉES ?

Les paysages et les activités

- Parc national des Pyrénées, Gavarnie et les grands cirques glaciaires, pont d'Espagne, pic du Midi
- Réserve nationale du Néouvielle, route des Cols
- Randonnée, thermalisme, vélo, sports d'hiver

Les villes et les vallées

- Lourdes, Argelès-Gazost, Cauterets, Gavarnie, La Mongie, Tarbes
- Vallées du Louron, d'Aure (Saint-Lary Soulan) et du Tourmalet (Bagnères-de-Bigorre, Barèges)

Le patrimoine

Château (Mauvezin), château fort (Lourdes), moulins à eau

emblématiques tandis que pin à crochets, ramonde des Pyrénées, rhododendron ferrugineux ou rare iris bleu des Pyrénées illustrent la grande diversité sur le plan botanique.

Au cœur du parc et adossés au parc national d'Ordesa, Mont-Perdu, côté espagnol, les **grands cirques glaciaires** ont fondé le patrimoine identitaire des Hautes-Pyrénées. **Gavarnie**, le plus connu avec sa cascade vertigineuse dont les hauteurs sont inégalées en Europe (422 mètres), est classé au Patrimoine mondial de l'Unesco et arbore un décor féerique. Non loin, à 2 804 mètres d'altitude, la trouée naturelle de la Brèche de Roland marque la frontière avec l'Espagne, sorte de rempart rocheux. Toujours dans le parc national des Pyrénées, une promenade balisée permet d'accéder à un autre site d'exception, le **pont d'Espagne**, où la nature est reine avec une faune et une flore d'une grande variété, autour de lacs et de torrents cristallins.

Culminant à 2 877 mètres, le **pic du Midi** offre une splendide vue panoramique sur la chaîne des Pyrénées et les plaines du Grand Sud, jusqu'aux premiers contreforts du Massif central. Haut lieu d'observation et de recherches, il propose également un espace découverte aménagé sur une terrasse de 600 m² et un musée qui vulgarise efficacement l'astronomie. On peut accéder par téléphérique, au départ de La Mongie

La **réserve nationale du Néouvielle** abrite près de 70 lacs qui ponctuent le paysage de vert et bleu. C'est le paradis de la randonnée dans une nature calme et préservée où les marmottes côtoient les crapauds accoucheurs au pied de pins à crochets centenaires. Le département compte aussi trois réserves naturelles régionales, celles des massifs du Pibeste, Aulon et des tourbières de Clarens.

Les activités

Avec un tel patrimoine naturel, les Hautes-Pyrénées disposent d'un choix d'activités de plein air quasi infini : randonnée pédestre, à cheval, VTT, escalade, 220 kilomètres de rivières pour les sports d'eau vive, parapente, deltaplane ou encore la pêche. Et pour les cyclistes avertis, la **route des Cols** (Tourmalet, Aspin, Soulor et Peyresourde), rendue mythique par le Tour de France, déploie ses méandres goudronnés au milieu de paysages splendides pour jouir de la vue pendant l'effort.

Pour le thermalisme, les montagnes s'avèrent une source inépuisable d'eau dont les bienfaits thérapeutiques sont connus depuis longtemps. Pas moins de huit stations thermales

Dominé par les pics du mont de Bigorre et d'Espade, le col du Tourmalet fut gravi par madame de Sévigné en chaise à porteurs.

sont réparties sur le département. **Argelès-Gazost**, Bagnères-de-Bigorre, **Cauterets**, Luz-Saint-Sauveur et **Saint-Lary Soulan** pour ne citer que les plus réputées, défendent chacune leurs spécialités.

En hiver, les montagnes des Hautes-Pyrénées font le plein de vacanciers avides de sensations fortes et parmi les douze stations de ski du département, on trouve des domaines de ski de pistes classiques, mais aussi une appellation «Espace nordique» réservée aux stations offrant des aménagements pour pratiquer la raquette, le ski de fond, la marche à pied ou le traîneau à chiens (Nistos, Hautacam, , Campan-Payolle, Val d'Azun et Cauterets). Les fondus de nature apprécieront : ces stations sont toutes à taille humaine et accordent une place très importante à l'environnement (certification et labellisation de toutes les stations).

LE CARNET DE VOYAGE

Les premiers contacts
Hautes-Pyrénées Tourisme Environnement, 11, rue Gaston Manent, BP 9502, 65950, Tarbes, cedex 9, 05.62.56.70.00. www.tourisme-hautes-pyrenees.com

La population
232 300 habitants en Hautes-Pyrénées. Préfecture : Tarbes.

Les fêtes
2e quinzaine de juillet : festival de Gavarnie (théâtre de plein air au cœur du cirque), festival Piano Pic (interprètes internationaux dans des sites prestigieux en montagne).
Fin juillet-début août : Equestria, Festival Européen de la Création Equestre (à Tarbes).
Août : festival A Voix Haute à Bagnères-de-Bigorre (fête des chants : religieux, montagnards, chorales…).
Septembre : Moutouades ou fête des Côtelettes (fête traditionnelle commémorant le pastoralisme encore marqué au Val d'Azun et à Luz-Saint-Sauveur).

Les produits locaux
- Haricot « Tarbais » (IGP, Label Rouge).
- Porc noir de Bigorre, mouton de Barèges-Gavarnie (AOC).
- Garbure (soupe aux légumes et haricots mijotés avec l'os du jambon) et gâteau à la broche.
- Vin de Madiran (AOC).

Les villes et les vallées

Lourdes est mondialement connue comme centre de pèlerinage catholique (le deuxième après Rome). Près de six millions de visiteurs, venus des cinq continents, s'y pressent chaque année. Devenue célèbre suite aux apparitions de la vierge qui se serait présentée devant la jeune Bernadette Soubirous en 1848, la ville est sans cesse investie d'une foule dévote. Mais ce n'est pas l'unique centre d'intérêt de la ville qui ne manque pas de charme avec son château, son lac et ses nombreux musées.

Bagnères-de-Bigorre doit sa réputation à ses thermes, en services depuis l'époque romaine. **Argelès-Gazost**, avec sa forte personnalité pyrénéenne est un lieu de villégiature plaisant et serein. **Cauterets**, village typique aux portes du parc national, assure un dépaysement total au cœur de la forêt. **Gavarnie**, se targue d'être le village le plus élevé du département (1 375 m) perché sur les flancs

Au lac de Bastan, le pin à crochets, caractéristique de l'écosystème de Néouvielle.

LES CONSEILS GEO

▶ Les plus
Les Hautes-Pyrénées offrent un incroyable concentré d'activités pour tous les goûts. Et le plaisir de pratiquer ses loisirs préférés dans une nature et des paysages d'exception.

▶ Les moins
On peut déplorer l'accès difficile en raison, notamment, de l'absence de voies autoroutières au-delà de la ville de Tarbes.

▶ Les recommandations
Bien que parfaitement sécurisé, le site du pic du Midi est déconseillé aux femmes enceintes, enfants de moins de 3 ans et personnes présentant des risques cardiaques. Pour des raisons d'hygiène, les compagnons à quatre pattes ne sont pas admis non plus.

▶ Les tendances
Pour offrir le réconfort après l'effort, l'offre touristique se développe tout particulièrement en direction des thématiques porteuses liées au bien-être. Elle s'étoffe avec l'ouverture de spa indépendants installés dans les centres thermaux, au pied des montagnes. Les randonneurs, dont les muscles sont parfois mis à rude épreuve, apprécient !

de la haute vallée du Gave de Pau. **La Mongie**, point de départ du téléphérique du pic du Midi et **Tarbes**, le chef-lieu des Hautes-Pyrénées réservent aussi une belle diversité d'activités et de découvertes. Agrémentée de fontaines, la préfecture, ville natale du maréchal Foch et de Théophile Gautier, possède un très beau patrimoine civil et religieux.
Sans cesse dans les Hautes-Pyrénées, les montagnes s'ouvrent et déploient des vallées magnifiques : la **vallée du Louron** et le lac de Génos-Loudenvielle cerclé de petits villages de charme ; la **vallée d'Aure**, porte de la réserve naturelle de Néouvielle et son village de caractère Saint-Lary Soulan ; la **vallée du Tourmalet** aux territoires contrastés avec Bagnères-de-Bigorre. Ici débute aussi la très belle ascension du col du Tourmalet surplombé par le pic du Midi, et de l'autre côté du versant, le village de haute montagne de **Barèges** aux vrais accents de pastoralisme.

LES SUGGESTIONS GEO

- **Découverte :** régions de La Barousse et du Nistos, à arpenter en dehors des sentiers battus.
- **Aventure :** descente sportive du pic du Midi en VTT.
- **Insolite :** Pyrénées en montgolfière, en hélicoptère ou en ULM pour donner du relief et de la hauteur à ses vacances.

■ Le patrimoine

L'eau est partout, de la montagne à la plaine. Elle a joué et joue encore un rôle primordial dans les Hautes-Pyrénées. Depuis des siècles, les Bigourdans ont utilisé sa force motrice pour faciliter leur vie quotidienne. On trouve aujourd'hui une quantité remarquable de **moulins à eau** (une cinquantaine). Certains, réhabilités, se visitent : les moulins de Saoussas, de Mendagne et des Baronnies et leurs meules, toujours en fonction ; le vieux moulin de Sazos fait revivre l'activité agricole du village ; les cinq moulins de Gèdre entièrement rénovés ; le moulin de la Mousquère ; la Moule du Castet qui, restaurée, peut à nouveau moudre son grain, comme antan.
Deux châteaux méritent le détour : le **château fort de Lourdes** (classé Monument Historique), dominant la ville et témoin de l'histoire du XIe au XIXe siècle. Des modifications ont été réalisées par l'architecte Vauban en 1685 et depuis 1921, il abrite le Musée pyrénéen. Le **château de Mauvezin**, bel exemple de l'architecture militaire médiévale, a été construit au XIe siècle par les comtes de Bigorre et réhabilité par Gaston Fébus, comte de Foix, à la fin du XIVe siècle. ■

Lot

Autour d'un prieuré clunisien, le village de Carennac, baigné par la Dordogne.

Le Lot attire les foules en été pour les richesses naturelles, le patrimoine historique et les nombreux villages de caractère que son territoire abrite. Pays aux mille saveurs, le département conserve et met en valeur une identité profonde et unique au nord de la région Midi-Pyrénées.

Les paysages

A la fracture entre causses et vallées, aux limites du Quercy, du Limousin et de la Dordogne, cirques rocheux, gorges et falaises se succèdent. Au pays de la **vallée de la Dordogne** lotoise, gabarres et anciens embarcadères plantent le décor. Bourgs castraux et bastides sont adossés aux escarpements. Les tables calcaires du Massif central, enlacées dans le Quercy, composent ici des vallées encaissées. Cours d'eau, lacs, petits bourgs, vallées verdoyantes et forêts, le pays de Figeac offre sa nature souveraine. En son centre, des rives de la Dordogne aux coteaux du **Quercy blanc**, le **parc régional des Causses du Quercy** occupe la majeure partie du territoire, règne des gouffres et des grottes, gorges et canyons. Brebis et rapaces peuplent ses paysages quadrillés de murets de pierre. Au sud, sur le causse du Limogne, le chêne truffier prend ses droits tandis

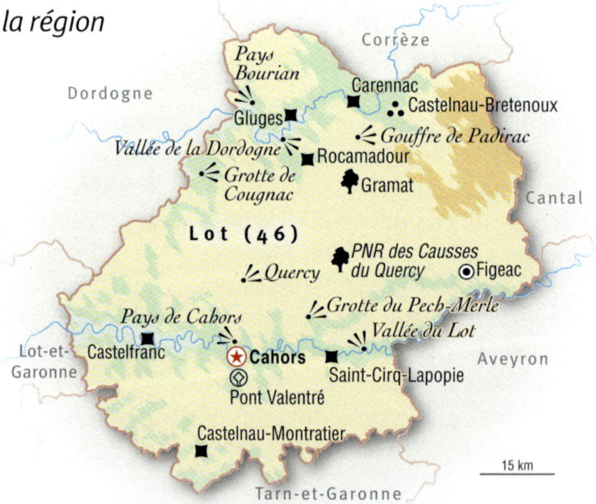

QUE VOIR, QUE FAIRE DANS LE LOT?

Les paysages

Vallées (Dordogne, Lot), parc régional des Causses du Quercy, pays Bourian, pays de Cahors

Le patrimoine, les vallées et les villes

- Vallée du Lot (Cahors, Saint-Cirq-Lapopie, Figeac)
- Vallée de la Dordogne (Gluges, Carennac, Castelnau-Bretenoux)
- Bastides (Castelnau-Montratier, Castelfranc)
- Rocamadour
- Grottes (Cougnac, Pech-Merle), Padirac, habitations semi-troglodytiques

Les activités

- Randonnées (parc régional, vallée du Lot)
- Cyclisme (vallée du Lot), équitation (Quercy Blanc, chemins de Saint-Jacques)
- Croisières sur le Lot, sports nautiques
- Jardins (Gramat, Saint-Dau), vignoble de Cahors

Dans les causses du Quercy, Rocamadour, cité religieuse sur le canyon de l'Alzou.

que le pays de Gramat a un cœur préservé. A l'ouest, le **pays Bourian** est constitué de forêts où cohabitent chênes, châtaigniers, bruyères et fougères. Les terres rouges et ocre offrent une palette vive qui pare les murs des villages. Au sud-ouest, le **pays de Cahors**. Le long de majestueuses falaises, sa vallée se couvre de châteaux et de villages, rappelant les panoramas du nord du département. Au sud, la pierre qui éclaircit et les premiers champs de lavande annoncent le Quercy blanc.

Les vallées et les villes

La **vallée du Lot** regorge de cités de caractère. Sur une boucle de la rivière, **Cahors**, dont le pont Valentré est classé au Patrimoine mondial de l'Unesco au titre des chemins de Compostelle. Entre autres témoignages de son illustre passé : les beaux vestiges des thermes gallo-romains de l'antique Divona Cardurcorum, les façades gothiques du quartier médiéval et les demeures Renaissance, le théâtre, la tour Saint-Jean, la maison Henri IV et la cathédrale Saint-Etienne… A **Figeac**, ville marchande, la maison du Griffon ou l'hôtel de la Monnaie affichent aussi leur splendeur. Place Carnot, se balader sous les galeries couvertes (les soleilhos) et son grenier ouvert, admirer ses tourelles d'angle Renaissance et le château de Balène. Place Champollion, enfant du pays, un très intéressant musée dédié aux écritures du monde, depuis leurs origines, il y a 5 000 ans. Voir aussi, juste derrière, enchâssée dans le bâti médiéval, une reproduction sur-dimensionnée de la pierre de Rosette qui permit à l'égyptologue de déchiffrer les hiéroglyphes. Au nord de Figeac, la place forte de Cardaillac, protégée par son fort médiéval. Ruelles de la saboterie, séchoir à châtaignes, moulin à huile, tours de Sagnes et de l'Horloge se visitent sur les rives du Drauzon. Enfin, **Saint-Cirq-Lapopie** épouse la falaise en une harmonie gothique : l'argile rouge habille les toits, la pierre calcaire les murs, et le chêne brun du causse, les portes du bourg médiéval.

Gluges, dans la **vallée de la Dordogne**, est cerné de falaises. Le prieuré de **Carennac**, avec son église Saint-Pierre et le château des Doyens, est classé parmi les «plus beaux villages de France». On découvre l'architecture militaire à travers la forteresse de **Castelnau-Bretenoux**, le bâti Renaissance au château de Montal et les périodes romanes et gothiques à Souillac, Martel et Saint-Céré. Non loin du fameux **gouffre de Padirac** (35 m de diamètre, 103 m de profondeur), les balcons et escaliers fleuris

Le long du Lot, le chemin de halage de Ganil, entre Bouziès et Saint-Cirq-Lapopie.

de Loubressac ont inspiré les images de Doisneau. La porte fortifiée ouvre sur un univers de demeures typiquement quercynoises. Dominé par un cirque de falaises, Autoire, ancien repaire de brigands, est agrémenté de tourelles et d'élégantes façades.

Le patrimoine

Pays des bastides, le Quercy abrite un chapelet de cités forgeant l'identité régionale: **Castelanau-Montratier** dans le Quercy blanc ; Cazals, ancien castrum des seigneurs de Gourdon aux superbes hôtels particuliers du XVIIe siècle ; **Castelfranc** sur les berges du Vert ; Bretenoux dans la vallée du Cère ; Montcabrier et son architecture médiévale.

Arrimée aux falaises, **Rocamadour**, cité la plus visitée du département et haut lieu de pèlerinage depuis le XIIe siècle, donne à voir un magnifique point de vue sur le canyon de l'Alzou. Les 216 marches de l'escalier monumental mènent à la Vierge Noire de la chapelle Notre-Dame via un ensemble unique de lieux de culte.

La grotte du **Pech Merle** est un autre sanctuaire, celui de l'art pariétal. Ses salles abritent des tracés digitaux et des peintures rupestres dont le célèbre panneau des chevaux ponctués. Les grottes de **Cougnac** enferment un décor de stalactites et autres concrétions fistuleuses. C'est aussi un site de peintures du paléolithique supérieur : mégacéros, bouquetins, mammouths et figures humaines.

Dans les vallées du Lot, du Célé et de la Dordogne, les falaises cachent des **habitations semi-troglodytiques** : à Tour-de-Faure, Caberets, Saulic-sur-Célé, Saint-Sulpice et Gluges.

Situé sur les mythiques **chemins de Saint-Jacques-de-Compostelle**, le Lot abrite de véritables trésors que l'Unesco a inscrit au Patrimoine mondial : l'église Saint-Sauveur et crypte Saint-Amadour (Rocamadour), la cathédrale Saint-Etienne (Cahors), l'hôpital Saint-Jacques (Figeac), le dolmen de Pech-Laglaire (Gréalou).

Les activités

Le **parc régional des Causses du Quercy** est sillonné de sentiers. Ses villages sont la mémoire vivante de la vie pastorale. Les cinq «espaces naturels sensibles» du Parc, où la diversité écologique et le patrimoine sont en totale corrélation, mèneront vers la forêt de la Braunhie, les vallées de l'Ouysse, de l'Alzou ou de la Masse, la Couasne de Floirac ou les landes du Frau.

Le long de la vallée du Lot, les itinéraires touristiques suivent les pas d'André Breton de Cahors à Saint-Cirq-Lapopie, de Françoise Sagan du côté de Cajarc et de Pierre Loti à Bretenoux. Un chemin de halage parcourt la vallée en longeant les falaises creusées. En vélo, la vallée offre un beau terrain de jeu thématique : vergers et vignobles pour les épicuriens, Cahors, les châteaux et les bastides pour les amoureux de vieilles pierres. Côté équitation, le Lot compte 700 kilomètres de pistes.

Le Lot est aussi l'un des plus beaux domaines navigables de France. Voie commerciale dès le XVIe siècle, les croisières battent le plein en été : en bateau-promenade, en gabare ou en bateau habitable, après initiation au passage des écluses. 75 kilomètres de parcours de Larnagol à Luzech sont

LE CARNET DE VOYAGE

Les premiers contacts
Comité départemental du tourisme du Lot, 107, quai Eugène-Cavaignac, 46000 Cahors, 05.65.35.07.09. www.tourisme-lot.com

La population
168 500 habitants. Préfecture : Cahors.

Les fêtes
Janvier : fête de la Truffe (Lalbenque).
Ascension : fête des caves d'Alba (samedi seulement).
Pentecôte : fête des Fromages de Rocamadour (le dimanche).
Juillet : Cahors Blues Festival, festival de jazz Sim Copans (Souillac), Eclectiques de Rocamadour, Africajarc (Cajarc).
Août : festival Ecaussystème (Gignac).
Septembre : Montgolfiades (Rocamadour).
Octobre : fête du Safran (Cajarc), fête de la Noix (Thégra).

Les produits locaux
- Noix, truffe.
- Coteaux du Quercy (merlot, côt, gamay), vins du pays du Lot, AOC Cahors (sauvignon, chardonnay, sémillon), vieille prune de Souillac, bière d'Olt.

L'artisanat
Poterie, céramique.

Veillant sur Cahors depuis 700 ans avec ses trois tours carrées, le pont Valentré, inscrit au Patrimoine mondial de l'Unesco.

ouverts (d'avril à octobre) à la navigation, mais aussi à la pêche.
Eaux vives, rivières souterraines et gouffres légendaires (grottes de Lacave, gouffre de Padirac) donnent rendez-vous aux amateurs de sensations fortes. Sur les rives du Lot, de la Dordogne et de la Célé, une foule d'embarcadères proposent des sorties en canoë-kayak. Les descentes en canyoning se dessinent sur les terres granitiques du Ségala, non loin de Lacapelle-Marival, au Saut Grand de Latouille-Lentillac et dans les gorges du Bervézoul au gré de cascades, toboggans et rapides. Spéléologie et escalade sont au programme.
Terre de jardins, le Lot offre également des balades insolites accompagnées d'effluves printanières : les 30 jardins Secrets de Cahors, le **jardin du grand couvent de Gramat**, le **labyrinthe des roses de Saint-Dau** et le jardin des Sens de Castelfranc. Enfin, les **vignobles** se visitent de châteaux en domaines, soit au total plus de 300 exploitations. Le circuit AOC **Cahors** permet de se familiariser avec les fameux tanins du vin noir : au château Haute-Serre près de Lalbenque, au château Lagrézette du côté de Caillac, ou encore vers Puy-l'Evêque sur les longs coteaux du vignoble du château du Cayrou. ■

LES SUGGESTIONS GEO

■ **Découverte :** chemin Art et Nature de Latrouille-Lentillac (botanique et œuvres d'art) ; lacs de Saint-Namphaise (anciens abreuvoirs du parc régional) ; circuit découverte du diamant noir, de décembre à février (Montcuq).
■ **Aventure :** gouffres du causse de Gramat (forêt de Braunhie) ; descente de la Dordogne en canoë (d'Argentat à Souillac) ; plongée souterraine (Rocamadour).
■ **Insolite :** nuit de la chouette et des chauves-souris au printemps (parc régional) ; séjour dans une cazelle, petite dépendance circulaire typique du Quercy (Cajarc).

LES CONSEILS GEO

▶ Les plus
Le Lot offre un patrimoine dense au cœur d'une nature unique aux panoramas grandioses. Le long des rivières, les croisières permettent la contemplation et la découverte du patrimoine des rives.

▶ Les moins
Si les activités proposées par le département sont denses, l'offre bien-être est un peu laissée de côté.

▶ Les recommandations
La saison de la truffe mérite que l'on s'attarde sur le territoire hors saison, de mi-décembre à mars (marchés et fête à Lalbenque).

▶ Les tendances
Un label «Rando-Etape» uniformise les infrastructures d'accueil des randonneurs, dans la tradition de l'accueil jacquaire. En gîtes d'étapes ou chambres d'hôtes, les hôteliers assurent un confort de qualité.

Gothique et méridionale, la cathédrale fortifiée Sainte-Cécile d'Albi, l'un des plus grands édifices de brique au monde (1282-1493).

Tarn

Le Tarn apprécie l'Histoire, qui le lui rend bien. Enrichi au Moyen Age par le pastel, ce territoire d'Occitanie a conservé ses anciennes demeures, son savoir-faire, ses légendes. Et ses paysages sont comme autrefois. Pour un voyage dans le temps, en Midi-Pyrénées.

Le patrimoine

Cultivant à nouveau des champs de pastel, le Sud-Ouest tarnais redécouvre son passé. Assemblées en pelotes, les fameuses cocagnes, les feuilles de pastel donnent le bleu du même nom. Au Moyen Age, lorsque seules existaient les teintes naturelles, cette plante était appréciée pour sa couleur azuréenne. Le **pays de Cocagne** s'étendait alors depuis Albi jusqu'à Toulouse et Carcassonne. Il fit alors la fortune des marchands. La route historique du Pastel fait une escale au **château** médiéval de **Magrin**, qui abrite le **musée du Pastel**. Autres étapes majeures: la **forteresse cathare** de **Puylaurens** et Albi, sur le Tarn.

La ville d'**Albi** devint opulente grâce au commerce du pastel et se couvrit de monuments remarquables. Ainsi la **cathédrale Sainte-Cécile**, fier édifice de briques achevé à la fin du XVe siècle, et dont le matériau rougeoyant a donné son surnom de «ville rouge» à Albi. A l'intérieur, des fresques du XVe siècle illustrent le Jugement dernier. La brique revêt aussi les arches du **Pont-Vieux**, le plus ancien de France (XIe siècle), les demeures du

LE CARNET DE VOYAGE

Les premiers contacts
Comité départemental du tourisme du Tarn, 41, rue Porta, BP 225, 81006 Albi cedex, 05.63.77.32.10. www.tourisme-tarn.com

La population
360 000 habitants. Préfecture : Albi.

Les fêtes
Février-mars : Grand Carnaval (Albi).
Mi-mai : fête à Molière (Réalmont).
Juillet : Extravadanses (Castres), Musiques des Lumières (Sorèze).
Mi-juillet : fêtes médiévales du Grand Fauconnier (Cordes-sur-Ciel).
1er vendredi d'août : fête de l'Ail rose (Lautrec).

Les produits locaux
- Ail rose de Lautrec, charcuterie de Lacaune, veau du Ségala ou du Lauragais.
- Carré du Tarn (fromage au lait de chèvre), pérail (fromage de brebis).
- Croquants de Cordes (biscuits aux amandes), échaudés (biscuits anisés).
- Vins AOC de Gaillac (blancs secs, doux).

L'artisanat
Couteau Taranis (à cran d'arrêt), maroquinerie (Graulhet), vêtements teints au pastel (Albi).

QUE VOIR, QUE FAIRE DANS LE TARN ?

Le patrimoine

- Pays de Cocagne (château de Magrin, musée du Pastel, Puylaurens et son château cathare)
- Albi (cathédrale Sainte-Cécile, Pont-Vieux, palais de la Berbie)
- Castres (rives de l'Agout, hôtels de Nayrac et Viviès, musée Goya)
- Bastides (Cordes-sur-Ciel, Castelnau-de-Montmiral, l'Isle-sur-Tarn), villages (Puycelci, Lautrec)

Les paysages et les activités

- Monts de Lacaune (ski nordique, source chaude de Lacaune-les-Bains)
- Parc naturel régional du Haut-Languedoc (lac du Laouzas, randonnée), rochers du Sidobre

centre historique et le **palais de la Berbie**. Cet ancien édifice épiscopal présente, en un musée, des œuvres de l'albigeois Toulouse-Lautrec.

Cité fluviale comme Albi, **Castres** est bercée par l'**Agout**. On s'y promène en coche d'eau, admirant les anciennes maisons des corporations artisanes, aux façades de bois et de torchis. On parcourt le centre ancien, rehaussé d'**hôtels particuliers** du XVIIe siècle (**Nayrac, Viviès**) et enrichi d'importants **musées**, comme celui de **Goya**, dans le palais épiscopal.

D'une ville à l'autre, le caractère tarnais s'affirme, au gré de la route des **bastides**, places fortifiées médiévales. La plus spectaculaire est sans doute **Cordes-sur-Ciel** qui semble tutoyer l'azur sur son éperon rocheux. L'artisanat local y a pignon sur rue, et le passé se raconte au fil des façades. Comme aux bastides de **L'Isle-sur-Tarn** et **Castelnau-de-Montmiral**, comme à **Puycelci**, village ceinturé de remparts ou **Lautrec**. Monument à elle seule, l'abbaye-école de Sorèze offre un millénaire d'histoire : le festival de musique classique Musiques des lumières s'y déroule en été.

Les paysages et les activités

Creusés par les rivières, façonnés par l'érosion, les paysages du Tarn s'étagent de la plaine à la moyenne montagne. Dans les **monts de Lacaune**, l'altitude est suffisamment élevée (le massif culmine à 1 267 mètres au Montgrand) pour skier, quand la neige est au rendez-vous. Unique station d'hiver, Picotalen ne propose pas de remontées mécaniques, mais des itinéraires de ski nordique et une interminable piste de luge.

Tout près, **Lacaune-les-Bains** est une agréable station thermale, dont la source de Bel Air (24° C) alimente l'espace des **sources chaudes**.

Des monts de Lacaune au massif du Sidobre, en passant par les rives du **lac du Laouzas**, on traverse les terres protégées du **parc naturel régional du Haut-Languedoc**. Randonnées (à pied, en VTT ou à cheval), baignade, activités aquatiques non motorisées (planche à voile, canoë, kayak) composent les plaisirs estivaux. Sans oublier la découverte du **Sidobre**, où les **rochers** granitiques prennent des formes étranges : roc de l'Oie (tête de palmipède), Peyro Clabado (pierre clouée), énorme rocher en équilibre sur un socle étroit, Trois Fromages (pierres comme des fromages empilés) et le rocher tremblant des Sept Faux, qu'un levier peut faire osciller, sans le renverser pour autant. ■

LES SUGGESTIONS GEO

- **Découverte :** en coche d'eau sur l'Agout (Castres) ; route du Pastel (Albi, château de Magrin) ; rochers du Sidobre (roc de l'Oie, des Sept Faux).
- **Aventure :** circuit des Pigeonniers, 39 km à vélo (Puylaurens) ; parcours acrobatique (Saint-Pierre-de-Trivisy).
- **Insolite :** se mettre dans la peau d'un mineur au musée de la Mine (Cagnac-les-Mines) ; observer les étoiles au Planetarium (Montredon-Labessonnié).

LES CONSEILS GEO

▶ **Les plus**
L'héritage médiéval des villes et des villages, l'éventail varié des paysages naturels et le climat bien ensoleillé.

▶ **Les moins**
Le vent d'autan, qui a la réputation d'être le «vent du diable». Il peut souffler toute l'année, mais ses rafales sont les plus fortes de l'automne au printemps.

▶ **Les recommandations**
Certains sites et musées ont des horaires réduits, une période de fermeture annuelle, ou un accès sur rendez-vous. On pensera à se renseigner avant de se déplacer.

▶ **Les tendances**
Pays d'art et d'histoire, le Tarn fait découvrir son patrimoine, mais il encourage aussi l'écotourisme pour tous (5 000 km de sentiers balisés, dont le joli sentier des Droits de l'homme, voie verte accessible aux personnes à mobilité réduite).

Tarn-et-Garonne

Toujours de saison, le Tarn-et-Garonne s'apprécie l'été pour son patrimoine, ses villes et villages anciens ou ses promenades au bord de l'eau en Midi-Pyrénées. En hiver, il devient le rendez-vous des gastronomes qui flânent d'un marché à l'autre, humant la truffe, soupesant le canard gras. Bienvenue aux épicuriens.

Le patrimoine

La préfecture du Tarn-et-Garonne se flatte d'être une ville à la campagne. Cité de briques au bord du Tarn, et classée «ville d'art et d'histoire», **Montauban** franchit les siècles en conservant son caractère. Celui d'une bastide fondée au XIIe siècle organisée autour de la **place Nationale**, bordée d'arcades, appelées «couverts», car ces galeries abritent du soleil et du mauvais temps. On flâne sur la place comme autrefois, au rythme des heures, admirant l'architecture des façades, bâties à la fin XVIIe siècle. Musicien, mais surtout artiste, **Ingres** a légué à sa ville natale une grande partie de ses œuvres, ainsi que son fameux violon. A découvrir au **musée** qui lui est consacré, dans un ancien palais épiscopal. Tout près, un pont de briques franchit le Tarn de ses arches en ogives : c'est le **Pont-Vieux** qui mène à la ville depuis le XIVe siècle. Au fil de ses rues, deux édifices religieux se découvrent aussi. L'**église Saint-Jacques**, aux 700 ans d'histoire, puis la **cathédrale Notre-Dame,** construite sous Louis XIV, sur les hauteurs. En Tarn-et-Garonne, l'art religieux crée des merveilles. On le voit aussitôt à **Moissac** où l'abbaye bénédictine abrite un superbe cloître. Les colonnes du promenoir sont ornées de chapiteaux romans historiés représentant des scènes tirées de la Bible ou de l'histoire chrétienne. Le cloître de l'**abbaye Saint-Pierre de Moissac** est classé au Patrimoine mondial de l'Unesco au titre des chemins de Saint-Jacques-de-Compostelle, de même que le tympan sculpté au-dessus de l'entrée de l'église. Moissac est aussi une ville fluviale, où se rencontrent deux voies d'eau, l'une naturelle (le Tarn), l'autre aménagée (le canal de Garonne). Pour que ces deux voies se croisent sans ralentir l'avancée des bateaux, un pont-canal a été construit au milieu du XIXe siècle : c'est le **pont Cacor**, l'un des plus grands de France avec ses 356 mètres de long. Au détour de la campagne, apparaît un imposant monument, le **château de Cas**. Construit au Moyen Age, le château a l'aspect d'un fort défensif. Il s'illustre au

QUE VOIR, QUE FAIRE EN TARN-ET-GARONNE ?

Le patrimoine

- Montauban (Pont-Vieux, Place nationale, cathédrale Notre-Dame, église Saint-Jacques, musée Ingres)
- Moissac (abbaye Saint-Pierre, pont Cacor), château de Cas, Bruniquel (village et château)

Les marchés traditionnels

Marché hebdomadaire (Saint-Antonin-Noble-Val), saisonnier aux truffes et au safran (Caussade) ou au gras (Caussade, Montech , Castelsarrasin, Valence-d'Agen, Montauban)

Les paysages et les activités

- Chemin de Saint-Jacques (GR 65)
- Berges (canaux de Garonne et de Montech), pente d'eau (Montech)
- Loisirs aquatiques (canoë sur l'Aveyron, baignade au plan d'eau de Labarthe)

Grâce au pont-canal du Cacor, édifice de 356 m soutenu par 14 piles, le canal latéral à la Garonne franchit le Tarn, à Moissac.

A la limite du Rouergue, la cité de Saint-Antonin-Noble-Val et son beffroi roman.

XIIIe siècle en abritant une commanderie de chevaliers de l'ordre des Templiers. Démantelé par le pouvoir royal au début du XIVe siècle, l'ordre des Templiers abandonne le fort de Cas, qui deviendra par la suite un château d'agrément.

D'autres châteaux sont à voir, comme celui de Bruniquel, juché sur un promontoire dominant la rivière Aveyron. Un édifice seigneurial aurait occupé ce site dès le VIe siècle, mais les bâtiments visibles ne remontent pas au-delà du XIIe siècle. Blotti près du **château**, le **village de Bruniquel** fait partie, avec Auvillar et Lauzerte, des lieux possédant le titre de «plus beaux villages de France». Les rues de Bruniquel sont bordées de maisons de pierres, où se sont installés ateliers d'artistes et échoppes d'artisans. On s'y attardera volontiers.

Les marchés traditionnels

Département du bien-vivre, le Tarn-et-Garonne apprécie les **marchés**, où se vendent créations artisanales et produits du terroir. Chaque ville dispose de son lieu de rencontre entre marchands et chalands, généralement une halle couverte, pour que le marché se produise en toute saison.

A **Saint-Antonin-Noble-Val**, on se rend sur la place de la Halle, tous les dimanches matins, pour acheter des spécialités gourmandes, canard confit, miel ou confiture, et de l'artisanat.

A **Caussade**, le marché hebdomadaire se déroule le lundi matin. On y trouvera casquettes et chapeaux traditionnels, l'un des artisanats renommés de la ville, ainsi que des vins locaux, parmi les produits typiques. Mais d'autres marchés valent à Caussade sa réputation de carrefour gastronomique. Ils se déroulent à la saison hivernale, de mi-novembre à mi-mars, et permettent de se procurer au meilleur prix, des ingrédients qui valent leur pesant d'or : la **truffe** et le **safran**. Rendez-vous le lundi matin à l'espace Bonnaïs, pour ce marché du luxe culinaire, qui se double d'un marché dit «au gras», où l'on se fournira en canard et foie gras, frais ou prêts à être dégustés.

Le **marché au gras**, véritable fil conducteur gourmand, permet de visiter le département. Il se déroule de mi-novembre à mi-mars dans plusieurs villes, mais à des jours différents. **Caussade** inaugure la semaine. Vient ensuite **Valence-d'Agen**, où le canard est à l'honneur le mardi sous la halle Jean-Baylet. Puis **Montauban** le mercredi, place Lalaque ; **Castelsarrasin** le jeudi, sous la halle occitane. **Montech** clôt la semaine, avec son marché au gras installé sous la halle Jean-Jaurès, dimanche matin.

Les paysages et les activités

Dépourvu de hauts reliefs (300 m d'altitude au maximum), le Tarn-et-Garonne offre néanmoins des paysages variés, entre plaines, coteaux, plateaux et gorges de rivières. Les randonneurs pourront emprunter un chemin historique, le long du **GR 65**. Celui-ci n'est autre que l'une des **voies de pèlerinage de Saint-Jacques-de-Compostelle**, celle dite du Puy ou

LE CARNET DE VOYAGE

Les premiers contacts
Comité départemental du tourisme du Tarn-et-Garonne, 15, bd Midi-Pyrénées, BP 534, 82005 Montauban cedex, 05.63.21.79.65. www.tourisme82.com

La population
223 000 habitants. Préfecture : Montauban.

Les fêtes
Janvier-février : festival Alors... Raconte (dans tout le département).
Mai : Alors. Chante (Montauban).
Juillet : Les Vibrations (Moissac).
Mi-juillet : estivales du chapeau (Caussade).
Juillet-août : Jazz à Montauban et en Tarn-et-Garonne.
Novembre : festival Lettres d'Automne (Montauban).

Les produits locaux
- Foie gras et ail blanc de Lomagne, truffe du Quercy, cèpes de Vaïssac, AOC chasselas de Moissac, melon du Quercy, reine claude dorée (prune label rouge).
- Cabri'ange (fromage de chèvre), tome du Ramier (fromage au lait cru).
- Pavé du Quercy (gâteau aux fruits secs et confits), boulets de Montauban (noisette enrobée de chocolat).
- Vins du Quercy, côtes-du-brulhois, côtes-du-frontonnais.

L'artisanat
Céramiques (Auvillar), chapeaux (Caussade), tissés main (Bruniquel).

Le cloître de l'abbatiale Saint-Pierre de Moissac, chef-d'œuvre du XIe siècle.

LES CONSEILS GEO

▶ Les plus

La ruralité préservée est la garantie d'une gastronomie savoureuse dont les marchés de pays sont la parfaite illustration. Et des activités de plein air pour contrebalancer les petits excès de table.

▶ Les moins

Le Tarn-et-Garonne n'offre pas le même tourisme selon les saisons. L'hiver est à consacrer aux marchés traditionnels, l'été aux visites culturelles et aux activités de plein air.

▶ Les recommandations

Un temps à tendance orageuse, tout particulièrement en été. Bien se renseigner sur la météo avant de partir en randonnée.

▶ Les tendances

Les séjours à thème se développent, pour apprendre à cuisiner les bons produits locaux (canard gras), se perfectionner en peinture, visiter les domaines vinicoles, ou suivre le dressage des chiens truffiers. A réserver notamment auprès des Gîtes de France du département.

LES SUGGESTIONS GEO

- **Découverte :** jardins zen du Bamboo Parc (Castelsarrasin) ; musée du Miel (Gramont) ; templiers au château de Cas (Espinas).
- **Aventure :** descente des gorges de l'Aveyron en canoë (Saint-Antonin-Noble-Val) ; parcours dans les arbres d'Agrip Aventure (Montech).
- **Insolite :** vivre au paléolithique (campement préhistorique de Bruniquel) ; prendre un «ascenseur fluvial» (pente d'Eau de Montech).

via Podiensis, qui traverse le Tarn-et-Garonne sur environ 53 kilomètres. Il passe par l'ancienne bastide de Lauzerte, et l'église Saint-Barthélemy avant de rallier l'abbaye Saint-Pierre de Moissac, puis la halle ronde et l'église Saint-Pierre d'Auvillar.
Pour une promenade au bord de l'eau, suivre les anciens chemins de halage le long du **canal de Garonne**, de Moissac à Castelsarrasin. On longera les berges du **canal de Montech**, jusqu'à Montauban. A pied ou à vélo. Ici, les distances restent raisonnables, pas plus de 7 kilomètres entre Moissac et Castelsarrasin, et 12 kilomètres pour rallier Montech depuis Montauban. A Montech, se trouve également une curiosité fluviale, qui fait songer à une sorte d'ascenseur pour bateaux. Il s'agit de la **pente d'eau**, qui évite désormais aux embarcations le passage de cinq écluses sur 3 kilomètres. Deux automotrices font avancer un sas qui hisse les bateaux le long d'un dénivelé de près de 14 mètres. Une expérience à vivre en direct, à bord de l'une des vedettes franchissant la pente d'eau lors d'une mini-croisière. D'autres plaisirs aquatiques sont proposés par le département : les sportifs descendront les gorges de l'Aveyron en canoë, tandis que les amateurs de farniente se rafraîchiront au **plan d'eau de Labarthe**. ■

Nord

Typique des plages du Nord, celle de Zuydcoote est un site très prisé en été.

Avec ses beffrois, ses villes médiévales, ses musées, ses plages immenses et ses festivités en tout genre, le Nord est bien loin de l'image grise qu'on colle volontiers à ce département de la région Nord-Pas-de-Calais, limitrophe de la Belgique.

Les paysages et les activités

Entre les polders flamands de la côte et le bocage vallonné de l'**Avesnois**, le Nord décline une grande variété de paysages. Frontalier avec la Belgique, le département s'organise en trois espaces singuliers.

La **Flandre** composée de plaines et de monts englobe un grand territoire comprenant Lille et Douai, et filant jusqu'à Dunkerque. Les **monts des Flandres** y culminent à 266 mètres d'altitude, du côté de **Cassel**. Tout au nord, les **polders** gagnés sur la mer abritent des «moeres», lagunes d'eau douce. La côte aligne ensuite d'in-

QUE VOIR, QUE FAIRE DANS LE NORD ?

Les paysages

- Polders flamands, dunes et plages de la côte, monts des Flandres à Cassel
- Dunkerque, Malo-les-Bains, Gravelines, Grand-Fort-Philippe, Petit-Fort-Philippe
- Parc naturel régional français de la Scarpe et de l'Escaut, Avesnes-sur-Helpe
- Parc naturel régional de l'Avesnois, forêt de Mormal, parc départemental du Val Joly

Le patrimoine

- Beffrois (Lille, Bergue, Dunkerque, Saint-Amand-les-Eaux, Douai)
- Fortifications (Mons, Dunkerque, Gravelines, Avesnes-sur-Helpe, Le Quesnoy, Maubeuge, Cambrai)
- Centre historique minier (Lewarde), musée du Textile et de la Vie sociale (Fourmies)

Les villes et les monuments

- Lille, Tourcoing, Roubaix, Villeneuve-d'Ascq, Bergues, Cassel, Le Cateau-Cambrésis, Valenciennes
- Moulins (Steenvorde, Terdeghem, Wormhout, Boeschepe)

Compagnon des vents qui balaient le Pays des Géants, le moulin sur pivot de Drievenmeulen, à Steevenvoorde.

terminables **plages,** paradis pour les randonneurs et les chars à voile. Les plages de Leffrinckoucke , Bray-dunes et Zuydcoote sont parmi les plus réputées. Ce sont alors des kilomètres de **dunes** qui se déroulent de Bray-Dunes à **Malo-les-Bains**, charmante station bordée de villas Art déco. Blanches, grises ou boisées, ces dunes sont quadrillées d'un réseau de sentiers balisés qui respecte l'écosystème scrupuleusement.

Dunkerque, troisième port de commerce français, vaut la visite avec son imposant beffroi, l'église Saint-Eloi et ses très intéressants musées : celui des Beaux-Arts, très imaginatif, le musée du LAAC, lieu d'art et de création contemporaine et son incontournable musée portuaire, réparti de façon originale entre un musée à quai et un musée à flot.

Aux confins du Nord, la ville fortifiée de **Gravelines** voisine avec **Grand-Fort-Philippe** et **Petit-Fort-Philippe** d'où les pêcheurs d'Islande chers à Pierre Loti partaient pêcher la morue.

Le Hainaut comprend à la fois l'ancien bassin minier et les vallées de la Sambre, de l'Escaut et de la Selle, autour de **Valenciennes**. Ce pays de plateaux et de collines est très urbanisé mais compte toutefois le **parc naturel régional français de la Scarpe et de l'Escaut**, le plus ancien parc français, pays de l'eau et des bois.

Enfin, l'Avesnois, pays de bocages de forêts et de vergers autour **d'Avesnes-sur-Helpe**, occupé pour la plus grande partie par le parc naturel régional du même nom. Chapelles et oratoires s'y nichent, au creux de bocages cernés de haies d'aubépines et de charmes. On y randonne dans la **forêt de Mormal**, jusqu'au mythique tombeau de Gargantua. Pour la pratique de la voile, direction le **parc départemental du Val Joly**, qui accueille le plus grand plan d'eau du nord de la France, superbement équipé.

Le patrimoine

L'architecture témoigne d'une économie autrefois florissante, lorsque les industries et le commerce bénéficiaient de la proximité avec les Pays-Bas et la Flandre. Partie intégrante du paysage du Nord, les nombreux **beffrois** qui jalonnent le département sont inscrits par l'Unesco au Patrimoine de l'humanité, comme témoignage de l'identité culturelle de cette région. Leurs carillons rythment encore aujourd'hui la vie quotidienne des Nordistes : celui de **Lille** est assurément le plus haut (104 mètres), celui de **Bergue** abrite 50 cloches, celui de **Dunkerque** 48 tout comme celui de **Saint-Amand-les-Eaux**, tandis que le beffroi de **Douai**,

Rythmant la vie des Douaisiens, le beffroi et son fameux carillon à 62 cloches.

LE CARNET DE VOYAGE

Les premiers contacts
Comité départemental du tourisme du Nord, 03.20.57.59.59. www.cdt-nord.fr

La population
2 576 000 habitants. Préfecture : Lille.

Les fêtes
Les carnavals sont légion ainsi que les ducasses (fêtes patronales), voici une sélection d'incontournables.
Février-avril : carnavals et fêtes des Géants (Bailleul, Dunkerque, Bergues, Lille, Steenvoorde).
Week-end après l'Ascension : Franche Foire de Tourcoing (tournois de chevalerie) ;
Fin juin-début juillet : festival de l'Eau de la porte du Hainaut (Saint-Amand-les-Eaux)
Début juillet : Gayants (géants) de Douai (1er dimanche après le 5 juillet).
Juillet-août : Festivole (Centre historique minier de Lewarde), Juventus à Cambrai (musique), festival du Carillon (Douai).
15 août : procession et cortège carnavalesque (Cambrai), bénédiction de la mer (Dunkerque).
1er week-end de septembre : braderie de Lille, carnaval (Valenciennes).

Les produits locaux
- Fromages (maroilles AOC, bergues, boulette d'Avesnes, Mont des Cats, Samer).
- Moules-frites, charcuterie.
- Gaufres, chocolats, bonbons (bêtises de Cambrai, babeluttes de Lille), gaufres, cramiques, tartes aux sucres.
- Bière (150 variétés), genièvre (alcool de céréales).

battant tous les records, en compte pas moins de 62.
Pour protéger la région des envahisseurs, Vauban, grand stratège de Louis XIV, avait imaginé de doter de **fortifications** un cordon de villes entre **Dunkerque** et **Mons**, mais aussi de **Gravelines** à **Avesnes-sur-Helpe**, en passant par **Le Quesnoy** et **Maubeuge**. Plus au sud, **Cambrai,** avec ses remparts, ses vieilles maisons et sa cathédrale. Qui s'intéresse à l'architecture moderne ne pourra manquer la villa Cavrois construite par l'architecte Mallet-Stevens dans les années 30, à Croix, aux environs de Roubaix. Les amateurs iront aussi voir les maisons Prouvé à **Tourcoing**, sans oublier les nouveaux quartiers Euralille I et II à **Lille,** signés des plus grands architectes contemporains (Jean Nouvel, Christian de Portzamparc ou Kazuo Shinohara). Ainsi que **Villeneuve-d'Asq**, technopôle moderne nantie d'un riche patrimoine rural.
Impossible dans le Nord de faire l'impasse sur l'histoire ouvrière, avec les corons et leurs cités, les cheminées d'usine et les jardins ouvriers ou les filatures réhabilitées en maisons Folie à **Lille**, Wazemmes et **Roubaix**. Deux musées sont incontournables : le **Centre historique minier de Lewarde**, qui retrace l'activité de l'ancienne fosse Delloye qui produisait trente millions de tonnes de charbon par an jusqu'aux années 60 et le **musée du Textile et de la Vie sociale de Fourmies**, mémoire ouvrière de l'Avesnois, fief des manufactures textiles.

Les villes et les monuments

Faites de briques et de pierre, les villes du Nord comptent des joyaux. Capitale de la Flandre française**, Lille** possède un patrimoine historique exceptionnel, avec sa Grand-Place et sa Vieille Bourse, parfait exercice de style maniériste flamand et aussi

Sur la Grand-Place de Lille, le prestigieux monument de la Vieille Bourse est le témoignage du faste de la ville au XVIIe siècle.

témoignage du commerce lillois durant le Grand Siècle. Tout aussi emblématiques, son beffroi et ses vieilles ruelles restaurées, avec leurs maisons XVIIe (celle de Gilles Le Boë) et XVIIIe siècles. Il faut absolument visiter le palais des Beaux-Arts, pour ses riches collections (Rubens, Van Dyck, Goya, Delacroix, Courbet...), l'hospice Gantois dans le quartier de Saint-Sauveur et pousser encore jusqu'à **Verbois,** voir le château et la citadelle de Vauban. La métropole lilloise comprend aussi les villes de **Roubaix** et **Tourcoin.** Ces deux anciens fiefs de l'industrie textile, dont les chambres de commerce témoignent de leur richesse passée, ont pris un bain de jouvence en rénovant leurs vieux quartiers et leurs musées. A **Roubaix**, le musée d'Art et d'Industrie installé dans une ancienne piscine d'architecture Art déco recèle des toiles signées Ingres, Dufy, ou Claudel. Matisse a fait un très important legs à sa ville natale : le musée du **Cateau-Cambrésis** présente 80 de ses œuvres et, bientôt, **Valenciennes** comptera un musée des beaux-arts des plus modernes.

Bergues, blottie sur le littoral de la mer du Nord, a souvent été surnommée la «Petite Bruges du Nord» en raison de son beffroi et de ses canaux. **Cassel**, assurément l'une des plus charmantes petites villes du département, était autrefois entourée de **moulins**. Dans le voisinage, il en reste trois, à découvrir entre **Steenvorde et Terdeghem** (le Noordmeulen, le Steenmeulen et le Drievenmeulen) ainsi que d'autres à **Wormhout** et à **Boeschepe**, près de Bailleul. ■

LES SUGGESTIONS GEO

■ **Découverte :** visite de la dune fossile de Ghyvelde, à 3 kilomètres de la mer ; centre historique minier de Lewarde ; La Piscine, musée d'art de Roubaix.

■ **Aventure :** char à voile ou cerf-volant (Dunkerque, Bray-Dunes) ; navigation sur les étangs (Douai, Fourmies) ou sur l'Escaut.

■ **Insolite :** assister au championnat des montgolfières (Hazebrouk en mai) ou au festival du carillon de Douai (juillet-août).

LES CONSEILS GEO

▶ Les plus

Immenses, les fêtes et autres carnavals du Nord sont innombrables et à ne rater sous aucun prétexte pour leur joyeuse folie !

▶ Les moins

Les ciels d'hiver sont plus gris et aussi plus «bas» dans le Nord.

▶ Les recommandations

En hiver, mieux vaut se consacrer à la découverte des villes, très animées à cette époque de l'année, entre marchés de Noël, Saint-Nicolas et autres festivités carnavalesques.

▶ Les tendances

Le Nord a transformé ses anciens terrils en de magnifiques parcs et jardins. Les activités de loisirs y sont légion : VTT, randonnées, voile ou tennis. Labellisées Stations Kid, les stations de la côte sont idéalement adaptées à l'accueil des enfants.

Pas-de-Calais

Au sein de la région Nord-Pas-de-Calais, une luminosité sans égale teinte de mille nuances les forêts, marais, dunes et falaises qui composent les paysages variés du Pas-de-Calais. Les découvertes y sont innombrables, entre patrimoine architectural, témoignages d'un passé industrieux et souvenirs des grandes guerres.

Terre d'histoire, la plaine d'Artois est un musée à ciel ouvert avec ses beffrois médiévaux inscrits par l'Unesco au Patrimoine de l'humanité, ses fortifications Vauban, ses châteaux et ses abbayes. Les terrils y ont aussi façonné les paysages, côtoyant les profondes cicatrices laissées par les dernières grandes guerres.

Les paysages

Coincé entre le département du Nord et les plaines annonçant le Bassin parisien, le Pas-de-Calais a la forme d'un entonnoir s'ouvrant sur la mer du Nord. Sur le littoral, la Côte d'Opale déroule une variété d'ambiances maritimes, entre plages et dunes de sable et hautes falaises de craie, petits ports de pêche et stations balnéaires dotées de centres de remise en forme. Vers l'intérieur des terres, le **parc naturel des Caps et Marais d'Opale** s'étire sur 130 000 hectares où nichent grives draines et hérons cendrés, territoire des grenouilles et des chauves-souris.

Le Vert Pays dessine une mosaïque de paysages changeants, des petits canaux du Marais **audomarois** de la région de Saint-Omer au Nord, jusqu'aux rivières des **7 Vallées** et du **Ternois** au sud, en passant par le pays de la **Lys-Romane**, domaine des pays du terroir, des vieilles fermes de torchis, des moulins à eau, des châteaux de campagne et de petites villes fleuries où abondent les estaminets. Il fait bon y visiter parcs et jardins à **Brues-le Sec** ou **Cheriennes** mais aussi arpenter les vieilles ruelles, comme à **Hesdin**, porte des 7 Vallées.

Les côtes

Du port de **Calais** à la baie d'Authie, la Côte d'Opale déroule 120 kilomètres de plages de sable fin appréciées des amateurs de chars à voile, de cerfs-volants et autres sports de glisse, des milliers d'hectares de **dunes** bien réservées, comme à **Wissant** et 25 kilomètres de falaises impressionnantes. Sans compter ses deux caps, **Blanc-Nez** (craie) et **Gris-Nez** (grès), qui se disputent la vedette en matière de panoramas grandioses, avec vue imprenable sur les falaises anglaises.

Familiale et populaire, la station de **Berck-sur-Mer** s'est spécialisée dans les soins aux malades tandis que **Le Touquet-Paris-Plage**

QUE VOIR, QUE FAIRE EN PAS-DE-CALAIS ?

Les paysages

Parc naturel des Caps et Marais d'Opale, Audomarois, Sept Vallées, Ternois, Lys-Romane (Brues-le Sec, Cheriennes, Hesdin)

Les côtes

- Dune de Wissant, caps Blanc-Nez et Gris-Nez
- Le Touquet-Paris-Plage, Berck-sur-Mer, Etaples-sur-Mer
- Stations (Hardelot, Wimereux, Ambleteuse, Audresselles, Escalles), ports (Boulogne, Calais)

Les villes et les monuments

- Arras, Saint-Omer, Béthune, Aire-sur-la-Lys, Olhain, Montreuil-sur-mer

Le patrimoine militaire et industriel

- Notre-Dame-de-Lorette, crête de Vimy, Audinghen, Ambleteuse, Eperlecques, Helfaut Wiserne, Azincourt
- Lens, Oignies, Wingles Noeux-les-Mines, Rieulay, Anzin, Harnes, Arques, Calais

Superbe dentelle gothique, l'hôtel de ville d'Arras (XVIe siècle). Au-dessus, s'élève le beffroi de la ville surmonté par le Lion d'Arras.

Sur la Côte d'Opale, la grande plage de Wissant se prête à la promenade, en bordure des falaises crayeuses du cap Blanc-Nez.

est plutôt chic avec ses belles villas Art déco. **Etaples-sur-mer**, **Hardelo**t, **Wimereux**, **Ambleteuse**, **Audresselles** ou **Escalles** valent aussi le détour. Deux grands ports animent cette côte : Boulogne et Calais.

Boulogne, premier port de pêche d'Europe, ancienne cité des corsaires. Côté ville haute, des remparts du XIIIe siècle, un intéressant château-musée, une basilique flanquée d'une gigantesque crypte de 128 mètres de long et un beffroi du XIIIe siècle. Côté ville basse, le port très actif et le centre national de la Mer, Nausicaa.

Tout au nord, ouvert sur le détroit le plus fréquenté du monde, à quelques kilomètres seulement de la Grande-Bretagne, **Calais** est le premier port de voyageurs français et le deuxième de la planète. De son passé de ville forte, il reste à l'ancienne capitale de la dentelle, sa citadelle, le fort Risban et le fort Nieulay.

Les villes et les monuments

Capitale de l'Artois et chef-lieu du Pas-de-Calais, **Arras** a la réputation d'être la plus méridionale des villes flamandes. Outre son beffroi inscrit par l'Unesco au patrimoine de l'Humanité, perle gothique de 75 mètres de haut surmontée d'un lion qui domine l'hôtel de ville, son immense réseau de souterrains (les boves), son musée des Beaux-Arts abrité dans l'abbaye de Saint-Vaast et sa citadelle lui ont, entre autres trésors, valu d'être labellisée «ville d'art et d'histoire». Flamande elle aussi, **Saint-Omer** aligne ses hôtels particuliers le long de la rivière Aa et s'enorgueillit de sa majestueuse cathédrale Notre-Dame, chef-d'œuvre gothique fondé

LE CARNET DE VOYAGE

Les premiers contacts
Comité départemental de tourisme du Pas-de-Calais, route de la Trésorerie, 62126 Wimille, 03.21.10.34.60. www.pas-de-calais.com

La population
1 450 000 habitants. Préfecture : Arras.

Les fêtes
Février : carnaval (Portel).
Mars : carnaval (Béthune), Rencontres Internationales des Cerfs-Volants (Berck-sur-Mer).
Mai : pardon de la Batellerie (Béthune), joutes sur l'eau (Arras).
Juillet-août : festival de la Côte d'Opale, journée médiévale (Azincourt), spectacle Les Misérables (Montreuil-sur-Mer), fête de l'Andouillette (Arras).
Septembre-octobre : Charitables de Béthune (procession), ripailles du camp du Drap d'Or (Guînes), fête de la Chicorée (région d'Audruicq).
Novembre-décembre : fête du Hareng (Boulogne), Saint-Nicolas et marché de Noël (Arras et Béthune).

Les produits locaux
- Chicorée, andouillette (Arras), harengs (Boulogne).
- Fromages vieux-boulogne, cœur d'Arras, Belval, Sire de Créquy.
- Bières locales (Castelain, Atrébate), genièvre.

L'artisanat
Faïences (Desvres), verrerie (Arques), dentelle (Calais).

Paysage graphique de champs de colza au pied du terril de la fosse d'Harnes.

par le moine Omer en l'an 662. Ancienne place forte, **Béthune** possède aussi un beffroi de grès coiffé d'une girouette représentant un dragon, élevé pour la première fois en 1346 et maintes fois détruit. A voir également dans la région, **Aire-sur-la-Lys** avec sa collégiale Saint-Pierre, la plus grande de France, son baillage et ses fortifications Vauban, et le château féodal d'**Olhain**. Aujourd'hui, la mer est à 15 kilomètres des remparts de **Montreuil-sur-mer**, qui était pourtant, sous Philippe Auguste, le seul port de commerce du royaume.

LES SUGGESTIONS GEO

- **Découverte :** musée de la Mine (Noeux-les-Mines) ; jardins poétique de Séricourt ; tourisme de mémoire (champs de bataille).
- **Aventure :** parcours dans les arbres (Guines, Berck) ; char à voile, speed-sail, kite et kitesurf (Côte d'Opale) ; surfbike (à la base nautique d'Arques).
- **Insolite** : ski à Loisinord ; carrière Wellington à Arras (souterrains) ; labyrinthe géant (7 Vallées) ; ascenseur à bateaux des Fontinettes (Arques) ; quilles en l'air, habitations faites avec la coque d'un bateau retourné (Equihen).

Le patrimoine militaire

Pays frontière, le Pas-de-Calais n'a pas été épargné par les guerres. La route du Souvenir commémore l'enfer vécu par les poilus lors de la Grande Guerre. Outre un immense cimetière et quatre lignes de tranchées, le **champ de bataille de Notre-Dame-de-Lorette** conserve canons, obusiers et lance-mines ainsi que 2 000 pièces de collection. Interminable champ de croix également à la **crête de Vimy**. 11 285 soldats y furent tués et le Mémorial canadien rend hommage aux 3 598 Canadiens qui périrent en avril 1917.

C'est la Seconde Guerre mondiale qu'évoque le musée dit du Mur de l'Atlantique (**Audinghen**), celui de la Seconde Guerre mondiale (**Ambleteuse**), mais aussi le **Blockhaus d'Eperlecques**, entre Calais et Saint-Omer, et le centre d'Histoire de la guerre et des fusées à la Coupole d'**Helfaut Wiserne**, gigantesque bunker qui servait de lancement aux terribles Fusées allemandes V2 en 1943. Quant au très sérieux Centre historique médiéval d'**Azincourt**, il rappelle la bataille historique gagnée sur ses terres par les Anglais pendant la cruelle guerre de Cent Ans.

LES CONSEILS GEO

▶ Les plus

Très facile d'accès (route, TGV), la région peut se découvrir par petites touches successives, en fonction des saisons.

▶ Les moins

Le vent du Nord bouscule les nuages mais refroidit également les températures.

▶ Les recommandations

Il fait toujours frais dans les «boves» (souterrains) d'Arras (jamais plus de 13° en été) : prévoir impérativement une petite laine.

▶ Les tendances

De nouveaux parcours de mémoire sont dessinés, autour des champs de bataille d'Arras. Plus ludiques, une foison de courts séjours axés nature, rando, vélo et VTT, à la découverte des sites naturels et de la gastronomie locale.

Le patrimoine industriel

Au cœur des corons, la ville minière de **Lens** accueille le Louvre II, l'antenne délocalisée du musée du Louvre. Une renaissance après une période difficile qui a suivi l'arrêt de la production de charbon. C'est en décembre 1990, à la fosse 9 de **Oignies** qu'a eu lieu la dernière descente dans la mine, la dernière gaillette. Les terrils sont devenus des pistes de ski, comme Loisinord ou Loos-en-Gohelle. Les autres, comme **Noeux-les-Mines**, **Wingles**, **Rieulay**, **Anzin** ont été transformées en bases de loisirs, parcs et autres espaces verts. La mémoire du charbon est conservée au musée de l'Ecole et de la Mine à Harnes, au centre Denis-Papin à **Oignies** et au mémorial des Mineurs de **Liévin**.

Fer de lance du patrimoine industriel local : la verrerie d'**Arques** et les anciennes usines de tulle à **Calais** et, dans la campagne, les moulins à vent et à eau, les anciennes malteries et autres brasseries. ■

Loire-Atlantique

QUE VOIR, QUE FAIRE EN LOIRE-ATLANTIQUE ?

Les paysages
- Vallée de la Loire et son estuaire, Bocage angevin, Vignoble nantais, pays de Retz
- Littoral (pays blanc), Côte Sauvage, Côte d'Amour, Côte de Jade, baie de Bourgneuf

Le patrimoine
- Marais, parc régional de Brière, canaux, lac de Grand-Lieu
- Nantes, Saint-Nazaire, Clisson, Ancenis, Châteaubriant
- Cités de caractères, ports et stations balnéaires (Piriac-sur-Mer, Pornic, La Turballe, Guérande, La Baule)

Les activités
- Nautisme sur le littoral et croisières fluviales (Loire, canaux)
- Randonnées et cyclotourisme (vignobles, vallées, sentiers côtiers)
- Golf, thalassothérapie, équitation

En Pays de la Loire mais bretonnes de cœur et d'esprit, les stations balnéaires du littoral de Loire-Atlantique sont prises d'assaut dès les beaux jours. Dans l'arrière-pays, la vallée de la Loire creuse le paysage et apporte un souffle de vie indéniable, entre châteaux et vignobles, marais et ports de plaisance.

Les paysages

La Loire-Atlantique s'étend en bordure d'océan, du sud du Morbihan au nord de la Vendée. Armoricains, ses paysages varient au gré de zones humides. Rivières, fleuve, canaux et marais interrompent sans cesse les vallées et les terres cultivées. La **Loire** divise le département en deux, d'est en ouest, avant de se jeter dans l'océan Atlantique, à Saint-Nazaire. Au nord-est de la Loire, le **Bocage angevin** est une large région forestière grignotant les territoires du Maine et de la Mayenne. Là, les plateaux du département le moins élevé de France culminent à 117 mètres, sur la colline de la Bretèche. Les vallées de la Chère, du Don et de l'Erdre traversent le bocage, entrecoupé de plans d'eau : le lac Vioreau, l'étang de la Provostière et le marais de Grée. En se rapprochant d'Ancenis, à l'est, les vignes font leur apparition et donnent naissance aux gamay, cabernet et malvoisie, avant de prendre possession des campagnes, au sud-est de la Loire. Le long de la vallée de la Sèvre, encaissée et verdoyante, le **Vignoble nantais** marque le paysage. Ses courbes sensuelles rappellent la douceur Toscane. Les coteaux de vignes sont rois entre la Sèvre et la Maine, ponctués par de jolis bourgs aux toits de tuiles rouges.

A l'ouest, le **pays de Retz**, traditionnellement breton, dévoile un paysage de collines, avant de rejoindre les plages et les pins de l'Atlantique.

Au centre, la Loire rythme le département. Son estuaire débute à Nantes et s'élargit progressivement, laissant les courants du fleuve épouser les marées. De prés en marais, de villages de pêcheurs en canaux, de châteaux en vignobles, la Loire compose le cœur battant du territoire.

Fastueuse résidence, le château des ducs de Bretagne est le monument-phare du patrimoine Nantais.

Le littoral

Du nord au sud, les 110 kilomètres de côte atlantique alternent marais salants, côte sauvage, stations balnéaires, plages de sable fin et forêts de pins. Les salines de Guérande et du Mes et composent parmi les plus belles aquarelles du paysage, entre brume matinale et couchers de soleil sur les bassins. Le «**pays blanc**» de la côte, caractérisé par les marais salants, s'étale d'Assérac à Guérande et constitue une réserve ornithologique remarquable, introduisant déjà le parc régional de Brière à l'est.

Sur le littoral, les ports de Piriac-sur-mer et de la Turballe, animés, interrompent les amas rocheux. Puis les stations balnéaires imposent leur luxe : La Baule et ses deux petites sœurs, le Pouliguen et Pornichet.

Entre Mesquer et la presqu'île de Guérande, de petites criques rocailleuses sont isolées par de gros rochers. Du Croisic à Batz-sur-Mer, la **Côte Sauvage** a des paysages préservés, rythmés par vents et marées.

En descendant vers le sud, entre Le Croisic et Saint-Nazaire, les vastes étendues de sable de la **Côte d'Amour** assurent la diversité du littoral avant de se mêler aux plages de la **Côte de Jade** qui prend le relais au-delà de l'**estuaire de la Loire**, suivie de près par les ports de la **baie de Bourgneuf**. Les panoramas s'inspirent déjà de la Vendée voisine. Les villes conservent leur part d'authenticité bretonne entre forêts de pins, vieilles pierres et petits ports de pêche ou de plaisance : Pornic, Saint-Brévin-les-Pins, Saint-Michel-Chef-Chef, Tharon-plage.

Le patrimoine

Les espaces préservés constituent un patrimoine naturel dense, reflet de leur diversité. Les salines s'étendent sur le «pays blanc» : dans les **marais du Mes, de Guérande et de Bourgneuf**. Crées au Moyen Age, les paludiers assurent encore la production et la récolte de l'or blanc (gros sel et fleur de sel), selon la tradition bretonne.

Dans **le parc régional de Brière**, au nord-ouest du département, les canaux et les chaumières composent l'identité du pays Briéron, appelé «pays noir», pour l'extraction de la tourbe. Les roseaux des rives sont investis par les oiseaux migrateurs. Les chalands circulent sur un labyrinthe de canaux avec, à leur bord, quelques touristes en balade. Aux alentours, les villages du parc et ses chaumières authentiques (Kerhinet, Saint-Joachim ou sur l'île de Fédun) soulignent les coutumes ancestrales.

Sur tout le territoire, les marais se multiplient : l'emblématique **Marais breton** à l'extrémité sud-ouest ; les **marais de Goulaine** au centre ; ceux de **Mazerolles** au sud-est ; les **marais de Couëron et de Loire** sur les rives du fleuve ; et voisins d'Ancenis, les **marais de Grée**. Canaux et lacs occupent également une belle partie du paysage. Le **canal de Nantes à Brest,** long d'une centaine de kilomètres en Loire-Atlantique, prend sa source dans les eaux de l'Erdre. Au gré des parcs, des demeures bourgeoises, des forêts et des écluses, le canal, ancienne voie commerciale qui serpente la Bretagne, sert aujourd'hui à la navigation. Et le **canal de la Martinière**, entre Nantes et Saint-Nazaire, longe le lit de la Loire et régule les niveaux d'eaux des marais du fleuve.

Autre espace naturel remarquable, le **lac de Grand-Lieu**, au sud, précède le Vignoble nantais. Sa physionomie

LE CARNET DE VOYAGE

Les premiers contacts
Comité départemental du tourisme de la Loire Atlantique, 11 rue du Château-de-l'Eraudière, 44306 Nantes cedex 03, 02.51.72.95.40. www.loire-atlantique.com

La population
1 192 000 habitants. Préfecture : Nantes.

Les fêtes
Septembre : Grandes Marées (La Bernerie en Retz), Festi Arts de la Rue (Montoir de Bretagne), Consonances (Saint-Nazaire).
Octobre-novembre : Celtomania (Nantes, Saint Herblain...).
Novembre-décembre : Festival des 3 continents (Nantes).
Fin mars-début avril : carnaval de Nantes.
Mai : Farniente festival (Pornichet), soirées médiévales (Machecoul).
Juillet : Les Nuits Salines (Batz-sur-mer).
Juillet-août : Estivales (Grand-Lieu), balades guérandaises.

Les produits locaux
- Sardines, huîtres, anchois et fruits de mer.
- Anguille, écrevisses (en eau douce), sel de Guérande.
- Petit Beurre et berlingots nantais.
- Vins : muscadet, gamay, cabernet.

L'artisanat
Vannerie (panier de Bourdaine), faïence (bol prénom), poterie (marché de potiers à Herbignac).

Longue langue de sable qui s'étire sur 9 kilomètres, la très traditonnelle plage de La Baule, au fond de la baie du Pouliguen.

varie selon les saisons et dévoile une réserve unique en Europe. Il est l'un des plus grands lacs naturels de France. Saint-Philibert-du-Grand-Lieu, aux alentours, est incontournable pour son abbatiale du IXe siècle, sanctuaire carolingien.

Entre patrimoine historique et industriel, les villes méritent qu'on s'y attarde. A la confluence de très nombreuses îles et canaux, **Nantes** est surnommée la «Venise de l'ouest». Située au sud de la Bretagne historique dont elle fut la capitale, cette appartenance est constitutive de son identité, son rattachement en Pays de Loire résultant d'une décision purement administrative. Le château, résidence principale des ducs de Bretagne du XIIIe au XVe siècle, en est l'emblème. Le quartier Bouffay, médiéval et animé, ses maisons bourgeoises néoclassiques abritant d'élégantes places (Royale et Graslin) et ses demeures d'armateurs sur l'île Feydeau, illustrent le passé flamboyant de la ville. Entre terre et mer, Nantes dévoile un heureux mariage des genres. L'ancien et le nouveau cohabitent dans cette cité jeune et vivante, dominée par le château de la duchesse Anne et sa sentinelle, la tour Lu. Issues du spectacle de rue, les Machines de l'Ile composent une visite ludique et insolite autour (et à l'intérieur) de structures monumentales animées : l'automate du Grand Eléphant à voyager dans le temps, l'Arbre aux hérons ou les Mondes marins, pour la plupart vedettes de la compagnie Royal Deluxe. Aux abords, la vallée de l'Edre, site classé, révèle châteaux et jardins, villages et petits ports de pêche.

A l'extrémité ouest de l'estuaire, **Saint-Nazaire** est le trait d'union entre les eaux douces et les eaux marines. Poupes de bateaux, tronçons d'avions, portes-containers, tankers, ponts-levants et autres vaisseaux de

Sur la Sèvre nantaise, Clisson et son château défensif (XIIIe siècle). Sa vallée compta jusqu'à 14 tanneries et 6 moulins à papier.

croisières, articulent la vie de son impressionnant port industriel. De l'inévitable pont, on en découvre l'étendue et le soir, la «nuit des docks» éclaire la cité de mille feux. Saint-Nazaire est aussi la ville aux vingt plages. Longées par un chemin côtier sur sept kilomètres, les criques sont interrompues par les falaises. Le long de l'estuaire, les ports révèlent le passé de l'activité maritime de la région (visiter ceux de Pellerin, Paimboeuf et Couëron).

Au sud-est, **Clisson**, en grande partie rebâtie après la guerre de Vendée, compose une escale de charme au cœur du Vignoble nantais. Les murailles crénelées de la cité abritent murets, arcs, portes et halles, dominés par un château du XIIIe siècle.

Les villages des vallées de la Sèvre et de la Maine cachent les caves du vignobles dont les secrets se percent à Saint-Fiacre, Mouzillon ou Vallet.

Ancenis, la majestueuse vigie, bercée par le cours de la Loire, est un excellent point de départ pour découvrir les marais de Grée et le chapelet d'îles du fleuve (îles Dorelle, Neuve et Batailleuse). Aux alentours, faire une halte dans les cités des rives : Le Fresne-sur-Loire, Varades, Oudon et son donjon du XIVe siècle, Le Cellier et les ruines des Folies Siffait.

Châteaubriant promet également de belles visites : son château, ses maisons bourgeoises, ses ruelles pavées et ses colombages entre bois et pierre, ocre et gris, cachés derrière les remparts. Les plaines voisines dévoilent de superbes panoramas, offerts au gré de la découverte de l'histoire régionale : l'abbaye de Melleray, le château de la Motte Glain, les forges de Moisdon-la-Rivière, l'ancien terril minier d'Abbaretz, les bocages de la vallée de la Chère et les landes de la paisible vallée du Don.

Enfin, le long du littoral, petites cités de caractère ou grandes villes animées garantissent le choix. Il y a les bourgs médiévaux de **Guérande** et de **Piriac**, les stations balnéaires aux élégantes villas de Pornichet et du Pouliguen, l'interminable front de mer et le luxe de **La Baule** ou la charmante cité de **Pornic** avec ses halles du XVe siècle et le château Gilles de Rais, dominant le port de plaisance.

Les activités

Le **littoral** attire les foules en été, sur les grandes plages des stations balnéaires réputées, aux terrasses des ports de pêche ou dans les criques.

Les plus belles étendues de sable se trouvent à La Baule (9 km), à Saint-Brévin (plage de Préfailles), à la Turballe (Pen Bron) et à Assérac (Pont-

Au nord de l'estuaire de la Loire, les roselières du Parc naturel régional de Brière.

Mahé). Les sports nautiques se pratiquent ici en quantité : kitesurf, char à voile, catamaran, surf, nautisme au départ des ports et pêche en mer... Casinos (La Baule), golfs (Guérande, Le Croisic, Pornic, La Baule…) et centres de thalassothérapie (La Baule, Pornichet) viennent parfaire le décor balnéaire. Et en été, du port de la Turballe, les départs vers les îles d'Houat, d'Hoëdic et de Belle-Ile sont réguliers toute la journée.

LES SUGGESTIONS GEO

■ **Découverte :** Océarium du Croisic ; maison du Muscadet (Vallet) ; route du Charbon (activité minière de Nort-sur-Erdre au Fresne-sur-Loire) ; randonnée autour des systèmes d'alimentation du canal de Nantes à Brest (depuis la retenue de Vioreau).
■ **Aventure :** nuit au Watacamp, campement en tipis amérindiens au bord de la Sèvre nantaise à côté de Vertou (randonnées et canoë).
■ **Insolite :** labyrinthe à étage des Folies Siffait (Le Cellier) ; route des Coquillages (visite audioguidée par téléphone mobile en 7 étapes du Croisic à Pénestin) ; jardin du Marais (jardin biologique à Herbignac).

La **Loire** offre aussi les joies du tourisme fluvial. Lors de **croisières** sur le fleuve et le long de l'estuaire, on en découvre rives, châteaux, vignes et villages. Les **canaux** de Nantes à Brest et ceux de la Martinière proposent la location de bateaux habitables, des parties de pêche en eau douce ainsi que des descentes en canoë. A Saint-Fiacre-du-Maine, le site de la Cantrie met à disposition un parcours en canoë sur la Sèvre nantaise. Le marais de Brière se visite en chaland, à moteur ou à la perche. Les guides y content les histoires du pays Briéron et de ses habitants. Faire aussi des arrêts détente dans les bases de loisirs aménagées (Saint-Clair à Guenrouët, ancienne carrière de schiste du site de Pont-Caffino, lac artificiel de Saint-Lyphard).
Les promenades à pied sont souvent agrémentées de sentiers d'interprétation : le long du sentier des douaniers de la Côte, dans la forêt domaniale du Gâvre, au centre du parc régional, autour du lac de Grand-Lieu, le long de la vallée de Clisson au cœur des vignobles, sur les coteaux de la Chère, le long de l'Erdre, de la Sèvre ou de la Loire… Côté équitation, différents centres proposent des sorties en bord de mer ainsi que dans l'arrière-pays depuis Pornic ou en attelage dans les marais salants (se renseigner à La Turballe).
Le département a également aménagé de nombreuses pistes cyclables : de Paimboeuf à Nantes, le long de la Loire, sur la route touristique du Vignoble nantais ou au bord du littoral, offrant des kilomètres de voies calmes et sans danger. Plus protégées encore, la Loire-Atlantique possède d'immenses réserves ornithologiques, sur les grands axes de migration : Saint-Malo-de-Guersac, la maison du Pêcheur à la Chevrolière (Passay), le site du Grand-Lieu et le parc de Ker Anas à Saint-André-des-Eaux ouvrent leurs portes au public. ■

LES CONSEILS GEO

▶ Les plus
Le paysage résolument aquatique du département promet une variété d'activités d'eau douce et de plaisirs balnéaires, sur le littoral.
Les produits de la mer sont mis en valeur par les cuvées locales et la côte, malgré sa fréquentation, reste encore préservée.

▶ Les moins
En été, sur les plages les plus réputées, il est parfois difficile de trouver un coin de sable à l'écart des foules.

▶ Les recommandations
Pour plus d'intimité pendant la période estivale, il est conseillé de garer sa voiture et marcher le long des sentiers côtiers pour accéder aux petites criques.

▶ Les tendances
Les stations Kids créées sur la Presqu'île guérandaise (Piriac et Pornichet) proposent des activités pour les enfants à partir de 3 ans, des équipements et des normes de sécurité adaptés.
Le développement du label Tourisme et Handicap fait également partie des nouvelles politiques.

Maine-et-Loire

La champignonnière troglodyte du Saut aux Loups, à Montsoreau (XVe siècle).

Des châteaux, des vignes, des champs de fleurs et un long fleuve pas toujours tranquille, la Loire. Ainsi va le Maine-et-Loire. Un département des Pays de la Loire, souvent nommé Anjou, erre du roi René et de Rabelais qui recèle des trésors, cachés parfois sous terre.

Les paysages

La **Loire** fend le Maine-et-Loire sur toute sa longueur. Sillon liquide de 130 kilomètres resté sauvage et large, très large, le fleuve est bien vivant, jouant de douceur ou d'impétuosité. Sur ses bancs de sable doré, ses îles désertes ou habitées et dans ses petits bosquets de saules, de peupliers et de frênes têtards, il accueille une faune protégée et même une flore tropicale. Et quelques guinguettes (présentations à la **maison de Loire en Anjou** à Saint-Mathurin-sur-Loire ; visites accompagnées par la **maison du Parc** à Montsoreau pour approcher grèbes huppés, râles des genêts et autres migrateurs). Découvrir le fleuve, à bicyclette en suivant l'itinéraire de «La Loire à Vélo», à bord d'un bateau traditionnel (gabare, futreau, toue cabanée) ou en canoë. Au long de cette Loire nourricière,

QUE VOIR, QUE FAIRE EN MAINE-ET-LOIRE ?

Les paysages
- Loire (maison de Loire en Anjou, maison du Parc)
- Troglodytes (caves Bouvet-Ladubay et des Perrières, village de Rochemenier, musée Troglodytes et Sarcophages)
- Jardins (vallée de l'Authion, Chemins de la rose, parc de Maulévrier, Camifolia)

Les monuments
- Châteaux (Angers, Saumur, Brézé, Brissac, Plessis-Bourré, Serrant, Montsoreau, Plessis-Macé, Montreuil-Bellay, Baugé, Montgeoffroy)
- Abbaye de Fontevraud, collégiale du Puy-Notre-Dame, églises (Notre-Dame-de-Béhuard, Notre-Dame-de-Cunault)

Les villes et les villages
- Angers, Saumur, Cholet
- Villages (Montsoreau, Montreuil-Bellay, Le Coudray-Macouard, Turquant, Chenillé-Changé)

Paysage sauvage, quasi lunaire, le lit craquelé de la Loire en été, non loin de Saumur.

encouragées par un climat doux, les vignes se sont épanouies. Les crus, toutes couleurs de vin, à bulles ou sans, moelleux ou sec, sont élevés parfois dans des lieux inattendus : des **caves troglodytiques**. En Saumurois se cache en effet un monde souterrain très animé. Dans d'anciennes carrières évidées, on trouve donc des caves (les galeries de la **maison Bouvet-Ladubay** à Saint-Hilaire Saint-Florent ou les monumentales **caves cathédrales des Perrières** à Doué-la-Fontaine), des champignonnières, des villages (**Rochemenier**), des gîtes et des restaurants, des **musées** (**Troglodytes et Sarcophages**, une étonnante carrière de taille de l'époque mérovingienne à Doué-la-Fontaine) et même un zoo (Doué-la-Fontaine) qui forment la plus vaste concentration troglodytique d'Europe.

La Loire fertile a fait du Maine-et-Loire le tout premier département horticole français. Entre Angers et Saumur, la **vallée de l'Authion** est une petite Hollande tapissée de fleurs de culture (à parcourir sur les sentiers du parc naturel régional Loire-Anjou-Touraine). Au sud, à Doué-la-Fontaine, c'est tout le village qui embaume la rose : sept millions de rosiers et les **Chemins de la rose**, une des plus belles roseraies de France. Tandis que le **parc oriental de Maulévrier** est le plus grand jardin japonais d'Europe, véritable temple de la sérénité. Les plantes médicinales et aromatiques se retrouvent à **Camifolia** : 350 variétés odorantes à humer dans le village de Chemillé. Une floraison végétale qui colore les parterres de nombreux châteaux.

Les monuments

Le Maine-et-Loire compte plus de 1 200 nobles bâtisses. Du haut de ses mille ans, le **château d'Angers**, géant noir et blanc aux 17 tours rondes et massives, s'impose comme le plus grand château forteresse de France. Outre sa délicate chapelle gothique et ses élégants jardins à la française, il protège un trésor : la tenture de l'Apocalypse. Cette tapisserie du XIVe siècle tisse des visions de saint Jean l'Évangéliste en 74 tableaux rougeoyants sur 106 mètres de long. Découvrir aussi dans la ville, les tentures du Chant du monde de Jean Lurçat, pendant contemporain de l'Apocalypse, présentées dans l'ancien hôpital Saint-Jean, et le musée de la Tapisserie contemporaine.

Allure de château de contes de fée pour **Saumur,** le blanc dominant la Loire. D'abord château fort (XIVe siècle) remanié pour devenir «château d'Amour» du bon roi René, il abrite une très fameuse collection d'arts

La verticalité exaltée du chœur de l'abbaye royale de Fontevraud, merveille d'épure.

décoratifs et un musée du Cheval. A **Brézé**, ce qui frappe, ce sont les douves monumentales et les sous-sols. Jadis habitat, ils constituent encore la plus vaste structure seigneuriale souterraine d'Europe.

Impressionnant château de **Brissac** (XVe et XVIIe siècles) : le plus haut de France (43 m et 7 étages), 204 pièces (plafonds peints à la feuille d'or, théâtre du XIXe siècle, caves de dégustation…), beau parc de 70 hectares et luxueuses chambres d'hôtes.

Entre forteresse et logis Renaissance, le château habité du **Plessis-Bourré**, richement meublé, est un intrigant avec ses plafonds à caissons aux figures alchimiques mystérieuses et scènes grivoises du XVe siècle.

Seul château de la Loire bâti les pieds dans l'eau, **Montsoreau** (XVe-XIXe siècles), mi-forteresse mi-château d'agrément, raconte en son et lumière l'histoire passée du fleuve et celle de la dame de Montsoreau qui inspira Alexandre Dumas.

LE CARNET DE VOYAGE

Les premiers contacts
Comité départemental de tourisme, Place Kennedy, BP 32147, 49021 Angers cedex 02, 02.41.23.51.51. www.anjou-tourisme.com

La population
733 000 habitants. Préfecture : Angers.

Les fêtes
Avril : festival de Pâques (musique classique à Fontevraud), présentations du Cadre Noir (jusqu'au mois de septembre, Saumur), carnaval de Cholet.
Juin : festival d'Anjou (théâtre en plein air dans les châteaux, jusqu'en juillet), fête du Vélo en Anjou (route des bords de Loire réservée à la bicyclette).
Juillet : Rendez-vous du végétal (entreprises horticoles et sites verts ouvrent leurs portes, jusqu'en octobre), journées de la Rose (100 000 roses mises en scène dans des galeries troglodytiques) à Doué-la-Fontaine, Carrousel de Saumur (spectacle équestre).
Septembre : Accroche-cœurs (spectacles de rue) à Angers, Musicales du Cadre Noir (musique classique et art équestre, jusqu'en octobre) à Saumur.
Décembre : marché de Noël et crèche vivante de Cholet.

Les produits locaux
- Quernons d'ardoise d'Angers (nougatine enrobée de chocolat bleu), pommes tapées de Turquant (cuites, aplaties au marteau et séchées), fouace (pain rond à fourrer aux champignons, rillette et haricots blancs).
- Vins d' Anjou et Saumur, liqueurs Cointreau (écorce d'orange), Guignolet (cerise), menthe pastille (menthe poivrée).

L'artisanat
Etains (Angers), mouchoirs rouges (Cholet), poteries (Fuilet), savons (Fontevraud), eau de rose (Doué-la-Fontaine), équipement équestre (Saumur).

Citons encore le raffiné **château de Serrant** (XVIe-XIXe siècles) qui protège une bibliothèque de 12 000 ouvrages parmi lesquels la première édition de la fameuse Encyclopédie de Diderot. Voir aussi les imposants châteaux du **Plessis-Macé** (XVe siècle), de **Montreuil-Bellay** (XIe-XVe siècles), de **Montgeoffroy** (XVIIIe siècle) et de **Baugé** (début Renaissance).

L'**abbaye de Fontevraud** (XIIe siècle) est le plus grand ensemble abbatial d'Europe de l'Ouest. Dirigée pendant 700 ans par des femmes, elle est la dernière demeure des rois Plantagenêt (voir leurs gisants dans l'abbatiale aux lignes pures, mais aussi le cloître, les cuisines romanes, la salle capitulaire, le jardin médiéval…).

La **collégiale du Puy-Notre-Dame**, gracieuse construction gothique, est portée par des voûtes angevines (fortement bombées) du plus pur style. Autrefois haut lieu de pèlerinage, elle conserve la ceinture de la Vierge. Autre site consacré à Marie, protectrice des mariniers, l'**église Notre-Dame de Béhuard** logée sur son rocher volcanique de l'île éponyme. Enfin, joyau du style gothique angevin, **Notre-Dame-de-Cunault** aux 223 colonnes lancées vers le ciel, si grande que Rabelais la cita dans Gargantua.

Les villes et les villages

Angers déploie autour de sa forteresse, hôtels particuliers et maisons à pans de bois (telle la maison d'Adam), la cathédrale Saint-Maurice (belle architecture gothique), la galerie David d'Angers (qui présente les œuvres de ce portraitiste du XIXe siècle) ou encore le musée des Beaux-Arts. Dans le quartier de la Doutre, autour des rives de la Maine, se montrent d'autres raretés : l'abbaye du Ronceray (XIe-XIXe siècles), l'hôpital Saint-Jean, le plus ancien de France, et toujours des maisons à colombages. Et puis des parcs et des

Avec la Loire pour miroir à sa beauté, le château de la dame de Montsoreau (XVe-XIXe siècles), héroïne d'Alexandre Dumas.

jardins, du plus ancien, le jardin du Mail (XVIIe siècle), au plus récent, le Lac de Maine, vaste espace mêlant loisirs et ornithologie.

Saumur la blanche, éclairée par la pierre de tuffeau, vit de part et d'autre de la Loire. Autour de son château perché et de l'église Saint-Pierre (XIIe-XVIIe siècles), des maisons à pans de bois et des hôtels particuliers (XVIIe siècle) qui rappellent la prospérité d'une cité un temps protestante. Se perdre dans les rues et ruelles et, surprise, croiser un cavalier au pas, élève de la prestigieuse Ecole nationale d'équitation (assister à l'entraînement des écuyers dans le plus grand manège couvert d'Europe).

Ville de tradition textile au célèbre mouchoir rouge, **Cholet** s'est depuis tournée vers la confection (musée du Textile sis dans une ancienne blanchisserie et, à dix minutes du centre ville, Marques Avenue, nouveau fief du destockage vestimentaire).

Les villages angevins ont souvent reçu un label («plus beaux villages de France», «villages de charme», «petites cités de caractère»). Parmi les plus remarquables, d'entre eux citons **Montreuil-Bellay**, sur les rives du Thouet, **Montsoreau**, le troglodytique **Turquant**, **Le Coudray-Macouard** et **Chenillé-Changé** où le château des Rues est toujours conservé par la noble maison de Rougé. ■

LES SUGGESTIONS GEO

■ **Découverte :** piste de l'Enfant Roy (50 sites proposant un accueil spécifique des jeunes avec jeux et énigmes, visites animées), vol en montgolfière (Gennes).

■ **Aventure :** canoë au coucher de soleil avec bivouac sur une île de la Loire (Gennes) ; mine Bleue de Noyant-la-Gravoyère (en wagon minier et à pied, 1 000 m de galeries d'ardoise à 130 m sous terre).

■ **Insolite :** nuit en troglogîte (chambres d'hôtes) ; repas dans un restaurant et zoo troglo (Doué-la-Fontaine).

LES CONSEILS GEO

▶ Les plus
Un cadre de vie bucolique entre bords de Loire et richesses végétales et plus de 150 sites à découvrir.

▶ Les moins
Une offre touristique hétérogène et atomisée (il y a des tas de choses à voir et à faire partout en Anjou !).

▶ Les recommandations
Sur le parcours de «La Loire à Vélo», penser au rythme des eaux qui peuvent inonder les rives entre la fin de l'hiver et la fin du printemps.
A bicyclette toujours, préférer le sens d'aval en amont (pour éviter vent de galerne et vent d'ouest).

▶ Les tendances
L'offre de services se développe autour de la piste cyclable «La Loire à Vélo» (hébergements, locations, transferts SNCF et un outil multimédia avec GPS, Cyclopédia).

Trésor inattendu, le cloître du jardin des Méditations au musée Robert Tatin, artiste bâtisseur insolite, à Cossé-le-Vivien.

Mayenne

Au nord-ouest des Pays de la Loire, la Mayenne puise son identité dans la rivière dont son nom est un évident alluvion. Les amoureux de navigation, de pêche et de balades forestières ne s'y trompent pas et plébiscitent cette terre tout à la fois très agricole et fluviale.

Les paysages

Dans le prolongement du Massif armoricain, la Mayenne est séparée de l'Océan par la Loire-Atlantique et bordée à l'ouest par l'Ille-et-Vilaine. Sa situation lui confère une communauté d'esprit avec la Bretagne. Cette parenté se lit notamment dans ses roches où porphyres et granites bleus prédominent.

Les paysages oscillent sans cesse entre collines, cours d'eau et **forêts**, omniprésentes comme celles de Lourze, de Valles, de Bourgon… Certains de ces massifs s'épanouissent sur les sommets : la forêt de Pail couvre le Signal de Villepail (Nord-Est); la **Charnie** se situe aux confins du département (Ouest), la **Mayenne** donne son nom aux **bois** qui habillent les **collines de Chailland** et le fleuve-département trouve sa source sur le massif du Mont-Souprat, domaine de la forêt de Multonne… Sur une terre de landes, le **mont des Avaloirs** s'élève fièrement à 417 mètres, point culminant du Massif armoricain et du nord-ouest de la France.

Posté plus au nord, le **parc régional de Normandie-Maine** grignote un petit morceau de territoire. Haies vives et forêts découpent l'espace du Bocage mayennais où poussent digitales et des centaurées. Faucons, chouettes et passereaux y côtoient les bouvreuils, hôtes de ce milieu.

LE CARNET DE VOYAGE

Les premiers contacts
Comité départemental du tourisme de la Mayenne, 84, avenue Robert-Buron, BP 0325, 53003,Laval Cedex, 02.43.53.18.18. www.tourisme-mayenne.com

La population
La Mayenne abrite 285 338 habitants. Préfecture : Laval.

Les fêtes
Décembre : marché de Noël (Laval).
Juin : La Chalibaude (Château-Gontier).
Juillet : Festival Les Nuits de la Mayenne (Laval.)
Août : festival de la Moisson (Beaulieu-sur-Oudon).
Septembre : festival du Blé Noir (Juvigné).

Les produits locaux
- Fromages (port-salut, Fol épi, Rouy), poissons de rivières.
- Bourdaine (pomme fourrée de confiture).
- Cidre.

QUE VOIR, QUE FAIRE EN MAYENNE ?

Les paysages
- Forêts (Mayenne, Charnie), reliefs (monts des Avaloirs, collines de Chailland)
- Vallée de la Mayenne, parc régional Normandie-Maine

Les villes et les villages
- Laval, Château-Gontier, Mayenne
- Sainte-Suzanne, Jublains, Cossé-le-Vivien

Les activités
- Randonnées pédestres, cyclistes ou équestres
- Tourisme fluvial et pêche (vallée de la Mayenne)

LES CONSEILS GEO

▶ Les plus
La navigation sur la Mayenne.

▶ Les moins
Le manque d'activités hivernales.

▶ Les tendances
La Mayenne met en valeur le tourisme fluvial en le développant autour d'activités pour les familles. Il est possible de louer des bateaux habitables sans permis.

Enfin, la **vallée de la Mayenne** égraine du nord au sud, coteaux de schistes, champs cultivés et prairies bocagères, entrecoupés de petits bourgs charmants.

Les villes et les villages

Ancienne route fluviale, la rivière Mayenne traverse les trois plus grandes villes. **Laval** offre un agréable détour le long de ruelles pavées, un château du XIe siècle et son donjon circulaire, sa cathédrale, ses lavoirs. Non loin, à **Cossé-le-Vivien**, Robert Tatin (1902-1983) a placé son bien étrange musée sous la garde de 19 géants, de Vercingétorix à Jules Verne. Au-delà de la porte monumentale dédiée aux figures tutélaires de Rembrandt, Van Gogh, Léonard de Vinci, Goya et Delacroix, on pénètre dans le jardin des Méditations, insolite œuvre polychrome où le travail des hommes copie les cycles de la nature. Une étonnante visite à ne pas manquer.
A **Château-Gontier**, la douceur angevine prend tout son sens, à l'aune de ses rives paisibles. La vieille ville possède d'élégants hôtels particuliers et, le long de ses ruelles médiévales, l'église Saint-Jean-Baptiste, le couvent des Ursulines et la chapelle romane Notre-Dame-de-Géneteil prennent place. Le parc Saint-Fiacre, accueille un important marché européen aux veaux. Plus romantique, le jardin du Bout du monde, avec glacière du XVIIe siècle et belvédères.
Monument carolingien de première importance bâti en surplomb de la vallée, le château de **Mayenne** est classé «site archéologique d'intérêt national». D'autres cités de caractère abondent: **Jublains**, incontournable ville romaine, en témoignent ses thermes et son authentique théâtre en gradin ; Avron et sa basilique du XIe siècle ; **Sainte-Suzanne** protégée de remparts du XIVe siècle ; Saint-Denis, ses ruelles et ses halles ; Chailland dotée de beaux panoramas sur la vallée de l'Ernée ; Saulges dont le sol est creusé de grottes ; Lassay-les-châteaux, riche en forteresses ; Parné-sur-Roc, au clocher du XIIe siècle. Mais aussi, La Cropte, Saint-Loup-du-Gast, Juvigné et Coudray, tous labellisés «villages fleuris», preuve de la passion des Mayennais pour les ornementations végétales.

LES SUGGESTIONS GEO

- **Découverte :** refuge animalier de l'Arche, grottes et canyon de Saulges, le Lactopole, musée du lait (Laval).
- **Aventure :** randonnée à dos d'âne (sur le sentier des églantiers et les hauts de Gesvres).
- **Insolite :** assister à la prise du donjon dans la ferme médiévale du seigneur de Clairbois (Chammes).

Les activités

Des forêts, un dédale de cours d'eau, de la verdure à perte de vue : la Mayenne est un paradis vert pour les amoureux de la campagne.
En suivant le chemin de halage qui longe la rivière, les promenades bucoliques se muent souvent en découverte de villages au cachet authentique. En canoë ou en bateau, la Mayenne est aussi le territoire des pêcheurs. Excellent moyen d'aborder les paysages, le tourisme fluvial est sans doute le plus grand atout du département. Des bateaux sont ouverts à la location et, chaque soir, la halte s'organise, au gré des petits coins de nature… A moins qu'on ne préfère jeter l'ancre aux abords d'une ville pour profiter de ses restaurants et de l'animation estivale. ■

Promenade sur les quais, le long de l'enceinte gallo-romaine polychrome du Mans, près de la tour Madeleine (fin du IIIe siècle).

Sarthe

A mi-chemin entre le Bassin parisien et le Massif armoricain, la Sarthe se berce de forêts séculaires, de bocages endormis et de rivières chantantes. Au nord des Pays de la Loire, elle accueille les touristes avec pas moins de 41 châteaux et forteresses et offre une vraie vie de seigneur aux nombreux curieux de passage.

Les paysages

Au nord-ouest du département, la présence des **Alpes mancelles** surprend par un relief marqué de rocailles et d'éboulis. Entre les monts de Narbonne et du Haut Fourché, leurs collines arrondies encerclent les chemins creux et les petits sentiers ombragés, paradis des randonneurs. La **forêt de Perseigne** permet au courageux de grimper jusqu'à son belvédère (340 mètres), afin d'admirer le Saosnois et la plaine d'Alençon. Tandis que les adeptes d'activités nautiques accostent au petit lac de 32 hectares, blotti au cœur de la forêt de **Sillé**. Le **parc naturel régional Normandie-Maine** est agrémenté d'un creuset de paysages où se succèdent landes, forêts, bocages et vergers. Au sud du Mans, le **massif de Bercé**,

LE CARNET DE VOYAGE

Les premiers contacts
Comité départemental du tourisme de la Sarthe 19 bis, rue de l'Étoile 72000 Le Mans, 02.43.40.22.50. www.tourisme-en-sarthe.com
Le parc naturel régional Normandie-Maine, Maison du parc BP 05 61320 Carrouges, 02.33.28.59.80. www.parc-naturel-normandie-maine.fr

La population
529 851 habitants. Préfecture : Le Mans.

Les fêtes
Mars : Pot-Bouille, 17 chaudières de viandes et légumes à déguster deux jours (Savigné-l'Evêque).
Avril : Europa Jazz Festival (Le Mans).
Mai : Festival de l'Épau à l'abbaye.
Juin : 24 heures du Mans, motos en avril, autos.
Juillet : Le Mans Classic, 6 000 voitures de collections et 400 de courses (tous les deux ans).
Juillet-août : La nuit des chimères et les chimériques, éclairages nocturnes et promenade théâtrale et musicale (Le Mans), festival baroque (Sablé).
1ère quinzaine d'août : Les Bouillonnantes (spectacles itinérants sur les bords de la Sarthe).
Début septembre : fête de la Poterie (Malicorne).

Les produits locaux
- Rillettes, poulet de Loué, sablés de Sablés-sur-Sarthe, chaussons de Saint-Calais.
- Vins : jasnières (AOC vin blanc), coteaux-du-loir (AOC rouge et rosé), liqueur de rose.

QUE VOIR, QUE FAIRE DANS LA SARTHE ?

Les paysages

- Alpes mancelles
- Forêts (Perseigne, Sillé, Bercé)
- Parc naturel régional de Normandie-Maine
- Vallées (Loir, Sarthe, Huisne)

Le patrimoine

- Châteaux (Montmirail, Lude, Poncé-sur-le-Loir, Bazouges-sur-le-Loir)
- Abbayes (Épau, Solesmes)
- Villages (Asnières-sur-Vègre, La Charte-sur-le-Loir, Malicorne-sur-Sarthe, Ferté-Bernard, zoo de la Flèche)
- Le Mans (cathédrale Saint-Julien, cité Plantagenêt, chapelle de la Vierge, musée Tessé)

LES CONSEILS GEO

▶ Les plus
Un mélange de tourisme vert et sportif allié aux activités culturelles.

▶ Les moins
La Sarthe est souvent connue pour ses rillettes, elle mérite mieux que cette vague image d'Épinal.

▶ Les tendances
Le tourisme fluvial, en bateaux habitables ou non, sur les rivières et les nombreux cours d'eau.
Un tourisme «bio» et respectueux de l'environnement.

vestige de la forêt des Carnutes, abrite la futaie des Clos, une des plus majestueuses chênaies de France. Les vallées douces, du **Loir**, de l'**Huisne** et de la **Sarthe** offrent un maillage de voies navigables pour plaisanciers d'eau douce. Du Mans à Malicorne, la Sarthe déroule les méandres d'une nature préservée entre moulins, écluses et petites cités charmantes.

Le patrimoine

L'infréquentable Gille de Rais, Barbe bleue lui-même, passa au **château du Lude**. Point de femmes, mais des tapisseries des Flandres du XVIIe siècle et de délicates fresques italiennes de l'école de Raphaël ornent les murs. Au pied d'une falaise de tuffeau, le **château de Poncé-sur-le-Loir** est doté d'un escalier Renaissance en tuffeau sculpté. Un vaste pigeonnier du XVIIe siècle et un labyrinthe de charmille décorent le parc. Forteresse devenue demeure seigneuriale, le château de **Bazouges-sur-le-Loir** a gardé de sa rudesse et en impose par sa cheminée de la salle des gardes et son jardin à la française. Rien de tel au **château de Montmirail**, où la princesse de Conti insuffla un style XVIIIe à la forteresse médiévale. Ambiance musicale à l'abbaye cistercienne de l'**Épau** ! Fondée en 1229 par Bérangère de Navarre, elle accueille, en mai, le festival de musique de chambre. Datant du XIe siècle, l'**abbaye bénédictine de Solesmes** n'est pas en reste, devenue un haut lieu du chant grégorien. Entre son manoir du XIIIe siècle et son

LES SUGGESTIONS GEO

- **Découverte :** musée de la Musique mécanique avec orgue de barbarie et piano bastringue (Dolon) ; cité de la Confrérie des rillettes sarthoises (Mamers).
- **Aventure :** circuit par auto-rails et l'ancienne ligne des ducs, 18 km de chemins de fer et locomotive à vapeur (entre Beillé et Bonnétable).
- **Insolite :** séjour en tipi dans un village de type amérindien (Brûlon).

église romane aux fresques remarquables, **Asnières-sur-Vègre** fait la part belle aux maisons à haute toiture. Tandis qu'à la **Charte-sur-le-Loir**, les habitations sont troglodytes. Labellisée «Ville des métiers d'art», **Malicorne-sur-Sarthe** abrite une production de faïence depuis 250 ans. A la botte des Guise, la **Ferté-Bernard**, s'enorgueillit des lions de sa halle, emblèmes de la famille. Plus rugissants, les fauves du **zoo de la Flèche** : ses animaux des cinq continents font aussi partie du patrimoine local.

La ville

Protégée par une enceinte datant de 280, **Le Mans** a vu la naissance avec Henri II, en 1128, de la dynastie des Plantagenêts. Construite entre le XIe et le XVe siècle, la **cathédrale Saint-Julien** allie style roman et gothique. Sur sa voûte, la **chapelle de la Vierge** accueille le concert des Anges musiciens. Maisons à pans de bois, hôtels particuliers et ruelles pavées forment la **cité Plantagenêt,** sur 9 hectares. «Ville d'art et d'histoire», elle abrite le **musée Tessé** où peintures florentines et françaises du XVIIe siècle partagent l'affiche avec la galerie égyptienne. Mais que serait le Mans sans ses bolides ? Chaque année, motos et autos fusent en rond, pendant 24 heures. ■

Vendée

QUE VOIR, QUE FAIRE EN VENDÉE ?

Les paysages

- Port du Bec, Barre-de-Monts, Saint-Hilaire-de Riez
- Écomusées (Terrier-Marteau, Saint-Georges-de-Montaigu), sites (Monsireigne, mont des Alouettes)
- Pointe d'Arçay, Mouzeuil-Saint-Martin, Saint-Denis-du-Payré, Aiguillon-sur-Mer

Les îles et la côte

- Iles (Noirmoutier, Yeu)
- Stations (Sables d'Olonne, Saint-Jean-de-Monts, Saint-Gilles-Croix-de-Vie, la Tranche-sur-Mer)
- Forêts de Mervent-Vouvant et de Grasla

Le patrimoine

- Châteaux (Saint-Hilaire, Tiffauges, Saint-Mesmin, Bazoges-en-Pareds)
- Cairn (Saint-Hilaire)
- Eglises (Nieul-sur-l'Autise, Maillezais, Saint-Prouant)
- Fontenay le Comte, La Roche-sur-Yon, Puy du Fou

Si les stations balnéaires et les îles d'Yeu et de Noirmoutier au charme sauvage ont fait le succès de la Vendée, le riche patrimoine de ce département des Pays de la Loire témoigne cependant d'un passé prestigieux et tourmenté. A découvrir idéalement le temps d'un été.

Les paysages

Occupant le nord-est, le bocage est la plus importante des régions naturelles composant le paysage vendéen. Ce pays de collines et de douces vallées se parcourt aisément à pied ou en vélo, au gré de ses très nombreux chemins et pistes cyclables.
Au détour d'un bosquet ou d'une rivière, parfaitement indissociables du paysage, les traditions du terroir revivent au **moulin du Terrier-Marteau** ou à celui des Justices, mais encore à la riche **maison de la Rivière de Saint-Georges-de-Montaigu** ou à la ferme de la Bernardière. A **Monsireigne**, le musée de la France protestante de l'Ouest retrace quatre siècles tourmentés de protestantisme. S'y trouvent également de nombreux sites mémorables des guerres de Vendée, du **mont des Alouettes** au logis de la Chabotterie. C'est dans le Bocage qu'ont eu lieu les premiers soulèvements de la guerre de Vendée. Des lieux de mémoire en témoignent autour des Lucs-sur-Boulogne, notamment à l'Historial de la Vendée ou aux Brouzils, en plein cœur de la **forêt de Grasla**.
De haut en bas Bocage, le cours de la Sèvre nantaise est bordé d'une foule de châteaux, le plus souvent

Les marais salants du Mullembourg, à Noirmoutier, activité développée par les bénédictins au Ve siècle.

d'imposantes forteresses médiévales. Ancien domaine de Gilles de Rai, celui de **Tiffauges**, raconte l'histoire terrible de Barbe-Bleue et la forteresse de **Saint-Mesmin**, dominée par sa haute tour, est le théâtre de fameuses reconstitutions historiques. Plus au nord, près des Herbiers, l'emblématique parc du **Puy du Fou** connaît un immense succès avec ses reconstitutions, son fort, son donjon et sa désormais célèbre Cinéscénie.

Le sud du département est le domaine des forêts et de la plaine. Une légende locale prétend que la fée Mélusine avait construit sa tour, d'un seul coup de baguette magique, à **Vouvant**, aujourd'hui classé parmi les «plus beaux villages de France».

Les marais

Deux régions de marais couvrent une partie d'un territoire durement gagné par les hommes sur la mer. Au nord, le Marais breton s'étend sur 45 000 hectares de prairies humides, de polders traversés par des canaux, drainés par des étiers. Quatre ports d'échouage sont encore actifs, dont le **Port du Bec** et d'anciennes îles sont désormais unies au continent : Bouin dans la baie de Bourgneuf, Saint-Gervais, Saint-Urbain et Sallertaine. Les bourrines (chaumières typiques de l'architecture traditionnelle vendéenne) émaillent le paysage. Les écomusées du Marais breton vendéen, le Daviaud à la **Barre de Monts** et la Bourrine du Bois-Juquaud à **Saint-Hilaire-de-Riez** permettent de s'imprégner de ce passé, chargé de coutumes ancestrales.

Proche de l'océan, le «marais desséché» est protégé des crues et des marées par des ceintures de digue. Les arbres y sont rares et seuls y poussent roseaux ou tamaris. A la **pointe d'Arçay** comme dans les réserves biologiques départementales de l'île de Charouin à Vix ou de Nalliers et **Mouzeuil-Saint-Martin** ou la réserve naturelle de **Saint-Denis-du-Payré**, des

Avec son toit de chaume, l'écomusée de la Bourrine du Bois-Juquaud, à Saint-Hilaire-de-Riez, en plein cœur du Marais breton.

circuits (accompagnés ou libres) sont organisés pour observer les nombreux oiseaux migrateurs, tadornes, cygnes et bécasseaux.

Au sud, c'est le marais mouillé, territoire de la «Venise verte», paradis des pêcheurs où lacs et cours d'eau composent un paysage enchanteur, le long des rives de la Sèvre niortaise.

Le long du littoral, des stations balnéaires comme l'**Aiguillon-sur-Mer**, la Faute-sur-Mer et la **Tranche-sur-Mer** offrent déjà une très belle palette de loisirs aux vacanciers.

Les îles et la côte

Si la Vendée connaît un tel engouement auprès des vacanciers, elle le doit en grande partie à ses 250 kilomètres de côte, dont 60 % de plages. Ses 18 stations balnéaires sont bien réputées pour la grande qualité de leurs eaux de baignade. Sans compter cinq ports de plaisance et ses deux jolies îles chaleureuses et fleuries: Yeu (23 km²) et Noirmoutier (49 km²).

Reliée au continent à marée basse par l'ancestral passage du Gois (4 500 mètres de long), **Noirmoutier** est désormais une presqu'île depuis qu'un pont facilite les liaisons avec le continent. Située au nord du golfe de Gascogne, dans la baie de Bourgneuf, c'est un petit paradis, avec ses marais salants bleutés, ses dunes de sable, ses sous-bois et ses maisons blanches. En raison de la douceur de son climat, Noirmoutier accueille nombre d'espèces végétales d'ordinaire absentes sous de telles latitudes : les mimosas, emblématiques de l'île au point de lui donner son surnom, apprécient l'ensoleillement, de même que les arbousiers qui poussent au bois de la Chaize.

La côte sauvage de la secrète **Ile d'Yeu**, perle de la côte atlantique la plus éloignée du continent, se découvre à vélo, entre les falaises escarpées et la Côte

LE CARNET DE VOYAGE

Les premiers contacts
Comité départemental du tourisme de la Vendée, 02.51.47.88.20. www.vendee-tourisme.com

La population
539 664 habitants. Préfecture : La Roche-sur-Yon.

Les fêtes
Mai : La déferlante, théâtre de rue (sur la côte); Saint Jazz sur Vie (Saint-Gilles-Croix-de-Vie, Saint-Hilaire-de-Riez).
Juillet-août: Nocturnes Océanes (musique à Luçon), Nuits musicales en Vendée romane, Vague de jazz (Longeville-sur-Mer), Autrefois Challans, festival du Vent (Notre-Dame-de-Monts), Danses et Musiques du Monde (Cugand), fête champêtre de Saint-André-Treize-Voies (vieux métiers).
Mi-septembre: Face & Si (rock à Mouilleron-le-Captif).
Novembre: Eperluette à Chantonnay, départ du Vendée Globe (tous les quatre ans, aux Sables d'Olonne).

Les produits locaux
- Huîtres, poissons, charcuterie, fleur de sel, salicornes, mogette (haricot blanc), bonnotte de Noirmoutier, caillebotte (fromage frais).
- Brioches, foutimassons d'Yeu et bottereaux (sorte de bugnes), merice et betchets (gâteaux qui supportent l'humidité des bateaux), préfou, biguenée et fion (flan de Pâques), caillebotte, min-min (caramels salés aux pruneaux secs).
- Cuvées de Vix, Pissotte, Mareuil et de Brem-sur-Mer (VDQS), troussepinette (apéritif), kamok (liqueur à base de café).

La Vendée, riche en coquillages, est une manne pour les pêcheurs à pied.

LES CONSEILS GEO

▶ Les plus
Des stations très animées une grande partie de l'année avec une saison qui démarre à Pâques pour s'achever à la Toussaint.

▶ Les moins
On peut regretter que les opérations de «bétonnage» d'une partie de la côte, notamment à Saint-Jean-de-Mont, aient ôté une partie de son charme à ce beau département.

▶ Les recommandations
L'affluence est considérable aux beaux jours : réserver à l'avance son séjour pour ne pas avoir à trop s'éloigner du littoral.

Sauvage, classée site naturel, avec pour unique construction la forteresse du Vieux-Château (XIIe siècle) qui aurait inspiré à Hergé «L'Ile-Noire». Le littoral est émaillé de stations dynamiques : les **Sables d'Olonne**, point de départ du Vendée Globe, **Saint-Jean-de-Monts**, réputé comme le «plus grand bac à sable de l'Ouest» et ses 8 kilomètres de plages consacrées aux enfants, **Saint-Gilles-Croix-de-Vie** avec ses vieux quartiers et la **Tranche-sur-Mer.** Au-delà des plages, des hectares de forêt domaniale sont en partie traversés par la piste cyclable qui borde le littoral: à découvrir aussi.

LES SUGGESTIONS GEO

- **Découverte :** réserve naturelle (Saint-Denis-du-Payré) ; spectacle L'Odyssée du Puy du Fou (Grand Parc); musée de l'Abbaye Sainte-Croix (art moderne) ; écomusée du Marais vendéen (La Barre-de-Monts).
- **Aventure :** parc aquatique l'Ile d'O (Noirmoutier) ; ULM (Thorigny) ; saut en parachute (au-dessus des Sables d'Olonne).
- **Insolite :** aventure médiévale au château de Barbe-Bleue (Tiffauges) ; jardin du Vent (Notre-Dame-du-Mont) ; Centre minier (Faymoreau).

■ Le patrimoine

Les reconstitutions du musée de la Préhistoire du **Cairn de Saint-Hilaire-la-Forêt** attestent de la présence de l'homme en Vendée depuis les temps très reculés du néolithique. Le dolmen de la Frébouchère (7,5 m de long et 3,5 m de large), à 500 mètres à peine du bourg de Le Bernard, ainsi que le menhir d'Avrillé, l'un des plus grands de France surnommé le «roi des menhirs» (8 m 70 de haut dont 1 m 70 enterré, pour 85 tonnes) participent aussi de ce constat. De même que les nombreux dolmens et autres pierres à cupules ou dressées qui se découvrent dans la lande de l'île d'Yeu. A Bazoges en Pareds, autre site bien connu pour ses mégalithes, ne pas manquer non plus le dolmen des Landes, celui de la «Pierre-Folle des Cous» et le tumulus de la «Ciste des Cous».

C'est pourtant le Moyen Age qui a laissé le plus de traces dans cette partie de l'ancien Poitou. Remparts et forteresses ont protégé la population des invasions et des conflits entre seigneurs. Ardelay et son château élevé au XVe siècle ou encore les châteaux d'Apremont sont exemplaires de cette histoire. Pour découvrir un authentique donjon du XIVe siècle (devenu musée des Arts et Traditions populaires) ainsi qu'un jardin médiéval, filer à **Bazoges-en-Pareds.** Sans oublier les châteaux de Talmont, Sigournais, la Grêve, Pouzauges ou celui des Essarts.

Eglises, prieurés et abbayes témoignent de l'évangélisation de la région, comme l'abbatiale de **Nieul-sur-l'Autise** (XIIe siècle) chère à Aliénor d'Aquitaine, reine de France, l'abbaye de **Maillezais**, qui accueillit François Rabelais, et le prieuré de Chassais Grammont à **Saint-Prouant**, fondé au XIe siècle sous l'impulsion de Richard Cœur de Lion.

Ville d'art et d'histoire, **Fontenay le Comte** fut la capitale du Bas-Poitou dès le XIIIe siècle et accueillit bien des intellectuels comme Rabelais ou le mathématicien Viète.

Créée de toutes pièces en 1804 par Napoléon pour surveiller un pays de rebelles, **La Roche-sur-Yon** portait autrefois le nom de Napoléon-Ville. De son côté, Luçon, aux confins des marais, du bocage et à deux pas du littoral, garde la mémoire d'un de ses plus célèbres évêques : Richelieu. On y visite la cathédrale et ce qui passe pour le plus beau des jardins publics vendéens, le jardin Dumaine. ■

Aisne

Depuis le Chemin des Dames, les cultures céréalières d'Oulches-la-Vallée-Foulon.

Ses deux anciennes capitales de France, Laon et Soissons, et son Chemin des Dames, font de l'Aisne une terre d'histoire et de souvenirs. Ce département de Picardie offre aussi les visages joyeux de ses vignobles de Champagne, piquetés de villages en pierre blanche ou brique rouge et de villes aux airs flamands ou Art déco.

Les paysages

L'Aisne se divise en cinq régions. Les forêts marquent le paysage et occupent 30% du territoire. Au nord-ouest, le Saint-Quentinois, est sillonné par la **Somme** et l'**Escaut** qui y prennent leur source. C'est une région d'étangs, de **marais** et de canaux qui contraste nettement avec la plaine du Vermandois aux cultures céréalières. Les villages ont l'aspect typique de la reconstruction et des cités ouvrières de l'industrie textile.

Au nord-est, la **Thiérache**, berceau du maroilles, est une terre de collines, bocages et prairies, irriguée par l'Oise. On l'appelle «la Petite Normandie». Ses verts paysages sont ponctués de villages pittoresques en brique d'où se dégage l'imposante silhouette des «**Dames Rouges**» (églises fortifiées). On en dénombre un bonne soixantaine, construites entre 1550 et 1700. Au centre, le Laonnois rassemble une grande plaine agricole au nord, et des

QUE VOIR, QUE FAIRE DANS L'AISNE ?

Les paysages et les randonnées

- Sources de la Somme et de l'Escaut, marais d'Isle
- Axe vert (Thiérache)
- Forêts (Saint-Gobain, Retz, Hirson), Soissonnais
- Route du Champagne, jardins de Viels-Maisons (Vallée de la Marne)

Les villes et le patrimoine

- Saint-Quentin (façades, basilique, hôtel de ville)
- Dames Rouges (Thiérache), château des ducs de Guise, Familistère de Godin (Guise)
- Laon, château fort du sire Coucy, Chemin des Dames
- Soissons, fort de Condé (Chivres-Val)
- Condé-en-Brie, Château-Thierry, mémorial de la Cote 204, abbatiale d'Essômes (vallée de la Marne)

Dans la Thiérache, l'église fortifiée de Noircourt, dame rouge parée de tourelles.

collines boisées au sud dont les versants les plus ensoleillés étaient autrefois plantés de vignes. On y trouve de jolis bourgs en brique ou en pierre blanche. Les monts du Laonnois abritent une multitude d'édifices, nichés dans leur écrin de verdure.
En dessous, le plateau de cultures céréalières du Soissonnais-Valois est traversé d'est en ouest par la vallée de l'Aisne. De son sol calcaire ont été extraites les pierres blanches qui ont servi à l'édification de fermes fortifiées et de villages. Plus bas, entre l'Aisne et l'Ourcq, les vastes massifs forestiers de la forêt de Retz abritent châteaux et abbayes.
Au sud, la **vallée de la Marne** affiche les paysages agricoles de l'Orxois, du Tardenois et de la Brie d'Esternay. Les coteaux pentus qui bordent la Marne sont ici couverts de vignes d'appellation champagne et ponctués de charmants villages viticoles aux églises romanes ou gothiques.

Les randonnées

Dans le Saint-Quentinois, une promenade vivifiante consiste à partir à la découverte des sources de la Somme et de l'Escaut. Au départ de Fresnoy-le-Grand, ancien village de tisserands, un circuit emprunte chemins et routes de la campagne vermandoise pour mener aux sources de la Somme, au pied de l'ancienne abbaye de Fervaques.
Dans la Thiérache, poumon vert de l'Aisne, on trouve de belles forêts préservées telle celle de **Hirson**. En descendant l'Oise en canoë, près des cascades de Blandy, on découvre lavoirs, moulins et églises fortifiées. L'**Axe vert** est un circuit aménagé le long d'une ancienne voie ferrée et empreint d'une réelle quiétude.
Dans le Laonnois, le lac de l'Ailette est le point de départ de nombreuses découvertes ou d'un séjour au Center Parc pour les loisirs. A voir: les villages troglodytes de Paissy et le site de l'abbaye cistercienne de Vauclair avec son verger conservatoire. Le **Chemin des Dames** est une route de crête qui surplombe les vallées de l'Aisne et de l'Ailette. Emprunté autrefois par les dames de France qui se rendaient au château de la Bove, il est devenu tristement célèbre en 1917. Transformé en ligne de front, il fut le théâtre de violents combats. Musée, cimetières, ruines et monuments commémoratifs jalonnent ce lieu du souvenir. La **forêt de Saint-Gobain**, aux hêtres et chênes presque millénaires, cache aussi des trésors comme l'ancienne manufacture royale des Glaces.
La **forêt de Retz**, tout près de Villers-Cotterêts où Alexandre Dumas aimait se promener, est un lieu idéal

Les parcelles en damier du jardin médiéval du château Coucy, fort du XIIIe siècle.

pour prendre l'air du Soissonnais. Le long du circuit de la Salamandre, se trouve un incroyable réseau d'aqueducs souterrains qui alimentait autrefois la ville et son château.
Dans la vallée de la Marne, la **route du Champagne,** entre Charly-sur-Marne et **Château-Thierry**, pays de Jean de la Fontaine, est incontournable. Une croisière en bateau depuis Port-aux-Perches nous emmène en suivant les méandres de l'Ourcq jusqu'à la Ferté-Milon qui a vu naître Jean Racine. La visite des **jardins de Viels-Maisons** qui se déploient au pied de la vieille église romane du XIIe siècle, séduira les amateurs de botanique et de jardinage.

Les villes et le patrimoine

Au carrefour des grandes routes historiques, l'Aisne possède un patrimoine historique, militaire et religieux exceptionnel auquel s'ajoutent de nombreux bâtiments de style Art déco datant de la reconstruction et un héritage particulièrement visible de l'âge d'or industriel.
Saint-Quentin, capitale du textile et du pastel, est une ville d'art traversée par les courants flamand, gothique et Art déco. On peut y admirer de belles **façades** ornées comme celle de son **hôtel de ville** de style gothique flamboyant et sa **basilique** dont la construction s'est échelonnée entre le XIIIe et la fin du XVe siècle.
Dans la Thiérache, terre frontalière souvent envahie, on trouve de nombreux édifices de défense dont les **églises fortifiées** où venaient vite se réfugier les villageois.
A **Guise**, le **château des Ducs** montre l'évolution de l'architecturale militaire et la toute puissance de cette dynastie. L'abbaye bénédictine de Saint-Michel mélange avec audace un style épuré et des décors Renaissance. Formidable exemple de patrimoine industriel, le **Familistère** ou « Palais social » a été édifié au XIXe siècle par Jean-Baptiste André Godin, grand industriel et philanthrope français qui rêvait d'une cité urbaine idéale rassemblant tout ce qui était nécessaire pour le confort de ses habitants : piscine, école gratuite, bibliothèque, théâtre, lavoirs, magasins d'approvisionnement. Dans la région, on peut également voir des fermes dotées de très jolis colombiers datant de l'après-Révolution.
Le Laonnois est riche en demeures médiévales. Entourée de remparts, la cité médiévale de **Laon** enferme plus de 80 monuments historiques classés dont une cathédrale gothique de toute beauté. Les derniers rois carolingiens en avaient fait la capitale de leur royaume. Le long du Chemin des Dames, la caverne du dragon est un musée incontournable pour plonger dans l'histoire de la Première Guerre mondiale.
Le **château fort du sire Coucy**, sur un éperon rocheux dominant les vallées de l'Oise et de l'Ailette, est entouré de 1 700 mètres de remparts. Typiques de la région, les vendangeoirs

LE CARNET DE VOYAGE

Les premiers contacts
Comité départemental du tourisme de l'Aisne, 26 av. Charles-de-Gaulle, 02000 Laon, 03.23.27.76.76. www.evasion-aisne.com

La population
535 490 habitants. Préfecture : Laon.

Les fêtes
Avril : Seigneuriales (Coucy-le-Château-Auffrique).
Mai: 1er Mai du Familistère (Guise), médiévales de Laon, festival Jean de La Fontaine (Château-Thierry).
Juin : Jazz'titudes (Laon), fête du Bouffon (Saint-Quentin), Festival International d'Histoire Vivante (Marle).
Juillet : festival de Musique Ancienne et Baroque (abbaye de Saint-Michel), festival Pic'Arts (Septmonts), plage à Saint-Quentin.
Août : journées mérovingiennes (Marle), Ducales, spectacles médiévaux (château des ducs de Guise), Fête du Bois (Urcel).
Septembre : fête du Village du Livre (Merlieux), foire aux Fromages (La Capelle), Automnales & festival des Arts de la Rue (Coucy-le-Château-Auffrique), festival 1001 facettes (Cuffies).
Octobre : festival de musique de Laon, foire de Saint-Quentin, Festival International Ciné-Jeune de l'Aisne (Saint-Quentin), festival du Rire (Vervins).

Les produits locaux
- Flamiche aux poireaux, maroilles AOC, tripes de Luzoir, artichaut Gros Vert de Laon, Haricot de Soissons.
- Friandises (pavé de Laon, chocolat Maurice-Quentin de la Tour).
- Champagne, cidre.

L'artisanat
Tissage, verrerie, étains, métaux, bois.

A Laon, la cathédrale Notre-Dame, l'une des premières de style gothique, surplombe l'ancien palais épiscopal et les remparts.

sont des demeures bourgeoises aux façades sculptées, bâties au XVIIe siècle par de riches propriétaires viticoles, sortes de retraites agrestes.
Le **Soissonnais** regorge de châteaux, cathédrales ou abbayes. **Soissons**, cité légendaire du vase, fut choisie par Clovis comme première capitale du royaume des Francs. A voir: l'abbaye de Saint-Jean-des-Vignes, l'une des plus riches du Moyen Age ainsi que la cathédrale Saint-Gervais.
A **Chivres-Val**, le **fort de Condé**, construit à la fin du XIXe siècle pour défendre Paris, est un bel exemple de construction militaire. Dans l'immense forêt de Retz, le château de François 1er, à Villers-Cotterêts, affiche son style Renaissance. C'est là qu'il réalisa l'ordonnance instituant le français comme langue officielle.
La vallée de la Marne, proche de la capitale, est peuplée de châteaux de plaisance. Le château de **Condé-en-Brie**, ancienne demeure des princes, est un beau témoignage du siècle des Lumières. Au bord de la Marne, on peut aussi voir le **mémorial de la Cote 204**, souvenir de l'engagement des soldats américains durant la guerre, et l'**abbatiale d'Essômes**, véritable chef-d'œuvre de l'art gothique. ■

LES SUGGESTIONS GEO

- **Découverte :** maison du Textile (Fresnoy-le-Grand); maison familiale d'Henri Matisse (Bohain-en-Vermandois); musée des Papillons (Saint-Quentin), musée des Temps barbares (Marle) ; musée Jean de la Fontaine (Château-Thierry) ; musée du Chemin des Dames (petit village d'Oulches-la-Vallée-Foulon).
- **Aventure :** descente de l'Oise en canoë (Hirson) ; croisière sur l'Ourcq (Silly-la-Poterie).
- **Insolite :** élevage d'autruches (Verneuil-sous-Coucy) ; Secret des 5 lettres (jeu de piste historique pour découvrir en s'amusant les 5 sites phares du département).

LES CONSEILS GEO

▶ Les plus

Avec ses 1 100 édifices, l'Aisne est le quatrième département de France par le nombre de ses monuments classés ou en voie de l'être (800 sites sont en attente).

▶ Les moins

Une terre de passage avec une assez faible identité départementale sauf dans la Thiérache et la vallée de la Marne, plus typées.

▶ Les tendances

Promotion de l'esprit «Picardie», développement des circuits de randonnée et de l'offre famille, participation au vaste programme européen «Mémoire de guerre».

Oise

En Picardie, l'Oise jouit d'une situation privilégiée. Toute proche de Paris, elle a su préserver ses vastes forêts et le charme de ses petits villages. Le département est idéal pour prendre un grand bol d'air frais le temps d'un week-end.

Mélange d'archéologie et de création, Pierrefonds fut restauré par Viollet-le-Duc.

Les paysages

Au nord, l'agriculture est très présente. Les champs de céréales s'étalent à perte de vue. Du sud à l'est, les forêts leur volent la vedette en occupant 122 000 hectares. Le **massif des Trois Forêts** (**Chantilly**, **Ermenonville**, **Halatte**) est un endroit idéal pour se promener ou pique-niquer. D'autres forêts méritent le détour : celles de **Compiègne**, de **Hez-Froidmont** et de **Laigue**. L'alternance des vallées, buttes, collines et plateaux donnent du rythme, comme les rivières. En particulier celle qui a donné son nom au département : l'Oise.

Les villages et le patrimoine

L'Oise est formée de plusieurs grands espaces. Le plus important, le Grand Beauvaisis, se situe au nord-ouest. Il englobe des villages typiques comme **Gerberoy**, la «ville des roses», plantées là à l'initiative du peintre intimiste Henri le Sidaner. Il est depuis inscrit parmi les «plus beaux villages de France». A **Saint-Germer-de-Fly**, l'ancienne abbaye de bénédictins fondée au VIIe siècle, est aussi remarquable. Un peu plus loin, le château de briquet de pierre de **Troissereux** (XVIe siècle) et sa réserve ornithologique permettent d'allier plaisirs de la nature et découverte d'un patrimoine architectural de la Renaissance.

Plus à l'est, les pays Compiégnois et Noyonnais abritent quelques trésors. Le petit village de **Pierrefonds** est dominé par un gigantesque château fort. Construit au XVe siècle par Louis d'Orléans, le cadet des Valois, il sera détruit au début du XVIIe siècle sur ordre de Louis XIII. Rachetées par Napoléon Bonaparte, les ruines seront transcendées par Viollet-le-Duc, à qui Napoléon III confia la longue restauration. Les passionnés d'histoire ne manqueront pas de visiter le wagon-musée dans la clairière de l'Armistice, à **Rethondes**. Enfin, la cathédrale gothique de **Noyon** a vu les couronnements de Charlemagne et d'Hugues Capet, du fait de sa proximité avec Soissons, alors

LE CARNET DE VOYAGE

Les premiers contacts
Comité départemental du tourisme de l'Oise, 19, rue Pierre-Jacoby, BP 80822, 60008 Beauvais, 03.44.45.82.12. www.oisetourisme.com

La population
766 441 habitants.
Préfecture : Beauvais.

Les fêtes
Mi-juin : Nuits de Feu (spectacle pyrotechnique à Chantilly, tous les deux ans), Journées de la Rose (abbaye royale de Chaalis).
Fin juin : festival des Forêts (concerts en randonnée à Compiègne, Pierrefonds...), fête des Roses (Gerberoy).
Juillet : marché aux fruits rouges (Noyon, 1er dimanche).

Les produits locaux
- Crème Chantilly, fruits rouges du Noyonnais (cerise, cassis, fraises, framboises et groseilles).
- Rollot (dérivé du maroilles au lait de vache, à pâte molle et croûte lavée), tomme au foin.
- Bière Saint Rieul.

L'artisanat
Poteries, céramiques (pays de Bray et de Thelles), nacre.

QUE VOIR, QUE FAIRE DANS L'OISE ?

Les paysages
Massif des Trois Forêts (Chantilly, Ermenonville, Halatte), forêts (Laigue, Hez-Froidmont, Compiègne)

Le patrimoine, les villes et les villages
- Beauvais, Senlis, Noyon, Compiègne
- Chantilly (château, musée vivant du Cheval)
- Abbaye royale de Chaalis, musée Jacquemart André, parc Jean-Jacques Rousseau
- Gerberoy, Troissereux, Saint-Germer-de-Fly, Pierrefonds, Rethondes
- Musée de la Nacre et de la Tabletterie (Méru)

l'une des capitales du royaume franc. Au sud-ouest, le Vexin et le pays de Thelle gardent l'empreinte du passé. Forteresses en ruines, fermes anciennes, lavoirs et vieilles églises témoignent d'un autre temps. Les promenades au gré des petits villages y sont très agréables. A **Méru**, le **musée de la Nacre et de la Tabletterie** sera une halte passionnante pour qui s'intéresse au savoir-faire traditionnel.

A l'est, le pays de Valois est aimé des enfants grâce au parc Astérix, implanté à Plailly et à la Mer de Sable, premier parc à thème français inauguré en 1963 par Jean Richard, à Ermenonville. Profitant d'une curiosité naturelle, un désert, il offre un décor de Far West américain. Outre sa belle forêt, cette commune abrite l'**abbaye royale de Chaalis**, consacrée au XIIIe siècle, et dont la chapelle est ornée de fresques du XVIe siècle attribuées à Primatice. Sur place aussi, le **musée Jacquemart André** et le **parc Jean-Jacques Rousseau**, créé par le marquis René de Girardin. Imprégné de l'œuvre de l'auteur de «La Nouvelle Héloïse», il est un précis des tendances esthétiques et philosophiques de la deuxième moitié du XVIIIe siècle. A découvrir également, la cité gallo-romaine de **Senlis** (remparts, ruelles étroites, cathédrale).

Les villes

L'Oise abrite quelques villes importantes qui lui assurent un certain dynamisme. **Beauvais** est la première d'entre elles en termes de densité. Elle dispose d'un petit aéroport et regorge de commerces. L'architecture des maisons y est assez disparate. Sa cathédrale Saint-Pierre est unique : elle n'a pas de nef et possède ce qui passe pour le plus haut chœur gothique au monde (48,50 mètres).

LES SUGGESTIONS GEO

- **Découverte :** voir des orchidées en pleine nature (réserve naturelle de Saint-Pierre-ès-Champs) ; visiter des carrières (Saint-Leu-d'Esserent).
- **Aventure :** parcs d'attractions et parcs à thème (Astérix à Plailly, Mer de Sable à Ermenonville, parc Saint-Paul à Saint-Paul).
- **Insolite :** écouter le brame du cerf (très tôt le matin en septembre dans la forêt de Compiègne).

LES CONSEILS GEO

▶ Les plus
Une belle variété de paysages, des villes mais aussi des petits villages perdus dans la verdure.

▶ Les moins
Les grandes plates-formes hyper industrielles et les zones dortoirs.

▶ Les recommandations
Sachez vous éloigner des parcs d'attraction et des grands châteaux pour découvrir l'Oise verte !

▶ Les tendances
L'Oise est non seulement verte, mais bientôt bleue : l'aménagement futur du canal Seine-Nord permettra de développer un nouvel axe touristique destiné à la balade fluviale.

A l'est, **Compiègne** est une ville jeune. Ne pas manquer son beau château entouré d'un parc à l'anglaise.

Au sud, **Chantilly** est la dernière halte obligatoire. Entouré d'un domaine immense, le **château** a vu se succéder nombre de personnalités influentes (les Orgemont, Condé, Montmorency...). Formant un ensemble, les jardins à la française sont signés Le Nôtre, le jardin anglais contient des fabriques romantiques (île d'Amour, temple de Venus), un buffet d'eau, des cascades, un hameau (celui dont Marie-Antoinette s'est inspiré à Versailles). Le musée situé à l'intérieur du château est d'une richesse inouïe. Dans un accrochage fidèle à celui mis en place par le duc d'Aumale, fils de Louis-Philippe, il présente la seconde collection de peintures françaises après le Louvre. Son cabinet des livres possède une exceptionnelle collection : 200 manuscrits médiévaux, 700 incunables et une quantité d'ouvrages rares. Les chevaux conservent également encore aujourd'hui une place importante au château de Chantilly, grâce au **musée vivant du Cheval** (spectacles de dressage), près du prestigieux hippodrome. ■

En Picardie, la Somme a vue sur mer, la Manche, qui a crayonné sa façade en falaises, galets et sable fin. Tandis que la rivière qui lui donne son nom a dessiné des étangs et, dans sa baie, des dunes, des marais et des prés-salés. Au creux de cette nature laissée libre de s'exprimer, l'homme a niché quelques trésors d'architecture.

Les côtes

Au sud, les falaises de craie culminent à 80 mètres. En surplomb de ces escarpements de pierres blanches se tiennent les villas Belle Epoque des stations balnéaires de **Mers-les-Bains**, **Bois de Cise**, **Ault** et **Onival**.

Les vagues, qui arrachent inlassablement le silex des falaises, le font devenir galets et rouler ensuite jusqu'au Hourdel, en passant par **Cayeux-sur-Mer** et ses deux kilomètres de chemin de planches bordé de cabines de plage, le plus long d'Europe.

Tout au nord de la Somme, les plages sont de sable fin, celui du massif dunaire du Marquenterre, à peine urbanisé. Profiter de cette étendue à perte de vue, à **Quend-Plage-les-Pins** ou à **Fort-Mahon-Plage** notamment, pour glisser en char à voile.

Entre ces deux territoires littoraux se niche la **baie de Somme**. Dans cette échancrure profonde d'une quinzaine de kilomètres, l'eau douce de la rivière se mêle à l'eau salée de la mer. Les marées dessinent là les formes changeantes de ce paysage de dunes, de marais et de prés-salés, des pâtures où vivent des moutons à la chair bien aimée et cavalent quelques Henson, de solides petits chevaux locaux.

Traversée à pied des vasières de la baie de Somme, face à la station du Crotoy.

Somme

Dans l'estuaire, phoques et veaux marins pointent le bout du museau (promenade en kayak de mer fortement recommandée). Le canard siffleur, le tadorne de Belon ou l'huîtrier pie font aussi partie des hôtes volants les plus en vue du lieu.

A marée basse, traverser les bancs de sable accompagné par un guide nature (faire aussi une promenade instructive au **parc ornithologique du Marquenterre**). Puis ensuite relier **Saint-Valery-sur-Somme** (cité médiévale) au **Crotoy** (adorable port de pêche) à bord du traditionnel petit train de la Baie, où d'authentiques voitures de la Belle Epoque tractent une vigoureuse locomotive à vapeur.

LE CARNET DE VOYAGE

Les premiers contacts
Comité départemental de tourisme, 21, rue Ernest-Cauvin, 80000 Amiens, 03.22.71.22.71. www.somme-tourisme.com

La population
557 000 habitants. Préfecture : Amiens.

Les fêtes
Avril : festival de l'Oiseau et de la Nature (baie de Somme), Transbaie (course à pied).
Juin : cathédrale en Couleurs à Amiens (façade en lumière, juin à septembre et décembre).
Juillet : commémorations de la Grande Guerre (le 1er), festival de musique classique (Saint-Riquier).
Août : son et lumière Le souffle de la Terre à Ailly-sur-Noye (août à septembre), festival de musique classique (Valloires).
Septembre : Transhumance et fête du Mouton de pré-salé (Crotoy).
Novembre : Transhenson (transhumance de chevaux Henson).
Décembre : marché de Noël (Amiens).

Les produits locaux
- Canard d'Amiens, anguille fumée, pâté, flamiche picarde, salicorne, fromages (Rollot, tomme picarde).
- Macaron d'Amiens (miel, amandes), gâteau battu (brioche en forme de toque).

QUE VOIR, QUE FAIRE DANS LA SOMME ?

Les côtes

- Mers-les-Bains, Bois de Cise, Ault, Onival, Cayeux-sur-Mer, Quend-Plage-les-Pins, Fort-Mahon-Plage
- Baie de Somme (parc ornithologique du Marquenterre, Saint-Valery-sur-Somme, Le Crotoy)

Les lieux de mémoire

Historial de la Grande Guerre, musée Somme 1916, Mémorial terre-neuvien, Lochnagar Crater, belvédère de Vaux

Les villes et les monuments

- Cité souterraine de Naours, Amiens
- Abbaye et jardins de Valloires, forteresse de Rambures, beffrois, abbatiale de Saint-Riquier, collégiale Saint-Vulfran

■ Les lieux de mémoire

A l'est de la vallée de la Haute-Somme, le circuit du Souvenir relie Albert à Péronne en un itinéraire conduisant sur les lieux de la terrible Bataille de la Somme, qui eut lieu en 1916 : l'**Historial de la Grande Guerre**, le **musée Somme 1916**, le **Mémorial terre-neuvien** (un réseau de tranchées très bien conservé) ou le **Lochnagar Crater** (impressionnant trou de mine de 100 mètres de diamètre).

Mais la vallée de la Haute-Somme est aussi le pays des étangs. Ce paradis pour les oiseaux d'eau et les pêcheurs, d'anguilles notamment, se parcourt à pied (très beau point de vue sur cet entrelacs de terre et d'eau depuis le **belvédère de Vaux**), mais aussi à bord d'un coche d'eau ou du mythique P'tit train de la Haute-Somme qui convoya les poilus au cours de la Grande Guerre.

■ Les villes et les monuments

Depuis le IXe siècle, la ville de **Naours** camoufle une **cité souterraine** de 28 galeries et 300 chambres. Refuge pour les habitants qui s'y engouffraient avec armes, bagages et animaux, ces muches (cachettes en patois picard) ont leur places publiques, leurs étables et aussi leur chapelle… enfouie à 33 mètres de profondeur.

Au grand air, se promener dans les magnifiques **jardins de l'abbaye de Valloires** (XVIIIe siècle). Sur neuf hectares, des collections présentant 5 000 variétés de fleurs et d'arbustes sont classées, ce qui est inhabituel, par aspect, taille et couleur. Aller aussi flâner dans l'élégante roseraie du **château fort de Rambures**, auguste forteresse du XVe siècle.

En levant le nez, trouver les **beffrois** que compte la Somme, six hautes tours érigées en signe d'autonomie entre le XIe et le XVIIe siècle et inscrites depuis au Patrimoine mondial de l'humanité par l'Unesco.

L'**abbatiale de Saint-Riquier** et la **collégiale Saint-Vulfran d'Abbeville** sont deux incontournables chefs-d'œuvre de l'art gothique picard. Et à **Amiens**, la cathédrale Notre-Dame (XIIIe siècle), immense bijou ciselé, autre Patrimoine de l'humanité qui pourrait contenir deux Notre-Dame de Paris. A ses pieds, sur les bords de Somme, se tient le vieux quartier Saint-Leu aux charmantes maisons de couleurs, tout en ruelles et canaux. Des canaux qui font le cœur des **hortillonnages**, des jardins maraîchers uniques posés sur un inattendu et incroyable dédale aquatique. A sillonner en barque à fond plat. Visiter encore la maison de Jules Verne et le très riche musée de Picardie (collections dédiées aux beaux-arts et à l'archéologie). ■

LES SUGGESTIONS GEO

- **Découverte :** marionnettes Chés Cabotans (Amiens) ; initiation aux jeux picards (Saint-Gratien).
- **Aventure :** traversée de la baie en cheval Henson, kayak de mer (Saint-Valery, Fort-Mahon, Le Crotoy).
- **Insolite :** découverte des champs de bataille en hélicoptère (Beaumont-Hamel) ; ateliers pour «faire du feu, un propulseur, une fibule…», parc de la Préhistoire Samara (La Chaussée-Tirancourt) ; passer une nuit sous une tente suspendue dans le vide, entre des arbres (Quend-Plage).

LES CONSEILS GEO

▶ Les plus

Une nature préservée et typée (baie de Somme, grandes plages non bétonnées, dunes du Marquenterre). Une saisonnalité peu marquée permettant une visite toute l'année (les sites restent ouverts).

▶ Les moins

Un nombre de lits marchands limité et concentré majoritairement sur la côte picarde et à Amiens.

▶ Les recommandations

Ne pas s'aventurer tout seul dans la baie de Somme en raison des marées quotidiennes.

▶ Les tendances

La venue en week-end d'une clientèle urbaine en quête d'espace et de ressourcement au grand air.

Deux-Sèvres

Exploité par les carolingiens, le gisement de plomb argentifère de Melle.

Deux cours d'eau ont inspiré le nom des Deux-Sèvres : la Sèvre nantaise qui file vers la Loire et la Sèvre niortaise qui va se jeter dans l'océan Atlantique, constituant un extraordinaire site naturel, le parc naturel régional du Marais poitevin. Peuplé de châteaux et d'abbayes, ce pays vert est une terre d'histoire, celle de la région Poitou-Charentes.

Les paysages

Entre Niort et la limite sud-ouest du département, la Sèvre niortaise se ramifie en d'innombrables cours d'eau, constituant le «**Marais mouillé**», une partie du Marais poitevin, ce territoire gagné sur la mer grâce aux travaux d'assèchement entrepris il y a

dix siècles. On l'appelle aussi la «Venise verte» : 4 000 kilomètres de voies d'eau y composent un réseau navigable très dense, reliant les villages dans un dédale de cultures et de pâturages de toute beauté. Les chemins d'eau recouverts de lentilles serpentent entre les «conches», les «biefs» et les «rigoles» bordées de peupliers, d'aulnes et de saules aux racines noueuses et dont les branches s'enchevêtrent pour former des cathédrales de verdure éclairées par une

QUE VOIR, QUE FAIRE DANS LES DEUX-SÈVRES ?

Les paysages
- Marais mouillé
- Villages (Coulon, Arçais, La Garette)

Le patrimoine
- Sites préhistoriques et gallo-romains (Bougon, Moutiers-sous-Argenton, Oiron, Saint-Léger de-Montbrun, Taizé, Rom)
- Châteaux (Argenton-les-Vallées, Saint-Martin-de-Sanzay, Saint-André-sur-Sèvre, Coulonges-sur-l'Autize, Montravers, Nueil-les-Aubier, Saint-Loup-Sur-Thouet, Vasles, Cherveux, Chef-Boutonne, Javarzay)
- Eglises (Celles-sur-Belle, Saint-Jouin de Marne, Verrines-sous-Celles, Airvault)

Les villes et les monuments
- Niort, Melle, Parthenay, Mauléon, Arçais, La Mothe-Saint-Héray, Bressuire
- Villages (Exoudun, Auge, Saint-Loup-sur-Thouet, Saint-Christophe-la-Cigogne, Courlay)

Territoire d'eau et de verdure, la Venise verte du Marais poitevin se visite en barque.

douce lumière. Le seul moyen de transport a été longtemps le bateau, que l'on déplace à la pelle (rame en bois) ou la pigouille (longue perche). Le marais est un lieu de vie extraordinaire pour de nombreuses espèces animales ou végétales : loutre d'Europe, héron bihoreau, hibou des marais (espèces menacées) y ont élu domicile. On y pêche aussi l'anguille, l'alose et la lamproie.
Cette Venise verte a une «capitale», **Coulon** classé comme l'un des «plus beaux villages de France». Autre joli village du marais, **Arçais** s'est rendu célèbre avec la culture de la Mogette, le fameux haricot blanc. **La Garette,** où toutes les maisons ont un double accès, par la route et par l'eau, est un agréable point de départ pour les promenades, en barque ou à pied.
Pour tout savoir des coutumes et de l'art de vivre traditionnel «maraîchin», une visite s'impose à la maison des Marais mouillés de Coulon. Un «maraiscope» y met en scène la conquête de ces terres par les grandes abbayes du Moyen Age. Le parc ornithologique du Marais sauvage permet d'observer pas moins de 70 espèces d'oiseaux d'eau en totale liberté, de l'eider à duvet à l'oie rieuse, de la poule d'eau au harle bièvre et à l'huîtrier pie. Une vingtaine de circuits de randonnée entretenus et balisés permettent d'explorer le marais en déambulant sur les sentiers.

Le patrimoine

Le musée des Tumulus de **Bougon** en compte cinq datant du néolithique. Autres mégalithes visibles : dolmen de la pierre levée du Grand-Gât (**Moutiers-sous-Argenton**) ; pierres à Pineau (**Oiron**) ; dolmens de Puiraveau (**Saint-Léger de-Montbrun**) ; mégalithes de Montpalais (**Taizé**). Le musée gallo-romain de **Rom** présente les résultats de fouilles dans la région.
Créé seulement à la Révolution, le département a subi l'histoire tourmentée du Poitou : au cœur des luttes féodales, il deviendra une province anglaise après la guerre de Cent Ans puis subira les guerres de religion et les exactions perpétrées par les protestants avec la révocation de l'édit de Nantes, avant d'être touché par les troubles révolutionnaires puis les guerres de Vendée. Au XVIIIe siècle, dans le sud des Deux-Sèvres, 8 habitants sur 10 étaient protestants et les témoignages en sont visibles dans le paysage : les cimetières dans les coins de jardins, l'absence d'église dans certains villages. La maison du Protestantisme à Beaussais raconte l'histoire de ces protestants poitevins, des dragonnades et de la vie au «Désert» des assemblées clandestines, à

Vestige de l'enceinte médiévale de Parthenay, la porte Saint-Jacques, sur le Thouet.

partir du journal envoyé à ses enfants par un instituteur du XVIIe siècle, en exil au Pays-Bas.
Un grand nombre d'églises et d'ensembles médiévaux et pas moins de 32 châteaux sont visibles dans la campagne. Certains en ruines comme **Argenton-les-Vallées** et le château du Bois-de-Sanzay à **Saint-Martin-de Sanzay** (XVe siècle). Le Château d'**Oiron,** édifié au XVIe siècle par le grand écuyer d'Henri II, est le plus méridional des châteaux de la vallée de la Loire, parachevé par madame de Montespan au XVIIIe siècle. Celui de Saint-Mesmin à **Saint-André-sur-Sèvre** est une forteresse moyenâgeuse dotée d'un imposant donjon où sont organisées des journées médiévales. A voir aussi, le château Renaissance et musée du Charronnage et de la Tonnellerie à **Coulonges-sur-l'Autize**, celui du Deffend à **Montravers** ou le logis de la Favrière à **Nueil-les-Aubier**, manoir de gentilhomme campagnard, le château de **Saint-Loup-Sur-Thouet**, construit pas les Gouffier, marquis de Caravas, héros du conte «Le chat Botté» de Perrault (XVIIe siècle), le château fort et les jardins de La Sayette à **Vasles,** ancienne forteresse militaire des XIIe et XIIIe siècles. Défendu par des douves, le château de **Cherveux** est l'œuvre d'un Ecossais entré au service de Louis XI, le château de **Javarzay** à **Chef-Boutonne** abrite un musée de la Coiffe.
A visiter encore, des églises dont l'abbaye royale de **Celles-sur-Belle**, les abbatiales de **Saint-Jouin-de-Marne**, de **Verrines-sous-Celles** et d'**Airvault.**

Les villes et les monuments

Niort, ville d'histoire, anglaise ou française au gré des soubresauts de l'histoire du Poitou, renferme une palette de trésors tel son château flanqué de donjons jumeaux romans, le pilori, ancien hôtel de ville à l'architecture Renaissance, ses halles médiévales, les musées Bernard d'Agesci et le fort Foucault, sur un îlot au milieu de la Sèvre niortaise.
A **Melle,** l'inattendu et le pittoresque ont droit de cité. La ville cumule les sites historiques avec ses maisons à pans de bois, l'hôtel de Ménoc datant des XVe et XIXe siècles, les vestiges du rempart et des portes de ville, les halles de style Baltard, un jubé baroque, et trois églises romanes des XIe et XIIe siècles : Saint-Savinien, Saint-Pierre et Saint-Hilaire (classée au Patrimoine mondial de l'humanité par l'Unesco comme étape sur le chemin de Saint-Jacques-de-Compostelle). Grâce à ses mines de plomb et d'argent, Melle abritait un très important atelier monétaire pendant le haut Moyen Age et les rois carolingiens y faisaient battre monnaie. On

LE CARNET DE VOYAGE

Les premiers contacts
Comité départemental de tourisme en Deux-Sèvres, 05.49.778.779. www.tourisme-deux-sevres.com, www.JadoreParcourirLesDeuxSevres.com (guide recensant la liste des sites et festivals).
La population
352 000 habitants. Préfecture : Niort.
Les fêtes
Mars : Terri'Thouars Blues (Thouars), Bach à Pâques (Saint-Maixent-l'École).
Avril : Artjoyette (humour au canton de Saint-Varent).
Mai : festival de Melle (musique classique), Festival Ah ? (arts de la rue, Parthenay et Gâtine).
Juin : rallye du Marais (dernier week-end à Airvault).
Juillet : fête maraîchine (1er dimanche à Airvaul), Bouillez ! (art de la rue à Bouillé-Saint-Paul), Atout Arts (musiques nomade à Thouars), festival des Enfants du Monde (Saint-Maixent-l'École), Contes en chemins (14 communes pays du Haut-Val-de-Sèvre), Boulevard du jazz (Melle), De bouche à oreille (musiques traditionnelle à Parthenay).
Août : festival du Nombril (Pougne-Hérisson), Lumières du Baroque (Niort, Saint-Maixent-l'École).
Septembre-octobre : festival des Vendanges (Pamproux), Festival International du Film Ornithologique (Ménigoute).
Fin octobre-début novembre : Très Grand Conseil Mondial des Clowns (Niort, environs).
Les produits locaux
- Angélique (sorbet et confiseries), «bouilliture» ou «fricassée» d'anguilles, «sauce aux lumas» (escargots au vin rouge), chevreau à l'ail vert, gigot de mouton, jambon de pays frotté au sel et au cognac, «mojettes» (haricots blancs) mijotées au beurre d'Échiré ou de Pamplie.
- Fromages de chèvre (chabichou AOC, lezay, saint-loup, bougon), tourteau fromager.
- Vins du pays thouarsais et de Bouillé-Loretz.
L'artisanat
Peausserie, papeterie, paniers à beurre.

Dans le territoire des Marais mouillés, une maison typique du très beau village de Coulon, au bord de la Sèvre niortaise.

y visite les mines d'argent des rois francs et le jardin carolingien. **Parthenay**, lové dans la boucle du Thouet, était une étape importante sur le chemin de Saint-Jacques, avec 20 monuments classés et 150 maisons à colombages de la fin du Moyen Age. Dotée d'un clocher Renaissance, l'église Notre-Dame-de-la-Couldre abrite une crèche animée.

Thouars, bâtie sur un éperon rocheux cerné par le Thouet, est dominée par le château des ducs de la Trémoille (XVIIe siècle). Toisant la vallée de l'Ouin, et ancienne capitale de la Vendée militaire, **Mauléon** s'est développée autour de son château médiéval et de l'abbaye de la Trinité (XIe siècle). **Arçais** et **La Mothe-Saint-Héray,** sont de jolies petites cités de caractère. A **Courlay**, le musée d'Ecole et la Maison littéraire Ernest Pérochon (prix Goncourt en 1920) reconstituent l'ambiance d'une école du siècle dernier et la vie de l'écrivain. Dans le nord du département, **Bressuire** garde des traces de son ancienne activité drapière, au pied des enceintes de son château des XIe et XIIIe siècles. Charmants, les villages anciens de **Saint-Loup-sur-Thouet**, **Exoudun**, **Auge**, **Saint-Christophe-la-Cigogne** méritent également un détour. ■

LES SUGGESTIONS GEO

■ **Découverte :** parc animalier Zoodyssée (Villiers-en-Bois) ; jardin des Sens, éveil très poétique à l'environnement (Coutières).

■ **Aventure :** baptême de l'air en montgolfière (Cerisay, Mauze-Thouarsais, Chanteloup), planeur ou ULM (aérodrome de Niort-Souché) ; parcours arboricole (Prailles, dans la forêt de Chantemerle).

■ **Insolite :** légendes du jardin des Chirons et de la forêt de l'Hermitain, à découvrir en randonnant ; machines à capter les mythes (au «nombril du monde», à Pougne-Herisson) ; tonte des moutons (Mouton Village).

LES CONSEILS GEO

▶ Les plus
Unique, le Marais poitevin se découvre patiemment, au fil de l'eau. L'occasion de prendre un grand bol de nature saupoudré d'un riche patrimoine culturel.

▶ Les moins
Une fréquentation moindre, mais des sites souvent fermés en hiver.

▶ Les recommandations
Ne pas manquer de se procurer le passeport «de site en festival» pour ne rien manquer des animations proposées tout en bénéficiant d'avantageux tarifs spéciaux.

▶ Les tendances
Les Deux-Sèvres développent une animation très originale autour des festivals et de sites de découverte. Les enfants apprécient !

Comme son château à la toiture d'ardoise, les architectures calcaires de Verteuil-sur-Charente s'égrainent le long du fleuve.

Charente

Avec ses villes connues et ses petits villages de charme, la Charente offre de multiples visages. Grâce à son fleuve et à ses grands lacs, elle propose une myriade d'activités en région Poitou-Charentes.

Les paysages

La Charente se présente comme une mosaïque de paysages. Granit, bocages, lacs et denses forêts dessinent la Charente limousine. A l'ouest, le pays Cognaçais très vallonné séduit par ses pierres blanches calcaires et ses vastes vignobles. Les porches charentais pleins de charme accueillent les visiteurs des fermes traditionnelles. Plus au nord, les plaines s'étendent à perte de vue. La Charente est traversée par un fleuve éponyme, navigable en aval, et qui serpente jusqu'à la mer. Ses vallées sont de toute beauté.

Les villes

Angoulême, chef-lieu de la Charente, organise depuis 1974 le Festival international de la bande dessinée (BD). Avec le **circuit des Murs peints** et la **cité internationale de la BD et de l'Image**, elle s'impose comme la capitale du 9e art. Ses beautés architecturales sont nombreuses, citons l'hôtel de ville (ancien château comtal), la **cathédrale Saint-Pierre** (magnifique façade écran) et l'hôtel Saint-Simon

LE CARNET DE VOYAGE

Les premiers contacts
Comité départemental du tourisme de la Charente, 21, rue d'Iéna, 16021 Angoulême cedex, 05.45.69.79.09. www.lacharente.com

La population
339 628 habitants. 57 habitants au km². Préfecture : Angoulême.

Les fêtes
Fin janvier : Festival International de BD (Angoulême).
Fin mai : Musiques Métisses (word music, Angoulême).
Mi-juillet : fête du Cognac (dégustations, Cognac), Garden Nef Party (rock en plein air).
Fin juillet : Blues Passions (musiques blues, Cognac).
Mi-août : Danses et Musiques du Monde (Confolens).
Dernière semaine d'août : festival du Film Francophone (Angoulême).
1er week-end de septembre : Coup de Chauffe (arts de la rue, Cognac).
2e semaine de septembre : circuit des Remparts (rassemblement de voitures de collection, Angoulême).
Fin novembre : Gastronomades (Angoulême).

Les produits locaux
- Veau de Chalais, chapon de Barbezieux, cagouilles à la charentaise (escargots petit-gris), truffes, huile de noix.
- Cantaloup (melon charentais), pomme mazoréli et reinette de Saintonge.
- Fromages (briquette de l'Angoumois, manslois, taupinière).
- Desserts (galette charentaise, cornuelles).
- Vins (cognac, pineau des Charentes).

L'artisanat
Lié au cognac (tonnellerie, dinanderie), charentaise.

QUE VOIR, QUE FAIRE EN CHARENTE ?

Les villes

- Angoulême (cathédrale Saint-Pierre, cité internationale de la BD et de l'Image, circuit des Murs peints, visite des maisons de négoce
- Cognac (château des Valois, musée des Arts du cognac)

Le patrimoine

- Abbaye Saint-Amant-de-Boixe, église troglodyte d'Aubeterre-sur-Dronne
- Château de La Rochefoucauld, thermes de Chassenon

Les activités

Pêche, activités nautiques, baignade (lacs de Lavaud et Mas Chaban)

LES CONSEILS GEO

▶ Les plus

Ce territoire présente une belle variété de paysages et d'ambiances, entre ville et campagne.
La nature est préservée.

▶ Les moins

L'hiver, en dehors de quelques manifestations, le département n'est pas très vivant.

▶ Les tendances

L'accent est mis sur le tourisme en famille ainsi que sur les parcours culturels qui permettent de se lancer à la découverte des nombreux villages de caractère.

(façade sculptée Renaissance). La visite du musée de la Ville (consacré notamment à l'archéologie de la Charente) et des remparts (très beaux points de vue) est conseillée.
Plus à l'ouest se trouve **Cognac**. Modeste bourgade jusqu'au milieu du Xe siècle, elle s'est développée grâce au commerce du sel par le fleuve initié par François 1er. Ce dernier est né en 1494 dans le **château des Valois** (XVe siècle) qui abrite aujourd'hui une maison de négoce. Dans la vieille ville, des trésors : les tours Saint-Jacques (XVe siècle), le prieuré et l'église Saint-Léger (XIIe siècle), la maison de la Lieutenance (XVIe siècle), l'hôtel de Rabayne (XVIe siècle), l'hôtel Brunet du Bocage et l'hôtel Perrin de Boussac (XVIe-XVIIe siècles) qui abrite le **musée des Arts du cognac**. Comme son nom l'indique, la ville fait la part belle à l'eau-de-vie à laquelle elle doit une partie de sa renommée. Tout au long de l'année, les **maisons de négoce** ouvrent leurs portes pour des dégustations très prisées. Une excellente manière de découvrir le patrimoine.

Le patrimoine et les activités

La Charente est l'un des départements français les plus riches en art roman. De nombreuses constructions en témoignent : l'**abbaye de Saint-Amant-de-Boixe** (une des plus anciennes de Charente), l'église fortifiée Saint-Vivien à Charras, l'église Saint-Barthélémy dans la cité médiévale de Confolens ou encore la chapelle des Templiers à Cressac (ornée de fresques militaires). Des vestiges proviennent également de l'époque gallo-romaine : les **thermes de Chassenon** et le théâtre des Bouchauds. Les châteaux de **La Rochefoucauld**, de Balzac, de Rochebrune à Etagnac ou encore de Peyras à Roumazières-Loubert figurent également parmi les belles architectures locales.
Très typiques, de charmants villages en granite rouge ou en pierre blanche calcaire valent le détour. Parmi les «plus beaux villages de France», citons **Aubeterre-sur-Dronne** dont l'**église troglodyte** est la plus vaste d'Europe. Autres villages marquants : Saint-Simon (village gabarrier), Villebois-Lavalette (avec ses halles et son château), Brigueuil (citée fortifiée) et Verteuil-sur-Charente (au bord du fleuve). Les possibilités de balades en vélo ou à pied ne manquent pas. Pour varier les plaisirs, il est possible de prendre place à bord d'une gabare (long bateau à fond plat) ou même de louer un bateau habitable. La Charente montre aussi un visage très ludique grâce à ses lacs (de **Lavaud** et **Mas Chaban**). Sur plus de 350 hectares, ils offrent de bons moments aux pêcheurs, des plages de sable fin et de très nombreuses activités nautiques (canoë, catamaran, etc.). ■

LES SUGGESTIONS GEO

- **Découverte :** vélo-rail, plate-forme fixée sur une ancienne voie de chemin de fer (deux personnes pédalent) ; circuits des maisons de négoce (autour de Cognac).
- **Aventure :** Aventure Parc (saut à l'élastique, maxi tyrolienne, parcours dans les arbres…).
- **Insolite :** les Gaulois d'Esse (village reconstitué dans lequel chaque hutte est celle d'un artisan qui travaille comme au temps des Gaulois et en tenue traditionnelle).

Charente-Maritime

QUE VOIR, QUE FAIRE EN CHARENTE MARITIME ?

Les paysages

- Littoral (stations balnéaires et côtes sauvages)
- Marais (poitevin, Rochefort, la Boutonne, Saint-Hippolyte)
- Forêts (Saint-Trojan, Saint-Jean d'Angély, Chizé, Benon)
- Vignes et vallées (pays de Saintonge)
- Iles (Ré, Oléron, Madame, Aix)

Les villes et le patrimoine

- Forteresses (Brouage, Oléron, La Rochelle, Aix), forts Vauban
- Villes (La Rochelle, Saintes, Rochefort, Pons, Saint-Jean d'Angély, Jonzac)
- Estuaire de la Gironde (Meschers, Saint-Sorlin, Fâ, Talmont)

Les activités

- Activités balnéaires et sports nautiques (îles, littoral)
- Randonnées équestres, pédestres et cyclisme (littoral, îles, arrière-pays)

Le littoral sauvage, les stations et les plages de Charente-Maritime ont séduit les vacanciers. Dans l'arrière-pays, à l'ouest du Poitou-Charente, d'autres secrets à découvrir, entre vignes, vieilles pierres et villages authentiques.

Les paysages

Les **stations balnéaires** de Royan, Saint-Georges-de-Didonne, Ronce-les-Bains et de Fouras attirent les foules en Charente-Maritime dès les premières chaleurs estivales. La volonté du département de préserver l'environnement assure à ce **littoral** d'accueil la conservation d'un charme authentique. Les aménagements touristiques se marient à l'habitat traditionnel et les longues plages de l'Atlantique demeurent épargnées. Les 500 kilomètres de côtes (îles comprises) oscillent entre ces villes animées et une nature sauvage composée d'estuaires et de ports de pêche, de forêts de pins et de falaises calcaires surplombant de larges étendues de sable. Au sud-ouest, entre la Tremblade et Saint-Palais-sur-Mer, la **Côte Sauvage** n'a pas volé son appellation. Les dunes et les pins landais se mêlent sur une vingtaine de kilomètres totalement préservés de toutes traces humaines. Plus au sud, l'**estuaire de la Gironde** - le plus grand d'Europe - interrompt le rivage. Né de la confluence du fleuve Garonne et de la rivière Dordogne, on y pénètre par la pointe de Suzac. Le long de falaises cachant d'interminables bancs de sable, l'estuaire sépare la Charente-Maritime du Médoc.

Sur ce territoire, l'eau est décidément omniprésente grâce aux quatre fleuves qui le traversent : la Sèvre niortaise, la Charente et ses affluents (**la Boutonne** et la Seugne), la Seudre et la Gironde, qui trouve sa source plus loin dans la Garonne.

L'arrière-pays dévoile une campagne profonde, insoupçonnable lorsque l'on longe le littoral. Pourtant les paysages y sont contrastés. De nombreuses forêts ont ici élu domicile. **Saint-Trojan** sur l'île d'Oléron, **Benon**

Au bourg de Bois Plage, sur l'île de Ré, les roses trémières donnent une note vive aux façades des maisons chaulées.

et **Chizé** au nord, les bois de **Saint-Jean-d'Angély** et de Saintes à l'est et les forêts de Bussac et de la Lande au sud, donnent au département un second souffle.
Aussi, les marais laissent deviner un autre visage à la Charente-Maritime. Ceux-ci constituent près d'un tiers des marais français à eux seuls. Le **Marais poitevin** bien sûr domine fièrement comme attrait incontesté de la région. Les marais de **Rochefort**, de **la Boutonne** et de **Saint-Hippolyte** complètent le tableau dans les terres tandis que ceux d'Oléron et de Ré confèrent aux îles leur identité. Enfin, au cœur du **pays de Saintonge**, les cultures de **vignes** investissent le territoire dans un panorama vert et vallonné, en route vers Cognac.

Les îles

Un pont de trois kilomètres relie le continent à l'**île de Ré** entre le pertuis d'Antioche et le Pertuis Breton. Ré la Blanche, longue de 25 kilomètres, est l'un des joyaux de l'Atlantique. Préservée malgré sa forte fréquentation estivale, elle affirme une perspective horizontale, oscillant entre plaines sauvages, coteaux cultivés, plages de sable fin et villages authentiques. Vifs tamaris et roses trémières viennent colorer les façades chaulées des maisons des petits ports de pêche qui lui ont donné son surnom éclatant. Les marais salants participent à l'aspect sauvage de l'île, dont on sillonne les canaux le long des nombreuses pistes cyclables. Les haltes urbaines, Ars-en-Ré, les Portes, Saint-Martin, Loix ou encore la Flotte ajoutent au charme de Ré, par l'atmosphère apaisante qu'elles dégagent, dans cet environnement salutaire. Les petites places désertées l'hiver sont le centre de toutes les attractions les soirs d'été. Criées, terrasses et marchés colorent ainsi les villages de notes pittoresques.
Oléron est la seconde plus grande île de France, après la Corse. L'impressionnant viaduc qui y mène dévoile le fort Louvois, à la porte de l'île, que le fort Boyard rappelle au large. Entre l'ostréiculture, que l'on découvre le long des canaux de l'île, les immenses plages bordées de pins où les campings s'abritent en été, les parcelles de vignes et les forêts, Oléron attire chaque année les amoureux de vie insulaire. Paradis des surfeurs et des véliplanchistes, l'île regorge de petites plages sauvages taquinées par les remous de l'Atlantique.
Moins connue, **Aix** mérite le coup d'œil. Cette petite parcelle de terre au nord-ouest de Fouras a remplacé ses moteurs par des vélos et des chevaux. Fortifiée par Vauban, comme en témoigne le fort Liédot, ses plages sont encadrées par d'imposants rochers, dévoilant ainsi de jolies petites criques isolées. Forêts de chênes et d'arbousiers viennent parfaire le panorama de cette île sauvage.
Enfin, **Madame** découvre un tout autre visage insulaire. A marée basse, la Passe aux bœufs et le plateau de Palles sont un vrai petit paradis de la pêche à pied. En effet, on atteint aisément l'île en marchant au gré du ramassage de coquillages, de mollusques et de crustacés qui s'amoncellent sur le banc de sable découvert. Entre les vestiges des anciens marais salants et les larges panoramas sur les sentiers marins, l'île Madame est une authentique perle de l'Atlantique et aussi la plus petite des quatre îles charentaises.

LE CARNET DE VOYAGE

Les premiers contacts
Comité départemental du tourisme de la Charente-Maritime, 85, bd de la République, 17076 La Rochelle cedex 9, 05.46.31.71.71. www.en-charente-maritime.com

La population
La Charente-Maritime abrite 560 000 habitants. Préfecture : La Rochelle.

Les fêtes
Avril : Festival International de Cerfs-Volants (Châtelaillon-plage).
Mai : Semaine Internationale de la Voile (La Rochelle).
Juin : Festival International du Film (La Rochelle), festival Plein Sud (Cozes).
Juillet : Francofolies (musique rock à La Rochelle), festival de Saintes, Résonnance (Rochefort).
Août : contes et concert (Fontdouce).
Septembre : Voiles de nuit (La Rochelle).
Octobre : La Rochelle Jazz Festival.

Les produits locaux
- Huîtres (Marennes-Oléron), moules (Bouchot), poisson, fruits de mer (criées de la Cotinières, La Pallice, Royan), caviar (estuaire de la Gironde).
- Melon, mojhette (haricot blanc), beurre (Surgères).
- Cognac, pineau des Charentes, vins de pays (rouge, rosé, blanc).

Bâtie au bord de la falaise calcaire de Talmont-sur-Gironde, l'église romane Sainte-Radegonde.

Les villes et le patrimoine

Entre les remparts de ses villes, les forts en poste au large du littoral, les tours d'enceintes et les imposantes citadelles, la Charente-Maritime raconte son passé au gré des réalisations de l'architecte militaire **Vauban**. La forteresse du Sel de **Brouage**, la citadelle du XVIIe siècle du château d'Oléron, fort Vauban et son donjon médiéval et les fortifications de Saint-Martin-de-Ré, sont incontournables. Fort Louvois, le dernier ouvrage de fortification maritime commandé par Louis XIV, abrite aujourd'hui un très intéressant musée ostréicole.

Passage obligé, **La Rochelle** est l'ancienne place forte du protestantisme. Ville jeune et animée, son patrimoine historique représente fièrement le département. Ses tours Saint-Nicolas, de la Lanterne et de la Chaîne, ses ports et ses quais, les ruelles pittoresques du quartier Saint-Nicolas et ses élégants hôtels particuliers témoignent de son passé millénaire. Le port de La Pallice est aujourd'hui au huitième rang mondial. Cité aérée par de nombreux espaces verts, elle dégage une qualité de vie rare, sur fond d'océan.

L'étonnante cité de **Saintes** est à la fois un centre majeur d'architecture romane et une ville gallo-romaine bien préservée. L'abbaye aux Dames et la basilique Sainte-Eutrope sont des chefs-d'œuvre d'art roman du XIIe siècle. Les thermes de Sainte-Saloine, l'arc de Germanicus et le Musée archéologique illustrent, quant à eux, la grandeur de la cité de Sainte sous l'Empire romain.

Les villes et les villages de Charente-Maritime abritent de véritables richesses architecturales. Châteaux, donjons, moulins, forts et abbayes se relaient entre vignes et marais. On croise pas moins de trois cents églises, romanes pour la plupart, sur les chemins de Charente-Maritime.

Divinement restauré suite à l'appel de Pierre Loti, le château de la Roche-Courbon (XVe-XVIIe siècles), en terre Saintonge.

Par la route historique des trésors de Saintonge (châteaux de La Roche-Courbon et Dampierre, abbayes de Trizay et Fontdouce), les vieilles pierres s'accumulent sur les pas de Saint-Jacques-de-Compostelle.

Surgères, au nord, fait aussi partie des petits trésors du département avec sa remarquable église Notre-Dame, les vestiges de ses tours et de son ancienne prison. Les amateurs de littérature apprendront aussi que la cité fut la patrie d'Hélène de Fonsèque, muse de Ronsard célébrée dans moult vers par le prince des poètes du temps de sa beauté, dont l'illustre «sonnet pour Hélène».

Jonzac est une station thermale troglodytique, unique en Europe. Son château du XIe siècle domine le vieux bourg, sereinement établi sur le mont Balaguier. De là, on aperçoit l'église Saint-Gervais, les augustes maisons de pierre, les ruelles entrelacées et la douce vallée de la Seugne.

Louis XIV a fait de **Rochefort**, située à 20 kilomètres de la mer, une essentielle ville portuaire, pour sa situation idéale le long de la Charente. Découvrir les quais en bateau.

Saint-Jean-d'Angely, autre charmante cité de caractère, se visite pour ses tours, son abbatiale du XVIIe siècle et son musée des Cordeliers.

Enfin, un détour vers le donjon de **Pons** donne un aperçu de la vallée de la Seugne et de sa cité médiévale, composée de remparts, de ruelles voûtées et de l'hôpital des Pèlerins (Patrimoine mondial de l'Unesco).

Le long de l'**estuaire de la Gironde, Meschers-sur-Gironde** abrite des habitations troglodytiques et **Saint-Sorlin** offre un bel espace de découverte écologique. Aussi, la cité antique de **Fâ**, à une centaine de mètres au large de la côte, révèle ses trésors romans. Plus loin, **Talmont**, l'un des joyaux de l'estuaire, est un charmant petit bourg dont les fortifications cachent quelques ateliers d'artisanat de cuir, de nacre et de soie.

Les activités

La Charente-Maritime est avant tout visitée pour son littoral, ses îles et les plaisirs de mer qu'ils procurent. En effet, les stations balnéaires battent le plein en été. La qualité de leurs plages, toutes de sable fin, font le bonheur des familles. Une impressionnante liste de sports nautiques laisse en conséquence l'embarras du choix :

Nimbée des lueurs de l'aurore sur les marais, la citadelle de Brouage (XVIIe siècle).

kitesurf, planche à voile, body-board, ski nautique, plongée, aviron et char à voile… Le canoë-kayak se pratique le long des côtes mais aussi dans les eaux douces des rivières et des plans d'eau - le long de la Charente ou de la Seudre et sur l'estuaire de la Gironde. Les petits ports de plaisance sont le point de départ de croisières et donnent accès à la pratique de pêche sur les 2 600 kilomètres d'eau douce qu'ils annoncent.

Au-delà des vallées et du littoral, l'arrière-pays permet de varier les plaisirs et les activités. La découverte des paysages viticoles, des marais et du patrimoine ouvre de nombreuses perspectives de promenades. Randonnées pédestres, cyclisme et équitation occupent le terrain grâce à un vaste réseau de 7 000 kilomètres de chemins balisés. Le long du littoral, les sentiers maritimes découvrent ses forteresses et de magnifiques panoramas le long des falaises de calcaire du pays Rochelais ou sur les bords du canal de Marsans. L'estuaire de la Seudre donne à découvrir les cabanes en bois des ostréiculteurs, le long des marais. Dans les terres, forêts, vignes et marais composent un autre prétexte de balades. Les îles de Ré et Oléron demeurent réputées pour leurs pistes cyclables. On y abandonne volontiers la voiture pour parcourir les coins reculés le long de côtes sauvages.

Pour partiquer la randonnée à cheval, il existe une multitude d'itinéraires : la Saintonge boisée ou romane, la vallée de la Seugne ou l'estuaire de la forêt des Landes.

Les voies vertes balisées destinées aux marcheurs longent les lacs artificiels du pays de Haute-Saintonge, les paysages brumeux du Marais poitevin et de celui d'Yves ou le parc de l'estuaire dans la forêt de Suzac.

Plus sportifs, les pistes de VTT sont également bien aménagées le long des coteaux de Gironde, sur les traces des fontaines du pays de Saintes ou sur le circuit des distilleries à la rencontre des tanins locaux.

Les stations thermales de Jonzac, Rochefort et Saujon, dont les réputations ne sont plus à faire, accueillent les curistes dans une atmosphère conviviale. La thalassothérapie est de même bien développée grâce à l'environnement marin et l'air iodé qui en résulte. Châtelaillon, Royan, Sainte-Marie et Ars-en-Ré et Saint-Trojan-les-Bains à Oléron ouvrent les portes du bien-être. ■

LES SUGGESTIONS GEO

- **Découverte :** arsenal maritime (Rochefort) ; pierre de Crazannes (initiation à la taille) ; haras national (Saintes), énigmes templières du château d'Usson (Pons) ; grottes de Regulus (Meschers) ; labyrinthe des insectes dans la ferme des Oiseaux (Dolus-d'Oléron).
- **Aventure :** safari dans la réserve du marais d'Yves ; aviron (canaux de Charente, Seudre ou de Marans).
- **Insolite :** autruches de la ferme de Laurette (Marsilly) ; parc Myocastors (Dolus-d'Oléron) ; balade en calèche ou à dos d'âne (Massac).

LES CONSEILS GEO

▶ Les plus

Bien plus qu'un simple littoral, la Charente-Maritime offre un vrai contraste dans ses paysages. Et l'abondance d'activités trouve un contrepoint quasi parfait avec la gastronomie, riche elle aussi.

▶ Les moins

Reflet de son succès, la haute fréquentation en été avec laquelle il faut composer sauf à prendre ses congés en moyenne saison…

▶ Les recommandations

Lors des parties de pêche sur la Passe aux Bœufs, attention à ne pas rester prisonnier de la marée sur l'île d'Aix. Visitez La Rochelle lors des sorties nocturnes théâtralisées.
Il existe une Ronde de nuit adaptée spécialement aux enfants.

▶ Les tendances

La Charente-Maritime développe son offre de courts séjours à travers de nombreuses thématiques, culturelles, gastronomiques ou balnéaires, ouvertes à tout public: le pays de Marennes-Oléron, les villages de l'île de Ré, Royan vu du ciel, randonnées et régalades en Saintonge romane, les îles du pertuis.

Vienne

Avec ses images en grand format et ses spectacles d'une modernité éblouissante, le parc du Futuroscope est, sans conteste, la première attraction touristique de la Vienne. De châteaux en églises romanes, ce département de la région Poitou-Charentes propose également une très belle balade dans l'histoire de France.

La façade sculptée de Notre-Dame-la-Grande est l'un des trésors de Poitiers.

Les paysages

La Vienne se découpe volontiers en quatre «pays» clairement distincts. Au nord-est, le Châtelleraudais et les Vals de Gartempe déroulent des vallons boisés et des coteaux crayeux. De charmants petits villages parmi lesquels **Angles-sur-Anglin**, un des plus beaux de France qui perpétue une tradition artisanale de broderie de jours, s'y tiennent. Dans ce secteur, le centre d'interprétation du Roc aux Sorciers présente une frise sculptée, gravée et peinte de l'époque magdalénienne, fabuleux témoignage de l'art pariétal remontant à plus de 15 000 ans. Reconstituée en trois dimensions et détaillée grâce à une mise en lumière et une scénographie parfaite, la frise de cet abri sous-roche mesure 20 mètres de long et montre de sublimes représentations animalières (chevaux, bouquetins et bisons en mouvement) mais aussi de plus rares encore figures humaines.

Au sud-est, les **vallées du Chauvinois**, de **Vienne**, de **Moulière** et du **Mont-Morillonnais**, sont propices aux randonnées. De très nombreux parcs et spectacles animaliers s'y sont installés : l'île aux Serpents à la Trimouille, les oiseaux de proie des Géants du Ciel à Chauvigny, avec une animation autour de la pratique de la fauconnerie, ou encore la très exotique Planète des crocodiles, à Civaux.

Au sud-ouest, le pays Civraisien, traversé par la Charente et le **Clain**, est le royaume des pêcheurs. La scénographie du Vieux Cormenier à Champniers offre une plongée dans le monde rural. A Romagne, le parc de la Vallée des singes a pris place, tandis que le moulin de Chiré à Vouneuil-sur-Vienne, accueille Ecologia qui raconte la vie du vieux moulin.

Non loin de là, la **réserve naturelle du Pinail** recèle une faune et une flore rares dans ses mares à l'écosystème jalousement préservé. Aller voir aussi le **site de Sanxay**, l'un des plus importants de l'époque gallo-romaine.

LE CARNET DE VOYAGE

Les premiers contacts
Comité Départemental du tourisme de la Vienne, 05.49.37.48.48. www.tourisme-vienne.com. Maison de la Vienne, parc du Futuroscope, 05.49.49.59.97.

La population
416 000 habitants. Préfecture : Poitiers.

Les fêtes
Mai-juin : fête médiévale (Nouaillé Maupertuis), festival Jazzellerault (Châtellerault), Salon du Livre (Montmorillon), Polychromies de Notre-Dame-la-Grande à Poitiers (jusqu'à septembre).
Mi-juillet : Artisanales Médiévales et Foire du Livre (Angles-sur-Anglin).
Août : Soirées Lyriques (Sauxay).
Octobre : Les Expressifs (arts de la rue, à Poitiers).
Décembre : Rencontres Cinémato-Graphiques Henri Langlois (Poitiers).

Les produits locaux
- Huiles, fromages de chèvre, miel, broyé du Poitou (galette au beurre des Charentes).
- Vins : gamay, cabernet, sauvignon du Haut-Poitou, saumur AOC, bières (Brasserie Bellefois).

L'artisanat
Broderies (Angles-sur-Anglin), coutellerie (Châtellerault), verre soufflé (Chauvigny).

QUE VOIR, QUE FAIRE EN VIENNE ?

Les paysages

- Vallées (Chauvinois, Vienne, Moulière, Clain, Montmorillonnais)
- Village d'Angles-sur-Anglin
- Réserve naturelle du Pinail, parcs animaliers
- Site gallo-romain de Sanxay, forêt de Scévolle

Les villes et le patrimoine

- Poitiers (églises, musée, Futuroscope)
- Abbaye (Saint-Savin-sur-Gartempe, Nouaillé-Maupertuis, Saint-Sauveur-de Charroux)
- Montmorillon, Chauvigny, La Roche-Posay, Lusignan, Châtellerault, Loudun

LES CONSEILS GEO

▶ Les plus

Un riche patrimoine que les passionnés d'art roman et d'histoire médiévale pourront découvrir en musardant et les nombreuses activités pour les familles.

▶ Les moins

Les parcs d'attractions et autres activités ont un coût non négligeable qu'il vaut mieux intégrer à son budget vacances...

▶ Les recommandations

Eviter les périodes vraiment chargées du plein été pour profiter au mieux des attractions des parcs sans avoir à supporter trop d'attente.

Le Nord-Ouest se compose du Loudunais, petit pays de vignobles paré de la **forêt de Scévolle,** du Haut-Poitou, également pourvu en terres vinicoles et de la vallée du Clain, terre d'accueil du **Futuroscope** devenu l'attraction numéro un du département. Le Parc renouvelle sans cesse ses spectacles et aventures interactives ou sensorielles, toujours plus palpitantes tout au long de l'année. Une attraction totalement inédite, «Les animaux du futur», complète celles déjà proposées : «Les dinosaures», «La citadelle du vertige», «Laponie Express», «Danse avec les robots».

Les villes et le patrimoine

Préfecture du département marquée par trois grandes batailles historiques (Clovis contre les Wisigoths, Charles Martel vainqueur des Arabes et la capture du roi Jean Le Bon par les Anglais), **Poitiers** compte trois superbes églises romanes dans son riche patrimoine : **Notre-Dame-la-Grande,** divinement ornée de fines sculptures en façade et recouverte de fresques à l'intérieur, la **cathédrale Saint-Pierre** dont le chœur composé d'un mur droit et dépourvu d'arcs-boutants est unique, et l'**église Saint-Hilaire-le-Grand,** bâtie sur les vestiges d'une nécropole gallo-romaine et classée au Patrimoine de l'humanité par l'Unesco comme étape du chemin de Saint-Jacques-de-Compostelle. Autre trésor classé par l'Unesco pour la richesse de ses peintures murales : l'**abbaye de Saint-Savin-sur-Gartempe.**

Au cœur du quartier moyenâgeux du Brouard, **Montmorillon** abrite la cité de l'Ecrit et des Métiers du livre et, sur son promontoire surplombant la Vienne, **Chauvigny** aligne ses cinq châteaux et la collégiale Saint-Pierre.

Parmi les quelque 400 châteaux et nombreuses abbayes du département, l'abbaye de **Nouaillé-Maupertuis,** celle de **Saint-Sauveur-de Charroux** et le château de Touffou à Bonnes sont des hauts lieux du patrimoine poitevin du Moyen Age.

Les 10 000 curistes qu'accueille chaque année **La Roche-Posay** grâce à son eau thermale ne manquent pas non plus de visiter son donjon et son clocher roman. Quant à **Lusignan,** elle était une ville étape sur la route de Compostelle, comme **Châtellerault,** renommée au Moyen Age pour sa coutellerie, et dont le musée Auto Moto Vélo, installé dans l'ancienne manufacture d'armes, expose plus de cent véhicules, chaque époque laissant sa trace. A **Loudun,** enfin, il ne faut pas manquer la maison de l'Art roman et le musée Théophraste Renaudot qui retrace l'œuvre du fondateur du journalisme en France. ■

LES SUGGESTIONS GEO

- **Découverte :** vallée des fresques (Saint-Savin) et circuit autour des églises et châteaux de Saint-Germain, Antigny, Jouhet, Montmorillon, Bois-Morand et Pruniers ; Pisto'Patrimoine à Angles-sur-Anglin (énigmes).
- **Aventure :** téléski nautique (Moncontour) ; plongée dans la fosse (20 m) au centre aquatique Abyssea ; rafting dans les gorges du Roc d'Enfer (au départ de Lathus).
- **Insolite :** truffière de Ternay (grottes de la Noré, à Biard) ; musée de la Ferme acadienne (Archigny) ; nuit en yourte (lac de Saint-Cyr).

Alpes de Haute-Provence

Horizon de lavande sur les hauteurs du plateau de Valensole, dans le Verdon.

Climat exceptionnel baigné de soleil, paysages grandioses aux pieds teintés de champs de lavande odorante et belle richesse du patrimoine attirent chaque année une nuée de touristes dans les Alpes de Haute-Provence, au sein de la région Provence-Alpes-Côtes d'Azur.

Les paysages

Située au sud des vallées alpines, la Haute-Provence possède un paysage singulier fait d'oliviers, de vignes et de champs de lavande dans lequel la Durance et la Bléone serpentent. **Digne-les-Bains**, **Manosque** (pays de Giono) et **Sisteron**, rassemblent une grande partie de la population et des activités économiques. A deux pas de Sisteron, la **montagne du Lure** (1 826 m) est idéale l'hiver pour quelques sorties en luge, du ski de piste ou de simples promenades en famille. Le **plateau du Contadour** avec ses magnifiques prairies d'altitude et ses charmantes constructions en pierres sèches est un décor d'exception. Un peu plus au sud encore, le **pays de Forcalquier** et ses divers vallons

QUE VOIR, QUE FAIRE DANS LES ALPES DE HAUTE-PROVENCE ?

Les paysages

- PNR du Lubéron et du Mercantour, réserve naturelle géologique
- Montagne du Lure, plateau du Contadour, pays de Forcalquier
- Gorges du Verdon, lac de Sainte-Croix
- Plateau de Valensole, Moustiers-Sainte-Marie, pays d'Annot et Entrevaux
- Villes de Sisteron, Digne-les-Bains, Manosque

Les sports d'hiver

Vallées de l'Ubaye et de la Blanche, val d'Allos, Barcelonnette

Le patrimoine

Citadelles (Sisteron, Seyne-les-Alpes, Entrevaux), Colmars-les-Alpes

Les activités

- Route de la Lavande, jardins, maison de la biodiversité de la Thomassine
- Randonnées pédestres, activités nautiques, glisse
- Thermalisme (Digne-les-Bains, Gréoux-les-Bains)

Les gorges du Verdon, frontière naturelle entre le Var, au sud, et les Alpes-de-Haute-Provence, au nord.

séduit par ses villages de caractère : Simiane-la-Rotonde, Banon, Saint-Etienne-les-Orgues ou Saumane, méritent le détour. Une grande partie du territoire est également occupée par des espaces protégés. Le **parc naturel régional du Lubéron** abrite une faune et une flore exceptionnelles qui lui ont valu d'être admis dans le réseau mondial des réserves de biosphère de l'Unesco. Des promenades et activités de découverte de la nature y sont proposées. Sur ses falaises couleur ocre sont accrochés des petits villages pleins de grâce. Un peu plus à l'est, la **réserve naturelle géologique**, avec son histoire de plusieurs millions d'années, se visite comme un musée en plein air. D'astucieux aménagements permettent aux promeneurs d'apprendre à lire les entrailles de la terre.

Au sud de la Haute-Provence, le pays du **Verdon** offre un spectacle à couper le souffle. Son parc naturel régional s'étend du plateau de Valensole jusqu'aux Préalpes. Les **gorges** et le grand canyon dessinent un paysage hors norme où les gigantesques falaises se reflètent dans l'eau turquoise de la rivière. Cinq lacs dits «du soleil», parmi lesquels le grand **lac de Sainte-Croix** (de très belles plages), s'étendent aux alentours. Un peu plus loin, dans les basses gorges, là où le Verdon reprend son souffle, l'ambiance se fait plus intime. De nombreuses activités nautiques y sont organisées. Dominé par le **plateau de Valensole** inondé de lavande, le pays du Verdon abrite aussi de charmants villages comme celui de **Moustiers-Sainte-Marie**, haut lieu de la faïence où l'église combine deux époques, à la fois romane et gothique. Le **pays d'Annot** avec ses rochers de grès et celui d'**Entrevaux**, célèbre pour sa cité médiévale, se trouvent à quelques kilomètres de là. Pâturages d'altitude et chamois sont ici de mise.

Les sports d'hiver

Au nord du département, se trouvent les Alpes Mercantour. 720 kilomètres de pistes et sept stations (Le Sauze, Saint-Anne-La-Condamine, Pra-Loup, …) attirent les amoureux de la neige. Les vallées alpines sont au nombre de trois : la **vallée de la Blanche** (entre Digne-les-Bains et le lac de Serre-Ponçon), le **val d'Allos** (le plus grand domaine skiable des Alpes du Sud) et la **vallée de l'Ubaye** (à la frontière italienne). Dans cette dernière vallée, **Barcelonnette**, petite ville de montagne, mérite le déplacement. Elle propose un bel éventail d'activités et la visite de la villa La Sapinière, transformée en musée. Son

Vers Digne-les-Bains, chaque strate de la réserve géologique livre ses secrets.

imposant salon-bibliothèque et l'intimité de son cabinet de bains invitent à voyager dans le temps. Incontournable, l'Espace Lumière relie les stations de Pra-Loup et du val d'Allos grâce à ses 180 kilomètres de pistes. Skieurs débutants ou confirmés s'y pressent pour la belle diversité des paysages. A deux pas de là, s'étale le **parc national du Mercantour**. Situé entre la Méditerranée et la vallée de l'Ubaye, il se prolonge en Italie.

Les activités

La diversité des paysages des Alpes de Haute-Provence garantit en toute logique une grande variété d'activités. Promenades à pied, en vélo, à dos d'âne - ou même sur l'eau - sont rendues très agréables par un climat généralement au beau fixe. Mais le département des Alpes de Haute-Provence, c'est aussi une longue tradition de culture de plantes médicinales et aromatiques. Des circuits comme la **route de la Lavande** ainsi que des marchés aux saveurs ont été développés autour de cette thématique naturopathe.

Pour aller encore plus loin dans la découverte de la nature provençale, des jardins ont ouvert leurs portes. Outre les informations qu'ils distillent, ils permettent de passer un très agréable moment, plein de raffinement. Mane en accueille deux : les **jardins ethnobotaniques du prieuré de Salagon** et le **parc du château de Sauvant**. A Digne-les-Bains, le **jardin des Papillons** au musée-promenade rassemble une centaine d'espèces de papillons et leurs plantes préférées, tandis que le **jardin botanique des Cordeliers** met à l'honneur roses et lavandes odorantes. Fruits et légumes d'antan ont également leur écrin grâce au grand verger, sur 4 hectares, de la **maison de la Biodiversité de la Thomassine**, à Manosque.

Les Alpes de Haute-Provence se prêtent idéalement aux cures thermales. Deux stations sont installées tout près des montagnes. Leurs sources étaient déjà appréciées à l'époque romaine. Située à la limite des Alpes et de la Provence, la station de **Digne-les-Bains** profite du soleil presque 300 jours par an. Plus au sud, entre Lubéron et Verdon, la station thermale de **Gréoux-les-Bains** est implantée en plein cœur des plateaux de lavande. Entourée de collines, elle est protégée des vents et offre aux curistes un climat sec et ensoleillé.

Le patrimoine

Les Alpes de Haute-Provence regroupent d'admirables joyaux fortifiés. Parmi eux, citons la **citadelle de Sisteron**. Construite à 500 mètres d'altitude sur un éperon rocheux par Jehan Erard, ingénieur militaire d'Henri IV, et remaniée par Vauban, elle surplombe Sisteron et la Durance. Sur l'autre rive de la rivière,

LE CARNET DE VOYAGE

Les premiers contacts
Agence de développement touristique des Alpes de Haute-Provence, Maison des Alpes de Haute-Provence, Immeuble François-Mitterrand, BP 170, 04005 Digne-les-Bains Cedex, 04.92.31.57.29. www.alpes-haute-provence.com

La population
153 000 habitants. Préfecture : Digne-les-Bains.

Les fêtes
Mai : fête du fromage (Banon).
Juillet : Journées de la préhistoire (musée de préhistoire des Gorges du Verdon, à Quinson).
Mi-juillet : fête de la Transhumance de Riez (2 000 moutons montent aux alpages, groupes folkloriques et produits du terroir).
Août : Les Riches Heures de Simiane-la-Rotonde (Festival international de musique ancienne).
Début août : corso de la lavande à Digne-les-Bains (défilés de chars décorés, parfumés).
Mi-août : Nuits de la Citadelle à Sisteron (théâtre, danse et musique)
Octobre : semaine des Saveurs et Senteurs (pays de Forcalquier)
Mi-octobre : biennales des métiers d'art (Forcalquier).

Les produits locaux
- Lavande, plantes aromatiques (thym, sarriette, romarin, verveine, coriandre, basilic, anis, menthe).
- AOC (huile essentielle de lavande, huile d'olive de Haute-Provence).
- IGP (herbes de Provence, agneau de Sisteron, miel de lavande, petit épeautre, pomme de Haute-Provence).
- AOC Banon (fromage de chèvre de plié dans une feuille de châtaignier).
- Vins de Pierrevert, apéritifs aux plantes (pastis, génépi).

L'artisanat
Santons de Provence, faïence de Moustiers, tissus provençaux.

En hiver, la neige recouvre parfois de blanc les ocres du village de Moustiers-Sainte-Marie et des roches qui le surplombent.

les impressionnantes strates verticales du rocher de la Baume lui font face. Aussi stratégique, la **citadelle d'Entrevaux** a été construite près du Var et de l'actuelle ville de Nice, sur les gorges de la Chalvagne. Elle fut le théâtre des luttes sanglantes opposant François Ier et Charles Quint pour le contrôle de la Provence durant les guerres d'Italie, à la Renaissance. Chargé par Louis XIV de renforcer la citadelle, Vauban a fait porter, ici aussi (et comme à Briançon, Embrun, Seyne et Colmars) des modifications à l'édifice.

Un peu plus au nord, entre Barcelonnette et Entrevaux, **Colmars-les-Alpes**, commune du parc national du Mercantour, donne à voir un cadre exceptionnel. Les fortifications passées, le visiteur découvre sur une pointe rocheuse, le fort de Savoie et, au sud, le fort de France, rattaché à la cité par une caponnière.

Plus au nord, au-dessus de Digne-les-Bains, dans la vallée Blanche, la **citadelle de Seyne-les-Alpes** (1 260 m) est également due à Vauban. Accrochée au flanc de la Robine, elle domine le village et offre du haut de ses remparts, une vue imprenable sur la vallée. Lieu très convoité dans le passé par la France et la Savoie, la **vallée de l'Ubaye** abrite, quant à elle, quelques édifices fortifiés comme le beau fort de Saint-Vincent. ■

LES SUGGESTIONS GEO

- **Découverte :** train des Pignes reliant les villes de Nice et Digne-les-Bains (151 km de voie étroite où se succèdent ouvrages d'art et villages perchés dans les rochers de grès, comme celui d'Annot)
- **Aventure :** rafting, descente de canyon et de quelques rapides (vallées l'Ubaye et du Verdon).
- **Insolite :** vol d'une heure ou deux, en montgolfière, au-dessus du pays de Forcalquier.

LES CONSEILS GEO

▶ Les plus

L'un des plus grands départements français pour l'une des plus faibles densités de population. Idéal pour profiter d'une nature intacte et du soleil qui arrose le paysage presque toute l'année. Département très bien desservi : accès facile.

▶ Les moins

La chaleur peut être accablante l'été, tout comme la fréquentation touristique. Préférer l'arrière-saison, nettement plus calme et à la météo tout aussi clémente.

Alpes-Maritimes

Au sein de la région Provence-Alpes Côte d'Azur, les Alpes-Maritimes réunissent tous les atouts pour en faire une parfaite destination touristique : mer, montagne, climat doux et ensoleillé. A découvrir aussi bien le temps d'un long week-end, que pendant plusieurs semaines.

Les îles

Pas de plages à perte de vue dans ce département : du **massif de l'Estérel**, qui fait office de frontière avec le Var, aux Alpes et à l'Italie, la montagne cède directement le pas à la mer, donnant une multiplicité de petites criques au charme irrésistible. A environ une dizaine de minutes de mer de Cannes, les **îles de Lérins** sont un havre de paix. La voiture y est interdite. Sur Sainte-Marguerite, la plus grande, on respire un parfum de nature et d'aventure. L'île est une réserve ornithologique. Le meilleur moyen de la découvrir : déambuler le long d'un sentier botanique entretenu par l'Office national des forêts. Sainte-Marguerite est gardée par un fort royal, bâti sous Louis XIII et remanié par Vauban. Il servit de prison au mythique «Homme au masque de fer», sous Louis XIV. Sur Saint-Honorat, habitée par des moines depuis le Ve siècle, l'ambiance est plus sacrée. L'île compte sept chapelles et l'abbaye fortifiée se visite. Considérée comme l'un des plus anciens lieux du christianisme en Occident, l'île accueillait les pénitents et autres pèlerins du Moyen Age.

Les côtes

En continuant sur la côte en direction de Nice, on découvre **Antibes** et ses luxueuses villas longeant les promenades, bien ombragées par des pins. Ne pas manquer la chapelle Notre-Dame-de-Bon-Port (XIIIe-XVIe siècles), située au cap d'Antibes.
Puis, c'est la **Riviera niçoise**, ses palmiers, ses plages de galets et ses luxueux palaces datant du début du XXe siècle. L'un des plus mythiques est l'hôtel Negresco, sur la célèbre promenade des Anglais.
Suivent la vieille ville et le port de **Villefranche-sur-Mer**, parmi les plus pittoresques de la Méditerranée. Ensuite, apparaît le **cap Ferrat**. Simple village de pêcheurs jusqu'au XIXe siècle, il est maintenant habité par des milliardaires. On peut y visiter la divine villa Ephrussi de Rothschild. Ce palais a été créé à la Belle Epoque

QUE VOIR, QUE FAIRE EN ALPES-MARITIMES ?

Les îles et les côtes
Iles de Lérins, Riviera niçoise, cap Ferrat, parc départemental de la Grande Corniche

Les villes et les villages
- Nice, Cannes, Antibes, Menton, Grasse, Vence, Saint-Paul-de-Vence, Villefranche-sur-Mer
- Village de Gourdon

Les paysages
- Massif de l'Esterel
- Mercantour (mont Bego, vallées des Merveilles, de la Roya, de la Vésubie et de la Tinée, route de la Bonette, lac de Vens)

Les loisirs
- Festivals (Cannes, Jazz à Juans), Carnaval (Nice)
- Golf (Opio, Mandelieu, Grasse, Biot, La Turbie), thalassothérapie (Antibes, Villeneuve-Loubet, Monaco)

Merveille de la Riviera dans un écrin de jardins poétiques, la villa Ephrussi de Rothschild se visite, à Saint-Jean-Cap-Ferrat.

pour la baronne Béatrice Ephrussi de Rothschild. Il sert d'écrin aux meubles précieux et aux objets d'art de toutes les époques que cette grande collectionneuse a rassemblés toute sa vie durant. Dans un décor d'un raffinement inouï, la villa est entourée par neuf jardins de rêve, au charme si exotique, et classés parmi les plus beaux jardins de France.
Le **parc départemental de la Grande Corniche** est certainement l'endroit le plus authentique à découvrir sur le littoral. Il s'étend sur 660 hectares entre Nice et Monaco et passe par les communes de la Trinité, Villefranche-sur-mer, Eze et la Turbie. Une végétation méditerranéenne caractéristique de cette partie du littoral, si abîmée par endroits, y pousse.
La Riviera française passe ensuite par la principauté de **Monaco** marquée architecturalement par son succès lors de la Belle Epoque. L'opéra de Monte-Carlo, signé par Charles Garnier et le Musée océanographique fondé en 1910 par Albert 1er de Monaco en sont les principaux monuments emblématiques.
Une fois passé le Rocher Grimaldi, la côte prend une atmosphère de plus en plus italienne, jusqu'à Menton, toute proche de la frontière. La ville bénéficie d'un microclimat qui lui fait complètement ignorer l'hiver. On y trouve toutes sortes de plages, des petits galets ronds au sable très fin, certaines privées ou publiques.

Les villes et les villages

Nice, cinquième ville de France, est incontournable. Le vieux Nice et ses façades colorées dans le style italien du XVIIe siècle sont une étape obligée pour tout visiteur en Provence. Attirant très tôt des touristes britanniques grâce à son climat très doux, Nice en a gardé la trace jusque dans le nom de sa célèbre Promenade dite des Anglais. La colline de Cimiez abrite un monastère et une église franciscaine du XVIe siècle. Les peintres Matisse et Raoul Dufy reposent au cimetière de Cimiez. A proximité, se trouve d'ailleurs le musée Matisse. Les amateurs de peinture ne manqueront pas non plus le musée Marc Chagall. Créé par le peintre, il est entièrement dédié à son œuvre biblique. En s'élevant sur les hauteurs de la ville, le panorama qui s'offre sur la baie des Anges est splendide. Nice regorge également de monuments baroques comme l'église Sainte-Rita, la cathédrale Sainte-Réparate ou la petite chapelle de la Miséricorde dite des Pénitents noirs.
A **Cannes** règne encore un parfum de vieux port méridional. Après s'être promené sur la Croisette, on change complètement d'atmosphère en se rendant au quartier du Suquet. Avec ses ruelles, il est un véritable paradis pour les piétons. Il donne sur le vieux port, dominé par le château de la Castre, reconverti en musée. Arts premiers, peintures provençales du XIXe siècle et instruments de musique du monde entier : ses collections permanentes sont d'un éclectisme plaisant. Lors des Journées du patrimoine, la belle villa Domergue est également ouverte au public. Elle a été bâtie dans les années 30 par le peintre Jean-Gabriel Domergue, qui s'est largement inspiré des imposantes villas italiennes de la Renaissance.
Pratiquement à la frontière, **Menton** est déjà presque italienne. Elle offre plusieurs paysages de carte postale et le calme qui y règne lui donne des airs de dolce vita. Au XIXe siècle, la ville a fait le bonheur des botanistes qui ont profité de son climat idéal pour y installer sept jardins botaniques. Menton est surtout connue du

LE CARNET DE VOYAGE

Les premiers contacts
Comité régional du tourisme Riviera Côte d'Azur, 400, promenade des Anglais, BP 3126, 06203 Nice Cedex 3, 04.93.37.78.78.
Parc national du Mercantour, 23, rue d'Italie, BP 1316, 06000 Nice Cedex, 04.93.16.78.88.

La population
1 700 000 habitants soit 249 habitants au km².
Préfecture : Nice.

Les fêtes
2e quinzaine de février : fête du Citron de Menton, carnaval de Nice.
2e quinzaine de mai : Festival International du Film de Cannes.
Mi-juillet : Festival Jazz à Juan

Les produits locaux
- AOC huile d'olive et olives de Nice.
- Citron de Menton, pan bagnat aux légumes crus, pissaladière (pâte à pain, anchois, olives), farcis (tomates, courgettes, poivrons), confiseries à base de fruits.
- Vin de Bellet, vins de Provence.

L'artisanat
Parfums (Grasse), poteries (Vallauris).

Le massif de l'Esterel baigne volontiers ses pieds dans la mer, découpant de petites criques très sauvages.

grand public pour ses citrons. Ils y sont fêtés tous les ans au cours d'un défilé qui a lieu en février. Sur la colline de l'Annonciade, veille un monastère implanté dans la ville depuis le XIe siècle. La basilique emblématique Saint-Michel-l'Archange est un joyau de l'art baroque, construite au XVIIe, puis remaniée au XIXe siècle.

Les paysages

A l'ouest du département, **Grasse** et ses environs offrent un spectacle odorant de jasmin, mimosa, rose et violette. Grasse a été la capitale de la parfumerie au XVIIe et XVIIIe siècles et, aujourd'hui encore, ce savoir-faire ancestral fait la réputation de la ville. Ville d'art et d'histoire, elle est organisée autour d'une cathédrale du XIIIe siècle, Notre-Dame-du-Puy. Différentes visites de la ville sont organisées par l'office du tourisme pour découvrir Grasse au Moyen Age, au siècle de Fragonard, sur les traces du héros du roman «Le Parfum», Jean-Baptiste Grenouille. Le pays de Grasse est traversé par les gorges du Loup, très encaissées. Perché sur une falaise, le **village de Gourdon** mérite à lui seul un détour. Fortifié par les comtes de Provence, son château héberge désormais un musée où figure notamment Le Douanier Rousseau.

Les touristes lassés des plages pourront se rendre à **Vence**. La vieille ville a conservé ses remparts du XIIIe siècle. Le château des seigneurs de Villeneuve, construit au XVIIe, est accolé à une tour de garde du XIIe siècle. Au fil des rues tortueuses, portails et chapelles, témoins du passé glorieux de la ville qui reçut les honneurs de François Ier, se découvrent. Ici comme à Nice, on sent la présence du peintre Matisse qui réalisa la chapelle du Rosaire de 1948 à 1951. Pour le randonneur, Vence est le point de départ de nombreuses escapades, au gré des plus de 200 kilomètres de chemins balisés

Avec son haut campanile, Menton, dernière perle de la Côte d'Azur, a le parfum citronné de la toute proche Italie.

recensés dans le pays Vençois. On peut notamment rejoindre le château de la reine Jeanne de Naples en trois heures. Une randonnée de la même durée entraînera les amateurs d'art moderne à **Saint-Paul-de-Vence** où ils pourront visiter la célèbre fondation de Marguerite et Aimé Maeght.

Les vallées et le patrimoine

Le parc national du Mercantour est l'une des plus spectaculaires régions montagneuses de France. Au XIXe siècle, il est rattaché au royaume du Piémont-Sardaigne qui en fait une grande réserve royale de chasse. Des bouquetins sont même réintroduits dans son massif, du côté italien. Aujourd'hui, on peut également y observer des chamois, des mouflons, des aigles royaux et quantité de marmottes. Actuellement, le loup est à l'honneur au centre Alpha. La flore locale est d'une variété exceptionnelle. Le massif du Mercantour abrite pas moins de 2 400 espèces végétales différentes, dont certaines uniques au monde. Les randonneurs peuvent les découvrir grâce à 600 kilomètres de sentiers aménagés.

Le parc du Mercantour s'étend sur sept vallées qui couvrent les Alpes-de-Haute-Provence et les Alpes-Maritimes, chacune possédant ses propres caractéristiques. Parmi les trésors du Mercantour, argument phare prévalant à la création du parc national, les 40 000 gravures rupestres à l'air libre que l'on peut admirer sur le **mont Bego**, au cœur de la **vallée des Merveilles**, sont exceptionnelles. C'est le site vedette de la **vallée de la Roya**. Les dessins datent de l'âge de bronze et ont très certainement été réalisés par les paysans de l'époque, dans le cadre de leur culte.

La **Vésubie** serpente dans tout le département, creusant dans la pierre des gorges escarpées et des villages pittoresques accrochés à ses flancs. A Utelle, l'église Saint-Véran (XIIIe-XVIIe siècles) renferme une très délicate Annonciation (XVIe siècle), un retable de la Passion (XVIIe siècle) et un Christ au tombeau du XIIIe siècle, placé sous le maître-autel. Lantosque, Saint-Martin-Vésubie (où se situe le centre Alpha), Roquebillière ou encore la Bollène-Vésubie constituent de bons points de départ pour de très nombreuses randonnées.

Dans la **vallée de la Tinée**, les sommets les plus hauts du Mercantour attendent le visiteur. On peut y parcourir la **route de la Bonette** qui est la plus élevée d'Europe. Verdoyante au sud, la vallée devient de plus en plus aride au nord, révélant de véritables paysages lunaires, d'une beauté presque surnaturelle. L'une des plus belles randonnées de la Haute-Tinée est celle qui débouche sur le **lac de Vens**. L'hiver, Auron est une station de ski réputée des Alpes-Maritimes.

La vallée des Merveilles recèle d'exceptionnelles gravures et peintures rupestres.

Les passionnés d'art religieux seront séduits par les chapelles romanes et leurs peintures murales.

Les loisirs

Les golfeurs trouveront des greens de tout niveau, de l'initiation à l'international avec 21 parcours, dont 19 ouverts toute l'année. Ces parcours sont situés dans un rayon d'une demi-heure et quatre d'entre eux se trouvent dans le haut pays (**Opio**, **Mandelieu**, **Grasse**, **Biot**, **La Turbie**). Les fréquents ports de plaisance du département constituent un atout majeur et attirent les amateurs de navigation. Il est également possible de profiter de tous les bienfaits de la mer dans des centres de thalassothérapie : **Antibes**, **Villeneuve-Loubet** et **Monaco** en sont pourvus. Le Marineland d'Antibes se visite en famille, pour ses célèbres spectacles aquatiques dont les dauphins, les orques, les otaries ou encore les rapaces sont les sympathiques héros.

LES SUGGESTIONS GEO

- **Découverte :** Marineland d'Antibes (aquarium, spectacles d'orques, otarie).
- **Aventure :** le centre Alpha, pour aller à la rencontre de trois meutes, découvrir le Temps du loup (spectacle multisensoriel) et entendre les témoignages de bergers, scientifiques et louvetiers (Saint-Martin-Vésubie).
- **Insolite :** séjour en yourte (village de Séranon ou de Tende dans le parc du Mercantour).

Les fêtes

Les Alpes-Maritimes sont aussi le lieu d'une quantité de manifestations festives. Parmi les plus traditionnelles, l'évidence va au **Carnaval de Nice**. Son origine remonte à la fin du XIIIe siècle. A l'époque, cette dernière fête avant le carême est l'occasion de débordements populaires. Elle s'aristocratise dès le XVIIIe siècle ou, pour la première fois, les notables de la ville organisent un corso, un défilé, où ils paradent vêtus de leurs plus beaux habits. Petit à petit se met en place la tradition d'une bataille de fleurs qui a perduré jusqu'à nos jours avec le succès que l'on sait.

Si, à la Belle Epoque, le Carnaval de Nice était l'événement marquant de la saison hivernale, de nos jours, le **Festival de Cannes** est devenu un rendez-vous printanier incontournable. Que l'on soit résolument cinéphile ou simple chasseur d'autographes. Créé en 1946, il réunit chaque année le gotha des stars internationales pour sa célèbre montée des marches, avec la remise de la Palme d'or pour apothéose. Ultramédiatisé, le Festival de Cannes a considérablement contribué à la notoriété croissante de la Croisette et de Cannes.

Après les ors, les cuivres de la musique jazz qui se donne à entendre à Juan-les-Pins. Bien avant la création du festival, lancé au début des années 60, la ville avait eu, dès 1935, le privilège d'accueillir l'illustre Benny Carter. Le grand **Festival Jazz à Juans**, de renommée internationale, continue d'attirer les meilleurs musiciens du moment : Diana Krall, Salif Keita, Marcus Miller... ■

LES CONSEILS GEO

▶ Les plus

Des paysages de montagne à couper le souffle, les Alpes qui se jettent dans la mer, une côte déchiquetée... la Côte d'Azur n'a pas usurpé sa réputation. Attirant des baigneurs depuis le XVIIIe siècle, de nombreuses infrastructures sont développées pour faciliter le tourisme.

▶ Les moins

Si le Mercantour reste un endroit encore assez préservé, la côte peut paraître surpeuplée et le littoral très urbanisé.

▶ Les recommandations

Dans le Mercantour, les marmottes sont peu farouches et viennent manger dans la main. Ne cédez pas à la tentation de les nourrir, l'excès de sucre est très mauvais pour elles.

▶ Les tendances

Penser aussi à se rendre dans les Alpes-Maritimes pour les sports d'hiver, pour profiter des stations de ski beaucoup moins fréquentées qu'en Haute-Savoie ou dans les Hautes-Alpes, aux tarifs sensiblement plus abordables.

Bouches-du-Rhône

Près de Cassis, baignade en eau turquoise, dans le vallon étroit d'une calanque.

Terre de tradition en région Provence-Alpes-Côte d'Azur, les Bouches-du-Rhône bénéficient d'une image chantante, comme l'accent de Marseille. Son doux refrain est connu de tous grâce aux écrits des enfants du pays, Pagnol, Daudet et Mistral en tête. Des paysages et une identité forte, haute en couleurs !

Les paysages

La Provence, la Camargue et le territoire de Marseille : les paysages des Bouches-du-Rhône se répartissent selon ces trois pays distincts.

On entre dans les Bouches-du-Rhône en franchissant la Durance qui fait office de frontière naturelle avec le massif du Lubéron, situé dans le Vaucluse. Les **Alpilles**, collines calcaires de l'arrière-pays, sont marquées par la tradition pastorale, encore vive. Aux alentours, les paysages si bien décrits par Alphonse Daudet, dans son **moulin de Fontvieille** : vignobles, oliviers, figuiers et amandiers. La **montagne Sainte-Victoire,** cône calcaire du pays d'Aix-en-Provence, a été immortalisée par le pinceau de Paul Cézanne. Quant à la garrigue, typique du pays d'Aubagne, ses collines sont familières du public grâce aux romans de Marcel Pagnol.

La Camargue est un espace sablonneux qui s'étire entre les deux bras du delta du Rhône, sur 75 000 hectares. Il est protégé par le **parc naturel régional de Camargue** ainsi que par la réserve nationale de Camargue, autour de l'étang de Vaccarès. Une faune unique y cohabite : taureaux

QUE VOIR, QUE FAIRE EN BOUCHES-DU-RHÔNE ?

Les paysages

- Parc naturel régional de Camargue
- Alpilles, montagne Sainte-Victoire, moulin de Fontvieille
- Massif des Calanques, calanques (Port-Miou, Port Pin, En-Vau, Monasterio), île de Riou

Les villes et le patrimoine

- Marseille, Arles, Aix-en-Provence, Aubagne, Saintes-Maries-de-la-Mer
- Château d'If, Tarascon, Baux-de-Provence

Les traditions

Abrivados, course camarguaise, Festo vierginenco, Noël en Provence

Vue du parc du Pharo, l'entrée du Vieux-Port de la cité phocéenne de Marseille, gardée par le fort Saint-Jean.

et chevaux sauvages, flamands roses et oiseaux migrateurs. La Camargue est délimitée par Arles au nord, les Saintes-Maries-de-la-Mer à l'ouest, Port-Saint-Louis-du-Rhône à l'est.

Les côtes

La partie très certainement la plus spectaculaire des côtes est le **massif des Calanques**, espace classé au titre de la loi sur les monuments et les sites naturels, entre Cassis et Marseille. Ses paysages de pinèdes et de vertigineuses falaises blanches sont propices à l'escapade. A partir de Cassis, on peut rejoindre les **calanques de Port-Miou**, **Port-Pin** et **En-Vau**. Au large de Marseille, on accède facilement à l'île inhabitée de **Riou** (la plus grande d'un archipel), par la **calanque de Monasterio**. Ce site sauvage est un haut lieu de l'archéologie sous-marine. Et la plaisance y est réglementée.

De Martigues à l'Estaque, se déroule la côte bleue, acquise par le conservatoire du littoral pour la soustraire à de regrettables travaux d'urbanisation. Aux portes de Marseille, à l'extrémité nord-ouest de la ville, posté entre mer et colline, l'Estaque était un port de pêcheurs. Les peintres Dufy, Cézanne ou encore Braque l'ont souvent représenté. Toujours très populaire, ce quartier est le lieu où les Marseillais aiment se retrouver en soirée pour prendre un verre, entre amis ou en famille.

Les villes

Préfecture emblématique des Bouches-du-Rhône, **Marseille** est pourvue d'une très forte identité. Ville cosmopolite, elle est surplombée par Notre-Dame-de-la-Garde, «la Bonne Mère» qui, depuis le XIXe siècle, offre une vue imprenable sur le Vieux-Port, le palais Pharo et le fort Saint-Jean. La Canebière est l'une des rues les plus connues de la ville. Son nom vient des champs de chanvre (canebe en provençal) et de l'installation des cordiers qui s'en servaient, dans la rue. Plus contemporaine, la cité radieuse construite sur pilotis par Le Corbusier à la fin des années 40 est classée Monument historique. Enfin, on ne peut évoquer Marseille et passer sous silence le stade vélodrome, où palpite le cœur populaire de la ville, les jours de match.

Couchée au bord du Rhône (elle est la plus étendue des communes de France métropolitaine), **Arles** est la capitale de la Camargue. Elle a plus de 2 500 ans. Cité gallo-romaine rayonnante, elle compte encore d'exceptionnels vestiges de cette période. Les arènes, le théâtre antique, les

En bord de mer, une manade de chevaux camarguais, habituée aux steppes salées.

cryptoportiques (piliers de soutien en sous-sol du forum) et les thermes sont classés au Patrimoine mondial de l'Unesco. Arles est également le point de départ de l'une des voies du chemin de Saint-Jacques-de-Compostelle et, à ce titre, le cloître et l'église Saint-Trophime sont également classés par l'Unesco.

A **Aix-en-Provence**, se promener à pied permet d'apprécier pleinement son patrimoine architectural. La partie la plus ancienne d'Aix est composée du quartier Saint-Sauveur et du palais comtal. Plus récent, le quartier Mazarin, construit par l'archevêque, frère du cardinal, est un exemple de l'architecture du XVIIe siècle. **Aubagne,** cité de Marcel Pagnol, invite à visiter sa maison ainsi que le Petit Monde de Marcel Pagnol, une reconstitution du paysage des collines environnantes, avec deux cents santons représentant des personnages de ses films. Plus authentique, la vieille ville date essentiellement du XVIe siècle, avec son ancienne place cernée de remparts. L'église Saint-Sauveur (XIe siècle), la porte Gachiou, la tour de l'Horloge, le clocher triangulaire de l'Observance, la chapelle des Pénitents noirs et celle des Pénitents blancs figurent parmi ses plus beaux monuments.

Le patrimoine

Au large de Marseille, se trouve le **château d'If** d'où s'échappa le comte de Monte-Cristo. Bâti par François Ier sur un îlot de l'archipel du Rioul, il reçut des prisonniers jusqu'au début de la Première Guerre mondiale.

Le nom de **Tarascon** est lié à plusieurs légendes. On peut y admirer le château construit par le roi René d'Anjou, l'une des plus belles forteresses médiévales de France. Tarascon a accueilli des bénédictins dès le XIIIe siècle, puis des cordeliers, des dominicains et des bénédictines. Tous ces ordres y ont laissé un patrimoine religieux des plus importants : églises, cloîtres, monastères…

Perchés au milieu des Alpilles, les **Baux-de-Provence** donnent une vue imprenable sur toute la région. Les rues du village ont été très bien restaurées et ont conservé tout leur caractère. Visitez la chapelle des Pénitents blancs qui a été relevée de ses ruines en 1937 et décorée en 1975 par le peintre Yves Brayer. Ou bien encore le pavillon de la reine Jeanne qui occupait un jardin d'ornement au XVIe siècle et que Frédéric Mistral a copié pour faire réaliser son vaste tombeau, à Maillane.

A environ un kilomètre de l'embouchure du Petit-Rhône, **les Saintes-Maries-de-la-Mer** peuvent être considérées comme le deuxième pôle identitaire de la Camargue, avec ses terres alluviales et ses marais. A l'origine simple îlot de pêcheurs sur le Petit-Rhône, les Saintes accueillent maintenant des milliers de gitans lors des pèlerinages qui ont lieu en mai et octobre. Par certains aspects, l'église Notre-Dame-de-la-Mer est plus proche de la place forte que du lieu de culte. C'est qu'elle domine la ville pour mieux défendre son pieux trésor : la Vierge noire, Sainte-Sara.

Les traditions

Le pays cher au cœur de Frédéric Mistral déborde de traditions, dont beaucoup ont été réintroduites par le poète au cours du XIXe siècle. Les jeux avec les taureaux de Camargue

LE CARNET DE VOYAGE

Les premiers contacts
Comité départemental du Tourisme, 13 rue Roux de Brignolles, 13006 Marseille, 04.91.13.84.13. www.visitprovence.com

La population
1 917 000 habitants. Préfecture : Marseille.

Les fêtes
Mars : Festival International du Film d'Aubagne.
Juillet : Mondial de Pétanque (Marseille), festival du Cheval (Saintes-Maries-de-la-Mer).
24-25 mai : pèlerinage gitan (Saintes-Maries-de-la-Mer).

Les produits locaux
- Herbes de Provence, amandes, abricots, figues, olives, riz de Camargue, bouillabaisse, aïoli, tapenade.
- Calissons d'Aix.
- Tomme de Camargue (Vauvert).

L'artisanat
Santons de Provence (terre cuite).

Au loin, sur son plateau en forme d'éperon rocheux, premier contrefort des Alpilles, le village fortifié des Baux-de-Provence.

occupent parmi elles une place de choix. Ici pas de corrida, on préfère la **course camarguaise** où les gardians retirent des pompons et des ornementations des cornes du taureau. Lors des **abrivados,** les cavaliers traversent les villes et villages durant la fête votive, conduisant les animaux devant eux. Dans ces jeux, les bêtes ne sont jamais mises à mort.

Les Arlésiennes portent un costume bien reconnaissable qui a trouvé sa forme définitive au cours du XIXe siècle. C'est là qu'on lui a ajouté la coiffe traditionnelle surmontée d'un ruban. Il est porté lors des fêtes ancestrales notamment lors de la **Festo vierginenco** (fête des vierges) au cours de laquelle les jeunes filles le revêtent, pour la première fois.

Noël en Provence a également une saveur particulière. C'est dans cette région qu'est née la tradition des crèches. L'art du santon est particulièrement vivace dans les Bouches-du-Rhône. Après la messe de minuit, treize desserts sont proposés aux convives : quatre mendiants (figues sèches, amandes, raisins secs et noix), des dattes, du nougat blanc et noir, la pompe à huile (une galette aplatie à l'huile d'olive), les oreillettes, des pâtes de fruits et des fruits confits, des fruits frais (mandarine, orange, melons d'hiver). La liste des treize desserts varie d'une ville à l'autre. A Aix-en-Provence, les calissons en font naturellement partie. ■

LES SUGGESTIONS GEO

- **Découverte :** machines de guerre du Moyen Age (trébuchets, balistes, béliers, bricoles et couillards…), à découvrir aux Baux-de-Provence.
- **Aventure** : une balade à cheval en Camargue, sur les plages du côté des Salins-de-Giraud.
- **Insolite** : visite de la distillerie traditionnelle Janot qui produit des apéritifs, sirops et liqueurs (Aubagne).

LES CONSEILS GEO

▶ Les plus
Grâce à des classements par le conservatoire du littoral et à des arrêtés préfectoraux, le littoral marseillais a été bien préservé de l'urbanisation sauvage.

▶ Les moins
Pleine de charme, Marseille n'est pas toujours une ville très sûre…

▶ Les recommandations
L'accès aux calanques est interdit toute l'année par vent de plus de 80 km/heure et réglementé l'été, du 1er juillet au deuxième dimanche de septembre inclus.

▶ Les tendances
En plein essor, le tourisme industriel (visite de distilleries, confiseries traditionnelles…) se développe parallèlement au tourisme culturel, lié au patrimoine régional.

Hautes-Alpes

QUE VOIR, QUE FAIRE EN HAUTES-ALPES ?

Les paysages et les activités

- Parc national des Ecrins (randonnée, alpinisme, grand ski et via ferrata), parc régional du Queyras (randonnée, ski de fond, plongée sous la glace)
- Champsaur et Valgaudemar (randonnée, ski de fond, stations villages)
- Briançonnais (vélo dans les cols, randonnée, grand ski, ski nordique), Guillestrois (grand ski, randonnée)
- Rivière Durance (raft, canoë-kayak), lac de Serre-Ponçon (sports nautiques, baignade)

Les vallées et les villages

- Vallée du Queyras (Aiguilles, Arvieux, Ceillac, Molines), vallée de la Clarée (Névache)
- Pays du Buëch (Rosans, Serres, Orpierre, villages perchés)

Le patrimoine

Briançon, Mont-Dauphin, Château-Queyras, Embrun, abbaye de Boscodon, églises peintes, cadrans solaires

Des glaciers aux champs de lavande, les Hautes-Alpes connaissent le froid montagnard en même temps que la chaleur méridionale. Cela donne un ciel ensoleillé d'une grande pureté embrassant un pays discret de petits villages et de grande nature, posté à l'entrée nord-est de la région PACA.

Les paysages et les activités

Les Hautes-Alpes, ce sont avant tout des montagnes… hautes, voire très hautes. La Barre des Ecrins, deuxième sommet de France, culmine à 4 102 mètres dans un environnement où une centaine de crêtes atteignent les 3 000 m d'altitude et où les glaciers côtoient des pics frôlant les 4 000. En été, ce territoire est des plus opportuns pour faire de la marche. Les chemins balisés sont nombreux dans le **parc national des Ecrins** et dans le **parc naturel régional du Queyras**, espaces protégés couvrant, à eux deux, près du tiers du département.

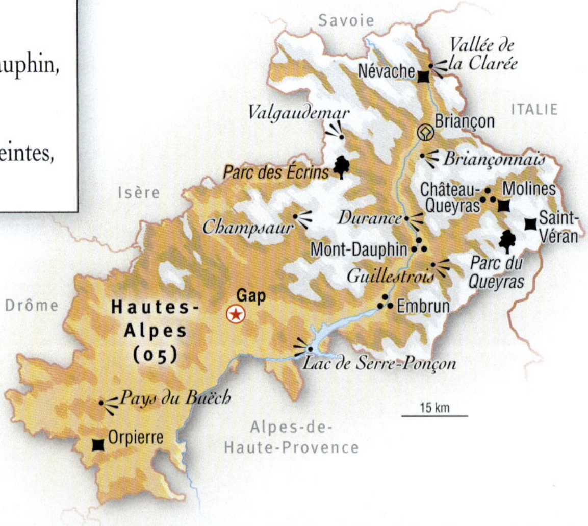

Le parc des Ecrins est un concentré de haute montagne (glaciers, massifs minéraux, forêts, cascades, lacs). Sa flore et sa faune sont d'une extrême richesse tels le rare chardon bleu, le lys orangé et la gentiane, et des milliers d'animaux : chamois, marmottes, hermines, tétras-lyres ou aigles royaux. Quelques bergers et un unique hameau habité et interdit aux voitures, Dormillouse, rappellent la présence de l'homme en ces lieux. Dans le parc du Queyras, l'humain est là, installé dans plusieurs villages et hameaux joliment agrestes, aux

L'été, saison rêvée pour sillonner à vélo les routes de la Clarée.

portes de l'Italie et du mont Viso.
Toujours plus haut, c'est avec crampons et piolet que l'on se lance à l'assaut des sommets et des glaciers. A la lisière de l'Isère, au pays de la Meije (3 987 m), on s'attaque à la pente depuis la fin du XIXe siècle (au départ de la Grave d'où le téléphérique de la Meije conduit les non grimpeurs dans une grotte sous les glaciers à 3 200 m d'altitude). Dans la vallée de Vallouise, dans un périmètre vertical tutoyant les 4 000 mètres, la Barre des Ecrins, les monts Pelvoux et Ailefroide constituent le second site français d'alpinisme. Tandis que du Valgaudemar, qualifié de vallée «la plus himalayenne d'Europe», surgit une trentaine de cimes franchissant les 3 000 mètres. Pour les alpinistes du dimanche, le glacier Blanc et le glacier Noir, au pied de la face sud des Ecrins, sont atteints en deux bonnes heures d'ascension.
Depuis la fin des années 80, on suit les **via ferrata**, des parcours entre randonnée et escalade aménagés à flanc de parois (échelles, passerelles, tunnels). Celle de la Grave est la plus longue de France (compter quatre heures de traversée).
Chemins de passage d'une vallée à l'autre, les cols (Izoard, Galibier, Lautaret…), puissants univers minéraux, demeurent de sacrés défis pour les cyclistes et vététistes, rendus légendaires par le Tour de France.
Descendant des sommets, l'eau est partout, dessinant lacs, cascades ou torrents. Fil conducteur aquatique du département, la **rivière Durance** offre des dizaines de kilomètres de parcours remuants en eau douce. D'avril à octobre, canoës-kayaks, rafts ou hotdogs s'amusent à passer la fameuse vague du Rabioux.
Véritable mer à la montagne, le **lac artificiel de Serre-Ponçon** prend ses aises au coeur du massif de l'Embrunais. La plus grande retenue d'eau d'Europe (20 km de long sur 1 à 2 km de large) est à la fois un spot de voile et un lieu de séjour «balnéaire» car généreusement ensoleillé.

A Saint-Véran, le temps se lit à la façade des maisons et des cadrans solaires.

Les sports d'hiver

Le département le plus haut de France - plus du tiers de sa superficie est au-dessus de 2 000 m - est un incontestable terrain de glisse. C'est ici qu'est né le ski alpin hexagonal dans les années 30, à Montgenèvre, doyenne des stations françaises. Parmi les 31 sites de descente, on trouve des domaines de «grand ski» portant haut (entre 1 200 et 2 800 m) la possibilité de filer sur des pistes couvrant plusieurs stations (Briançon-Serre-Chevalier, Vars-Risoul, Montgenèvre-Mont-de-la-Lune en Italie…). Pour le hors-piste, jusqu'à 3 550 mètres d'altitude, La Grave-La Meije est LE spot des freeriders, amoureux de grand blanc vierge.

La glisse plus tranquille et plus familiale a ses espaces attitrés : les stations «villages». On y dévale la pente en partant de haut (2 900 m à Molines et Saint-Véran) mais le nombre de pistes est plus modeste et l'architecture, restée souvent traditionnelle, a du cachet. Pelvoux-Vallouise (sur fond de massif des Ecrins), Crévoux, et Réallon (en belvédère sur le lac de Serre-Ponçon), Ancelle, Chaillol ou Saint-Léger-les-Mélèzes dans le **Champsaur** en font partie.

La vallée de la Clarée dans le **Briançonnais**, la vallée du Guil dans le Queyras, le Champsaur et le **Valgaudemar** ou encore le col Bayard sont bien servis en pistes de **ski de fond**. Et pour les vrais «fondus», la Haute Trace des Escartons file sur 100 kilomètres entre France et Italie.

Hors ski enfin, une expérience hivernale originale : une **plongée sous la glace** du lac Long à Orcières 1850.

LE CARNET DE VOYAGE

Les premiers contacts
Comité départemental de tourisme, 8 bis, rue Capitaine-de-Bresson, BP 46, 05002 Gap cedex, 0810.10.11.11. www.hautes-alpes.net

La population
133 000 habitants (24 habitants au km²). Préfecture : Gap.

Les fêtes
Décembre : Noël de Cristal en Valgaudemar (sculptures sur glace d'êtres fantastiques).
Janvier : festival Rire en montagne (Puy-Saint-Vincent).
De fin janvier à mi-février : festival Altitude Jazz (Briançon).
Début avril : derby de la Meije (courses et fête de toutes les glisses).
Dernier samedi de juin : Nuit des Refuges (soirées rencontre avec les gardiens, dans tout le département).
Juillet : festival Messiaen (pays de la Meije), Cols réservés (aux vélos).
Mi-août : triathlon L'Embrunman (Embrun).

Les produits locaux
- Tourtons du Champsaur (beignets salés de pommes de terre, fromage ou légumes, mais aussi sucrés aux pommes ou pruneaux), ravioles (roulés de pommes de terre fourrés aux épinards et chèvre).
- Foie gras, truffe, cochon, châtaignes.
- Tartes du Champsaur (aux pruneaux ou fruits rouges).
- Fromages (bleus du Queyras ou le petit bayard, tomme de l'Izoard, champoléon).
- Croquants du Queyras (biscuits secs aux amandes et noisettes), liqueur de génépi et de myrtille, miel de pays.

L'artisanat
Mobilier et objets en bois sculpté du Queyras, cadrans solaires.

Les vallées et les villages

Temps presque suspendu dans le Queyras, à **Molines**, **Arvieux**, **Aiguilles**… **Saint-Véran**, plus haute commune d'Europe (2 040 m), offre toujours à voir, aux fronts de ses maisons, ces fustes en bois qui tenaient lieu de grange ; **Ceillac** a sa maison Chabrand, ferme du XVIIe siècle classée Monument historique.

La **vallée de la Clarée**, en direction du col du Montgenèvre et de l'Italie, laisse apparaître un défilé de hameaux (**Névache**), de chapelles et de robustes chalets aux bardeaux de mélèzes. Tout près, la vallée Etroite et son incongru hameau des Granges où l'on parle italien.

La Provence haute-alpine naît dans le Gapençais, terre de vergers. Le **pays du Buëch**, plus au sud, s'habille de l'orangé des tuiles rondes et du parme des champs de lavande. S'y annoncent le très provençal village de **Rosans**, **Serres** le fortifié ou **Orpierre**, fief des princes d'Orange. Joli parcours des **villages perchés** (Ventavon, Upaix, Antonaves…), tout à la fois méridionaux et médiévaux.

Le patrimoine

Au XVIIe siècle, le maréchal Vauban conçoit deux déploiements défensifs

Aux Vigneaux, commune du parc national des Ecrins, la via ferrata permet de se mesurer à la montagne, en toute sécurité.

classés au Patrimoine mondial de l'Unesco : la ville haute de **Briançon**, dite «cité Vauban», fermée par trois enceintes (charmantes habitations pastel, rue de la Grande-Gargouille et son canal central, imposante collégiale Notre-Dame), et la place forte de **Mont-Dauphin**, postée sur son promontoire du **Guillestrois**, à flanc de falaise. Citons également **Château-Queyras**, impeccable forteresse perchée du XIIe siècle retouchée par Vauban. **Embrun**, surnommée la «Nice des Alpes» - ce qui en dit long sur la clémence de son climat et la douceur colorée de son architecture - abrite la cathédrale Notre-Dame du Réal. D'inspiration lombarde, l'édifice roman qui marie schiste noir et calcaire blanc en un damier extérieur couve un trésor d'art sacré. Non loin de là, l'**abbaye de Boscodon** (XIIe siècle) est restaurée par des moines dominicains, dans le cadre retiré et méditatif de la forêt éponyme.

En Haute-Durance, dans les vallées de Vallouise ou du Queyras, nombreuses sont les églises et **chapelles d'alpage aux décors peints**, à l'intérieur mais parfois aussi à l'extérieur. Cette tradition du XVe siècle est née de l'influence de la proche Italie. Les Hautes-Alpes recensent plus de 400 **cadrans solaires** (record français), un usage du XVIIIe siècle. Ces fresques peintes donnant l'heure aux murs des édifices sont à débusquer sur les routes touristiques des cadrans solaires qui couvrent le département. ■

LES SUGGESTIONS GEO

- **Découverte :** montagne aux Marmottes (Serre-Ponçon) ; fort de Mont-Dauphin ; mines d'argent de l'Argentière-la-Bessée.
- **Aventure :** randonnée avec lama de bât (Queyras) ; week-end traîneau à chiens (Vars).
- **Insolite :** nuit en igloo (Orcières 1850) ; marche sur glacier (Puy-Saint-Vincent, Vallouise, Pelvoux) ou sur torrent gelé (Montgenèvre).

LES CONSEILS GEO

▶ Les plus
Un climat sec et ensoleillé, l'accueil pudique et généreux des montagnards.

▶ Les moins
L'accès compliqué (pas d'autoroute, des trajets longs en train, l'aéroport le plus proche, Grenoble, à 140 km).

▶ Les recommandations
Pour le ski hors-piste, s'équiper d'un arva, d'un casque et d'une pelle.

▶ Les tendances
Le bien-être se fait une place grandissante avec spa, massages et hydrothérapie proposés à Montgenèvre, Risoul ou au Monêtier-les-Bains (parcours aquatiques et soins dans une eau issue des sources d'eau chaude du village).

Var

QUE VOIR, QUE FAIRE DANS LE VAR?

Les côtes
- Saint-Tropez (place des Lices, citadelle, musée de l'Annonciade, plage de Pampelonne)
- Port-Grimaud, Sainte-Maxime, Saint-Raphaël
- Le Lavandou, Bormes-les-Mimosas, Cavalaire, Bandol

Les îles
- Porquerolles (chemins balisés, fort Sainte-Agathe, jardin du Palmier, moulin du Bonheur)
- Port-Cros (parc national, plage de la Palud, sentier sous-marin)
- Ile du Levant (domaine naturiste d'Heliopolis)

Le patrimoine naturel
- Massif des Maures (Collobrières, Notre-Dame-des-Anges)
- Parc naturel régional du Verdon (gorges du Verdon)
- Massif de l'Esterel (mont Vinaigre, calanque du Dramont, source Malinfernet), massif de la Sainte Baume

Les villes et les villages
- Toulon (musée de la Marine, musée-mémorial du Débarquement)
- Draguignan (dolmen de la Pierre de la Fée, centre historique)
- Fréjus (vestiges antiques, Musée archéologique municipal)
- Ramatuelle, Gassin
- Basilique de Saint-Maximin, abbaye du Thoronet

La Provence côté nature dans le Verdon, la Méditerranée préservée aux îles d'Hyères, l'attrait des stars à Saint-Tropez, les plages festives de Saint-Raphaël ou plus paisibles du Lavandou : le Var offre tout cela en région PACA. Avec, en prime, un passé toujours présent, une gastronomie chantante. Et le soleil, radieux à chaque saison.

Les côtes

Avec 300 jours de beau temps par an, le Var est l'un des départements du Soleil. Doté de 92 kilomètres de plages sur son littoral étendu, il est taillé pour le farniente. Reine du bronzage chic, la cité de **Saint-Tropez** devient le rendez-vous des stars en été. Pour les imiter, il suffit de porter la paire de lunettes de soleil à la mode, et de s'installer en terrasse, sur la **place des Lices**. Les plus fortunés loueront un yacht pour vivre Saint-Tropez côté mer, les autres iront sur le sable de **Pampelonne**. A quelques kilomètres de la cité provençale, l'ambiance se décline en plages privées, proposant à la location, transats, matelas et parasols, clubs de sports nautiques où les plus sportifs essaieront le kitesurf, le Hobie cat (catamaran léger) et le flyfish (canot gonflable tiré par un hors-bord). Après la plage, retour à Saint-Tropez, pour visiter la **citadelle**, le **musée de l'Annonciade**, aux riches collections de peinture pointilliste et fauve, sans oublier l'église au clocher à lanterne coloré, emblématique de la ville.

Le long des côtes varoises, le passé voisine toujours avec le présent : à **Port-Grimaud**, les toits sont recouverts

Dans le parc national de Port-Cros, l'arc de la plage Notre-Dame, à Porquerolles, la plus grande des îles du golfe d'Hyères.

Dense et sauvage, la végétation, véritable écrin de verdure dans les gorges du Verdon.

de tuiles romaines, les façades sont peintes de couleurs vives, comme dans le vieux Saint-Tropez, mais cette cité privée ne date que des années 1960. On la dit «lacustre», car elle est construite au bord de l'eau, le long de 12 kilomètres de canaux qui communiquent avec la Méditerranée. Visite à pied, comme dans Venise, et de préférence tôt le matin. Pour se baigner, on ira jusqu'à **Sainte-Maxime**, où le sable borde le rivage sur une dizaine de kilomètres. Plages privées, petits restaurants sous des pergolas de roseaux, vaste plage publique donnant sur le golfe de Saint-Tropez, sports nautiques variés et ambiance familiale : tel est le cadre offert par Sainte-Maxime. A 25 kilomètres de là, **Saint-Raphaël** voit plus grand. Plages en centre-ville, calanques et criques à l'extérieur, au pied du massif de l'Esterel : on aura l'embarras du choix pour poser sa serviette. La séance de bronzage terminée, on flânera dans le vieux centre, on ira voir sur le front de mer les stands d'art et d'artisanat, installés pour le marché nocturne (chaque soir en été), on tentera sa chance au casino, on dansera sous les spots des night-clubs.

Entre Toulon et Saint-Tropez, les stations balnéaires s'appellent Bormes-les-Mimosas, Cavalaire-sur-Mer ou **Le Lavandou**. De la frange de sable en centre-ville à la crique ombragée de pins parasols, le Lavandou propose 12 plages distinctes. La station dispose du «Pavillon Bleu» européen récompensant la qualité des eaux de baignade. Elle offre une ambiance traditionnelle et conviviale, de nombreux jardins, des animations variées l'été. Tout près, **Bormes-les-Mimosas** regarde du côté des îles d'Or, égrenant des lieux de farniente préservés et accessibles à tous. L'Oasis Plage met ainsi à disposition un fauteuil de baignade pour les personnes à mobilité réduite. Plus loin, **Cavalaire-sur-Mer** permet de randonner en bord de mer, le long du sentier du Fenouillet. La ville donne aussi sur plusieurs plages, 4 kilomètres en tout. Dans la baie de Cavalaire, les fonds marins réservent de nombreuses surprises : faune, flore, épaves de navires, pour des plongées à grand spectacle, et pour tous les niveaux.

Au-delà de Toulon, la station balnéaire de **Bandol** offre des plages dont les eaux de baignade sont contrôlées chaque été, un centre de thalasso pour se remettre en forme toute l'année, une nature propice à la gastronomie : les vignes qui s'étagent sur les collines donnent ainsi naissance aux fameux crus de Bandol.

Les îles

Pour accéder à quelques-uns des plus beaux paysages du Var, il faut prendre le bateau. Au départ d'Hyères, ou du port du Lavandou, pour les îles d'Or. Ces îles, également appelées îles d'Hyères, rassemblent Porquerolles, Port-Cros et l'île du Levant. Lieu de séjour au charme d'autrefois, Porquerolles serait un peu l'île de Ré de la Méditerranée, tandis que Port-Cros, résolument nature, offre l'attrait d'un parc national à la fois terrestre et marin. La plus orientale, l'**île du Levant**, quant à elle, abrite le

LE CARNET DE VOYAGE

Les premiers contacts
Comité départemental du tourisme du Var, 1, bd Foch, 83003 Draguignan cedex, 04.94.50.55.50. www.tourismevar.com

La population
990 000 habitants. Préfecture : Toulon.

Les fêtes
Février : corso du Mimosa (dans tout le département).
Mai : fête provençale des Bravades (Sainte-Maxime et Saint-Tropez).
Juin : festival de l'Anche (Hyères-les-Palmiers).
Juillet : Rencontres de musique médiévale (Le Thoronet).
Août : festival de la BD (Solliès-Ville, dernière semaine).
Octobre : régates Les voiles (Saint-Tropez), fête de la Châtaigne (Collobrières, durant les trois derniers week-ends).
Décembre : fête du Millésime (Bandol).

Les produits locaux
- Artichaut violet d'Hyères, huile d'olive de Provence AOC, cade toulonnaise (galette à la farine de pois chiches), brousse du Var (fromage frais au lait de brebis).
- Tarte tropézienne (brioche fourrée de crème), figue de Solliès, marrons glacés et miel de Collobrières, confitures artisanales de Gassin.
- Vins de Bandol, côtes-de-provence, coteaux varois.

L'artisanat
sandales tropéziennes, santons de Provence (terre cuite), faïence de Varages.

Rendue célèbre par la nouvelle vague et les Yéyés, la très provençale Saint-Tropez est un lieu de villégiature prisé de la jet set.

domaine d'Heliopolis, une station naturiste. A réserver aux adeptes, mais il est toujours possible de visiter son village de l'île sans être nudiste.

Côté détente et paysages, difficile de choisir entre Porquerolles et Port-Cros. On visitera donc les deux îles, tout en prévoyant à l'avance son hébergement, car les hôtels y sont très peu nombreux.

A **Porquerolles**, le vélo est roi, le long des itinéraires aménagés, mais il ne faut pas s'en écarter. Les autres sentiers se parcourent à pied. L'île compte 51 kilomètres de **chemins balisés**. Que les petits marcheurs se rassurent : plusieurs promenades sont réalisables en une heure environ.

Depuis le village construit autour du débarcadère, on accède aisément au **fort Sainte-Agathe**, construit au XVIe siècle pour protéger l'île des pirates. On découvre non loin le **jardin du Palmier**, planté de nombreuses espèces méditerranéennes, ainsi que le **moulin du Bonheur**, aux ailes orientées vers les vents. L'île dispose aussi de plages : les plus proches du village étant la plage d'Argent et celle de la Courtade.

A **Port-Cros**, la nature est la première attraction, grâce au parc national, qui couvre les 7 km^2 de l'île, ainsi que 12 km^2 de fonds marins. On s'y déplace à pied, les deux-roues n'étant pas autorisés, afin de préserver au maximum la faune et la flore de l'île. Les sentiers balisés totalisent 30 kilomètres, mais depuis le débarcadère, il n'est pas nécessaire de marcher autant pour trouver un lieu propice à la baignade. Une promenade d'une demi-heure, et l'on rejoint la **plage de la Palud**. Celle-ci donne accès au **sentier sous-marin**, l'une des curiosités à ne pas manquer si l'on est bon nageur et muni de palmes, masque et tuba. La randonnée s'effectue dans l'eau, le long d'un couloir balisé, où des pancartes immergées renseignent sur la faune et la flore. On y verra de nombreuses espèces de poissons, ainsi que des éponges, des étoiles de mer, des prairies sous-marines, appelées herbiers de Posidonie.

Côté terre, les circuits réservent quelques dénivelés (l'île compte plusieurs sommets culminant autour de 200 mètres). Ils offrent aussi de beaux panoramas, comme le sentier des Crêtes, en trois heures de marche.

LES SUGGESTIONS GEO

- **Découverte :** musée des Arts et Traditions populaires (Grimaud) ; vestiges antiques de Fréjus ; sentier sous-marin de Port-Cros.
- **Aventure :** parcours cyclable du littoral, 72 km à vélo (à partir de Saint-Raphaël) ; parcours aventure de la Corditelle, dans les gorges du Verdon (Aiguines).
- **Insolite :** parrainer une tortue au village des Tortues (Gonfaron) ; autrucherie du Collobrier (Pierrefeu).

Le patrimoine naturel

La nature est omniprésente dans le Var, tant mieux ! Les espaces naturels couvrent ainsi les trois-quarts du département. Forêts de chênes-lièges dans le massif des Maures, châtaigniers dans les terres, pins parasols le long des côtes, massif de l'Esterel aux rochers rouges de rhyolite baignés par la Méditerranée, gorges du Verdon sculptées en canyon…

Les paysages du Var ont tous une longue histoire géologique et un aspect souvent spectaculaire. Les cavaliers iront à cheval dans le **massif des Maures**, le long de 133 kilomètres de sentiers équestres. En passant par **Collobrières**, village réputé pour sa production de châtaignes qui deviennent d'excellents marrons glacés. De Collobrières, le sentier grimpe jusqu'à Notre Dame-des-Anges. La légende raconte qu'au XIe siècle, un berger trouva sur ce sommet une statue de la Vierge. Il la rapporta à son village pour en orner l'église. Mais la statue revint miraculeusement sur le sommet. On décida alors de construire un sanctuaire en haut de la colline pour abriter la Vierge. Depuis **Notre-Dame des-Anges** aux environs de 800 mètres d'altitude, le panorama s'ouvre largement sur le massif des Maures. Cependant, la vue reste moins spectaculaire que dans le **parc naturel régional du Verdon**. Partagé entre le Var et les Alpes de Haute-Provence, ce parc donne accès aux gorges du Verdon, sensationnelles du haut des parois rocheuses enserrant la rivière, mais qui réservent bien d'autres sensations lorsqu'on les parcourt au fil de l'eau, en kayak, en rafting, ou même en canyoning, pour les plus sportifs. Les amateurs de randonnée iront plutôt dans le **massif de l'Esterel**, le long des 40 kilomètres de sentiers balisés. De l'ascension du point culminant, le **mont Vinaigre** (614 m), à la découverte des calanques, comme celle du Dramont, en passant par la **source Malinfernet**, le paysage égrène rochers rouges, collines semi-boisées, ainsi des pentes escarpées à gravir en ménageant son souffle. Le massif de l'Esterel se parcourt aussi en VTT, sur des chemins aménagés. Au **massif de la Sainte-Baume**, dominé par le Joug de l'Aigle (1148 m), les hêtres sont majoritaires. A flanc de montagne, la grotte Sainte-Marie-Madeleine est un haut lieu de pèlerinage depuis le Moyen Age et un sanctuaire sacré depuis l'époque romaine.

Le chêne-liège, roi de la strate arborée du massif volcanique de l'Esterel.

Adossé à la grotte naturelle de Sainte-Marie-Madeleine, un petit monastère sur les flancs du massif de la Sainte-Baume.

Les villes et les villages

De nombreuses cités du Var ont une origine très ancienne. **Toulon** doit ainsi son existence aux Romains. La cité portuaire tire alors sa richesse de la teinture pourpre, très prisée, obtenue grâce au murex, escargot de mer pêché près des côtes. Aujourd'hui, la ville est à voir pour son histoire maritime, présentée au **musée de la Marine**, ainsi que pour son importance durant la Seconde Guerre mondiale, comme le rappelle le **musée-mémorial du Débarquement**. Celui-ci se trouve au sommet du mont Faron, qui domine toute la rade de Toulon. On peut accéder au mont Faron par téléphérique. Si l'on achète un pass Mistral, valable pour le téléphérique, on pourra aussi traverser par bateau la rade, en direction de La Seyne, des Sablettes ou de Saint-Mandrier.

Cité provençale et fleurie, **Draguignan** semble ne pas avoir changé au cours des siècles. Elle garde mémoire des

temps néolithiques au **dolmen de la Pierre de la Fée**, marquant le site d'une ancienne sépulture. La légende locale raconte plutôt que le dolmen aurait été dressé par une fée. Ville du bien-vivre, Draguignan s'ordonne autour de places égayées de fontaines, elle prend le soleil aux terrasses de cafés, elle goûte aux produits du terroir sur son marché et dans ses nombreuses boutiques.

Ville d'art et d'histoire, **Fréjus** est le rendez-vous des amoureux de sites antiques. Comme Toulon, la cité portuaire de Fréjus est fondée par les Romains. A mesure que la ville se développe, on construit un **aqueduc**, un **théâtre**, un **amphithéâtre**, des **thermes** et des **murailles** percées de portes. Des **vestiges** de ces édifices sont encore visibles aujourd'hui. Les fouilles de la ville antique ont livré de nombreux objets, présentés au **Musée archéologique** municipal.

Depuis Fréjus, la presqu'île de Saint-Tropez n'est pas loin. On y découvre, surplombant la mer, le village médiéval de **Ramatuelle**. Ses maisons peintes de couleurs vives, ses petites rues se pressent autour de l'église Notre-Dame, sur la place de l'Ormeau, où les cafés et petits restaurants incitent à s'attarder. Tout près, **Gassin** offre une ambiance comparable, mais plus paisible en été. Ses ruelles traditionnelles et abondamment fleuries lui valent d'être classé parmi les «plus beaux villages de France».

Le Var détient enfin plusieurs exemples remarquables d'architecture religieuse. On visitera ainsi l'**abbaye du Thoronet**, fondée au XIIe siècle par des moines cisterciens. On ne manquera pas non plus la **basilique de Saint-Maximin**, édifice gothique du XIIIe siècle. Selon la légende, la basilique aurait été construite à l'emplacement du tombeau de sainte Marie-Madeleine, après son ermitage à la grotte de la Sainte-Baume. ■

LES CONSEILS GEO

▶ Les plus
Des sites naturels préservés et variés, l'ambiance provençale qui anime le cœur des villages.

▶ Les moins
Le littoral envahi l'été, les possibilités d'hébergement vraiment très réduites sur les îles.

▶ Les recommandations
Pour ne pas endommager la nature, on veillera à respecter la réglementation en vigueur. A Port-Cros, comme à Porquerolles, feux de camp et bivouac sont interdits. La cigarette n'est pas autorisée en dehors des zones habitées.

▶ Les tendances
Le Var encourage la découverte de son patrimoine naturel à travers des «balades nature commentées», qui s'effectuent à pied, à cheval, ou au fil de l'eau. Une liste des prestataires proposant ces excursions thématiques est disponible sur le site Internet du comité départemental du tourisme du Var.

Vaucluse

Si le Vaucluse était une histoire, il raconterait celle de la Terre, sous ses carrières d'ocre, celle de l'Antiquité, dans le cadre des vestiges d'Orange ou de Vaison-la-Romaine, celle de la papauté en Avignon, celle de ses villages du Moyen Age. Une mémoire immense, à découvrir sans tarder.

Le patrimoine culturel

La chanson populaire apprécie **Avignon**, qui le lui rend bien. Le fameux pont est connu en ville sous le nom de Saint-Bénezet. Depuis le XVIIe siècle, il n'enjambe plus qu'à moitié le Rhône, les nombreuses crues du fleuve ayant emporté une partie de ses arches. Mandaté par Dieu, saint Bénezet aurait posé la première pierre du pont au XIIe siècle. La chanson est plus tardive. Elle serait née des danses que l'on organisait sur les berges aux jours de fête. A l'origine, on dansait donc «sous» le pont d'Avignon et non pas «sur». La partie préservée du monument se visite : elle abrite un musée consacré à son histoire et à la fameuse ritournelle.

Avignon affiche un passé de ville pontificale, comme en témoignent les splendeurs gothiques du **palais des Papes**. Construit au XIVe siècle, son vaste ensemble est monumental, de la façade extérieure à la cour d'honneur, en passant par le cloître de Benoît XII et les fresques de la chapelle Saint-Martial. Le palais des Papes fait partie des monuments de France les plus visités et il est, avec le **pont Saint-Bénezet**, l'un des jalons du centre historique classé au Patrimoine mondial de l'Unesco. Les rues ceinturées de remparts guident aisément vers la place de l'Horloge, ombragée de platanes et bordée de terrasses de cafés et de restaurants. Les amateurs de grands peintres iront admirer des œuvres de Van Gogh, Picasso, Cézanne ou Modigliani au **musée Angladon-Dubrujeaud**. Situé dans un ancien hôtel particulier, comme le **musée Louis-Vouland** qui présente du mobilier ancien et de l'art provençal, il est incontournable au même titre que le **musée Calvet**, où les collections rassemblent de nombreuses pièces archéologiques, ainsi que des œuvres d'art remontant jusqu'au XVe siècle. Issus d'une illustre collection, les primitifs du musée du **Petit Palais** sont quant à eux dignes des plus grands musées italiens. Ce divin ensemble de peintures du

QUE VOIR, QUE FAIRE EN VAUCLUSE ?

Le patrimoine culturel

- Avignon (pont Saint-Bénezet, palais des Papes, musées (Angladon-Dubrujeaud, Louis-Vouland, Calvet, Petit Palais)
- Orange (théâtre antique, arc de triomphe, musée d'Art et d'Histoire, cathédrale Notre-Dame-de-Nazareth)
- Vaison-la-Romaine (pont romain, vestiges antiques de Puymin et La Villasse)
- Isle-sur-la-Sorgue (centre historique, villages d'antiquaires, marché)

Le patrimoine naturel

- Chemin des lavandes (Sault), sentier des ocres (Roussillon)
- Parc naturel régional du Lubéron, Gordes
- Mont Ventoux, mont Serein (station de ski)

Les traditions

- Route des vins (Lourmarin, Ménerbes, Châteauneuf-du-Pape, Beaumes-de-Venise, Apt)
- Route de la truffe (Carpentras, Richerendes
- Route des saveurs d'été (Cavaillon, Pernes-les-Fontaines, Venasque)

En Avignon, ville culturelle par excellence, le pont Saint-Bénézet enjambe le Rhône, aux portes du palais des Papes.

Moyen Age et de la Renaissance italienne est complété par des sculptures médiévales et de remarquables peintures de l'école d'Avignon.
Voisine d'Avignon, **Orange** est la «cité des Princes» en même temps que l'une des villes les plus caniculaires de France. On viendra plutôt hors saison pour découvrir le **théâtre**, construit au Ier siècle : il a non seulement conservé ses gradins, mais aussi son mur de scène, ce qui en fait un exemple unique en Europe. Autre magnifique héritage de l'Antiquité, l'**arc de triomphe** rappelle la présence romaine en Gaule au temps de l'Empire. Pour en savoir davantage sur la vie des Orangeois à cette époque, il faut pousser les portes du **musée d'Art et d'Histoire** qui présente des sculptures, bas-reliefs et mosaïques antiques. Le théâtre et l'arc de triomphe sont classés au Patrimoine mondial de l'Unesco pour leur rareté, mais Orange offre d'autres richesses monumentales. Cité princière dès le XIIe siècle, la ville s'est parée d'opulentes demeures. On visitera aussi sa cathédrale, **Notre-Dame-de-Nazareth**, ancien siège du diocèse.
Un peu moins spectaculaires que ceux d'Orange, les sites antiques de **Vaison-la-Romaine** méritent cependant de s'y arrêter pour découvrir le **pont romain**, dont l'arche unique franchit la rivière de l'Ouvèze, ainsi que deux quartiers de la ville antique,

LE CARNET DE VOYAGE

Les premiers contacts
Comité départemental du tourisme du Vaucluse, 12, rue du Collège-de-la-Croix, BP 147, 84008 Avignon cedex 1, 04.90.80.47.00. www.provenceguide.com

La population
529 000 habitants. Préfecture : Avignon.

Les fêtes
Janvier : Cheval Passion (Avignon), messe de la Truffe (3e dimanche, à Richerendes).
Février : Hivernales de la Danse (Avignon).
Avril : Plantes rares et Jardin naturel (Sérignan-du-Comtat).
Juillet : Festival d'Avignon.
Juillet-août : Chorégies d'Orange.
Septembre : ban des vendanges (1er samedi, Avignon), fête médiévale du petit épeautre (1er dimanche, Monieux).
Décembre : Faites des Lumières (Isle-sur-la-Sorgue).

Les produits locaux
- Asperge de Lauris, truffe du Ventoux, ail de Piolenc.
- Agneau de Sault.
- Banon (fromage de chèvre enveloppé dans des feuilles de châtaignier).
- Melon de Cavaillon, fraise de Carpentras, cerise des monts de Venasque, fruits confits d'Apt, berlingots de Carpentras.
- Vins de Châteauneuf-du-Pape, beaumes de Venise, côtes-du-lubéron, côtes-du-ventoux.

L'artisanat
Faïences d'Apt, santons (figurines de terre cuite), vêtements et linge de maison en tissu provençal.

Assis sur un immense gisement ocrier, le village de Roussillon rougeoie dans les pinèdes du Lubéron.

Puymin et **La Villasse**, aux rues bordées de nombreux vestiges (demeures, temples, boutiques et thermes). Pour flâner dans une ambiance à la fois médiévale et provençale, se rendre à **L'Isle-sur-la-Sorgue**, dont le **centre ancien** est bâti sur une île fluviale. Des canaux ont étendu le cours de la Sorgue et donné à la ville son surnom de «Venise comtadine». Au bord de l'eau, des roues à aubes rappellent le passé industrieux de cette cité, où l'on tissait autrefois laine et soie. Les anciennes manufactures abritent aujourd'hui des **magasins d'antiquités** et de brocantes, des galeries d'art et des boutiques d'objets décoratifs. Ces villages d'exposants sont ouverts les week-ends. Le dimanche matin, avant d'aller chiner chez les nombreux antiquaires, on fera un tour au **marché** provençal installé sur les quais et dans le centre-ville.

Le patrimoine naturel

Provençal, le Vaucluse est l'une des terres de prédilection de la lavande, comme en témoigne le village de **Sault**, au pied du mont Ventoux. En été, les champs de lavande fleurissent autour du village, et l'air embaume. Pour mieux s'en imprégner, tout en effectuant une balade aisée, on suivra le **chemin des lavandes**, sur 4 kilomètres de nature tapissée de fleurs bleues. Doté de panneaux explicatifs, ce sentier permet aussi d'en savoir davantage sur les étapes conduisant de la plante à l'huile essentielle. Continuer ensuite en direction d'un autre village, classé parmi les «plus beaux de France», mais connu avant tout pour ses falaises d'ocre : **Roussillon**.

Les carrières de Roussillon ressemblent à une gigantesque palette de peintre, juxtaposant les tons jaunes, rouges et orangés. Selon la légende, le sang versé par les anges rebelles chassés du paradis aurait teinté la terre. La réalité est encore plus surprenante. Le gisement d'ocre est un ancien sol marin, surgi de l'eau par le soulèvement du massif alpin, et dont le minerai de fer s'est coloré sous l'action de l'air. Traversant les anciennes carrières de Roussillon, le **sentier des ocres** propose une promenade de 1 h 30, au cœur même de la roche. Aux portes du village, une ancienne usine est devenue le conservatoire des Ocres et Pigments, Okhra : un espace interactif où sont présentées les techniques de traitement de l'ocre. Des ateliers de peinture décorative y sont proposés également.

Des richesses naturelles à leur protection, il n'y a qu'un pas, vite franchi depuis Roussillon, qui se situe dans le **parc naturel régional du Lubéron**. Celui-ci s'étend du Vaucluse aux Alpes-de-Haute-Provence, rassemblant des paysages divers : vallons boisés près des cours d'eau, prairies d'herbes sèches sur les collines. Ces espaces naturels accueillent pas moins de 1 500 espèces végétales différentes. Ils sont aussi l'un des habitats de prédilection des oiseaux et des nuées de papillons. Comme le parc est vaste, on grimpera sur la selle d'un vélo ou d'un VTT pour le découvrir. En route pour l'un des circuits aménagés : si l'on boucle le tour du parc, on aura parcouru 236 kilomètres. Avec ses deux abbayes

Le mur de scène du théâtre d'Orange était décoré de statues, frises et colonnes.

Sertie de lavande, l'abbaye Notre-Dame de Sénanques (XIIe siècle) est un bijou de l'art cistercien et l'une des fiertés de Gordes.

(Senanques, la cistercienne, et les vestiges de Saint-Chaffret), ses moulins à eau et ses bories (cabanons pointus de pierre sèches), le village perché de **Gordes** est un des sites les plus prisés. Les communes de Bonnieux et Venasque abritent la plus grande concentration de cet habitat rural saisonnier (environ 200 bories dans chaque), mais aussi Buoux, Ménerbes, Murs, Saignon, Saumane, Villes-sur-Auzon, Viens…

Les amateurs de haute montagne quitteront le Lubéron pour rejoindre le **mont Ventoux**. A sa cime, on atteint une altitude de 1 912 mètres. L'ascension de ce sommet à vélo est une épreuve du Tour de France : à réserver aux sportifs aguerris ! On aura tout loisir, néanmoins, de se promener au fil des simples sentiers de randonnée, à partir des villages de Beaumont-du-Ventoux, Monieux ou Malemort-du-Comtat. Le paysage en vaut la peine. On prendra aussi le temps d'observer faune et flore, car le mont Ventoux est classé, comme le parc du Lubéron, réserve de biosphère Unesco. Pour skier l'hiver (descente et randonnée), rendez-vous à la station du **mont Serein**, sur le versant nord du Ventoux.

Les traditions

Huile d'olive, vins ensoleillés, truffe noire, fruits d'été : le Vaucluse incite à emprunter les chemins du bien-vivre, du marché de saison au petit restaurant local. Pour goûter à ses traditions culinaires, l'itinéraire gastronomique le plus réputé est la **route des vins**. Celle-ci passe par la région d'Apt, où les vignes produisent les côtes-du-ventoux. Des crus à déguster chez les cavistes, après avoir visité le vieux **Apt**, blotti autour de sa cathédrale Sainte-Anne. La route des vins se poursuit par les villages du Lubéron. Les vignobles abrités par le territoire du parc naturel produisent les côtes-du-lubéron. En profiter pour visiter **Lourmarin**, au nombre des «plus beaux villages de France». Il abrite les tombes des écrivains Albert Camus et Henri Bosco, qui y passèrent une partie de leur vie. Faire aussi une halte dans un autre de ces villages classés pour leur beauté, **Ménerbes**, qui a l'insolite idée de présenter un musée du Tire-Bouchon (un millier de pièces). Avant de se restaurer dans l'un des «bistrots de pays» établi à La Bastidonne,

Dans le massif des Baronnies, le mont Ventoux est un géant dominant la Provence.

Grambois, Oppède, Saint-Martin-de-Castillon. Cafés ou petits restaurants, ces établissements offrent l'avantage de proposer à toute heure une assiette de produits locaux. A déguster avec un vin de la région, pour mieux repartir du côté de **Châteauneuf-du-Pape** ou de **Beaumes-de-Venise**. Implantés sur le terroir des Côtes du Rhône, ces deux villages sont synonymes de grands crus : ne pas manquer d'aller chez les vignerons goûter les meilleures bouteilles pour approvisionner sa cave.

LES SUGGESTIONS GEO

- **Découverte :** fabrication manuelle du papier selon des méthodes du XVe siècle, au moulin à papier de Vallis Clausa (Fontaine-de-Vaucluse) ; village en pierres sèches des Bories (Gordes).
- **Aventure :** ascension du mont Ventoux à vélo (Bédoin) ; survol du Lubéron en montgolfière (Joucas).
- **Insolite :** bassin d'agrément d'un vaste jardin romain, sur 12 000 m², en contrebas des vestiges d'une villa augustéenne, découverte archéologique sans équivalent en Gaule (Caumont-sur-Durance); l'école d'autrefois au musée de la Vieille Ecole (Pernes-les-Fontaines).

Autre itinéraire gourmand, la **route de la truffe** fait étape à **Carpentras** et **Richerendes** pour les grands marchés truffiers. Récoltée et vendue l'hiver, la truffe noire du Vaucluse, produite notamment dans le Ventoux, constitue 70 % de la production française. Elle est fêtée à Richerendes par un ban des Truffes, qui inaugure mi-novembre le marché saisonnier de ce luxueux champignon. Toujours à Richerendes, elle est célébrée par une messe en janvier, suivie d'une vente aux enchères des tubercules offerts par les trufficulteurs.

Le Vaucluse étant très ensoleillé, les fruits y sont plus goûteux qu'ailleurs, suscitant l'envie de découvrir au moment de leur récolte, les produits qui, une fois confits, forment la réputation gourmande d'Apt. En route donc pour un itinéraire des **saveurs d'été**, faisant honneur avant tout au melon de Cavaillon. De mi-juin à mi-août, la ville de **Cavaillon** propose de visiter les champs de production et de goûter à ce fruit délicieux. Plusieurs restaurants mettent aussi le melon à l'honneur, dans des recettes inédites.

Au printemps, le mois de mai voit mûrir les premières cerises des monts de Venasque, dont la pulpe carmin est juteuse et sucrée. La récolte se poursuit jusqu'en juillet. Traversant 21 communes pleines de charme, la route de la cerise de Venasque permet de visiter les villages situés sur les pentes du mont Ventoux (Modène, Bédoin ou Malaucène), et de découvrir les 40 fontaines ornementales de **Pernes-les-Fontaines**. Sans oublier **Venasque**, où les plantations de cerisiers ne doivent pas occulter la cité médiévale, haut perchée sur un rocher. Disposant de maisons d'hôtes où l'on peut loger et apprendre à cuisiner, ce village provençal, parmi les «plus beaux de France», sait retenir les gourmets. ■

LES CONSEILS GEO

▶ Les plus

La dimension culturelle du Vaucluse est manifeste : un patrimoine très riche et varié, mais aussi des manifestations et des festivals de qualité, presque toute l'année. L'artisanat et les produits du terroir sont aussi de vrais atouts.

▶ Les moins

Caniculaires, les étés qui peuvent rendre difficiles les visites, notamment celles des sites antiques d'Orange. Les routes sinueuses en montagne ne sont pas des plus aisées à la conduite également.

▶ Les recommandations

Comme les événements culturels d'Avignon attirent un public nombreux, s'y prendre tôt pour réserver son hébergement et ses places de spectacles.

▶ Les tendances

Le Vaucluse se prête à une foule de découvertes hors saison : de nombreux festivals sont programmés l'hiver, des maisons d'hôtes proposent ateliers culinaires et week-ends gourmands. Pour les sportifs, la location d'un VTT ou l'accès à un parcours de golf peut être inclus. Renseignements et adresses sur le site Internet du comité départemental du tourisme du Vaucluse.

La Dombes, pays aux mille étangs, est le paradis des carpes, gardons et autres brochets… et des oiseaux migrateurs.

Ain

Au sein de la région Rhône-Alpes, l'Ain est un territoire atypique entre montagnes, étangs et bocages. Terrain de jeu des Lyonnais tout proches, et seulement à deux heures de TGV de Paris, il est le confluent de plusieurs histoires régionales. Une destination aux milles facettes…

Les paysages

Entre Rhône et Jura, les paysages qui composent l'Ain sont d'une richesse incroyable, de Lyon à Genève. Le **pays de Gex**, montagneux, est souvent comparé à la Suisse. C'est là que se trouvent les stations de ski de descente. Le GR «Balcon du Léman» y fait face aux Alpes. Il passe par les plus hauts sommets jurassiens, au sein du **parc naturel régional du Haut-Jura** qui couvre 165 000 hectares.

Le **Bugey**, situé entre le Rhône et l'Ain, est également un territoire de montagne. Il abrite les vastes **grottes du Cerdon**, qui se visitent au cours d'un incroyable parcours suivant une rivière souterraine. Au nord-ouest, s'étendent la Bresse et le bocage. Enfin au sud, à proximité de Lyon, c'est la **Dombes**, le «pays aux milles étangs», paradis des oiseaux.

LE CARNET DE VOYAGE

Les premiers contacts
Comité départemental du tourisme de l'Ain, 34, rue du Général-Delestraint, BP 78, 01002 Bourg-en-Bresse Cedex, 04.74.32.31.30. www.ain-tourisme.com

La population
559 000 habitants. Préfecture : Bourg-en-Bresse.

Les fêtes
Fin mai-mi-juin : Printemps de Pérouge-Plaine de l'Ain (festival de musique).
Mi-septembre-mi-octobre : festival d'Ambronay (concerts de musique ancienne).
Mi-octobre : foire artisanale de Collonges.

Les produits locaux
- Trois AOC en Ain : volaille et poularde de Bresse, bleu de Gex, comté.
- La crème et le beurre de Bresse sont en cours de labellisation.
- Mets bressans : quenelles sauces Nantua, cuisses de grenouille et poissons d'eau douce (brochet, gardons, tanches, carpes).
- Côté vignoble, les vins du Bugey (AOC en cours).

L'artisanat
Mobilier bressan.

QUE VOIR, QUE FAIRE DANS L'AIN ?

Les paysages
- Parc naturel régional du Haut-Jura, grottes du Cerdon
- Pays de Gex
- Rives de la Saône, étangs des Dombes

Le patrimoine
- Monastère royal de Brou, cité médiévale de Pérouges, abbaye bénédictine d'Ambronay
- Cuivrerie de Cerdon

Les loisirs
Golf, tourisme fluvial (canal de Savières), thermalisme

LES CONSEILS GEO

▶ Les plus
Montagne, tourisme fluvial, cités médiévales, terroir savoureux… L'Ain est un territoire riche en découvertes de toute nature !

▶ Les moins
Les particuliers, amateurs de patrimoine, regretteront que les visites thématiques de la ville de Pérouges ne soient organisées qu'à certaines dates bien précises…

▶ Les recommandations
Attention, la visite des grottes du Cerdon comporte quelques passages étroits. Claustrophobes s'abstenir.

▶ Les tendances
Des visites ludiques sont organisées dans les principales villes de l'Ain. Bourg-en-Bresse peut se découvrir, par exemple, au travers d'une énigme policière.

Les villes et les villages

La préfecture **Bourg-en-Bresse** est digne d'un long détour. On pourra y visiter le **monastère royal de Brou**, à l'architecture gothique flamboyante. La ville est également riche de façades médiévales et Renaissance, de porches et de fontaines. Dans la Dombes, il ne faut surtout pas manquer la **cité médiévale de Pérouges**. Elle abritait une population de tisserands. Ses rues ont servi de décor à plusieurs films. Y flâner, c'est comme effectuer un voyage dans le temps. Trévoux, installée sur les **bords de Saône**, séduit par son charme riant. A seulement quelques kilomètres de Lyon, elle fait face aux monts d'Or. On peut y visiter une apothicairerie du XVIIe siècle et l'ancien palais du Parlement de la Dombes. Dans le Bugey, l'**abbaye bénédictine d'Ambronay** donne un excellent exemple de l'architecture du XVe siècle. C'est aussi le théâtre d'un festival de musique baroque de grande renommée.

Le patrimoine

Pays d'origine de Brillat-Savarin, illustre épicurien, l'Ain est une haute terre de gastronomie, partie prenante de son patrimoine culturel. Les gourmands béniront la Bresse et ses poulardes à la crème, la Dombes et ses cuisses de grenouilles, Nantua et sa célèbre sauce, Cerdon et son vin pétillant… L'Ain est également le creuset de savoir-faire artisanaux. Le mobilier bressan est proche de celui de Bourgogne. Il est issu d'un habitat rural. On trouve également en Bresse des émaux, dont la tradition remonte au Moyen Age, toujours perpétuée par quelques joailliers. Fondée à l'ère du machinisme (ses ateliers sont en activité depuis 1854), la grande **cuivrerie de Cerdon** est l'un des lieux les plus étonnants de France à visiter, avec ses ingénieux systèmes entraînés par des roues à aubes.

Les loisirs

Comme les oiseaux, les pêcheurs amateurs seront ravis par les étangs de la Dombes, riches en poissons d'eau douce. Mais l'Ain est également le paradis des joueurs de **golf,** le troisième département français en nombre de parcours. Traversé par la Saône, le Rhône, la rivière l'Ain et le **canal de Savières**, il est possible de louer un bateau et de découvrir le paysage au fil de l'eau. Le port de plaisance de Pont-de-Vaux et ses 225 places à l'anneau est une bonne adresse pour les adeptes du **tourisme fluvial**. Pont-de-Vaux possède également un circuit de quad extrêmement réputé et accueille, tous les ans, une manifestation mondiale liée à ce sport mécanique. Pour les bienfaits plus calmes du **thermalisme**, on préférera le pays de Gex et Divonnes-les-Bains, au charme suisse. ■

LES SUGGESTIONS GEO

- **Découverte :** parc des Oiseaux, un des premiers parcs ornithologiques d'Europe (Villars-les-Dombes).
- **Aventure :** canyonning sur une trentaine de sites : canyon de Cerveyrieu, Fouge, Rheby, Semine ; cascades du Trou de la marmite ou de Charabotte…
- **Insolite :** autruches du Revermont (Treffort) ; Canirando, activité de trait canin (toute saison, tout niveau), à l'aide d'un équipement (ceinture rembourrée, ligne de trait avec amortisseur), sous les conseils d'un musher (Bugey).

Ardèche

Fortifié, le village de Balazuc et son dédale de ruelles, calades et passages voûtés.

Célèbre pour ses gorges et le fameux mont Gerbier-de-Jonc auprès duquel la Loire prend sa source, l'Ardèche est un département à vocation touristique. Situé en région Rhône-Alpes, il bénéficie d'une influence à la fois continentale et méridionale que l'on retrouve dans l'incroyable diversité de ses paysages et de ses traditions.

Les paysages

L'Ardèche est bordée à l'est par le Rhône qui la sépare de la Drôme et forme une bande de plaines fertiles ponctuée de villes et appelée «le rivage». Le **parc naturel régional des monts d'Ardèche** couvre près d'un tiers du département, principalement en bordure du Massif central. Avec

ses villes postées à chacune de ses entrées (Saint-Agrève, Lamastre, Vernoux, Privas, Aubenas, Les Vans), ce grand parc offre une mosaïque de paysages très typés.

Au nord, l'Ardèche verte s'étend sur trois vallées (Cance, Ay, Doux). Le paysage est fait d'un subtil mélange de plateaux, vallées, gorges, terrasses de châtaigniers, prairies, vergers et vignobles. Les gorges du Doux avec leurs flancs rocheux et boisés sont très pittoresques.

Le cœur de l'Ardèche est formé par trois vallées (Ouvèze, Eyrieux, Doux). Le pays des Boutières ressemble aux

QUE VOIR, QUE FAIRE EN ARDÈCHE ?

Les paysages et les randonnées

- Parc naturel régional des monts d'Ardèche, parc national des Cévennes, réserve naturelle des gorges de l'Ardèche
- Mont Gerbier-de-Jonc (source de la Loire), gorges de l'Ardèche

Les activités sportives

Canoë-kayak (gorges), spéléologie et escalade (grottes, avens, falaises), vol en ballon (Annonay), ski (montagne ardéchoise)

Les villes et les villages

Privas, Aubenas, Annonay, Alba-la-Romaine, Viviers, Bourg-Saint-Andéol, Balazuc, Vogüé

Les stations thermales

Saint-Laurent-les-Bains, Neyrac-les-Bains, Vals-les-Bains

Les gorges de l'Ardèche et le pont d'Arc, arche rocheuse classée «grand site de France».

Cévennes par ses châtaigneraies tandis que le plateau du Coiron offre de vastes étendues désertiques. Le haut plateau Ardéchois, domaine des pâturages et des forêts de sapins, est constitué par le Velay basaltique, le massif du Mézenc (1 754 m) et les monts du Forez. Ces derniers sont ponctués de formations géologiques d'origine volcanique. C'est au pied du **mont Gerbier-de-Jonc** (1 551 m), l'un des plus beaux sucs (ancien cratère) de la région, que la **Loire** prend sa légendaire **source**.

Au sud, la Cévenne ardéchoise, avec ses vallées de Beaume, Drobie et Chassezac, forme un écrin de montagnes composé de serres, vallées et étendues planes. Les faysses (pentes) y sont aménagées en terrasses.

Les **gorges** sont préservées par le parc naturel des monts d'Ardèche et la **réserve naturelle des gorges de l'Ardèche**. Entre Vallon-Pont-d'Arc et Saint-Martin d'Ardèche, la rivière Ardèche a creusé dans le calcaire un profond canyon de 35 kilomètres de long. Le pont d'Arc, une superbe arche rocheuse classée «grand site de France» est un des plus fameux endroits. Ce territoire heurté concentre un remarquable ensemble de **grottes** (Saint-Marcel, la Madeleine, les Huguenots, les Tunnels) et d'avens (Orgnac, la Forestière, Marzal). Au pied du Serre-de-Barre (900 m) et à proximité du plateau des Gras, la région des Vans est typique de l'Ardèche méridionale où prédominent pins, mûriers, oliviers et vignes.

Les randonnées

Un peu partout, on trouve des chemins balisés permettant de découvrir le pays à pied, à cheval ou en VTT. Pour traverser les gorges du Doux, la bonne idée est d'emprunter le chemin de fer du Vivarais qui relie Tournon dans les vignobles de la vallée du Rhône à Lamastre au travers des vastes châtaigneraies ardéchoises.

La fameuse route des sucs qui chemine par le plateau ardéchois, permet d'arriver au mont Gerbier-de-Jonc ainsi qu'à la cascade du Ray-Pic, l'une des plus longues coulées de lave de France. Le magnifique panorama visible depuis le sommet du mont Gerbier-de-Jonc s'atteint à pied, en trente minutes. Lové dans un ancien cratère, le lac d'Issarlès est prétexte à de belles balades et loisirs nautiques.

La **Cévenne** ardéchoise est sillonnée de sentiers de randonnée et les amateurs d'**escalade** pourront pratiquer sur les **falaises** calcaires des Grads.

Vallon-Pont-d'Arc est une destination incontournable pour approcher

Uniques, les gours festonnés de calcite de la grotte de Saint-Marcel-d'Ardèche.

les gorges et leurs falaises que l'on peut admirer depuis la route sinueuse qui les surplombe. La réserve naturelle des gorges de l'Ardèche gère les activités sportives et de pleine nature (descente des gorges avec leurs 25 rapides en **canoë-kayak**, itinéraires pédestres). Dans la même région, sept sites touristiques ont été aménagés pour découvrir le monde souterrain. L'**aven d'Orgnac**, classé «grand site de France», accueille le musée régional de la Préhistoire et permet de pratiquer facilement la randonnée souterraine. Autre décor : dans la région des Vans, le bois de Païolive, aménagé en sentiers balisés nous fait découvrir un labyrinthe de chênes blancs ou verts et de roches pétrifiées aux formes surréalistes.

LE CARNET DE VOYAGE

Les premiers contacts
Comité départemental du tourisme de l'Ardèche, 4, cours du Palais, 07000 Privas, 04.75.64.04.66. www.ardeche-guide.com

La population
286 160 habitants. Préfecture : Privas.

Les fêtes
Février : Festival International du Premier Film (Annonay).
Mars : Raid Nature (Vallon-Pont-d'Arc).
Avril : festival d'Art Singulier (Banne), Festivin (Viviers).
Juin : fête de la Montgolfière (site d'Annonay).
Juillet : festival de Théâtre (Alba-la-Romaine).
Août : Festival National des Humoristes (Tournon-sur-Rhône), journées de la Préhistoire (Vallon-Pont-d'Arc), Marathon International des Gorges de l'Ardèche en canoë-kayak, L'Ardéchoise (épreuve cycliste, à Saint-Félicien).
Juillet-août : festival Labeaume en musique (classique).
Septembre-octobre: festival Belles Pierres en Musique (dans tout le département).
Octobre-novembre : Castagnades d'Automne (Joyeuse), Rencontre des Cinémas d'Europe (Aubenas).

Les produits locaux
- Châtaigne d'Ardèche AOC, marron glacé, huile d'olive, fin gras du Mézenc AOC (viande).
- Fromage picodon AOC (chèvre).
- Côtes-du-rhône et du vivarais (AOC).

L'artisanat
Tannerie et papeterie (Annonay), bijouterie (Cheylard), sériculture (soie de Les Vans), sculptures en bois et en pierre.

Les monuments

L'Ardèche est riche de sa préhistoire, comme en témoignent ses nombreuses **grottes** dont celle de Chauvet-Pont-d'Arc (la plus ancienne caverne ornée connue à ce jour dans le monde) et ses monuments mégalithiques (dolmen de Champvermeil à Bidon). La période gallo-romaine marque le début de son histoire et a laissé des ponts anciens et les vestiges d'une cité (**Alba-la-Romaine**).
De la période moyenâgeuse, on découvre de magnifiques chapelles et églises romanes. Quelques édifices marquants :, Saint-Félicien (Ardèche verte), Champagne, Mazan, Lespéron (montagne ardéchoise), Thines, Chambonas (Cévenne ardéchoise), Cruas (vallée du Rhône), Viviers (Ardèche du Sud). Dans les montagnes, l'abbaye Notre-Dame-des-Neiges où séjourna l'écrivain Stevenson est aussi un lieu de pèlerinage et de retraite.
Parmi les châteaux de cette période, celui d'Aubenas avec ses tourelles et son toit en tuiles vernissées mais aussi des forteresses en ruines : Crussol et Boulogne, citée des Montlaur. Datant de la Renaissance, la splendide maison des Chevaliers à Viviers et le collège de Tournon.
De la guerre des Religions (1562) qui sépara protestants et catholiques, subsistent des temples qui furent détruits pierre par pierre sur ordre de Louis XIV et reconstruits puis enrichis à partir du XIXe siècle. Les édifices caractéristiques de cette évolution sont : Vernoux, Vallon-Pont d'Arc, Les Vans, Privas, Lamastre.

Les villes et les villages

L'habitat traditionnel est adapté au sol, au climat et aux reliefs et les villes, à dimension humaine, ont toutes une histoire à délivrer. **Privas** est un haut lieu du protestantisme. On peut y voir les ruines de l'ancienne cité huguenote ardéchoise. **Aubenas** ou

La longue coulée de lave de la cascade du Ray-Pic dans les gorges de la Bourges, parc naturel régional des monts d'Ardèche.

«cité des Montlaur», ancienne ville fortifiée, est un véritable carrefour touristique. **Annonay**, patrie des frères Montgolfier, séduit par ses vieux quartiers, ses ponts et ses rivières. Dans la vallée du Rhône, **Bourg-Saint-Andéol** est fortement dotée en monuments : fontaines vauclusiennes et bas-relief (IIIe siècle) consacré au culte du dieu Mithra. **Viviers,** avec ses remparts et sa cathédrale plantée sur son promontoire, a tout d'un village médiéval. Le Vivarais lui doit son nom ! Une fontaine sur la place du marché, le village des **Vans** plaît aussi. Avec leurs tuiles blondes ou lauzes sombres, les villages cultivent le goût du pittoresque, bichonnant leur patrimoine. Sur les 42 villages de charme regroupés autour d'une charte, 16 sont labellisés «villages de caractère» (Ailhon, Alba La Romaine, Antraigues-sur-Volane, **Balazuc**, Banne, Beauchastel, Chalençon, Desaignes, Jaujac, Labeaume, Meyras, Naves, Saint-Montan, Thueyts, Vinezac et **Vogüé**). Dans une nature préservée, les villes thermales de **Saint-Laurent-les-Bains**, **Neyrac-les-Bains** et **Vals-les-Bains** ont belle réputation. ■

LES SUGGESTIONS GEO

- **Découverte :** safari de Peaugres (parc animalier se visitant en voiture); Ma Magnanerie à Lagorce (élevage de vers à soie); Fauniscope de Gras, musée des Papeteries Canson et Montgolfier (Davézieux); Ardèche Miniatures à Soyons; exposition sur l'Art pariétal de la grotte de Chauvet (Vallon-Pont-d'Arc).
- **Aventure :** descente des gorges de l'Ardèche en canoë-kayak ; vol en montgolfière (Annonay).
- **Insolite :** cascade du Ray-Pic (plateau ardéchois); cuves du Duzon (gorges du Doux); jardins suspendus du Récatadou (Labeaume); bois de Païolive (étrange chaos calcaire).

LES CONSEILS GEO

▶ Les plus

L'Ardèche est l'un des plus hauts lieux de la préhistoire. C'est aussi une destination de référence pour la pratique des loisirs sportifs (escalade, spéléologie, canoë).

▶ Les moins

Beaucoup de monde en été à Vallon-Pont-d'Arc. Et, plus curieusement, les personnes préférant le train à la voiture noteront que la préfecture, Privas, ne possède pas de gare !

▶ Les recommandations

Le temps change rapidement sur la montagne ardéchoise (emporter un coupe-vent). Eviter de se balader sur les crêtes par temps orageux (risque sérieux de coup de foudre).

▶ Les tendances

Sur tous les sites, l'ensemble du patrimoine est préservé, accompagné d'un bel effort de valorisation !

Drôme

Pierre après pierre, le facteur Cheval réalisa son insolite palais, à Hauterives.

Adossée aux Préalpes sur son versant est, bordée par le Rhône à l'ouest, la Drôme se dessine entre montagnes et vallées. Bousculé par le mistral, son climat est aussi très ensoleillé. Il donne un charme méridional à ce département taillé pour le tourisme vert, grâce à son parc régional du Vercors et ses villages préservés.

Les paysages et les activités

Département vert, la Drôme s'étend des contreforts des Alpes à la vallée du Rhône. De son point culminant, le **Rocher Rond** (2 453 m), à ses vallées creusées par les fleuves (Isère, Drôme et Rhône), la Drôme déroule des paysages de moyenne montagne, de collines et de plateaux. On y respire un air pur, notamment dans le **parc naturel régional du Vercors**, qui

QUE VOIR, QUE FAIRE DANS LA DRÔME ?

Les paysages et les activités

- Parc naturel régional du Vercors (randonnée pédestre, à cheval, à dos d'âne, canyoning)
- Royan-Vercors (tyrolienne, descente en rappel, spéléologie)
- Berges du Rhône (cyclotourisme)
- Lacs de Saint-Donat, Vinsobres, plans d'eau de Pierrelatte et Montélimar (baignade, planche à voile)
- Stations de moyenne montagne : Herbouilly, Valdrôme, Font-d'Urle (ski alpin, ski nordique, randonnée en raquettes, traîneau à chiens)

Le patrimoine

- Montélimar (vieille ville, château des Adhémar)
- Valence (maison des Têtes, centre historique)
- Romans (musées de la Résistance et de la Chaussure)
- Hauterives (palais Idéal du facteur Cheval)
- Grignan (château, village, festivals d'été)
- Villages (Mirmande, Dieulefit, Cliousclat)

Mirmande, joli village médiéval perché sur sa colline, est aussi réputé pour ses fleurs de rocaille.

s'étend au nord-est du département (et se prolonge dans le département voisin de l'Isère). Massif calcaire façonné par l'érosion, le Vercors se compose de parois rocheuses à escalader, de rivières que l'on descend en canyoning. Il compte aussi une partie des sentiers balisés de la Drôme (5 000 km en tout), à découvrir à pied, à cheval ou à dos d'âne pour les enfants. Dans le **Royan-Vercors**, les plus aguerris pratiqueront la descente en rappel, la tyrolienne, ou la spéléologie dans des gouffres, appelés ici «scialets». Le cyclotourisme est aussi au programme, le long d'itinéraires conseillés (totalisant 2 000 km). Pour ne pas trop appuyer sur les pédales, longer les anciens chemins de halage au **bord du Rhône**, aux environs de Livron. En été, on séjournera aussi au bord d'un lac (**Vinsobres**, **Saint-Donat**) ou d'un plan d'eau (**Pierrelatte**, **Montélimar**) aménagé pour la baignade. Ces espaces aquatiques permettent de s'adonner à la planche à voile, entre autres activités. L'hiver, la neige recouvre les sommets drômois, ouvrant aux amateurs de glisse neuf stations de moyenne montagne (autour de 1 400 m d'altitude). Du nord-est (**Herbouilly**) au sud-est (**Valdrôme**), on dévale les pistes de ski alpin, ou bien l'on part en randonnée, raquettes ou matériel de ski nordique aux pieds. En famille, on séjournera dans la station de **Font-d'Urle**, équipée d'une école de ski, proposant également des excursions en traîneau à chiens.

Le patrimoine culinaire

Les activités de plein air creusant l'appétit, le vacancier aura à cœur de goûter à la gastronomie locale. Tout en entretenant sa santé : en effet, la Drôme héberge plus de 500 fermes bio (pratiquant l'agriculture et l'élevage traditionnels). Elle est, à ce titre, le premier département français fournisseur de produits bio. Ouvertes aux visites, certaines fermes, comme celle des Amanins à La Roche-sur-Grâne, permettent de voir traire vaches et chèvres, d'apprendre à fabriquer du fromage, cuire du pain, de cueillir au potager les légumes qui seront ensuite servis au déjeuner. Sur les marchés, les produits locaux embaument la Provence toute proche : abricots, pêches, melons de Montoison, fruits d'été à déguster frais, ou à savourer sous la forme de confitures artisanales. L'huile d'olive la plus réputée du département est celle de Nyons, où l'on célèbre, début février, l'huile nouvelle, dite «alicoque», au cours de la fête du même nom.

La truffe noire fait aussi chanter des

Sur les hauteurs du plateau du Vercors, le cirque d'Archiane s'offre à perte de vue avec ses falaises teintées de gris et d'ocre.

recettes toutes simples, comme les omelettes et les salades de pommes de terre. Les ravioles de Royans (raviolis fourrés au fromage), les fromages (picodon de Dieulefit, banon de la Drôme, bleu du Vercors-Sassenage), la brioche de Romans, appelée aussi «pogne»... Il faut terminer cet itinéraire gastronomique par une escale gourmande à Montélimar, ville d'origine du fameux nougat.

Les villes et les monuments

En Drôme provençale, les villes et villages, cernés de champs de lavande, respirent déjà le Sud. Au bord de l'A7, la fameuse «autoroute du soleil» reliant Paris à Marseille, **Montélimar** offre une atmosphère méridionale qui ne doit pas faire oublier son histoire, très présente dans le quartier piétonnier du centre. En bordure de ce secteur s'élève le **château des Adhémar**, construit à la fin du XIIe siècle, puis remanié. Classé Monument historique, ce très bel édifice roman accueille aujourd'hui des expositions de peinture.

Plus au nord, mais toujours le long de cet axe autoroutier, la ville de **Valence**, préfecture du département, incite à flâner dans son centre ancien, aux restaurants et cafés typiques. On s'adonnera aussi au shopping, tout en remarquant l'une des curiosités de la **vieille ville**, demeure édifiée au XVIe siècle : la **maison des Têtes**. A l'intérieur, une instructive exposition renseigne sur l'histoire de Valence. Toujours plus au nord, dans la Drôme

LE CARNET DE VOYAGE

Les premiers contacts
Comité départemental du tourisme de la Drôme, 8, rue Baudin, BP 531, 26005 Valence cedex, 04.75.82.19.26. www.ladrometourisme.com

La population
466 500 habitants (72 habitants au km2). Préfecture : Valence.

Les fêtes
1er dimanche de février : fête de l'Alicoque (Nyons). **2e dimanche de février :** fête de la Truffe et salon des vins du Tricastin à Saint-Paul-Trois-Châteaux. **1e semaine de Juillet :** festival de la Correspondance (Grignan). **Juillet-août :** fêtes nocturnes (Grignan). **Début août :** Crest Jazz Vocal (festival de jazz, Crest).

Les produits locaux
- Ravioles de Royans (raviolis fourrés d'un mélange de fromage frais, persil et comté), truffes noires (récoltées dans le Tricastin, le val de Drôme ou sur les coteaux de Romans), olives et huile d'olive de Nyons.
- Fromages (picodon et banon au lait de chèvre, bleu du Vercors-Sassenage à pâte persillée).
- Nougat de Montélimar, pogne de Romans (couronne briochée, aromatisée à la fleur d'oranger ou au rhum), sablé suisse (biscuit sec aux écorces d'orange, en forme de garde suisse).
- Miel de Provence, confitures au chaudron (à base de pêches, abricots, fruits rouges).
- Vins de l'Hermitage, crémant et clairette de Die (vins mousseux).

L'artisanat
Huile essentielle de lavande, poterie de Dieulefit.

Près du mont Ventoux, Grignan où la marquise de Sévigné séjourna, chez sa fille.

des collines, la ville de **Romans**, porte d'accès au massif du Vercors, haut lieu de la résistance durant la Seconde Guerre mondiale, abrite, dans un même bâtiment, le **musée de la Résistance** et le **musée de la Chaussure**. Romans est en effet capitale internationale de la chaussure de luxe.

A 25 kilomètres de Romans, se trouve la petite ville d'Hauterives qui doit une grande partie de sa renommée à un édifice unique, classé Monument historique : le **palais Idéal du facteur Cheval**. Au détour d'une campagne verdoyante et boisée, surgit une demeure qui semble sortie d'un conte de fées. Le facteur Cheval y travailla seul, pendant trente-trois ans, construisant pierre à pierre ce bâtiment fantastique, à l'aide de cailloux ramassés lors ses tournées. Le palais, véritable «folie», fut achevé en 1912.

Retour en Drôme provençale pour découvrir un autre édifice historique, le **château de Grignan**. Il se situe près de la petite ville médiévale de Nyons. Edifié sur un promontoire rocheux, le **château** logea, au XVIIe siècle, un couple illustre, le comte et la comtesse de Grignan, cette dernière étant la fille de la marquise de Sévigné. La marquise fit plusieurs séjours au château, dont elle appréciait l'atmosphère et qu'elle décrivit élogieusement dans ses lettres. En souvenir du talent épistolier de la marquise, un grand **festival de la correspondance** a lieu chaque été, pendant la première semaine de juillet, à Grignan. Expositions, lectures, concerts se produisent au château et dans le village. Des «chambres d'écriture» sont également prévues : on y trouve le nécessaire pour rédiger des lettres. Les festivaliers s'installent à leur guise, composent des missives qui sont ensuite envoyées gratuitement. L'été à Grignan voit également se dérouler le festival des **fêtes nocturnes**, durant lesquelles théâtre, danse et musique font revivre le temps des soirées données au château par le comte et la comtesse de Grignan.

LES SUGGESTIONS GEO

- **Découverte :** parc d'attractions du Monde merveilleux des lutins (Hostun) ; aquarium des Tropiques (Allex) ; démonstrations de potiers (Pays de Dieulefit).
- **Aventure :** parcours Aventure de la Drôme des collines, doté de 350 mètres de tyrolienne (Peyrins).
- **Insolite :** musée de l'Insolite (Loriol-sur-Drôme) ; montagne du Pic-de-Luc, en partie effondrée au XVe siècle, et son chaos rocheux dont les blocs peuvent atteindre 25 m de haut (site du Claps).

LES CONSEILS GEO

Les plus

La gastronomie est à l'image du climat : ensoleillée. Des villages préservés qui font le bonheur des amoureux de vieilles pierres mais aussi de nombreux loisirs de plein air pour ceux qui réclament un vrai panel d'activités.

Les moins

Le mistral souffle toute l'année et surprend parfois par sa violence. Gare au vent qui peut rendre désagréable la plus enchanteresse des balades, y compris sous le soleil.

Les recommandations

Les routes sont sinueuses en montagne : modérer son allure et ne pas raisonner en terme de distance, mais se renseigner sur la durée moyenne des trajets entrepris à l'échelle d'une journée.

Les tendances

Premier département bio de France en nombre d'exploitations, la Drôme encourage un tourisme de découverte des fermes écologiques, à la Roche-sur-Grâne notamment : visite des installations, cueillette des légumes au potager, ateliers de fabrication de fromage et de pain sont organisés.

Les villages

Le patrimoine de la Drôme est enfin celui des villages, dont les maisons restaurées sont protégées, comme à **Mirmande**. Village hautement pittoresque, Mirmande incite à en découvrir d'autres, comme celui de **Dieulefit**, renommé pour ses artistes et artisans, notamment des potiers. De la poterie artisanale se fabrique aussi dans le village de **Cliousclat**, au charme rural et méridional, où l'on s'attarde volontiers. ■

Haute-Savoie

En Rhône-Alpes, la Haute-Savoie est réputée l'hiver pour ses immenses domaines skiables. En été, ses vastes espaces préservés séduisent tout autant. Nature et patrimoine sont ici intimement liés : le territoire offre de belles escapades entre villes animées et larges étendues d'eaux limpides.

Les paysages

Les paysages de Haute-Savoie s'élèvent à une altitude moyenne de 1 160 mètres, territoire des hauts sommets, massifs montagneux, lacs aux eaux cristallines, denses forêts et vallées encaissées. Au nord, le Chablais est le pays du lac Léman. A cheval sur la France et la Suisse, il s'étend sur 52 200 hectares, dont un peu plus de la moitié sur notre territoire. Dans le Haut Chablais, crêtes, forêts, plateaux et alpages sont entrecoupés de gorges. Du val d'Abondance à la vallée de l'Aulps, torrents et versants boisés donnent une atmosphère pastorale avec chalets de bois et troupeaux de bovins. Le Bas Chablais s'étale le long du **lac Léman** reflétant des reliefs verdoyants. Villes d'eau et ports de plaisance animent ses rives de la pointe d'Ivoire à Saint-Gingolph.

Au centre du département, la **vallée du Giffre**, entre Mieussy et le **cirque de Fer-à-Cheval**, compose les préalpes calcaires qui progressivement s'élancent vers les sommets du Grand-Massif. Entre les montagnes du Haut-Griffe et la basse vallée de l'Arve, le Faucigny dévoile les massifs préalpins. Les premières sensations de haute montagne se manifestent au point de vue des aiguilles granitiques du mont Blanc.

Au sud-est, le **pays du mont Blanc** domine fièrement la région et l'Europe. Il culmine à 4 810 mètres et s'étire sur 30 kilomètres de long pour 15 de large, alternant glaciers, sommets schisteux et calottes enneigées. La **vallée de l'Arve**, qui y prend sa source, descend des hauteurs, ricoche sur Chamonix, capitale mondiale de l'alpinisme, avant de s'écouler jusqu'aux eaux du Rhône.

Au sud, la **chaîne des Aravis** forme un massif rectiligne, où l'altitude atteint 2 752 mètres à la pointe Percée, dans un panorama de moyenne montagne et de vallées sculptées par les rivières et les torrents.

A l'ouest, le pays de l'Albanais s'étend entre les **lacs d'Annecy** et du Bourget, dominé par le **massif des Bauges** au sud. Les eaux transparentes du lac

QUE VOIR, QUE FAIRE EN HAUTE-SAVOIE ?

Les paysages

- Lac Léman, vallée du Giffre, cirque de Fer-à-Cheval
- Pays du mont Blanc, vallée de l'Arve, chaîne des Aravis
- Lac d'Annecy, parc régional du Massif des Bauges, Genevois

Le patrimoine et les villes

- Annecy, rives du lac
- Châteaux des comtes de Genève, patrimoine des ducs de Savoie
- Rives du lac Léman, villes d'eau
- Vallée d'Abondance, villages

Les activités

- Sports d'hiver (ski alpin et nordique)
- Randonnées pédestres, équestres, cyclistes
- Activités nautiques (Lacs d'Annecy et Léman)
- Pêche, escalade, canyoning

Etincelant, le clocher à bulbes de l'église baroque Saint-Nicolas de Combloux a le Mont Blanc pour toile de fond.

d'Annecy en hiver, virent à l'émeraude en été, taquinées par une végétation lacustre préservée. La campagne alentour déroule ses prairies, ses vergers et ses bocages autour de charmants villages.
Le vaste **parc régional du Massif des Bauges** occupe les deux départements savoyards : au sud dans un relief accidenté, au nord dans celui plus arrondi du Semnoz.
Au nord, le **Genevois** est coincé entre le lac Léman et le massif des Bornes. Les éperons calcaires dominent prairies et vallons boisés, alpages et forêts, entrecoupés de cours d'eau. Cultures maraîchère et florale caractérisent cette frontière suisse.

Les villes

Implantée entre les montagnes préalpines, le massif des Aravis et l'avant-pays albanais, **Annecy** s'impose par son patrimoine. Son château s'intègre parfaitement à l'architecture locale et témoigne de quatre siècles d'histoire. Il abrite un musée à double vocation : la mise en valeur de la région et de ses espaces naturels. Dans cette Venise savoyarde, l'eau du Thiou court entre les ponts, les églises, les arcades et les ruelles médiévales. Le palais de l'Isle, les églises Saint-Maurice et Saint-François, la cathédrale Saint-Pierre et les façades des rues Filaterie et Notre-Dame promettent de belles visites.
Autour du lac, une quarantaine de kilomètres de balades bucoliques, au gré de l'héritage historique : Sevrier et son musée de la Cloche, Saint-Jorioz avec sa plage et ses sentiers des roselières, la presqu'île de Duingt et son ancien château fort du XIe siècle, Doussard et la réserve naturelle du bout du lac, Faverges, son château et son donjon du XIIIe siècle.
Rive gauche, Annecy-le-Vieux dévoile des trésors d'architecture : le clocher roman, l'église Saint-Laurent, la villa Dunand de Gabriel Fauré, le Petit Port et la villa de la Tour, ancienne résidence d'Eugène Sue. Aussi, Veyrier-du-Lac, village joliment restauré, offre son panorama sur le mont Veyrier, tandis que Menthon-Saint-Bernard veille sur le château de la Belle au bois dormant. Walt Disney en personne y trouva son décor dans les années 30. Le patrimoine sacré de Talloires, où séjourna Cézanne, est réputé pour son prieuré du XIe siècle, l'abbaye bénédictine et la petite chapelle Saint-Germain.
Le Genevois, pays d'Annemasse, est l'ancien **fief des comtes de Genève**. On en découvre un bel aperçu depuis le pas de l'Echelle, que l'on rejoint en téléphérique. Là, les châteaux sont légion : Marlioz ; Sallenôves et son donjon du XIe siècle, ancienne résidence de l'une des plus importantes familles vassales des illustres comtes de Genève ; le château de Clermont qui offre aussi un beau point de vue depuis ses murailles du XVIe siècle.
Dans le Chablais, les **rives du lac**

LE CARNET DE VOYAGE

Les premiers contacts
Savoie Mont-Blanc Tourisme, 24, boulevard de la Colonne, 73025 Chambery Cedex, 0.820.00.73.74. www.savoie-mont-blanc.com

La population
676 000 habitants. Préfecture : Annecy.

Les fêtes
Janvier : Grande Odyssée Savoie Mont-Blanc (Portes du Soleil et Megève), festival de la Gastronomie (Combloux).
Février : Snow Golf Cup (Megève), Houches Kids Contest (les Houches-Servoz).
Mars : Avoriaz Jazz Cup.
Mai : Escales Musicales (Evian).
Juin : Festival International du Film d'Animation (Annecy).
Juillet : festival du Baroque du pays du mont Blanc (Cordon).
Août : Rock'n Poche Festival (Habère-Poche), foire traditionnelle de Crête (Thonon-les-Bains).
Octobre : retour des alpages (Annecy).
Décembre : cabane du Père-Noël (Les Gets), Noël des Alpes (Annecy).

Les produits locaux
- Diots (saucisses de porc), attriaux (crépines de chair de porc, foie, ail), longeôles (saucisses à base de boyaux cuits, viande de porc, couenne et fenouil).
- Poissons des lacs et des rivières (féra, perche, omble-chevalier ...)
- Fromages AOC (beaufort, abondance, reblochon, chevrotin, tome des Bauges), IGP emmental et tomme de Savoie.
- Fondue savoyarde, reblochonnade, tartiflette.
- Rissoles (chaussons fourrés aux fruits, compote, confiture), bugnes, épognes aux pralines (gâteaux au levain), bescoins (pain au lait safrané, fourré à l'anis), frolanche (création chocolatée à la pulpe de framboise).
- AOC vins de Savoie (ripaille, apremont, Chignin-Bergeron, roussette)
- Eaux minérales d'Evian-les-Bains, Thonon-les-Bains.

L'artisanat
Bois, pierre, email...

En été, les pentes verdoyantes de Morzines-Avoriaz, dans le domaine des Portes du Soleil, se prêtent à toutes les balades.

Léman sont bordées de **villes d'eau**, de ports de plaisance et de somptueuses villas. Le château de Beauregard domine ses eaux, à la frontière ouest de la Suisse. Yvoire, surnommée «la perle du Léman», est faite de ruelles fleuries qui serpentent jusqu'au lac, faisant tout le charme d'un des plus jolis villages de la région. La baie d'Excenevex abrite d'improbables dunes sur le littoral du lac, parmi les plus belles plages de la rive sud.
Le long du lac, les villes d'eau se suivent. Thonon-les-Bains surplombe le bassin central du lac. Son patrimoine architectural et ses eaux thermales font sa réputation. Visiter l'ancien couvent des Minimes, le monastère de la Visitation et sa chapelle gothique, l'église romane Saint-Hippolyte et sa crypte aux trois nefs, la basilique Saint-François-de-Sales et la place de l'Hôtel-de-Ville. Station renommée, Evian-les-Bains représente l'élégance de l'architecture Belle Epoque, avec ses luxueux hôtels, villas, casinos et théâtres. Saint-Gervais-les-Bains, au pied du toit de l'Europe, est à voir surtout pour les fresques de l'église de Saint-Nicolas-de-Véroce (XVIIe siècle), splendide illustration d'une veine populaire du baroque.

Le patrimoine

Sur les traces des **ducs de Savoie**, l'histoire d'une des plus anciennes familles d'Europe se découvre au fil des visites : châteaux, villages et lieux de cultes. L'origine de la maison de Savoie remonte au Xe siècle et le patrimoine régional en témoigne : aux portes de Thonon, le château de Ripaille édifié en 1434 et sa chartreuse du XVIIe siècle ; le château de Thorens, propriété de la famille de Sales et dont les sous-sols remontent au XIe siècle ; le château de Montrottier du XIIIe siècle et celui d'Annecy.
Enfin, l'architecture si typique des chalets savoyards se découvre dans

Point de vue hivernal sur les eaux claires du lac d'Annecy, avec les villages de Talloires et Duingt implantés sur la rive d'en face.

la **vallée d'Abondance**. Entre les gorges de la Dranse et les prairies d'alpages, les **villages** ont souvent un cachet traditionnel. Vacheresse, Chevenoz, Bise, Ubine et la Solitude montrent leurs charpentes en bois, leurs fondations en pierre et leurs toits en ardoise de Châtel ou en tavaillons (planchettes de bois), ornés des colombes d'Abondance, oiseaux de bois au plumage déployé.

Les sports d'hiver

En hiver, les stations de ski attirent les foules. **Ski alpin** ou **nordique**, les équipements des domaines se perfectionnent toujours davantage.

Portes du Soleil (le plus grand domaine d'Europe), Grand Massif, massif des Aravis, Evasion Mont-Blanc ou Mont-Blanc Chamonix, les skieurs ont l'embarras du choix. Le domaine des Portes du Soleil (12 stations dont Avoriaz et Les Gets), s'étend entre la France et la Suisse, disposant de 650 kilomètres de pistes. La Chapelle-d'Abondance et Châtel sont sans doute les stations les plus tranquilles du Domaine.

Au sud, le Grand Massif est un des domaines les mieux enneigés des Alpes. Il réunit Les Carroz, Flaine, Morillon, Samoëns et Sixt-Fer-à-Cheval. Alors que Flaine se positionne comme le royaume du skieur confirmé, Morillon se déclare «station des champions», aux côtés d'Antoine Deneriaz (champion olympique et champion du monde de descente), tandis que Samoëns joue la carte de l'authenticité. L'été, Flaine dispose d'un agréable golf de 18 trous et Samoëns, cultive un jardin alpin abritant 5 000 espèces.

Le **pays du mont Blanc**, tant à Chamonix que sur le domaine Evasion Mont-Blanc (Les Contamines, Combloux, La Giettaz, Megève, Saint-Gervais, Saint-Nicolas-de-Véroce) est un domaine réputé. Megève, station jeune et branchée, est dotée de boîtes de nuit, casinos, hôtels et spa d'exception, au pied des pistes.

Sur le massif des Aravis, les stations ouvrent davantage leur espace naturel au ski nordique (Les Confins, plateau de Beauregard). Les stations de La Clusaz et du Grand-Bornand ont su garder leur atmosphère de village savoyard. Ici, on pratique le ski alpin ou nordique, ainsi que le ski joëring (tiré par un cheval) ou le paret (luge traditionnelle), à la station de Manigod. Dans le Faucigny, le plateau des Glières est le paradis des fondeurs et des randonneurs en raquettes.

Dans le Chablais, les deux petits domaines de Praz de Lys-Sommand et l'espace Roc d'Enfer sont préservés des grandes affluences. Leurs massifs vallonnés sont parfaits pour découvrir les sports d'hiver dans une atmosphère familiale.

Aux sports d'hiver classiques, s'ajoutent des sensations fortes. Ainsi, dans

A Evian-les-Bains, chic station thermale, hôtels et casinos bordent le lac Léman.

l'immense amphithéâtre de Sixt-Fer-à-Cheval, les cascades de glace suggèrent de belles descentes. A Châtel, sur le domaine des Portes du Soleil, on pratique la plongée sous glace. A Avoriaz, Chamonix, La Clusaz et Morzine, le speed riding est roi : tiré et propulsé par une voile, les skieurs et surfers confirmés sont invités à littéralement sauter les barres rocheuses, sensations fortes à la clef.

Les activités

En été, la montagne s'ouvre aux randonneurs. Ils choisissent de marcher vers les sommets du mont Blanc, dans les montagnes du Chablais ou le long des lacs d'Annecy et Léman. A chaque région sa diversité : les vaches et les fromages d'Abondance, la faune et la flore du parc régional du Massif des Bauges, les vignobles du Chablais, découverte des alpages et des hameaux d'altitude... A ces sorties thématiques peuvent se greffer des activités complémentaires tel que le taï chi, la sophrologie et la relaxation. Et les plus belles voies d'escalade s'offrent sur les parois rocheuses des montagnes du pays du mont Blanc.
A la belle saison, les pistes enneigées l'hiver se transforment en paradis des cyclistes. Les télésièges et télécabines acceptent les vélos et permettent ainsi aux vététistes de belles descentes. Le domaine des Portes du Soleil est un terrain de jeu pour les deux-roues. Sur route, ils préféreront les pistes cyclables ouvertes autour des lacs d'Annecy (37 km de pistes) et Léman ou en montant vers les cols des massifs des Aravis et des Bauges. Pour la randonnée à cheval, les sentiers balisés sont dotés de gîtes et de refuges, dans les alpages des Bauges et le long des lacs.
Si les randonneurs se rafraîchissent volontiers dans les lacs et les cours d'eau de montagne, les plages des lacs Léman et d'Annecy invitent à la baignade dans des eaux avoisinant les 24 °C en été. Le Léman propose même ses croisières : le bateau Belle Epoque voyage de Thonon à Yvoire et s'aventure sur la rive helvétique. Les sports nautiques et la pêche sont également très prisés sur les lacs comme en eaux vives : rafting et hydro-speed dans les gorges de la Dranse, canoë-kayak dans le Haut-Giffre, ski nautique et voile sur les grands lacs savoyards. ■

LES SUGGESTIONS GEO

■ **Découverte :** piste Milka à Châtel et aux Gets (parcours ludiques pour enfants, découverte du monde alpin) ; décor du cirque de Fer-à-Cheval ; réserves de Passy et des Aiguilles Rouges ; train à crémaillère de Montenvers (de Chamonix à la mer de glace).
■ **Aventure :** spéléologie dans le gouffre Mirolda (Samoëns) ; The Stash, l'hiver à Avoriaz (snowpark géant) ; Fantasticable à Châtel (survol des montagnes à 100 km/h) ; conduite d'attelages aux Gets ; vol en hélicoptère au-dessus du massif du Mont-Blanc.
■ **Insolite :** territoire du Grand Cry au Gets (village d'indiens avec tipis) ; sortie astronomie à Morzine (parcourir la montagne de nuit en raquette équipé d'une longue vue) ; plongée sous glace (Châtel) ; Défi Foly en avril à La Clusaz (traversée du lac des Conflins).

LES CONSEILS GEO

▶ Les plus
Où que l'on se trouve en Haute-Savoie, les sommets enneigés des montagnes marquent le panorama. Les activités qui découlent de la variété des reliefs sont inépuisables, au cœur d'une nature omniprésente et d'un environnement salutaire.
▶ Les moins
Le climat rude et parfois changeant de la montagne.
▶ Les recommandations
Lors des randonnées en été, il est préférable de réserver à l'avance son couchage dans les refuges d'altitude. Eviter le ski hors piste.
▶ Les tendances
Les randonnées thématiques en montagne se développent autour du patrimoine et des espaces naturels, donnant lieu à des sorties plutôt originales : randonnée aquatique à Praz de Lys-Sommand, découverte des plantes culinaires et médicinales à La Clusaz, la route des monastères au cœur des Bauges, randonnée glaciaire...

Isère

Aux skieurs aguerris la magie du hors piste à l'Alpe-d'Huez, au-dessus de l'Oisans.

QUE VOIR, QUE FAIRE EN ISÈRE ?

Les paysages

- Parc national des Ecrins, parc naturel régional du Vercors, parc naturel régional de la Chartreuse, massifs de la Meije et de Belledone
- Lacs (Monteneynard, la Mirande, Paladru)

Les sports d'hiver
Chamrousse, l'Alpe-d'Huez, les Deux-Alpes, Gresse-en-Vercors

Les villes
Grenoble, Vienne

Le patrimoine
Musée de la Grande-Chartreuse, abbatiale Saint-Antoine-l'Abbaye

Aux portes des Alpes, les trois massifs montagneux de l'Isère forment comme autant de citadelles. En Rhône-Alpes, ce département fait subtilement le lien entre les paysages urbanisés du Rhône ou ceux plus riants du Beaujolais, et toise les plus hauts sommets d'Europe, tous proches.

Les paysages

L'Isère est un territoire de montagne exceptionnel. On y trouve aussi bien des hauts sommets que des forêts impénétrables ou encore de la moyenne montagne, plus accessible. Ce département a la chance de se trouver sur les terres de pas moins de trois parcs naturels, nationaux et régionaux.

Le **parc national des Ecrins** concerne le massif du même nom. C'est le plus grand parc naturel de France en surface. On y trouve sentiers de randonnées, points d'observation et points d'information. En Isère, il englobe le territoire de l'Oisans, avec ses sommets de haute montagne comme l'aiguille de Dibona (3 130 m). Les téméraires pourront tenter son ascension, accompagnés d'un guide.

La Chartreuse est le royaume de la forêt dont les espèces propres, animales et végétales, sont protégées au sein du **parc naturel régional de la Chartreuse**. Le massif est constitué de vertigineuses falaises calcaires ainsi que par des tourbières et même des prairies, d'où une immense variété dans les paysages. De quoi donner envie de partir en randonnée, par exemple sur le sentier de la Grande Chartreuse dominant le couvent.

Autre parc naturel régional du département, celui du **Vercors**. Ses

Au nord-est de la station de l'Alpe-d'Huez, au massif des Grandes Rousses, le paysage glaciaire du lac Besson.

paysages escarpés, pourtant réputés infranchissables, ont servi de cachette aux héros de la Résistance. La route des Grands Goulets, ouverte au XIXe siècle, offre un point de vue réputé astronomique sur le massif.
L'Isère est également constitué de plusieurs vallées. Autour de celle du Grésivaudan, s'est construit tout un pays avec une identité propre. La vallée du Grésivaudan, considérée comme le « jardin du Dauphiné », est bordée par les hauts **massifs de Belledone** et de la Chartreuse et suit le cours de la rivière Isère.

L'eau

L'Isère compte 2 000 kilomètres de cours d'eau en cascades et rivières bien sûr, mais également en lacs et plans d'eau qui participent à l'attrait touristique du département. Le **lac de Paladru** (400 hectares) propose plusieurs plages surveillées et différentes activités nautiques. Dès le néolithique, ses rivages étaient habités et ses eaux recouvrent des vestiges de cet époque. C'est d'ailleurs un site de référence national en matière de fouilles subaquatiques.
Le **lac de Monteneynard** est une retenue d'eau artificielle sur le Drac et l'Ebron. Deux passerelles «himalayennes» permettent d'aller d'une rive à l'autre de ces cours d'eau. Un vent thermique régulier sur sa partie centrale en fait un spot de planche à voile et de kitesurf. Le lac Besson, non loin de l'Alpe-d'Huez, est aussi très prisé des randonneurs.
Bien plus petit, le **lac de la Mirande** se trouve à proximité la station thermale d'Allevard-les-Bains, réputée pour les affections respiratoires et la rhumatologie. Les thermes d'Uriage-les-Bains offrent une eau riche en souffre et en oligo-éléments, utilisée aussi en rhumatologie et dermatologie. Ces deux stations thermales proposent également des mini-cures axées sur la détente et le bien-être.
Les amateurs d'eau vive partiront quant à eux à la recherche de la cascade de la Blanche à Royans-en-Vercors (pour la trouver, prendre la direction de Pont-en-Royans, puis suivre Sainte-Eulalie-en-Royans). A vingt minutes de Grenoble, autre récompense : le village de Claix cache également une superbe cascade.

Les sports d'hiver

Si Grenoble a accueilli les Jeux olympiques d'hiver en 1968, c'est que l'Isère peut s'enorgueillir de stations de ski parmi les plus prisées des vacanciers. La plus proche de la préfecture est **Chamrousse** qui a notamment vu Jean-Claude Killy être sacré trois

Constructions à flanc de rochers sur les gorges de la Bourne, à Pont-en-Royans.

fois champion olympique. C'est là, au cœur du massif de Belledone, qu'Henri Duhamel a introduit le ski en France. Les amateurs de haute montagne et skieurs confirmés se rendront en Oisans. Ils apprécieront deux stations de ski mythiques en France : l'**Alpe-d'Huez** et les **Deux-Alpes**. L'Alpes d'Huez possède 237 kilomètres de pistes balisées et la plus longue piste de ski du monde, la piste de Sarenne (16 km). Ski nocturne, snowpark, piste de luge, ski de fond ou raquettes : tous les sports de neige y sont représentés. Aux Deux-Alpes, on peut s'initier ou se perfectionner dans une quantité de sports de glisse. Le domaine skiable (200 km) est relié à La Grave-**La Meije**, dans les Hautes-Alpes, avec le plus grand glacier skiable d'Europe. Oz-en-Oisans est une station plus familiale. Elle possède son propre domaine skiable (68 km) sur le versant ouest du massif des Grandes Rousses.

Villars-de-Lans et Corrençon-en-Vercors sont les villages les plus attractifs du Vercors. Ils offrent environ 125 kilomètres de pistes de ski alpin et 130 kilomètres d'itinéraires de ski nordique dans un panorama exceptionnel. Avec ses pentes plus accessibles, la station de **Gresse-en-Vercors** est fréquentée par les fondus de ski de fond. Les férus de moyenne montagne penseront aux stations de la Chartreuse comme Saint-Hilaire-du-Touvet, Saint-Christophe-sur-Guiers Saint-Pierre-de-Chartreuse.

Les villes

Grenoble, la préfecture, est bordée par trois massifs de montagne : la Chartreuse au nord, le Vercors au sud et Belledone à l'est. C'est une ville olympique et un centre universitaire et de recherche. Elle est située sur l'ancienne province française du Dauphiné, qui recouvrait historiquement un territoire beaucoup plus important que celui de l'actuel département. Le Musée dauphinois s'intéresse au patrimoine régional et à la vie des montagnards notamment à travers leurs objets domestiques. Grenoble possède un téléphérique conçu dans les années 30 et modernisé dans les années 70. Il permet d'atteindre le fort de la Bastille qui domine la ville et les alentours. Le vieux Grenoble est centré autour de la place Grenette où avaient lieu autrefois les exécutions. Célèbre pour son festival de jazz, **Vienne** possède de nombreux vestiges gallo-romains. Le théâtre antique d'une capacité d'environ 13 000 places était l'un des plus grands de la Gaule romaine. Le temple d'Auguste et de Livie doit sa survie jusqu'à nous à sa consécration à la Vierge Marie, dès la fin de l'Antiquité. L'église Saint-Pierre, construite au Ve siècle, est l'une des plus anciennes de France. Elle abrite désormais une partie des collections gallo-romaines de la ville. Enfin, les admirateurs de l'art roman feront un détour par l'église et le cloître de Saint-André-le-Bas, seuls vestiges encore visibles de l'abbaye éponyme.

LE CARNET DE VOYAGE

Les premiers contacts
Comité départemental de tourisme de l'Isère, BP227, 14, rue de la République, 38019, Grenoble Cedex, www.isere-tourisme.com
Parc national des Ecrins, domaine de Charance, 05000 Gap, 04.92.40.20.10. www.les-ecrins-parc-national.fr

La population
1 172 000 habitants. Préfecture : Grenoble.

Les fêtes
Fin juin-mi-juillet : Jazz à Vienne.
Fin août : festival Berlioz (La Côte Saint-André).
Septembre : coupe Icare (manifestation de vol libre, à Saint-Hilaire-du-Touvet et Lumbin).
Début novembre : Rencontres du Cinéma de Montagne (Grenoble).
Mi-novembre : festival Sang d'encre à Vienne (dédié au roman policier).
Janvier : Foulée Blanche (épreuve sportive de ski de fond, Autrans), Festival International du Film de Comédie (l'Alpe-d'Huez).

Les produits locaux
- Noix AOC de Grenoble, antésite, gratin dauphinois, saint-marcellin (fromage au lait de vache).
- Chartreuse (liqueur aux plantes).

Dans le Vercors, le plus grand massif des préalpes du Nord, la barre des Dolomites françaises a un petit air de Colorado.

Le patrimoine

L'un des lieux les plus mythiques et les plus mystérieux du département est le **couvent des Chartreux**, perdu dans une région forestière depuis le XIe siècle. Les moines y vivent toujours dans le retrait et le silence absolu. Il n'est donc pas possible de pénétrer dans le monastère. Néanmoins le **musée de la Grande-Chartreuse**, situé à deux kilomètres du monastère, permet de découvrir l'histoire de l'ordre fondé par saint Bruno et la vie quotidienne de ses membres. Installé sur une parcelle du chemin de Compostelle reliant Genève au Puy-en-Velay, **Saint-Antoine-l'Abbaye** est un village au charme médiéval. Haut lieu de pèlerinage pendant des siècles, c'est certainement l'un des fleurons de l'art gothique en Isère avec son abbatiale, ses jardins, et ses fresques du XIVe siècle.
Après une plongée dans l'art sacré, remémorez-vous la création de la République en visitant le musée de la Révolution française au château de Vizille. Ce bâtiment aménagé au XVIIe siècle par le duc de Lesdiguière a servi par la suite de résidence d'été aux présidents de la République, avant d'être cédé au conseil général de l'Isère en 1973. Son parc s'étend sur 100 hectares. ■

LES SUGGESTIONS GEO

- **Découverte :** percer les secrets de fabrication de l'antésite, boisson au réglisse créée par un apothicaire voironnais (visite homologuée par le label Tourisme et Handicap).
- **Aventure :** spéléo et canyoning adaptés aux enfants dans la grotte supérieure du Bury (Vercors).
- **Insolite :** tour en bateau à roue (de la Sône à Saint-Nazaire-en-Royans) ; escale à la grotte préhistorique de Thaïs et au jardin des Fontaines pétrifiantes.

LES CONSEILS GEO

▶ Les plus

Les infrastructures sont très bien développées dans les différents pays de l'Isère, résolument touristique depuis les JO de 1968. Un immense coin de nature vive à seulement trois heures de Paris en TGV.

▶ Les moins

Un département à conseiller aux amateurs de grand air mais pas à ceux qui aiment découvrir de nouveaux espaces urbains.

▶ Les recommandations

Si vous vous engagez sur la route des Grands Goulets dans le Vercors, ne confiez jamais le volant à un chauffeur sujet au vertige.

▶ Les tendances

L'Isère met en valeur le patrimoine industriel du XXe siècle avec le chemin de fer de la Mure (petit train touristique près de Grenoble).

Paysage printanier de genêts en fleur dans le parc naturel régional du Pilat, proche des agglomérations stéphanoise et lyonnaise.

Loire

Le vert, pour la campagne et la forêt, le bleu pour le fleuve qui le traverse, telles sont les couleurs du département de la Loire. A l'ouest de la région Rhône-Alpes, rendez-vous dans une campagne riante et paisible.

Les paysages

Le fleuve le plus long du pays a donné son nom au département. Son serpent d'eau passe par des gorges encaissées à quelques kilomètres de Saint-Etienne. Outre la beauté des paysages, les gorges de la Loire sont aussi un lieu idéal pour observer une faune et une flore protégées.

Les paysages doucement vallonnés de la Loire évoquent déjà les reliefs du Massif central. Au sud du département, les **monts du Pilat** marquent les frontières à la fois linguistiques et géographiques. C'est un espace de rencontre entre l'occitan et le franco-provençal mais aussi la limite nord de la répartition de certaines espèces végétales comme le chêne vert. Protégé par le parc naturel régional du Pilat, le Pilat qui culmine à 1 400 mètres, traversé par la ligne de partage des eaux entre la Méditerranée et l'océan Atlantique.

Sur la partie centrale du département, se situe le **Forez**, le pays d'Astrée. Son versant oriental est constitué d'une plaine, tandis que plus à l'ouest, les monts du Forez s'élèvent par gradins pour culminer à 1 634 mètres.

D'autres massifs ligériens sont également propices à la randonnée. Les **monts de la Madeleine**, dans le prolongement du Forez, dominent le pays Roannais. Entre Loire et Rhône, les **montagnes du Matin** sont les prémices des monts du Lyonnais, avec la tour Matagrin.

LE CARNET DE VOYAGE

Les premiers contacts
Comité départemental du tourisme de la Loire, 22, rue Balay, Saint-Etienne, 42021,Cedex 1, 04.77.59.96.97. www.loire-tourisme.fr

La population
733 000 habitants. Préfecture : Saint-Etienne.

Les fêtes
mi-juillet-mi-août : Les Nuits de la Bâtie d'Urfé (festival de théâtre).
Deuxième quinzaine de novembre : Biennale Internationale Design (Saint-Etienne).

Les produits locaux
- AOC fourme de Montbrison (fromage au lait de vache, à pâte marbrée de bleu), charcuterie fermière, pralulines (pralines roses aux amandes grillées et enrobées de sucre, fourées dans les brioches)
- Vins de la côte roannaise (cépage gamay AOC).

QUE VOIR, QUE FAIRE EN LOIRE ?

Les paysages
Monts du Pilat, Forez, monts de la Madeleine, montagnes du Matin

Les villes et les villages
- Saint-Etienne, Roanne
- Saint-Victor-sur-Loire, Ambierle

Le patrimoine
- Bastie d'Urfé, châteaux (Saint-Marcel de Félines, la Roche)
- Abbayes (Charlieu, Saint-Nizier-sous-Charlieu, la Bénisson-Dieu)

Les villes et les villages

Situé sur le Furan, au pied du Pilat, **Saint-Etienne** est marquée par son passé de ville minière. Les terrils forment d'énormes bosses autour de la cité. Pour en savoir plus sur l'histoire de la mine, on visitera le musée qui lui est dédié. Des édifices du XVIe siècle, comme la maison François Ier (place Boivin) ou la tour de la Droguerie (place du Peuple) complètent le patrimoine architectural de la ville qui se distingue essentiellement par un bâti des XIXe et XXe siècles.

La région stéphanoise est aussi synonyme d'art moderne et de design. Le Corbusier a œuvré à Firminy et une «unité d'habitation» témoin permet de pénétrer la logique de l'architecte. La préfecture de la Loire est également riche d'un musée d'art moderne de plus de 15 000 œuvres de Picasso, Braque, Kandinsky...

Capitale du nord de la Loire, **Roanne** possède un théâtre à l'italienne du XIXe siècle. Son décor intérieur, avec sa coupole décorée d'allégories des arts, est remarquable. Juste à côté, on s'arrêtera devant l'imposante façade de l'hôtel de ville. Bâti dans la seconde moitié du XIXe siècle, il est fait de matériaux aux teintes contrastées (pierre noire de Volvic et pierre blanche). Les amateurs de haute gastronomie s'arrêteront chez le célébrissime restaurant Troisgros, monument de la culture gourmande.

La Loire recèle également de jolis villages de caractère parmi lesquels Saint-Haon-le-Châtel ou **Ambierle**. Son histoire se confond avec celle de l'abbaye Saint-Martin rattachée à Cluny et avec celle du Prieuré fondé au XIIe siècle. Près de Saint-Etienne, le village de **Saint-Victor-sur-Loire** est un bourg médiéval avec une église du XIe siècle et un château du XIIIe siècle, en surplomb des gorges de la Loire, sur son piton rocheux.

LES SUGGESTIONS GEO

- **Découverte :** aigles, faucon, buses et autres rapaces de la volerie du Forez (Marcilly-le-Chatel).
- **Aventure :** canë-kayak sur la Loire (Saint-Just-Saint-Rambert).
- **Insolite :** train touristique du Haut-Forez, circuit sur l'ancienne ligne de La Chaise-Dieu à Saint-Etienne qui traverse forêts de résineux, plateaux ou vallons et emprunte le viaduc de Pontempeyrat reliant les régions Auvergne et Rhône-Alpes.

LES CONSEILS GEO

▶ Les plus
La campagne la plus authentique à côté de pôles urbains comme Saint-Etienne et Lyon.

▶ Les moins
Les territoires ruraux sont un peu désertés. Le tourisme sera peut-être l'occasion d'un renouveau.

▶ Les recommandations
Le château de la Roche est parfois fermé à cause des crues de la Loire.

Le patrimoine

Honoré d'Urfé, auteur du roman «L'Astrée», a vécu en Forez dans la **Bastie d'Urfé** qui abrita ses amours. Dans la plaine du Lignon du Forez, cet ancien manoir médiéval a été transformé au XVIe siècle en une splendide demeure Renaissance.

Le petit village de **Saint-Marcel-de-Félines**, abrite également une maison forte du XIe siècle, lentement remaniée au cours des siècles, jusqu'à devenir un véritable château. Les groupes pourront le visiter, mais uniquement sur rendez-vous.

A ne pas manquer non plus, le **château de la Roche**. Anciennement situé au sommet d'un piton rocheux, la création du barrage de Villerest dans les gorges de la Loire a fait monter les eaux. La Loire coule maintenant juste au pied du château, qui semble flotter sur le fleuve.

Du côté du patrimoine religieux, rendez-vous à **Charlieu** et ses environs, pour visiter une **abbaye bénédictine** du IXe siècle. A **Saint-Nizier-sous-Charlieu,** l'abbaye franciscaine du XIIIe siècle possède un charmant cloître gothique du XIVe siècle. L'**abbaye de la Bénisson-Dieu**, dont il reste seulement l'église, illustre le passage de l'art roman à l'art gothique.

Enfin, à l'occasion de randonnées, il ne faut pas manquer d'observer les clochers des villages de la Loire, comme celui de Machézal. ■

A Lyon, vue sur l'emblématique basilique Notre-Dame de Fourvière depuis les toits de l'hôtel-Dieu situé en bordure du Rhône.

Rhône

En région Rhône-Alpes, Lyon, cité classée au Patrimoine mondial de l'Unesco est le pôle majeur du département. La campagne riante et vallonnée du Beaujolais ou des monts du Lyonnais célèbre aussi une certaine douceur de vivre.

Les paysages

Département très urbain en raison de la présence de Lyon, le Rhône n'est pas pour autant dépourvu de paysages naturels remarquables. L'eau y est évidemment très présente puisque il est le point de rencontre de deux géants, la **Saône** et le **Rhône**, qui s'unissent en formant une belle presqu'île, à Lyon.

Le **Beaujolais** s'étend des portes de Lyon jusqu'en Bourgogne, offrant des paysages de vignes vallonnés. C'est le lieu idéal pour pratiquer randonnées et cyclotourisme en traversant de jolis villages construits en pierre dorée (Bagnols, Châtillon-d'Azergues, Ternand, Charnay, Anse, Lucenay, Oingt).

Au sud-ouest du département, commence déjà le parc du Pilat. Les **monts du lyonnais** se poursuivent jusque dans la Loire. C'est là que l'on trouve la forêt, havre pour les randonnées ou cadre de balades plus calmes, en famille notamment.

Enfin, les **monts d'Or** constituent un charmant massif au nord-ouest de l'agglomération lyonnaise. Des traces de la présence romaine antique sont encore visibles. Plusieurs itinéraires pédagogiques ont été aménagés afin de découvrir ce passionnant territoire à pied (insectes, paysage, oiseaux, flore, faune).

LE CARNET DE VOYAGE

Les premiers contacts
Comité départemental de tourisme, 142 bis, avenue de Saxe, 69003 Lyon, 04.72.56.70.40. www.rhonetourisme.fr

La population
1 668 000 habitants.
Préfecture : Lyon.

Les fêtes
Juillet-août : Nuits de Fourvière.
Septembre : biennale de la danse de Lyon (années paires), biennale d'art contemporain de Lyon (années impaires).
Novembre : Beaujolais Nouveau (troisième jeudi).
Décembre : fête des lumières à Lyon (le 8 et le week-end le plus proche).

Les produits locaux
- Cochonnaille, andouillette, gratons, quenelles, tablier de sapeur.
- Bugnes, tarte à la praline.
- Cervelle de canuts (fromage blanc).
- Beaujolais, côte-du-rhône, coteaux du lyonnais.

L'artisanat
Soieries lyonnaises.

QUE VOIR, QUE FAIRE DANS LE RHÔNE ?

Les paysages
Rives de la Saône et du Rhône, Beaujolais, monts du Lyonnais, monts d'Or

Les villes
Lyon, Villefranche-sur-Saône

Le patrimoine
- Oingt, villages en pierre dorée
- Prieuré de Salles, couvent de la Tourette
- Châteaux (Montmelas, Rochebonne à Theizé)

LES CONSEILS GEO

▶ Les plus
Des théâtres antiques aux usines textiles du XIXe siècle, on peut voir se jouer la totalité de l'histoire de France dans le Rhône.

▶ Les moins
Les végétariens risqueraient de se sentir un peu perdus au pays de la cochonnaille…

▶ Les recommandations
Lors de la fête des lumières, garez votre voiture à l'entrée de la ville et utilisez les transports en commun car la plupart des rues du centre sont interdites aux voitures.

▶ Les tendances
Véritable événement qui transcende la ville, la fête du 8 décembre, vouée aux jeux de lumière, figure au catalogue de nombreuses formules dans les agences de voyage.

Les villes

Lyon possède plusieurs visages qui correspondent aux différentes étapes de son histoire. Ces sites historiques sont inscrits au Patrimoine mondial de l'Unesco. La capitale des Gaules conserve des traces glorieuses de son passé romain sur la colline de Fourvière. Le plus ancien théâtre romain de Gaule y est implanté. Un odéon lui est juxtaposé, configuration unique. A proximité, le musée gallo-romain retrace l'histoire archéologique de la ville. Perchée au sommet de la colline, la basilique de Fourvière (XIXe siècle) domine la ville. Le quartier Saint-Jean, autour de la cathédrale du même nom, aussi appelé Vieux-Lyon, reflète la période Renaissance de la ville. Les pentes de la Croix-Rousse sont intimement liées aux Canuts et à l'histoire de la soie. C'est là que se nichent les traboules, ces passages traditionnels qui relient un immeuble à un autre. Enfin, la presqu'île, entre Saône et Rhône, contient le cœur de la ville. La rue Mercière reflète l'intense activité marchande du Moyen Age et de la Renaissance. Le théâtre des Célestins et l'opéra, rénové par Jean Nouvel, célèbrent la culture. Bâtie sur les restes d'un temple romain, l'église Saint-Nizier affiche ses deux flèches asymétriques.

Villefranche-sur-Saône est organisée autour de la rue Nationale, en berceau, au creux duquel se trouve la collégiale Notre-Dame-des-Marais. Quelques éléments romans sont remarquables en son chœur alors que sa façade est de style gothique flamboyant. Le musée Paul-Dini présente la collection d'art contemporain de l'homme de presse, cédée à la ville. La capitale du Beaujolais est célèbre pour ses conscrits. La Fête des conscrits célébrait à l'origine les jeunes hommes de 20 ans partant pour leur service militaire. Elle s'est élargie à ceux fêtant une décade qui défilent le long de la «rue Nat'». Un musée est consacré à cette tradition dans la maison du Patrimoine.

LES SUGGESTIONS GEO

- **Découverte :** visite du musée de la Résistance de Lyon, dans les anciens locaux de la Gestapo.
- **Aventure :** diverses activités nature au lac des Sapins (baignade, parcours aventure ou promenades à cheval).
- **Insolite :** dormir sur une péniche au cœur de Lyon, idéalement durant la fête des lumières.

Le patrimoine

Le Beaujolais se caractérise par ses **villages construits en pierre dorée**. Si vous devez n'en voir qu'un, rendez-vous à **Oingt** et ses ruelles médiévales, classés parmi les «plus beaux villages de France», perché au-dessus de la vallée d'Azergues.

Du côté du patrimoine religieux, visitez d'abord le **prieuré de Salles**, l'un des fleurons d'art roman du Beaujolais, puis à Evreux, dans le Lyonnais, le **couvent dominicain de la Tourette**, conçu par le Corbusier.

Le **château de Montmelas** était la demeure des seigneurs de Beaujeu qui le bâtirent à la fin du Xe siècle. Son donjon et ses tourelles pointues dominent les vignes alentour. Le village de **Theizé**, à 480 mètres d'altitude, abrite le joli **château de Rochebonne** (XVe-XVIIe siècles). ■

Savoie

Tarentaise, Maurienne, Vanoise, Val d'Arly ou Beaufortain, les contreforts de la région Rhône-Alpes ne manquent pas d'atouts. Hiver comme été, la Savoie est une terre de nature et d'espace, c'est aussi un pays d'art et d'histoire.

Les paysages

Deux grandes vallées structurent le décor savoyard. Celle de la **Tarentaise** correspond à la haute vallée de l'Isère et se prolonge jusqu'à Albertville. Les premières stations de ski à grand succès y sont nées, pendant les Trente Glorieuses. Depuis des siècles, la **vallée de la Maurienne** est un passage naturel façonné par l'Arc, entre la France et l'Italie, la route directe vers Turin, juste de l'autre côté de la frontière. Le col de l'Iseran forme un couloir rocheux entre ces emblématiques vallées d'altitude.

La Savoie, territoire de montagnes, est partagée entre plusieurs massifs. Celui de la **Vanoise** est protégé par un parc national, dont la zone centrale se déploie entre la Tarentaise et la Maurienne. Ici, les alpinistes ont longtemps cherché le mythique mont Iseran, censé dépasser les 4 400 mètres, avant de conclure qu'il ne s'agissait que d'une légende. On connaît désormais le point culminant du massif, la Grande Casse, qui atteint 3 855 mètres d'altitude.

Au nord-ouest, le **massif des Bauges** est réparti sur le territoire de Savoie et de Haute-Savoie. Moins élevé que la Vanoise, les Bauges culminent à plus de 2 200 mètres. Ce territoire, qui a longtemps été moins fréquenté par les touristes, a pu se préserver grâce à l'action du parc naturel régional du massif des Bauges, fondé en 1995. Il offre un paysage d'alpages et de pâturages, bordé par le lac du Bourget.

Son second parc naturel régional, la Savoie le partage avec l'Isère : c'est la **Chartreuse**. Paysage boisé de moyenne montagne, il est d'une très grande richesse du point de vue de la flore (orchidées, gentianes) et de la faune (chamois, rapaces).

La vallée étroite du **Val d'Arly** est située entre la ville d'Albertville et les rives sud du lac d'Annecy. Cet axe naturel vers le pays du mont Blanc se distingue par ses petites stations familiales, l'exploitation forestière et le traditionnel agro-pastoralisme.

Enfin, le **massif du Beaufortain** est surnommé «le château d'eau de la Savoie». Il est surtout célèbre pour son fromage, le beaufort, couronné «prince des gruyères», et ses lacs de barrage, Roselend et la Girotte.

Dans le domaine skiable alpin et nordique de l'Espace Diamant, la station des Saisies, face au mont Blanc.

QUE VOIR, QUE FAIRE EN SAVOIE ?

Les paysages
- Vallées (Maurienne, Tarentaise)
- Massifs (Vanoise, Bauges, Chartreuse)
- Val d'Arly, Beaufortin

Les lacs
Lacs (Aiguebelette, Bourget), Aix-les-Bains

Les sports d'hiver
- Domaines (Saisies, Savoie Grand Revard, Trois Vallées), village trappeur de Val Cenis
- Plongée sous glace (Tignes)

Le patrimoine
- Chambéry, château des ducs de Savoie
- Eglises et chapelles baroques, abbaye de Hautecombe
- Forts (Télégraphe, Ronce)

Les loisirs
- Randonnées, via ferrata (roc du Cornillon), golfs (Arcs, Tignes, Méribel, Aix-les-Bains)
- Canyoning et rafting (Grenand, pont du Diable, Ecot)

Volets et frise de bois très finement ouvragés, à la coquette station de Courchevel.

Les lacs

L'eau est présente sous toutes ses formes en Savoie. Le département comporte deux très beaux lacs naturels. Dans l'avant-pays savoyard, le **lac d'Aiguebelette** est remarquable par sa couleur vert émeraude. Il la doit à un strict contrôle de la qualité des eaux, mis en place très tôt, et qui en fait le lac le moins pollué de France. Les bateaux à moteur ne sont pas autorisés à naviguer sur ses 545 hectares de surface. Il est donc très prisé pour la baignade. Pas très étonnant lorsqu'on sait que la température de l'eau peut monter jusqu'à 28°C en été. Les villas cossues et les garages à bateaux datant du début du XXe siècle qui bordent ses rives forment un patrimoine architectural unique dans la région alpine.

Le **lac du Bourget** est le plus grand lac naturel de France (à l'exception du Léman, partagé avec la Suisse), avec une surface de 4 450 hectares. Selon la légende, il serait né des larmes d'un ange. A l'époque romantique, ses eaux ont bercé les pleurs de Lamartine qui le décrit dans un long poème. Il est dominé par la chaîne de l'Epine à l'ouest et plus précisément par le sommet de la Dent du Chat, qui se découpe de façon très caractéristique sur l'horizon. **Aix-les-Bains** forme un port de 1 400 anneaux sur le lac. C'est également au Bourget que cette ville thermale doit en partie sa réputation.

L'eau vive est l'occasion de découvrir canyoning et rafting. Le **canyon de Grenand**, à proximité du lac d'Aiguebelette, le **pont du Diable** dans les Bauges, ou bien encore l'**Ecot** et le très joli village de Bonneval-sur-Arc en Maurienne, raviront tous les amateurs de sensations fortes.

Les sports d'hiver

Durant la saison des neiges, la Savoie est la première destination de sports d'hiver en France. Pour savoir vers quelles stations vous diriger, une signalisation regroupant les sites selon cinq familles a été mise en place : les stations grands domaines (où l'on peut accéder skis aux pieds à un domaine relié), les villages de charme, les domaines nordiques, les stations nouvelles glisses et les stations club (accès aisé à de nombreux loisirs et animations nocturnes).

Le **domaine olympique des Saisies** aménagé pour les Jeux d'Albertville en 1992, est l'un des espaces nordiques les plus prisés de France. Faisant face au mont Blanc, il propose un panorama exceptionnel entre Beaufortain et Val d'Arly et pas moins de 140 kilomètres de piste. La station fait également partie du domaine de ski alpin l'Espace Diamant, associant Notre-Dame-Bellecombe, Flumet, Crest-Voland Cohennoz pour proposer 146 pistes, adaptées à tous les niveaux de pratique.

Pour ceux qui préfèrent éviter la cohue des pistes «boulevards», le grand domaine **Savoie Grand Revard** revendique son authenticité. Au sein du parc naturel régional des Bauges, il allie

LE CARNET DE VOYAGE

Les premiers contacts
Comité départemental du tourisme de Savoie, 24, boulevard de la colonne, 73025, Chambéry, 0825.00.73.74. www.savoie-mont-blanc.com
FACIM (Fondation pour l'action culturelle internationale en montagne), 81, place Saint-Léger, BP 1802, 73018, Chambéry, 04.79.60.59.03. www.savoie-patrimoine.com

La population
404 000 habitants. Préfecture : Chambéry.

Les fêtes
Fin juillet : Saab Salomon Mountain X Race (course en cinq épreuves sur cinq sites).
Début août : Festival d'Humour (Les Arcs/Bourg-Saint-Maurice).
Mi-décembre : Trophée des Femmes en Or (Courchevel).
Mi-janvier : Grande Odyssée Savoie Mont-Blanc, course internationale de chiens de traîneaux (21 stations de ski, pendant dix jours).

Les produits locaux
- Charcuterie et salaisons de pays.
- AOC (reblochon, beaufort, tome des Bauges, abondance, chevrotin), IGP (emmental, tomme de Savoie).
- Raclette, tartiflette.
- 22 crus dont vins pétillants d'Ayze et de Seyssel, Roussette de Savoie.

L'artisanat
- Couteau Opinel (Saint-Jean-de-Maurienne), drap de Bonneval (Séez).

Dans le Beaufortain, près du col du Près, vue plongeante sur les eaux émeraude du lac de retenue de Roselend et sa chapelle.

trois stations qui ont su rester de vrais villages savoyards. Le Revard est l'une des premières stations de ski à avoir été créée en France. Le domaine nordique de 140 kilomètres est l'un des plus importants des deux Savoie. Ici, il est également possible de skier sous les étoiles. Certaines pistes de ski alpins sont ouvertes tous les mardis des vacances de février et tous les samedis de la saison hivernale de 17h à 19h30. Les amateurs de ski nordique se donneront quant à eux rendez-vous les mardis soirs, ainsi que les soirées où brille la pleine lune.

Les mordus de ski alpin se rendront dans le massif le plus élevé du département, la Vanoise, où l'on trouve les domaines alpins réputés et quelques stations mythiques. Le vaste **domaine des Trois Vallées**, sans doute l'un des plus importants d'Europe, comprend Courchevel, la «people», les Menuires, Val Thorens avec la piste de Caron qui culmine à 3 200 mètres et Méribel. A condition d'être accompagné d'un guide professionnel et de s'équiper de matériel Arva, on peut s'aventurer hors piste sur l'itinéraire du Lou et découvrir plateaux et lacs glaciaires jusqu'au sommet de la Masse.

Pour les réfractaires à la glisse, la raquette fait un boom incroyable, au point de devenir la seconde activité d'hiver. De très nombreux itinéraires de randonnées ont été balisés et un **village trappeur** a même été créé à **Val-Cenis** Lanslebourg, accessible par le télésiège de la Ramasse. Les moins frileux s'initieront à la **plongée sous la glace** à **Tignes**, sous la couche de quasi-banquise (30 cm à 2 m) qui recouvre le lac gelé.

Le patrimoine

Les différents territoires de Savoie partagent un passé et des traditions communes. Leur appartenance à un Etat distinct de la France jusqu'au milieu du XIXe siècle leur donne une identité particulière. L'essor touristique important connu après la Seconde Guerre mondiale et le patrimoine religieux baroque du XVIIe

Parmi les rhododendrons sauvages et au pied de la Saulire, VTT au-dessus de la station de Courchevel, dans les Trois Vallées.

siècle, sont à l'origine de l'attribution du label «pays d'art et d'histoire». **Chambéry**, la préfecture, a été construite sur un terrain marécageux. La vieille ville regorge de maisons construites sur pilotis, qui s'organisent en étroites ruelles autour de la place Saint-Léger. La plupart des constructions datent du XVe et du XVIe siècle. La ville est dominée par le **château des ducs de Savoie**, dont elle fut la capitale jusqu'au milieu du XVIe siècle, avant d'être délaissée au profit de Turin. Pendant un temps, le château abrita un suaire du Christ et sa chapelle fut alors proclamée sainte Chapelle par le pape. Sa tour Yolande comprend le grand carillon de Chambéry, équipé de soixante-dix cloches. Construite au XVIIe siècle dans un style baroque, l'église Notre-Dame abrite un retable en marbre et bronze de la même époque. La fontaine des Eléphants est l'un des monuments les plus curieux de Chambéry. Elevée en 1838 par le sculpteur Sappey, en l'honneur du général de Boigne, de retour des Indes, elle présente les «quatre sans culs», pachidermes en fonte de fer réunis par la croupe. Au XVIIe siècle, l'Eglise catholique lance la Contre-Réforme, déjà initiée par le Concile de Trente. En Savoie, de nombreuses **chapelles** d'origine médiévale sont agrandies dans le style baroque : larges ouvertures, façade sobre, mobilier typique (retables, colonnes et angelots sculptés dans du bois). En tout quatre-vingts édifices à visiter sur les chemins du **baroque**. Peinte, la petite **église Saint-Thomas-Becket**, à Avrieux, rebâtie, entre 1649 et 1689, abrite le diptyque de saint Thomas Becket, qui relate la vie de cet archevêque de Canterbury, en six épisodes. A Lanslebourg en Maurienne, visiter le bel espace baroque, dédié à la période. L'**abbaye de Hautecombe** et la Grange Batelière représentent un patrimoine religieux beaucoup plus ancien. Fondée au XIIe siècle par des moines cisterciens, elle est le tombeau des princes et princesses de Savoie jusqu'au XVe siècle. Au XIXe siècle, elle est restaurée par un architecte piémontais dans un style gothique romantique très prisé à l'époque. L'abbaye, sur

LES SUGGESTIONS GEO

- **Découverte :** visite de l'usine à neige, pour tout savoir sur la neige de culture (Aussois).
- **Aventure :** initiation au ski-joering, tracté par un cheval, à ski ou en snow (Bourg-Saint-Maurice, Valmorel).
- **Insolite :** week-end sport et thermalisme (ski des Trois Vallées et spa à Brides-les-Bains).

L'église baroque Saint-Thomas-Becket, ancien archevêque de Canterbury, à Avrieux.

les rives du Bourget, a été successivement occupée par des cisterciens et des bénédictins. Actuellement, c'est la communauté du Chemin Neuf, qui vit dans ces lieux (visites possibles à des horaires précis).

La Savoie était un territoire stratégique entre la France et l'Italie. Au cours du XIXe siècle, plusieurs forts ont été construits pour assurer sa défense. A **Valloire**, celui du **Télégraphe** surplombe le paysage afin de défendre le col du Galibier et fut réutilisé en 1940 sur la ligne Maginot alpine. Côté italien, on assure la défense du **mont Cenis**, grâce au **fort de la Ronce**, cédé à la France en 1947.

Les activités

L'été, la Savoie et ses sommets sont le paradis des marcheurs. La Vanoise et ses glaciers (Arpont, Mahure, Pelve) donnent l'occasion de randonnées en haute montagne à proximité de sites spectaculaires, entre la pointe de la Réchasse et la Dent Parrachée. Début août, la maison du Beaufortin invite les passionnés de nature à participer au comptage des chamois. Les offices du tourisme proposent de nombreux sentiers thématiques sur les pentes verdoyantes. En juillet, à Aillon-le-Jeune, on part à la recherche du sabot de Vénus, fameuse orchidée botanique. A Chambéry, sur les pas de Rousseau. Dans les environs d'Albiers-Montrond, ce sont les contes et légendes de Savoie qui mènent face aux **aiguilles d'Arves**.

De nombreuses **via ferrata** et via cordata sont accessibles aux néophytes avides de sensations fortes. L'une des plus remarquables est celle du **roc Cornillon** pour sa vue imprenable sur le lac du Bourget.

Les amateurs de **golf** pourront pratiquer aux **Arcs**, aux pieds des glaciers à **Tignes** ou à **Méribel**, au milieu des pâturages, tandis qu'**Aix-les-Bains** propose un joli parcours, champêtre et vallonné. ■

LES CONSEILS GEO

▶ Les plus

La Savoie fait beaucoup d'efforts en matière de tourisme et handicap. Des séjours handiski sont proposés en station.

▶ Les moins

Hiver comme été, en montagne, on est souvent tributaire des aléas météorologiques.

▶ Les recommandations

Si vous en avez la possibilité, préférez skier en dehors des vacances scolaires, les pistes sont moins encombrées.

▶ Les tendances

Le tourisme autour des lacs de Savoie a le vent en poupe : parfait pour une escapade au printemps ou en automne.

CRÉDITS PHOTOGRAPHIQUES

CORBIS
Christophe Boisvieux : 61, 267 ; Massimo Borchi : 387 ; David Burton/Beateworks : 62 ; Fridmar Damm : 74 ; Marc Dozier/ Hemis : 308 ; Franck Guiziou : 78 ; Joe Cornish/Arcaid : 134 ; Bertrand Gardel/Hemis : 215 ; Robert Landau : 82 ; Suzy Mezzanotte : 254 ; Camille Moirenc : 114 ; Aldo Pavan/ Grand Tour : 63 ; Will Pryce/ Arcaid : 202 ; Dung Vo Trung : 370 ; Pavel Wysocki : 224

GETTY IMAGES
Michael Busselle : 372 ; Neil Lucas : 147

HEMIS.FR
Georges Antoni : 168 ; Bruno Barbier : 24, 257, 361, 264 ; Bruno Morandi : 93, 169, 207 ; Bertrand Rieger : 57, 58, 91, 92, 107, 123, 174, 180, 191, 253, 265, 274, 295, 337, 360, 368, 399 ; Patrick Wysocki : 98 ; Giovanni Bertolissio : 290, 335 ; Philippe Body : 138, 139, 307 ; Christophe Boisvieux : 26, 122, 126, 157, 349 ; Arnaud Chicurel : 321 ; Guy Christian : 84, 85, 86, 87, 251, 340, 375 ; Romain Cintract : 9 ; Matthieu Colin : 34, 167, 179 ; Marc Dozier : 309 ; Du Boisberranger Jean : 228, 229 ; Patrick Escudero : 213 ; Alain Felix : 231, 245, 273, 286 ; Stéphane Frances : 89 ; Patrick Frilet : 369 ; John Frumm : 101 ; Bertrand Gardel : 105, 172, 175, 204, 216, 246, 359 ; Laurent Giraudou : 271 ; Gil Giuglio : 199 ; Franck Guiziou : 104, 187, 244, 289, 318, 362, 373, 381, 392 ; Christian Heeb : 109, 117, 119 ; Philippe Houze : 43, 293, 294, 297 ; Hervé Hughes : 32, 142, 193, 194, 195, 258, 306 ; Pierre Jacques : 382, 395, 396 ; Hartmut Krinitz : 209, 341, 363, 367 ; Hervé Lenain : 106, 118, 120, 137, 248, 326, 384 ; Camille Moirenc : 342, 343 ; José Nicolas : 351, 366 ; Jean-Pierre Lescourret : 347 ; Louis-Marie Preau : 20 ; Philippe Renault : 102, 130, 324, 327, 328, 329, 336 ; Gilles Rigoulet : 22, 75, 200, 260 ; Daniel Sudres : 116, 316 ; Patrice Thomas : 292 ; Frances Wysocki : 173, 211, 220 ; 365

PHOTONONSTOP
Jean-Paul Garcin : 42, 56, 269, 355 ; Brigitte Merle : 80, 125, 132, 166, 177, 181, 201, 214, 236, 319, 320, 389 ; Nicolas Thibaut : 30, 140, 143, 163, 226, 243, 268, 282, 284, 285, 304, 310, 356, 357 ; Jean-Luc Armand : 127, 398 ; Christian Arnal : 386 ; Bruno Barbier : 72 ; David Barnes : 96 ; François Baudin : 67 ; Christine Besson : 222 ; Sébastien Boisse : 38, 170 ; Michelle Bordas : 330 ; Guy Bouchet : 379 ; Peter & Georgina Bowater/ Tips : 378 ; A.J. Cassaigne : 16, 110, 154, 188, 189, 212 ; Pierre Cheva : 299 ; Chromorange RM/Tips : 8 ; Consortium Photographers : 322 ; Franco Cogoli/ Sime : 208 ; Richard Decker : 238 ; A. Demotes : 278, 281 ; Tristan Deschamps : 333, 385 ; Eurasia Press : 43, 227, 338, 348 ; Giorgio Evangelista/Tips : 95 ; Olimpio Fantuz/Sime : 99, 141, 161 ; Jean-Charles Gérard : 29 ; François Gilson : 252, 315 ; François Gonin : 36 ; Goodshoot : Jan Greune/Look : 64 ; Gérard Guittot : 76, 69, 70 ; Gérard Gsell : milieu , 43, 377, 183, 185, 234, 262, 388, 397 ; Hervé Gyssels : 150, 256, 305 ; Hans-Peter Huber/ Sime : 303 ; Johanna Hubert/Simeone : 233 ; Infra : 28 ; Alain Le Bot : 312 ; François Le Divenah : 129 ; Jean-Michel Leligny : 90 ; Yvon Lemanour : 196 ; Jacques Loic : 218, 283, 301 ; Mauritius : 88, 113, 121, 146, 148, 152, 184, 272, 374 ; René Mattes/Mauritius : 54 ; Rozine Mazin : 149, 165, 291 ; Brigitte Merz/Look : 66, 298 ; Camille Moirenc : 158, 241 ; Georges Pierre : 352 ; Massimo Pignatelli/Sime : 60 ; J-C. & D. Pratt : 65, 94, 128, 144, 186, 210, 237, 239, 276 ; Spila Riccardo/Sime : 160 ; Massimo Ripani/Simeone : 55 ; Roger Rozencwajg : 111 ; Daniel Thierry : 345 ; Santa Clara : 37 ; Danielle Schneider : 71, 77 ; Giovanni Simeone : 159, 162, 235, 350, 353 ; Soleil Noir : 317; Stefano Scata/Sime : 25 ; Reinhard Schmid/Sime : 178 ; Patrick Somelet : 100 ; Riccardo Spila : 115 ; Run Sutherland : Yves Talensac : 263 ; Michel Viard : 280.

Les crédits de couverture figurent sur les rabats.

Auteurs : Stacy Archambault, Martine Barthassat, Tiphaine Cariou, Elsa Dafour, Laurence David, Blandine Fleury, Chloé Labiche, Cristina L'Homme, Estelle Mariotte, Karin Maucotel, Marie-France Milleliri-Kayser, Coralie Pascaud, Marion Perrier, Francine Pigelet-Lambert, Anne-Lise Prez

Éditions Prisma
Direction : Pierre-Olivier Bonfillon
Direction éditoriale : Françoise Kerlo
Responsable d'édition : Valérie Langrognet
Chargées d'édition : Julie Drouet, Caroline Rondeau
Responsable de production : Alexandre Zimmowitch

Coordination éditoriale et iconographie : Claudine Penou
Conception graphique : Cathy Collet
Maquette : Cathy Collet et Philippe Kaiser
Cartographie : Aurélie Boissière
Correction : Blandine Fleury
Photogravure : A'graph (Joinville le Pont) - Impression : CAYFOSA-Impresia Ibérica (Espagne)

ISBN : 978-2-8104-1270-9
Dépôt légal : mars 2013